Teorías y prácticas audiovisuales

Marina Moguillansky - Andrea Molfetta
Miguel A. Santagada (Coordinadores)

Teorías y prácticas audiovisuales

Actas del primer Congreso Internacional de la Asociación Argentina de Estudios de Cine y Audiovisual

Cuadernos ASAECA

Teorías y prácticas audiovisuales : Actas del primer Congreso Internacional de la Asociación Argentina de Estudios de Cine y Audiovisual / coordinado por Marina Moguillansky ; Andrea Molfetta ; Miguel Angel Santagada. - 1a ed. - Buenos Aires : Teseo, 2010.

788 p. ; 20x13 cm. - (Cuadernos ASAECA; 1)

ISBN 978-987-1354-59-7

1. Artes Audiovisuales. I. Moguillansky, Marina, coord. II. Molfetta, Andrea, coord. III. Santagada, Miguel Angel, coord.
CDD 778.5

© ASAECA, 2010
Buenos Aires, Argentina
www.asaeca.org

© Editorial Teseo, 2010
Buenos Aires, Argentina
ISBN 978-987-1354-59-7
Editorial Teseo
Hecho el depósito que previene la ley 11.723

Para sugerencias o comentarios acerca del contenido de esta obra, escríbanos a: info@editorialteseo.com

www.editorialteseo.com

ASAECA - ASOCIACIÓN ARGENTINA DE ESTUDIOS DE CINE Y AUDIOVISUAL

COMISIÓN DIRECTIVA (2008-2010)

Presidente: *Andrea Molfetta*
Vicepresidente: *Clara Kriger*
Secretaria: *Ana Laura Lusnich*
Tesorero: *Gustavo Aprea*
Vocales titulares: *Lidia Acuña, Gonzalo Moisés Aguilar, Ana Amado, Mario Oscar Carlón, Carmen Guarini, Silvia Romano*
Vocales suplentes: *Ignacio Dobrée, Silvio Daniel Fischbein, Mónica Kircheimer, Hernán Sassi*

COMISIÓN ORGANIZADORA CONGRESO ASAECA2009

Presidente: *Miguel Santagada*
Integrantes: *Gustavo Aprea, Marina Moguillansky, Andrea Molfetta, Mónica Satarain*

Índice

A modo de presentación
*Andrea Molfetta, Miguel A. Santagada
y Marina Moguillansky* 15

Conferencias plenarias

Del entre-lugar a lo transcultural
Denílson Lopes 19

Archivos audiovisuales en Argentina. Trayectos, articulaciones y líneas de desarrollo del Programa de Recuperación del Patrimonio Audiovisual de Córdoba
Silvia Romano 43

Los estudios sobre cine en México: Un terreno en construcción
Lauro Zavala 49

Ponencias

I. El cine argentino discute la historia

El otro ¿existe? Una aproximación a las representaciones de la identidad peronista en los films documentales del período 1989-1999
Cecilia Alejandra Carril 83

Mundo del trabajo, representación gremial e identidad obrera en *Los traidores* (1973)
Mariano Mestman 93

La representación de los trabajadores y sus conflictos en el cine argentino: *Los traidores*, de Raymundo Gleyzer
Pablo Mariano Russo 105

Cine popular y compromiso político: Leonardo Favio en los años 70
Alicia Aisenberg 117

¿Qué hubiera pasado si…? Narraciones audiovisuales sobre la guerra de Malvinas y la historia contrafactual
Pablo Gullino 127

"La historia fue así". Disputas por la legitimidad histórica en el cine documental argentino de los años 80
Javier Campo.. 139

Naturaleza y razón en el cine argentino sobre la desaparición forzada de personas: *Tierra de Avellaneda* (1995) y los films sobre antropología forense
Máximo Eseverri 147

Problemas historiográficos en la producción teórica sobre cine argentino
Clara Kriger... 159

II. Cine documental argentino

Desde los bordes. Los "otros" y el trabajo de la representación
Ana Amado 173

Documental y profesionalización. Un acercamiento al cine de Carlos Echeverria
Paola Margulis... 185

Identidad y representación. El documental subjetivo en la posdictadura
Natalia Taccetta 197

Intersubjetividad en el cine documental argentino contemporáneo
Pablo Piedras 209

La crisis del espacio público y de las formas de lo popular en la década de noventa. Una aproximación a partir de *Los Rubios*
Ezequiel Yanco 221

Narración y descripción en *los rubios*. Documentales audiovisuales y construcción de la memoria social
Juan Pablo Cremonte... 235

Estética y política en el cine militante argentino actual
Maximiliano de la Puente 243

III. El cine de la memoria

El día que inundaron mi vida. Construyendo memorias de la inundación de Santa Fe de 2003. Registros audiovisuales de jubilados de Barrio Roma
Lidia Acuña 257

11-S: el auge de los documentales conspirativos
María Paula Gago 269

El ciclo de los documentales sobre la izquierda revolucionaria peronista como testimonio y la discusión sobre la memoria social
Gustavo Aprea 277

***Judgement at Nüremberg*. ¿Cómo fue posible el genocidio? Reflexiones desde el cine y la filosofía**
María Stella 291

Diálogo entre la escultura y el cine documental. Otra forma de construir memorias. (Análisis del documental *Espejo para cuando me pruebe el smoking*)
Beatríz Carosi 305

IV. Ficciones de la Argentina

La ficción hermético-metafórica del período 1976-1983: un modelo alternativo de resistencia
Ana Laura Lusnich 317

La dirección de arte en el Nuevo Cine Argentino: un fenómeno portador de autonomía
Paula Morguen 329

Vanguardia estética y confrontación política en dos realizadores de la transición democrática
Jorge Sala 339

El trabajo criminal en la perspectiva de la modernidad: *Últimos días de la víctima* (Adolfo Aristarain, 1982)
Marcela Visconti 351

Personajes y temáticas en el cine argentino (2000-2008)
Carolina Soria 363

V. Estudios comparados de Brasil y Argentina

Cine, censura y autoritarismo: los casos de Brasil y Argentina (1964-1983). Aportes para una historia comparada
Luciano Barandiaran y Juan Padrón 375

Los congresos y festivales como estrategia para la integración del cine latinoamericano
Silvana Flores 387

Cine, educación, vida social y subjetividad
Miriam Garate 399

Los límites de la imaginación política. El cine y el Mercosur
Marina Moguillansky 411

A construção da metrópole em tempos de crise: *Terra Estrangeira* e *Mundo Grua*
Marina Tedesco 423

VI. Géneros y regímenes cinematográficos

El *thriller* en su laberinto. Dos miradas del *thriller* mexicano en el ocaso de los 70
Álvaro Fernández 439

Tito se vuelve Mariachi. El cine mexicano en Yugoslavia
Robert McKee Irwin 451

Reflexiones sobre el problema del documental como género cinematográfico
Pablo Hernán Lanza 461

La novia de América madura: Libertad Lamarque en México
Mónica Szurmuk 469

Documental y ficción en el cine de los comienzos
Malena Verardi 481

VII. Ensayos sobre estética

Montaje en *Suite Habana* (2003) de Fernando Pérez
Cynthia Tompkins 493

Romanticismo naturalista en el cine de Herzog
Edgardo Gutiérrez 505

Naturaleza y personaje en el cine latinoamericano del nuevo siglo
Andrea Molfetta 517

Análisis del tiempo en la película *Cielo dividido*
Noe Santos Jimenez 525

Estéticas do contemporâneo. Algumas tendências do cinema brasilero
Catarina Andrade 535

Narrativas contemporáneas: el cine de la experiencia
Celina López Seco 547

La cámara que respira: el grado inestable del cine contemporáneo
Marcela Parada Poblete 557

¿Como pensar a autoria na criação cinematográfica?
Laecio Ricardo De Aquino Rodrìguez 567

VIII. La teoría de los géneros va al cine

Representación del terror y políticas del corazón en *Señorita extraviada*
Valeria Valenzuela 583

La mujer: una representación puesta en crisis
Miriam Elisabet Alvarado y Anahí D'Amato 595

Sexualidades dispares. Representaciones y construcciones de género en el Nuevo Cine Argentino
Romina Smiraglia 603

IX. Estudios de la transmediaticidad

De *Matador* a *La ley del deseo*: la resignificación del bolero en el cine temprano de Pedro Almodóvar
Karen Poe Lang 619

Las tecnologías audiovisuales en el teatro: formas de intermedialidad
Mariana Gardey 631

Cine y teatro: avatares de una historia compartida
Luis Thenon 639

Ficciones fotográficas y cine de ficción. La revista *Caras y Caretas* y su relación con los primeros films argumentales argentinos
Andrea Cuarterolo 651

El discurso publicitario dentro del film: una mirada semiótica
Claudio Centocchi... 667

X. El audiovisual expandido

Alfonsín, Menem y De La Rúa: publicidad política audiovisual
Laura Abratte 681

Fan Films: films amadores feitos por faz e para fans
Peixoto Curi Pedro 695

Después del fin de la televisión. Situación de la televisión argentina de aire 2005-2007
Mario Carlón... 707

Poética del cine de animación contemporáneo
Mónica Kirchheimer 717

XI. Los medios como herramienta pedagógica y de investigación

El cine como herramienta del análisis cultural
Silvia Aguetoni Marques 737

Cruces interdisciplinarios y registro documental: *UORC, la película*, de Ezequiel Ábalos
María Laura González 743

El cine como forma de conocimiento: indagaciones en torno a las narrativas audiovisuales en el aula
Daniel Gastaldello 755

El cine reflexivo de Stéphane Breton, o "cómo sacarse al Otro de encima"
Carmen Guarini 767

Imagen visual e imaginario social. El valor argumentativo de las imágenes visuales en la construcción de representaciones
Alberto Ascione 779

A modo de presentación

Andrea Molfetta
Miguel A. Santagada
Marina Moguillansky

Los trabajos que integran esta colección han sido leídos y discutidos en el Primer Congreso de la Asociación Argentina de Estudios de Cine y Audiovisual, celebrado en Tandil entre el 16 y el 19 de julio de 2009. La Universidad Nacional del Centro de la Provincia de Buenos Aires ofreció sus instalaciones para la organización de esas jornadas académicas que significaron la primera oportunidad en Argentina de reunir bajo el específico dominio de los estudios del audiovisual a investigadores y críticos procedentes de numerosas instituciones universitarias del país y del extranjero, como Brasil, México, Costa Rica, Estados Unidos y Canadá.

La especificidad del dominio audiovisual, sin embargo, no debería ser confundida con un campo temático restringido o con una perspectiva limitada al análisis o la historia de ciertas producciones artísticas. Ocurre que la complejidad de la producción audiovisual viene reclamando estrategias de comprensión que desbordan en cierto modo los límites de las disciplinas tradicionales, y de las metodologías analíticas empleadas con exclusividad hasta no hace mucho. La creatividad y el dinamismo de las producciones audiovisuales han motorizado en el sector académico nuevas formas reflexivas y comprensivas para este fenómeno cultural que no deja de renovarse tanto en sus estilos y en sus temáticas, como en los constantes desafíos intelectuales y estéticos que proponen a los espectadores y críticos.

Este volumen, por lo tanto, da cuenta con amplitud de la aparente paradoja que indica un campo académico específico, que sin embargo se renueva e incorpora de manera permanente nuevos conceptos y puntos de vista para un objeto de estudio, cuyos rasgos más destacados son la tendencia al cambio y el desafío al anquilosamiento académico. Es por eso que no ha sido sencillo resolver ni la denominación de las secciones que estructuran el material de este libro, ni la inclusión de los artículos dentro de alguna de ellas. A modo de orientación para el lector, hemos propuesto categorías temáticas muy generales que desde la distancia que proyectan tales abstracciones sugieren puntos de convergencia alrededor de objetos temáticos de cierto parecido familiar: el cine argentino y la historia, el documental, la memoria social expresada en la producción audiovisual, estudios comparados entre distintas experiencias nacionales, el empleo pedagógico de las producciones audiovisuales, entre otras.

Como puedo observarse a partir de esta enumeración incompleta, el campo específico de los estudios audiovisuales presenta una diversidad de enfoques y de temáticas que sugieren simultáneamente dos cuestiones relacionadas. Por una parte, la decisiva relevancia de la producción audiovisual en el contexto de la cultura del siglo XX. Por otra parte, el creciente atractivo que ejercen las imágenes y los sonidos sobre los intelectuales y críticos de áreas temáticas distantes entre sí. ¿Qué factores explican tal relevancia? ¿Es solamente por una moda pasajera o por tendencias más profundas de las sociedades contemporáneas que se integran al estudio del audiovisual los investigadores procedentes de disciplinas con propósitos y métodos tan diferentes como artes, antropología, ciencias de la comunicación, ciencia política, filosofía, historia y sociología? Acaso sea imprudente pretender una respuesta a estas cuestiones. De hecho, la convocatoria de nuestro Primer Congreso parece convalidar la pertinencia de estas preguntas y la necesidad de elaborar un marco epistémico que abarque y deje convivir en armonía los distintos enfoques que promueven.

Con una certeza similar a la que inspira lo que en la práctica han iniciado más de cien colegas en Tandil durante las jornadas de junio de 2009, es decir, con la voluntad que tiende a la integración y al necesario intercambio de perspectivas heterogéneas, los investigadores nucleados en ASAECA hemos conformado esta asociación de estudiosos del cine y del audiovisual. Entre otros objetivos, nos asociamos para configurar este campo específico de estudios a partir de la diversidad epistémico-metodológica y la heterogeneidad de miradas. Entre otros resultados, ofrecemos esta colección de artículos como una muestra significativa del intercambio y el alcance de nuestras metas.

CONFERENCIAS PLENARIAS

Del entre-lugar a lo transcultural[1]

Denílson Lopes[2]
Presidente SOCINE
Universidad Federal de Rio de Janeiro

Palabras nacen. Palabras mueren. Palabras son olvidadas, se multiplican, generan otras palabras. Entre tantas, escojo una para recordar, sin monumentalizar, pero para generar un futuro.

Escojo la más recordada, palabra-matriz: el entre-lugar. Antes que pensar en una genealogía que lleve a mapear los *impasses* del mestizaje y el sincretismo, procuro sobre todo un diálogo con el presente y con los contemporáneos, base de un proyecto para paisajes transculturales, capaz de proponer tanto una lectura estética como cultural de obras artísticas, productos culturales y procesos sociales.

En 1978, Silviano Santiago publicó su primera colectánea de ensayos *Uma Literatura nos Trópicos* y el libro de poemas *Crescendo numa Província Ultramarina*. En esta publicación simultánea, tal vez debido al azar, los dilemas del entre-lugar presentados en el ensayo-manifiesto de *Uma Literatura nos Trópicos*, también se encuentran en las memorias flashes de los años 30 y 40, interconectado, de forma indisoluble y sutil, escritura y ficción. Como recuerdan Wander Melo Miranda y Ana Gazzola en el prefacio *The Space in Between. Essays on Latin American Culture* (2001: 2), las ficciones de Silviano Santiago pueden ser entendidas como suplementos de lo que fue dejado abierto por los ensayos. Cómo entender su lectura deconstructora y singular del canon de la literatura moderna brasileña, de Machado de Assis a Clarice Lispector, pasando por los modernistas, sin tomar en

---

1 Traducido por Stella Rodriguez.
2 Profesor de la Escuela de Comunicación de la Universidad Federal do Rio de Janeiro, investigador del CNPq, autor de *A Delicadeza: Estética, Experiência e Paisagens* (Brasília, EdUnB, 2007), *O Homem que Amava Rapazes e Outros Ensaios* (Rio de Janeiro, Aeroplano, 2002), *Nós os Mortos: Melancolia e Neo-Barroco* (Rio de Janeiro, 7Letras, 1999), co-organizador de *Imagem e Diversidade Sexual* (São Paulo, Nojosa, 2004), *Cinema, Globalização e Interculturalidade* (Chapecó, Argos, 2009) y organizador de *O Cinema dos Anos 90* (Chapecó, Argos, 2005).

consideración su novela *Em Liberdade,* esta reflexión sobre el intelectual en tiempos autoritarios? Ciertamente su interpretación de América Latina se enriquecería al leer en conjunto y en pie de igualdad, la novela *Viaje a Méjico* y su reciente estudio sobre Octavio Paz y Sérgio Buarque de Hollanda.

Lo mismo se presenta con el entre-lugar. Es importante que ensayos y ficción dialoguen. Si Italo Moriconi, en conferencia, consideró el entre-lugar una categoría vacía para ser llenada por sus discípulos, sería interesante pensar también cómo el propio Silviano Santiago la desdobló y la incorporó.

Pero antes, en tiempos en que espectros del neopopulismo nacionalista reaparecen, es importante recordar que Silviano Santiago se inserta en un camino silenciado en una generación anterior, más preocupada con la cuestión nacional, pero que también indicaba otras posibilidades que incluso ella poco surcó:

> Sabemos, pues, que somos parte de una cultura más amplia, de la cual participamos como variedad cultural. Y que, al contrario de lo que suponían a veces ingenuamente nuestros abuelos, es una ilusión hablar de eliminación de contactos e influencias. También porque, en un momento en que la ley del mundo es la interrelación y la interacción, las utopías de la originalidad aislacionista no subsisten más en el sentido de actitud patriótica, comprensible en una fase de formación nacional reciente, que condicionaba una posición provinciana y umbilical (Cándido, 1987: 154).

Si en *O entre-lugar do discurso latino-americano* emerge como categoría de un cuadro político de los años 60[3] en los que "hablar, escribir significa: hablar contra, escribir contra" (Santiago, 1978b: 19) como respuesta a un silencio deseado por el imperialismo cultural que nos redujera apenas a lectores, comentadores y consumidores pasivos; en *Atração do Mundo,* conferencia presentada en 1995 y publicada en 2004 en *O Cosmopolitismo do* Pobre, el entre-lugar gana nuevos matices para presentar los dilemas del intelectual, entre el cosmopolitismo y el nacionalismo, entre Joaquim Nabuco y Mario de Andrade, sin considerar un deslumbrado al primero, ni un provinciano al segundo. Los dos viven, de forma rica y conflictiva, experiencias intercalares, a pesar

---

[3] Es bueno recordar que el ensayo fue publicado en 1978, pero en el fin del texto aparece una rúbrica indicando marzo de 1978, tal vez fecha de conclusión de su escritura.

de distintas, que nos asombran y nos constituyen hasta hoy. En una sociedad de excesos de información, imágenes y discursos; no es suficiente hablar, sea por que ni lo local ni lo nacional son garantías de un posicionamiento crítico, sea porque en medio de la abundancia de mercaderías, el problema no es hablar, sino no ser oído,[4] leído, comprendido más que visto o mencionado.

Por lo tanto, el entre-lugar tampoco se relaciona apenas con una experiencia de intelectuales; implica una redefinición de lo nacional. Diferente de la posición de Roberto Schwarz para quien la discusión de lo nacional se da sobre todo y exclusivamente a partir de los "intereses de clase social" (Cunha, 1997: 132). Desde los años 70, Silviano Santiago viene contribuyendo para una ampliación del sentido de nación, incluyendo decisivamente, en el caso brasileño, la cuestión étnica, sobre todo del indio y del negro. Más que temas menores, como los consideró la izquierda tradicional, o identidades estrechas, que pudieran interesar sólo a grupos específicos, estas experiencias redimensionan nuestra historia y nuestro presente. "Evitar el bilingüismo significa evitar el pluralismo religioso y significa imponer también el poder colonialista" (Santiago, 1978: 16). De esa forma, por un lado, la nación no es pensada como totalidad ni como sistema, enfatizando las múltiples exclusiones en su proceso de construcción, bien como crítica la praxis del progreso que "da subempleo a las minorías [...]; [pero] no les da concientización socio-política" (*idem*, 1982: 18). En *Apesar de Dependente, Universal*, escrito en 1980 y publicado en *Vale Quanto Pesa* de 1982, el autor sintetiza: "Ni cartilla populista, ni folclore *curupira*[5]" –he ahí las polarizaciones que deben ser evitadas por el bien de un socialismo democrático. Ni el paternalismo, ni el inmovilismo" (*idem*).

A partir del entre-lugar, podemos también entender que la exclusión del indio y del negro se traduce en el plano nacional en una posición eurocéntrica que le da la espalda a África e Hispanoamérica. El entre-lugar desterritorializa lo nacional,

---

[4] En la estera de la reflexión de Gayatri Spivak de "Can the subaltern speak?", en dónde el problema no es que el subalterno no hable, él hasta puede hablar, pero no será oído seriamente (Spivak, 1990. p. 60).

[5] *Curupira* es un ser sobrenatural de la mitología tupi. Guardián del bosque que toma la forma de un chico de cabello verde llameante, cuya característica más sorprendente es que los pies están invertidos hacia atrás [n. de t.].

como los brasileros en Nueva York, de *Stella Manhattan* y tantos otros personajes en tránsito por las Américas en cuentos de *O Banquete* a *Histórias Mal Contadas,* componiendo una verdadera genealogía de una diáspora brasileña que se afirma en los últimos diez años. Reflexión que encuentra eco y dialogo en el ensayo que da nombre al libro *O Cosmopolitsmo do Pobre* (2004), enfocando no sólo los intelectuales, mas las solidariedades transnacionales creadas a partir de migraciones de trabajadores, movimientos sociales y ONG, para quienes la cultura no es solamente una mercadería, pero sí un recurso para el desarrollo económico integrado a la constitución de ciudadanía, para usar los términos de George Yudice en *A Conveniência da Cultura* (2005). Esta redefinición de la nación ocurre también por una percepción extraña y extranjera de lo que es vivir en Brasil, a partir de sus muchos márgenes y fronteras.

También es a partir del entre-lugar que podemos incluir la experiencia gay en este redimensionamiento de la nación (Posso, 2003; Arenas, 2003), tratando su invisibilidad histórica no sólo como represión sino también de ambigua resistencia a partir de una afectividad entre hombres como lugar del habla sobre el mundo. Militancia sutil que reconstruye las estrategias de confrontación, evitando guetos y buscando el dialogo entre los diversos sujetos de una esfera publica más amplia, como bien lo discutió en "O Homossexual Astucioso", ensayo publicado en *O Cosmopolitismo do Pobre,* y que puede ser mejor entendido cuando es leído en conjunto con la novela *Stella Manhattan* y los cuentos *de Keith Jarret no Blue Note,* en la búsqueda de una alternativa a la perspectiva norte-americana, sin silenciar las cuestiones de género.

El entre-lugar sin embargo no es apenas el "rompimiento conceptual con el primado de origen" sin tener en consideración "relaciones de subordinación efectiva", dentro de una "crítica de carácter filosófico abstracto" para usar las palabras de Roberto Schwarz en *"Nacional por Subtração"* publicado en *Que horas são* (1997). Lo que está en pauta, como afirma Eneida Leal Cunha en "Lecturas de la Dependencia Cultural" (publicado en *Navegar É Preciso, Viver. Escritos para Silviano Santiago*, libro organizado por Eneida de Souza y Wander Miranda (1997: 132) es la diferencia entre la matriz marxista de la crítica de Schwarz y la matriz nietzscheana y del pensamiento postestructuralista que marca la mirada de Silviano Santiago.

Por lo tanto, el entre-lugar no es una abstracción, un no-lugar, sino otra construcción de territorios y formas de pertenecimiento, no es simplemente "una inversión de posiciones" en el cuadro internacional, sino un cuestionamiento de esta jerarquía, a partir de la antropofagia cultural, de la traición de la memoria y de la noción de corte radical (Santiago, 1982: 19-20), basadas teóricamente en el simulacro y la diferencia, a fin de proponer otra forma de pensar lo social y lo histórico, diferente de las críticas marcadas por una filosofía de la representación.

También se trata de otra política y una comprensión de la cultura marcada por una alegría que enfrenta la realidad como ella es, con sus problemas y potencialidades, al contrario del malestar frente a la industria cultural de linaje adorniano que Schwarz cultiva, casi como un *a priori* para la actividad crítica, pero que en el fondo revela una dificultad de aprender de forma compleja la sociedad brasileña marcada por la emergencia de una cultura de los medios de comunicación y de un proceso de intercambios transculturales nunca vistos en la historia de la humanidad en la que la dialéctica rarefacta de Paulo Emilio Salles Gomes es insuficiente.[6] En lugar de Adorno, vemos la sombra de Nietzsche, la alegría de la contracultura y del tropicalismo[7] que enfrenta la realidad en todas sus ambigüedades, atentas a sus discontinuidades y continuidades, en su pregnancia. Esto nada tiene de "alivio proporcionado al amor propio" (Schwarz, 1997: 35) ni de la "humillación de la copia explícita e inevitable" (*idem*). Como en la portada de *As Raízes e o Labirinto da América Latina*, el hombre negro trae y acaricia el tiburón pero también lo mata.

Los escritos de Silviano Santiago redimensionan la tradición intelectual brasileña a partir de un eclecticismo teórico que

---

[6] "No somos europeos ni americanos, sino destituidos de cultura original, nada nos es extranjero, pues todo lo es. La penosa construcción de nosotros mismos se desenvuelve en la dialéctica enrarecida o no ser y ser otro" (Gomes, 1996, p. 90).

[7] Creo que un divisor de las aguas en la historia de la cultura brasileña para enfatizar la diferencia entre los dos críticos y sus tradiciones intelectuales podría ser acentuada en una lectura comparada entre "Cultura y Política (1964-9)" en *O Pai de Família* de Roberto Schwarz e o "Caetano Veloso como Superastro" de Silviano Santiago en *Uma Literatura nos Trópicos*.

incorpora el impacto del pensamiento de Derrida, y también de Foucault y Deleuze; pasando por el debate sobre la posmodernidad hasta el dialogo fecundo con los Estudios Culturales. Como estrategia, rehúsa quedarse a la sombra de los grandes maestros del pasado, ser comentador comportándose bien, evitando su canonización. Silviano Santiago desplaza el pensamiento de estos autores fuera del canon moderno y los hace vivos, actuantes, políticos. En este sentido, el entre-lugar podría ser entendido en dialogo con el subalterno de Gayarti Spivak y la poética de relación de Eduard Glissant, estrategias marcadas por un entrecruzamiento teórico y existencial semejante, dentro del cuadro poscolonial[8] posterior a la Segunda Guerra Mundial. La fecundidad del entre-lugar en el cuadro ofrecido por Negri y Hardt a través del imperio que "no establece un centro territorial de poder, ni se basa en fronteras o barreras fijas" (2004: 12-13) está no sólo en contribuir para romper las relaciones unidireccionales entre lo que antes llamábamos metrópoli/colonia, primer mundo/tercer mundo, centro/periferia; pero también pensar resistencias globales.[9] No sólo Eça de Queirós puede ser autor de *Madame Bovary,* asimismo podemos leer Homi Bhabha a partir de Silviano Santiago, identificado no sólo un entre-lugar sino también un "entre-tiempo" (Bhabha, 1998: 338) donde narrativas y contra-narrativas de nación emergen.

La opción de Silviano Santiago no es la de un sumergimiento conceptual, de naturaleza filosófica, sino tal vez una actitud más productiva, que es menos la de un teórico, como de otro contemporáneo suyo, maestro de muchos de nosotros, Luiz Costa Lima, más que un crítico y lector que sigue los conceptos en la medida en que los propios textos lo solicitan, hace de la conversación una actitud más que intelectual, existencial. Entre la universidad y la escena pública, *intelectual cult* como lo llamó

---

[8]   Para el debate en torno del poscolonialismo (Mcclintock, 1992; Shohat, 1992; Dirlik, 1997; Ribeiro, 2003; Hall, 2003; Mignolo, 2003; Gruner, 2005).

[9]   "La resistencia de la izquierda de los años 60 se localizó en las identidades de entidades sociales o grupos nacionales y regionales anclados en la localización de las luchas contra el espacio homogéneo y diferenciado de las redes globales. Lo que antes era mecanismo primario de defensa contra la dominación del capital extranjero y/o global se tornó relativo" (Negri y Hardt, 2004, p. 63).

Eneida Souza (2002), *intelectual pop* sin temor del mercado y de la moda como su otro heredero, Itálo Moriconi. *Cult* y *pop*. Estrategia intelectual anfibia del crítico cultural y escritor que seduce públicos diversos, a veces con la carnada, Derrida, a veces con la carnada-culturalista, para citar apenas dos, barajando las referencias, las recrea, no siendo más ni derridiano, ni culturalista; pero tal vez los dos lectores, fieles a sus posiciones intelectuales, puedan salir felices si lo que procuran de manera narcisista es un espejo. Pero si por acaso se permiten otra aventura, verán lo que puede haber de singular en este posicionamiento, que no se coloca en la postura resentida de intelectual periférico aislado, provinciano y autorreferente ni en la posición de divulgador de novedades de ultramar, disciplinado e insípido comentador, epígono sin fuerza propia.

Silviano Santiago salta de una posición a otra, rompiendo expectativas. Como si dijera donde quieras Derrida soy Minas Gerais, donde cultura soy literatura, donde quieras Mario de Andrade soy posmodernidad, donde quieres Borges soy Puig, donde quieres el profesor, soy Lou Reed, Clara Nuñes, Antony & The Johnsons. O todo al contrario y al mismo tiempo. Tránsito entre saberes, lenguajes conceptos y perspectivas teóricas. Trayectoria errática y múltiple entre el deseo de estar en su tiempo y abrir y rehacer tradiciones. El entre-lugar es espacio concreto y material, político y existencial, local mediático y transnacional, de afectos y memorias.

En *O Cosmpolitismo do Pobre*, el autor reafirma el movimiento iniciado en su clásico y ya citado *O entre-lugar do discurso latino-americano,* al pensar alternativas a los grandes sistemas totalizantes, homogeneizados y excluyentes, tengan éstos los nombres de capitalismo o nación, pero sin perder el posicionamiento y compromiso en un mundo ya entonces pos utópico, ni caer en el desespero de la dualidad revolución o barbarie. Walter Benjamin defendía una barbarie necesaria al hablar de que "el nuevo bárbaro no ve nada permanente. Pero justamente por eso, ve caminos en toda parte. Donde otros encuentran muros o montañas, allí él ve un camino. Mas porque justo porque ve un camino en toda parte, él tiene que limpiar ese camino[...] Porque ve caminos en toda parte, él siempre se coloca en encrucijadas" (Benjamin citado en Hardt y Negri, 2004: 235). Y si a estas disposiciones bárbaras podemos reconocerlas con Negri y Hardt, o por lo menos apostar que ellas aún pueden estar "antes y encima de todo en las relaciones corporales y en las configuraciones de género y sexualidad" (2004: 235). Tal vez esta nueva barbarie necesaria esté marcada no tanto por la confrontación, la destrucción y la invasión, pero por la desaparición, entendida no como gesto de desistencia, extinción, sino afirmación frágil y sutil de una voluntad, de un deseo. Desaparecer para pertenecer pero a un último paisaje:

> Desde que el paisaje es paisaje, deja de ser un estado del alma. Que los Dioses todos me conserven, hasta la hora en que cese éste mi aspecto de mí, la noción clara y solar de la existencia externa, el instinto de mi no importancia, el consuelo de ser pequeño y de poder pensar en ser feliz (Soares, 1992: 36-7).

El sin nietzscheano evocado antes como afirmación y también como pregunta nos condujo ahora a la disolución en la multitud. No necesitamos esperar por los bárbaros, como en el conocido poema de Konstantin Kaváfis. Los bárbaros están entre nosotros y, si, ellos son una solución.

En tiempos difíciles, como el nuestro, sin revolución, pero no sin esperanzas, en donde cinismo y escepticismo aparecen como estrategias inmovilizadoras, disfrazadas de actitudes críticas, leer a Silviano Santiago continua siendo una referencia para realizar una política del fragmento y de la diversidad. No leer con (por dentro o en compañía), ni leer contra, leer entre lo que posibilita movimientos, desplazamientos, infidelidades, aproximaciones y alejamientos.

En medio de este viaje por textos y recuerdos, me gustaría, a partir del entre-lugar, privilegiar en los escritos de Silviano Santiago no tanto al crítico de cultura y literatura brasileñas, sino una reflexión que contribuye en la formación de objetos transnacionales. El entre-lugar es por lo tanto nuestra puerta de entrada para la formulación de paisajes transculturales y del diálogo entre América Latina y el Extremo Oriente, y a la que me gustaría dedicarme en los próximos años.

El entre-lugar es la respuesta teórica y política a la construcción de nación como sistema orgánico dentro de una historia linear. Espacio de tránsitos entre tiempos, culturas y lenguajes. El entre-lugar constituye un importante paso en la implosión de la dialéctica y/o dualidad entre arte y sociedad,[10] bien como ir más allá de los estudios de representaciones sociales,[11] radicalizando las aperturas realizadas por el debate sobre articulaciones[12] mediaciones[13] y circuitos[14] en un flujo de discursos e imágenes que transiten social y temporalmente. Los paisajes transculturales son todavía una alternativa historiográfica y crítica a la naturalización de historias nacionales, estableciendo un espacio ampliado, multimediático, más allá del "entre-imágenes" (Bellour, 1997) o del audiovisual –dos esfuerzos conceptuales loables pero insuficientes– que transite por diferentes lenguajes artísticos, productos culturales y procesos sociales.

El entre-lugar es una estrategia de resistencia que incorpora lo global y lo local, que busca solidaridades transnacionales a través de la comparación para aprender nuestro hibridismo (Santiago, 1982: 19), fruto de rupturas de fronteras culturales. La apuesta de Silviano Santiago también puede ser dar en el sentido de un multiculturalismo crítico y no apenas de inclusión en una sociedad de consumo. En ese sentido, el entre-lugar no escenifica apenas el privilegio social de ricos e intelectuales, sino las migraciones y diásporas de masas de pobres.

El debate sobre globalización y multiculturalismo tiene abierto diversas posibilidades a partir de términos como poscolonialismo, subalternidad, fronteras, hibridismo, imperio, "giro descolonizador", etc. Nuestra búsqueda es la de pensar alternativas

---

[10] A lo que me refiero en general es a la necesidad de ir más allá de una perspectiva marxista, y en particular, en el contexto brasileño de los estudios literarios, a la importancia de orear y no monumentalizar la herencia de Antonio Candido.

[11] Obviamente no nos estamos refiriendo a obras sofisticadas como la de Auerbach y Costa Lima centradas en la discusión de la mímesis.

[12] "Formas de pensar las estructuras como juego de correspondencias, no correspondencias y contradicciones; fragmentos al contrario de unidades (Slack, 1996, p. 112).

[13] "Lugares de los cuales provienen las construcciones que delimitan y configuran la materialidad social y la expresividad cultural de un medio (Barbero, 1997, p. 292).

[14] "El circuito es la estructura de circulación de los textos. Se trata de una noción panorámica, apuntando demarcar terrenos en el plano histórico-situacional. Los circuitos determinan las molduras, los *frames* discursivos a partir de los cuales se puede analizar más de cerca cada obra o trayectoria autoral en particular" (Moriconi, 2005).

a la nación como categoría de análisis de la cultura sin adherir a la celebración puramente mercadológica y tecnocrática de una globalización anodina. Argumentaré a favor del término de paisaje transcultural no sólo para problematizar la nación como una narrativa (Bhabha, 1998), sino también para evitar pensarla a partir del concepto de heterogeneidad (Cornejo Polar, 2000), considerándola como totalidad contradictoria y fragmentada. Estas posiciones entre otras, sin duda, avanzaron en la discusión de forma sensata, aunque a veces es más fructífero ser insensato, si quisiéramos ir más lejos.

Para la delimitación de lo que serían los paisajes transculturales, más allá del dialogo preferencial que vamos a realizar con Arjun Appadurai y Néstor García Canclini, sería importante recordar que el campo semántico de este término tiene una genealogía latinoamericana[15] que remonta a temas recurrentes como los de mestizaje y sincretismo. Nuestra propuesta puede ser comprendida como una densificación y también como una discontinuidad en relación con estos debates con larga tradición, respectivamente y, sobre todo, en las cuestiones raciales y religiosas. Aun corriendo el riesgo de simplificación, sería importante precisar no sólo las diferencias sino también el linaje que se establece, que podría ser visualizado: mestizaje/sincretismo + política <entre-lugar + medios de comunicación> hibridismo + globalización = paisajes transculturales. Como vimos, el entre-lugar es una respuesta política, de fines de los años 90, a los límites de los discursos del mestizaje y del sincretismo, cuestiones que se levantan más allá de las fronteras del concepto de cultura nacional. Tal vez la gran contribución de Canclini esté en colocar los entre-lugares, las interculturalidades desasociadas de la constitución de una cultura de los medios de comunicación como horizonte de nuestras experiencias, prácticas sociales y políticas, sin, necesariamente, mitificar el mercado, como hicieron varios críticos (véase, por ejemplo, Moraña, 1997: 48). Y Appadurai escenifica la exacerbación de los flujos interculturales en el cuadro de la globalización de los años 90, después de la caída del Muro de Berlín.

---

[15] Para un diálogo de la tradición hispanoamericana de reflexión sobre la transculturación y el pensamiento de Homi Bhabha (Kraniauskas, 2001).

El término "transculturación", implícito en la discusión de Appadurai, no es en sí mismo nuevo, remite al *Contrapunteo Cubano del Tabaco y el Azúcar,* clásico trabajo de Fernando Ortiz (1940) retomado para un análisis literario por Ángel Rama en *Transculturación narrativa en América Latina* (1982), aunque su alcance no se restringe a éste, se articula a la noción de entre-lugar desarrollada por Silviano Santiago y recuperada por Mary Louise Pratt (1999: 30) en la expresión zona de contacto, o aun por una estética bilingüe (Sommer, 2004) y una gnosis o "pensamiento liminar", comprendido como un conocimiento más allá de lo académico", alternativo a la epistemología (dominio del conocimiento y de la verdad) y a la hermenéutica (dominio del sentido y de la comprensión humana), formado en el cuadro pos-iluminista (Mignolo, 2003: 30), dentro del esfuerzo de descolonización del conocimiento, concebido "de las márgenes externas del sistema mundial colonial/moderno" (*idem*: 33) pero en diálogo con la epistemología a partir de saberes que fueron subalternizados en los procesos imperiales (*idem*: 34), al contrario de una hermenéutica seria monotópica, centrada en la perspectiva de un sujeto cognoscitivo, situado en la tierra universal de nadie (*idem*: 42) una hermenéutica pluritópica que acontece en el entre-lugar de conflictos y saberes, y estructuras de poder (*idem*: 40).

Al pensar en un paisaje transcultural, no estamos colocándonos más en el espacio comprometido del tercermundismo, como fue desarrollado en los años 60, sino procurando transversalidades que atraviesen diferentes paisajes y culturas, sin ignorar las desigualdades en las relaciones de poder, y también procurando responder al contexto desarrollado a partir de los años 70 del siglo pasado. "El paisaje no es apenas el involucramiento pasivo de la todopoderosa narrativa, sino la dimensión mutante y perdurable de toda mudanza y todo intercambio" (Glissant, 2005: 30).

El desafío no esta sólo en ir más allá de las marcas nacionales, sino de las marcas continentales. A pesar del interés y la rentabilidad que el concepto de diáspora ha traído para este debate, fundamentado por el tránsito masivo de trabajadores, normalmente lo que es escenificado es un drama intercultural. El riesgo sería una permanente referencia a un origen cada vez más remoto, en la medida en que generaciones se suceden unas otras y son relocalizadas (como en el caso de la cultura "latina" en Estados Unidos). Es importante rescatar que incluso la interculturalidad se produce mucho más a través de los medios masivos de comunicación que por movimientos migratorios, para retomar la provocación hecha por Canclini (2000: 79), pero aún poco desarrollada, sin olvidar que las diásporas y los tránsitos hechos por medios de comunicación son complementarios (Appadurai, 1996). Mientras tanto, son las transculturalidades mediáticas las que nos interesan y explicitan más la perdida de un origen, multiplicando las mediaciones y lecturas, en una historia, a veces difícil de percibir, y creando frutos, a veces, inesperados.

El paisaje se transformó en una rica categoría, como lo defiende Arjun Appadurai, para comprender las disyunciones entre economía, cultura y política en la contemporaneidad a partir de paisajes étnicos (*ethnoscapes*), mediáticos (*mediascapes*), tecnológicos (*technoscapes*), financieros (*financescapes*), ideológicos (*ideoscapes*), para indicar "que no se trata de relaciones objetivamente dadas que tienen la misma apariencia a partir de cada ángulo de visión, antes que nada son interpretaciones con profundas perspectivas, modeladas por el posicionamiento histórico, lingüístico y político de las diferentes especies de agentes" (Appadurai, 1999: 312). Estos paisajes son "formas fluidas e irregulares" (*idem*: 313), al contrario de las comunidades[16] idealizadas, son lugares donde se vive (*ibidem*) aunque no sean necesariamente geográficos. No se trata de negar las relaciones tradicionales de proximidad y vecindad, sino pensar nuestra posibilidad como constituida también por "comunidades de sentido transnacional" (Appadurai, 1996: 8). A esta perspectiva culturalista pretendemos sumar la tradición de la historia del arte, para concebir el paisaje no sólo como espacio de relaciones sociales sino imagen, "artificio", y hasta "construcción retórica" (Cauquelin, 1989: 20, 22, 27 y 30).

Al unir estas dos perspectivas originarias de la historia del arte y de los estudios culturales, retomo el desafío que Appadurai lanzó en el inicio de *Modernity at Large,* sin necesariamente

---

[16] El debate sobre la actualidad del concepto comunidad se ha desdoblado no sólo filosóficamente a partir de trabajos como los de Blanchot, Agamben, Nancy (para una síntesis véase Pelbart, 2003, pp. 28-41 y Tarizzo, 2007, pp. 31-62) bien como en los cuadros de los estudios mediáticos (Paiva, 2003).

desenvolverlo. Nuestro objetivo aquí sería procurar volver más rentable su propuesta no sólo para etnografías sino para el análisis de productos culturales y obras artísticas. Tras la propuesta de un paisaje transcultural, está la comprensión, cada vez más recurrente de que "la globalización no es sólo la historia de la globalización cultural" (*idem*: 11) reducida a una hegemonía norteamericana, ni se trata de adherir a una fuga en localismos aislacionistas. "Cualquier propuesta de comunidad particular aislada, definida en términos raciales, religiosos o regionales, "desvinculada" del Imperio, protegida de sus poderes por fronteras fijas, está destinada a acabar como una especie de gueto. No se puede resistir al Imperio con un proyecto que apunta a la autonomía limitada y local" (Hardt y Negri, 2004: 226).

Al evitar dualismos, el culturalismo aquí defendido es la movilización consciente de las diferencias culturales a servicio de la política transnacional más amplia. Estos paisajes transculturales que estamos procurando delinear son entre-lugares. Su mapeamento radicaliza las propuestas sobre hibridismo –procesos socioculturales de intersección y transacción constituidora de interculturalidades–, evitando que el multiculturalismo se torne un proceso de segregación (Canclini, 2001: 14 y 20), o como prefiero afirmar una cultura pop transnacional más allá de la oposición tradicional/moderno, rompiendo las distinciones y jerarquías entre lo culto, lo popular y lo masivo (Canclini, 1997: 283) y que constituye "translocalidades" (Appadurai, 1996: 192) por los flujos mediáticos, redimensionando lo próximo, lo distante y el propio campo intelectual, así como crea una moldura para diferencias no necesariamente decurrentes de especificidades nacionales,[17] oponiéndose "a cualquier discurso esencialista de identidad, autenticidad y pureza culturales" (Canclini, 2001: 16). No se trata de mitificar el mercado, sino de comprenderlo como parte indisociable no sólo de las condiciones de producción y circulación de bienes culturales, sino también como experiencia,

---

[17] Alberto Moreiras (2001) se pregunta si los estudios culturales pueden desarrollar un sentido de pensamiento que no esté más asociado con postulados estético-historicistas destinados a la construcción y fortalecimiento del Estado nacional-popular. Apuesto por esta posibilidad en este artículo.

parte de nuestra vida cotidiana, de nuestros afectos y memorias, así como dato estético fundamental.

Es importante argumentar que esta propuesta se inserta en un cuadro más amplio de una estética de la comunicación que hemos desarrollado en los últimos años. No se trata aquí de resumir ese debate, pero apenas recordar, que a pesar de considerar las películas como materialidades y no como lenguajes específicos, apuntamos para un dialogo importante de ser desarrollado con el área de estudios de cine. Aunque hay gran cantidad de análisis fílmicos que exploran temas en correlación con la inter y la transculturalidad, tuve dificultades para encontrar trabajos que fueran contribuciones conceptuales. Destaco algunos libros que colocan esta cuestión a partir del cine y que han sido estímulos importantes para mi trabajo: *Unthinking eurocentrism* de Robert Stam y Ella Shonat (1994), *Skin of the Film* de Laura Marks (2000), *Accented Cinema* de Hamid Naficy (2001) y *Terras e Fronteiras no Cinema Político Contemporâneo* de Andréa França (2003).

Antes de dialogar con estos autores, hay un punto de partida en este recorte que me gustaría compartir. Se trata de una impresión de que la crítica cinematográfica brasileña en la universidad se ha concentrado, mayoritariamente, en estudiar el cine brasileño, aunque no le falta conocimiento actualizado de la producción internacional. En los pocos estudios realizados por nosotros sobre películas no brasileñas, como también en los estudios hechos sobre cine brasileño, el crítico no problematiza su lugar en el discurso, su condición periférica, colocándose en el espacio puro de la teoría mezclado con una cinefilia voraz.

En un país que aún carece de buenas bibliotecas, cinematecas y archivos públicos actualizados para realizar investigaciones de gran envergadura, más allá de los horizontes nacionales, aun cuando hace investigaciones de mayor aliento fuera de un foco en el cine nacional, el crítico brasileño se centra en la producción norteamericana y de Europa occidental, sin tener en consideración las cinematografías africana, asiática[18] y hasta la de otros

---

[18] En este caso, para una perspectiva dialógica relativa al cine contemporáneo, me interesé en particular por *Caminhos de Kiarostami* de Jean Claude Bernardet (2004) y el artículo "Towards a Positive Definition of World Cinema", de Lúcia Nagib en *Remapping the World Cinema* (2006).

países latinoamericanos. Lo nacional[19] puede ser aquello que nos habla más, pero también puede ser una artimaña, una forma de silenciamiento, sobre todo al ser convidados a acontecimientos fuera de Brasil para hablar sobre un cine menor en el escenario internacional y en gran medida desconocido, forma de no cuestionar teórica ni analíticamente los debates de los centros hegemónicos del saber, colocándonos como serviles comentadores, divulgadores y epígonos. Mientras a los críticos de los países centrales les está franqueado el mundo, nuestro trabajo interesaría sólo en la medida en que representemos y hablemos sobre nuestra cultura nacional, como espacio concedido de habla para que unos pocos oigan, migajas a las que algunos se lanzan ávidamente. Como nos provoca Mitsushiro Yoshimoto, al contrario de naturalizar la cultura nacional como poseedora de una dimensión crítica en el escenario contemporáneo, "necesitamos reexaminar cuidadosamente si al enrolarnos con los estudios de cine nacional, no estamos reproduciendo mecánicamente, en vez de analizar, el cuadro ideológico poscolonial construido por las naciones postindustriales occidentales" (1991: 257). Por otro lado, para constituir consistentemente una crítica transcultural, en vez de querer ser reconocidos en el campo de la teoría como especialistas en pie de igualdad con los estudiosos nativos de otras cinematografías, la estrategia comparativa puede ser más rica y eficiente, sin cosificar el origen ni dejar de producir conceptos, fuera de los guetos de estudio de una cultura nacional o todavía en los limites geopolíticos de los estudios de un continente, pero comprendiendo las formas desiguales con que el conocimiento es producido en diferentes lugares, siempre tenido en consideración por George Yudice en "We are not the World", publicado en la *Social Text*, que al "seleccionar cualquier texto para representaciones culturales se debe estar atento a las redes de diseminación que tornaron aquel texto disponible. Después de todo lo dicho, no deberíamos tratar los textos como si ellos estuvieran inocentemente ahí, listos para ser tomados" (1992: 212). En ese sentido, la lectura de *Unthinking Eurocentrism* de Robert Stam y Ella Shohat (1994), traducido al portugués este año, como *Crítica da Imagem Eurocêntrica,* es importante referencia,

---

[19] Para una visión que busca actualizar el debate del cine nacional de forma renovada (Mascarello, 2008, pp. 25-54).

primero por asumir el hibridismo como trazo epistemológico y analítico, desarticulando jerarquías entre cine de autor y comercial, analizando tanto productos culturales masivos como obras experimentales en un continuo; bien como por una búsqueda de categorías de tránsito entre culturas. Los autores no atacan las culturas europeas, pero critican el eurocentrismo como "un discurso que coloca como única fuente de saber a Europa", ubicando sus valores y padrones como universales (1994: 2-3). El eurocentrismo se constituye más como un posicionamiento implícito que como posicionamiento político consciente (*idem*: 4) con consecuencias desde el punto de vista historiográfico, al considerar el arte y la teoría de los países centrales como las únicas matrices posibles, teniendo los otros países una posición marginal, meros apéndices en la historia mundial, sus culturas reducidas a hechos sociales sin validez estética o recordadas por algunos momentos de fulguración, cuando no simplemente erotizados. El multiculturalismo, preconizado por Stam y Shohat, descoloniza la representación no sólo en términos de artefactos culturales (como sería en el caso de políticas de representaciones a partir de identidades estrechas) sino también de las relaciones de poder entre comunidades (*idem*: 4). Posición atenta a la identificación de quien produce y distribuye los productos audiovisuales (*idem*: 47 y 103).

Entre tanto nuestro foco se dará, sobre todo, no en el sentido de entender las estrategias de comunidades nacionales, étnicas y locales de crear y distribuir sus propias imágenes, sino en la lectura de constelaciones de películas que escenifican a partir de los años 90, diferentes facetas de la relación independiente entre lo global y lo local. Películas que leídas –por posicionarse menos en una tradición experimental[20] y más entre el cine clásico y el cine moderno– como obras artísticas y productos culturales, incluidos algunos elementos de lo que Hamid Naficy llamó *accented cinema:* films producidos de modo capitalista aunque alternativo, sin ser necesariamente opuestos, en el sentido de definirse primordialmente contra un cine dominante *unaccented,*

---

[20] En ese sentido, a diferencia del proyecto de Laura Marks que privilegia una tradición experimental, o incluso de Hamid Naficy que privilegia una especie de cine transnacional independiente a través de su rúbrica de un *accented cinema*.

ni necesariamente radicales porque actúan como agentes de asimilación y legitimación de cineastas y sus audiencias, y no sólo como agentes de expresión y desafío (2001: 26). Diferente del cine del tercer mundo en el que lo que más importaba era la defensa de la lucha armada o de la lucha de clases, en una perspectiva marxista; se trata de un cine hecho por personas desplazadas [o] comunidades diásporicas, comprometido menos con el pueblo o las masas al hallarse marcado por experiencias de desterritorialización (*idem*: 30-1). Por fin, todavía partiendo de referencias y objetos distintos, nuestra propuesta se encuentra con la de Andréa França por el deseo de pensar más allá de las cinematografías nacionales (2003: 24). Lo que desarrollé a partir del entre-lugar hasta los paisajes transculturales dialoga y gana espesura cinematográfica en la noción de frontera que no sólo separa y demarca, pero genera otros espacios: "El cine inventa espacios transnacionales de solidaridad, espacios que ansían una especie de adhesión silenciosa. El cine tiene la potencia de acentuar la singularidad de una comunidad de diferentes" (*idem*: 25).

El debate sobre paisajes transculturales es nuestra puerta de entrada para el estudio de las relaciones entre cine y globalización a partir de la década de 1990 del siglo XX, especialmente entre América Latina y Extremo Oriente, y al que me gustaría dedicarme en los próximos años.

Como una rápida ilustración podemos mencionar los films Wong Kar Wai, en los que la banda sonora[21] transita entre la música erudita y el pop norteamericano, la ópera china y la música latinoamericana. De cualquier forma, haciendo de la música una llave para sus films (Yueh-yu, 1999: 1). La repetición con que ciertas músicas, temas o motivos aparecen en el transcurso de una misma película hace pensar en el uso que la publicidad masiva utiliza para fijar *slogans*, vender productos, entre otras cosas, en la valorización de la redundancia en detrimento de la densidad como elemento estético en el escenarios posmoderno.

---

[21] Si el estudio de bandas sonoras ya posee una buena bibliografía, desde *Unheard Melodies*, clásico libro de Claudia Gorbman, la obra de Michel Chion a trabajos más recientes como el de Anahid Kassabian; sin embargo, la relación entre interculturalidad y banda sonora es todavía poco mencionada. Como excepción, véase el trabajo de Jill Leeper (2001) sobre *Touch of Evil* de Orson Welles.

Es el propio director quien afirma que le gustaría que las personas recuerden la película al escuchar la música, al contrario del clip en el que la imagen vende la música (citado en Bordwell, 2000: 278-9).

Para pensar este tránsito transcultural, fundiendo sonido e imagen, es que la idea de audiotopía viene a ayudarnos. Si la utopía no está en ningún lugar, el término foucaultiano de una heterotopía representa "un tipo de utopía efectivamente encarnada, caracterizada por la yuxtaposición, en un único lugar, de varios espacios que son incompatibles entre sí" (Kun, 1997: 289), donde las audiotopías serían instantes específicos de las heterotopías, "espacios sónicos de deseos utópicos donde varios lugares normalmente incompatibles son reunidos, no solamente en el espacio de una pieza particular de música, pero en la producción del espacio social y mapeo del espacio geográfico que la música hace posible" (*idem*: 289). La función de oír audiotopías y focalizar en el propio espacio de la música, "espacios sociales, geografías y paisajes que la música posibilita, refleja y profetiza" (*idem*: 289-290). En última instancia, las audiotopías son zonas de contacto entre espacios sónicos y sociales" (*ibidem*).

Como en el inicio de *Felices juntos* (1987) de Wong Kar Wai, donde podemos ver en las tomas de las cataratas de Iguazú, en la frontera entre Brasil, Argentina y Paraguay, imágenes del desencuentro entre amantes, pero que traducen todo un encantamiento, a pesar de todo el dolor, al son de Caetano Veloso cantando en español "Cucurrucucú, Paloma", un clásico de la música popular mejicana, compuesto por Tomás Méndez. Una vez más tenemos aquí un interesante encuentro entre Asia y América Latina a través de la circulación de la música latinoamericana, desde la primera mitad del siglo pasado, sea vía películas hollywoodenses o por presencia de cantantes filipinos en Shangai, el más importante centro cultural de China en los años 30 y 40, como también podemos ver en la obra de Satanley Kwan. O para dar otro ejemplo, "Perfidia", otro clásico de la música popular latinoamericana, que puede tanto aparecer en los films de Won Kar-Wai, como reciclada por el grupo de rock Café Tacuba, o todavía en *Alexandria... Why?*, película de Youssef Chahine que transcurre en el Egipto de los años 40. Las películas de Wong Kar Wai tendrían una visión muy limitada si los comprendiéramos apenas situadas en la historia de Hong Kong o de China, como extraemos de una recurrencia casi obsesiva de las canciones cantadas por Nat King Cole, cantante favorito de su madre, entre otras canciones clásicas hispanoamericanas, interpretadas con frecuencia por cantantes norteamericanos que hicieron circular a la música latinoamericana por Estados Unidos, bien como sería interesante recordar también que músicas del pop inglés aparecen en sus películas cantadas en chino. Por fin, las constantes referencias a Manuel Puig no son gratuitas, por encarnar como ningún otro una erudición calcada en la cultura de masas (Santiago, 2006a). De cualquier manera, estos tránsitos, especialmente en América Latina y Asia, representan la génesis de un interesante caso de transculturalidad, reconstructor de purismos nacionales, definido más por los procesos mediáticos que por los grandes flujos migratorios, diásporas (Canclini, 2000: 79), que exigen, ciertamente un mejor estudio.

Volviendo a la película *Happy Together*, la toma de las cataratas del Iguazú en el inicio de la película abre otra posibilidad de lectura, tal vez más que por la propia música, por la constitución de un paisaje transcultural. Los jóvenes amantes de Hong Kong que viven en condiciones precarias en Buenos Aires, con vidas marcadas inicialmente por la soledad y por el aislamiento, ven en el viaje a las cataratas del Iguazú una posibilidad de renovación de su relación. Lo que acontece es, exactamente, lo contrario: la separación sin que ninguno de los dos termine yendo a las cataratas, restando apenas su imagen en un souvenir que queda en el departamento donde viven. Mientras tanto, su imagen grandiosa aparece en la película, interrumpiendo la estructura narrativa, marcada por las ida y venidas de la relación. La suspensión narrativa, diferente de la discreción con la que las bandas sonoras tienen comúnmente en el cine clásico hollywoodense (Gorman, 1987: 71-3), aquí nos lleva a escuchar las imágenes y ver el sonido. Este espacio de frontera cultural, de desencuentro amoroso, traduce todo lo que no puede ser hablado en palabras, como el abismo sorbiendo el agua del río, así también los amantes son tragados cada vez más en la complejidad de sus afectos.

Al final de la película, sólo Fai (Tony Leung), que va a las cataratas, aparece, entonces, al son de un tango de Astor Piazolla, mojado por el agua del río, esa tristeza y el dolor que el agua parece llevar, en un acto de renacimiento. Es en este lugar extranjero que Fai se encuentra, antes de volver a Hong Kong.

En la segunda parte de la película, aparece Chang, colega de trabajo de Fai en un restaurante chino, Al poseer un oído extremadamente aguzado, la cuestión de la importancia de los sonidos más banales en la composición de la película es realzada. Es por el sonido de la voz de Fai al teléfono que Chang se aproxima a él. Y es también Chang quien lleva la grabación de los sollozos y las lágrimas de Fai, escena equivalente al renacimiento bajo las cataratas del Iguazú, hasta el "fin del mundo", Ushuaial en la Tierra del Fuego, otra región marcada por la magnitud, en la frontera entre Argentina y Chile, en el extremo sur de América.

Por fin, cuando Fai pasa por Taipei, donde la familia de Chang vive, oímos *Happy Together*, música de The Turtles, más una lectura del amor romántico heterosexual para una clave gay, como en el caso del tango (Gatti, 2005). Lectura contemporánea, marcada por la fragilidad y también rapidez de los afectos, que apunta para una posibilidad de encuentro y felicidad, aunque en la distancia geográfica. Es en la transitividad de la música entre culturas que encontramos unos de los paisajes más ricos para pensar la pertenencia de forma postidentitaria y translocal.

Palabras nacen Palabras mueren. Palabras son olvidadas, se multiplican generan otras palabras otros paisajes. Paisajes para contemplar, Paisajes en donde podamos vivir más, mucho más.

Bibliografía

Aguilar, Gonzalo, "Oriente grau zero: *Happy together* de Wong Kar Wai", mimeo, 2008.

Appadurai, Arjun, *Modernity at Large. Cultural Dimensions of Globalization*, Minneapolis, University of Minnesotta Press, 1996.

——, "Disjunção e Diferença na Economia Cultural global", en Mike Featherstone (org.), *Cultura Global*, Petrópolis, Vozes, 1999, 3a ed.

Arenas, Fernando, *Utopias of Otherness*, Minneapolis, University of Minnesotta Press, 2003.

Barbero, Jesús Martín, *Dos Meios às Mediações. Comunicação, Cultura e Hegemonia*, Rio de Janeiro, UFRJ, 1997.

Bellour, Raymond, *Entre-imagens*, Campinas, Papirus, 1997.

Bhabha, Homi, *O Local da Cultura*, Belo Horizonte, UFMG, 1998.

Bordwell, David, *Hong Kong Planet*, Cambridge, Harvard University Press, 2000.
Canclini, Néstor García, *Culturas Híbridas*, San Pablo, Edusp, 1997.
—— , *La Globalización Imaginada*, Buenos Aires, Paidós, 2000.
—— ,"Prefácio" en *Culturas Híbridas*, Barcelona, Paidós, 2001.
Candido, Antonio, "Literatura e Subdesenvolvimento", en A Educação pela Noite e Outreos Ensaios, San Pablo, Atica, 1987.
Cauquelin, Anne, *L'Invention du Paysage*, París, Plon, 1989.
Chion, Michel, *Un Art Sonore, Le Cinéma. Histoire, Esthéique, Poéique*, París, Cahiers du Cinema, 2003.
Cornejo Polar, Antonio, *O Condor Voa. Literatura e Cultura Latino-Americanas*, Belo Horizonte, UFMG, 2000.
Cunha, Eneida Leal, "Leituras da Dependência Cultural", en Eneida Maria de Souza; Wander Melo Miranda (orgs.), *Navegar é Preciso, Viver. Escritos para Silviano Santiago*, Belo Horizonte-Niterói-Salvador, UFMG-EdUFF-EdUFBA, 1997.
—— (org.), *Leituras Críticas sobre Silviano Santiago*, Belo Horizonte-San Pablo, UFMG-Fundação Perseu Abramo, 2008.
—— (org.), *Leituras Críticas de Silviano Santiago*, Belo Horizonte-San Pablo, UFMG/Fundação Perseu Abramo, 2008.
Dirlik, Arif, *The Postcolonial Aura*, Boulder, Colorado, Westview, 1997.
França, Andréa, "Terras e Fronteiras", en *Terras e Fronteiras no Cinema Político Contemporâneo*, Río de Janeiro, 7Letras, 2003.
Glissant, Édouard, *Introdução a uma Poética da Diversidade*, Juiz de Fora, EdUFJF, 2005.
Gomes, Paulo Emilio Sales, "Cinema: trajetória no subdesenvolvimento" en *Cinema: Trajetória no Subdesenvolvimento*, Río de Janeiro, Paz e Terra, 1996.
Gómez, Santiago Castro; Grosfoguel, Ramón (orgs.), *El Giro Decolonial. Reflexiones para una Diversidad Epistémica más allá del Capitalismo Global*, Bogotá, Universidad Central/Instituto de Estudios Sociales Contemporáneos/Pontifícia Universidad Javeriana/Instituto Pensar, 2007.
Gorbman, Claudia, *Unheard Melodies*. Bloomington/Indiana, Indiana UP, 1987.
Grimson, Alejandro, *Interculturalidad y comunicación*, Buenos Aires, Norma, 2000.

Grüner, Eduardo, "La Globalización, o la Lógica (no solo) Cultural del Colonialismo Tardío", en *El Fin de las Pequeñas Historias*, Barcelona, Paidós, 2005.
Hall, Stuart, "Quando foi o Pós-Colonial? Pensando no Limite" en *Da Diáspora*, Belo Horizonte, UFMG, 2003.
Kassabian, Anahid,*Hearing Film*, Nueva York, Routledge, 2001.
Kraniauskas, John, "Translation and the Work of Transculturation", en *Traces,* 1, 2001, pp. 95-108.
Kun, Josh, "Against Easy Listening. Audiotopic Readings and Transnational Soundings", en Celeste Delgado y José Muñoz (orgs.), *Everynight Life. Culture and Dance in Latin America*, Durhan, Duke University Press, 1997.
Leeper, Jill, "Crossing Musical Borders: The Soundtrack for Touch of Evil", en Pamela Robertson Wojcik y Arthur Knight (orgs.), *Soundtrack Available*, Durham y Londres, Duke University Press, 2001.
Lopes, Denilson, "Paisagens da Cultura, Paisagens Sonoras", en Jeder Janotti (org.), *Comunicação e Música Popular Massiva*, Salvador, EdUFBA, 2006.
Marks, Laura, *The Skin of the Film*, Durham, Duke University Press, 2000.
Mascarello, Fernando,. "Reinventando o Conceito de Cinema Nacional", en Mauro Baptista y Fernando Mascarello (orgs.), *Cinema Mundial Contemporâneo*, Campinas, Papirus, 2008.
McClintock, Anne, "Pitifalls of the Term 'Post-Colonialism'", en *Social Text,* 31/2, 1992.
Mignolo, Walter, *Histórias Locais/Projetos Globais*, Belo Horizonte, UFMG, 2003.
Miranda, Wander Melo y Gazzola, Ana, "Introduction", en Silviano Santiago, *op. cit.*, 2001.
Moraña, Mabel, "El Boom del Subalterno", en *Revista de Crítica Cultural,* 15, noviembre de 1997, 8/13.
Moreiras, Alberto, *A Exaustão da Diferença*, Belo Horizonte, UFMG, 2001.
Moriconi, Ítalo, "Circuitos Contemporâneos do Literário", mimeo, 2005.
Naficy, Hamid, *An Accented Cinema*, Princeton, Princeton University Press, 2001.
Negri, Toni y Hardt, Michael, *Império*, Río de Janeiro, Record, 2004.

Ortiz, Fernando, *Contrapunteo Cubano del Tabaco y el Azúcar*, Caracas, Biblioteca Ayacucho, 1987.
Paiva, Raquel, *O Espírito Comum. Comunidade, Mídia e Globalismo*, Río de Janeiro, Mauad, 2003.
Pelbart, Peter Pál, "A Comunidade dos Sem Comunidade", en *Vida Capital. Ensaios de Biopolítica*, San Pablo, Iluminuras, 2003.
Posso, Karl, *Artful Seduction. Homosexuality and the Problematics of Exile*, Oxford, Oxford University Press, 2003.
Pratt, Mary Louise, "Pós-Colonialidade: Projeto Incompleto ou Irrelevante?", en Luiz Eugênio Véscio y Pedro Brum Santos (orgs.), *Literatura & História*, Bauru, Edusc, 1999.
Rama, Ángel, *Transculturación Narrativa em América Latina*, Montevideo, Fundación Ángel Rama, s. f.
Ribeiro, Gustavo Lins, *Postimperialismo*, Barcelona, Gedisa, 2003.
Santiago, Silviano, *O Banquete*, San Pablo, Ática, 1977.
——, *Crescendo durante a Guerra numa Provfncia Ultramarina*, Río de Janeiro, Francisco Alves, 1978a.
——, *Uma Literatura nos Trópicos*, San Pablo, Perspectiva, 1978b.
——, *Em Liberdade*, Río de Janeiro, Paz e Terra, 1985, 3a. ed.
——, *Vale Quanto Pesa*, Río de Janeiro, Paz e Terra, 1982.
——, *Stella Manhattan,* Río de Janeiro, Nova Fornteira, 1985.
——, *Nas Malhas da Letra*, San Pablo, Companhia das Letras, 1989.
——, *Viagem ao México*, Río *de Janeiro, Rocco, 1995.*
——, *Keith Jarret no Blue Note*, Río de Janeiro, Rocco, 1996.
——, *The Space in Between*, Durham, Duke University Press, 2001.
——, *O Cosmopolitismo do Pobre*, Belo Horizonte, UFMG, 2004.
——, *Histórias Mal Contadas*, Río de Janeiro, Rocco, 2005.
——, *Ora (Direis) Puxar Conversa!*, Belo Horizonte, UFMG, 2006a.
——, *As Raízes e o Labirinto da América Latina*, Río de Janeiro, Rocco, 2006b.
Schwarz, Roberto, *Que Horas Sâo?*, San Pablo, Companhia das Letras, 1987.
Shohat, Ella, "Notes on the 'Post-Colonial'", *Social Text,* 31/2, 1992.
Slack, Jennifer Daryl, "The Theory and Method of Articulation in Cultural Studies", en David Morley y Kuan-Hsing Chien (orgs.), *Stuart Hall. Critical Dialogues in Cultural Studies*, Nueva York, Routledge, 1996.
Soares, Bernardo, *Livro do Desassossego*, vol. I, Lisboa, Ática, 1992.

Sommer, Dóris, *Bilingual Aesthetics*, Durham, Duke University Press, 2004.
Souza, Eneida Maria de, *Crítica Cult*, Belo Horizonte, UFMG, 2002.
Spivak, Gayatri, "Questions of Multiculturalism", en *The postcolonial critic*, Nueva York-Londres, Routledge, 1990.
Stam, Robert; Shohat, Ella (eds.), *Unthinking Eurocentrism*, Nueva York, Routledge, 1994.
Tarizzo, Davide, "Filósofos em Comunidade. Nancy, Esposito, Agamben", en Raquel Paiva (org.), *O Retorno da Comunidade*, Río de Janeiro, Mauad, 2007.
YEH, Yueh-yu, "A Life of its Own: Musical Discourses in Wong Kar-Wai's Films", en *Post-Script-Essays in Film and the Humanities*, 19:1 (1999), pp. 120-136.
Yoshimoto, Mitushiro. "The Difficult of Being Radical: The Discipline of Film Studies and the Postcolonial World Order", en *Boundary 2*, vol. 18, nº 3 (Japan in the World), otoño de 1991.
Yudice, George, "We are not the World", en *Social Text*, 31/2, 1992.
—— , *A Conveniência da Cultura*, Belo Horizonte, UFMG, 2005.

Archivos audiovisuales en Argentina. Trayectos, articulaciones y líneas de desarrollo del Programa de Recuperación del Patrimonio Audiovisual de Córdoba

Silvia Romano
CIFFyH-CDA, Universidad Nacional de Córdoba

Voy a plantear en líneas muy generales las condiciones en las que se llevó adelante la recuperación del Archivo Fílmico Canal 10 y otros acervos para luego dar lugar al espacio de preguntas y ampliar lo que sea de interés.

Pensaba que otro título posible y realista, parafraseando el del Manual del investigador de ASAECA, sería "Cómo recuperar un archivo de televisión y no morir en el intento". Sin embargo mi intención es quitarle dramatismo y cierto tono heroico al relato para referirme, más bien, a las condiciones de posibilidad en un contexto que se caracteriza por la falta de políticas públicas y de legislación que proteja el patrimonio audiovisual y regule el acceso a los documentos.

Después de quince años de estar abocada al tema creo que, en ese contexto general hay que analizar luego caso por caso y que los objetivos de la recuperación y los marcos institucionales donde se encuentran los acervos importan mucho. Es decir no es lo mismo que el archivo esté en una empresa de televisión pública o privada, en una productora, en una ONG, en manos de un coleccionista o en un organismo estatal; y si hablamos de entidades estatales públicas existe una gran diversidad de instituciones que tienen sus particularidades y especificidades.

Esos marcos institucionales condicionan los proyectos de recuperación y acceso a los acervos y proporcionan, o no, elementos facilitadores como los que voy a referir en relación con nuestro caso, el de la Universidad Nacional de Córdoba (UNC), que se inscribe en el grupo de organismos estatales.

Aún así se trata de una combinación *sui generis,* que fue la base del acuerdo de trabajo, entre un canal de televisión pública (Canal 10), perteneciente a los Servicios de Radio y Televisión de la UNC (en adelante SRT) pero que se constituyó como Sociedad

Anónima con autarquía financiera y cierta lógica comercial empresarial, y una unidad académica de la UNC, concretamente la Facultad de Filosofía y Humanidades, a través del Departamento de Cine y TV, de la Escuela de Artes.

El acuerdo nacido en 1994 se estableció para recuperar, sistematizar, catalogar y transferir a nuevos soportes el material fílmico de 16 mm producido por el noticiero de Canal 10 y otras agencias entre 1962 y 1980, que se corresponden respectivamente con las fechas de creación y de reemplazo de medios y formatos de registro por el video. A partir de 1980 el archivo quedó prácticamente inactivo por más de 10 años y el objetivo de los SRT para concretar ese acuerdo era poder reutilizar las imágenes en su programación. Por nuestra parte nos plantemos desde tres cátedras desarrollar un Programa de actividades que, además de responder a este requerimiento, generara medios de acceso a los registros audiovisuales para la investigación, la realización documental, la docencia, etc. en la Universidad. Este propósito y la autorización del empleo con esos fines por parte de los SRT se incluyó desde en el primer Convenio establecido en marzo de 1994.

Con esto quiero señalar que el ámbito académico y los fines de la universidad pública en torno a la investigación, la docencia y la extensión fueron factores naturalmente facilitadores de la puesta en marcha del Programa sobre la base de la conceptualización de este archivo y sus componentes como parte del patrimonio cultural de Córdoba y el país, al que había que proteger, conservar y, al mismo tiempo difundir por tratarse de testimonios y documentos históricos, que podrían constituirse en fuentes, objeto de estudio o materia prima para la construcción de conocimiento, memoria, otros discursos audiovisuales, siempre y cuando fueran accesibles sin afectar el original.

No obstante, es necesario aclarar que si bien los marcos institucionales posibilitaron el desarrollo de un proyecto integral que articulara la recuperación del archivo con investigación, docencia y extensión, para 1994 en la Universidad no había una idea fuerte ni clara acerca de que estos materiales constituyeran patrimonio cultural. Por lo tanto hubo que construir un espacio de consenso, sobre la base de su puesta en valor y de hacer visibles los contenidos documentales. Tampoco había conocimientos accesibles y disponibles sobre cómo tratarlos en su especificidad, por lo que hubo que desarrollarlos.

Otro factor coadyuvante y hasta diría determinante para el desarrollo del Programa fue el de haberse insertado en la carrera de Cine y TV y en una Facultad donde los alumnos y docentes de Cine conviven con los de Historia, Archivología, etc. y con los de otras dependencias próximas como Comunicación Social, Ciencias Químicas, Informática, etc. Es decir, que se contó y se sigue contando con el aporte y el interés de numerosos alumnos, docentes investigadores y egresados, que a su vez se fueron formando en la especialidad de conservación y preservación de documentos audiovisuales. Al mismo tiempo, la inscripción del Programa en el Centro de Investigaciones de la Facultad (CIFFyH) brindó el ámbito adecuado para las investigaciones conexas, la formación académica de los integrantes y la interacción con otros proyectos.

Por su parte, las características del archivo contribuyeron en buena medida a facilitar las cosas. Por un lado, porque la totalidad de las películas que contenía (unos 70.000 rollos) eran del mismo soporte y formato (acetato de 16 mm blanco y negro, excepto una cantidad mínima de color) y por otro, porque se encontraba en gran parte organizado y clasificado por años y por ámbitos (local, nacional e internacional) que se corresponden con las agencias productoras. Así, sobre esta estructura organizativa se pudo llevar adelante una tarea de identificación, inventario y catalogación que incluyó la reubicación de rollos en los lugares correspondientes, determinar faltantes o lagunas, registrar otras secciones diferentes o crearlas para ingresar el material sin clasificar.

Sin embargo, en el contexto de la universidad pública de la segunda mitad de los 90 tuvimos que enfrentar numerosas dificultades: principalmente la falta de espacio físico para albergar el archivo y para realizar los trabajos, de equipamiento específico en buenas condiciones, de recursos para la compra de insumos y soportes de almacenamiento, sea porque los subsidios eran muy magros o porque no se efectivizaban, a lo que se sumó la crisis financiera de los SRT, entre otras cuestiones, que incidió por ejemplo en el mantenimiento o reparación del equipo de Telecine. A esas circunstancias se aplicaría la expresión "la necesidad agudiza el ingenio" porque fuimos afrontando y resolviendo los problemas con diversas estrategias, haciendo lo mejor posible dentro de lo posible. Es decir, buscando soluciones acordes con los recursos disponibles privilegiando siempre la conservación de los originales y el acceso.

Para que tengan una idea: en estos quince años y sin contar el traslado inicial del archivo desde los SRT a la Facultad, tuvimos que realizar personalmente y con la ayuda de alumnos tres mudanzas y adaptar espacios de almacén y trabajo. Hasta 1999 estuvimos dispersos en dos edificios distantes cuatrocientos metros uno de otro y trabajando en distintos ámbitos bastante precarios. Recién en 1999 obtuvimos, no sin pelea, un lugar centralizado y adecuado al trasladarse la biblioteca de antropología. En su interior se construyó la bóveda para almacenar las películas, fotos, videos, etc., y se la acondicionó con equipo de frío, deshumectador, extractor de aire y termohigrómetro para el control de temperatura y humedad. Ahora mismo estamos anexando el área de *transfer* fílmico en un espacio contiguo que nos asignó la Facultad.

Debido a que en ningún momento perdimos de vista que uno de los principales objetivos del Programa era favorecer la investigación y la consulta pública, hasta 1999 cuando empezamos a contar con un pasante sostenido con recursos propios, los integrantes del equipo nos turnábamos para atenderla. Al mismo tiempo, la mayor parte de los recursos obtenidos de los organismos de ciencia y técnica que financiaban los proyectos del Programa se destinaron (y se destinan) a la compra de equipos y soportes de almacenamiento para consulta y copiado de las imágenes. De este modo se fue conformando el Centro de Documentación Audiovisual (CDA), cuyo desarrollo llevó a que fuera reconocido y reglamentado en 2002 por la Facultad y pasara a ser una dependencia de ésta. Volveré enseguida sobre el CDA.

Decía al comienzo de mi exposición que el ámbito institucional de la universidad pública facilitó este proceso de rescate, puesta en valor y generación de un espacio de accesibilidad a los registros del archivo de Canal 10. Pero en ese marco, quiero destacar que el elemento articulador que le dio sentido y proyección a largo plazo fue el Programa de Recuperación del Archivo Fílmico Documenta Canal 10 que luego incorporó a la problemática el patrimonio visual y audiovisual de Córdoba. Digo esto porque logró articular esas tres esferas del quehacer universitario al plantearse la recuperación y la sistematización del archivo audiovisual como condición necesaria para la creación de conocimiento y la formación de recursos humanos tanto en las actividades pertinentes a los procesos de conservación, transcripción a otros soportes, análisis y documentación, etc. como en el desarrollo de estudios sobre el mismo y sobre otras producciones del cine, la TV y la fotografía, su empleo como fuentes o como medios para la construcción de otros discursos audiovisuales. Al mismo tiempo, logró generar las condiciones de acceso público a la documentación, desarrollar un espacio de formación en un área no frecuentada por los estudios universitarios, interactuar con otros proyectos e instituciones, contribuir a la recuperación de otros archivos, etc.

Entre 1995 y 2009 el Programa llevó a cabo más de diez proyectos anuales o plurianuales subsidiados por organismos de ciencia y técnica e integrados por entre doce y quince personas, entre investigadores y técnicos formados y en formación. Además de la dimensión marco ya mencionada estos proyectos desarrollaron subproyectos o sublíneas de investigación a cargo de los integrantes (ya sea individualmente o en grupos). A lo largo de esos años se desarrollaron cerca de treinta subproyectos de diferente naturaleza, pero articulados en torno a los medios audiovisuales (enseguida les mostraré un listado)

Estos desarrollos, como decía anteriormente, no sólo favorecieron la formación de numerosos jóvenes que se graduaron en distintos niveles sino también de especialistas en aspectos de la gestión de archivos audiovisuales que se perfeccionaron mediante becas y estancias en otros archivos latinoamericanos y europeos. Por otro lado, una de las prácticas establecidas desde los inicios del programa ha sido la transmisión y la socialización de los conocimientos adquiridos a través del dictado de talleres, cursos y seminarios de diversa índole, la formación continua de ayudantes alumnos y adscriptos del Ciffyh y del CDA, de pasantes no rentados externos en el CDA, etc.

Por su parte, el Centro de Conservación y Documentación Audiovisual, como se denomina desde 2005, si bien adquirió autonomía institucional sigue siendo sostenido en buena medida por el Programa, ya que es uno de los ámbitos donde se desarrollan parte de las investigaciones y se canalizan actividades de extensión del mismo. No obstante, el CDA lleva a cabo proyectos extensionistas propios, como el que produjo el documental "Identidades en contexto..." que verán luego, asociado a organismos de derechos humanos de Córdoba; y establece convenios de colaboración, como el vigente desde 2005 con el Archivo Nacional de la Memoria; o con los SRT de 2008 para la provisión de imágenes destinadas a la realización de la serie de documentales "Crónicas de archivo" emitida por Canal Encuentro y Canal 10; así como el convenio vigente desde 2005 con Canal 12 para la recuperación y digitalización del archivo del noticiero (1966-1982) y que hace posible el acceso público a esos materiales en el CDA; etc. Todo ello ha facilitado la realización de numerosos y reconocidos documentales e investigaciones. También promueve, entre otras acciones, la conformación de la "Red de Archivos de Córdoba para la memoria y la historia reciente", que está en proceso de constitución.

Los estudios sobre cine en México: Un terreno en construcción

Lauro Zavala
UAM Xochimilco, México
Presidente de Sepancine

Situación general

En las líneas que siguen presento un panorama general de los estudios sobre cine realizados en México, especialmente durante los últimos 25 años. Aquí entiendo por *estudios sobre cine* los trabajos sistemáticos de investigación, ya sea universitaria, oficial o independiente, que tienen como resultado diversos productos publicados, ya sea en forma de libros, discos digitales o números monográficos de revistas universitarias y de difusión cultural.

El terreno de los estudios cinematográficos es similar al de los estudios literarios, en el sentido de que el cine no es una disciplina, sino un objeto de estudio (que, sin embargo, requiere tener la autonomía de una disciplina). A su vez, los estudios sobre cine se apoyan en varias disciplinas específicas, como la historia, la sociología y muchas otras.

Ahora bien, al tratar sobre el estado de la investigación universitaria en un país como México es inevitable establecer comparaciones que arrojan luz sobre la situación nacional. Por ello inicio este breve recorrido señalando algunos parámetros sobre la situación de los estudios sobre cine en Francia y en Estados Unidos.

En el año 1958 se creó la asociación de investigadores de cine en Estados Unidos (es decir, hace más de 50 años), mientras que apenas el año pasado se creó la Asociación Mexicana de Teoría y Análisis Cinematográfico (Sepancine), que cuenta con 25 miembros activos, de los cuales el 90% tienen formación de posgrado. Y mientras este año (2009) los integrantes de la American Society for Cinema and Media Studies han programado realizar su congreso anual en Japón, con la participación de más de 750 miembros, Sepancine organiza este año su quinto congreso anual de teoría y análisis cinematográfico, para el cual espera contar con poco más de 50 ponentes.

Esta diferencia abismal no sólo es consecuencia del ínfimo lugar que ocupa en el presupuesto federal de México la investigación científica, y la investigación universitaria en general, sino que también es sintomática del escaso interés que existe en las instituciones educativas del país por apoyar la investigación humanística. Catorce de cada quince aspirantes a ingresar a la Universidad Nacional son rechazados cada año por falta de cupo. Y el PIB dedicado a la investigación científica en México es menor al 0,49%, mientras en países como China, Japón o Estados Unidos rebasa el 4% del PIB.

Estos referentes permiten precisar el estado actual de los estudios sobre cine en México. En las universidades de Francia y Estados Unidos, los Estudios Cinematográficos (estrictamente teóricos) tienen ya más de 40 años de haberse iniciado de forma institucionalizada. Mientras en México se han producido un total de 25 tesis doctorales sobre cine en ese mismo periodo, en cambio en Francia se producen más de 50 tesis doctorales cada año. Y mientras en México podemos hablar de poco más de 200 libros de investigación producidos en total en los últimos 25 años (de 1980 al año 2005), en cambio en Estados Unidos se publican más de 500 libros universitarios de investigación sobre cine cada año.

Al observar estos datos es evidente que en México todo está por ser creado. Entre otras cosas, es necesario crear uno o varios centros de carácter interdisciplinario para el acopio y análisis de productos audiovisuales; crear una o varias revistas especializadas en estudios sobre teoría, historia y análisis cinematográfico, y crear programas de posgrado orientados a formar investigadores.

La creación de este campo profesional es lo que impulsa al gremio de investigadores de teoría y análisis cinematográfico.

¿Con qué recursos se cuenta para realizar investigación en el país? Existen varios archivos fílmicos disponibles para la investigación. Los tres acervos más importantes del país son la Filmoteca de la Universidad Nacional (que cuenta con el acervo más completo que existe de cine mexicano); la Cineteca Nacional (que cuenta con un acervo relativamente pequeño, y cuyo objetivo principal es difundir el cine que no siempre se proyecta en los circuitos de exhibición comercial), y los materiales del Centro de Investigaciones y Estudios Cinematográficos de la Universidad de

Guadalajara (que actualmente nutre al programa de posgrado). Cada uno de estos archivos cuenta con una biblioteca, pero en su mayor parte están orientadas a la información que aparece en la prensa diaria y en las revistas de carácter periodístico, especialmente sobre los estrenos del cine mexicano, y cuentan con muy escaso material de carácter académico especializado.

Por otra parte, en el país no existen plazas universitarias de investigación orientadas a los estudios de cine. Esto ha determinado que la mayor parte de los estudios sobre cine realizados durante los últimos 40 años hayan sido realizados por los historiadores profesionales, y que los campos de estudios más desarrollados sean los de las investigaciones de carácter biográfico sobre los directores y los actores del cine mexicano, y los estudios sobre el cine mudo mexicano.

Sin embargo, a pesar de la existencia de una sólida tradición historiográfica, todavía no contamos con una tradición propia en los estudios de carácter analítico sobre el lenguaje del cine (ya sea en películas del cine mudo, en películas de un director o un actor particular, o en cualquier otro caso). Esto se explica al observar que el interés de los historiadores y otros científicos sociales en México es de carácter exclusivamente contextual y documental, y han dejado de lado, incluso para sus propios fines, las herramientas del análisis teórico, ético, estético o filosófico para el estudio de las películas.

En síntesis, hasta la fecha los estudios sobre cine en México han estado dominados por las ciencias sociales (especialmente la historia), y todavía es muy incipiente el desarrollo de la investigación humanística sobre el cine.

Antecedentes bibliográficos, 1960-1980

Es indudable que los estudios contemporáneos sobre cine tienen sus raíces en el trabajo realizado en las décadas anteriores. Aquí me detengo muy brevemente en las décadas de 1960 y 1970. De acuerdo con el trabajo del historiador Ángel Miquel, en el período comprendido entre 1920 y 1960 se publicaron en México 17 libros sobre cine (A. Miquel, 2001: 402-403), y ya en la década de 1990 se publicó un promedio de 14 libros cada año (A. Miquel y L. Zavala, 2006).

De acuerdo con los datos del *Boletín* de la Asociación Internacional de Hispanistas ("El hispanismo en México" por L. Zavala, en los *Boletines* de la AIH, 2006, 2007, 2008), a partir del año 2006 el promedio de libros de estudios sobre cine en México se ha incrementado hasta 34 títulos de investigación cada año. Esperemos que este crecimiento exponencial se mantenga en los años próximos.

El antecedente más notable de los estudios contemporáneos sobre cine en México es el volumen *La aventura del cine mexicano*, publicado precisamente en 1968. Su autor es Jorge Ayala Blanco, becario del Centro Mexicano de Escritores que en ese momento tenía 24 años. Se trata de un espléndido trabajo de carácter crítico sobre las películas más importantes de la Época de Oro (es decir, el cine de la década de 1940) y los años siguientes. Este volumen está escrito en un estilo simultáneamente accesible y complejo, y sigue siendo un referente indispensable para todo cinéfilo interesado en la materia.

En una reedición publicada casi 30 años después, su autor define este trabajo en estos términos:

> En realidad, su campo de acción siempre fue modesto: un homenaje, un acto de amor juvenil, el primer acercamiento a un corpus creativo que en más de 35 años ninguna aproximación analítica había suscitado, un ejercicio de escritura festiva y apasionada para incitar una lectura amena, una simple propuesta de lectura textual, un ensayo literario absolutamente personal y radicalmente subjetivo, una exposición jubilosa como el cine mismo del que se ocupa, mezcla del rigor de tres lenguajes (sociología, psicología, literatura), una serie de análisis en los que cada película muestra defectos generalizables y virtudes exclusivas. (Ayala Blanco, 1995: 12).

A propósito de la película *Río Escondido*, filmada en 1947 por Gabriel Figueroa, bajo la dirección de Emilio Fernández, con guión de Mauricio Magdaleno, dice el autor:

> A veinte años de distancia, Río Escondido, la película que mejor revela los ideales de Emilio Fernández, semeja una piedra labrada, solitaria e inconmovible. En la imagen, en el ritmo, en el verbo, en el lirismo, en los sufrimientos que lamenta, en el salvajismo que ataca, en la ejemplaridad que demuestra, en el nacionalismo que alaba y en la retórica que maneja, por dondequiera se advierte una consistencia monolítica (*ibidem*: 75).

La escritura de Jorge Ayala Blanco requiere ser objeto de un estudio sistemático para dar cuenta de su estilo, su visión crítica, su método de análisis y sus intuiciones certeras, todo lo cual convirtió a este libro, desde su aparición, en piedra angular de los estudios sobre cine en México.

La publicación de *La aventura del cine mexicano* en 1968 coincide con la creación de diversos espacios institucionales para la producción y el estudio de los productos cinematográficos, como el Centro Universitario de Estudios Cinematográficos (CUEC, 1963) de la Universidad Nacional Autónoma de México (UNAM); el Centro de Capacitación Cinematográfica (CCC, 1964); el Departamento de Actividades Cinematográficas de la misma Universidad Nacional, que incluye a la Filmoteca de la UNAM (1960), el Concurso del Nuevo Cine, el programa de TV *Hablemos de Cine*, la revista *Otrocine*, publicada por el Fondo de Cultura Económica, que llegó a publicar estudios sobre la semiología del cine de Christian Metz, y dos importantes colecciones de libros: CineClub Era, de la editorial Era, y Cuadernos de Cine, de la misma Universidad Nacional. También en ese momento llegaron a México algunos estudios sobre cine publicados en Argentina y en España, incluyendo las primeras traducciones al español de los trabajos de Christian Metz.

También en esa década se empieza a publicar la *Historia documental del cine mexicano* elaborada por Emilio García Riera, y de la cual se publicaron 9 volúmenes entre 1969 y 1978. Ésta es una recopilación comentada de fragmentos de las notas de prensa publicadas inmediatamente después del estreno de las películas mexicanas.

En la siguiente década se publican los primeros estudios sistemáticos sobre el cine mudo en México. Aurelio de los Reyes, investigador de la Universidad Nacional, publicó *Los orígenes del cine en México (1896-1900)* en 1972, y en 1987 completó su *Medio siglo de cine mexicano (1896-1947)*.

Ya en este período se puede observar un dominio casi absoluto de las aproximaciones historiográficas, lo cual seguirá ocurriendo en la producción universitaria hasta nuestros días. Por esta razón conviene detenerse a observar cuál ha sido el desarrollo de los estudios historiográficos sobre cine en México.

Estudios sobre historia del cine, 1980-2005

En el período comprendido entre 1980 y 2005, la abrumadora mayoría de los estudios sobre cine en México pertenecen a la Historia del Cine (más del 80%). A su vez, en este terreno (la historia del cine mexicano) hay un desarrollo dominante de cinco áreas en las que se puede hablar de una tradición universitaria en México: 1) obras de referencia; 2) estudios sobre directores y actores; 3) estudios sobre cine mudo; 4) historias panorámicas del cine mexicano, y 5) estudios de género.

A continuación me detengo brevemente en cada uno de estos terrenos para comentar sus líneas principales de trabajo.

1) *Las obras de referencia*. Constituyen un terreno imprescindible de los estudios sobre cine en México. Hasta la fecha se cuenta con más de 40 volúmenes publicados después de 1980, incluyendo bibliografías, catálogos, carteleras, cronologías, diccionarios, directorios, festivales, legislación y premiaciones.

Entre estos materiales de carácter técnico de indudable utilidad destacan el conocido *Diccionario de directores del cine mexicano*, de Perla Ciuk, que se actualiza regularmente en versión digital; el *Índice cronológico del cine mexicano (1896-1992)* de Moisés Viñas, actualizado en su segunda edición de 2005, y el *Diccionario del cine mexicano, 1970-2000*, compilado por Mario Quezada, que es la versión impresa en papel de una base de datos accesible en el sitio electrónico de la Filmoteca de la UNAM.

2) *Los estudios sobre actores y directores*, y sobre productores y fotógrafos de cine. Este terreno es el más abundante en la historia de los estudios sobre cine mexicano, sin contar aquí las memorias personales, los testimonios directos o indirectos y las biografías apoyadas en fuentes periodísticas o secundarias.

La mayor parte de los estudios monográficos de investigación original han tenido como objeto a directores particulares, como *Luis Buñuel* (Fernando Césarman, 1976; Daniel González Dueñas, 1993); *Roberto Gavaldón* (Ariel Zúñiga, 1990; Javier García-Galiano et al., 2005; Fernando Mino Gracia, 2007); *Salvador Toscano* (Ángel Miquel, 1997); *Alejandro Galindo* (Francisco Peredo, 2000); Carlos Velo (Miguel Anxo, 2007), y *Matilde Landeta* (Julianne Burton-Carvajal, 2002), y la serie de casi veinte monografías biográficas elaboradas por Eduardo de la Vega en la Universidad de Guadalajara.

En esta categoría también se encuentran las monografías sobre actores destacados, como *María Félix* (Paco Ignacio Taibo I, 1985); *Dolores del Río* (Aurelio de los Reyes, 1996) o *Ignacio López Tarso* (Susana López Aranda, 1997), además de un estudio sobre el fotógrafo Eustasio Montoya (Fernando del Moral, 1994) y sobre la productora Bertha navarro (Ana Cruz, 2007).

Aquí conviene detenerse un momento a señalar un caso excepcional, que es el de los volúmenes publicados en la década de 1990 por editorial Clío, que son notables porque tuvieron una distribución masiva en los quioscos de periódicos a nivel nacional, y alcanzan tirajes a los que ninguna otra clase de investigación puede aspirar, además de estar acompañados por numerosas ilustraciones en color impresas en papel couché. En esta colección se publicó una serie de biografías de algunos de los actores más populares en la historia del cine mexicano, como *Pedro Infante* (Gustavo García, 1994), *Cantinflas* (Miguel Ángel Morales, 1996), *Jorge Negrete* (Enrique Serna, 1993), *Dolores del Río* (David Ramón, 1996), *Joaquín Pardavé* (Josefina Estrada, 1996) y *Pedro Armendáriz* (Gustavo García, 1997), cada uno de ellos en un formato de tres volúmenes. Y también en esta serie se publicaron los estudios dedicados a los *Albores del cine mexicano* (Federico Dávalos, 1996); *La Época de Oro del cine mexicano* (Gustavo García y Rafael Aviña, 1996), el llamado *Nuevo Cine Mexicano* (Gustavo García y José Felipe Coria, 1997) y una aproximación arquitectónica a las viejas salas de cine que ya dejaron de existir (Francisco Alfaro y Alejandro Ochoa, 1997).

3) *Arqueología del cine mudo*. Hasta la fecha éste es el período que ha recibido mayor atención en los estudios sobre historia del cine en México.

Aquí destacan algunos trabajos de largo aliento, en particular la obra de Aurelio de los Reyes (1973; 1981; 1984; 1985; 1987; 1994; 1996), que ha sido referencia obligada en este terreno, y quien recientemente se publicó *Los orígenes de ¡Que viva México!* de Sergei Eisenstein (2006). Y también aquí destaca la notable serie de 14 volúmenes ilustrados que han compilado Juan Felipe Leal, Eduardo Barraza y Carlos Flores de 2002 a la fecha, documentando año con año el desarrollo del cine mudo en México.

En este campo hay estudios sobre periodos específicos, como la filmografía de Aleksandra Jablonska y Juan Felipe Leal para el período 1911-1917, 1991; y trabajos sobre la historia del cine mudo en regiones particulares, como la frontera norte (Margarita de Orellana, 1991); Mazatlán (Antonio Lugo, 1994), y Guadalajara (Guillermo Vaidovits, 1989).

4) *Historias panorámicas del cine mexicano* (Jorge Ayala Blanco, 1968-2008; Héctor Martínez Tamés, 1987; David Viñas, 1987; Emilio García Riera, 1986; Francisco Sánchez, 1989; Jorge Alberto Lozoya, 1994; Rafael Aviña, 2004). Sobre el cine mudo: Gustavo García, 1982; Gabriel Ramírez, 1989; Ángel Miquel, 2004; 2005.

Aquí podemos observar que el más reciente trabajo panorámico sobre el cine sonoro es el del crítico Rafael Aviña, publicado en 2004. También hay una notable presencia de estudios sobre la historia del cine regional, lo cual ha tenido como consecuencia la creación de un Congreso Nacional de Microhistorias (Jorge Briones, en Sinaloa, 1997; Norma Iglesias en la frontera norte, 1991; Gabriel Ramírez en Yucatán, 1980; Eduardo de la Vega como coordinador de un volumen colectivo, 2001). Estos estudios están acompañados por los dedicados a períodos específicos del cine mexicano, como la Época de Oro, el sexenio de Echeverría y el llamado Nuevo Cine Mexicano.

5) *Estudios de género en el cine mexicano* (Patricia Martínez de Velasco, 1991; Julia Tuñón, 1997; Norma Iglesias, 1998; Márgara Millán, 1999; Isabel Arredondo, 2001; Patricia Torres San Martín, 2001; 2004; Cynthia Pech, 2009).

Durante los últimos 20 años empieza a surgir una tradición de historias panorámicas, estudios individuales y congresos dedicados al estudio del cine producido y dirigido y protagonizado por mujeres.

Otros trabajos de carácter historiográfico se concentran en áreas específicas del cine mexicano, como la animación (Manuel Rodríguez, 2007; Aurrecoechea, 2005); el cine pornográfico (Ernesto Román, 2006), la ciencia ficción mexicana (Itala Schmelz, 2006), etc.

Estudios humanísticos sobre cine, 1980-2009

En contraste con el abundante desarrollo de las aproximaciones provenientes de las ciencias sociales, y en particular desde la perspectiva historiográfica, en cambio los estudios sobre cine en el terreno de las humanidades han tenido un desarrollo todavía incipiente para poder hablar de la existencia de una tradición académica.

Sin embargo, existen tres áreas en las que ya se han publicado al menos cinco trabajos de investigación en cada una, y por ello se puede hablar del inicio de una tradición específica: 1) los estudios sobre la relación que tienen los escritores con el cine; 2) los estudios sobre la historia de la crítica periodística, y 3) los estudios cuyo objetivo ha sido la elaboración de manuales para la apreciación cinematográfica.

1) *Los escritores y el cine*, especialmente la recopilación de lo que han escrito acerca del cine (Héctor Perea, 1988; Ángel Miquel, 1991, 1992, 1997; Manuel González Casanova, 1995, 2000; Blanca Estela Treviño, 2004) o la crónica de las adaptaciones al cine de la obra de algún escritor, como Juan Rulfo (Yanes, 1996).

2) *La crítica de cine*, especialmente la recopilación de los textos de los críticos y otros periodistas acerca del cine (Patricia Torres San Martín, 1993; Ángel Miquel, 1995; Felipe Garrido, 1997; Gustavo García y David Maciel, 2001)

3) *Manuales para la apreciación cinematográfica* (J. Romero Pérez, 1988; Salvador Mendiola, 1993; José Rojas Bez, 2000), y llama la atención que algunos de estos materiales han tenido numerosas reimpresiones en pocos años (Alicia Poloniato, 1980; Leonardo García Tsao, 1989; Pablo Humberto Posada y Alfredo Naime, 1997)

En resumen, en los estudios sobre cine en México durante los últimos 40 años ha dominado de manera aplastante el valioso trabajo de los historiadores. Pero incluso los estudios realizados por los investigadores provenientes de las otras ciencias sociales sólo cuenta con uno dos títulos por cada disciplina. Éste es el caso de los estudios realizados desde la perspectiva de la antropología (el estudio sobre el cine mexicano producido sobre la frontera norte realizado por Norma Iglesias, 1991), la sociología (el estudio sobre los espectadores coordinado por Néstor García Canclini, 1994), la economía (la perspectiva panorámica sobre la industria cinematográfica elaborado por Isis Saavedra, 2008) y el derecho (el estudio jurídico sobre la nueva ley cinematográfica realizado por Tonatiuh Arellano, 2008).

En relación con la enseñanza de la producción cinematográfica, el CUEC publicó en el período 2004 a 2006 una serie de doce volúmenes colectivos ligados a la *enseñanza de la producción cinematográfica*, con materiales elaborados en su mayor parte por los profesores del mismo Centro, sobre temas como el guión, la música, la legislación, el documental, la animación y otros.

Por otra parte, todavía es muy reciente en México la producción de estudios sobre cine realizados desde la perspectiva humanística. La mayor parte de los trabajos de naturaleza humanística se han publicado en los últimos cinco años, a partir de disciplinas como la semiótica (Teresa Olabuenaga, 1991), la ética (Graciela Brunet, 2003) y la estética (Diego Lizarazo, 2004), y sobre terrenos de la investigación como la música en el cine (José Hernández-Riwes, 2008), los métodos de análisis cinematográfico (Lauro Zavala, 2005), las adaptaciones de literatura a cine (John Sinningen, 2009) y la influencia del cine en la producción literaria (Patrick Duffey, 1996).

Por último, quiero destacar por su rigor académico y la profundidad de sus alcances la disertación sociológica de Alejandro Rozado sobre el cine de Emilio Fernández (1991), y la investigación de Álvaro Fernández sobre el cine popular de los años 60 (2004) y sobre las películas de crimen de los años 40 y 50 (2007), pues en ellas se propone por primera ocasión en los estudios sobre cine mexicano la utilización de los métodos de análisis humanístico para responder preguntas de carácter sociohistórico, pues en estos trabajos se emplean herramientas como el análisis de la estructura dramática, las convenciones de carácter genérico y otros elementos de carácter formal para responder preguntas de naturaleza historiográfica.

En general, es notable la presencia de tres universidades como espacios de publicación: la Universidad Nacional (UNAM), la Universidad de Guadalajara (Universidad de Guadalajara) y la Universidad Autónoma Metropolitana de Xochimilco (UAMX).

La mayor parte de los demás estudios sobre cine mexicano o sobre cine en general han tenido como resultado un volumen único, de tal manera que no se puede hablar de una tradición académica en terrenos distintos de los que se acaban de señalar.

Otras actividades de investigación, 1990-2009

Aquí me detendré a señalar algunos datos de carácter general sobre algunas de las otras actividades de carácter académico (además de la publicación de libros) realizadas en los últimos 20 años en los estudios sobre cine en México: 1) la realización de congresos académicos; 2) las revistas sobre cine en su relación con los investigadores; 3) la publicación de números monográficos de revistas académicas ajenas al cine; 4) la producción de discos digitales derivados de los estudios cinematográficos; 5) la creación de programas de estudios sobre cine; 6) la producción de tesis doctorales sobre cine en México, y 7) los estudios sobre los estudios sobre cine en México.

Congresos. En agosto de 1991 se realizó un Taller de Análisis de Cine Mexicano, convocado por la Universidad de Guadalajara, coordinado por Eduardo de la Vega. En él participaron 14 investigadores, de los cuales sólo 4 eran investigadores universitarios (E. de la Vega, E. Sánchez Ruiz, L. Zavala, A. Miquel), y los demás realizaban su trabajo de investigación de manera independiente. Las ponencias de este Encuentro se publicaron tres años después en el volumen *Bye Bye Lumiere*, donde se puede observar que 6 de los 12 trabajos tienen carácter historiográfico, y sólo en uno de ellos se propone una reflexión sobre la experiencia estética del espectador de cine. El segundo congreso de investigadores del cine se realizó en la UAM Xochimilco en 1996, como celebración del centenario de la llegada del cine a México. Se trata del Congreso Nacional sobre la Enseñanza y la Investigación del Cine en México, al que asistieron más de 45 investigadores de varias regiones del país. En 1997 se realizó, convocado por la Universidad de Guadalajara, un encuentro sobre investigación del cine mexicano, latinoamericano y chicano, en el que participaron 17 ponentes de México, Estados Unidos, Brasil, Inglaterra y Francia, y se publicaron las correspondientes memorias bajo el título *Horizontes del segundo siglo*. Después de estos congresos se han realizado algunos dedicados a las microhistorias regionales del cine, a los estudios de género y a la teoría y el análisis cinematográfico.

Revistas. Durante los últimos 25 años han existido en México diversas revistas dedicadas al cine, ya sea ligadas a la cartelera comercial (*Premiere, Cinemanía, 24 por segundo*), independientes de la cartelera (*Cine, Dicine, Primer Plano, Nitrato de Plata*) o dedicadas a la divulgación técnica (*Estudios Cinematográficos*). La más reciente, *Toma*, fue creada a fines del año 2008, y en sus primeros cuatro números ha marcado una diferencia radical frente a todas las anteriores, pues es la primera que invita, en todos sus números, a colaborar en sus páginas a los más destacados investigadores de cine.

Números monográficos de revistas. En los últimos 20 años se han publicado 9 números monográficos de diversas revistas ajenas al cine, con números dedicados, respectivamente, a la narración cinematográfica (*Acta Poetica*, 1990); al cine de la Época de Oro (*Artes de México*, 1990); el cine mexicano reciente (*Textual*, 1991); la semiótica del cine (*Semiosis*, 1993); Cien años de cine en México (*Acordeón*, 1996); Cine y educación (*Acordeón*, 1997); cine y memoria (*Versión*, 1998); teoría del cine (*Letras Libres*, 2004), y análisis cinematográfico (*Ciencia Ergo Sum*, 2009).

Discos digitales. En los últimos 12 años se han producido diversos archivos de consulta derivados de proyectos de investigación sobre cine, acerca de temas como la actriz Dolores del Río (Aurelio de los Reyes, 1997); La revolución mexicana en el cine (UNAM, 1998); Cien años de cine mexicano (IMCINE, 1997); el Diccionario de directores del cine mexicano (Perla Ciuk, 2003); los escritores en el cine mexicano (Manuel González Casanova, 2003); los carteles de Salvador Toscano (Ángel Miquel, 2003), y las películas acerca de libros y lectores (Elsa Ramírez, 2003). Hasta la fecha, el único DVD de estudios cinematográficos producido en México ha sido *Análisis cinematográfico*, basado en el libro homónimo de Lauro Zavala, y fue producido en la Universidad Nacional (Antonio Loyola, 2005).

Programas de estudios. Sólo existe un programa de posgrado en Estudios Cinematográficos, creado en el año 2002 en la Universidad de Guadalajara, con un total de 21 titulados, de los cuales 19 se especializaron en la Escritura de Guión, y sólo 2 se titularon en la opción terminal de Investigación. En el año 2008 se presentó en la UAM Xochimilco el proyecto para la creación de una Maestría en Teoría y Análisis Cinematográfico, que sería la primera en su tipo no sólo en México sino también en el resto de la región latinoamericana.

Tesis doctorales. Hasta la fecha hay poco más de 25 investigadores de cine en México que han producido una tesis doctoral sobre cine, de los cuales 7 (es decir, casi 1 de cada 3) se han doctorado en el extranjero. Y hay al menos otros 12 que están preparando su propia tesis doctoral sobre cine en el país. Estas tesis se han presentado para obtener, respectivamente, el doctorado en Historia, Historia del Arte, Antropología, Estudios Culturales, Ciencias Sociales, Comunicación Social, Letras Modernas, Letras Hispánicas y Literatura Comparada.

Estudios sobre los estudios sobre cine en México. Los estados del arte de los estudios sobre cine se pueden rastrear en tres fuentes básicas: las memorias de congresos nacionales de investigadores y los números monográficos de revistas universitarias y los artículos panorámicos sobre la investigación de cine en general o sobre un campo específico (en particular, sobre los estudios de género). En total se puede hablar de 13 artículos, todos ellos publicados después del año 2000, 5 volúmenes colectivos derivados de congresos nacionales, y 4 números monográficos de revistas universitarias y de difusión cultural (al respecto, véase la primera sección de la bibliografía anexa).

Una cronología panorámica, 1990-2009

A continuación presento una cronología de 20 actividades de investigación, casi todas ellas colectivas, realizadas de 1990 a la fecha, considerando aquellas que tienen mayor trascendencia para la historia de los estudios sobre cine en México.

Estoy incluyendo 5 congresos de investigadores; la creación de 2 programas de posgrado; la publicación de 4 libros colectivos y 2 libros individuales; la creación de 2 importantes revistas de cine; 3 publicaciones colectivas sobre el estado de los estudios sobre cine en el país, y la creación de la primera asociación nacional de investigadores de cine.

1991: Taller de Análisis sobre Cine Mexicano (Universidad de Guadalajara).
Participación de 14 ponentes (sólo 4 de ellos investigadores universitarios).
1994: Memorias del congreso de 1991: *Bye Bye Lumiere* (U de G).

1996: Congreso Nacional sobre la Enseñanza y la Investigación del Cine (UAMX).
1997: Primer Encuentro de Investigadores de Cine Mexicano, Latinoamericano y Chicano.
1998: Publicación de las memorias de 1997: *Horizontes del segundo siglo* (U de G).
1998: Creación de la revista *Estudios Cinematográficos* (CUEC).
2000: Primer Coloquio de Historia del Cine Regional en México (U de G).
2001: Memorias del congreso de 2000: *Microhistorias del cine en México* (U de G).
2001: Creación de la Maestría en Estudios Cinematográficos (U de G).
2003: Primer libro de texto universitario sobre análisis cinematográfico (UAMX).
2004: Primer libro sobre teoría y filosofía del cine (UAMX).
2004: Libro *Mujeres y cine en América Latina* (U de G).
2005: Primer Congreso Nacional de Teoría y Análisis Cinematográfico (UAMX).
2006: Número especial de la revista *Tierra Adentro* sobre El Placer de Ver Cine.
2007: Número especial de la revista *Panorama* sobre La Investigación del Cine en México.
2008: Creación de Sepancine (Asociación Mexicana de Teoría y Análisis Cinematográfico).
2008: Creación de la revista *Cine-Toma* (independiente).
2009: Memorias del congreso de análisis de 2007: *Ciencia Ergo Sum* (UAEMex).
2009: Proyecto para la Maestría en Teoría y Análisis Cinematográfico (UAMX).
2009: Memorias del congreso de 2005: *Posibilidades del análisis cinematográfico* (GEM).

Treinta estudios sobre cine en México, 1968-2009

A continuación presento 30 de los estudios más relevantes sobre cine producidos en México en los últimos 40 años, considerando su prestigio académico, su calidad como referencia obligada o el lugar que ocupan como antecedente necesario en un campo específico de investigación.

1968: *La aventura del cine mexicano* (Jorge Ayala Blanco, Era).

1969-1978: *Historia documental del cine mexicano* (9 volúmenes) (E. García Riera, Era).

1973: *Los orígenes del cine mexicano* (Aurelio de los Reyes, UNAM).

1974: *La búsqueda del cine mexicano* (Jorge Ayala Blanco, UNAM).

1981-1994: *Cine y sociedad en México, 1896-1930* (Aurelio de los Reyes, UNAM).

1984: *La Revolución en el cine mexicano* (Andrés de Luna, UAM-Xochimilco).

1987: *México visto por el cine extranjero* (6 vols.) (Emilio García Riera, Universidad de Guadalajara).

1991: *Entre yerba, plomo y polvo* (Norma Iglesias, Colegio de la Frontera Norte).

1994: *Los nuevos espectadores* (ed. Néstor García Canclini, IMCINE).

1994: *El cine mexicano y su público* (Carlos Monsiváis, IMCINE).

1994: *Bye Bye Lumiere* (ed. E. de la Vega, Universidad de Guadalajara).

1994: *Los mundos del Nuevo Mundo* (ed., Cineteca Nacional).

1997: *Espacios distantes... aún vivos* (F. Alfaro y A. Ochoa, UAM-Xoch.).

1997: *Mujeres de luz y sombra* (Julia Tuñón, El Colegio de México).

1998: *Horizontes del segundo siglo* (ed. Julianne Burton *et al.*, U. de G).

1998: *Miradas de mujer* (ed. Norma Iglesias, Colegio de la Frontera Norte).

1999: *El campo visto por el cine mexicano* (Rafael Aviña, IMCINE).

2000: *Una visión social del cine en México* (Rafael Aviña, IMCINE).

2001: *Microhistorias del cine mexicano* (ed. E. de la Vega, U de G).

2002-2009: *Anales del cine en México, 1895-1911* (9 vols.) (Cineteca Nacional).

2003: *Elementos del discurso cinematográfico* (Lauro Zavala, UAM-Xoch.).

2004: *Mujeres y cine en América Latina* (ed. P. Torres San Martín, U de G).

2004: *Temas y géneros del cine mexicano* (Rafael Aviña, Cineteca Nacional).

2004: *Cine mexicano de animación* (J. M. Aurrecoechea, Cineteca Nacional).
2004: *Estética y semiótica de la interpretación cinematográfica* (UAM-Xoch.).
2004: *Santo: Mito y realidad de un héroe* (Álvaro Fernández, Colmich).
2005: *Índice cronológico del cine mexicano (1896-1992)* (M. Viñas, UNAM).
2005: *Diccionario del cine mexicano, 1970-2000* (M. Quezada, UNAM).
2007: *Crimen y suspenso en el cine mexicano, 1946-1955* (A. Fdz, Colmich).
2009: *Gabriel Figueroa* (monográfico de la revista *Luna Córnea*).

De estos 30 títulos, 25 son de carácter historiográfico, y los 5 restantes son sobre procesos de recepción (García Canclini, 1994); arquitectura de las salas de cine (Alfaro y Ochoa, 1997); estudios de género (Iglesias, 1998), métodos de análisis (Zavala, 2003), y teoría y estética cinematográfica (Lizarazo, 2004).

Los primeros trabajos de carácter historiográfico que incorporan algún método de análisis cinematográfico son los de Álvaro Fernández sobre el cine popular (2004) y sobre el cine de crimen y supenso (2007), y es de esperarse que esta interacción entre los métodos y los fines de las ciencias sociales y las humanidades ocurra con mayor frecuencia en los estudios sobre cine en México en el futuro próximo.

Propuestas para crear una REDIC.
Red Internacional de Investigadores de Cine
Saeca-Socine-Sepancine

Para concluir esta participación a nombre de la Asociación Mexicana de Teoría y Análisis Cinematográfico (Sepancine) es necesario recordar que nuestra Asociación tiene un perfil académico distinto a los perfiles profesionales de ASAECA y Socine. Esto es así porque mientras estas asociaciones hermanas incorporan a todos los investigadores que estudian el cine, en cambio nuestra asociación es de carácter exclusivamente humanístico, al estar orientada a los estudios sobre teoría y análisis cinematográfico.

Se trata de aproximaciones provenientes de disciplinas como la filosofía, la semiótica, la ética y la estética, y orientadas a responder preguntas donde se establecen diálogos con los estudios sobre literatura, mitología, música, escenología, traductología y narratología, entre otros diversos terrenos. Esta razón es suficiente para que nuestra asociación tenga una membresía inevitablemente más reducida que las de las asociaciones correspondientes de investigadores de cine en Argentina, Brasil y otros países.

Sin embargo, a pesar de esta diferencia sustancial, en Sepancine estamos convencidos de que es muy pertinente plantear en este foro internacional la conveniencia de crear (y en algún momento procurar la formalización de) una Red Internacional de Investigadores de Cine (Redic).

La creación de esta Red tendría como *objetivo general* propiciar el diálogo académico entre los investigadores de los diversos países integrantes de la red, con la participación de las asociaciones académicas que tienen objetivos similares a los nuestros (de ASAECA, Socine y Sepancine), no sólo entre los residentes en la región latinoamericana, sino también entre los residentes en otras regiones del mundo, especialmente en los países donde existe una notable tradición de estudios cinematográficos (en particular, Estados Unidos, Inglaterra, Francia y España).

Este objetivo general se podría lograr a través de actividades comunes, como las siguientes, de carácter estrictamente académico:

1. *Difundir información.* Propiciar el intercambio por medios electrónicos de información académica que sea de interés para los fines de cada una de las asociaciones. Esta información incluye convocatorias a congresos de especialistas, reseñas de novedades bibliográficas, preparación de volúmenes colectivos y otras similares. Actualmente funciona esta red de manera incipiente y totalmente informal entre los presidentes de cada asociación.
2. *Propiciar convenios.* Propiciar el establecimiento de convenios de intercambio académico entre las universidades y otros centros de investigación en los que trabajan los miembros de las asociaciones involucradas.

3. *Propiciar publicaciones.* Propiciar la publicación y, en su caso, la traducción, de libros y artículos producidos por miembros de las diversas asociaciones, con el fin de que estos materiales circulen entre los investigadores interesados que radican en los distintos países de la Red.

Por último, y para terminar, aprovecho esta oportunidad especial para manifestar a todos los colegas argentinos aquí presentes, a nombre de la Asociación Mexicana de Teoría y Análisis Cinematográfico (Sepancine), nuestro mayor beneplácito por la realización de este espléndido foro de discusión académica, y para decirles que deseamos el mayor de los éxitos en las actividades colegiadas que lleva a cabo la Asociación Argentina de Estudios de Cine y Audiovisual (ASAECA).

Bibliografía

I. Estudios sobre los estudios sobre cine en México

Burton-Carvajal, Julianne; Torres, Patricia; Miquel, Ángel (comps.), *Horizontes del segundo siglo. Investigación y pedagogía del cine mexicano, latinoamericano y chicano*, Guadalajara, Universidad de Guadalajara/Instituto Mexicano de Cinematografía, 1998.
— — , "De la pantalla a la página: taxonomía y periodización de la bibliografía sobre
cine latinoamericano", en J. Burton-Carvajal *et al., Horizontes del segundo siglo.* Guadalajara, Universidad de Guadalajara, 1998, pp. 13-27.
Castro, Maricruz (coordinadora), *Ciencia Ergo Sum*, en *Especial Cine*, vol. 16, núm. 1, Toluca, Universidad Autónoma del Estado de México, marzo-junio de 2009.
— — , "Género y estudios cinematográficos en México", en *Ciencia Ergo Sum*, 2009, vol. 16, núm. 1, pp. 64-70.
De la Mora, Sergio, "Masculinidad y mexicanidad: panorama teórico-bibliográfico", en J. Burton-Carvajal *et al., Horizontes del segundo siglo*, Guadalajara, Universidad de Guadalajara, 1998, pp. 45-64.
De la Vega Alfaro, Eduardo (coordinador), *Microhistorias del cine en México*, México,

Universidad de Guadalajara/UNAM/IMCINE/Cineteca Nacional/ Instituto Mora, 2001.

De la Vega Alfaro, Eduardo y Enrique Sánchez Ruiz (compiladores), *Bye Bye Lumiere... Investigación sobre cine en México*, Guadalajara, Universidad de Guadalajara, 1994.

——, "Evolución y estado actual de la investigación sobre cine mexicano", en E. de la Vega y E. Sánchez (comps.), *Bye Bye Lumiere... Investigación sobre cine en México*, Guadalajara, Universidad de Guadalajara, 1994, pp. 11-26.

Fernández Violante, Marcela (coordinadora), *La docencia y el fenómeno fílmico. Memoria de los XXV años del CUEC, 1963-88*, México, UNAM, 1988.

Figueroa, Maricarmen, "La investigación en la Cineteca Nacional", en E. de la Vega y E. Sánchez (comps.), *Bye Bye Lumiere... Investigación sobre cine en México*, Guadalajara, Universidad de Guadalajara, 1994, pp. 155-164.

Miquel Rendón, Ángel, "Cine mexicano y regiones: panorama bibliográfico (1980-1999)", en Eduardo de la Vega (coord.), *Microhistorias del cine en México*, México, Universidad de Guadalajara, 2001, pp. 401-414.

——, "Reseña bibliográfica de la historia reciente del cine en México", en J. Burton-

Carvajal *et al.*, *Horizontes del segundo siglo*, Guadalajara, Universidad de Guadalajara, 1998, 28-38.

Miquel Rendón, Ángel y Lauro Zavala, "El placer de leer cine: 25 años de libros sobre cine en México (1980-2005)", en *Tierra adentro: el placer de ver cine*, México, Consejo Nacional para la Cultura y las Artes, agosto-septiembre 2004, núm. 141, pp. 96-109.

Téllez García, Javier, "Investigación sobre el cine e investigación en el cine", en E. de la Vega y E. Sánchez (comps.), *Bye Bye Lumiere... Investigación sobre cine en México*, Guadalajara, Universidad de Guadalajara, 1994, pp. 165-172.

Torres San Martín, Patricia, "La investigación sobre el cine de mujeres en México", en J. Burton-Carvajal *et al.*, *Horizontes del segundo siglo*, Guadalajara, Universidad de Guadalajara, 1998, pp. 39-44.

Zavala, Lauro, "La investigación del cine en México: evaluación y perspectivas", en J.

Burton-Carvajal *et al.*, *Horizontes del segundo siglo*, Guadalajara, Universidad de Guadalajara, 1998, pp. 211-220.

——, "Escenarios para el futuro de la investigación cinematográfica", en *Elementos del discurso cinematográfico*, México, UAM Xochimilco, 2003, pp. 91-94.

——, "Libros sobre cine publicados en México. Temas ajenos a la historia del cine mexicano, 1980- 2000", en Irma Lombardo (coord.), *La comunicación en la sociedad mexicana. Reflexiones temáticas*, México, Asociación Mexicana de Investigadores de la Comunicación, 2001, pp. 49-61.

——, "Cine" en la sección *El hispanismo en México* del *Boletín de la Asociación Internacional de Hispanistas*. Este *Boletín* se publica anualmente, y desde el año 2001 hasta la fecha incluye las referencias sobre libros y monográficos sobre cine.

—— (coord.), *Tierra Adentro*, núm. 141: *El Placer de Ver Cine*, México, Consejo Nacional para la Cultura y las Artes, Agosto-Septiembre 2004.

—— (coord.), *Panorama*, n° 53: *La investigación sobre cine en México*, La

Paz, Universidad Autónoma de Baja California Sur, julio-septiembre de 2007.

—— (coord.), *Posibilidades del análisis cinematográfico. Actas del Primer*

Encuentro Nacional de Análisis Cinematográfico, 2005, Toluca, Gobierno del Estado de México, en prensa.

II. Estudios sobre cine, 1980-2005

Total: 272 títulos en 25 años (en promedio: 11 por año).
(Las referencias bibliográficas de esta sección se han eliminado por razones de espacio).
Historia del cine mexicano (87 títulos).
Estudios biográficos y testimoniales (60 títulos).
Estudios sobre cine en general y sobre cine extranjero (57 títulos).
Estudios sobre la crítica, los escritores y los carteles (20 títulos).
Materiales de referencia (31 títulos).
CD-ROM (7 títulos).
DVD.
Monográficos de revistas (9 títulos).

III. Estudios sobre cine en México, 2006 a 2009

Total: 102 títulos de 2006 a 2008 (en promedio, 34 títulos por año).

Año 2006 (46 títulos).

Amador, María Luisa y Jorge Ayala Blanco, *Cartelera cinematográfica, 1980-1989*, México, Universidad Nacional Autónoma de México, 722 pp.

Arellano, Tonatiuh Lay, *Análisis del proceso de la iniciativa de Ley de la Industria Cinematográfica de 1998*. Guadalajara, Universidad de Guadalajara, 222 pp.

Ayala Blanco, Jorge: *La herética del cine mexicano*, México, Océano, 2006, 582 pp.

Coria, José Felipe, *Taller de cinefilia*, México, Paidós, 128 pp.

De la Vega Alfaro, Eduardo (coord.), *Historia de la producción cinematográfica, 1977-1978*, Guadalajara, Universidad de Guadalajara.

Del Amo García, Alfonso: *Clasificar para preservar*, México, Cineteca Nacional/Filmoteca Española, 230 pp.

Erreguerena, Josefa: *Los superhéroes. La lucha entre el bien y el mal en el cine hollywoodense*, México, Instituto Politécnico Nacional, 136 pp.

Fellini, Federico: *Les cuento de mí. Conversaciones con Constanzo Constantini*, México, Consejo Nacional para la Cultura y las Artes/Ediciones Sexto Piso, 287 pp., traducción y presentación de Fernando Macotela.

Figueroa, Gabriel, *Memorias*, México, Universidad Nacional Autónoma de México/El

Equilibrista, 338 pp.

Ibarra, Jesús, *Los Bracho. Tres generaciones de cine mexicano*, México, Universidad

Nacional Autónoma de México.

Infante Quintanilla, José, *Pedro Infante. El ídolo inmortal*. Presentación de Guadalupe

Loaeza, México, Océano, 248 pp.

Lara Chávez, Hugo, *Una ciudad inventada por el cine*, México, Cineteca Nacional, 230 pp.

Martínez Gómez, Raciel, *A diez años de* El jardín del Edén. *Entrevista con María Novaro*, Xalapa, Universidad Veracruzana.

Miquel, Ángel: *Acercamientos al cine silente mexicano*, Cuernavaca, Facultad de Artes, Universidad Autónoma del Estado de Morelos, 164 pp.

Mora Lomelí, Raúl H., *Dios en el cine*. Guadalajara, ITESO (Guadalajara, Jalisco)/UIA (León, Guanajuato), 267 pp.

Ortiz Escobar, Roberto (comp.), *Miradas al acervo*, México, Cineteca Nacional, 168 pp. Colaboradores: Catherine Bloch, Raúl Miranda, Roberto Ortiz, Ernesto Román y José Antonio Valdés Peña.

Pasolini, Pier Paolo, *Cinema. El cine como semiología de la realidad*, México, Centro Universitario de Estudios Cinematográficos, Universidad Nacional Autónoma de México, 152 pp., trad., Miguel Bustos García.

Revista *Tierra Adentro*, núm. 141, *El Placer de Ver Cine*, número monográfico, Conaculta, agosto-septiembre de 2006, 110 pp., coordinado por Lauro Zavala.

Rodríguez, Pancho, *Una de balazos*, México, Fondo Editorial Tierra Adentro, núm. 291, 320 pp.

Román Pérez, Ernesto, *El cine pornográfico mexicano de los '90*, México, Cineteca Nacional, 82 pp.

Sandoval, Adriana, *De la literatura al cine. Versiones fílmicas de novelas mexicanas*, México, Instituto de Investigaciones Filológicas, Universidad Nacional Autónoma de México, 154 pp.

Suzán, Margarita (comp.), *El documental del siglo XXI. IV Encuentro Hispanoamericano de Video Independiente: Contra el Silencio Todas las Voces* (coord. gral, Cristian Calónico), México, Universidad Autónoma Metropolitana, Xochimilco, 160 pp.

Tarkovski, Andrey, *Esculpir el tiempo*, México, Centro Universitario de Estudios Cinematográficos (CUEC), Universidad Nacional Autónoma de México, 310 pp.

Varios autores, *Roberto Gavaldón. Director de cine*, México, Consejo Nacional para la
Cultura y las Artes/Cineteca Nacional/Océano, 155 pp.

Vázquez Mantecón, Álvaro, *Orígenes literarios de un arquetipo fílmico. Adaptaciones cinematográficas a* Santa *de Federico Gamboa*, México, Universidad Autónoma Metropolitana (UAM), Unidad Azcapotzalco, 137 pp.

Viñas, Moisés, *Índice general del cine mexicano*, México, Consejo Nacional para la Cultura y las Artes, 589 pp.

Cuadernos de Estudios Cinematográficos

El Centro Universitario de Estudios Cinematográficos (CUEC) de la Universidad Nacional Autónoma de México (UNAM) publicó entre 2004 y 2006 una serie de 12 volúmenes temáticos a partir de los artículos publicados en los años anteriores en su revista *Estudios Cinematográficos*:

1. *Guión cinematográfico*
2. *Dirección de actores*
3. *Producción cinematográfica*
4. *Música para cine*
5. *Dirección artística*
6. *Realización*
7. *Cinefotografía*
8. *Documental*
9. *Enseñanza de la cinematografía*
10. *Aspectos tecnológicos*
11. *Legislación cinematográfica*
12. *Investigación y conservación*

Serie sobre los *Orígenes del Cine en México* (2º ed.).

Juan Felipe Leal; Carlos Arturo Flores; Eduardo Barraza. *Anales del cine en México, 1895-1911*, colección programada para completar 30 volúmenes, diseñados con documentación gráfica y estudios del cine inicial en México.

Esta segunda edición se publicó en 2006 en Ediciones Juan Pablos/ Voyeur, incluyendo los siguientes títulos:

1895: El cine antes del cine.
1896: El vitascopio y el cinematógrafo en México.
1897: Los primeros exhibidores y camarógrafos nacionales.
1898: Una guerra imperial.
1899: ¡A los burritos y a la provincia!
1900: Los cines y los teatros.
1901: El cine y la pornografía.
1902: La magia del cine.
1903: El espacio urbano del cine.
1904: El cine y la publicidad.

Año 2007 (28 títulos)

Amezcua Castillo, Jesús. *Pedro Infante. Medio siglo de idolatría*. México, Ediciones B.

Anxo Fernández, Miguel. *Las imágenes de Carlos Velo*, México, Universidad Nacional
Autónoma de México, 332 pp.

Aviña, Rafael, *David Silva. Un campeón de mil caras*, México, Universidad Nacional
Autónoma de México.

Beuchot González de la Vega, Alberto, *Espejos de luz. Aproximaciones a la hermenéutica cinematográfica en tres casos*. Análisis de *Unbreakable; The Truman show* y *Batman & Robin*. Prólogo de Mauricio Beuchot Puente, México, Limusa-Noriega, 134 pp.

Calónico Lucio, Cristián (coord. gral.), *Catálogo de la videoteca y Memoria del IV Encuentro Hispanoamericano de Video Documental Independiente. Contra el silencio todas las voces*. México, Universidad Autónoma Metropolitana-Xochimilco.

De la Vega Alfaro, Eduardo (coord.), supervisión de Emilio García Riera; Marina

Díaz López, Leonardo García Tsao, Juan Carlos Vargas, Emilio García Riera, Ulises Iñiguez Mendoza; Eduardo de la Vega Alfaro; Moisés Viñas, *Historia de la producción cinematográfica mexicana, 1977-1978*, Guadalajara, Universidad de Guadalajara/Instituto Mexicano de Cinematografía/ Gobierno de Estado de Jalisco (Secretaría de Cultura), 374 pp.

De los Reyes, Aurelio, *El nacimiento de ¡Que viva México!*, México, Instituto de Investigaciones Estéticas (IIE) de la Universidad Nacional Autónoma de México (UNAM), 392 pp.

Del Moral López, Fernando: *El psicoanálisis en la edad del suspenso*. México, Editorial
Campo Lacaniano, 292 pp.

Dorantes, Irma (en colaboración con Rosa María Villarreal), *Así fue nuestro amor* (acerca de Pedro Infante), México, Planeta.

Durán Payán, María Elena, *Peter Greenaway. Un pintor de luz*. México, Instituto Nacional de Bellas Artes y Literatura (INBA)/Centro Nacional de Investigación, Documentación e Información de Artes Plásticas (Cenidiap), 20 pp.

Ibarra, Jesús, *Los Bracho. Tres generaciones del cine mexicano*. Fotografías en blanco y negro, México, Universidad Nacional Autónoma de México, 448 pp.
La Investigación sobre cine en México, número monográfico de la revista *Panorama*, Universidad Autónoma de Baja California Sur, núm. 53, julio-septiembre de 2007, coordinado por Lauro Zavala.
Martínez, Raciel D., *A diez años de* El jardín del edén. *Entrevista con María Novaro*. Xalapa, Universidad Veracruzana, 48 pp.
Martínez, Raciel D., *Zoótropo. Películas de cadencia*, Xalapa, Gobierno del Estado de
Veracruz, 216 pp.
Meixueiro Hernández, Armando y Rafael Tonatiuh Ramírez Beltrán (coord,), *Globalización, cine y educación*, México, Ediciones Taller Abierto, 160 pp.
Mino Gracia, Fernando, *La fatalidad urbana, El cine de Roberto Gavaldón*. Prólogo de
Jorge Ayala Blanco. México, Universidad Nacional Autónoma de México, 216 pp.
Miranda López, Raúl, *Del quinto poder al séptimo arte. La producción fílmica de Televisa*, México, Cineteca Nacional, 240 pp.
Mora Catlett, Juan, *Cineastas en conversación. Entrevistas y conferencias*, México,
CUEC (Centro Universitario de Estudios Cinematográficos), Universidad Nacional Autónoma de México, 320 pp.
Paniagua Ramírez, Karla, *El documental como crisol. Análisis de tres clásicos para una antropología de la imagen*, México, Publicaciones de la Casa Chata, Centro de Investigaciones y Estudios Superiores en Antropología Social (Ciesas), 114 pp. Incluye DVD con secuencias analizadas de *El hombre de la cámara* (Dziga Vertov); *Nanook el esquimal* (Robert Flaherty), y *Crónica de un verano* (Jean Rouch).
Pérez Vázquez, Reynol y Pellicer, Ana, *Pina Pellicer. Luz de tristeza (1934-1964)*. Fotografías en blanco y negro, México, UNAM/CONACULTA/UANL, 386 pp.
Ripstein, Alfredo, *Churubusco Babilonia. La mirada de un productor*. Conversaciones con Nelson Carro, México, CONACULTA/Alameda Films/Estudios Churubusco Azteca/Film House/Universidad de Guadalajara/El Milagro, 146 pp.

Rodríguez Bermúdez, Manuel, *Animación: una perspectiva desde México*, México, CUEC (Centro Universitario de Estudios Cinematográficos); Universidad Nacional Autónoma de México, 236 pp.

Román, Ernesto, *Cine pornográfico mexicano de los 90's*, México, Cineteca Nacional, 86 pp.

Salín-Pascual, Rafael J., *Cineterapia. La psiquiatría y el psiquiatra a través de las películas*, México, Edamex, 250 pp.

Schmelz, Itala (ed.), *El futuro más acá. Cine mexicano de ciencia ficción*, México, Filmoteca de la UNAM/CONACULTA/ Landucci, 280 pp., edición en pasta dura y formato grande, ilustraciones en color.

Varios autores, *Vislumbrar la nada. Trece guiones de cortometrajes de Nuevo León*, Monterrey, CONACULTA/Fondo Nacional para la Cultura y las Artes de Nuevo León.

Wajda, Andrzej, *Un cine llamado deseo*, México, Centro Universitario de Estudios Cinematográficos (CUEC), Universidad Nacional Autónoma de México (UNAM), 132 pp.

Wolfson, Isaac: *Dos cines en la vida de Puebla en el siglo XX*, Puebla, Honorable Ayuntamiento de la Ciudad de Puebla.

Año 2008 (27 títulos)

Bares, Mauricio, *Posthumano. La vida después del hombre*, Oaxaca, Almadía.

Bercini, Reyes, *El cine y la estética cambiante*, México, CUEC, UNAM.

Carro, Nelson (entrevistador), *Alfredo Ripstein: Churubusco Babilonia. La mirada de un productor*, México, Alameda Films /Ediciones El Milagro, 144 pp.

Cruz, Ana, *Bertha Navarro. Cineasta sin fronteras*, prólogo de Guillermo del Toro, Guadalajara, Centro Universitario de Ciencias Sociales y Humanidades, Universidad de Guadalajara/XXIII Festival Internacional de Cine de Guadalajara, 114 pp.

Chémor Ávila, Javier Millán, Beatriz y Francisco, *De Buñuel a Santo. Guanajuato, lugar de cine*, Guanajuato, Instituto Estatal de la Cultura/Ediciones La Rana, 145 pp.

Cuarón, Carlos, *Cuatro vidas. Las biografías de los personajes de Sólo con tu pareja*, prólogo de Jorge Volpi, México, Sexto Piso, 76 pp.
De la Torre, Gerardo. *Pedro hijo de Pedro* (sobre Pedro Armendáriz). Guadalajara, Universidad de Guadalajara, 105 pp.
Egri, Lajos, *El arte de la escritura dramática*, México, CUEC, UNAM.
Flores Nava, Juan José, *Marilyn Monroe, comunista/Entre el FBI y el 68*, Cuernavaca,
Ediciones Clandestino/Editorial La Rana del Sur.
García Riera, Emilio, *Las películas de Tin Tan*, Guadalajara, Centro Universitario de
Ciencias Sociales y Humanidades, Universidad de Guadalajara/ XXIII Festival Internacional de Cine de Guadalajara.
García Riera, Emilio, *Crítica de cine*, vol. 1, Guadalajara, Centro Universitario de Ciencias Sociales y Humanidades, Universidad de Guadalajara/XXIII Festival Internacional de Cine de Guadalajara, recopilación y presentación de Ángel Miquel.
García Riera, Emilio, *Crítica de cine*, vol. 2, Guadalajara, Centro Universitario de Ciencias Sociales y Humanidades, Universidad de Guadalajara/XXIII Festival Internacional de Cine de Guadalajara, recopilación y presentación de Ángel Miquel.
González Dueñas, Daniel, *Otras visiones del hombre invisible*, México, Ediciones Sin Nombre, 330 pp.
Lozoya, Jorge Alberto (coord. editorial) [1992], *Cine mexicano*, México, Consejo Nacional para la Cultura y las Artes/ Lunwerg Editores/Instituto Mexicano de Cinematografía, 297 pp.
Mascelli, Joseph, *Las cinco claves de la cinematografía*, México, CUEC, UNAM.
Mendoza, Carlos, *La invención de la verdad. Nueve ensayos sobre cine documental*, México, CUEC, UNAM.
Miquel, Ángel (comp.), *El juego placentero II. Crítica de Emilio García Riera*, México, Cineteca Nacional.
Monsiváis, Carlos, *Pedro Infante: Las leyes del querer*, México, Aguilar/Raya en el Agua.

Peredo, Francisco Castro, *Cine y propaganda para Latinoamérica. México y Estados Unidos en la encrucijada de los años cuarenta*, México, CCyDEL/CISAN, UNAM, 509 pp.

Riambau, Esteve, *De traidores y héroes. El cine de Costa-Gavras*, Guadalajara, XXII Festival Internacional de Cine de Guadalajara, 318 pp.

Rodríguez Álvarez, Pablo (comp.): *Cartas a México 1954-1988. Correspondencia de Cesare Zavattini*, México, Dirección General de Actividades Cinematográficas, UNAM, 240 pp.

Saavedra Luna, Isis, *Entre la ficción y la realidad. Fin de la industria cinematográfica mexicana 1989-1994*, México, UAM Xochimilco, 320 pp.

Saborit, Antonio, *Gabriel Figueroa*, prólogo de Alejandro González Iñárritu, México, DGE/Ediciones El Equilibrista/Fundación Televisa/CONACULTA INBA.

Sánchez, Franciscol *El cine del nuevo siglo (y otras nostalgias)*l México, Juan Pablos Editores/Gobierno del Estado de Zacatecas/Instituto Zacatecano de Cultura Ramón López Velarde, 316 pp.

Solórzano, Enrique, *Entre la luz y el silencio. Lupe Vélez y su tiempo*, México, Ediciones Cabos Sueltos, 29 pp.

Vega, Sara et al. (Cuba); Eduardo de la Vega et al. (México), *Historia de un gran amor. Relaciones cinematográficas entre Cuba y México, 1897-2005*, Guadalajara, Universidad de Guadalajara/La Habana, Instituto de Artes y Ciencias Cinematográficas, 65 pp.

Zavala, Héctor, *El diseño en el cine. Proyectos de dirección artística*, México, CUEC, UNAM, 90 pp.

Año 2009 (enero a mayo) (13 títulos)

Bloch, Catherine y Valdés Peña, José Antonio (comps.), *Nouvelle Vague: una visión mexicana*, México, Cineteca Nacional, 123 pp.

Egri, Lajos, *El arte de la escritura dramática. Fundamentos para la interpretación creativa de las motivaciones humanas*, México, CUEC.

Especial Cine, número monográfico de la revista *Ciencia Ergo Sum*, vol. 16, núm. 1, Universidad Autónoma del Estado de México, marzo-junio de 2009, coordinado por Maricruz Castro.

Fernández Reyes, Álvaro, *Santo, el Enmascarado de Plata: mito y realidad de un héroe mexicano moderno*, Zamora, El Colegio de Michoacán/Consejo Nacional para la Cultura y las Artes, 258 pp.

Fernández Reyes, Álvaro, *Crimen y suspenso en el cine mexicano, 1946-1955*, Zamora, El Colegio de Michoacán, 327 pp.

Gabriel Figueroa, número especial de la revista *Luna Córnea*, edición en pasta dura a cargo de Alfonso Morales Carrillo, Claudia Monterde y Héctor Orozco, México, 16 pp.

Gudinni, Alfredo, *Quiénes fueron, qué nos dejaron y cómo se fueron*, México, Resistencia, 239 pp.

Hernández-Riwes, José (comp.), *Sonogramas: música en el cine*, México, LitPop, 79 pp.

Lax, Eric, *Conversaciones con Woody Allen*, México, Lumen, 478 pp.

Pech, Cynthial, *Fantasmas en tránsito. Prácticas discursivas de videoastas mexicanas*, México, Universidad Autónoma de la Ciudad de México/Fondo Nacional para la Cultura y las Artes.

Ruffinelli, Jorge, *Víctor Gaviria: Los márgenes, al centro*, Guadalajara, Universidad de

Guadalajara, Centro Universitario de Ciencias Sociales y Humanidades/Patronato del Festival Internacional de Cine de Guadalajara, 258 pp.

Sinnigen, John H., *Benito Pérez Galdós en el cine mexicano: literatura y cine*, México,

Universidad Nacional Autónoma de México.

Zavala, Lauro (coord.), *Posibilidades del análisis cinematográfico. Actas del Primer Encuentro Nacional de Análisis Cinematográfico*, Toluca, Gobierno del Estado de México, en prensa.

PONENCIAS

I. EL CINE ARGENTINO DISCUTE LA HISTORIA

El otro ¿existe? Una aproximación a las representaciones de la identidad peronista en los films documentales del período 1989-1999

Cecilia Alejandra Carril
Universidad Nacional del Litoral

Introducción

El presente trabajo analiza las representaciones sociales de la identidad peronista elaboradas durante la década de 1990 en nuestro país.[22] Las fuentes seleccionadas para su desarrollo son producciones fílmicas documentales de origen nacional. Siguiendo los aportes de Bill Nichols considero al cine documental como agente y constructor de representaciones sociales en tanto da cuenta, no sólo de la visión de su realizador, sino también del conjunto de ideas colectivas presentes en un momento y contexto determinados. El cine documental puede a su vez ser interpretado como una representación en sí mismo: las modalidades que utiliza –producto de la combinación de discursos, imágenes y sonidos– están dominadas por las características sociales del grupo que lo produce o los recursos con que cuenta.

Como sostienen Silvia Sigal y Eliseo Verón, el análisis del discurso no se corresponde con un nivel independiente del de la acción: lo que los actores "dicen" y "hacen" está inextricablemente unido en las prácticas sociales. Las representaciones, entendidas desde Roger Chartier como las formas en que los individuos, los grupos y los poderes construyen y proponen una imagen de sí mismos, tienen efectivamente su origen en las prácticas sociales.

La elección del recorte temporal se fundamenta en dos motivos. Se ha optado por concentrar el análisis en la década

---

[22] Este trabajo es producto de una adscripción dirigida por la profesora Mg. Lidia Acuña y la profesora Mariné Nicola, desarrollada entre agosto de 2007 y marzo de 2009 en el marco del CAI+D 2006 "El cine documental: la construcción de la memoria y las formas de representación de los procesos sociales" de la Facultad de Humanidades y Ciencias, Universidad Nacional del Litoral.

que va de 1989 a 1999, en primer lugar porque se trata de un período en que se recrudecen las tensiones al interior del partido peronista, a causa fundamentalmente de la reforma neoliberal llevada adelante por Carlos Saúl Menem: se trata de una reforma que está en total contraposición con los ideales tradicionalmente defendidos por el peronismo y, más precisamente, con las acciones llevadas a cabo por el peronismo entre 1946 y 1955. En segundo lugar, porque es un momento en que se produce un aumento en la calidad y cantidad de films documentales, debido a la relativa estabilidad económica generada a corto plazo por el plan de convertibilidad: ésta permite una renovación tecnológica y la compra de insumos en el exterior.

Objetivos

- Revalorizar los medios audiovisuales como fuente necesaria e imprescindible para la construcción del discurso historiográfico.
- Interpretar los films documentales como una modalidad de representación de la realidad, producto de una época y un contexto determinados.
- Abordar la producción documental como uno de los espacios en que se disputa la lucha en torno a los procesos de memoria/olvido presentes en toda sociedad.
- Reconocer las representaciones fílmicas elaboradas durante la década de 1990 en relación con el movimiento peronista.

Materiales y métodos

Para aproximarse al objeto de estudio se propone una combinación de métodos en dos etapas sucesivas. La primera etapa –exclusivamente cuantitativa– consiste en el relevamiento, catalogación y selección de los films documentales que conforman la muestra para la realización de la investigación. La segunda etapa –cualitativa– consistió en un análisis de la información aportada por los films documentales a partir de un conjunto de categorías.

Para este trabajo se han elegido tres videotecas diferentes de la ciudad de Santa Fe, teniendo en cuenta que cada una de ellas está orientada a un público diferente:

- Videoteca del Proyecto "Cine y construcción de la Memoria" CAI+D 2002/CAI+D 2006, FHUC, UNL: orientada hacia un público académico, especializado en la investigación en torno al cine documental y por lo tanto de acceso restringido.
- Videoteca de Cine Club/Asociación de Trabajadores del Estado: destinada a un público general aunque de carácter no comercial ya que es un servicio ofrecido gratuitamente a los afiliados de estas entidades.
- Video Club "Mundo Megavideo": de carácter exclusivamente comercial y por lo tanto abierto al público general, posee ciertos criterios en cuanto a la selección del material que lo diferencia de la mayoría de los videoclubes existentes actualmente en la ciudad de Santa Fe.

Resultados

Nos hemos encontrado con un conjunto de producciones documentales nacionales que vuelven su mirada sobre la problemática del peronismo. En el cuadro 1 se presentan los resultados obtenidos en función del período seleccionado, señalando en cada caso la videoteca en que ha sido hallada la obra documental:

CUADRO 1

Título del documental, realizador/es, formato, producción, duración, origen, año	VIDEOTECA		
	Videoteca CAI+D	Videoteca ATE	Mundo Megavideo
Las patas de la mentira, Miguel Rodríguez Arias, VHS, Perfil Noticias, Buenos Aires, 1990.		x	
Séptimo mandamiento, Miguel Rodríguez Arias, VHS, Buenos Aires, 1990.		x	
Historia Argentina (1930-1955): procesos socioeconómicos, políticos y culturales, Felipe Pigna, VHS, Diana Producciones, 86', Buenos Aires, 1994.		x	x

Historia Argentina (1955-1976): procesos socioeconómicos, políticos y culturales, Felipe Pigna, VHS, Diana Producciones, 70', Buenos Aires, 1994.		x	x
Montoneros, una historia, Andrés Di Tella, VHS, Andrés Di Tella (con apoyo de la Fundación Simón Rodríguez), 90', Buenos Aires, 1994.	x	x	x
17 de octubre. Una tarde de sol, Jorge Coscia, VHS, Instituto Arturo Jauretche de la CGT, 50', Buenos Aires, 1995.		x	x
Cazadores de utopías, David Blaustein, VHS, Instituto Nacional de Cinematografía y Artes Visuales/Zafra Cine Difusión S. A., 150', Buenos Aires, 1995.		x	
Evita, la tumba sin paz, Tristán Bauer, VHS, 52', Buenos Aires, 1997.		x	
Tosco. Grito de piedra, Adrián Jaime y Daniel Ribetti, VHS, 60', Córdoba, 1998.	x	x	
Perón, Sinfonía del sentimiento, volumen 1 a 6, Leonardo Favio, DVD, Buenos Aires, 1999.		x	x

Discusión

Considero que la producción fílmica documental es uno de los componentes del discurso político. El film contribuye a legitimar un determinado estado de cosas y, empleando palabras, sonidos e imágenes, construye una imagen del "nosotros", por contraposición al "otro". Teniendo en cuenta los aportes de Eliseo Verón, podemos decir que la construcción de un adversario es inherente a la constitución del campo discursivo de lo político: todo discurso político define –y se dirige simultáneamente a– un "otro positivo" y un "otro negativo". El enunciador comparte una creencia (las mismas ideas, valores y objetivos) con el *otro positivo* –en otras palabras, ambos se identifican con un mismo colectivo–, y el *otro negativo* representa exactamente lo opuesto a esa creencia: lo que es verdadero, bueno o sincero para el enunciador, será respectivamente falso, malo o de mala fe para el otro.

El campo discursivo que estudiamos se desarrolla en el marco de un sistema democrático, por lo tanto debemos tener en cuenta que el enunciador se relacionará con un tercer destinatario, los llamados *indecisos*: sectores de la ciudadanía que se mantienen por fuera del juego político. A ellos se los apelará utilizando entidades que, al igual que el colectivo de identificación, se enuncian en plural y son por lo tanto divisibles: "los ciudadanos", "los trabajadores", "los argentinos". Se puede hacer referencia a "algunos" trabajadores, "muchos" o "pocos" trabajadores, "tales" y "determinados" trabajadores. De acuerdo con el planteo de Verón, ello permite al enunciador construir un destinatario susceptible de escuchar y comprender los propios argumentos, pasible de "convertirse" a la propia causa y "hacerse" peronista.

En función de estos aportes, proponemos realizar el análisis de los films a partir de las siguientes categorías:
- La entidad *"nosotros, los peronistas"*, que hace referencia al colectivo que incluye a todos aquellos que comparten un conjunto de ideas y valores derivados de las interpretaciones que se han hecho de las palabras de Perón.
- La entidad *"los trabajadores"*, que es más abarcativa ya que incluye a quienes se han identificado con el peronismo, pero también a un "otro" constituido por los indecisos, es decir, los que no están ni de un lado ni del otro.

Ahora bien, hay que tener presente que el campo discursivo elegido como materia de análisis se encuentra materializado en un soporte particular –fílmico, electromagnético y/o digital–, hecho que, a la vez que enriquece el estudio, aporta una enorme cuota de complejidad. Hemos optado por trabajar con videodocumentales, expresión que hace referencia a un género de cine, diferente al cine de ficción, con normas, códigos y convenciones que le son propios. El *cine documental* es una representación del mundo histórico y como tal supone el uso de determinados procedimientos (inferencia, planteo y corroboración de hipótesis) y el desarrollo de ciertas expectativas por parte del espectador:

> [...] Una de las expectativas fundamentales del documental es que los sonidos y las imágenes tienen una relación indicativa con el mundo histórico. Como espectadores confiamos en que lo que ocurrió frente a la cámara ha sufrido escasa o nula modificación para ser registrado en celuloide o cinta magnética. Se nos pide que demos por supuesto que lo que vemos habría ocurrido prácticamente

del mismo modo si la cámara y la grabadora no hubieran estado allí...el documental suele dirigir nuestra atención hacia un tema, concepto o problema que está en el centro de la argumentación de la película...Procesamos el documental no sólo como una serie de sonidos e imágenes con un alto grado de autenticidad, sino también como pasos sucesivos en la formación de un modo de ver o pensar característico y textualmente específico...el compromiso intelectual y emotivo con un tema, cuestión o problema adquirirá prominencia y estará mediado por las convenciones y la retórica de la objetividad [...] (Nichols, 1991: 58, 60 y 62).

Los documentales presentan una estructura particular, la estructura problema/solución, que consta de una exposición de la temática a abordar, una presentación de sus antecedentes y el examen de la situación actual, seguido por la solución al problema tratado. Si bien varían las personas, los lugares y tiempos que se relatan, se mantiene una continuidad en el desarrollo del argumento, presentando los sonidos e imágenes como pruebas del mismo.

Algunos de los video-documentales relevados en la ciudad de Santa Fe se ocupan de revisitar el peronismo de 1946-1955, mientras que otros se encargan de aquellos temas relacionados con el peronismo de los años 70. Para este trabajo hemos seleccionado las siguientes producciones:
- *17 de octubre, una tarde de sol*, Jorge Coscia, VHS, producida por el Instituto Arturo Jaureche de la C.G.T, 50', Buenos Aires, 1995.
- *Cazadores de utopías*, David Blaustein, VHS, producida por el Instituto Nacional de Cinematografía y Artes Visuales/ Zafra Cine Difusión S. A, 150', Buenos Aires, 1995.
- *Montoneros, una historia*, Andrés Di Tella, VHS, 90', producida por Andrés Di Tella (con apoyo de la Fundación Simón Rodríguez), 90', Buenos Aires, 1994.

Estas producciones parecen asemejarse a lo que Bill Nichols denomina modalidad de representación interactiva: se evidencia una interrelación entre realizador y actores sociales a través de las voces, o más sutilmente las miradas. La lógica dominante del razonamiento lleva a una constante búsqueda de información en torno al contenido que se pretende representar. Las imágenes aparecen como testimonio de lo que se narra verbalmente, reafirmándolo en algunos casos, brindando elementos adicionales de análisis al espectador en otros.

Si detenemos la mirada en cómo piensan la identidad peronista estos films, podemos decir que el colectivo de identificación, *"nosotros, los peronistas"*, presenta algunas diferencias. En *17 de octubre, una tarde de sol* aparece como un "todo" homogéneo, una entidad consolidada e "impermeable" al posicionamiento y la perspectiva de los opositores. El 17 de octubre de 1945 como momento fundacional del partido peronista es presentado de una manera idealizada, como un hecho aislado en el tiempo, cuya interpretación no ha sido modificada por sucesos posteriores. El contexto en que es producido y las transformaciones que están teniendo lugar en esa "década menemista" parecen ser ignorados por el realizador: en la película, de hecho, no aparecen referencias al "nuevo" peronismo que está en el poder y se omite tratar una temática sumamente incómoda para el movimiento, la contraposición en los modos de proceder entre una y otra época. En el documental parecen borrarse todas las "marcas" del presente, que están influyendo en la mirada de ese pasado.

La imagen de la identidad peronista se vuelve más compleja en *Cazadores de utopías*: allí se muestra la diversidad de agrupaciones existentes al interior del peronismo en los 70, y se intenta hacer una revisión de ese pasado a la luz de los cambios del presente. Sin embargo el film no ofrece al espectador elementos para analizar en profundidad la confrontación derivada de esa heterogeneidad de grupos sociales e ideologías: todos los relatos, todas las imágenes y sonidos ensamblados en el film, de alguna manera, se "suman" para constituir una sola y misma entidad. Luego del visionado del film, queda claro que para el realizador todos los agrupamientos peronistas avanzaban en ese momento por un mismo camino y tras un mismo ideal. Teniendo en cuenta la crítica del film efectuada por Carlos Altamirano, podemos decir que la obra se asemeja a otras producidas en el ámbito académico en la misma coyuntura en tanto "repite" las perspectivas y concepciones construidas por el propio objeto que investiga.

Por el contrario, *Montoneros, una historia* mostrará abiertamente las tensiones y divisiones existentes al interior del movimiento peronista (entre el ala izquierdista y la derecha, entre las bases y la conducción, entre diversos miembros de las bases), así como los distintos mecanismos y recursos empleados para intentar dar una solución a éstas. Las palabras, imágenes y sonidos de la película por momentos se unen para reforzar un mismo sentido y por momentos se bifurcan, incentivando cantidad de interrogantes y creando condiciones para que el espectador elabore sus propias interpretaciones. Al indagar la experiencia colectiva desde una vida personal, el discurso logrado incorpora matices sumamente valiosos para el análisis y posibilita al espectador avanzar en la comprensión de las múltiples interconexiones existentes entre la historia de los individuos y la historia del país. Se trata efectivamente de una historia que, a la vez que ha marcado la historia biográfica, se construye a partir de ella.

Si nos dedicamos a observar en los films la construcción del colectivo de identificación "los trabajadores", podemos remarcar asimismo algunas divergencias. En el film *17 de octubre, una tarde de sol* esta entidad, considerada un elemento vertebrador del movimiento peronista, es caracterizada con un marcado sentido positivo: se destacan de hecho la espontaneidad, la sencillez y la sinceridad como valores de los sectores obreros que convierten a Perón en su líder. La película transmite la idea que la totalidad de los obreros se vuelcan en la década de 1940 al peronismo. Esto es presentado como una operación que, para asombro de muchos contemporáneos entrevistados en el film, se da prácticamente como algo natural. Ahora bien, no es la voz de ese obrero común la que narra la historia de surgimiento del Peronismo, sino la de sus dirigentes, podríamos decir, la voz oficial. A los trabajadores les queda simplemente ocupar su lugar y aceptar, pasivamente lo que el "lúcido" y único líder tiene para decirles.

Los otros films analizados, que se ocupan no del peronismo de 1946-1955 sino del peronismo de 1973-1976, permiten complejizar la mirada. En *Cazadores de utopías* se hace referencia a "los trabajadores" como actores sociales que, en el marco de las estructuras políticas y socioeconómicas, tienen poder de decisión y una mirada propia de los hechos. *Montoneros, una historia* parece incluso ir más allá, permitiendo a los entrevistados cuestionarse esas decisiones y repensar en el presente las elecciones que han hecho a lo largo de la historia.

Conclusiones

En función del análisis realizado puede señalarse la existencia de diferentes versiones en relación con la identidad peronista y marcar su relación con el período de gobierno peronista abordado. Cuando los realizadores tratan el peronismo de los años 40 su posicionamiento político-ideológico se acerca a una memoria oficial peronista, que busca reivindicar y legitimar los ideales tradicionalmente defendidos por el peronismo. Cuando los realizadores trabajan en torno al peronismo de los 70, sus posturas parecen condensar elementos de crítica, oposición o distanciamiento respecto al peronismo, lo cual daría cuenta de narrativas que circulan clandestinamente, parte de una memoria privada. Sin embargo la simple contraposición de estas categorías limitan la mirada: hay algunos matices en las lecturas del peronismo realizadas por los documentales analizados –ello se hace especialmente evidente al comparar *Cazadores de utopías* y *Montoneros, una historia*– y por lo tanto debemos señalar la existencia, no de dos memorias contrapuestas, sino de un abanico de versiones que se mueven entre los dos extremos señalados.

Las diversas construcciones respecto a las identidades "nosotros, los peronistas" y "los trabajadores" estarían dando cuenta del cambio producido a mediados de la década de 1990 en el tratamiento de problemáticas vinculadas al pasado reciente. Temas anteriormente considerados tabú empiezan a ser discutidos a partir de nuevos interrogantes y la figura del mítico "héroe-peronista" se convierte en un actor social, de carne y hueso, militante político y social que actúa en un contexto político, socioeconómico y cultural determinado. Nos preguntamos ¿por qué esto fue posible en la década de 1990 y no antes? Roberto Pittaluga nos orienta hacia una respuesta: es entonces cuando se diluye el inicial optimismo respecto a la democracia como sistema político y como forma de vida. La democracia deja de ser concebida como la solución a todos los problemas y por lo tanto puede polemizarse en torno a ella, pueden cuestionarse las decisiones tomadas en el pasado y avanzar hacia la elaboración de una mirada crítica respecto a los hechos pasados. A este contexto se añaden las nuevas problemáticas planteadas por las nuevas generaciones que sólo indirectamente han vivido los sucesos relacionados con el peronismo en la historia argentina, la generación de los hijos de militantes de los 70. Ellos plantean nuevas preguntas al pasado y obligan por lo tanto, de alguna manera, a indagar el pasado desde nuevos lugares y con nuevas herramientas.

Bibliografía

Altamirano, Carlos. "Pasado presente", en Clara Lida, Horacio Crespo, y Pablo Yankelevich (comps.), *Argentina, 1976. Estudios en torno al golpe de Estado*, Buenos Aires, Fondo de Cultura Económica, 2007.

Borón, Atilio, "El experimento neoliberal de Carlos Saúl Menem", en AA.VV., *Peronismo y menemismo,* Buenos Aires, El Cielo por Asalto, 1995.

Chartier, Roger, *Escribir las prácticas*, Buenos Aires, Manantial, 1996.

González, Néstor, "Realidad Argentina y Nuevo Escenario Documental", disponible en http://www.antroposmoderno.com.

Jelin, Elizabet, *Los trabajos de la memoria,* Madrid, Siglo XXI, 2002.

Nichols, Bill, *La representación de la realidad. Cuestiones y conceptos sobre el documental*, Barcelona, Paidós, 1991.

Pittaluga, Roberto, "Miradas sobre el pasado reciente argentino. Las escrituras en torno a la militancia setentista (1983-2005)", en M. Franco y F. Levín (comps.), *Historia reciente. Perspectivas y desafíos para un campo en construcción,* Buenos Aires, Paidós, 2007.

Sigal, Silvia y Verón, Eliseo, *Perón o muerte. Los fundamentos discursivos del fenómeno peronista*, Buenos Aires, Eudeba, 2003.

Verón, Eliseo, "La palabra adversativa. Observaciones sobre la enunciación política", en AA.VV., *El discurso político. Lenguajes y acontecimientos*, Buenos Aires, Hachette, 1987.

Mundo del trabajo, representación gremial e identidad obrera en *Los traidores* (1973)

Mariano Mestman
Instituto de Investigación Gino Germani
Universidad de Buenos Aires

Palabras clave: *cine político/mundo del trabajo/representación*

La investigación de la que forma parte el presente texto recorre la representación del mundo del trabajo en algunos de los principales films argentinos de intervención política de fines de los años 60 y comienzos de los 70. Se trató de estudiar no sólo la puesta en escena del trabajo mismo, sino también de "subtemas" afines como la organización sindical, el conflicto gremial y político, la desocupación, la cultura laboral, etc.

La propuesta se inscribe en proyectos de investigación más extensos sobre el cine político del período propuesto (producto de mi tesis doctoral de 2004) y sobre la representación del mundo del trabajo en otras cinematografías y períodos (en curso en el Conicet).

Una idea general que recorre el tema analizado se refiere al potencial conflicto o la tensión en la puesta en escena del mundo del trabajo y sus conflictos, entre la representación de la "experiencia" cotidiana y la cultura "vivida" del trabajador, por un lado, y las tesis militantes de los respectivos films, por otro.

Esto remite en parte a un fenómeno que habría acarreado la irrupción del *cine político* a fines de los años 60 en algunas cinematografías, a saber: su constitución casi como un género cinematográfico propio, que en diálogo con otros (como el policial), y desarrollando historias protagonizadas por figuras individuales destacadas, de algún modo desplazó de la pantalla la representación de los sectores subalternos (entre ellos los trabajadores) que habían tenido una presencia más frecuente en períodos previos. Un fenómeno que, por ejemplo, ha sido atribuido a algunas producciones de la izquierda italiana desde 1968 hasta mediados de la década del 70; films que siguiendo la denominada línea "Z" (en relación con el famoso film de Costa-Gavras de 1969) centraron sus tramas en intrigas palaciegas que terminaron desplazando a las clases populares, que, por el contrario, habían tenido una presencia más destacada durante el cine neorrelista, en sus variantes, desde la posguerra (Company, 1988).

Si bien sabemos que contemporáneamente a esa línea "Z" también se desarrolló un cine militante que asumió la representación de los conflictos en el mundo del trabajo –lo cual plantea el carácter no unívoco del cine político del período–, la observación citada no deja de resultar provocativa para pensar sus alcances y sus límites.

En nuestro caso (el cine de intervención argentino), las clases trabajadoras ocupan un lugar más que relevante, tal vez no inédito pero sí singular respecto de períodos previos. Pero aún así, consideramos pertinente la problemática señalada en tanto permite indagar en algunas tensiones presentes en este tipo de películas.

En este sentido, nos interesa volver sobre algunos análisis que ya realizamos en otros textos para su tratamiento comparativo. En particular los referidos a las "negociaciones" entre la representación de la identidad/cultura campesina del zafrero tucumano y las tesis militantes del grupo Cine Liberación en *El camino hacia la muerte del viejo Reales* (Gerardo Vallejo, 1968-1971), la tensión entre la cesión de la *voz* al "sujeto popular" y su subordinación (la de los testimonios de activistas y dirigentes obreros durante la famosa sección de las "ocupaciones fabriles") a los postulados de la voz over dominante en *La hora de los hornos* (Solanas y Getino, 1968), la disputa del sentido de imágenes emblemáticas de la protesta social (como aquellas del Cordobazo que registran a los manifestantes arrojando piedras a la policía montada que da media vuelta y retrocede) por parte de la mayor parte de los films de intervención política posteriores al hecho.

En este caso nos centraremos en particular en un film de ficción, *Los traidores* (1973), de Raymundo Gleyzer y el grupo Cine de la Base.

Recordémoslo brevemente: a partir de un asunto sencillo –el autosecuestro de un dirigente sindical, Roberto Barrera, en vísperas de las elecciones en su gremio– el film recorre casi dos décadas de historia argentina, desde la caída del peronismo en 1955 hasta los primeros años 70, cuando tiene lugar el episodio central. Así, tras una rápida presentación del clima social y gremial en que se producen las elecciones en el sindicato (las tensiones entre la burocracia y activistas opositores), el autosecuestro ubica al protagonista durante cuatro días en una casa en las afueras de la ciudad junto a su amante, para culminar con su regreso y el festejo por el triunfo, empañado por su ejecución a cargo de un grupo armado. En ese recorrido la película repasa los momentos más significativos de la historia sindical y política, a través de un relato discontínuo en el que los recuerdos del protagonista (u otros) se insertan con flashbacks o raccontos sucesivos que permiten narrar su trayectoria de un modo atractivo y accesible para el espectador, siguiendo la cronología de los hechos históricos. Es decir, el camino recorrido por un joven militante combativo iniciado y fogueado en la Resistencia Peronista, que se convierte en un delegado sindical "duro" que defiende a sus compañeros tanto como a su líder en el exilio, y a través de un proceso de burocratización durante los años 60 termina aliado a empresarios y militares, traicionando a su clase.

Una primera observación es que a pesar de tratarse de un momento histórico en que los discursos ideológicos reconocen una amplia circulación e incidencia en la práctica política, en la constitución de identidades partidarias, la puesta en escena de *Los traidores* despliega una amplia zona de subtextos que "dicen más que cualquier declamación".[23]

Por supuesto, podrían identificarse en el film importantes momentos en que la representación de personajes y situaciones recurre a formas reconocibles en discursos cifrados y rasgos estereotípicos. Principalmente en la representación de Barrera en situaciones "propias del oficio", donde las hiperbólicas expresiones gestuales y movimientos corporales[24] así como el vocabulario utilizado remiten a comportamientos (aquí deformados, exagerados) y frases típicas de la ortodoxia sindical peronista. Pero incluso sin que sean trabajados en la línea del arquetipo, sino por el contrario reivindicados, también los discursos revolucionarios epocales se hacen presentes en las voces de los activistas opositores. La asamblea o las reuniones de agrupación constituyen, como se

---

[23] Wolf, Sergio (1995, p. 30). Asimismo, el principal trabajo sobre la obra de Gleyzer sigue siendo el libro de Fernando M. Peña y Carlos Vallina. Véase también sobre el film P. M. Russo (2008).

[24] Pablo Piedras se refirió a las estrategias actorales presentes en el film, en "Los traidores, de Raymundo Gleyzer (2008).

sabe, escenarios privilegiados para los discursos más cifrados, didácticos o articulados en torno a las respectivas ideologías.

Si bien podría rastrearse ese tipo de discurso en algunas escenas de la vida diaria (familiar, vecinal, laboral), allí en cambio predomina un habla vulgar, cotidiana, un léxico coloquial de la política que se despliega a través de una geografía suburbana (el hábitat de los personajes) que incluye el ferrocarril, la arquitectura fabril, el barrio popular, las viviendas en viejas casonas compartidas, la precaria casilla de abortos clandestinos, el bar como espacio de encuentro y socialización, entre el billar, el café y la ginebra con la radio o la televisión de fondo. Estos elementos, configuran un tipo de representación de la clase trabajadora que va más allá de los momentos principales de conflicto y acción sindical, para incorporar otras zonas del mundo del trabajo más vinculadas a su vida cotidiana y su cultura. Así se ponen en juego significados y valores propios de una experiencia social vivida[25] (que no necesariamente están ya sedimentados en ideologías o integrados en discursos políticos más cristalizados) y que se despliegan en convivencia o en contrapunto con esos otros momentos señalados. En particular con aquellos que remiten a la ideología de la burocracia sindical en su ortodoxia gremial y partidaria, pero también con la cultura de esa burocracia "aburguesada", diríamos, con consumos "impuestos" por la cultura de masas, y un estatus de vida que los distancia de su clase para asemejarlos a los empresarios.

Al mismo tiempo, el tratamiento del trabajo industrial y sus conflictos recurre a una serie de tópicos visuales más o menos frecuentes en films sobre el tema.

Algunos de esos tópicos son propios del mundo fabril. Como sabemos, el proceso de trabajo mismo reconoce una escasa representación en la historia del cine. Incluso en films políticos abocados al tema es más fácil encontrar escenas ambientadas fuera del ámbito laboral que imágenes de éste último. En este sentido, es destacable que *Los traidores* aborde el problema de la productividad e incentivación del trabajo industrial desde dentro mismo de la fábrica.

El film enmarca el asunto en la cuestión más general de la explotación y utiliza escenas de negociación entre patrones y obreros para recordar que el problema de la productividad de

---

[25] Pensamos aquí en la noción de estructura de sentimiento o del sentir (*structure of feeling*) de Raymond Williams.

la mano de obra no fue un invento de los gobiernos "gorilas", antiobreros, posteriores a la caída de Perón, sino que ya se había planteado hacia 1954, al final del gobierno peronista.

Este último modo de inserción de la ideología del grupo Cine de la Base en momentos de despliegue de la crónica del conflicto, es solidario con el modo en que se hace emerger en el film las tensiones sobre las condiciones de trabajo. En dos o tres escenas sucesivas, la película introduce tópicos reconocibles que aborda con sutileza; una puesta que recurre a elementos de contenida comicidad, primero, y patetismo, luego, para desembocar en el estallido del conflicto: Mientras los obreros se encuentran en sus respectivos puestos de trabajo, el supervisor recorre la sala con planilla y cronómetro, registrando con minuciosidad la actividad de cada uno. La puesta en escena destaca la contraposición entre la destreza obrera y la torpeza del técnico, percibible en su dificultad para moverse en el espacio disponible, en la disposición corporal, los gestos; y alcanza su clímax con agresiones menores a este último: le susurran un audible "alcahuete" cuando se da vuelta, le tiran algún objeto pequeño desde atrás, le cuelgan un cartelito en el delantal, por la espalda. Todas acciones de una resistencia laboral menor, sencilla, casi adolescente, cuya comicidad se incrementa desde la banda sonora, y que reconoce un momento de tensión cuando al acercarse al delegado Barrera, éste directamente lo corre con su cuerpo. La escena siguiente desplaza la tensión hacia el patetismo referido, porque no se trata sólo del control del trabajador activo, sino de la humillación del desvalido. Cuando el supervisor ingresa a los baños, encuentra afeitándose al encargado de la limpieza (un anciano físicamente disminuido por un accidente en el brazo). E inmediatamente lo lleva con el jefe de supervisores quien le pide que a cambio de no ser despedido haga una lista de quienes concurren al baño y de lo que allí conversan. Y en el mismo momento en que el viejo pronuncia su negativa y le recuerda haber perdido el brazo en el balancín, se escuchan gritos de dolor provenientes de la sala de trabajo (la misma de la escena previa), donde los supervisores concurren para verificar un nuevo accidente. En esta oportunidad, un joven operario cuya mano sale herida del engranaje de la máquina. Allí se despliegan las discusiones entre el delegado Barrera y el encargado de la empresa, Benítez, sobre la gravedad o no del accidente, sobre la responsabilidad del trabajo incentivado.

De este modo, ese momento significativo del film en lo que se refiere a la puesta en escena del conflicto y a la configuración de un Barrera combativo (previo a su burocratización), se construye apelando a un tópico recurrente del accidente laboral fabril: la mano atrapada, cuando no triturada, por la máquina.[26]

Junto a tópicos reconocibles como éstos, en *Los traidores* encontramos algunos motivos visuales también recurrentes en la representación del conflicto gremial.

Por un lado, el film incorpora la secuencia de archivo (televisivo) más famosa del *Cordobazo* (mayo de 1969), aquella que muestra a los manifestantes arrojando piedras a la policía montada que frena su avance, da media vuelta y retrocede a todo galope.

Por otro lado, aunque *Los traidores* recurre a material de archivo para evocar sucesos del pasado (los bombardeos a Plaza de Mayo y el golpe militar de 1955) o más cercanos al film (además del Cordobazo, también movilizaciones, agitación en las calles, asamblea obrera), en cambio ficcionaliza otro tipo de acción muy presente durante esos años, como las ocupaciones de fábrica.

La respectiva escena, ubicada en el comienzo, presenta la primera acción significativa de confrontación entre los reclamos de las bases obreras y la burocracia sindical. Rodada en su mayor parte desde el exterior de la fábrica, se destaca la reacción de los militantes subidos al alambrado en actitud hostil hacia los lugartenientes de Barrera que les piden que abandonen la toma. Si bien la ficcionalización facilitaba la inclusión de alguna escena de la ocupación desde dentro del establecimiento,[27] se opta por presentar las partes en conflicto (bases-burocracia) con un significante visual muy extendido en esos años: los obreros tras el alambrado de la fábrica. Tanto en la Argentina como en otros sitios donde el conflicto fabril ocupa un lugar destacado, en la medida en que el camarógrafo periodístico o el documentalista no ingresan a los establecimientos (salvo excepciones), el registro visual documental, noticioso más común de las

---

[26] Recuérdese el lugar central ocupado por este motivo en un film muy difundido del período como *I compagni* (Mario Monicelli, 1963).
[27] Como ocurre en *Los hijos de Fierro* (Solanas, 1975). Tzvi Tal abordó ambos films en "Influencias estéticas de Eisenstein y Vertov sobre el cine militante argentino: "*Los traidores* y *Los Hijos de Fierro*" (2002).

ocupaciones tiene lugar desde el exterior y recurre en muchos casos a este tipo de imágenes de los trabajadores tras las rejas o alambrados del perímetro fabril (filmados con paneos, planos generales, en situación de entrevista, etc.).

El principal antecedente fílmico inmediato de ocupaciones fabriles en el cine político local, remitía al famoso capítulo del mismo nombre de la segunda parte de *La hora de las hornos*. Si bien allí predominan los registros (documentales) desde el interior de los establecimientos (incluso del proceso de trabajo mismo en la planta textil), también se incluyen imágenes de las masas obreras tras las rejas de la fábrica. Pero si en *La hora de los hornos* (1968) el episodio de las ocupaciones fabriles, reivindicado como "el punto más alto alcanzado por la Resistencia", no reconoce tensiones entre bases obreras y dirigentes, y se refiere principalmente al plan de lucha de la CGT durante el gobierno de Arturo Illia, la toma de fábrica en *Los traidores* reenvía a un momento posterior. Porque en el film de Cine de la Base, la agitación sindical de mediados de la década –referida sólo al pasar– está asociada, en cambio, a un acuerdo sindical-militar para desestabilizar al gobierno de Illia y facilitar la irrupción del general Juan Carlos Onganía en 1966. De este modo, la puesta en escena de la ocupación fabril en *Los traidores* (que se ubica en el film poco después del triunfo de Cámpora en marzo de 1973) alude al proceso de conflictos y ocupaciones de todo un período que se abre con el Cordobazo y se expande en los primeros años setentas (Viborazo, etc.). En este sentido, si bien elementos de esta escena ficcional reenvían a films militantes argentinos anteriores, la puesta reconoce similitudes visuales con algunos de los registros televisivos de los conflictos fabriles contemporáneos a la realización de la película, cuando tendencias alternativas, a veces clasistas, fundamentalmente en el interior del país, ejercían o disputaban el liderazgo de algunos sindicatos.

Cultura política e identidades obreras

La alternativa política de Cine de la Base se asociaba a un marxismo expresado en la línea del PRT y hacia la coyuntura de terminación del film en el programa del Frente Antiimperialista por el Socialismo (FAS). En ese marco, se mueve la línea político-ideológica de *Los traidores*.[28]

Pero justamente por ello resulta singular que la película dedique tanto espacio a contar la historia de Roberto Barrera a través de un relato "peronista verdadero" o de una perspectiva afín al mismo; es decir, una visión más propia de ciertas zonas de la izquierda peronista.

En un ensayo titulado "El peronismo verdadero", Carlos Altamirano (1992) observó cómo en la historia del movimiento peronista, durante y después del gobierno de Arturo Frondizi (1958-1962), los sindicalistas duros y combativos le darían "manifestación sensible" a esa tendencia. Y consideró como un "clásico" del relato peronista verdadero, *Quién mató a Rosendo?*, la investigación sobre el asesinato del dirigente metalúrgico Rosendo García, publicada por Rodolfo Walsh entre 1968 y 1969. Este sería, entonces, un ejemplo de un tipo de relato que, con sus variantes, al referirse a los años posteriores a la caída de Perón, ubicaría un proceso inicial de combatividad y oposición, común a varios dirigentes o militantes obreros peronistas (la Resistencia), y un momento posterior (los años 60) en que se produce el "desdoblamiento", se dividen las aguas entre los que permanecen fieles y con coherencia en esa línea combativa (los "verdaderos"), y los que por el contrario se burocratizan y traicionan a sus representados (y al líder en el exilio).

Si se observa con atención, este tipo de relato tiene una presencia destacada en *Los traidores*, como se evidencia tanto en el cuidado retrato del protagonista, como en la caracterización de la oposición sindical.

Los primeros *flash-backs* que reconstruyen la historia de militancia del joven Barrera lo ubican después del golpe de 1955. Allí, dos escenas lo muestran preparando caños (explosivos caseros) para que otro compañero los traslade, y conversando con su padre que le reclama que abandone "las bombas contra los gorilas" y se dedique a la tarea mucho más efectiva de

---

[28] El clasismo como alternativa sindical se explicita a través de carteles, en la voz de los dirigentes opositores que se refieren a su carácter de tendencia gremial nacional, en la proclama final, en el registro documental del discurso del dirigente cordobés René Salamanca, mientras la cámara recorre a los obreros que en asamblea lo escuchan.

organizar a sus compañeros en la fábrica. Escenas posteriores se detienen en la iniciación de Barrera como delegado combativo y su aprendizaje paulatino: en su inicial firme rechazo del trabajo incentivado; en la dificultad de mantener una discusión política con Benítez de cuya astucia se defiende desde un "sentido común (peronista)"; en su capacidad -ya más experimentado- de lidiar con aquellos compañeros de comisión interna que, al mismo tiempo que son comprados con un sobre mensual por la patronal para "apurar" la producción, lo respetan y defienden por su liderazgo.

Es destacable que ni el camino de burocratización de Barrera, que -aun cuando por momentos se precipita- recorre los hechos clave de la historia del país entre su llegada al sindicato en 1959 hasta el autosecuestro en 1973, ni el fenómeno de la burocracia sindical en términos más amplios sean tratados de modo simplista o unilateral.

Como muestran algunas fuentes esta mirada sobre la historia del sindicalismo argentino había sido trabajada y reflexionada por los autores. En una entrevista de 1975 en la revista venezolana *Cine al Día*, se explicita la referida alternativa de la ficción para un análisis más complejo del fenómeno de la burocracia que no se redujese a sus aspectos exteriores, como también el reconocimiento del origen combativo de muchos burócratas sindicales sesentistas.

Ahora bien, no se trata sólo del citado tratamiento de la burocracia, sino que el film también despliega la contracara sindical de Barrera a través de la agrupación opositora pero fundamentalmente con una figura que sintetiza la trayectoria peronista disidente en el relato "peronista verdadero": Peralta. Es notable que a pesar de no tratarse de un personaje principal, lo encontramos en los momentos clave que nos permiten identificar este tipo de relato. Tras el golpe de 1955, Peralta participa de la Resistencia con Barrera. En 1959 ingresan juntos a la dirección del sindicato. Sin embargo, esta relación no dura mucho tiempo porque poco después (abril de 1961) sostiene una dura discusión con Barrera cuando le reclama movilizarse por el secuestro de Felipe Vallese. Luego Peralta reaparece para proponerle a Barrera la adhesión de la CGT Azopardo a un paro promovido por la CGT de los Argentinos a propósito del Cordobazo, que el burócrata rechaza con gritos y acusaciones.

Si el ingreso a la dirección del sindicato (1959) es la última acción militante que comparten, la discusión en torno al Cordobazo (1969) confirma la ruptura definitiva entre ambos. Y resulta muy significativa en relación con lo que se viene discutiendo por dos cuestiones que aunque aparentemente contradictorias, funcionan en la propuesta del film de modo complementario. Por un lado, por el "punto de inflexión" que el estallido cordobés significa para la línea política de Cine de la Base. Por otro, porque en esta escena el discurso de Peralta (insistamos, la contracara de Barrera) está plagado de referencias a su condición de peronista, de "peronista verdadero" para ser más precisos.

Pero no se trata sólo de Peralta. Todos los momentos de configuración de la alternativa sindical propuesta a lo largo del film destacan la presencia de peronistas disidentes. En el inicio mismo, cuando la citada escena de la toma de la fábrica, entre los carteles colgados se observan tanto las referencias al clasismo como el clásico "Viva Perón" acompañado por gritos de "Perón, Perón". En la primera reunión de la agrupación opositora, sendas intervenciones insisten en el carácter peronista (verdadero) de los presentes frente a la traición de Barrera y la burocracia (peronista); en la última reunión, la llegada de Peralta y el padre de Barrera (hasta donde sabemos: no marxistas, sino todavía peronistas disidentes, verdaderos) está destacada en la puesta en escena y por el peso simbólico que acarrea. También en las imágenes documentales de agitación callejera (tal vez registradas por el mismo Gleyzer en Gaspar Campos, en noviembre de 1972 cuando regresó Perón), que funcionan en el film como contrapunto del encuentro de Barrera con el Presidente de la Nación, las consignas remiten fundamentalmente a la izquierda peronista ("fusiles, machetes por otro 17"; "si Evita viviera sería montonera", "aquí están, estos son, los fusiles de Perón", etc.). En las imágenes que ilustran la proclama final de la película se destacan banderas del SMATA y la Agrupación 1º de Mayo, pero también están presentes las banderas peronistas (en este caso del Peronismo de Base). Y si bien esa proclama convoca a la organización de agrupaciones clasistas en los gremios, ya no explicita su pertenencia al ERP (como en cambio ocurría en 1971 en el Comunicado de esa organización número 5 y 7, como se sabe realizado por Gleyzer). Incluso la proclama final vincula la tarea de "organización de la clase" al objetivo de impedir "que el proceso iniciado el 11 de marzo (elección de Cámpora) sea frenado por los contrarrevolucionarios enquistados en las filas populares". Pero también el propio burócrata Barrera, aun cuando en discusión con Peralta a propósito del Cordobazo niegue la condición de obreros (peronistas) a los "comunistas de la CGT de los Argentinos" o a los "francotiradores de Córdoba", en el cierre de su enfurecido discurso en la asamblea ya referida sostiene: "Porque hay peronistas y peronistas". Y si bien esa afirmación, por su entonación, intertextualidad y contexto, también se configura como negación del carácter peronista de los opositores, al mismo tiempo funciona en el reconocimiento de la existencia de ese otro (aun cuando supuestamente "falso") peronismo disidente.

Insistamos en que la línea político-idelógica del film se distancia del "peronismo verdadero" (aún se opone a él) en lo referido a la figura de Perón, ya que la asocia a la figura negativa de Barrera. Además, como se sabe, Cine de la Base rechaza abiertamente al "jefe de los bandidos" (expresión de Gleyzer en la entrevista de Peter Schumann, 1974). Pero justamente por ello, resulta por lo menos singular el amplio despliegue del relato "peronista verdadero" en personajes, situaciones y discursos de *Los traidores*, según intentamos mostrar. Mucho más si se considera que se trata de un relato prácticamente ausente en los films militantes de esos años a cargo de cineastas del peronismo de izquierda o progresista.

En la medida en que la alternativa de Cine de la Base reenvía a un clasismo frentista en lo sindical y lo político que agrupa tanto a militantes marxistas como peronistas (basistas, revolucionarios o de izquierda, por supuesto), la figura que sintetiza esa opción podría considerarse la del padre de Barrera. Porque es quien reúne la Resistencia desde 1955 con las luchas obreras previas a 1945, aquellas de la Patagonia, la Forestal o la Semana Trágica, lideradas por la izquierda. Y justamente por esto (y por tratarse del padre) su llegada parece aportar mayor legitimidad histórica a la agrupación clasista opositora.

De este modo, así como Raymundo Gleyzer y Álvaro Melián (co-realizadores de la orientación política del film) desestabilizan con ingenio las posturas y discursos de la burocracia sindical peronista, al mismo tiempo dotan a *Los traidores* de la conciencia de que una alternativa de clase viable en la Argentina de esos años necesitaba incorporar a sus filas a las bases obreras peronistas.

Bibliografía

Altamrano, Carlos, "El peronismo verdadero", en *Revista Punto de vista*, año XV, nº 43, agosto de 1992.

Company, J. M., "Deseo y nostalgia de lo real"; en AA.VV., *Los años que conmovieron al cinema. Las rupturas del 68*, Valencia, Ediciones Filmoteca, 1988, pp. 117-121.

Piedras, Pablo, "*Los traidores*, de Raymundo Gleyzer. Estilos y estrategias de actuación en el cine político", en *Revista Afuera*, nº 4, mayo de 2008.

Russo, P. M., "Representaciones de los trabajadores y sus conflictos en el cine argentino: *Los traidores* de Raymundo Gleyzer", en *Revista electrónica Questión* (UNLP), nº 19, 2008.

Tzvi Tal, "Influencias estéticas de Eisenstein y Vertov sobre el cine militante argentino: "*Los traidores* y *Los Hijos de Fierro*", en *Revista Film Historia* (*online*), vol. XII, nº 3, Barcelona, 2002.

Wolf, Sergio, "La forma del combate"; en *Film*, nº 13, Buenos Aires, abril-mayo de 1995.

La representación de los trabajadores y sus conflictos en el cine argentino: *Los traidores*, de Raymundo Gleyzer

Pablo Mariano Russo
Facultad de Ciencias Sociales
Universidad de Buenos Aires

Palabras clave: *trabajadores-cine militante*-Los traidores-*Raymundo Gleyzer-cine de la base-década del setenta*

Introducción

En la Argentina, al igual que en la mayor parte de Latinoamérica, fueron las décadas del 60 y 70 uno de los momentos más álgidos del cine político y militante que se ocupó de los trabajadores, los sectores populares, sus vidas cotidianas y sus problemas, luego del primer impulso que le dio Fernando Birri y la Escuela Documental de Santa Fe a este tipo de cine a fines de los años 50. Fernando Solanas y Octavio Getino promovían su militancia peronista desde Cine Liberación a partir de *La Hora de los Hornos* (1968). Raymundo Gleyzer haría lo mismo con Cine de la Base desde principios de los 70, ligado al PRT-ERP (Partido Revolucionario de los Trabajadores-Ejército Revolucionario del Pueblo, de tendencia marxista). También se producían en esos años importantes películas sociales y políticas fuera del cine militante: *Quebracho* (Ricardo Wullicher, 1974), *La Patagonia rebelde* (Héctor Olivera, 1974), o *Juan Moreira* (Leonardo Favio, 1973), son algunos ejemplos. En Bolivia con Jorge Sanjinés y el grupo Ukamau; en Chile con Miguel Litín y Patricio Guzmán, y en Brasil con Glauber Rocha se repetían experiencias similares a las de Cine Liberación y Cine de la Base. En Cuba, Santiago Alvarez encaraba el cine revolucionario desde la institucionalidad del poder del Estado. En Francia, Jean Luc Godard atravesaba su etapa maoísta, que se coronaría en 1972, con *Tout va bien*, en la que combinó grandes estrellas, productora industrial y cine político-militante.

El objetivo de estas páginas es intentar un análisis de *Los traidores* (1972), única obra de ficción del desaparecido periodista y realizador Raymundo Gleyzer y el grupo Cine de la Base, en la cual se representa críticamente el modo de organización sindical, en concordancia con la coyuntura histórica de la película y las fuerzas ideológicas detrás de cámara. Podemos identificar en ella un tema central: el conflicto sindical y la representatividad de los trabajadores; y varios subtemas, como: las condiciones laborales, la huelga, la lucha de clases, la oposición al *statu quo*, etc. Con el fin de dilucidar cuáles son las estrategias de representación que se ponen en juego, aspiro a vincular el texto con su contexto, al menos con algunas de sus condiciones de producción, ya que las condiciones de reconocimiento varían con el tiempo y la coyuntura (su *distancia*, que separa lo que propone el texto y lo que hace de éste su lector, se acrecienta con el tiempo). Tal como afirma Roger Chartier, para entender las representaciones hay que tener en cuenta los intereses que las han llevado a ser producidas, los géneros en los que se les inscribe, y los destinatarios que avizoran, para reconstruir entonces las reglas y las restricciones que gobiernan las prácticas de la representación de lo popular. No hay relación de inmediatez y transparencia entre las prácticas y sus representaciones (Chartier, 1995: 134). Si bien hoy no recepcionamos esta película del modo en que lo haríamos en los setenta, es innegable la vigencia de su contenido, que convierte a Raymundo Gleyzer en referente indiscutido del cine político militante que en nuestro país se ocupa de los trabajadores y sus conflictos. "Nosotros no hacemos films para morir, sino para vivir mejor. Y si se nos va la vida en ellos, vendrán otros que continuarán[...]" afirmaba el realizador a un periodista de su época (Galeano, Jaime, 2006: 11).

Texto

Rodolfo Barrera es un dirigente sindical corrompido, enfrentado por un sector de los trabajadores que toman una fábrica y ya no lo reconocen como líder. El protagonista se autosecuestra (se esconde con su amante) días antes de las elecciones del gremio, su gente denuncia a la lista opositora por esto y él gana las elecciones. A medida que se desarrolla el conflicto principal,

Gleyzer utiliza el recurso del *racconto* para narrar en paralelo la historia de Barrera, desde sus inicios como joven peronista rebelde que lucha contra la dictadura poniendo bombas, hasta su decadente actualidad. Su padre lo convence de la necesidad de organizar a las bases en las fábricas, y el protagonista defiende a sus compañeros como delegado y pelea contra el trabajo incentivado, hasta que negocia con la patronal y gana la conducción del sindicato. Las escenas transitan desde el soborno a una comisión interna de fábrica por parte de los gerentes, hasta la conversión del sindicato en una empresa capitalista que levanta "guita en negro" con quiniela clandestina, invierte en otros sindicatos apoyando listas, negocia un porcentaje de indemnización con los patrones por el despido de trabajadores, acepta incentivos del Banco Interamericano de Desarrollo y del gobierno de Estados Unidos y transa con los militares golpistas.

El acento está puesto en la burocracia sindical y el modo en que esta burocracia imposibilita prácticas democráticas dentro del movimiento obrero. El camino elegido es la puesta en escena de la formación de un burócrata, que deja de ser representante de los intereses de los trabajadores para convertirse en intermediario entre los trabajadores y el capital: un traidor a su clase que ya no es un obrero ni un patrón. ¿Cómo se relaciona el protagonista con el conjunto de los trabajadores? Gleyzer expone en esta película su visión de la lucha interna dentro del sindicalismo y las diversas corrientes ideológicas, la resistencia contra la dictadura militar de fines de los años 60, y la toma de conciencia, a partir de la experiencia, por parte de los trabajadores de que las organizaciones sindicales tradicionales ya no los representan.

Las agrupaciones de base son su objetivo político extracinematográfico, y tiende entonces un puente para la discusión con sectores del peronismo. Pone en boca de un peronista un discurso sobre la lucha por el poder económico y contra el verticalismo sindical; deja al descubierto las diferencias existentes entre la CGT de los Argentinos y la CGT Azopardo; y, finalmente, las contradicciones se agudizan en el relato hasta que las bases hastiadas de la burocracia se deciden por la creación de una tendencia clasista y la organización de la "violencia de los desposeídos". La película termina con una proclama leída en *off*, luego del ajusticiamiento de Barrera por parte de un grupo armado (que toma el nombre ficcional de Rosales Saldaño, un opositor a Barrera asesinado en una golpiza), que se mezcla con imágenes de manifestaciones en las calles. "Las clases dominantes y los burócratas utilizan la violencia en su lucha contra los explotados, pero no hay peor cosa para los patrones cuando ven que los explotados también ejercemos nuestra justa violencia" sostiene la declaración, que además hace hincapié en la revolución, el socialismo y la toma del poder por parte de los trabajadores organizados. La idea de pueblo que presenta *Los traidores* es hegemónicamente la idea de clase, si bien se habla de "filas populares" y del "pueblo" en general, el mensaje marxista tradicional queda claro en este sentido.

Desde el plano formal, *Los traidores* combina elementos de la ficción y el documental, en una confluencia de recursos que aportan a la verosimilitud del discurso cinematográfico en concordancia con el mensaje que propone la película. La historia está basada en un cuento de Víctor Proncet llamado "La víctima", que al principio pensaba filmar Lautaro Murúa, pero como no conseguía fondos, Proncet se lo pasó a Gleyzer, colaboró con el guión, y además tomó el papel principal del sindicalista corrupto. Álvaro Melián dice que la historia de Proncet estaba inspirada en un hecho verídico: un sindicalista que se inventa un autosecuestro para ganar las elecciones (Peña y Vallina, 2000: 95-6). A partir del cuento empiezan las investigaciones y encuentros con trabajadores de todo tipo, jefes de personal, gerentes, empresarios, sindicalistas. Entre los entrevistados estuvo Lorenzo Miguel (con la excusa de una nota para la televisión holandesa), y los momentos de "reflexión" que tiene el personaje principal surgen de esa conversación, también la pasión del protagonista por los caballos de carrera. José Ignacio Rucci y Timoteo Vandor fueron otros modelos para inspirarse en la búsqueda de una síntesis de burócrata sindical para el personaje de Barrera. Desde lo físico, éste tiene el aspecto de Rucci (sobre todo en los bigotes), pero además conjuga la habilidad de negociación que detentaba Vandor con los militares, y las frases teóricas de Lorenzo Miguel. La indagación minuciosa incluyó aportes de la CGT de los Argentinos, historiadores del sindicalismo, empresarios amigos que contaban cómo negociaban con los burócratas. Hasta el lenguaje y los discursos buscan ajustarse a la realidad: abunda el lunfardo político y los refranes populares ("trosco", "comunacho", "perro en cancha de bocha", "tordo", "agarrar los fierros", "de casa al trabajo y del trabajo a casa", etc.). La cultura popular está presente en detalles y referencias de los diálogos, como por ejemplo a las revistas *Patoruzito* y *7 días*, a un partido de fútbol Boca-Newells, Palito Ortega, y las carreras en el hipódromo de Palermo. Incluso la ejecución del final esta tomada de la coyuntura política: en esos años era frecuente que se liquidaran dirigentes de la primera línea del sindicalismo. La escena de la conferencia del policía luego del secuestro es casi calcada del material televisivo que se muestra en *Swift* (Gleyzer, 1971), cortometraje-proclama sobre el rapto del cónsul británico por parte del ERP. Luego está el aporte desde lo escenográfico: iconografía de Juan Domingo Perón, Eva Perón, carteles de la Unión Obrera Metalúrgica, de las 62 Organizaciones, del Movimiento Nacional Justicialista, etc.

Las imágenes documentales insertas en la historia incluyen los bombardeos de 1955 (con relato en la voz del padre de Barrera, integrante de la Resistencia Peronista); el golpe de 1955; las manifestaciones obreras anteriores al peronismo, organizadas por la FORA (Federación Obrera de la República Argentina); el Cordobazo (con música de Pedro y Pablo, *Marcha de la bronca*); manifestaciones populares en las que se canta por "Evita Montonera", los "héroes de Trelew", y "los Montoneros que mataron a (Pedro) Aramburu". También hay referencias al "Viborazo" (repercusión del Córdobazo) y al secuestro de Felipe Vallese. Pero en la narración abundan también varias marcas de otros géneros, como el policial y sobre todo del melodrama. Gleyzer no desdeña ningún recurso: la primera escena es una golpiza con cámara subjetiva, que se retoma casi al final del relato luego de varios saltos temporales que van profundizando en la historia de Barrera. Utiliza planos generales en las escenas colectivas, plano secuencia en las discusiones de bar y primeros planos para acentuar reacciones y sentimientos de los protagonistas.

Contexto

Una de las características principales del cine militante es la interrelación continua entre la obra y la realidad. Esta particularidad muchas veces modifica la historia, la narración o el tratamiento estético de la misma, incluso luego de la realización, que pasa de este modo a ser una versión entre otras posibles que luego desarrollará el texto. En el caso de *Los traidores*, la relación de la obra con la coyuntura del momento de su realización tuvo su repercusión en algunas escenas, como así también la discusión generada por su contenido motivó que el grupo se replanteara el final.

En cuanto al primer punto, es primordial mencionar que hubo algunos cambios en el guión por actores que desertaban de la filmación (Gleyzer no les había contado de qué iba toda la historia y algunos expresaron sus diferencias), o debido a la situación política en el momento del rodaje, como por ejemplo los fusilamientos de los presos políticos en Trelew el 22 de agosto de 1972. Este hecho derivó en unos *inserts* de carteles en la fábrica tomada que se muestra en la película, en ellos se lee: "A los patriotas de Trelew no se los llora, se los reemplaza" y "Solo la guerra del pueblo salvará al pueblo". También los momentos documentales en los que aparece gente cantando "fusiles, machetes, por otro 17" y "aquí están, estos son, los fusiles de Perón", que fueron filmados en Gaspar Campos, se sumaron cuando ya estaba en marcha la película. Alvaro Melián cuenta que "en determinado momento paramos todo porque empezaron a pasar cosas: lo mataron a Rucci, vino Perón [...] el cuadro de lo que era el tema se complicaba. Entonces planteamos parar un poco hasta ver qué pasaba" (Peña y Vallina, 2000: 109). En ese tiempo se filmó la escena documental en Gaspar Campos y también se escribió la escena de Lanusse con los burócratas, que intentaba dar cuenta de la realidad del momento. También hubo recortes en la versión final respecto a la profundidad que había adquirido el guión. La primera versión de la película terminada duraba casi tres horas y era demasiado largo para proyectarse en la clandestinidad. Según cuenta Álvaro Melián, se sacaron secuencias completas, problemas internos dentro de la fábrica, personajes paralelos que tenían desarrollo propio, etc. (Peña y Vallina, 2000: 111).

En cuanto a la discusión que generó el final, dónde se mata al burócrata corrupto, hubo controversias con el partido a posteriori. En varias proyecciones surgía la cuestión de si había que matar a los dirigentes burócratas, tal como aparecía en el final. En el año 1975, el PRT pide que no se pase más la película en su nombre porque la línea que sostenía el partido no era fusilar a los burócratas, sino reemplazarlos. Gleyzer imagina entonces un epílogo que le diera una vuelta de tuerca final, pero no llega a filmarlo. Nerio Barberis, miembro del grupo, sostiene que "luego de la polémica que se había armado en torno al final de *Los traidores* con el PRT y otros partidos, Raymundo y el resto de los compañeros empezamos a pensar en un epílogo diferente. Donde después de la muerte de Barrera todo seguía igual y se propusiera el trabajo desde las bases. Pero por desgracia, el golpe y la desaparición de Raymundo no permitió comenzar con el trabajo" (Galeano, 2006: 10).

Las ideas, sus formas y renovaciones

Al referirnos a las condiciones de producción de este texto, también debemos entender no sólo la coyuntura histórica y su correlato en imágenes, sino concebir además el film dentro de un proyecto político, relacionado con una ideología específica no exenta de negociaciones y tensiones internas: la de Raymundo Gleyzer, el grupo Cine de la Base, y el PRT-ERP. Octavio Getino sostiene que "el cine no es otra cosa que producción de ideología a través de imágenes audiovisuales, plasmadas tanto en lo que el film expresa o informa, cuanto en el modo en que lo hace" (Getino, 2005: 265). Aunque Getino aclara que esta ideología no nace necesariamente de un cálculo premeditado y que su explicación consciente suele ser la excepción antes que la norma, en cuanto a Gleyzer nos encontramos con un caso atípico, en el que el mensaje y las formas de conformarlo a través del audiovisual fueron minuciosamente deliberados, estudiados y proyectados antes de su realización. Luego, las condiciones de filmación clandestinas y con pocos recursos materiales tuvieron su influencia, pero sin por eso empañar la intencionalidad política explícita y la voluntad discursiva que se desprende de *Los traidores*. No nos encontramos aquí antes las limitaciones propias de los directores que trabajan dentro del sistema capitalista de producción cinematográfica, ya que no fue el objetivo de Gleyzer -ni exigencia del productor estadounidense que contribuyó a su financiamiento- que esta película se inserte en el circuito comercial. Es decir, *Los traidores* evade en cierta forma las imposiciones de la industria cultural, sobre todo a partir del ejercicio de exhibición alternativa que siguió a su realización.

El objetivo de Raymundo Gleyzer y su grupo no es artístico sino primordialmente político, entonces ¿cómo busca la eficacia de su mensaje? Presentando sus ideas bajo una estética concreta, pero esta estética o forma artística implica algo más que la mera reproducción de las ideas y su uso funcional. La tensión se da entre la idea y la forma que presenta. Al referirse a la relación entre el realismo en el arte y la estética, Andre Bazin sostiene que "aunque la invención y la complejidad de la forma no tengan ya primacía sobre el contenido de la obra, siguen, sin embargo, determinando la eficacia de la expresión artística" (1990: 445). Por eso, dice, no hay realismo en el arte que no sea ya en su forma profundamente estético. El realismo en el arte no puede proceder más que del artificio y toda estética escoge forzosamente entre lo que merece ser salvado, perdido o rechazado. En este sentido, una de las discusiones más fuertes se da en torno al uso del melodrama ficcional y una estructura narrativa clásica por parte de Gleyzer y su grupo, lo cual nos lleva a la polémica que acompañó la transformación del contenido del cine político en aquellos años.

Solanas y Getino fueron quienes más teorizaron sobre este punto. En el ensayo "Hacia un tercer cine", Solanas cuestiona la inserción del cine en los modelos americanos, "aunque sólo sea en el lenguaje", ya que esto conduce a una adopción de formas de aquella ideología que dio como resultado ese lenguaje y no otro (Solanas, Getino, 1973: 65). Octavio Getino y Susana Vallegia sostienen que "en la obra de Gleyzer, a diferencia de la de Cine Liberación, no estaba tanto la decisión política de innovar en materia de lenguaje cinematográfico, sino de utilizar las estructuras narrativas tradicionales, aquellas que eran propias del Primer Cine para abordar temas políticos conflictivos y vedados al cine industrial, al menos en la Argentina" (Getino y Vallegia, 2002: 53).

¿Utilizó Gleyzer formas de dependencia para transmitir su discurso? Posiblemente se haya hecho la pregunta desde otro punto de vista: ¿lo importante es renovar las formas para un grupo selecto, o llegar al espectador y que éste pueda producir una lectura del mensaje más eficaz en relación con el texto? La razón de ser del cine político y militante que encaraba Gleyzer se relaciona directamente con la eficacia que logre a través de su obra. Mariano Mestman cree que los integrantes del grupo "percibían cierto límite en el documental (contra)informativo para interpelar a un público popular habituado al consumo del cine de ficción y priorizaban, entonces, un modelo narrativo eficaz para atraer a ese público; restando importancia a consideraciones sobre la necesaria identidad entre nuevos contenidos y nuevos lenguajes que permitiese romper los límites de expresión impuestos por el modelo narrativo clásico, fuertemente denunciado en esos años en su versión genérica hollywoodense" (Mestman, 2001: 16). Optar por un lenguaje "clásico" puede ser entendido desde un punto de vista distinto al de Cine Liberación: como la apropiación de un conocimiento para su reinterpretación y uso específico dentro de la cultura popular. Un modo de hacer suyo lo que es impuesto (la ficción melodramática, en este caso), ya que la voluntad de inculcar modelos culturales no anula jamás el espacio propio de su recepción, uso e interpretación, sostiene Roger Chartier. "Las formas populares de las prácticas no se despliegan en un universo simbólico separado y específico; su diferencia siempre se construye a través de las mediaciones y las dependencias que las ligan a los modelos y a las normas dominantes" (Chartier, 1995: 136). Gleyzer tenía pensado incluso desarrollar una fotonovela con la historia de *Los traidores*, y se imaginaba a los trabajadores discutiendo los argumentos en las fábricas a partir de la utilización de ese formato popular para llegar a ellos.

El filósofo francés Alain Badiou se interroga sobre las condiciones de "lo nuevo" en el cine, en relación con *Tout va bien* (1972) de Godard y Gorin, relato contemporáneo a *Los traidores*, que también se ocupa de los trabajadores en una toma de fábrica y pone en escena diferencias sindicales-partidarias. Sostiene Badiou que la cuestión subyacente no es sólo la de un nuevo uso militante del cine, sino la de un nuevo cine de ficción, destinado al público más vasto. Esto requiere ingredientes obligados para el éxito: "Vedettes, técnicos de todo tipo, material y, sobre todo: una historia, preferentemente una historia de amor, un hombre, una mujer [...]" (Badiou, 2005: 111). Si bien los contextos francés y argentino del año 1972 no son para nada equivalentes y no se puede decir que Gleyzer se haya siquiera acercado al sistema industrial cinematográfico de las estrellas y el dinero para la libre producción (que se hace explícito en el principio de la película de Godard y Gorin, con los primeros planos de los cheques y sus importes destinados a cada técnico y actor), sí encontramos esta necesidad de la que da cuenta Badiou: llegar al público con una historia. En Gleyzer prevalece la eficacia del lenguaje narrativo que comprende el sector popular al que quiere interpelar. Entiende los límites del documental contrainformativo y prioriza la efectividad del lenguaje tradicional a nivel popular. Tal vez no causó una revolución formal, pero recurrió a herramientas de la burguesía que tenían consenso entre los trabajadores para lograr efectividad.

En 1973 *Los traidores* se presentó en Pesaro, donde generó una considerable discusión ya que en Europa estaban acostumbrados a un cine político latinoamericano documental. Gleyzer y Jorge Gianonni expusieron su postura, que implicaba también el papel del intelectual respecto al pueblo: "El problema es cómo llegar a un hombre concreto, ese que se está jugando el pellejo, que se está jodiendo la vida trabajando en la fábrica y que tiene el derecho a que por lo menos le aportemos un mensaje, contribuyamos a su propio esclarecimiento, dentro de nuestros límites de intelectuales pequeñoburgueses" (Peña y Vallina, 2000: 123). "Es difícil para nosotros entrar en un tipo de discusión europeizante sobre estructuras o lenguaje. Para nosotros lengua y lenguaje están ligados estrictamente a nuestra situación coyuntural de toma de poder. Una vez que tomemos el poder, podemos permitirnos discusiones sobre problemas de estilo o construcción" (Peña y Vallina,; 2000: 124).

Lo nuevo, en este caso, fue contrarrestar el tabú –dominante en el cine mundial– de representar a los trabajadores desde la ideología clasista. Jaques Rancière recuerda que la ventana de lo visible cinematográfico es originalmente un marco que excluye: "En suma, el primer film, *La sortie des usines Lumiere*, habría fijado en cuarenta y cinco segundos el destino del cine, el umbral de lo que debía ver o no ver" (Rancière, 2005: 171). El cine esperó siempre a sus personajes a la salida de la fábrica y nunca se interesó por lo que pasaba adentro. Películas como *Los traidores* subvierten este precepto. Raymundo Gleyzer busca que la cámara –y por ende el espectador– vaya más allá del impedimento impuesto al cine: que vea dentro de las fábricas, repare en los conflictos obreros, comprenda la lucha de clases. Ésa es la decisión de representación más importante de *Los traidores*, amén de los géneros y recursos utilizados. A su vez, entrega algo más que el simple testimonio y la visión del grupo realizador: ofrece una historia, y explora una senda muchas veces descuidada por el cine militante, que es la de entretener y concientizar en el mismo acto.

Bibliografía

Arendt, Hannah, *La condición humana*, Buenos Aires, Paidós, 2005.
Badiou, Alain, "El fin de un comienzo. Notas sobre *Tout va bien*, film de Godard y Gorin (1972)", en *Imágenes y palabras. Escritos sobre cine y teatro*, Buenos Aires, Manantial, 2005.
Bazin, Andre,*¿Qué es el cine?*, Madrid, Rialp, 1990.
Chartier, Roger, *Sociedad y escritura en la edad moderna. La cultura como apropiación*, México, Instituto Mora, 1995.
Galeano, Jaime, "El cine es un arma", en *Revista Sudestada*,Buenos Aires, año 5, nº 48, mayo de 2006.
Getino, Octavio, *Cine argentino. Entre lo posible y lo deseable*, Buenos Aires, Ediciones Ciccus, 2005.
Getino, Octavio; Velleggia, Susana, *El cine de las historias de la revolución*, Buenos Aires, Grupo Editor Altamira, 2002.
Laclau, Ernesto, *Emancipación y diferencia*, Buenos Aires, Ariel, 1996.
Laclau, Ernesto, *La razón populista*, Buenos Aires, Fondo de Cultura Económica, 2005.
Mestman, Mariano, "Postales del cine militante argentino en el mundo", en *Revista Kilómetro 111, Ensayos sobre cine*, nº 2, Buenos Aires, 2001.
—— , "Los hijos del viejo Reales", en *Cuadernos de Cine Argentino 1. Modalidades y representaciones de sectores sociales en la pantalla*, INCAA, Buenos Aires, 2005.
Monterde, José Enrique, *La imagen negada: representaciones de la clase trabajadora en el cine*, Valencia, Filmoteca de la Generalitat Valenciana, 1997.
Peña, Fernando Martín; Carlos Vallina, *El Cine Quema: Raymundo Gleyzer*, Buenos Aires, Ediciones de la Flor, 2000.
Sanjinés, Jorge, "Neorrealismo y nuevo cine latinoamericano: la herencia, las coincidencias y las diferencias", en www.elojoquepiensacom, nº 0, agosto de 2003, Guadalajara.
Solanas, Fernando; Getino, Octavio, *Cine, cultura y descolonización*, Buenos Aires, Siglo XXI, 1973.
Rancière, Jacques, "Lo inolvidable", en Gerardo Yoel (comp.), *Pensar el cine 1. Imagen, ética y filosofía*, Manantial, Buenos Aires, 2005.

Películas

Los traidores (1972), Raymundo Gleyzer.
Raymundo (2002), Virna Molina y Ernesto Ardito.

Cine popular y compromiso político: Leonardo Favio en los años 70

Alicia Aisenberg
Facultad de Filosofía y Letras
Universidad de Buenos Aires

Palabras clave: *cine argentino-cine popular-cine político*

El intenso y complejo período de 1973 a 1976, se abre con una sociedad ampliamente movilizada desde la protesta del Cordobazo en 1969 y finaliza con una sociedad desarticulada y en crisis en el transcurso del gobierno de Isabel Perón, más tarde desplazado por el golpe de Estado militar. Las películas de Leonardo Favio transitan cada una de esas fases. *Juan Moreira* inicia la etapa a partir de su estreno en 1973 y participa desde el campo cultural de los inaugurales meses del gobierno de Héctor J. Cámpora; luego, continúa un momento intermedio con *Nazareno Cruz y el lobo* (1974-1975) y, por último, *Soñar, soñar* (1975-1976) se realiza en el período de agonía del modelo populista, cuando el país atraviesa una crisis política, social y económica, aunque recién se exhibe en julio de 1976 en los comienzos de la dictadura.

Esta segunda trilogía de los años 70 se caracteriza porque en ella Favio desarrolla un proyecto, que es político, de construcción de un cine popular. Se nutre de tres operaciones centrales: la apropiación de las renovaciones del cine de autor de los años 60 entonces reservadas para una elite, la revalorización y reactivación de tradiciones culturales populares y, por último, la apelación a un público masivo. En definitiva, construye una poética donde la renovación formal se articula con la tradición popular y con procedimientos estéticos de la cultura masiva.

Su apuesta a las formas de representación que distan de los cánones dominantes, se vincula con la búsqueda de implementación de un modelo nacional-popular que protagoniza el período histórico. Asimismo, se contacta con las formulaciones que se plasmaban en el campo cultural de la época: el rechazo de ciertos modelos culturales europeos, la condena al elitismo, al formalismo y, en contrapartida, la afirmación de una producción cultural nacional con inscripciones populares, al margen de esos modelos. Para lo cual, se orientan las búsquedas hacia la recuperación de lo oral tradicional, el enaltecimiento de las expresiones populares incultas, la defensa del espontaneísmo y el antiintelectualismo (Jitrik, 1984).

La apropiación de manifestaciones subalternas como el folletín, el circo, el radioteatro y el género de variedades se expresa con intensidad en la trilogía del setenta. Es posible apreciar distintas variaciones, que surgen como modulaciones de una misma poética. En *Juan Moreira* es central la articulación de lo político y lo popular, mientras que *Nazareno Cruz y el lobo* se concentra en la inclusión de materiales y recursos de la cultura masiva a partir de la reactivación del radioteatro. Por su parte, *Soñar soñar*, es la culminación de una poética popular, basada en una valoración de la oralidad, del humor, del sentimiento, de las ilusiones y deseos de esos sectores culturales, así como la recuperación de lo cotidiano y de zonas de la experiencia popular procedentes de la propia biografía del cineasta.

Su posición en el campo cultural se distanció cada vez más de su primera identificación con el cine de autor. En primer lugar, se reubicó a fines de 1960 mediante el ingreso a la industria masiva como cantante melódico. La nueva manifestación artística le permitió desarrollar otra poética y, en especial, lo puso en contacto con la experiencia de un nuevo público que incidió en su decisión y apuesta de ampliación masiva para sus próximas realizaciones cinematográficas. En diversas entrevistas de los periódicos de la época del rodaje de *Juan Moreira* afirmaba: "No reniego de todo eso. Fue, al comienzo, una manera de hacer arte popular" (*Confirmado*, 18-7-1972). Así como diferenciaba al público de sus películas anteriores y planteaba sus nuevos objetivos: "Yo quiero al público de los cantantes, el mío, el de Sandro, ese mismo que se prende al radioteatro allá en Mendoza" (*Primera Plana*, 5-9-72). Sostenía su intención de realizar un cine popular y se autodefinía como "un tipo que emerge de la cosa popular". Al mismo tiempo que señalaba su decisión de hacer un cine más "accesible" a las clases populares, que ahora lo llevaba a percibir su producción anterior como un aprendizaje aún incompleto porque "no he tenido la oportunidad de conectarme directamente con la masa, con el público" (*Confirmado*, 18-7-1972).

Otro factor que redefinió su ubicación fue su intervención en el campo político al desarrollar una cada vez más notoria actuación en el peronismo, que parte de su relación personal con Juan D. Perón en el exilio a raíz de su fama como cantante y continúa con su posterior participación en la "Operación Retorno". Finalmente, en 1973 se autodefine como "un peronista que hace cine" (*La opinión*, 29-4-1973).[29] En la "Operación Retorno" intervienen tanto grupos dominantes a través de partidos políticos, empresarios, militares y gremialistas, como el peronismo de izquierda. Leonardo Favio actúa en dos oportunidades que marcan un incremento progresivo del compromiso político, en la primera como acompañante en el avión en el viaje de Perón de 1972 junto a otros cineastas como Hugo del Carril y en la segunda como parte de la organización del acto de recibimiento de Ezeiza en el regreso definitivo de 1973. Fue la mayor concentración de la historia política argentina y finalizó con ataques de grupos de la extrema derecha peronista. A Favio lo habían convocado para diseñar la puesta en escena del acto, para lo cual empleó tres fotos de grandes dimensiones como escenografía (su idea inicial de colocar a Perón, Evita y Cámpora se modificó con el reemplazo de éste último por la figura de Isabel), a las que se agregarían una orquesta sinfónica y un coro de cien o doscientas personas. De este modo, se entramaban las prácticas artísticas y políticas.

La elaboración de un cine político popular se desprende de estos cambios y se concreta en *Juan Moreira*, pero luego se interrumpe con el proyecto trunco de un film sobre el anarquista Severino Di Giovanni, según el libro de Osvaldo Bayer, que sólo alcanza a anunciarse en noviembre de 1973.[30] Se trata de un punto de inflexión significativo, puesto que evidencia las intenciones de Favio de encaminarse hacia la intensificación de ese modelo popular y político, pero al mismo tiempo demuestra las dificultades para concretarlo en el nuevo y crítico contexto de gobierno. En efecto, el primer modelo de Favio se desarrolla en el momento de mayor movilización de las fuerzas sociales, que asocian el retorno de Perón con la posibilidad de cambios revolucionarios. Fue la primera etapa del breve gobierno de Héctor J. Cámpora (entre el 25 de mayo y el 12 de julio de 1973), caracterizada, según Maristella Svampa (2003), por un máximo grado de movilización y la mayor aspiración de cambio. La película

---

[29] Entrevista publicada en *Confines* N° 18 (junio de 2006), 163-175.
[30] El proyecto se informa por primera vez a comienzos de 1970.

se sumerge desde un inicio en el clima de los primeros sucesos políticos, como parte de las jornadas inaugurales: se estrenó exactamente el día anterior a la asunción de Cámpora del 25 de mayo, jornada que se completó con la liberación de los presos políticos esa misma noche.

En ese marco, *Juan Moreira* obtuvo una recepción que tendía a la politización del film. Cámpora, a los pocos días de asumir asistió a la proyección, frente a lo cual los periódicos anunciaban la "Primera salida cinematográfica del Presidente" o publicaban fotografías de éste sentado en la platea junto a Leonardo Favio (*La Prensa*, 10-6-1973; *Crónica* 8-6-73). Por otra parte, la crítica también efectuó una lectura en clave política. La potencia visual y narrativa del film expresaba lo que Svampa define como el "*ethos* de los '70*"*. La crítica de *La Prensa* (25-5-73) destacaba tanto los valores formales como los aspectos de "denuncia social" y señalaba que ambos eran dependientes. En *Clarín* (5-10-1972), en notas de anticipo se incluía el film en una concepción del cine como "instrumento del compromiso" que "propicia el revisionismo histórico y desnuda sus conexiones con el presente". Asimismo, los medios efectuaban un análisis en términos de la lucha de clases: "Juan Moreira propone un modelo de respuesta violenta a nivel individual, contra la violencia que el sistema ejerce sobre él [...] Su violencia, obviamente, tiene origen en esa falta de justicia. Moreira la asume devolviéndola multiplicada. [...] La peripecia de Moreira muestra cómo el sistema denomina justicia, en realidad, al aparato mediante el cual los explotadores ejercen legalmente su opresión sobre los explotados" (*Primera Plana*, 5-9-1972). En el mismo sentido otra crítica agregaba: "El Moreira de Favio elude las complicaciones románticas del libro de E. Gutiérrez; aparece como una oscura fuerza de justicia y venganza popular que lucha trabajosamente entre las múltiples trampas que le tiende la clase dominante de su época." (*La opinión*, 27-5-1973) Además, se sucedían diferentes entrevistas en las que Leonardo Favio proponía una lectura política: "El pueblo está buscando hombres nuevos, hombres como Moreira, capaces de rebelarse contra lo corrompido" (*Clarín*, 5-10-1972), así como describía a Moreira como "Un tipo que emerge de las masas y es utilizado por los políticos de uno y otro bando, hasta que deja de ser útil y es eliminado" (*Confirmado*, 18-7-1972) o bien analizaba "En términos políticos, Moreira significa un testimonio, el testimonio de cómo se manejó a ciertos hombres en la politiquería tradicional" (*Primera Plana*, 5-9-1972). En este último medio el guionista Jorge Zuhair Jury evidenciaba la relectura de la novela popular por medio del tamiz político de los años 70: "El tema Moreira sigue teniendo vigencia, porque el sistema no ha variado fundamentalmente. Al no estar canalizada la justicia, Moreira se asume como brazo armado del pueblo. Es la rebelión hecha acción en la intimidad de cada rancho, de ese trago diario contra la injusticia. [...] Uno no puede pretender que Moreira haya tenido cultura política; fue la forma prerrevolucionaria de la violencia".[31]

La poética de Leonardo Favio en esta etapa consiste en una fusión entre innovación y tradición popular. Se trata de una apropiación de las búsquedas rupturistas de los años 60 en las que él mismo había participado, ahora al servicio de narraciones populares y nacionales. En el film *Juan Moreira*, se apela a la novela popular de Eduardo Gutiérrez y a la investigación de la leyenda del gaucho matrero en los prontuarios policiales, así como se reactivan formas procedentes del cine nacional de la etapa industrial. El protagonismo y la resignificación social del paisaje rural, como elemento de gran carga dramática que define y determina a los sujetos, se conecta con la concepción propuesta en el cine social de Hugo del Carril y de Lucas Demare. El film de Leonardo Favio plantea esa misma valoración de los espacios rurales de la pampa, que poseen un protagonismo inusitado y son concebidos como entorno social de trabajo, persecución y explotación del gaucho. Este rescate del cine nacional no se presenta en forma aislada, se vincula con la revalorización que también efectuaba Fernando Solanas y Octavio Getino en su teoría del "tercer cine", acerca de la existencia de ciertos films pertenecientes a un "primer cine" crítico, que podían resultar una base para el cine militante.

---

[31] Se trataba de prácticas culturales altamente politizadas, por lo que era común que en las entrevistas sobre cine los periodistas interrogaban a Favio directamente sobre su posición política: "Cuál de los sectores del FREJULI te expresa mejor" (*Confirmado*, 18-7-1972). En otras ocasiones comentaban los sucesos políticos recientes aunque se tratara de notas sobre cine, como sucedió en una entrevista durante la filmación en Lobos en la que hacen alusión acerca de que la están efectuando el día de los hechos de Trelew (*Primera Plana*, N° 501, 5-9-1972).

Si bien la narración de *Juan Moreira* privilegia una lógica causal que se acerca a modelos institucionalizados, sus búsquedas estéticas se distinguen en sus componentes esenciales: primeros planos silenciosos de Moreira de enorme expresividad, planos detalle de intensidad dramática, singulares planos cenitales y la opción narrativa de los planos secuencia. Además, desarrolla una concepción plástica de composición, emplea profundidad de campo, panorámicas, *travellings* y un sonido antimimético. El silencio de algunos planos de personajes y del paisaje, a su vez intensifica la significación dramática de ciertos diálogos que expresan el poder de la cultura letrada y la explotación del gaucho. En efecto, se produce una apropiación del cine moderno y también de las bellas artes por medio del empleo de música clásica, la incorporación de versos inexistentes en el folletín y por sobre todo a partir de las composiciones plásticas de paisajes, de los austeros ranchos y de los personajes en las que cobra dimensión el color (en especial rosas, celestes, azules, rojo del cielo y de la sangre). Se trata de una aspiración a la belleza, que propone que el valor estético no sólo es patrimonio de las artes reservadas a una elite, sino también de la cultura popular. Como si se tratara de obras plásticas autónomas se suceden: el cuadro del castigo de Moreira ensangrentado sobre una pared rosada, los poéticos planos generales del amanecer y del atardecer en la pampa por donde cabalgan los gauchos y una serie de composiciones de Moreira en el interior del rancho en el que impera la miseria pero también los paisajes imponentes que ofrecen enmarcados sus ventanas.

Una de las secuencias que condensa los principios estéticos del film es la del enfrentamiento entre Moreira y el teniente alcalde a causa de la deuda de Sardetti: comienza con los primeros planos silenciosos de Moreira, que luego se convierten en un plano secuencia con profundidad de campo que intensifica la tensión dramática de la escena, cuya composición se sustenta en la austeridad de un único plano fijo sin música. Otra secuencia ejemplar en cuanto a la puesta en escena es la de cierre, edificada a partir del contraste que generan las paredes blancas de la estrecha pieza de La Estrella y la intensidad de la luz del sol como escenario de muerte.

La estrategia de apropiación de la novela consistió en una operación central de ampliación de los capítulos que relatan los vínculos de Juan Moreira con partidos políticos, de forma que se enfatiza el uso del gaucho por parte de los grupos que poseen poder. De este modo, todos los personajes se articulan con esa intriga, tal como Juan Córdoba que en la novela sólo era un gaucho buscador de camorras y en la película forma parte del partido nacionalista. Asimismo, es decisivo el desplazamiento de los elementos melodramáticos que eran un motor fundamental del derrotero de Moreira, a causa de los triángulos amorosos del teniente alcalde, el compadre Giménez y Vicenta. Esas modificaciones y el desarrollo de los diálogos apuntan a denunciar la explotación que sufre el gaucho.

Se trató de un cine político de signo diverso del cine militante. Como señala Gonzalo Aguilar, la aparición del Grupo de Cine Liberación fue un hecho cinematográfico que incidió en el cambio de Favio, si bien apostaba a otro modelo: "Es que mientras la inclinación de Solanas por el pueblo es básicamente política, la de Favio es más culturalista. *La hora de los hornos* organiza a las multitudes detrás del objetivo político de la toma del poder. *Juan Moreira* las convoca a partir de un proceso de identificación y empatía"..

Desde julio de 1973, con la renuncia de Cámpora, hasta la muerte de Juan D. Perón el 1° de julio de 1974, comienza el segundo momento que se caracteriza por la guerra interna en el peronismo y la imposibilidad de implementar el modelo nacional-popular en el frente político y económico. En ese marco los siguientes films de la etapa continúan el modelo hacia otras direcciones, que aún poseen un signo político, presente en el proyecto de configurar una poética nacional y popular que conjugue formas del cine moderno con tradiciones populares y de la cultura masiva. *Juan Moreira* no es un film aislado sino que forma parte de un programa artístico, cultural y político junto a *Nazareno Cruz y el lobo* y *Soñar, soñar*.

La culminación de este modelo popular se alcanza en *Soñar, soñar*, en el que se propone la reactivación del cine cómico popular de tradición nacional y del teatro de variedades. Se trata de un film que coloca en el centro la actuación y por ende a los personajes, que se convierten en representaciones de los sectores populares por medio de la imagen del iletrado y desamparado. La historia de dos artistas de variedades fracasados, se inicia en un pueblo cuando Charlie comienza a soñar con transformarse en artista, abandona su vida sencilla de empleado municipal y termina en la ciudad de Buenos Aires. Para concretarlos Favio recurre a figuras masivas: el cantante Gian Franco Pagliaro y el boxeador Carlos Monzón, con una estética de actuación que investiga formas de intensificación de lo sentimental y lo caricaturesco: el llanto continuo e infantil, los gestos ingenuos, la oralidad y las situaciones de humor grotesco que reivindican lo subalterno. El film abre con un plano fijo de elaborada composición en el que la acción evoluciona de modo progresivo, primero se presenta un personaje sentado hacia un costado del plano y luego otro que se acerca por un camino desde el fondo en bicicleta, hasta que se produce el encuentro de ambos. Predominan los espacios populares cargados de lirismo: el pueblo, la pieza y los bares. Estos materiales populares son captados mediante extensos y ascéticos planos fijos como el que inicia el film, o bien elaborados movimientos de cámara como el del número de fonomímica y el que retrata los diversos números del teatro de variedades en un único plano secuencia que presenta un interminable tablado con números de bailarinas, enanos, músicos, números de fuerza, magia, payasos y lanzallamas.[32]

Se plantea una distancia respecto de los modelos cultos y se renuncia a la concepción de gran obra, en su lugar se busca el humor, la simplicidad, la ingenuidad, lo cotidiano, así como una reivindicación de los sectores populares y de su cultura.

El programa de un cine popular encuentra aquí su mayor expresión y se vincula a una estructura de sentimiento de la época ligada al antiintelectualismo, que en el campo del cine critica a la generación del 60, plantea el rescate de lo popular y la militancia. El desprestigio y devaluación del intelectual, fueron el resultado del intensivo proceso de politización. El sector antiintelectualista critica los defectos burgueses de los intelectuales, en una época de agitación en la que la eficacia de la acción adquiere más valor que la palabra y cualquier otra práctica simbólica. Los cultores del antiintelectualismo rechazan el comopolitismo, la erudición

---

[32] Las referencias políticas directas sólo resuenan en dos textos que se presentan como citas fuera de contexto o en el interior de escenas paródicas: el grito de "viva mi patria" cuando Carlos está por abandonar el pueblo, y la frase "antes muerto que vencido" que se repite reiteradamente cuando el personaje debe estudiarla para una actuación.

y la cultura extranjera. Del rechazo de ciertas formas culturales "elitistas" pasaron a una impugnación de la cultura (Gilman, 2003).

En una neta posición antiintelectualista, Favio encontraba valores en el cine de Palito Ortega: "Es muy directo, simple, sencillo, como es la mesa de un obrero". Al igual que las comedias de Sandro, "porque les encuentro un encanto muy particular, una cosa muy linda. Porque si no caemos siempre en el criterio de que el pueblo está equivocado: estuvo equivocado cuando lo votó a Perón, cuando la quiso a Evita" (*La Opinión*, 29-4-1973). Y se refiere críticamente a los directores de la generación del 60: "No entendían que había que hacer películas con Sandrini, con Palito Ortega. No comprendieron que me gustaba lo que hacía Enrique Carreras y hablaba de cine con Armando Bo" (*Clarín*, 6-11-1973).

Bibliografía

Aguilar, Gonzalo, "En busca del pueblo. *Juan Moreira* de Leonardo Favio", http://www.lafuga.cl/dossiers/dossier_festivales/en busca del pueblo sobre leonardo favio.

Gilman, Claudia, *Entre la pluma y el fusil. Debates del escritor revolucionario en América Latina*, Buenos Aires, Siglo XXI, 2003.

Jitrik, Noé, "Las desventuras de la crítica", en *Las armas y las razones. Ensayos sobre el peronismo, el exilio, la literatura (1975-1985)*, Buenos Aires, Sudamericana, 1984.

Oubiña, David; Aguilar, Gonzalo, *El cine de Leonardo Favio*, Buenos Aires, Nuevo Extremo, 1993.

Schettini, Adriana, "Apuntes para un retrato", en Eduardo Costantini (h) y Adrián Cangi (eds.), *Favio, sinfonía de un sentimiento, Catálogo*, Malba, 2007.

Svampa, Maristella, "El populismo imposible y sus actores, 1973-1976", en Daniel James (dir.), *Nueva Historia Argentina. Violencia, proscripción y autoritarismo*, Buenos Aires, Sudamericana, 2003.

Wolf, Sergio, "Intuición del tiempo", en *Cine argentino, la otra historia*, Buenos Aires, Letra Buena, 1982.

¿Qué hubiera pasado si...?
Narraciones audiovisuales sobre la guerra de Malvinas y la historia contrafactual

Pablo Gullino
Instituto del Desarrollo Humano
Universidad Nacional de General Sarmiento

Palabras clave: historia contrafactual-Malvinas-documental

Introducción

Nuestro trabajo fue realizado en el marco del plan de investigación: "Modalidades de construcción de la memoria social en los documentales audiovisuales argentinos de la década 1995-2005", que dirige Gustavo Aprea en el Instituto de Desarrollo Humano de la Universidad Nacional de General Sarmiento.

Ha habido historiadores que han tomado al cine como documento, quizás el pionero en eso fue Marc Ferro, quien trabaja a todo el cine (de ficción o documental, traten temas particulares o generales, etc.) como documentos históricos, básicamente porque lo que hace el cine es mostrar elementos del presente de la sociedad en la que es producida esa película. Nosotros investigamos una parte de ellos. En esta etapa de nuestro trabajo continuamos con la exposición y revisión de las reconstrucciones realizado en el campo de los documentales audiovisuales argentinos sobre el conflicto bélico por las Islas Malvinas, ocurrido entre la Argentina y el Reino Unido en 1982.

Para Edward H. Carr (1970: 55): "La historia es una crónica de lo que la gente ha hecho, no de aquello que dejó de hacer". Sin embargo, existe una corriente de historiadores– en su mayoría anglosajones– que desarrollan una visión contrafáctica de la historia, es decir, qué hubiera sucedido si determinados hechos o circunstancias hubiesen sucedido de otro modo. Entre ellos se destaca Nial Ferguson, quien afirma: "Somos, desde luego, perfectamente conscientes de que no podemos viajar hacia atrás en el tiempo y hacer las cosas de manera diferente, pero imaginar contrafactuales de este tipo forma parte esencial de nuestra manera de aprender" (1998: 7). La historia contrafactual tiene como objetivo plantear las distintas opciones o posibilidades que han existido en un momento determinado del pasado. Para esta línea de estudios, llegamos así a entender mejor cómo sucedieron los hechos, la incertidumbre de los protagonistas de la historia y, según estos autores, la fluidez del pasado, como proceso impredecible, incierto y, hasta un punto, abierto.

Particularmente, estamos interesados en examinar los modos en que se articulan las argumentaciones propias de los documentales audiovisuales con el relato histórico y las argumentaciones contrafactuales.

Objetivos

Malvinas, la historia que pudo ser es un documental que plantea un nuevo y único interrogante central: "¿Argentina podría haber ganado la guerra?". Cuenta con entrevistas a estrategas, altos mandos y comandantes de las diferentes unidades participantes del conflicto bélico, tanto de Argentina como de Gran Bretaña para ofrecer una mirada con pretensiones de objetividad sobre el desarrollo de los acontecimientos a través de los testimonios de ambos países. *Malvinas...* analiza cómo fue y cómo hubiera sido la guerra si se hubiesen dado los hechos de un modo diferente: ¿qué hubiera sucedido de haber explotado todas las bombas que impactaron en los buques británicos?; ¿qué hubiera sucedido si la Junta Militar hubiera mantenido su plan original de realizar el desembarco en las Malvinas a fines de 1982?; ¿qué debilidades podrían haberse explotado de las fuerzas atacantes para hacerles claudicar en sus intentos de reocupación?; ¿qué valor e interés tiene, para un historiador, plantearse "qué hubiese pasado si..."? Para el autor, la mayoría de los historiadores tienden a explicar y justificar el pasado "como si hubiese sido inevitable, pero el pasado es generalmente fruto de un cúmulo de circunstancias azarosas" (1998: 12). Este tipo de planteamientos "alternativos" pretende demostrar que la historia no es infalible.

El documental fue emitido por primera vez en abril de 2007 por Discovery Channel, se encarga de explorar los escenarios de operaciones mostrando las armas y la tecnología utilizadas durante el conflicto. Mediante el uso de imágenes 3D,[33] mapas, fotos satelitales, además de reconstrucciones de la época y material de archivo, se analizan las decisiones tácticas y circunstancias coyunturales que podrían haber cambiado el curso de la guerra.

El enfoque contrafáctico asegura que no existen causas reales absolutas aguardando a ser descubiertas por el historiador, en cualquier momento dado de la historia existen alternativas a como los acontecimientos se desarrollaron finalmente.[34]

Sin embargo, ¿cómo podemos distinguir *exactamente* alternativas probables no realizadas de las improbables? Para estos historiadores, simplemente basta con considerar plausible o probable sólo aquellas alternativas que podamos demostrar, sobre la base de evidencia contemporánea, que en efecto tomaron en consideración los contemporáneos, diferenciándose así de aquellos estudios más clásicos que, al conocer cual de aquellas alternativas se desarrolló finalmente, borra las restantes opciones, encontrándose inhabilitados a "aspirar a captar el pasado" Ferguson, 1998).

Frente al enfoque contrafactual de hechos históricos en documentales audiovisuales las preguntas que nos hacemos son: ¿en qué hechos particulares se introduce el elemento contrafáctico?; ¿qué protagonistas son tenidos en cuenta para realizar el movimiento contrafáctico?; ¿cuáles son sus testimonios?; ¿qué documentos apoyan el relato?; ¿qué herramientas audiovisuales son utilizadas?

¿Logra el historiador reproducir más o menos fielmente la parcela del pasado que ha convertido en su tema? ¿Existe un medio confiable u objetivo de encajar esa intención de autor en una estructura narrativa?

---

[33] "De esta forma se generan productos multimedia que mezclan diversas materialidades significantes integrándolas para generar una unidad perceptiva. La combinación generada a partir de la digitalización permite reagrupar en una sola obra técnicas vinculadas a medios diferentes, lo que necesariamente aumenta su poder mimético", Aprea, G. (2008b, p. 39).

[34] [...] como *explicar* lo que ocurrió y *por que*" si sólo observamos lo ocurrido y no consideramos nunca las alternativas [...] Solamente si nos situamos ante las alternativas del pasado [...] solamente si vivimos por un momento, como vivieron los hombres de la época, en su contexto fluido y entre sus problemas aún por resolver, si sentimos la forma en que dichos problemas nos sobreviven [...] podemos extraer lecciones útiles de la historia", Ferguson, N. (1998, p. 25).

Materiales y métodos

Los defensores de la historia contrafactual aseguran que ésta nos permite apreciar la influencia de cada factor en la reconstrucción de una explicación y, con ello, identificar las causas específicas de un suceso haciendo hincapié en el papel de lo contigente o de lo accidental. Todo esto nos permite reexaminar interpretaciones establecidas y plantear nuevos temas de interés. Sin embargo, para ser de utilidad, todo planteamiento contrafactual tiene que ser plausible. Fernández (2003) agrega que el contrato de lectura del documental se constituye a partir de sus condicionamientos, de su pretensión de erigirse como representación del mundo histórico y del hecho de colocarlo a este como referente final del discurso. *Malvinas...* se propone debilitar los argumentos más deterministas y resalta la importancia del análisis histórico coyuntural, de sus circunstancias personales concretas, en torno a las decisiones que los protagonistas relevantes de la guerra han tomado, no se trabaja sobre grandes movimientos colectivos. Por ello afirmaremos que el documental posee un enfoque contrafáctico, pero sin llegar a desarrollar un "mundo alternativo", un modelo histórico, se limita a plantear cuáles podrían haber sido las consecuencias de alternativas que no se tomaron. Se trata de una sumatoria de decisiones militares estratégicas analizadas una por una; estructurando así el documental en capítulos o "Decisiones Clave", que, para los realizadores hubiesen determinado un cambio radical en los resultados de la contienda bélica.

En la investigación histórica se utilizan usualmente modelos para períodos de los cuales no se poseen datos estadísticos. En estos casos es viable la construcción de modelos cualitativos estableciéndose una tipología de las guerras o de las ciudades antiguas. Tales modelos deben contar con el mayor número posible de variables (grupos sociales envueltos, tipos de armamento, duración o estrategia para el caso de las guerras, cultivos, etc.) para que los datos existentes puedan permitir la construcción de explicaciones más generales. De la misma manera, la explicación histórica para períodos extremadamente acotados –como los trabajados por la arqueología– pueden contar con la elaboración de modelos cualitativos y cuantitativos. El trabajo de campo (los vestigios encontrados) permite identificar cambios ecológicos, tipos de alimentación, producción, etc. Para los datos cualitativos, las alteraciones en adornos de cerámicas, formas de contacto con otros grupos etc., traen consigo elementos para la formulación de hipótesis incorporando múltiples dimensiones; integrando explicaciones de factores económicos, políticos y culturales, generando padrones explicativos multicausales. Para apoyar los modelos dinámicos se realizan simulaciones para ubicar con mayor precisión los puntos neurálgicos de transformaciones ocurridas (algo que vemos en el documental también con la estructura de capítulos). En tales simulaciones son introducidas modificaciones en las variables consideradas (por ejemplo, alterar arbitrariamente la fuerza de trabajo, el clima, el contacto con otros grupos sociales, etc.), testeando aquellas capaces de provocar efectos cruciales para el crecimiento o la estabilidad del grupo social estudiado. La simulación, como cualquier hipótesis contrafactual, permanece limitada a una técnica para identificar plausibilidades, siendo incapaz de construir patrones para la construcción de explicaciones históricas. Por ello diremos que *Malvinas...* trabaja con un modelo de simulaciones para localizar hechos clave en el desarrollo de la narración.[35] En estas simulaciones se introducen variables capaces de provocar efectos decisivos y son una técnica viable para identificar actores clave y sucesos críticos de la guerra, sin pretensiones de mayor desarrollo histórico.

Aprea escribe sobre este tipo de relatos traumáticos del pasado que al ser capaces de transmitir la experiencia personal se transforman en memoria narrativa, cumpliendo un "papel sustancial como "difusores", en el proceso de construcción social e histórica de la memoria como parte de la lucha de unos grupos por imponerse sobre otros" (2008a: 4). La memoria se convierte en cultura compartida, *en el campo de batalla para la confrontación de distintas estrategias de legitimación, en marco social que oriente y fortalece los simples recuerdos para* reconstruir los sentidos del pasado.

---

[35] A diferencia de la arqueología, que solo puede realizar inferencias a partir de reliquias, documentos y diverso material de archivo la obra audiovisual utiliza testimonios. La cercanía temporal del suceso narrado permite ésta y otras estrategias de reconstrucción histórica. Sin embargo, esta disciplina se emparenta con "Malvinas..." por la construcción de modelos teóricos simulados para la aprehensión del pasado y su transmutación en memoria colectiva.

El relato en *off* que marcan el inicio del documental nos anuncia con qué vamos a encontrarnos. "Los acontecimientos narrados a continuación nunca sucedieron, pero pudieron haber ocurrido y cambiado la historia". Estos hechos que no son tales son presentados por "expertos y protagonistas reales". En la consideración de las modalidades de representación podríamos aventurar la preponderancia de una modalidad de observación (1997: 105), la abundancia de entrevistas a protagonistas directos se plantea como una imagen objetiva, la cámara capta lo que tiene frente a ella, sin participar, es una mostración sin intermediaciones.

Los primeros minutos del documental cuentan con una reseña histórica acerca del descubrimiento de Malvinas y su ocupación por ingleses, franceses y españoles para luego dar un salto temporal hasta la decisión de recuperarlas en 1981 por parte de la junta militar que gobernaba el país con objetivos netamente de corte político, para "ganar popularidad".

Resultados

Identificamos dos maneras de construir el documental de la que haremos mención. En numerosas ocasiones, las oraciones del narrador en *off* son terminadas por los entrevistados, o acompañan inmediatamente el final de sus afirmaciones. Por ejemplo:
Relator: "El momento elegido para el desembarco fue crucial, fue una de las decisiones más determinantes de la guerra".
Julian Thompson (Royal Marines): "Si hubieran esperado un poco, probablemente no hubiésemos sido capaces de responder del modo que lo hicimos".
Mario Benjamín Menéndez: "Probablemente tres meses después hubiese sido muy distinto".
Geremy Moore: (de venderse las unidades navales, la historia de las Falklands) "podría haber sido muy diferente".

La importancia del testimonio, del relato oral de los protagonistas adquiere notable relevancia argumentativa, al equipararse con estos mecanismos narrativos con la *voice of God*, el conductor del relato, utiliza palabras similares a los entrevistados, se evitan utilizar información que no sea la que suministran los relatos de los entrevistados. No hay juicios de valor sobre los hechos, no se confrontan las entrevistas en la edición, ni estas son editorializadas por el narrador –Sería narrativamente inviable, ya que, básicamente, todas las opiniones confluyen en reforzar el argumento principal, esa "historia que pudo ser".

La otra particularidad es la escasa utilización de otro tipo de testimonios (especialistas, estudiosos, historiadores, militares que no hayan participado directamente del conflicto pero que puedan aportar conocimiento técnico, etc.), o su mínima relevancia en la narración. El único historiador es Rosendo Fraga, cuya participación es mínima. Solo aporta algunos datos acerca de la necesidad de mantener soldados en el continente por riesgo a una acción militar por parte de Chile y sobre lo inoportuno de la fecha de desembarco. Las voces calificadas realizan comentarios mínimos. Es el caso del periodista y especialista en Malvinas Jorge Bocazzi ("No estábamos en condiciones de trasladar todo el equipo a las islas") y el Comodoro Ruben Moro, que discuten sobre el tamaño de la pista de aterrizaje en el Puerto San Carlos.

En el análisis de otras obras trabajadas en la Investigación notamos que actualmente existe una cualidad de ciertos acontecimientos históricos al ser narrados en medios audiovisuales. Para temas como el peronismo, la dictadura militar, la vuelta de la democracia, o Malvinas las imágenes del general Perón desde el balcón de la Casa Rosada, el comunicado nº 1, la fotografía del helicóptero de Estela Martínez abandonando la Casa Rosada, Alfonsín saludando desde el auto con los papelitos cayendo y, para nosotros las fotos del hundimiento del General Belgrano o Galtieri con su clásico "si quieren venir que vengan" en otros documentales sobre la guerra son imágenes reconocidas o reconocibles a través de su presencia en distintos medios. Esto viene a que, en muchos casos su validación como documentos, más allá de la credibilidad que puedan lograr, está mediada por su circulación mediática previa, especialmente en aquellos casos que se refieren al pasado más o menos reciente. Este procedimiento puede ser utilizado de manera crítica o como forma de reafirmación de la veracidad de las escenas construidas, pero en *Malvinas...* no funciona así. Y esta diferencia, para nosotros, es fundamental.

La imagen es acaparada por dramatizaciones de los combates y de las negociaciones, por los entrevistados y por imágenes 3-D, y la banda sonora que acompaña las dramatizaciones y las reconstrucciones por computadora se trata de música de acción, que acompaña también, por momentos, el relato de la voz en *off*.

La musicalización es considerada como integrante clave en la narración audiovisual, sobre todo por el poder que ésta tiene en la construcción de la realidad. Entendemos que esto tiene que ver con cualidades del propio sonido y con la relación entre imagen y sonido como integrantes de un lenguaje: el audiovisual.[36]

Discusión

El material audiovisual utilizado frecuentemente en otros documentales, películas y material televisivo sobre Malvinas[37] no es utilizado, entendemos que esto es así porque conspiraría contra el argumento del documental, su "imparcialidad" y las "capacidades", el azar que se interpuso entre los militares y la victoria bélica.

Frecuentemente nos encontramos con documentales que utilizan el testimonio y las imágenes de archivo para dar cuenta de las impresiones, sensaciones y sentimientos de los participantes como así también en algunos casos hay presente una mirada subjetiva explícita que exceden el simple registro directo de la realidad.

---

[36] "En el marco del lenguaje audiovisual se asocian muy a menudo recursos sonoros e imágenes para conducir la interpretación que ha de hacer el espectador del conjunto audiovisual. [...] la música asociada a determinadas secuencias visuales se utiliza para subrayar la situación crítica de la acción, para expresar la sensación de angustia de un personaje o para explicar la gran energía que genera una máquina", Rodríguez, A. (1998, p. 202).

[37] El material audiovisual frecuente sobre las islas están vinculadas indefectiblemente a un concepto más cercano a la derrota. El hundimiento del Belgrano, el clima helado de Malvinas, los cascos y las armas de los argentinos derrotados, los heridos argentinos, la escasa comida, los soldados adolescentes, el falso triunfalismo, las mentiras de la revista *Gente*, la derrota en el campo de la diplomacia internacional, etc. O de la superioridad de Inglaterra, la salida aeronaval de sus regimientos, los submarinos, la colaboración diplomático-militar de Estados Unidos y la OTAN, la vestimenta, las armas, los militares de elite, profesionales, el recibimiento triunfal, etc.

En *Malvinas...* estos recursos tienen otra función. El hundimiento del crucero General Belgrano es descripto como un error de estrategia militar, producto en principio, de un ataque fallido a los ingleses– por razones climáticas impredecibles–, que forzó al Belgrano a acercarse demasiado a los radares ingleses. Se da cuenta de las pérdidas humanas brevemente ("el hundimiento se llevó la mitad de las pérdidas argentinas durante el conflicto") y sus consecuencias militares ("los almirantes argentinos no quisieron arriesgarse a perder más buques"). No hay mención aquí al área de exclusión entro otros ítems abordados largamente en otros discursos sobre la guerra. Sólo se hace notar que "Los submarinos que lo hundieron también habían sido fabricados con tecnología de la Segunda Guerra Mundial". Se trata de una mirada más precisa, desde adentro de los cuarteles, con fechas, información sobre el material bélico utilizado por ambos bandos en disputa (tipo de aviones, minas, fusiles, barcos); no hay ex combatientes relatando el frío, el maltrato de los generales, las ganas de volver a recuperar las islas (*Malvinas, historia de traiciones*), una voz en *off* que tome partido explícitamente (*La guerra de Malvinas* de Lejtman). Es decir, pese a que el relato testimonial es uno de los pilares narrativos, éstos carecen de "impresiones, sensaciones y sentimientos" (Aprea, G., 2008a: 8).

En los últimos cinco minutos del documental, sellada ya la derrota argentina en las islas,[38] Rosendo Fraga vuelve y destaca dos hechos importantes.

"Malvinas parte de un supuesto erróneo, que Inglaterra no iba a reaccionar militarmente"; "pudo haber habido un armisticio, una solución intermedia, pero dado el fervor que había generado en Argentina, estas alternativas se hubiesen parecido a una derrota política de la junta militar". Consideramos que, la introducción de estos dos contrafactuales empaña la intención del documental. En el primero, la pregunta "¿que hubiera pasado si...?" supone la falta del conflicto armado. Sobre el segundo, sólo agregaremos aquí que el mismo historiador la descarta como probable.

---

[38] "Este fugaz conflicto tuvo implicaciones para ambos bandos. La caída de la junta militar argentina fue acelerada por la derrota en una guerra que intentaba recuperar la confianza de un pueblo desilusionado", dice el documental

Conclusiones

Estamos de acuerdo con Ferguson en que, si se pretende conocer plenamente el pasado, los contrafactuales pueden aceptarse como herramienta metodológica, considerarando aquellas alternativas que en un momento histórico dado se manifestaron como posibles. Sin embargo, coincidimos con Giovanni Sartori cuando en *Hommo Videns* asegura que no tiene sentido preguntarnos ¿qué hubiera pasado si..? ya que la hipótesis "'*si x río hubiera sido así, entonces*' no es verificable".[39]

En síntesis, el contrafactuales para nosotros una herramienta narrativa interesante, pero no necesaria y mucho menos concluyente. La pregunta no es un ejercicio científico, porque no se puede demostrar que añadiendo o quitando un factor en una cadena de eventos pasado los acontecimientos se hubiesen desarrollado de manera distinta a como lo hicieron, con suerte, es tan sólo un simple ejercicio de lógica que sirve para confirmar que la historia no está predeterminada.

Aun más, el audiovisual comienza con la premisa "ésta es la historia de cómo la Argentina pudo haber ganado la guerra...", incluida también en el título de la obra audiovisual. No obstante, evaluando la sumatoria de "hechos clave", del propio documental; sumados a la extensa bibliografía que ya conocemos sobre la guerra, otras fuentes que, incluso, parten desde el seno de las Fuerzas Armadas argentinas con su propia evaluación de las responsabilidades de la derrota; se nos hace difícil pensar cómo pudo haber sido esa historia, es decir, cómo se debería haber cumplido la promesa de la victoria nacional.

---

[39] "¿Es ésta una prueba de que la influencia es escasa? Seguramente, no. Para medir de verdad la influencia electoral de los periódicos se necesitarían "contrafactuales", es decir, la ausencia de periódicos, o bien relaciones de fuerza invertidas entre los periódicos. Por ejemplo, ¿sin *La Nazione* el voto comunista en Toscana hubiera sido el que fue o hubiera aumentado, supongamos, al 65 por ciento? ¿Y si en lugar de *La Nazione* hubiera sido el diario *Unitá* el que vendiera en Toscana 350.000 ejemplares, el Partido Comunista Italiano habría obtenido aquel 65 por ciento, o habría aumentado al 75 por ciento? Estas preguntas no tienen una respuesta porque la hipótesis "'si x río hubiera sido así, entonces' no es verificable", Sartori, G. (1998, p. 95).

"El momento elegido por los argentinos no podía ser mas desfavorable"; "se equivocaron al pensar que Inglaterra no respondería, lo consideraban improbable"; "el único batallón en condiciones era el mío"; "conscriptos poco entrenados"; "construyen mal la pista y tienen que trabajar desde el continente"; "la junta seguía pensando que la guerra era un escenario improbable"; "aún así comenzó a acumular tropas y equipo en las islas para persuadir a Inglaterra. Pero sus mejores equipos quedaron en el continente para prevenir un conflicto con Chile". Estos son sólo algunos fragmentos que intercalan relato en *off* y entrevistas, extraídos de los primeros 15 minutos del documental.

La sumatoria de errores de planificación estratégica por parte de los militares argentinos (muy eficientes a la hora de torturar, secuestrar y asesinar a civiles en su "lucha contra el terrorismo") que expone el mismo documental ponen en tela de juicio las posibilidades de un desarrollo alternativo, que pueda haber sido muy diferente al que efectivamente tuvo lugar.

Bibliografía

Aprea, G, "El lugar de los testimonios en los documentales argentinos contemporáneos", V Jornadas de Sociología de la Universidad Nacional de La Plata, organizadas por la Facultad de Humanidades y Ciencias de la Educación de la Universidad Nacional de La Plata, La Plata, diciembre de 2008a.
——, *Cine y políticas en Argentina*, Buenos Aires, Universidad Nacional De General Sarmiento, 2008.
Carr, E, *¿Qué es la Historia?*, Barcelona, Seix Barral, 1970.
Carlón, M, *Imagen de arte/imagen de información, Problemas actuales de la relación entre el arte y los medios*, Buenos Aires, Atuel, 1994.
Ferguson, N., *Historia virtual (¿Qué hubiera pasado si?)*, Madrid, Taurus, 1998.
Fernández, N.; Guevara, A., *La ficción, el documental y el traspaso del estilo*, Montevideo, UCUDAL, 2003.
Nichols, B., *La representación de la realidad. Cuestiones y conceptos sobre el documental*, Barcelona, Paidós, 1997.

Rodríguez, A., *La dimensión sonora del lenguaje audiovisual,* Barcelona, Paidós, 1998.
Sartori, G., *Homo videns. La sociedad teledirigida,* Madrid, Taurus, 1998, trad., de Ana Díaz Soler.

"La historia fue así".
Disputas por la legitimidad histórica en el cine documental argentino de los años 80

Javier Campo
Facultad de Filosofía y Letras
Universidad de Buenos Aires

Introducción

La sociedad argentina tuvo grandes procesos de cambio en los últimos treinta años. Los discursos sociales sufrieron mutaciones incesantes y fluctuaciones que los llevaron del mutismo al testimonio, a la par de los cambios políticos operados. Este movimiento incesante se registró en el pasaje de la dictadura a la democracia, no sólo repercutiendo en la reposición de discursos censurados y reprimidos, sino también acentuando la construcción de versiones de la Historia excluyentes que se comenzaron a urdir desde el exilio. Uno de los ámbitos en los que esos discursos sociales se dieron cita y confrontaron fue en el cine (quizá se produjo allí una de las "manifestaciones culturales más representativas de la redemocratización argentina", como apunta David Foster (1997: 474). En este caso, nos ocuparemos del cine documental producido en los 80 que se insertó de lleno en los debates históricos, no sólo de la historia reciente sino también de los sucesos políticos que se dieron en el siglo XX e, incluso, en el XIX.

La necesidad acuciante en las producciones de la transición democrática fue la construcción de una democracia argentina. Bucear en el pasado para rescatar los aspectos republicanos y los retrógrados que atacaron el ideal de democracia perdurable. Los intelectuales comenzaron a pensar en ese sentido aun antes de que la dictadura finalizara, decía Carlos Gabetta: "Cuando en esta situación desesperada muchos parecemos estar de acuerdo en que hay que echar de una vez por todas las bases de la democracia, es fundamental recordar que nunca la tuvimos, que los argentinos no la conocemos, porque los chispazos jamás fueron fuego" (Gabetta, 1983: 19). El autor destaca que siempre hubo una "perversa alternancia" entre regímenes militares y gobiernos institucionales, o semi-institucionales, que no consolidaron un sistema democrático. Si en algo parecen ponerse todos de acuerdo es en que esa consolidación es necesaria, mientras las formas se mantienen en discusión. Establecer "la" versión legítima de contar la historia supuso posicionarse en un lugar preferencial para asumir las tareas de reconstrucción de las estructuras del estado democrático.

El cine documental que aquí será analizado es aquel que fue financiado, producido o alentado por instituciones político partidarias que consideraron que estos films debían intervenir en los debates por las versiones legítimas de la historia. El partido radical (con *La república perdida* 1 y 2) y el movimiento peronista (con *Evita, quién quiera oír que oiga, DNI* y *Perón, sinfonía del sentimiento*) fueron los dos polos ideológicos en derredor de los cuales se aglutinaron una buena cantidad de trabajadores del cine para promover producciones que dieran cuenta de las particulares visiones, excluyentes en diversa medida, de la historia argentina.

La república perdida fue un film documental producido por miembros del partido radical y estrenado poco antes de las elecciones de 1983. Su director, Miguel Pérez, montó material de archivo que va desde comienzos del siglo XX hasta el golpe de 1976 con la explícita intención de atravesar la historia argentina para reordenarla y contarla de nuevo. Quiénes somos, de dónde venimos y hacia adónde vamos parecen ser los interrogantes que pretende desanudar la compilación de archivo con el auxilio de la voz *over*. El tono eminentemente expositivo del documental se condensa en un discurso sobrio, científico, que pretende ligarse a las corrientes del documental más "objetivistas" o de la línea documental que se asocia al adjetivo "clásico" (voz de "Dios" en tercera persona, naturalismo extremo de las imágenes, ausencia de rupturas diegéticas).

Su visión de la historia es la de aquellos republicanos que propusieron que las instituciones debían democratizarse para solucionar los problemas y que, a la luz de lo que sucedió después, tuvieron un peso hegemónico en la conformación de ideas durante esa década. Es, en ese sentido, la primera película del oficialismo antes de ganar las elecciones. Sin embargo, el radicalismo no produjo el film con la intención de borrar de la historia la otra corriente política de peso, el peronismo es rescatado en su política social aunque no sean valoradas positivamente las vertientes armadas del movimiento peronista de los 70 que, de algún modo según el film, contribuyeron a enrarecer el clima para allanar el terreno a la represión.

Un año después del estreno del film de Pérez se presentó *Evita, quién quiera oír que oiga*, de Eduardo Mignogna, un documental con numerosas escenas de ficción sobre la vida de Eva Perón. El viaje de la joven Eva desde su pueblo natal hasta Buenos Aires es intercalado con material de archivo y entrevistas a personajes que la conocieron íntimamente. Pero, siguiendo con nuestro interés primordial, el film no sólo reconstruye las trayectorias de vida de Evita, sino que presenta un discurso sobre otra historia que se hace patente en el título del film, fragmento del estribillo de la canción: "Si la historia la escriben los que ganan, eso quiere decir que hay otra historia, la verdadera historia, quién quiera oír que oiga". Es decir, en un tono un poco más conciso que la exposición abierta de *La república perdida*, la "verdadera historia" es la del pueblo argentino (que "es" peronista), la de una chica que viene del interior y llega a la política para ser la "verdadera" abanderada de los humildes. En el documental de Mignogna no se encuentra un discurso político que pretenda la construcción de una versión acabada de la historia, sino el relato de una vida que se presenta como la vida de muchos argentinos. En ese sentido, el film es la representación de la vida de un personaje que condensa en su historia el devenir de la historia de un pueblo. Que es, sin dudas para el director, peronista.

La república perdida 2 (estrenada en 1986), también dirigida por Pérez y compuesta casi íntegramente por material de archivo, se encargó del último período dictatorial (1976-1983). Entre sus discursos, representaba la violencia guerrillera dentro de los marcos de un modelo que hacía hincapié en un enfrentamiento entre fuerzas extremas, en medio de las cuales se encontraba la sociedad indefensa e inocente. Sin embargo, el film no equipara los grados de violencia de éstas, sino que denuncia el terror estatal como una política de aniquilación excesiva y sistemática, no sólo de una fuerza guerrillera, sino también de seres humanos con ideas diferentes. Pero, sin embargo, la militancia política de los detenidos-desaparecidos no fue puesta sobre el tapete en ese film. El discurso de *La república perdida 2* concuerda en su mayor parte con la visión de la CONADEP, registrada en el *Nunca más*. Hubo terror y subversión, un pueblo indefenso en medio que sufrió las consecuencias y un Estado que produjo, fomentó y amparó el terror. Hablar de la militancia de los desaparecidos hubiese significado justificar de algún modo, según la visión de la Comisión, el accionar represivo del Estado. La presencia de la "teoría de los dos demonios" permea este razonamiento (Crenzel, 2008: 96).

Reflexionar sobre o, caso extremo, reivindicar la lucha armada hubiese sido un sinónimo de golpismo en la década de 1980. Tal fue la respuesta negativa de la opinión pública con motivo del asalto al cuartel de La Tablada por un comando del ERP. No era posible hablar de las militancias políticas, la lucha armada o una "salida" no democrática. Tanto *Juan, como si nada hubiera sucedido* (Carlos Echeverría, 1987) como *A los compañeros, la libertad* (Marcelo Céspedes y Carmen Guarini, 1987) se centraron en el plan sistemático de desaparición de personas y la judicialización absurda de los presos políticos. Sin embargo, ninguno de los dos films puede ubicarse en la misma línea que *La república perdida 2*. Es decir, ninguno de ellos estuvo sustentado por estructuras partidarias ni pretendió establecer una visión monolítica de la historia argentina.

El film de Miguel Pérez puede ser considerado como un agente de una "memoria fundadora (oficial)", según la conceptualización de Luis Alberto Romero (2008), ya que posee todas las peculiaridades de la construcción oficial pro-democrática apuntalada por el ideario del *Nunca Más*. Los documentales de Echeverría y Céspedes/Guarini no pueden ser asociados a esa construcción de la memoria, debido a que son notorias las críticas a las políticas encaradas por el gobierno, en particular con posterioridad a los juicios a las juntas: leyes de Obediencia Debida y Punto Final. En *Juan...* se reproduce el discurso titubeante de Alfonsín cuando anuncia el Punto Final, para enmarcar una reflexión que entiende como "retroceso" la medida. Además, el mismo título del film hace referencia a una frase dicha por Alfonsín en su campaña electoral, a propósito de lo que sería la política de su gobierno en el caso de ganar las elecciones dijo que haría todo excepto actuar "como si nada hubiera sucedido" (Crenzel, 2008: 57). La referencia crítica de Echeverría sugiere que en el caso de Juan Herman sí se actuó "como si nada hubiera sucedido". Mientras en *A los compañeros, la libertad* la denuncia de la existencia de presos políticos de la dictadura en democracia ejemplifica la postura crítica con respecto a los resabios de las prácticas y políticas represivas. Sin embargo, siguiendo la teorización de Romero, tampoco se trata de una "memoria militante", debido a que mediante las representaciones fílmicas sabemos que Juan Herman estaba relacionado con una agrupación peronista y los presos políticos eran militantes (aunque no de qué agrupación), pero nada más. En ambos films se hace foco en la criminalidad del accionar del Estado y no en la militancia político-armada de los protagonistas.

Un film intermedio hace referencias cruzadas al modelo de representación de *La república perdida 2* y al de los documentales por venir (como *Montoneros, una historia*, de Andrés Di Tella y *Cazadores de utopías*, de David Blaustein). *DNI*, de Luis Brunati –diputado justicialista– (1989), aunque realizado desde un punto de vista no oficialista en los 80 (es decir, peronista), se inscribe en los marcos de una memoria fundadora de la violencia como antidemocrática y la militancia política armada como golpista (postura similar a la del film de Pérez). *DNI* no contiene referencias a la lucha armada de los 70, sino a una "gesta popular" en pos de una democracia soberana, en alusión a la dictadura un montaje de escenas de ficción con material de archivo sobre la Junta bastan para caracterizar el horror.

El film de Brunati pretende colocarse en la línea de *Evita, quien quiera oír que oiga*, fundando "una" memoria política popular (peronista) en común. Conociendo las diversas vertientes que el peronismo acogió a lo largo de su historia, incluso antagónicas, es reconocible que si un discurso histórico siempre es un recorte particular *DNI* construye una versión dentro de ese recorte. Recorte del recorte, *DNI* no se ubica, como ya se ha dicho, muy lejos de la postura de *La república perdida 2* sobre la violencia política, sino que da un peso mayor a rescatar la denuncia por los sufrimientos del pueblo argentino, naturalmente peronista, y en ese sentido representar las diversas persecuciones que ha sufrido por "pensar diferente". Aunque su visión maniqueísta no llega al extremo en que se ubicó *Permiso para pensar* (Meilij, 1989), pornográficamente antiperonista (o "gorila", a secas), *DNI* construye una visión de la historia argentina que pretende ser la versión legítima del devenir del "pueblo argentino".

Un film un tanto tardío para ser ubicado dentro de este conjunto debe ser tenido en cuenta por su discurso histórico y práctica documental. *Perón, sinfonía del sentimiento*, de Leonardo Favio, se presentó en 1999, pero el proyecto comenzó su preproducción en 1993 con la intención de ser finalizado para el 17 de octubre de 1995, fecha en la que se conmemoraron cincuenta años de la masiva movilización popular por la liberación de Perón. Diversos problemas de financiamiento hicieron retrasar su finalización y el mismo Favio tuvo que invertir dinero para ver terminada la película. No disfrutó de un estreno comercial sino televisivo y se distribuyó en los kioscos de diarios en formato VHS.

A pesar de todas las dificultades sufridas en su producción, el documental hizo un uso novedoso de la animación, el material de archivo y las escenas de ficción (encubiertas como de archivo pero sin vulnerar su veracidad basada en documentos). Favio da una versión romántica del peronismo y su líder, algo así como una historia de amor que, en este sentido Favio no exagera, caló hondo en la sensibilidad popular. El modelo de representación construido por Favio mantiene numerosos puntos de contacto con el de los films de los 80: voz *over* descriptiva (aunque de estilo poético en algunos pasajes), uso de material de archivo que ilustra el discurso narrativo y, como ocurre en algunos documentales como *La república perdida* y *DNI*, una ausencia casi total de entrevistas.

Perón, sinfonía del sentimiento es la versión del peronismo de alguien que siempre pretendió aunar todas las corrientes de un movimiento de dimensiones estratosféricas. Es por ello que Favio apela al sentimiento de justicia e igualdad social que promovió el primer gobierno de Perón, pero sobre todo dice que con el peronismo aquellos que no eran "nada" comenzaron a sentirse "algo" con derechos. ¿Qué peronista puede oponerse a ello?

Discursos y representaciones en disputa

La voluntad de trazar una línea de tiempo prolongada que buscase en la historia política argentina los elementos para solidificar las bases de una "democracia argentina" de larga data fue del entusiasmo a la perplejidad. Así lo indican estudios históricos como el de Hilda Sábato, quien expresa sus dudas al respecto:

"No se le escapará al lector que este libro lleva las marcas de un tiempo muy particular en la Argentina, signado por los esfuerzos y las dificultades en la construcción de una sociedad democrática. La pregunta original nació en el clima efervescente creado hacia el fin de la dictadura militar, cuando muchos nos preguntábamos dónde se encontrarían las reservas democráticas en una sociedad atravesada por el autoritarismo. En ese marco propusimos la hipótesis, tal vez demasiado optimista, de la histórica capacidad de nuestros sectores populares para generar celulares 'nidos de la democracia' en el seno de la sociedad civil [...] Hoy, sin embargo, aunque estemos muy lejos de la arbitrariedad de la dictadura, encontramos dificultades en todos esos planos" (Sábato, 1998: 23).

En el cine documental del período 80-90 también se produjo un proceso similar, se fue de la exaltación por la construcción de una democracia duradera seleccionando los aspectos favorables (y acomodaticios) para establecer versiones legítimas de una historia argentina en los documentales institucionales de los 80 a, por otra parte, los documentales de mediados/fines de los 90 y, sobre todo, principios del corriente siglo en que la reflexión sobre la lucha armada fue desde la crítica con reparos a la recuperación positiva. En este último conjunto de films (que van desde *Montoneros, una historia* y *Cazadores de utopías* hasta *Errepé* –G. Corvi y G. de Jesús–, *Rebelión* –F. Urioste– y *Gaviotas blindadas* –Grupo Mascaró–) no solamente se descreyó de la posibilidad de trazar líneas histórico democráticas duraderas, sino que se representó el fracaso del sistema democrático a dos décadas de su reinstalación. Las propuestas volvieron a la historia no ya para rescatar las conductas republicanas sino para encontrar ejemplos de lucha político revolucionaria que permitieran pensar en otro orden.

Los films de los 80 se definieron en un contexto sociopolítico candente, es por ello que, según Foster (1997: 470), los procedimientos asociados con la experimentación resultaron inapropiados. Esto dio paso a actitudes reflexivas y revisionistas de la historia reciente que, sin embargo, extendió el recorrido cronológico hacia la historia política del siglo XX. Este fenómeno no puede sino leerse como una parte de un proceso que se extendió en las letras y las otras artes en la Argentina posdictatorial. Como destaca Daniel Campione, "buena parte de la producción de la historiografía hegemónica registra ese tipo de 'marcas': las del propósito de descubrir en nuestro pasado una trayectoria que pueda legitimar retrospectivamente a una democracia representativa" (2004).

Los films repasados anteriormente no constituyeron una isla en medio del océano, sino que propiamente fueron un canal más de expresión de los debates historiográficos dados en la sociedad en su conjunto (Devoto, 1994). El cine documental fue, una vez más, un catalizador muy importante para la difusión de las posturas ideológicas en pugna por la reconstrucción democrática de la Argentina, pero, como todo discurso social, se produjo en un proceso que nació de los diferentes actores sociales en el arco político argentino. Estas películas trabajaron con las representaciones que estaban ya presentes en la sociedad. El partido radical, el justicialista, la CONADEP, las agrupaciones de defensa de los Derechos Humanos y los intelectuales de diversas disciplinas y vertientes ideológicas fueron algunos de aquellos actores que contribuyeron a que ese debate encendiera las pasiones políticas en un país en que la política fue motivo de desapariciones poco antes. El cine documental no se mantuvo al margen de esos debates en disputa por la versión legítima de la historia en un período de reconstrucción democrática.

Bibliografía

Aprea, Gustavo, "El cine político como memoria de la dictadura", en Josefina Sartora y Silvina Rival (eds.), *Imágenes de lo real*, Buenos Aires, Libraria, 2007.
Campione, Daniel, "Argentina. La escritura de su historia", en http://www.ag.org.ar/arg_hist.htm (última consulta, 15 de mayo de 2009), 2004.
Crenzel, Emilio, *La historia política del Nunca Más. La memoria de las desapariciones en la Argentina*, Buenos Aires, Siglo XXI, 2008.
Devoto, Fernando (comp.), *La historiografía argentina en el siglo XX*, tomo II, Buenos Aires, CEAL, 1994.
Foster, David, "Contemporary Argentine Cinema", en Michel Martin (ed.), *New Latin American Cinema*, vol 2, Detroit, Studies of National Cinemas, Wayne State University Press, 1997.
Gabetta, Carlos, *Todos somos subversivos*, Buenos Aires, Bruguera, 1983.
Lusnich, Ana Laura; Kriger, Clara, "El cine y la historia", en Claudio España (comp.), *Cine argentino en democracia 1983-1993*, Buenos Aires, FNA, 1994.
Manetti, Ricardo, "Cine testimonial", en Claudio España (comp.), *Cine Argentino en democracia 1983-1993*, Buenos Aires, FNA, 1994.
Romero, Luis Alberto, "Memoria de El Proceso y problemas de la democracia", en *Lucha Armada*, nº 10, Buenos Aires, 2008.
Sábato, Hilda, *La política en las calles. Entre el voto y la movilización. Buenos Aires, 1862-1880*, Buenos Aires, Sudamericana, 1998.

Naturaleza y razón en el cine argentino sobre la desaparición forzada de personas: *Tierra de Avellaneda* (1995) y los films sobre antropología forense

Máximo Eseverri
Facultad de Ciencias Sociales
Universidad de Buenos Aires

A más de treinta años del último golpe militar, los sucesos políticos y sociales ocurridos entre 1976 y 1983 siguen constituyendo una herida abierta para los argentinos. La extensa producción académica, artística y mediática producida luego en torno a la dictadura puede interpretarse como un síntoma de la necesidad que posee la sociedad argentina de comprender y sublimar uno de los momentos más trágicos de su historia. La posdictadura trajo aparejados nuevos desafíos en torno a la representación del horror y la violencia política, tanto en el ámbito mediático como en el artístico. El cine, que habita en las fronteras de ambos campos, arrojó obras de nuevo tipo, que ensayaron diferentes caminos para rememorar casos relacionados con el terrorismo practicado desde el Estado. En diferentes películas argentinas realizadas desde 1983, el desarrollo de una estética para contar el horror y la construcción de la memoria social en torno a lo trágico se convirtieron en momentos inseparables de una misma *praxis* artística.

Una historia de las películas argentinas que abordan la desaparición forzada de personas reconoce algunos hitos insoslayables, cuya importancia ha quedado evidenciada en el impacto que tuvieron y/o en su aporte en lo temático y en el tratamiento narrativo elegido para abordar sucesos traumáticos para la memoria social de un país.

Entre ellos cabe mencionar las diferentes obras elaboradas a partir del registro del juicio a las juntas militares en 1985.[40] Desde

---

[40] Uno de los primeros análisis de ese material fue realizado por Claudia Feld en 1999, en el marco del Programa de Investigación "Memoria y Represión en el Cono Sur de América Latina", dirigido por Elizabeth Jelin. El trabajo

su grabación mediante las cámaras de Argentina Televisora Color hasta el estreno de *El Nüremberg argentino* (2004) de Miguel Rodríguez Arias, el registro de ese proceso judicial transitó un largo y tortuoso camino y conoció numerosas ediciones. Entre ellas, se encuentra la miniserie documental inédita realizada en 1986 por un equipo encabezado por Mariana Taboada, que es la obra audiovisual más extensa sobre el juicio.[41]

Además de convocar la atención internacional gracias a la obtención de un premio Oscar de la academia de cine de Hollywood, *La historia oficial* (1985) de Luis Puenzo caló hondo en la opinión pública en Argentina, donde alcanzó el millón y medio de espectadores y rápidamente se convirtió, al igual que *La noche de los lápices* (Héctor Olivera, 1986), en una obra de referencia para la discusión y la reflexión.

El estreno en 1987 de *El amor es una mujer gorda* de Alejandro Agresti buscó cerrar un período de cine orientado a la sutura de la herida social para dar lugar a otro de revisión y crítica hacia la sociedad en su conjunto (Gunderman, 2007[42]), tendencia que se hizo más pronunciada en la década de 1990. Films como *Juan: como si nada hubiera sucedido* (1987) de Carlos Echeverría o *Un muro de silencio* (1993) de la realizadora y productora Lita Stantic marcaron nuevos estadios –en el terreno documental el primero,

---

de Feld se encuentra reunido en su libro *Del estrado a la pantalla: las imágenes del juicio a los ex comandantes en Argentina* (2002).

[41] Los primeros cinco capítulos contienen testimonios agrupados por casos, que abordan la apropiación de niños, la represión en Córdoba, las modalidades de tortura, los secuestros y los centros ilegales de detención, entre otros temas. El sexto y último reúne momentos relevantes de la acusación, la defensa y la sentencia del presidente de la Cámara Federal León Arslanián. El material fue enviado a ATC en febrero de 1987 pero nunca fue emitido. Una copia fue entregada a la Asamblea Permanente por los Derechos Humanos (APDH), donde se realizó un compendio de esa obra de aproximadamente una hora y media y, más de diez años después, esa institución donó a la Biblioteca del Congreso de la Nación una copia completa de los seis capítulos originales (Selser, 1998). La versión elaborada por la APDH fue una de las obras que más circuló y fue citada por otros documentales, hasta la extensa emisión realizada por Ciudad Abierta, el canal del Gobierno de la Ciudad Autónoma de Buenos Aires, en 2006.

[42] El autor realiza un análisis comparado de este film y de *Buenos Aires viceversa*, también de Agresti. Ambas realizaciones tematizan el proceso a través de historias que tienen lugar en la posdictadura.

en la ficción el segundo– para la expresión audiovisual en el formato largometraje en relación con el accionar de la dictadura.

A mediados de los 90 y en el marco de una fuerte renovación estética y generacional en el ámbito del cine, surgieron documentales de nuevo tipo como *Montoneros, una historia* (1994) de Andrés Di Tella. Al mismo tiempo, la agenda mediática colaboró con la actualización del tema a través de producciones como *ESMA: el día del juicio* (1998), cuyo pico de rating en la primera emisión llevó al canal 13 de Buenos Aires a reponerla menos de una semana después.[43]

Un grupo de films se ocupó de narrar el trabajo llevado a cabo por el Equipo Argentino de Antropología Forense (EAAF), sus presupuestos y sus consecuencias. *Tierra de Avellaneda* (1995), de Daniele Incalcaterra, fue una de las primeras realizaciones audiovisuales que se ocupó del tema. También el mismo Equipo Argentino de Antropología Forense elaboró un trabajo documental que narra su experiencia, llamado *Tras los pasos de Antígona* (2002). Asimismo, se realizaron otros documentales como *El último confín* (2004) de Pablo Ratto, *NN, ni en el río ni en las tumbas* (2005) o *Muertes indebidas* (2005) de Rubén Platáneo, que, desde el tratamiento de diferentes casos vinculados al terrorismo de Estado, mencionan la labor del EAAF. En otros países latinoamericanos que sufrieron procesos de este tipo, se realizaron obras similares, como es el caso de *Fernando ha vuelto* (1998) de Sergio Caiozzi en Chile.

El trabajo del Equipo Argentino de Antropología Forense tiene como objetivo aportar, desde la práctica de una disciplina de carácter científico, información fehaciente mediante la recuperación de los restos de cadáveres *nomen necio* (NN) y su identificación. Desde las intervenciones del especialista estadounidense

---

[43] Del citado documental a ficciones como *TV por la identidad* (2007) o *Montecristo* (2006), el relevamiento y análisis de las producciones televisivas nacionales de cambio de milenio que abordan la desaparición de personas constituye el solo motivo de una investigación de largo aliento. Aunque esta ponencia se concentra en realizaciones cinematográficas, hacer alusión a lo televisivo se presenta como imprescindible, no sólo porque ellas constituyen un momento insoslayable de la producción audiovisual en el fin de siglo sino también por el fuerte diálogo (comercial, formal y técnico) que en los 90 argentinos se establece entre cine y televisión.

Clyde C. Snow durante el juicio a las juntas militares realizado en la ciudad de Buenos Aires, la antropología forense ha experimentado un desarrollo y un arraigo particularmente fructífero en Argentina. Snow formaba parte de una delegación de científicos forenses y genetistas enviada por el Programa de Derechos Humanos y Ciencias de la Asociación Americana para el Avance de las Ciencias, contactada por la Comisión Nacional sobre la Desaparición de Personas (CONADEP). Las exhumaciones que se habían realizado anteriormente en algunos cementerios para encontrar restos de víctimas de la dictadura no contaban con personal idóneo para la tarea: el uso de palas mecánicas en tumbas colectivas ubicadas en diferentes cementerios y otras acciones desacertadas causaron la pérdida de evidencias e imposibilitaron identificaciones. Snow solicitó la detención momentánea de esas exhumaciones, llamó a arqueólogos, antropólogos y médicos locales y comenzó a entrenar a los actuales miembros del EAAF.

Las investigaciones que el Equipo ha realizado en torno a la apertura de fosas ilegales y la recuperación de restos óseos de cadáveres NN y otros elementos vinculados a la desaparición forzada de personas constituye uno de los momentos más exitosos del trabajo que, desde el retorno de la democracia en Argentina, diferentes organizaciones vienen realizando a propósito de las violaciones a los derechos humanos ocurridas durante la última dictadura. El EAAF ha participado ya en investigaciones en varios continentes a lo largo de más de dos décadas y hoy constituye un referente internacional de primer orden en su disciplina. Asimismo, el trabajo de otros grupos científicos como el Equipo Arqueológico Antropológico "Mansión Seré" y diferentes organizaciones y asociaciones civiles han ampliado y difundido esta tarea.

El trabajo de los antropólogos forenses y la exhumación de cuerpos NN no alcanzó las pantallas del cine local hasta alrededor de diez años después de que el equipo se constituyera, y tal suceso tuvo lugar en un contexto de renovación en el campo cinematográfico argentino. El recambio generacional, la convergencia tecnológica, una nueva ley de cine y la creación o reapertura de espacios vinculados a una cinematografía no estrictamente comercial permitió hablar a diferentes periodistas, críticos e investigadores de la existencia de un "nuevo cine" local. Fue en ese marco que tuvo su estreno en Buenos Aires *Tierra de Avellaneda*. El poco interés que el circuito comercial cinematográfico argentino tenía (y tiene) en este tipo de realizaciones y la proliferación de obras fílmicas vinculadas a la temática en ese momento podrían constituir dos razones para que, en un artículo del libro *Nuevo Cine Argentino, temas, autores y estilos de una renovación*, el crítico e investigador Sergio Wolf se refiriera al documental de Incalcaterra como "un film notable [...] que pasó demasiado desapercibido" (2002: 97). En otro artículo de ese mismo libro, Paula Félix-Didier, Leandro Listorti y Ezequiel Luka caracterizaron a *Tierra de Avellaneda* como "el [documental] más significativo en cuanto a su estructura narrativa y a la fuerza dramática que genera" (p. 86), entre aquellos que, en el fin de siglo, se ocuparon del tema de los desaparecidos. Sin embargo, más allá de menciones aisladas –y pese a que, como las citadas, ellas suelen hacer referencia a la importancia de la película– el ejercicio de memoria que representa este largometraje ha sido apenas recordado. Más allá de algunos textos en sitios especializados de Internet y la cobertura de los estrenos de las obras fílmicas sobre el tema mencionadas en este capítulo, hasta donde pudo relevarse, no existen trabajos de análisis en profundidad sobre las realizaciones audiovisuales que se ocupan de la antropología forense y sus implicancias sociales en Argentina.

Tierra de Avellaneda se centra en la familia Manfil, y su narración comienza en 1992, en el momento en que el EAAF realiza una investigación para identificar los restos de tres personas que fueron asesinadas y podrían ser miembros de la familia –ambos padres y uno de tres hermanos–. Principalmente, el film aborda ecos públicos e íntimos de la represión, el terrorismo de Estado, el devenir de la democracia y los indultos otorgados por el ex presidente Carlos Menem, por los cuales recuperaron la libertad miembros de organizaciones armadas y responsables de la represión estatal. En su montaje, conviven registros de las excavaciones en el cementerio de Avellaneda y el trabajo en laboratorio con restos humanos, las entrevistas de los antropólogos con una de las hijas del matrimonio Manfil, discursos de la Madre de Plaza de Mayo Hebe de Bonafini, actos con funcionarios del gobierno de Menem vinculados a los derechos humanos y una entrevista al ex ministro del interior del gobierno de facto general Albano Harguindeguy (RE).

Retratando la vida cotidiana de este último y también la de las hijas del matrimonio Manfil, o los contrastes entre un acto a puertas cerradas de funcionarios del gobierno y las reuniones públicas de las "Madres" en la de Plaza de Mayo, el discurso fílmico de Incalcaterra establece cruces entre las diferencias de clase social y las políticas, así como entre las diferentes políticas de la memoria (o su negación) en el ámbito estatal y en el civil. En la información de prensa que la distribuidora de la película ofreció a los medios en la época de su estreno, Incalcaterra habla de un país "preso entre una voluntad de olvidar, de recomenzar todo de nuevo, buscando una reconstrucción económica, y una negativa a comprender los sufrimientos, que son siempre los testimonios de la Historia". Entre ambos, sostiene, "está el trabajo de los que intentan reconstruir la historia y contarla para que aquellos que sobrevivieron puedan mirar el futuro, y quienes no, que no sean olvidados".

El documental combina pasajes estrictamente informativos –como aquellos en los que miembros de EAAF describen sus hallazgos y sus claves de interpretación– con otros que renuncian a las pretensiones de objetividad y ponen en juego recursos de montaje y encuadre, corriéndose de una forma expositiva a otra más subjetiva, aunque sin llegar a recurrir a la alteración de la imagen en la posproducción ni al uso de música incidental, como sucede en otros documentales argentinos sobre la temática.

Lo bello y lo sublime

Las nociones de lo bello y lo sublime se presentan como valiosas para abordar la narración de sucesos históricos traumáticos como los que tuvieron lugar en Argentina entre 1976 y 1983. Desde la aparición del tratado *De lo sublime* atribuido a "Longino" en los inicios de nuestra era, hasta las consideraciones de François Lyotard (1986, 1991, 1998) en las décadas finales del pasado siglo, la reflexión sobre lo bello y lo sublime ha estado presente en momentos determinantes de la historia del arte. Ambas categorías cuentan con al menos veinte siglos de tradición en el marco de la cultura occidental y en relación con el hecho artístico, las posibilidades expresivas de cada medio y las fronteras entre ética y estética.

En el siglo XX, diferentes artistas se interrogaron sobre la posibilidad de hallar caminos para dar cuenta de sucesos como los genocidos recientes, la deshumanización surgida del hiperracionalismo o la alienante condición de lo masivo. Mientras lo bello se halla vinculado a lo pequeño, lo abarcable, lo cerrado, lo acabado; lo sublime lo está con lo inabarcable, lo abierto, lo inenarrable. Entre esos dos polos –la necesidad de cierre, de sutura, y la constatación de la imposibilidad de dar cuenta del horror de manera plena– se han jugado las diferentes evocaciones de las grandes tragedias del siglo XX, provenientes de la mano del hombre, quien ha oprimido o aniquilado de manera sistemática su entorno o al hombre mismo. La crisis de la experiencia descrita por Walter Benjamin en los soldados que volvían de las trincheras de la Primera Guerra Mundial en *El narrador* volvió a experimentarse de manera aún más radical en la segunda contienda bélica global, con la industrialización de la muerte llevada al extremo en los campos de concentración o en las bombas atómicas arrojadas sobre blancos civiles. Ángel Quintana sugiere que el cine que miró a los ojos a ese horror ya no sería el mismo: para el investigador español, existe un punto de no retorno en la escena de tortura de *Roma, ciudad abierta* (1945) o en el niño que se quita la vida en *Alemania, año cero* (1946), ambas de Roberto Rossellini, así como un punto límite en *Saló* (1975) de Pier Paolo Pasolini.

Tras la Segunda Guerra Mundial, sin embargo, nuevos desafíos se plantearían para una narración fílmica que apenas comenzaba a ensayar caminos para dar cuenta de la masacre ocurrida. Durante la Guerra Fría, diferentes mutaciones en las prácticas castrenses conducirían al ejercicio de una "guerra revolucionaria", como sería llamada por la doctrina militar francesa (Robin, 2005). La asunción de funciones policiales por parte de ejércitos de ocupación en países como Argelia o de las mismas fuerzas armadas locales en diferentes países de Latinoamérica, implicó la puesta en práctica de métodos de secuestro, tortura y desaparición de personas que llevaron el ejercicio de la violencia por parte del Estado a un estadio nuevo y siniestro.

En Argentina, entre 1976 y 1983, tales prácticas se cobraron miles de vidas. Si durante los 80, en un comienzo, el cine local que abordó esos hechos buscó cerrar una herida recurriendo a una ordenadora estética de lo bello, hacia fines de la década y comienzos de la siguiente despuntó otro tipo de obra fílmica, que enfrentó la opacidad del tema, la imposibilidad de una sutura definitiva, la reflexión sobre el lugar siempre parcial del cineasta/narrador y el de la sociedad en su conjunto. Hacia fines de los 90 y en los años recientes, enriqueciendo este panorama, diferentes realizaciones focalizaron el problema de la memoria, consolidando un arco con aquellas películas de la segunda posguerra que abordaron hechos similares junto al problema de su representación; y no menos con otras filmografías más recientes que, a lo largo de medio siglo, se han encargado de evocar sucesos semejantes, como los ocurridos en Ruanda, Serbia o Camboya.

En lo temático, abordar la antropología forense supone preguntarse por el aporte del discurso científico a la dinámica social y política de una comunidad golpeada por la tragedia. Preguntarse por los desaparecidos de un régimen dictatorial supone interrogarse por la salud de uno de los pilares fundamentales de toda comunidad: el lugar que los muertos ocupan en ella. La desaparición de personas implica una herida abierta para la sociedad, así como la imposibilidad de duelo para los seres queridos de quienes no han recibido sepultura.

En el plano narrativo, la elaboración estética de este tema supone profundas mutaciones en la práctica del género epidíctico. En ese marco, los films documentales que se ocupan del trabajo llevado a cabo por antropólogos forenses trazan una distancia peculiar con el resto de las obras fílmicas que abordan la desaparición forzada de personas. Esto se debe a que, cuando es exitoso, el trabajo de los antropólogos forenses modifica de manera decisiva la condición de "desaparecido" de quien ha padecido todo el peso del aparato represivo.

Mediante métodos propios de la investigación policial y la científica, estos profesionales desentierran los huesos de cadáveres *nomen nescio* (NN) sospechados de pertenecer a víctimas de la represión, en distintos puntos del país. Mediante la reconstrucción de los esqueletos, el cruce de datos –disponibles, por ejemplo, en historias clínicas, fichas dentales y otros documentos del ámbito médico o de tipo demográfico– o el análisis de ADN; logran en algunos casos identificar los restos y contactar a los familiares del cadáver. Identificado su cuerpo, el difunto abandona su condición de NN y, al menos en un sentido, la de desaparecido. El trabajo de los miembros del Equipo Argentino de Antropología Forense se vincula a su vez con el realizado desde el medio jurídico, las organizaciones de Derechos Humanos y los colectivos de familiares. A diferencia de lo que ocurre con los equipos estatales de antropología forense, el EAAF privilegia particularmente este último vínculo en sus investigaciones.

Esta frontera entre el dolor personal y las leyes, entre lo público y lo privado, es una de las zonas en las que los citados documentales sobre antropología forense trabajan. Para algunas familias, volver sobre la tragedia de la desaparición de un ser querido implica desandar un duelo ya consumado; para otras, en cambio, dar sepultura real, constatar la materialidad de un cuerpo, se convierte en la postergada posibilidad de cerrar una herida.

Todos los films que se ocupan del trabajo del EAAF son de carácter documental.[44] Responden a una antigua tradición de documental social, rastreable en la fotografía desde fines del siglo XIX y en el cine al menos desde los trabajos de Joris Ivens. Pero, como señala el investigador Mariano Mestman, estos films no remiten al género épico sino más bien al trágico. Ninguno de ellos, por otro lado, responde a los formatos usualmente hallables en el cine comercial o en la televisión masiva. Mediante una narración cinematográfica en la que la cámara ocupa una posición de testigo, un montaje narrativo en general clásico y una pretensión de objetividad legible en la ausencia de recursos visuales o de montaje por fuera del canon de narración audiovisual propio de su época, estos films buscan dar apoyatura al trabajo del Equipo –como sucede en *El último confín*– o reflexionar sobre él desde una mayor distancia, como sucede en el caso del largometraje de Daniele Incalcaterra. En todas estas obras, sin embargo, se trata por igual de asistir a la escena de uno de los grandes horrores del siglo XX.

Se trata, además, de hacerlo a través de la experiencia de aquellos que han "mirado a los ojos" a esos horrores y han sido transformados por esa experiencia. Así como Giorgio Agamben habla de la posibilidad de la experiencia de un "sublime puro" en el caso de la experiencia de quienes perecieron en Auschwitz, también los miembros del EAAF experimentan lo inenarrable a través del encuentro con los restos de las víctimas más cercanas de

---

[44] Existen obras cinematográficas argentinas de ficción que, sin tematizar el trabajo del EAAF, aluden al enterramiento ilegal de cadáveres y las prácticas militares durante la dictadura, como *Campo de sangre* (1999) de Gabriel Arbós o *La cruz del sur* (2002) de Pablo Reyero.

algunas de las más grandes masacres de los últimos tiempos. La dimensión de lo sublime se hace presente también en su carácter más primitivo tras su recuperación en la temprana modernidad europea: si en el siglo XVIII el sentimiento de lo sublime se hallaba relacionado con la experiencia de situaciones extremas vinculadas a fenómenos naturales (cumbres borrascosas, mares indómitos, volcanes, precipicios), a partir de las tesis kantianas incluidas en la *Crítica del juicio*, los continuadores de esta tradición en el siglo XIX "mudaron" la ocurrencia de lo sublime de la inmensidad de la naturaleza a las profundidades de la psiquis humana.

Si bien en el siglo XX el sentimiento de lo sublime se encuentra relacionado con la magnificencia o el horror que implican las obras de los mismos seres humanos; puede afirmarse que en la narración cinematográfica del trabajo de los antropólogos forenses se recupera algo de la experiencia dieciochesca vinculada a lo natural. En algunas regiones de África es común que, al finalizar un relato, su vocero salude a la tierra apoyando su mano en ella. Esto se debe a que, según esta tradición, todas las historias emanan de la tierra y vuelven hacia ella. El paciente trabajo de los antropólogos forenses, retratado en estos films mediante herramientas visuales y sonoras propias de una estética de lo bello, hablan de una naturaleza que devuelve, a quien quiera prestarles atención, las señales imborrables de una injusticia cometida impunemente. En la persistencia de los huesos preservados por la tierra o en la marea incansable que acerca a la costa a los cadáveres que alguien quiso ocultar, pareciera constatarse que algo en la naturaleza se resiste a la desaparición forzada de personas. Describiendo este suceso, a través de mecanismos narrativos que reniegan de efectismos, los films sobre antropología forense reencuentran lo sublime en este gesto insospechado.

Bibliografía

Benjamin, Walter, *El narrador*, Madrid, Taurus, 1991.
Feld, Claudia, *Del estrado a la pantalla: las imágenes del juicio a los ex comandantes en Argentina*, Madrid-Buenos Aires, Siglo XXI, 2002.
Félix Didier, Paula; Listorti, Leandro; Luka Ezequiel, "El nuevo documental. El acto de ver con ojos propios", en Bernades,

Lerer y Wolf (comps.), *Nuevo Cine Argentino, temas, autores y estilos de una renovación*, Buenos Aires, Tatanka, 2002.
Gunderman, Christian, *Actos melancólicos. Formas de resistencia en la posdictadura argentina*, Rosario, Beatriz Viterbo, 2007.
Longino, *De lo sublime*, Buenos Aires, Aguilar, 1980.
Lyotard, Jean-François, *Leçons sur la analytique du sublime*, París, Galilée, 1991.
——, *Lo inhumano: charlas sobre el tiempo*, Buenos Aires, Manantial, 1998.
——, *La posmodernidad explicada a los niños*, Barcelona, Gedisa, 1986.
Quintana, Ángel, "La ética del cineasta ante la inevidencia de los tiempos", en revista digital *Formats*, nº 3, 2007.
Robin, Marie Monique, *Escuadrones de la muerte: la escuela francesa*, Buenos Aires, Sudamericana, 2005.
Selser, Claudia, "El juicio que nunca se vio", en suplemento Zona del diario *Clarín*, 6 de septiembre de 1998.
Wolf, Sergio, "*Garage Olimpo* y la representación de la dictadura militar", en Bernades, Lerer y Wolf (comps.), *Nuevo Cine Argentino, temas, autores y estilos de una renovación*, Buenos Aires, Tatanka, 2002.

Filmografía

El amor es una mujer gorda (1987). Dir.: Alejandro Agresti.
Fernando ha vuelto (1998). Dir.: Sergio Caiozzi.
La historia oficial (1985). Dir.: Luis Puenzo.
Juan: como si nada hubiera sucedido (1987). Dir.: Carlos Echeverría.
Montoneros, una historia (1994). Dir.: Andrés Di Tella.
Muertes indebidas (2005). Dir: Rubén Plataneo.
Un muro de silencio (1993). Dir.: Élida Stantic.
NN, ni en el río ni en las tumbas (2005). Dir.: Ricardo Navoni y Martín Frías.
La noche de los lápices (1986). Dir.: Héctor Olivera.
El Nüremberg argentino (2004). Dir.: Miguel Rodríguez Arias.
Tierra de Avellaneda (1995). Dir.: Daniele Incalcaterra.
Tras los pasos de Antígona (2002). Producida por el EAAF y WITNESS.
El último confín (2004). Dir.: Pablo Ratto.

Problemas historiográficos en la producción teórica sobre cine argentino

Clara Kriger
Facultad de Filosofía y Letras
Universidad de Buenos Aires

Introducción

Domingo Di Núbila fue el primero en convertir el cine argentino en materia de estudio y lo hizo cuando la actividad ya contaba con una importante trayectoria que pasaba largamente los 50 años. En 1956 comienza a escribir su *Historia del Cine Argentino* influenciado por lo que él denomina una "violentísima polémica" (1959: 7) desatada en la cinematografía argentina a raíz de las consecuencias que se vivían en el campo cinematográfico derivadas del golpe militar que derrocó al peronismo.

Su propósito, según sus propias palabras, era crear un "primer estudio troncal del cine argentino y abrir los caminos hacia futuros estudios más detallados". Sin duda la labor de Di Núbila fue exitosa, ya que la mayor parte de sus periodizaciones y caracterizaciones se convirtieron en un canon para pensar o escribir sobre el cine argentino. También por medio de su libro emblemático Di Núbila instaló en el campo cinematográfico distintos debates que anteriormente tenían lugar en revistas especializadas o discursos de funcionarios, acerca de cómo debía desarrollarse el negocio cinematográfico local y cómo debía plantearse la relación entre el Estado y el cine. O sea que la escasa bibliografía sobre cine argentino que se produjo entre 1960 y fines de los 80 (que no llega a los 20 libros) está marcada por la impronta del libro de Di Núbila, tanto por sus premisas como por sus definiciones estéticas y políticas.

Una consecuencia de la recuperación de la democracia en 1983 fue la creación de distintas carreras universitarias que formarían profesionales dedicados a la crítica e investigación sobre temas ligados al campo del cine, como la carrera de Artes Combinadas en UBA Filosofía y Letras y la de Ciencias de la Comunicación en UBA Ciencias Sociales. De esta última egresó

Sergio Wolf quien compilaría en 1992 un libro que podemos pensar como la bisagra entre la vieja bibliografía sobre cine argentino y una nueva que se produciría a partir de allí con una cantidad de diversas y ricas perspectivas para la formulación de diferentes problemas. El título *Cine Argentino. La otra historia* (1992) nos habla de la voluntad de revisión de la historia canónica, voluntad que lleva a la práctica reconsiderando las concepciones historiográficas utilizadas y postulando hipótesis innovadoras que ponen en crisis las viejas certezas sobre la pantalla local.

Lo cierto es que a partir de los 90 comienza a crecer la producción teórica sobre el tema llegando a constituirse una masa crítica de textos que abrevan en temas y problemas muy diversos, desde perspectivas teóricas y metodológicas múltiples. En principio es posible hallar ensayos que analizan la trayectoria de directores o actores, pero otros textos proporcionan lecturas sobre problemas estéticos, sociales, políticos y culturales relacionados con las películas de todas las épocas.

¿Es posible encontrar comunes denominadores en este conjunto de trabajos? ¿Qué subsiste del canon Di Núbila? ¿Qué nuevas propuestas teóricas y metodológicas afloraron y por sobre todo qué nuevas problemáticas iluminan?

El objetivo de este trabajo es realizar una primera reflexión historiográfica sobre los textos que se produjeron acerca del cine argentino como un aporte para pensar las líneas de trabajo que se han explorado en estos últimos años, así como sus potencialidades y limitaciones.

Lo que se hereda no se roba

Para pensar el trabajo de Di Núbila resulta interesante volver a los violentos debates que según él se daban a finales de la década de 1950 en el campo cinematográfico local. Seguramente éstos giraban en torno de la crisis que vivía el cine argentino una vez caída la política cinematográfica del peronismo, así como de las posibles alternativas para una solución. Di Núbila pensó su *Historia* como un agente que debía intervenir en esos debates, con datos e hipótesis que facilitarían la comprensión de las causas y consecuencias de lo que sentía como la virtual extinción de un modelo de producción y de un modelo narrativo.

Ese objetivo le imprimió una dirección muy particular a su trabajo, y en este sentido coincido con Paranaguá en que sus dos tomos fueron escritos como la historia de una derrota, o sea el relato del formidable surgimiento de la industria del cine argentino en los años 30 y la cronología de un decaimiento melancólico que lo llevó al estado de destrucción que percibía en ese momento.

Tan inmerso estaba Di Núbila en los debates locales que logró escribir una historia muy independiente de las pobres propuestas europeas sobre cine latinoamericano, concretando enormes aportes en la presentación de temas y datos sobre la trayectoria de la actividad.

Podemos identificar dos importantes hipótesis que propone esta historia del cine y que lograron pervivir. Por un lado se expone la existencia una oposición entre una primera etapa en la que el cine argentino estaba caracterizada por una gestión de libertad empresarial, casi sin regulaciones ni aportes estatales y una segunda etapa en la cual el desarrollo industrial estaba sostenido y regulado por una política de Estado. Para Di Núbila la primera es una etapa exitosa de la industria que luego se destruyó a la sombra del estado benefactor. Esta visión dicotómica se desplaza también sobre las consideraciones que el autor hace acerca de la creación y consolidación de un modelo clásico y su esclerozamiento.

Este fue el legado básico que tomaron los críticos y teóricos que abordaron el cine argentino después de Di Núbila. Las ideas que fueron muy productivas a la hora de contar un relato sobre el primer medio siglo del cine local se repitieron una y otra vez hasta naturalizarse. ¿Quién podía dudar de que hubiera una época de oro para el cine argentino en la década de 1930? ¿Quién cuestionaba la existencia de un modelo narrativo local o la importancia del realismo (el social folclórico o cualquier otro) por sobre la comedia melodramática? Lo cierto es que la instauración de estas certezas terminó por vaciarlas de contenido. Hipótesis que por extemporáneas (literalmente ya estaban sacadas de un contexto temporal) se convirtieron en slogans que nadie podía explicar.

Los textos escritos en este primer período cumplían con todas las características de la historiografía clásica. Se trataba de textos generalmente escritos por periodistas, en calidad de testigos presenciales, donde se exponían crónicas del desarrollo industrial. También se daba cuenta de una serie de nombres y títulos de películas elegidos de forma aleatoria que actuaban a la manera de mojones dentro de la línea de tiempo. La fuente principal era la memoria ya que el film no se tomaba como fuente en sentido estricto.

Los relatos estaban construidos sobre una lógica cartesiana por lo que pensaban el tiempo de manera lineal, desterrando las contradicciones y haciendo hincapié en un empirismo ingenuo que tenía como objetivo la eficacia comunicacional. Todo lo que se relataba se justificaba a partir de la enunciación de causas y efectos más apoyados en interpretaciones que en fuentes; interpretaciones que aludían frecuentemente a metáforas biológicas para favorecer la versión de un desarrollo progresivo y alentador.

Esta forma de pensar la historia desde una perspectiva teleológica vio en las propuestas que emanaron en su mayor parte de los jóvenes surgidos en los 60, el camino hacia la construcción de la verdadera senda para la actividad cinematográfica local. La etapa superadora que sobrevendría pondría en marcha otra forma de producción y creación que dejaría atrás los viejos problemas.

Sin duda las historias del cine argentino que se escribieron por esos años (Mahieu, 1984) intentaron imitar el trabajo de Di Núbila y extenderlo en el tiempo, así como el resto de la bibliografía sobre cine se basó en sus puntos de vista, ya sea para proponer análisis complementarios como para intentar críticas generalmente disparadas por posturas políticas ligadas al peronismo revolucionario.

En ese sentido son paradigmáticos los ensayos escritos en 1973 por Abel Posadas en *La cultura popular del peronismo* (1973: 59-119), y por Fernando Solanas y Octavio Getino en *Cine cultura y descolonización* (1973) que recogen algunas ideas historiográficas innovadoras. Por ejemplo en esos textos se entiende las producciones simbólicas como una materialidad que disputa espacios de poder, e integran la idea de conflicto social como herramienta central en la construcción de un relato histórico. Sin embargo, recurren a planteos ontológicos para establecer definiciones prescriptivas acerca del cine, su naturaleza y sus funciones, debate que siempre termina en una clausura unanimista.

Es decir, que hasta fines de los años 80 nuestros libros seguían proponiendo a los mismos héroes de la cinematografía local, se seguían destacando las mismas películas que figuraban en el recuadro de aquellas que eran dignas de mención, y lo peor, se continuaban debatiendo las mismas cuestiones que en la década de 1960.

Propuestas inquietantes

En los años 90 comienzan a emerger en Argentina los nuevos profesionales ligados a la crítica y el análisis del cine argentino. Con menos tradición periodística y con un importante soporte teórico que proviene de los cursos universitarios, algunos de ellos se lanzan a la aventura de poner en crisis las hipótesis indiscutidas hasta ese momento. Como dije, el libro compilado por Sergio Wolf es un fuerte indicador del cambio, ya que en los capítulos que lo integran se proponen nuevas hipótesis sobre el funcionamiento de la industria cinematográfica, sobre autores, géneros y cruces con otros textos. Los temas elegidos, la capacidad ensayística de los autores, el abordaje formal de las obras y la ausencia de una cronología rectora, fueron un llamado de atención sobre las posibilidades que ofrecía un campo de estudios que sin duda se había redimensionado.

Los 90 llegan como un soplo de aire incluso para Di Núbila. Recuerdo cuando en esa época él aceptaba presentar libros de jóvenes investigadores que de alguna u otra forma impugnaban sus certezas. Después de tantos años y de tantas crisis y renaceres que vivió el cine argentino había llegado el momento de modificar el relato oficial, y para ello eran muy útiles las herramientas teóricas y metodológicas que manejaban los investigadores arribados al campo de la crítica desde las aulas.

En principio, la mayor parte de los investigadores dejaron de lado la pretensión de contar un relato global sobre el desempeño del cine argentino para trabajar con ensayos sobre temas más fragmentados. Se publicaron libros, artículos y ensayos sobre la obra de realizadores (por ejemplo los 24 títulos de la colección *Los directores argentinos* dirigida por Jorge Couselo), sobre la trayectoria de actores (Niní Marshall, Libertad Lamarque, Fanny Navarro, entre otros), sobre las caracterizaciones de géneros cinematográficos y períodos acotados, y sobre el cruce del cine con la literatura o con las ciencias sociales.[45]

---

[45] Entre otros: Romano, E., *Literatura/Cine argentinos sobre la(s) frontera(s)*, Buenos Aires, Catálogos, 1991; González, H. y Rinesi, E. (comp.), *De-*

También se publicaron diccionarios,[46] es decir, fuentes de datos confiables y sistematizados que se instalaron en el campo de estudios como herramientas indispensables para encarar cualquier trabajo; sobre todo si pensamos que hasta allí sólo contábamos con recortes de diarios o los datos que Di Núbila se había encargado de reunir en su famosa *Historia*.

Estas publicaciones, que eran muy desparejas, en algunos casos mantuvieron muchos aspectos del canon Di Núbila, y en otros incorporaron además de nuevas perspectivas teóricas, un trabajo preciso de lectura, descripción y análisis de textos fílmicos. Podemos ver un buen ejemplo de esa heterogeneidad en la mencionada colección *Los directores argentinos*, que cuenta con libros donde prima el anecdotario y otros donde lo hace el análisis textual de los filmes; libros en los que perviven las viejas ideas sobre prácticas y textos y otros que se asientan sobre preguntas complejas y renovadas.

Como consecuencia directa del segundo tipo de intervenciones se pusieron sobre el tapete la importancia de películas (por sus valores estéticos o históricos en sentido amplio) que antes habían pasado desapercibidas y fundamentalmente se comenzaron a elaborar las preguntas que ponían en crisis la validez del relato histórico oficial.

Por esos años llegaban a nuestras aulas principalmente desde Europa y Estados Unidos, textos (que en algunos casos ya tenían varios años) donde se planteaban problemas que provocaron un desplazamiento del interés de los estudiosos hacia nuevas áreas.

---

corados. Apuntes para una historia social del cine argentino, Buenos Aires, Manuel Sánchez editor, 1993; Ciria, A., *Más allá de la pantalla. Cine argentino, historia y política*, Buenos Aires, Ediciones de la Flor, 1995; Mallimacci, F. y Marrone, I. (comp.), *Cine e imaginario social*, Buenos Aires, UBA, 1997; Maranghello, C., Tranchini, E. y Díaz, E., *El cine argentino y su aporte a la identidad nacional*, Buenos Aires, Senado de la Nación, 1999.

[46] Entre otros: Manrupe, R. y Portela, A., Un diccionario de films argentinos, Buenos Aires, Corregidor, 1995; Kriger, C. y Portela, A. (Comp.), *Cine latinoamericano I. Diccionario de realizadores*, Buenos Aires, del Jilguero, 1997; Blanco Pazos, R. y Clemente, R, *Diccionario de actrices del cine argentino 1933-1997*, Buenos Aires, Corregidor, 1997; Blanco Pazos, R. y Clemente, R., *Diccionario de actores del cine argentino 1933-1999*, Buenos Aires, Corregidor, 1999; Gallina, M., *Diccionario sobre figuras del cine argentino en el exterior*, Buenos Aires, Corregidor, 1999.

Además de todos los conceptos caros a los estudios culturales, fueron modificando el panorama de los debates otras preocupaciones, entre ellas las relativas a cómo debía aplicarse el concepto de ideología en el cine, a la existencia de una arqueología de la imagen, o a la relación entre la historia de la industria e historia de las formas.

Los libros de Aumont y Casetti comenzaron a ser moneda diaria, pero uno de los autores que más influyó sobre los estudios de cine locales de ese momento fue Noël Burch con aportes que combinaban lo diacrónico con lo sincrónico, introducían el principio dinámico de la contradicción en la historia y proponían un sistema teórico basado en la existencia de modelos de representación. También es necesario destacar cómo permearon los aportes de Deleuze en una punta y de Bordwell en la otra, así como la cuantiosa producción española que llegó al ámbito académico tanto a través de manuales como de estudios de casos y publicaciones periódicas de enorme calidad.

Podríamos decir que a partir del comienzo del nuevo siglo (obviamente es una periodización esquemática sólo útil para este análisis) el horizonte de la mayor parte de la producción teórica sobre cine argentino es la amalgama de todos estos aportes teóricos y metodológicos, toda esta nueva manera de trabajar con el cine, y no sólo de pensarlo.

Hoy contamos con una masa crítica de textos que crece en cantidad y calidad, un escenario de publicaciones argentinas sobre cine mucho más ligado a la actividad académica. Una muestra de ello es la aparición de *Kilómetro 111,* volumen periódico de ensayos de cine destinado a una franja de público muy especializada.

La mayor parte de este conjunto gira en torno al fenómeno del cine argentino contemporáneo, seguramente podemos encontrar las motivaciones en los requerimientos del mercado editorial y también en la proximidad de los escritores con las películas y los realizadores. Pero no sólo se publicaron trabajos sobre Nuevo Cine Argentino, también se abordaron otras cuestiones como las rupturas de los 60, las formas de resemantizar el cine clásico, el documental político, la relación de la industria audiovisual con el Estado, y más catalogaciones, y más descripciones de fuentes

Como era lógico, la adopción de nuevas perspectivas teóricas e historiográficas, así como la utilización de una metodología de investigación sistemática fueron las condiciones de posibilidad para la existencia de nuevos problemas, nuevos debates, nuevas hipótesis. En este sentido es interesante ver que las propuestas más innovadoras están ligadas al área de las investigaciones sobre cine contemporáneo. En ese marco surgieron una variedad de ensayos y artículos que se tejen (en muchos casos unos son intertextos de otros) para dar cuenta de la última producción fílmica que resulta polémica por sus temas y por sus formas. En su gran mayoría las preguntas motivadoras y productivas provienen de la mixtura entre los abordajes textuales y las perspectivas disciplinares (sociología, psicología, filosofía, etc.) o provenientes de los estudios culturales. En algunos casos el abordaje formal se continúa con una reflexión de carácter estético que luego es capaz de mostrar sus alcances más allá del campo del arte.

Mientras esta línea de trabajos trasciende, fluye y se profundiza, no sucede lo mismo con aquellos temas que cuentan con una tradición bibliográfica. En esos casos en alguna medida se vuelve al canon y a los viejos dogmas. En estos últimos años se publicaron trabajos que intentaron una mirada innovadora sobre el cine clásico en Argentina, pero repetían hipótesis automatizadas sin intentar probarlas. Así leímos nuevamente que el cine político nace con Birri, que el cine de oro argentino no incluye la década de 1950, que la censura y la propaganda política explica casi todo lo que sucedió en el campo cinematográfico en esa década (desde las adaptaciones de textos extranjeros hasta la visita de Gina Lollobrigida), que el realismo nos habla de la sociedad mientras la comedia es pasatista, que los policiales argentinos están enfermos de moral, que los géneros cinematográficos argentinos se asientan básicamente sobre la matriz norteamericana, y un largo etcétera. En síntesis, aunque el panorama de las investigaciones es mucho más calificado que el que existía hace pocos años atrás, con cierta frecuencia se piensa la historia del cine argentino a partir de una temporalidad lineal, se hace más hincapié en las rupturas que en las continuidades y a la hora de periodizar se tienen en cuenta casi exclusivamente los datos de la realización fílmica.

Repensar la forma de pensar sobre cine argentino

Esta primera aproximación al campo de estudios sobre el cine argentino que propongo pretende sólo diseñar un mapa que sirva para repensar los conjuntos de trabajos, sus fundamentos, sus conclusiones, sus aparatos probatorios. Seguramente en el futuro cercano veremos un giro sustancial en este escenario si tenemos en cuenta la buena cantidad de tesis de posgrado sobre el tema en proceso de escritura y los espacios que ofrecen las instituciones académicas para el desarrollo de investigadores especializados.

En mi opinión una de las áreas temáticas en la que se requiere un giro de esas características es la que reúne los estudios sobre el cine clásico local.

Para ello, en primer lugar, es ineludible explorar distintas concepciones de temporalidades tanto en los textos que proponen una visión de la historia del cine como en aquellos que presentan facetas más ligadas al análisis y la crítica de películas.

Así podrían señalarse separadamente problemas y procesos de más larga duración, de otros que pueden ser analizados con el ritmo de la coyuntura. Ello obligaría a rastrear nuevas posibilidades en el diseño de las periodizaciones, dejando de lado las ya muy exploradas en relación con los cambios de legislación o con la aparición de nuevas propuestas estéticas. En este sentido siguen esperando nuestra atención una enorme cantidad de agentes culturales, temas, intertextos regionales e idiomáticos que cruzan el hecho cinematográfico local.

Parece muy productiva la idea de definir problemas en los que coincidan procesos condicionados por diferentes temporalidades, o por el contrario examinar el desarrollo de cuestiones en las que prima alguna de ellas aunque la simultaneidad sea inevitable.

Otro intento interesante sería dejar de lado las miradas totalizadoras para concretar una gran cantidad de microhistorias que nos ayuden a entender la pluralidad de los conjuntos, la complejidad del panorama general. Esta práctica además nos proveería de nuevas fuentes, informaciones y documentos.

Una vez indagadas las cuestiones sobre el tiempo aparecen las preguntas acerca de las lógicas que determinan nuestras conjeturas. En ese sentido es fundamental considerar las hipótesis contradictorias que ensayan los distintos sectores del campo cinematográfico frente a un mismo hecho, elaboradas a la luz de diferentes cosmovisiones. La complejidad del objeto producido por la industria cultural es justamente que posee un estatuto múltiple en el que conviven lógicas comerciales, artísticas, políticas y culturales en sentido amplio y a pesar de que nuestro trabajo es rescatar los hilos de esa complejidad y desplegarlos, muchas veces terminamos simplificándolos malamente.

En cuanto al estudio de los textos fílmicos y sus contextos coincido con Santos Zunzunegui en que puede considerarse un lugar común decir que el cine ha sido y continúa siendo un poderoso condicionador del imaginario social y que cualquier película es fruto inevitable del contexto en el que surge; pero sin embargo es más complicado volver operativo este hecho mostrando de qué manera tal o cuál conjunto de films adscribibles a un determinado período son realmente portadores de las marcas que nos permiten reconocerlos como representativos de una sociedad, de sus conflictos, sus contradicciones y, por qué no, de sus sueños.

A mi juicio, esa operatividad requiere de un trabajo abductivo basado en la búsqueda de indicadores textuales que habiliten al investigador a formular lecturas productivas acerca de los films. Desde esta perspectiva el film aminora su aporte testimonial y se convierte en una puerta de entrada para entender otras prácticas de la sociedad, porque el cine representa y expresa la serie social, pero también la construye aportando capital simbólico al entramado de ideas, axiomas y prácticas culturales que se vuelven significativas en un determinado período.

Finalmente enfrentamos el desafío de desautomatizar el estudio del cine clásico local pensando al mismo tiempo su vinculación y su independencia del sistema de estudios cinematográficos. De ese modo será posible identificar sus particularidades a lo largo del siglo XX, prescindiendo del condicionamiento de los modos de producción, de sus éxitos y fracasos. A partir de allí podremos preguntarnos por las vinculaciones entre películas de muy distintos períodos.

En ese sentido nos falta definir las tradiciones en el cine argentino, los procedimientos recurrentes, las figuras retóricas más pregnantes; y marcar las continuidades de largo plazo.

Creo que en nuestros estudios de cine no hemos podido saltar la brecha conceptual que se generó en los años 60 entre cine viejo y cine nuevo. Casi no existen textos en donde se vinculen películas de estos distintos períodos.

También escasean las producciones que nos muestran de qué manera impactaron otros textos artísticos en el cine argentino y viceversa, cómo las películas abonaron el imaginario de otras áreas de la creación.

Y por supuesto si pensamos extender todas estas preguntas a las relaciones regionales nos encontraremos con un silencio casi total. Pero aquí nos detenemos y dejamos las cuestiones sobre lo nacional y lo regional en el cine para una próxima entrega.

Bibliografía

Altman, R., "Otra forma de pensar historia (del cine): un modelo en crisis", en *Archivos de la Filmoteca*, Valencia, Filmoteca de la Generalitat Valenciana, No. 22, 1996, pp. 6-19.

Di Núbila, D., *Historia del cine argentino*, Buenos Aires, Cruz de Malta, 1959, p. 7.

Mahieu, J. A., *Breve historia del cine argentino*, Buenos Aires, Eudeba, 1966; AA.VV., *Historia del Cine Argentino*, Buenos Aires, CEAL, 1984.

Paranagua, P. A., *Le cinéma en Amérique latine. Le miroir éclaté. Historiographie et comparatisme*, París, L'Harmattan, 2000.

Posadas, A., "El cine de la década peronista", en Brisky, N., Posadas, A., Romano, E., Speroni, M. y Stantic, E., *La cultura popular del peronismo*, Buenos Aires, Cimarrón, 1973. pp. 59-119.

Sánchez-Biosca, V., "En torno a algunos problemas de historiografía del cine", en *Archivos de la Filmoteca*, nº 29, Valencia, Filmoteca de la Generalitat Valenciana, 1998, pp. 88-115.

Solanas, F. y Getino, O., *Cine, cultura y descolonización*, Buenos Aires, Siglo XXI, 1973.

Wolf, S. (comp.), *Cine argentino. La otra historia*, Buenos Aires, Letra Buena, 1992.

Zunzunegui Diez, S., *El extraño viaje. El celuloide atrapado por la cola, o la crítica norteamericana ante el cine español*, Bilbao, Episteme, 1999.

II. CINE DOCUMENTAL ARGENTINO

Desde los bordes.
Los "otros" y el trabajo de la representación

Ana Amado
Instituto Interdisciplinario de Estudios de Género
Facultad de Filosofía y Letras
Universidad de Buenos Aires

Palabras clave: *trabajo-exclusión-cuerpos-pobreza y representación*

En *Breves viajes al país del pueblo*, Jacques Rancière analiza con bella prosa obras literarias, fílmicas y documentos de autores que en distintos lugares y etapas de la historia se ocuparon de trasladarse hacia "afuera de la ciudad y de los libros, para acercarse al territorio de los desheredados". Una vez en él, dice, el espectáculo imprevisto de otra humanidad se les ofrecía bajo sus diversos rostros y podía ser percibido como "llegada a la tierra prometida, retorno al origen o descenso a los infiernos ", según el impacto que las escenas y relatos encontrados causaran aquellos visitantes distinguidos (distinguidos por su saber, o por su condición social).

Las descripciones de ese traslado y sus consecuencias pueden aplicarse de manera aproximada a los discursos y lenguajes artísticos que en la argentina poscrisis, me refiero a la crisis local y radical con la que alumbró este siglo en este país, intentaron traducir el abanico de alternativas inéditas que se abrió para la clase media empobrecida a partir de su contacto con los "otros", con los excluidos por la economía liberal de los 90. Borrados los límites, límites territoriales y momentáneamente los de clase, la repentina visibilidad de la periferia alentó miradas que se pretendían solidarias sobre aquellos sujetos que hasta ese momento sólo centralizaban las preocupaciones políticas del discurso progresista. Junto al activismo asambleario y sus discursos repentinamente inclusivos, numerosas iniciativas estéticas buscaron transformar los rasgos más evidentes de la experiencia social objetiva en dramas atravesados por la subjetividad de sus actores. Por ejemplo, en exploraciones visuales donde el espacio, el tiempo, los cuerpos se proyectaron con valores desconocidos, ya sea en su singularidad o en el mapa de las vivencias solidarias recién aprendidas.

Refiriéndose a la belleza apocalíptica de las fotografías del brasileño Sebastião Salgado que exhiben las diversas formas de padecimiento de los pueblos, Julio Ramos llama la atención sobre la tendencia de cierta zona del discurso cultural contemporáneo a dignificar al sujeto de la representación "con el gesto de la solidaridad".[47] Ramos señala especialmente la contradicción que subyace en poner el foco estético en los subalternos, en los carenciados, opción que busca, por un lado, otorgar legitimidad a los excluidos elevándolos al terreno del arte, pero en sí misma cabe sujeta a la "funcionalidad sospechosa de una estética de la solidaridad que toma a su cargo la responsabilidad de la justicia". Por otro, el gesto tiene un correlato en la extendida circulación de estas producciones (sean films, literatura, fotografías, etc.) que por la vía de circuitos globales y de los *networks* de solidaridad activan un creciente consumo cultural de efectos participatorios. Acuerdo con la argumentación de Ramos sobre la práctica extendida de un neo paternalismo cultural sobre la pobreza de los pueblos del "tercer mundo", sostenido por un exotismo ejercido como justicia estética. Admito sin embargo que existen algunas operatorias que extremando las posibilidades de un lenguaje estético, apuntan a tomar un partido crítico y fisurar los datos de la realidad. Este trabajo se detiene precisamente en las derivaciones éticas de la alianza entre política y representación que tales operatorias suponen y entre las diversas experiencias artísticas fílmicas y literarias dedicadas al ejercicio social de una memoria crítica, se propone concentrar sus interrogantes en *Estrellas*, un provocativo ensayo fílmico del dramaturgo y director de teatro de vanguardia Federico León y del periodista y videasta experimental Marcos Martínez. Mis interrogantes se encuentran en todo caso con los que *Estrellas* plantea específica y literalmente, diría– sobre los alcances y los límites de la representación de los sujetos populares, personalizados en los habitantes de la Villa 21 de la capital.

---

[47] En "Coreografías del terror: la justicia estética de Sebastião Salgado", trabajo inédito, presentado en el Coloquio "(In)migración, exilio y diáspora en la cultura latinoamericana", realizado en Buenos Aires por la Universidad de San Andrés y la Universidad de Maryland, 21-22 de marzo de 2002.

Una introducción posible a mis argumentos es recordar que si bien las películas y las masas irrumpieron juntas al escenario de la modernidad, cien años mas tarde esa alianza se vio alterada en la misma medida que cambió radicalmente la condición de los sujetos representados. Es conocido que el cine estrenó sus cámaras emplazándolas frente a una fábrica –precisamente, la fábrica de los inventores y dueños de las cámaras, los hermanos Lumière– con el registro de un centenar de trabajadores saliendo por sus portones al cabo de un día de trabajo. Más precisamente, al cabo de varios días, ya que este corto pionero ofrece tres versiones sucesivas de esta "salida" grupal, por lo que puede afirmarse que desde el inicio la fuerza omnisciente de la cámara transformó a los obreros en un ejército de extras. (Y a la vez, como hubiera observado la crítica setentista tan atenta a los efectos ideológicos del "dispositivo", el cine comenzó a fundarse como institución al ofrecer por primera vez estas imágenes a la visión de otro colectivo, una multitud de espectadores, que al contemplarlas como espectáculo, se modelaba a su vez como audiencia.)

A lo largo del siglo XX, las cámaras enfocaron una y otra vez hacia la fábrica en busca del proletario, del obrero, del trabajador, cuyas alternativas ocuparon las narrativas más politizadas en diversas cinematografías durante los años sesenta y setenta.[48]

---

[48] En las décadas de 1960 y 1970 en los países de nuestro continente hubo una comunidad de intereses y de potenciaciones respectivas entre la política y su representación en el doble sentido del término: entre las masas que buscaban un nuevo cauce representativo y entre las imágenes que buscaban mostrar ese movimiento querellante. Más que la ficción fue el documental político latinoamericano el que acompañó ese encadenamiento que inició el cine desde su mismo nacimiento, entre cámara y masas, asegurando así la visibilidad óptica de un sujeto colectivo que desde la revolución soviética en el siglo XX buscaba su emancipación. Encadenamiento, decía, entre cámara y masas –multitudes populares en plan reivindicativo, pero sobre todo masas obreras como vanguardia de la revolución –y este rasgo es el que suele subrayarse con distinto énfasis en las historias, cronologías y categorías que se han trazado sobre el cine del continente, sobre todo del cine político. El cine documental argentino del grupo Cine liberación o del Cine de la Base, el del chileno Patricio Contreras durante la Unidad Popular, por nombrar solo dos núcleos nacionales de producción fílmica y teórica connotada en el continente y fuera de él– privilegió en sus registros el espacio de la fábrica – atentos a la fuerza simbólica de ese espacio como continente de las relaciones de producción y puso la cámara tanto afuera de sus

Refiriéndose a la película de los Lumière, Harum Farocki observa que antes que la dirección cinematográfica interviniera para condensar al sujeto en un personaje, fue "el orden industrial el que sincronizó la vida de muchos individuos" (2003: 36-7). Esto en el sentido de que tal orden les permitía por ejemplo, salir en un instante determinado (por la indicación de quien los filmaba, en ese caso), ya que hasta ese momento estaba contenidos por las salidas de la fábrica, que constituían una suerte de marco. El orden del trabajo, para Farocki, sincroniza a obreras y obreros, el portal de la fábrica los estructura y de esta compresión surge la imagen de una fuerza laboral, y quienes trasponen las puertas de esa fábrica comparten esa imagen como algo fundamental. "La imagen se acerca al concepto y, por ese motivo, pudo transformarse en una figura retórica", dice Farocki (p. 35) figura que se encuentra en tantas películas sobre las fábricas, el trabajo, los trabajadores durante los años 60 y 70.

La narrativa dominante del cine latinoamericano, ficcional o documental, de aquellas décadas estaba dedicada a los obreros y los trabajadores (también la del cine italiano, hay que reconocerlo). Son ellos los personajes centrales de la concepción de "pueblo" y de lo "popular" que tuvo sus puntos de incandescencia en aquella etapa, pero que se retoman ahora en un contexto poscrisis, de manera distinta en cada país. En los años más recientes, las imágenes audiovisuales vuelven sobre las consecuencias devastadoras de la aplicación en nuestros países de la ideología neoliberal de los 90 y emplean un énfasis parecido al acompañar, sobre todo las experiencias autogestionarias en las fábricas cerradas. Es decir, registran en mayor medida el esfuerzo laboral de trabajadores que sin patrones, pueden sostener (en lo individual y en el colectivo de cada fábrica) su condición de tales, mientras soslayan la masa inerte de desocupados, quienes sin duda son legión, pero sin espacios ni tiempos capaces de sostener señas colectivas o particulares.

En este punto retomo *Estrellas*, que a contramano de esa tendencia, alude a la pobreza, a la desocupación, al trabajo y el trabajo de la representación, desde su plano de inicio, que

---

paredes como adentro, porque lo importante era el discurso, el registro de la escena asamblearia y sindical que en los sesenta y setenta formaba parte de una extendida cultura militante y popular.

puede interpretarse como el reverso exacto de las imágenes de Lumiére. En ese plano, eludiendo toda definición de registro, declinando la mostración neta que procuraba la filmación del frente de la fábrica y sus trabajadores y antes aun de los créditos de presentación del film, la cámara de *Estrellas* comparte la oscuridad, la indeterminación de un espacio interior con un grupo anónimo de personas, del que sólo se perciben voces anónimas y gritos exaltados. Finalmente se abren abruptamente los portones y la cámara acompaña, confundida entre los cuerpos, detrás de ellos, la estampida hacia el exterior, sin ofrecer (al menos en este punto del film) un contracampo que agregue datos visuales más explícitos sobre esa muchedumbre de dimensiones módicas. Tras ese inicio opaco en su significación, la información llega a través del relato de Julio Arrieta, representante de actores de la Villa de Emergencia 21, una de las más abigarradas del sur de Buenos Aires, que quienes comparten el encierro y la oscuridad son trabajadores desocupados que aspiran a salir de esa situación deviniendo actores y actrices dispuestos a representar en cine o televisión, precisamente papeles adecuados a su condición de pobres. Es decir, roles en los que la pobreza y la desocupación se impongan visualmente por vía de la apariencia. Julio Arrieta define a sus representados –y a él mismo– como "portadores de cara", e ideales para "hacer de lo que son". Ser "portador de cara" consiste en exhibir una apariencia que presenta rasgos previamente definidos por la jerga policial, es la policía quien condena a los sospechosos por "portar cara" de ladrón, proxeneta, prostituta, etc. Ser entonces portador de cara refiere a reconocer implícitamente un destino virtual de prontuario.

    Arrieta contaba con la experiencia previa de conseguir "extras" para exitosas producciones televisivas centradas en el mundo de los marginales en los años de la crisis, lo cual le permitió lanzar, en medio de las revueltas de 2001, su propia iniciativa para realizar *castings* y encontrar locaciones precarias como atributo específico.

    El trabajo de León consistió en emplazar como marco territorial "la ciudad de los pobres", la villa de emergencia, transformada en un gran set de filmación por sus mismos habitantes. En encuadrar los pobres y el discurso de los pobres para hablar no de la pobreza como precariedad de existencia, sino de la pobreza como actuación, como representación. No de las manifestaciones materiales mas evidentes de la nueva pobreza, ni de la potencia significativa de los pormenores que la constituyen, sino de la inscripción de sus huellas en los cuerpos y rostros, la construcción de una visión sobre la superficie de esa apariencia y la devolución del otro desde su apariencia autopercibida. Así, invirtiendo nuevamente el ademán de los Lumière como patrones, León permite a los subordinados la gestión del encuentro deliberado entre la cámara y sus cuerpos. Su propuesta abre de este modo una serie de cuestiones encajadas, que pueden sintetizarse en las interrogaciones que mencioné al comienzo referidas, en principio, al vínculo entre trabajo y sociedad, entre exclusión e integración, entre representación y realidad. Cuestiones que a su vez refieren a la explotación y manipulación de los pobres, y la aceptación de parte de ellos, aparentemente acrítica o resignada, de esa condición. También a la distancia entre la experiencia de vida (ellos *son* pobres) y la representación estética (¿deben *hacer* de pobres? Y sobre todo, ¿de pobres que responden al imaginario extendido sobre la apariencia del pobre?). No estoy segura de contar con respuestas, o al menos sólo con algunas provisorias, sobre todo en aquellas relativas a la insistencia de Arrieta y de sus representados en asumir como propio el estereotipo de la figuración de los carenciados, mejor dicho, en estereotipar visualmente la pobreza como una ocupación posible.

El ademán de Arrieta en relación con la apariencia consagrada del marginal convoca las imágenes y las "figuras" –icónicas y también narrativas– que condensen esa posición como acto crítico, pero a partir de ellas mismas, desde el punto de vista de las cuestiones que ellas exponen, y fundamentalmente desde el punto de vista de las cuestiones que ellas crean.

Las "figuras" forman parte del arsenal de herramientas críticas y metodológicas –también ideológicas– de la historia del arte y de la estética en general, cuyo aporte al campo de las representaciones visuales pueden aplicarse a la figuratividad en el cine en múltiples sentidos (valores plásticos, simbólicos, organización sintáctica). El término "figura", en principio, tiene una gama muy amplia de acepciones que algunos autores estudiaron y desarrollaron en sus alcances semánticos, en su valor histórico y en su aplicación analítica.[49] Nicole Brenez aplica estas nociones a la economía figurativa del cine, arte de la reproducción por excelencia, "condición que favorece su reducción mimética y la relación inmediata de las imágenes con su proveniencia, lo cual no significa que los fenómenos pudieran por un instante equivaler a su registro" (Brenez, 1998: 11). Por el contrario: toda copia es doblemente falsa, por ser copia y por copiar el original ya antes copiado.

Si se piensa que toda película por diversos procedimientos inventa su propia lógica figurativa puede decirse que las figuraciones fílmicas del cuerpo que ofrece *Estrellas* a través de la galería de personajes Tipo o de los estereotipos clasificados por Arrieta, conlleva una suerte de tratamiento de la corporalidad como motivo u objeto hermenéutico. (Tema que como expresión y patología figurativa desarrolla Deleuze, quien identifica a la "Figura" con el "personaje" y los estados del cuerpo en su estudio sobre Bacon [2002: 13-14, 29, 57]).

La invención de la lógica figurativa del film de León, o mejor dicho de aquella inventada por Arrieta y que León reconduce en *Estrellas* responde a un linaje histórico y artístico precisos. Algunas obras de fines de los años 60 y 70, se situaron al margen de cierto fetichismo historicista en relación con las imágenes del trabajo, y específicamente la "figura" del trabajador, introduciendo brechas significativas en el sistema dominante de representaciones ideológicas.

Entre aquellos antecedentes que quiero traer a relación con *Estrellas* se encuentra centralmente *La familia obrera* de Oscar Bony artista que en 1968 expuso, en el Instituto Di Tella, en vivo y en directo, una familia obrera integrada por un padre –el obrero, vestido con un flamante uniforme de trabajo–, su esposa y un niño que a su lado leía o realizaba tareas escolares. El grupo familiar –señalado por la marca laboral del jefe de familia– se exhibía en una pequeña tarima, a la altura de los ojos de los

---

[49] Erich Auerbach investigó en 1944 el recorrido de las distintas acepciones de "figurativo" y "figural", versión francesa en *Figura* (1993). La fugacidad y la permanencia de las configuraciones visuales son abordados por Siegfried Kracauer, en "La fotografía", en *Estética sin territorio* (2006). La distinción entre "Figura" y "figurativo" en el marco del abordaje de la representación plástica fue desarrollada por Gilles Deleuze en *Francis Bacon. Lógica de la sensación* (2002).

espectadores durante ocho horas por día. A su lado, un cartel explicaba: "Esta familia está aquí porque se le paga más que lo que gana con su trabajo". *La familia obrera* se convirtió en una referencia a nivel mundial del conceptualismo y el arte político en Latinoamérica, y la obra de Bony resulta clave para entender determinados debates posteriores. En principio, porque *La familia obrera* no fue simplemente una escultura viviente o una performance relacionada con el *happening*. Bony "alquiló" una familia obrera para exponerla, admitiendo que con ello asumía implícitamente el rol de torturador y explotador. Esto impactó en la derecha, y también en la izquierda artística y provocó una verdadera fractura en un campo de batalla político ideológico que se abrió en el arte argentino de aquella etapa.

En *Estrellas*, una secuencia reformula lo que puede leerse como versión actualizada de la familia obrera de Bony, recuperando las acciones previas que hoy conducen a una iconografía similar, pero rotundamente más precaria.

Antes de esta escena Julio Arrieta relata que alguien conocido llevó a su casa a un señor en busca de lugares para filmar en la villa. Pero se echó atrás al ver tantos cables de TV atravesando el espacio aéreo entre las casillas. Él ofrece levantarle en un descampado las mismas casillas precarias en tiempo récord, pero no obtiene respuesta. Más tarde se entera de que el visitante era Alan Parker en busca de locaciones para su película *Evita* que filmó en nuestro país con Madonna en ese papel en el año 1996, y explica que entonces se sintió estafado en su idea original de construir locaciones de villas de emergencia para el film. La película de León registra ahora esa destreza constructiva de un puñado de gente de la Villa 21, que ejecuta el armado de una casilla con palos y chapas en tiempo récord con la ocupación final de padre, madre e hija, cuya imagen se detiene unos instantes como quien enfatiza en los atributos del grupo para la representación. Al pie del cuadro, la imagen el contador del video marca el tiempo real empleado en la edificación: 3 minutos, 26 segundos. La fragilidad de la casilla enfatiza su semejanza con una de utilería, de manera que resulta indistinguible la real de la escenográfica, convirtiendo así la marca de una escasez en una realidad filmada. Así, las propias señales de la precariedad no se incluyen exactamente como rasgos estructurales de la pobreza –aunque sin duda lo son– sino como ademanes acentuados de la *puesta en escena*, como parte de la iconografía que arma el referente canónico de la clase social a la que pertenecen Arrieta y su familia. Significados similares pueden extraerse de la familia obrera exhibida por Bony en los 60, pero a diferencia de su exposición silenciosa, en *Estrellas* el discurso verbal de Arrieta sostiene argumentos sobre su elección –argumentos compartidos evidentemente por León al convertirlo en personaje– e incluso sobre la contradicción de los estereotipos que como clase les son adjudicados otorgándoles una identidad y junto con ella una adjudicación territorial, un cuerpo, una apariencia. Plantea, en suma la reinvención de un "neorrealismo villero" con el que él y el conjunto de actores que "representa", pretenden sobre todo trascender el género documental y el realismo que le sería implícito y acceder a la ficción, lo cual agregaría un "plus de arte", a sus existencias y a sus cuerpos marcados por las condiciones sociales.

Para registrar esta escena los autores emplazan la cámara a una distancia suficiente para permitir a los habitantes de la villa, en su rol de actores, ejecutar un gesto en sí mismo artístico. Cuando digo aquí "distancia", no pretendo atribuirle un valor estético específico, en tanto régimen "moderno" o desdramatizador. Me refiero al carácter de *performance* que adquiere el uso de materiales y la cruda materialidad edilicia del hábitat inestable, levantado como escenario precario de la familia, que de este modo se convierte en cita involuntaria y degradada de la familia obrera de Bony. Recuperación que Hal Forster (2001: X) haría ingresar en la actual estética del *retorno* en el arte, es decir, de la recuperación del arte del pasado tras la mediación del trauma.

Con el personaje de Arrieta, León vuelve sobre el saber sobre el cine como fábula de lo visible, como creador de realidades, en el sentido en el que las teorías pioneras de Louis Delluc o Jean Epstein lo definían casi exclusivamente desde la fotogenia: "Cualquier aspecto de las cosas, seres o almas cuyo carácter moral se ve amplificado por la reproducción fílmica. Uno se pregunta cómo volver sin prejuicios sobre estos seres, almas y sus objetos redoblados en su significación por la reproducción fílmica".[50]

---

[50] Lo mismo para Balazs, Bela, "Visualización antropomórfica de los objetos, de las cosas inanimadas, permite transformar el mundo entero de las cosas inanimadas en un cosmos animista y ponerlo de manifiesto

Las razones de Arrieta y sus representados son existenciales, afectivas y no por razones económicas mediatas ("cómo compraste esto con las monedas que fui ahorrando", le dice en un momento su mujer, escena que no queda en claro si forma parte del guión preparado por Arrieta), porque el documental permite percibir en los gestos una permanente transición hacia otra cosa, hacia otra personalidad, hacia otra identidad: la apuesta a la ficción resignificada como un derecho. Un derecho a enunciarla y actuarla

Con la apariencia pretende aportar al verosímil representativo realista (ser ellos mismos), pero también representar personajes de ficción, más aún, de ciencia ficción, apropiarse de un género siempre norteamericano, dice, para llevarlo a la villa y tener sus propios marcianos (De hecho, la escena del inició que describía al comienzo forma parte de una película de ciencia ficción concebida por el mismo Arrieta y filmada muy artesanalmente en las locaciones de la Villa 21, algunas de cuyas secuencias se incluyen en el film de León. Y el contracampo que falta llegará en la segunda parte, dedicada en su mayor parte a los pormenores de las acciones de resistencia al ataque de "los agresores extraterrestres al barrio", que son derrotados y muertos por las aguas podridas que recorren sus zanjones).

Creo que *Estrellas* obliga a considerar también la situación de los géneros fílmicos, específicamente la situación del documental o de la forma ensayo y las formas de representación en este recodo histórico político. Si antes, en un contexto que marcó profundamente el llamado Nuevo Cine Latinoamericano en los años 60-70, la noción que animaba la dramaturgia de las películas era la de síntesis, la capacidad de un personaje para significar un grupo, una clase, una época, hoy importa más pensar en personajes singulares, que plantea un interrogación particular al mundo, y entienden al mundo como representación. Y esa dimensión atraviesa la realidad que se supone construye el documental en general, y éste en particular con su cúmulo de referencias. Referencias y perspectivas individuales que responden a una determinada situación en el espacio, en el tiempo (una manera

como pura expresión", en Boris Arvatov (1997, p. 120), citado por Josep Catalã en *Film-ensayo y vanguardia* (2005).

de habitar, de ocupar un lugar, una geografía, de responder a una locación), en un proceso que pone en evidencia los cuerpos, la apariencia. Y finalmente las hablas locales y regionales que se manifiestan en la villa (la Villa 21 en este caso) y rozan una cuestión no menos importante, la del acontecimiento sonoro en acuerdo o en contradicción con lo visual en las formas de representación de los extranjeros inmigrantes radicados en determinadas áreas de la ciudad, tema que postergo para otra oportunidad.

Bibliografía

Arvatov, Boris, "Everyday Life and the Culture of the Thing", en *October*, nº 81, 1997.
Auerbach, Erich, *Figura*, París, Belin, 1993 (version francesa).
Brenez, Nicole, *De la figure en général et du corps en particulier. L'invention figurative au cinema*, París, De Boeck Université, 1998.
Català, Josep, *Film-ensayo y vanguardia*, Valencia, Cátedra, 2005.
Deleuze, Gilles, *Francis Bacon. Lógica de la sensación*, Madrid, Arena Libros, 2002.
Farocki, Harun, "Trabajadores saliendo de la fábrica", *Crítica de la mirada*, Buenos Aires, V Festival de Cine Independiente BAFICI, 2003.
Foster, Hal, *El retorno de lo real. La vanguardia a finales de siglo*, Madrid, Akal, 2001.
Kracauer, Siegfried, "La fotografía", en *Estética sin territorio*, Murcia, Colección de arquitectura, 2006.
Ramos, Julio, "Coreografías del terror: la justicia estética de Sebastiao Salgado", mimeo, marzo de 2002.
Rancière, Jacques, *Breves viajes al país del pueblo*, Buenos Aires, Nueva Visión, 1991.

Documental y profesionalización.
Un acercamiento al cine de Carlos Echeverria

Paola Margulis
Instituto de Investigación Gino Germani
Facultad de Ciencias Sociales
Universidad de Buenos Aires

Palabras clave: *cine-documental-transición a la democracia*

Introducción: hacia la profesionalización del documental

El presente trabajo se propone abordar el análisis del film *Juan, como si nada hubiera sucedido* (Echeverría, 1987), como una forma de acercamiento a la producción del cine documental argentino correspondiente a la década de 1980. Tanto la modalidad de producción del film como los quiebres narrativos y estilísticos que propone, permiten pensar la película como un momento de condensación de ciertos desplazamientos que empezarán a darse a partir de ese momento y que irán ganando importancia y magnitud hacia mediados de los 90.

El período de transición a la democracia servirá de marco para la reconfiguración del campo del cine documental en Argentina. Los primeros elementos que permiten pensar el peso relativo que va a ir adquiriendo el documental dentro del campo cinematográfico argentino, remiten hacia una búsqueda estética llevada adelante a lo largo de la década de 1980 por un grupo de "especialistas" que se dedicará exclusivamente a este tipo de manifestación de los lenguajes audiovisuales (nos referimos fundamentalmente a Marcelo Céspedes, Carmen Guarini, Andrés Di Tella, David Blaunstein, Alejandro Fernández Moujan, Carlos Echeverría, entre otros) (Aprea, 2008). La fundación de Cine Ojo –productora abocada específicamente al cine documental "de autor"– por Carmen Guarini y Marcelo Céspedes en el año 1986, es un indicio clave de la profesionalización que empieza a observarse dentro de un campo que irá densificando su espesor a partir de esos años.[51]

Un año después de la fundación de Cine Ojo, surge una película íntegramente original (y por completo anómala) para lo que hasta ese momento venía siendo la producción documental argentina: *Juan, como si nada hubiera sucedido*, de Carlos Echeverría.[52] Se trata del segundo largometraje del realizador, el cual emprende la indagación en torno del secuestro de Juan Marcos Herman, único desaparecido en Bariloche durante la última dictadura militar.[53] El proyecto de *Juan...* tomó forma como tesis final de los estudios que llevó adelante Echeverría durante la primera parte de la década de 1980 en la Alta Escuela de Cine y Televisión de Munich, Alemania (cuyos fondos financiaron el documental). El film nunca tuvo un estreno comercial y su limitada difusión, en muchos casos, se realizó bajo amenazas y sin apoyo oficial.[54]

---

[51] Con anterioridad, Marcelo Céspedes había participado de la fundación, junto a Tristán Bauer, Tito Giudici y Silvia Chanvillard- de un colectivo de trabajo que se denominó Grupo Cine Testimonio. La desagregación de este proyecto, y la conformación de una productora de cine documental por parte de algunos participantes del grupo, es un indicio del movimiento tendiente hacia la profesionalización que empieza a observarse a partir de la década de 1980 en la Argentina.

[52] Previamente, Carlos Echeverría había rodado *Cuarentena* –su primer largo documental– en el año 1983. Este film aborda la experiencia del escritor Osvaldo Bayer durante su exilio en Alemania, y la materialización de su deseo de retornar al país antes de concluida la última dictadura militar.

[53] El film narra la búsqueda que entabla Esteban Buch, joven periodista barilochense, en torno de la desaparición de Juan Marcos Herman, estudiante de derecho que fue secuestrado en Bariloche la noche del 16 de julio de 1977 cuando visitaba a sus padres. La indagación profesional que lleva a cabo Buch en torno de un joven que tenía su misma edad al momento de su desaparición, se entrecruza con la búsqueda personal que desarrolla en paralelo el periodista, generando distinto tipo de interrogantes que parten de la reconstrucción policial de los hechos, la búsqueda de responsables y finalmente el rol histórico de la sociedad argentina en lo que concierne al pasado reciente.

[54] Sobre la exhibición del film, Carlos Echeverría comenta: "Cuando estaba terminando Juan..., varios exhibidores de la calle Corrientes se interesaron en llevarla a sus salas, pero después del levantamiento militar de Semana Santa ninguno de ellos quiso saber nada con mi película" (Ormaechea, 2005).

Por otra parte, debemos atribuirle a la televisión un rol importante como apoyo para la difusión del film en todo el país.[55] Hacia mediados de la década de 1990 el film fue editado en video por Blackman. La retrospectiva de Carlos Echeverría presentada como parte del programa del VII Festival Internacional de Cine Independiente de Buenos Aires, ayudó a la difusión de la producción del realizador, desconocida, incluso en la actualidad, por gran parte del público y de la crítica. En el año 2006, la emisión del documental por Canal 7 y la señal de cable Encuentro, logró darle un alcance nacional a la circulación del film, a casi veinte años de su momento de producción.

Esta compleja serie de factores hizo que *Juan...* tuviese una recepción, en muchos casos, desfasada respecto de su momento de producción. Se trata de un documental que, en términos generales, alcanzó una amplitud de público a destiempo. El abanico de años que separa la producción de *Juan...* respecto de su escalonada distribución y su exhibición, abarca también una amplia serie de cambios que marcarán su contexto de recepción. Estas transformaciones se relacionan con ciertos corrimientos en el régimen de lo decible en un contexto social atravesado por un proceso de transición democrática; pero también se vinculan con importantes modificaciones en el modo de ver el documental. La hegemonía del documental expositivo (Nichols, 1997)[56] contemporánea al rodaje de *Juan...* –cuyo mayor exponente en el plano nacional probablemente se identifique con *La república perdida 1 y 2* (Pérez, 1983 y 1986 respectivamente)–; empezará paulatinamente a ser desplazado promediando la década de 1990, por la emergencia de nuevas propuestas estéticas centradas en la preocupación por el lenguaje cinematográfico. Pero aun a pesar de esos factores, el

---

[55] Echeverría concede un lugar de centralidad a la televisión como medio de difusión del documental. En un país tan centralizado como la Argentina, la televisión se vuelve un medio especialmente estratégico para promover la circulación del documental en el interior del país (Iribarren, 2005).

[56] Según la caracterización de Nichols, el documental expositivo toma forma como un comentario dirigido hacia el espectador, mientras que las imágenes sirven como ilustración o contrapunto, prevaleciendo en él el sonido sincrónico. De esta manera, el montaje en la modalidad expositiva suele servir para establecer y mantener la continuidad retórica más que la continuidad espacial o temporal, haciendo hincapié en la impresión de objetividad y de juicio bien establecido (Nichols, 1997, p. 68).

film de Echeverría no perdió actualidad al momento de encontrar una recepción efectiva. Más por el contrario, tanto la temática que aborda, como los recursos estéticos que lo atraviesan, encontrarán un diálogo con las realizaciones de una nueva generación de realizadores cuyos trabajos comenzarán a surgir hacia mediados de la década siguiente. Intentando seguir de cerca ese recorrido, el presente trabajo propondrá una perspectiva de análisis situada en el contexto actual, con el objeto de leer tanto la importancia posterior que ha adquirido el film, como su repercusión sobre distintos medios y formas de expresión que le sucedieron.

Tendencias

Ahora bien, si en el contexto de producción documental local –fuertemente limitado por la dictadura– el film de Echeverría propone un notable desplazamiento en términos estéticos, innovando en aspectos formales que serán más tarde recuperados por el cine de los 90; estos mismos términos se invierten ante la puesta en sistema con las tendencias contemporáneas a nivel mundial. Tal como se desprende de la reflexión que el mismo Echeverría establece a propósito de las dificultades iniciales que encontró para financiar su proyecto documental en Alemania y en Suiza:

> Me la negaron, [la financiación] tanto allí como en Suiza. En parte, porque mi propuesta era muy tradicionalista: reportajes y un periodista que busca a alguien. Pero también porque para los alemanes lo fundamental es la originalidad de la forma narrativa y mi propuesta no lo era. Mi necesidad pasaba por filmar de la manera más sincera. Así es que los fondos finalmente me los dieron en la Escuela de Cine (Moreno y Viater, s/d).

Esta puesta en perspectiva permite detectar ciertas particularidades del cine local, fuertemente influenciado por el documental de corte político y social, identificado con la figura de Fernando Birri –directriz que predominará desde mediados de los 50 hasta fines de los años 90 en Argentina (Bernini, 2007: 21-22)–, un tanto distanciada, tal vez, de las tendencias narrativas más rupturistas imperantes en Europa y en Estados Unidos en ese momento.

Lugar protagónico de la cámara

Tanto las entrevistas como los testimonios asumen dentro del film una modalidad estilística muy particular, la cual incluye la evidenciación del dispositivo y de la puesta en escena (preparación de la cámara, colocación de micrófonos, prueba de sonido, etc.). Esta operación se sostiene en un dispositivo mixto: una cámara de video (que es filmada) por una cámara de 16 mm. Este artificio nos presenta una doble puesta en escena –una de ellas explícita, desplegada ante los ojos del espectador a través de la visualización de la cámara de video; y la otra vehiculizada por un dispositivo que no vemos: la cámara de 16 mm–. Esta bifurcación apoyada en este doble dispositivo, es plausible de ser atribuida a dos medios de comunicación diferentes: el cine y la televisión. El personaje de Esteban Buch –periodista, que, según entienden algunos de los entrevistados, estaría realizando esta serie de entrevistas para un programa de televisión– manipula la cámara de video, mientras que el manejo de la cámara de 16 mm no nos es evidenciado en forma directa. El resultado de esta modalidad nos devuelve una doble puesta en escena, una propia de la entrevista televisiva, enmarcada por otra más cercana al documental de autor.

Esta estrategia enunciativa a la cual apela Echeverría, tiene la particularidad de asegurar el protagonismo de la cámara dentro del film. En el contexto de rodaje de este documental –entre 1985 y 1987– a pocos años del fin de la dictadura, estaba aún muy presente en el imaginario de la época el poder de los militares; solapado al sentido común su autoritarismo para reglar, decidir y censurar, incluso, las cuestiones más nimias. En ese sentido, la presencia de una cámara "no autorizada" (por los militares) que filmara y evidenciara sin pedir permiso, constituye una toma de posición tanto política como estética.[57] La cámara de video, en el marco del film, asume una función más simbólica que operativa: está allí para ser mostrada, antes que para mostrar. Su no transparencia, su protagonismo indica la no subordinación a la lógica militar, imperante

---

[57] Otro factor que escapa a la autorización de los militares entrevistados, es la intervención de Horacio, hermano de Juan Herman en el proceso de filmación del documental, como iluminador. Promediando la mitad del film Esteban Buch reflexiona al respecto: "¿Cómo reaccionarían los entrevistados si supieran que interviene el hermano de la víctima?".

durante la dictadura (y cuyos resabios no se habían extinguido aún al momento del rodaje). Al mismo tiempo, este protagonismo de la cámara de video, relega a un segundo lugar la cámara de 16 mm, que es finalmente la que capta los dichos y actitudes menos prudentes de los entrevistados. Este recurso tiene la particularidad de brindarle a la cámara un estatuto protagónico que paradójicamente, pasa desapercibido para la mayoría de los entrevistados.

Yendo a contrapelo del miedo instalado en el sentido común (el "no te metás" que aparece incluso problematizado hacia el comienzo del film), la cámara de Echeverría no pide permiso para empezar a filmar o para seguir grabando una determinada escena. Para poner un ejemplo, la cámara espera encendida la llegada del coronel Zárraga, quien va a ser entrevistado para el documental. Vemos un plano general frontal del Edificio Libertador a través del cual empieza a recortarse la silueta del militar a medida que avanza hacia cámara, mientras la voz *over* de Buch lo presenta como la figura principal de la represión política en Bariloche, jefe de Inteligencia en el momento en que fue desaparecido Juan. Cuando el camarógrafo logra centrarlo en cuadro –y luego de intercalar imágenes de archivo del Coronel en cumplimiento de sus funciones–, se lo puede observar a Zárraga diciendo: "¿Listo?". Esa es toda la preparación para la entrevista que tendrá lugar allí mismo, de parados, frente al parque que rodea el edificio. La cámara se encarga de hacer notar claramente que existe una tajante distancia respecto del entrevistado (equiparable en el plano visual a aquella otra que el militar debió atravesar hasta llegar hasta los entrevistadores: no parten del mismo lugar, ni han pactado nada por anticipado).

Por otra parte, el recurso de continuar con la filmación sin pedir permiso, presenta la figura de Zárraga desdoblada en dos personajes contradictorios entre sí. Por un lado está el Zárraga del tramo inicial, fragmento en el cual se condensa lo más encapsulado del discurso militar. En él vemos al Coronel mirando rígidamente hacia cámara, mientras se desentiende por completo de su posible conocimiento y responsabilidad en el caso Herman. Instantes más tarde, una marcada elipsis nos devolverá una perspectiva completamente diferente de ese personaje. El nuevo fragmento arranca a partir de una frase ya empezada y nos presenta una imagen mal encuadrada de Zárraga, quien se encuentra parado, esta vez, mucho más cerca de la cámara, y dirige su mirada hacia el entrevistador ubicado fuera de campo (con quien pasa a identificarse el espectador del film). La actitud, en este fragmento, es completamente distinta: el militar habla en forma distendida, como quien deja de sentirse observado, y suelta una indiscreción. En ese momento, el cuerpo del Coronel se mueve hacia delante y hacia atrás, y sus gestos resultan tan elocuentes como sus palabras: "Lo de Herman, estábamos en una fiesta. Yo lo conozco al padre, si trabajaba en la radio... [...] Eso fue un robo que han hecho. Lo que no sé es si fue la Federal –te hablo de comentarios–, o si fueron la misma gente donde dicen que él estaba metido. Yo, y esto *off the record* [haciendo una pausa y dirigiendo su mirada hacia fuera de campo, lugar donde suponemos estaría el entrevistador], *off the record* [reitera mientras sonríe]". La forma en que está organizada la entrevista da lugar a la emergencia de distintas capas discursivas, incluyendo la más oficialista primero, la confidencia luego; y por último, un tercer nivel que va más allá de la indiscreción, el cual no nos es revelado. La apelación al *off the record* por parte del militar funciona como una marca de censura previa, poniendo un límite no al registro, sino a la exhibición. Es precisamente este momento el que establece el límite más claro que se le impone a la cámara a lo largo del film, y es también, donde más claramente se juega su ética.

Una cámara no autorizada

Nunca el recurso de la cámara no autorizada resulta más evidente, que en la entrevista al teniente coronel Miguel Isturiz en el Regimiento de Infantería nº 1 Patricios (siguiendo la pista de una testigo que habría visto su auto estacionado frente a la casa de la familia Herman la noche en que se llevaron a Juan). A diferencia de otras entrevistas presentes en el film realizadas a figuras que ocupaban cargos jerárquicos en la zona en la que fue secuestrado Juan (como las del entonces retirado general Castelli, y el coronel Zárraga), en el encuentro con Isturiz se percibe desde el principio una gran hostilidad, materializada tanto en la dificultad para concertar la cita, como para llevar adelante el intercambio. Desde el comienzo, se puede advertir la resistencia que impone el espacio del Regimiento para la materialización de la entrevista. La cámara espera alerta el encuentro con Isturiz. El trayecto hasta el despacho del militar es captado por una cámara testigo que evidentemente no fue autorizada (como se encargará más tarde de hacer notar el mismo Teniente Coronel, ordenando al equipo de producción que le entregue los cassettes con los materiales grabados para ser inspeccionados por el Servicio de Inteligencia). La cámara, que es cargada y transportada junto con el resto de los elementos necesarios para llevar a cabo la entrevista, se encuentra encendida desde antes de atravesar el portón de rejas del Regimiento Patricios, dejando registro de la trayectoria del equipo de producción desde la entrada hasta el despacho de Teniente Coronel. La clandestinidad de este metraje se deja entrever a través de la inestabilidad de las tomas precariamente iluminadas y deficientemente sonorizadas, las cuales van absorbiendo los rápidos pasos del camarógrafo a medida que avanza. Este último transporta la cámara encendida, más o menos a la altura de su cintura, y va captando planos mal encuadrados de las personas que caminan delante del aparato, mientras el equipo de rodaje sigue al soldado que los escolta hacia el lugar donde habrá de tener lugar el áspero intercambio. Uno de estos planos, permite vislumbrar, incluso, la cámara de video, mientras es cargada por otro de los miembros del grupo de filmación. Si por una parte, esta estrategia permite narrar de la forma más precisa y pormenorizada la visita al Regimiento, sin elipsis temporales, sin omitir detalles de un encuentro en el cual resulta difícil prever sus consecuencias; indirectamente, este recurso también funciona como una suerte de garantía; una cámara testigo (a la manera de las cámaras de seguridad) capaz de guardar registro de todo cuanto ocurra dentro del edificio militar.

El efecto de realidad que se desprende de este metraje resulta muy potente, en la medida en que no se percibe en él esmero alguno por mejorar el encuadre ni por reducir el impacto provocado por el movimiento del traslado; ni siquiera en el momento en que el teniente coronel Isturiz es presentado por primera vez en imágenes, acercándose de frente a cámara para abrirles la puerta de su despacho, mientras estrecha la mano de los visitantes a contraluz y les dice en tono cortante: "Asiento, por favor". Habiendo compartido todo este trayecto a través de una perspectiva subjetiva, estas imágenes hacen partícipe al espectador del vértigo que implica obtener esas tomas no autorizadas, convirtiéndolo en un invitado inesperado en la reunión que está a punto de desarrollarse. Al mismo tiempo, debido al modo en que fueron obtenidas, estas imágenes parecieran prescindir de una puesta en escena, generando el efecto de mostrar los sucesos "tal cual sucedieron".

El clima de gran tensión y hostilidad que se evidencia en ese intercambio –del que se encuentra ausente, llamativamente, Esteban Buch como figura mediadora entre el director y el entrevistado–, no deja lugar para el despliegue de la puesta en escena como recurso estilístico. En esas condiciones, la cámara de video deja momentáneamente de lado el lugar simbólico que había ocupado hasta el momento, para volver a su rol funcional como capturadora de imágenes. Dado el contexto, pareciera no haber lugar para el desarrollo de juegos retóricos, y se impone el registro.[58] El entrevistado, sentado en su despacho, es filmado ininterrumpidamente por las dos cámaras y la edición pareciera no presentar elipsis temporales (el espectador es testigo de interrupciones telefónicas, y de pedidos del militar para que se cierre la puerta del despacho). Como si fuese necesario echar mano a la totalidad de recursos disponibles para mostrar a ese actor que trata de evadir su responsabilidad en el secuestro de Juan Marcos Herman, el documental hace uso de todas las herramientas de las que dispone, entre ellas, los materiales captados en video, para mostrar la impunidad de Isturiz del modo más acabado posible, apelando a distintas texturas de imágenes (fílmico y video), desde variadas perspectivas, sin pausas ni concesiones: se trata de exhibir de la forma más completa a aquel que intenta ocultarse. En este contexto, la cámara se limita a mostrar, de la manera más llana posible, sin corregir desprolijidades ni interferencias (la precariedad de condiciones de filmación, en ese espacio en el que rige la lógica autoritaria del *otro*, es más que ostensible). Ubicada con descuido a la altura del escritorio, la cámara nos ofrece una desprolija imagen de Isturiz angulada ligeramente en contrapicado, brindándonos una amenazante visión del militar. Pero más allá de este detalle, el lugar de poder que ocupa Isturiz, pareciera estar inscripto en sus gestos y actitudes, en sus palabras de amenaza y en sus miradas a

---

[58] Como si el despliegue de artificios estéticos se pusiese en suspenso en los momentos en que la historia se torna más densa, esta modalidad de la doble puesta en escena es abandonada en las entrevistas dirigidas a aquellos personajes que podrían haber tenido una responsabilidad directa en el secuestro de Juan Marcos Herman, como el teniente coronel Miguel Isturiz y el testimonio de Eduardo (amigo de la infancia de Juan), sospechado de haberlo delatado.

cámara; mucho más efectivos que cualquier otro recurso estilístico al que pudiese apelar la cámara. En este contexto, el registro más llano se vuelve la herramienta más solvente para denunciar. Se trata de *mostrar*, en el sentido más político del término.

Una película a destiempo

La cámara, por sí sola, es capaz de generar efectos de tipo contradictorio. Si por un lado su presencia puede suscitar todo tipo de falsedades (inevitablemente todos nos convertimos en actores frente a una cámara), también es cierto que el dispositivo, por sí solo, puede dar lugar a manifestaciones que sin él no se producirían. En el film de Echeverría podemos observar una seguidilla de negativas a dar cualquier tipo de información sobre el secuestro de Juan Marcos Herman, desentendimiento que se reproduce a distintos niveles sociales y jerarquías militares (desde amigos de la infancia de Juan, periodistas, fotógrafos, hasta militares de alto rango). Sin embargo, siempre existe ese resto que se escapa, y que delata a través de gestos y miradas, lapsus que revelan más de lo que los entrevistados quieren y pueden controlar.

Por otra parte, el recurso de la cámara "no autorizada", promete revelarnos algo cierto, por el simple hecho de que las personas que se desenvuelven frente a ella no son conscientes de que están actuando. El estatuto de estas imágenes se construye, entonces, como el de una verdad revelada. Esta modalidad, se vincula en forma y expectativas, a la actividad periodística; profesión ejercida por Esteban Buch tanto dentro como fuera del documental. Este horizonte en el que se enmarca el protocolo del periodismo, remite recurrentemente dentro del film, al universo televisivo –presente en el imaginario de los entrevistados– y a cierta orientación que se volverá imperante una década más tarde en Argentina: el periodismo de investigación. Dentro de esta modalidad periodística, la cámara oculta será empleada como herramienta fundamental de denuncia. En los años 80, momento en que Echeverría realiza su documental, no había aún en la televisión argentina un referente de este tipo de actividad periodística. Sin embargo, *Juan...* preanuncia parte de ese proceso de transformación que estaba pronto a desarrollarse, funcionando como articulador de medios y soportes; tal como percibe el mismo Echeverría (refiriéndose al film): "Creo, más que nada, que *Juan...* es una película testimonial, un documento histórico. Incluso podría ser el inicio de una nueva manera de hacer periodismo" (*Río Negro*, 13-07-87).

Si en las décadas de 1960 y 1970 el lugar de exhibición de las imágenes clandestinas estaba vinculado al cine –a través de una búsqueda de circuitos alternativos para la exhibición de films que intentaban incitar a los espectadores a la lucha política–; la década de 1990 servirá de escenario para el desplazamiento de las imágenes no autorizadas hacia la televisión. Carlos Echeverría desempeñará un rol importante en ese traspaso como productor periodístico del programa televisivo *Edición Plus* entre los años 1992 y 1995, emisión en la que se utilizará innovadoramente la cámara oculta para denunciar a personalidades ligadas a la dictadura (Ormaechea, 2005).[59]

Documental reflexivo sobre un presente traumático aún abierto en su momento de realización, *Juan...* se relaciona de modo complejo con la temporalidad de su recepción. Ofrece rupturas que deberán ser leídas en retrospectiva al momento del contacto efectivo con su público, y que sin embargo, encontrarán recién un diálogo con otras cinematografías, varios años más tarde respecto de su momento de producción. Pero más allá de las vueltas azarosas de su distribución y exhibición, el mayor desfasaje en términos sincrónicos se produce entre el documental de Echeverría y la dimensión social, al intentar el film interrogar una oscura grieta de la historia argentina reciente, en el mismo momento en que ésta estaba siendo clausurada por las Leyes de Obediencia Debida y Punto final.

Bibliografía

Aprea, G., "El lugar de los testimonios en los documentales argentinos contemporáneos", en Actas electrónicas del *V Congreso Nacional sobre Problemáticas Sociales Contemporáneas*,

---

[59] Sobre la utilización de la cámara oculta, Echeverría sostiene: "El uso de la cámara oculta me parece legítimo en tanto y en cuanto se trate de desenmascarar a criminales. Yo introduje esta técnica en televisión en el programa *Edición Plus*, la utilicé para denunciar a gente ligada a la dictadura. Me interesa usarla siempre que le sirva al espectador para comprender determinados esquemas. El problema es que, después, la cámara oculta se volvió un atractivo de mercado en sí mismo y se empezó a usar para cualquier cosa" (Ormaechea, 2005).

Santa Fe, Facultad de Humanidades y Ciencias de la Universidad Nacional del Litoral, 2008, pp. 1-15.

Bariloche,: "Después de <Juan...> como si nada hubiera pasado. Entrevista sin amagues a Esteban Buch, septiembre de 1987, pp. 4-6.

Bernini, E., "El documental político argentino. Una lectura", en Josefina Sartora y Silvina Rival (eds.), *Imágenes de lo real. La representación de lo político en el documental argentino*, Buenos Aires, Libraria, 2007, pp. 21-34.

Comolli, J.-L., *Filmar para ver. Escritos de teoría y crítica de cine*, Buenos Aires, Sumurg/FADU, 2002.

— —, "El anti-espectador, sobre cuatro films mutantes", en Gerardo Yoel (comp.), *Pensar el cine 2. Cuerpo(s), temporalidad y nuevas tecnologías*, Buenos Aires, Manantial, 2005, pp. 45-72.

Feudal, M. G. y Levinson, A., "Preguntas a una ciudad postal: las figuras de Toon Maes y Erich Priebke, en *El pintor de la Suiza argentina* (1991) de Esteban Buch, y *Pacto de silencio* (2006) de Carlos Echeverría", presentado en las VIII Jornadas Andinas de Literatura Latinoamericana (JALLA 2008), Santiago de Chile, del 11 al 15 de agosto de 2008.

Iribarren, M., "El cine sirve para desarticular el miedo", en *Cinecrópolis-La ciudad del cine alternativo*, septiembre de 2005. (http://www.cinecropolis.com/entrevistas/carlosecheverria.htm)

La voz del interior, "La cámara, testigo en acción", 4 de julio de 1987.

Moreno, L. y Viater, N., "Carlos Echeverría: 'buscando a Juan'", s/d.

Nichols, B., *La representación de la realidad. Cuestiones y conceptos sobre el documental*, Buenos Aires, Paidós, 1997.

Ormaechea, L., "Cámara descubierta. El documental según Carlos Echeverría", en *Sin Aliento*, Diario del Festival Internacional de Cine Independiente, año 5, jueves 14 de abril de 2005, p. 2.

Peña, F. M., "La cámara lúcida", en el Catálogo del VII Festival Internacional de Cine Independiente, Secretaría de Cultura de la Nación, Gobierno de Buenos Aires, abril de 2005, p. 214.

Río Negro, "Se estrenó '*Juan, como si nada hubiera sucedido*'", sección Cultura y Espectáculos, 9 de julio de 1987.

Río Negro, "'*Juan, como si nada hubiera sucedido*'. Un documento histórico", 13 de julio de 1987.

Identidad y representación.
El documental subjetivo en la posdictadura

Natalia Taccetta
CONICET
Universidad de Buenos Aires

Palabras clave: *representación-dictadura-documental*

Dado que los medios audiovisuales producen cambios en la relación entre cultura, historia y memoria y que, de hecho, parece dificultoso pensar determinados acontecimientos totalmente al margen de los marcos discursivos en los que circulan, la producción intelectual y las prácticas estéticas en relación con la última dictadura se enfrentan, entre otros, al problema de la representación. Es por eso que se vuelve pertinente pensar al cine –en tanto fuente y agente de la historia– como evidencia de la importancia de la dimensión estética en la reconstrucción histórica del pasado.

La obsesión por la memoria a la que, según el historiador italiano Enzo Traverso, se asiste hoy en día, podría entenderse como el producto de la caída de lo que Benjamin llamaba, en "Experiencia y pobreza",[60] experiencia transmitida –la que se perpetuaba naturalmente de una generación a otra configurando

---

[60] Walter Benjamin escribía en 1933 (1998, pp. 167-173): "Experiencia y pobreza" donde explicaba la importancia de construir una tradición, de que los padres transmitan mensajes y enseñanzas a sus hijos. Allí aparecía la antigua leyenda en la que un anciano en su lecho de muerte le dice a sus hijos que hay un tesoro escondido en su viña. Los jóvenes cavan tratando infructuosamente de encontrar dicho tesoro; pero, cuando llega el otoño, la viña de su padre se revela como la más fructífera de la región. Así advierten que el tesoro al que el padre se refería, era la experiencia que les había transmitido; la de saber que la bendición no está en el oro sino en la capacidad de trabajo. Por entonces, Benjamin perseguía menos el mensaje moralizante, que destacar la importancia de la enseñanza transmitida, de la palabra que pasa de generación en generación haciéndose mucho más poderosa que las experiencias individuales. El autor empezaba entonces a horrorizarse por la pérdida de experiencia que acarreaba la guerra, y la imposibilidad de transmisión que acusaban los hombres que regresaban enmudecidos del campo de batalla.

identidades colectivas–, resultado de una declinación de la transmisión en un mundo sin referencias que ya no sólo tiene hoy que ver con la vivencia de la guerra, sino con la imposibilidad de seguir pensando la experiencia y la subjetividad con las categorías tradicionales. En este sentido, la última dictadura se ha convertido en el punto cero de la memoria colectiva argentina y en centro de una representación en la que las figuras del testigo, el sobreviviente o el familiar son "encarnación del pasado del cual es preciso mantener recuerdo" (Traverso, 2007).

Teniendo en cuenta este marco de construcción de la memoria colectiva y aceptando que el lenguaje no es sólo un instrumento para producir una representación discursiva, sino que el sujeto y el texto se constituyen, en algún sentido, mutuamente, los tres films que a los que se aludirá en este trabajo, pueden verse como fragmentos de aquello que los especialistas denominan "pasado reciente". *Papá Ivan* (2000) de María Inés Roqué, *Los rubios* (2003) de Albertina Carri y *M* (2007) de Nicolás Prividera atraviesan el tema de la dictadura desde distintas perspectivas, diversos modos de abordar la historia, complejas indagaciones sobre la memoria y el olvido. En todos los casos, se hace evidente el aporte del arte en general y del cine en particular en la reconstrucción de la memoria individual e histórica. Los tres están dirigidos por hijos de desaparecidos y se inscriben en una modalidad reflexiva de representación donde el tema no es el mundo histórico, sino el modo de acercarse a él.

Como expresan Franco y Levín, el pasado reciente es un pasado en permanente proceso de actualización; no está constituido sólo por representaciones y discursos socialmente transmitidos, sino que, además, "está alimentado de vivencias y recuerdos personales, rememorados en primera persona" (Franco, Levín, 2007). En este sentido, la memoria, entendida como el efecto de la práctica colectiva de rememoración y de distintas instancias de intervención, es un factor central en la constitución de ese pasado.[61] Este lugar privilegiado para la memoria –en tanto

---

[61] En este trabajo, se entiende al "pasado reciente" como ese momento que se sustenta en un régimen de historicidad basado en coetaneidad entre pasado y presente. Esta coetaneidad se da por la supervivencia de los actores y protagonistas del pasado para dar su testimonio y la experiencia de una memoria vivida por el historiador. El libro compilado por Franco y Levín contiene varios artículos que, fundamentalmente

proceso activo de construcción simbólica y de construcción de sentidos sobre el pasado- implica la aceptación de una interrelación fuerte entre memoria colectiva y memoria individual y esto pone de manifiesto una suerte de vuelta sobre la subjetividad que, según un acuerdo generalizado, tendría que ver con la caída de los "grandes relatos", la importancia de lo que se dio llamar el "giro lingüístico" y el halo de sospecha que cae sobre la posibilidad de construir conocimiento sobre el pasado como *un* pasado. Esto que para Beatriz Sarlo es un "giro subjetivo" implica la legitimidad de lo individual en la construcción de la historia reciente y está ligado a la valorización del testimonio y a la institución del testigo como uno de los actores principales en la construcción de la historia.

Tomando prestadas palabras de Dominick LaCapra, podría decirse que, en estos films, el arte se vuelve significativo en la medida en que explora la ambivalencia y la imposibilidad "de la manera más inquietante y provocadora que le sea posible" (2005: 193). Se trata de textos subjetivos que, desde una "primera persona", construyen un modo de acercarse al pasado y hacen una afirmación sobre la historia ya no pensada en términos de una lógica progresiva, sino a partir de un sentido alternativo y personal. Así es que estos documentales se convierten en nuevas formas de agencia política e interrogarlos desde una perspectiva posthistórica, significa indagar en la problemática de cómo seguir diciendo cuando ha acontecido la imposibilidad de la palabra. Ante la dificultad de establecer metanarrativas, estos documentales se instituyen como formas de representación que habilitan al cineasta y su actividad como variantes performativas de subjetividad.

El cine se ha convertido en un lenguaje cada vez más legitimado para dar cuenta de los acontecimientos históricos y se ha vuelto materia de expresión de textos reflexivos que trabajan sobre la propia condición de posibilidad del cine como documento histórico, y que redefinen sus capacidades figurativas o vanguardistas en un ejercicio permanente. A través de la materialidad audiovisual del cine, estos realizadores reconstruyen sus recuerdos, rearman la historia y se inscriben a sí mismos en un ejercicio de

---

desde la historiografía, producen aproximaciones a este pasado reciente o cercano.

lo que Roland Barthes (1987) llama "escritura intransitiva". Ésta desarticula la distancia entre escritor y texto y hace que el escritor pase de ser el que escribe algo a ser el que escribe de manera absoluta. La noción lingüística de diátesis completa el cuadro al designar la manera en que el sujeto del verbo resulta afectado por el proceso. En este sentido, el que escribe –extrapolándolo en este caso, el que filma– se constituye en el centro del proceso de la palabra afectándose a sí mismo, haciendo coincidir acción y afección. De este modo, en la "escritura" de estos documentales, el sujeto queda "dentro" de la construcción y se instituye como "inmediatamente contemporáneo a la escritura, efectuándose y afectándose por medio de ella" (Barthes, 1987: 32).

Entendiendo la posthistoria, en términos de Lutz Niethammer (1992), como "sensibilidad sintomática" relacionada con "un curso de eventos sin sentido", pueden abordarse estos documentales en tanto invitan a la reflexión y a la búsqueda de nuevas maneras de dar cuenta del pasado, al tiempo que habilitan la posibilidad de pensar la problemática del lenguaje y el decir del descrédito. Así también, puede pensarse a la figura del artista como forma de la subjetividad posthistórica que se transforma en depositario de un sentido alternativo de agencia –ante la caída de todo paradigma teleológico– dado que se ve liberado de la presión de la objetividad y abocado a la construcción de un referente que no es otro que la propia memoria.

En "Historiography and Historiophoty", Hayden White define la "historiofotía" como la "representación de la historia y de nuestras ideas en torno a ella a través de imágenes visuales y de un discurso fílmico" (1988: 1193-9). El autor asegura que la evidencia histórica producida por nuestra época es frecuentemente al menos tan visual como oral y parte de pensar que las convenciones comunicativas de las ciencias humanas están volviéndose al menos tan "pictóricas" como verbales en sus modos de representación predominantes. Pensando estos films como planteando algún tipo de cuestionamiento sobre el pasado y sobre el modo de acceder a determinados acontecimientos históricos, se puede seguir a White en que el análisis de imágenes visuales requiere una forma de "lectura" propia, considerablemente distinta de la que implica el estudio de documentos escritos. Así, habría que tener presente que la representación de acontecimientos históricos, agentes y procesos en imágenes visuales presupone una matriz léxica, una gramática y una sintaxis particulares, diferentes a las que quedan implicadas en otro tipo de representación.

Las tres películas elegidas son, de alguna manera, textos-epitafio. Están dirigidos por hijos de desaparecidos: María Inés Roqué es hija de Juan Julio Roqué, más conocido como Iván o Lino; Albertina Carri es hija de Roberto Carri y Ana María Caruso, y Nicolás Prividera es hijo de Marta Sierra. Los tres están hechos "en primera persona" pero construidos a partir de necesidades diversas –la de cerrar una historia, la de producir el duelo, la de comenzar una búsqueda–. Esta "primera persona" se construye de diversos modos: mientras en *Papá Iván*, sólo se escucha la voz de María Inés Roqué y apenas se la ve en algunas ocasiones; en *Los rubios* hay un desdoblamiento de Carri en una actriz que la representa; y en *M*, Nicolás Prividera le pone el cuerpo a la investigación sobre el paradero de su madre, mientras reflexiona sobre la memoria y el silencio, las responsabilidades públicas e individuales.

Papá Iván, desde el principio, hace evidente cierto recelo de la directora cuando asegura que preferiría a un padre vivo que a un héroe muerto. El texto se construye a partir de tres voces fundamentales: el relato de María Inés Roqué, que reflexiona sobre su necesidad de hacer el documental y sobre las expectativas que tiene con él; el testimonio de su madre, Azucena Rodríguez; y la lectura que María Inés hace de la carta de su padre Iván. Podría decirse que el film se organiza en dos partes: una que tiene más que ver con el camino que encuentra la directora para acercase a su padre, no sólo al combatiente montonero, sino a un hombre vulnerable en el ámbito familiar y de pareja; y otra, en la que Roqué entrecruza los testimonios relacionados con la "caída" de su padre, donde aparecen Miguel Bonasso con comentarios taxativos y valoraciones, Miguel Ángel Lauletta, ex militante montonero, sobre quien cae la sospecha de delación, y Héctor Vasallo, "El Tío", que prestaba su casa para refugio de Iván al momento de su muerte.

Aparecen en el film fuentes documentales tradicionales como fotografías, material de archivo y otros documentos que revisa María Inés; el recurso de los *videographs* que aclaran términos frecuentes en las narrativas de detenidos, como "cantar" y "caída". Sin embargo, otras imágenes invitan mucho más a la reflexión: por un lado, los planos de "viaje" que no se detienen, tal vez aludiendo a la partida hacia el exilio mexicano, tal vez refiriendo la búsqueda que nunca se termina; y, por otra parte, los planos desenfocados de hojas, árboles y maleza que tampoco dejan de moverse. Gonzalo Aguilar califica estas imágenes como *imágenes hápticas* -retomando una idea de Jacques Aumont- que apelan a lo táctil. "Es como si frente a la distancia de la memoria visual, estas historias se concedieran un momento de pura sensorialidad y de fusión con su objeto (la propia memoria)" (Agular, 2006: 177).

Cerca del final del film, Roqué deja claro que no ha podido cerrar su herida. "Siento la presión de decirle a los otros lo que me pasa con esto... y, finalmente, es algo muy mío con mi papá", dice. Incluso deja deslizar ciertas frases que evidencian algo de resentimiento hacia su padre convertido más en una fantasía de niña que en una presencia real y, finalmente, dice: "No tengo nada de él... ni cuerpo... no tengo dónde poner todo esto. Yo creía que esta película iba a ser una tumba pero me doy cuenta de que no lo es". Así, el film evidencia la falta de la certeza de un cuerpo, pide lo conclusivo de una muerte material y abre una vez más el incansable debate sobre la separación entre cuerpo e identidad que la dictadura convirtió en sistema. El espectador que este texto construye es aquel que se hace consciente del trabajo sobre la forma y que no espera un relato clausurado, sino que asiste a la intimidad de una confesión y a una subjetividad que expone el privado rencor de una hija: "Hice la película para entender para qué hizo todo esto".

En *Los rubios*, la tensión entre ficción y documental está al servicio de un camino para descubrir cómo la generación de Albertina Carri, la de los hijos de desaparecidos, puede acercarse al pasado de sus padres. Ese acercamiento no elude la subjetividad sino que la construye en el mismo gesto, haciendo del documental un medio personal de introspección y de esta operación se desprende la estrategia argumentativa del film: producir un posible relato sobre la ausencia.

Frente a la acusación de "despolitización" que se le hizo en alguna oportunidad, habría que tener presente que se trata de un documental sobre la memoria privada y no sobre "La Memoria" de un país y sus muertos; no es una película sobre "la militancia", sino sobre los recuerdos fragmentados de una mujer adulta que se acerca a su propio universo infantil y arroja una dura mirada sobre las responsabilidades en el seno familiar.

En *Los rubios*, la ficcionalización de hechos y personajes atraviesa varias instancias: los recuerdos de Albertina en sus primeras vivencias en el campo adonde fue a vivir con sus tíos junto con sus hermanas; el "hacer el documental" por la realizadora y su equipo; el gesto irónico de ponerse las pelucas rubias;[62] y el desdoblamiento repetido de Carri. Albertina se acerca a sí misma en la piel de Analía Couceyro –una actriz que se presenta oportunamente mirando a cámara– y se asoma a su infancia con la puesta en escena de muñecos Playmobil en la que recuerda/ imagina el secuestro de sus padres como si se los hubiera llevado un plato volador. El duelo toma así la forma de una ruptura, una infancia interrumpida y una mudanza al campo.

El espectador que el film configura no se parece al de *Papá Iván*, pues Carri plantea cierta restitución, mientras Roqué parece encerrada en la espiral melancólica de la imposibilidad del duelo. Así, en *Los rubios*, el espectador asiste a un texto que incluye su propio rodaje, presentando otro tipo de evidencialidad, otro modo de establecer una relación con una verdad posible. No se muestra ni representa un fragmento de realidad, sino que se asiste a una representación sin referente, a la huella de una huella. El sujeto performativo parece estar a uno u otro lado de la cámara al proponer que el sujeto-Albertina se construye de modo doble: en el cuerpo de una actriz frente a cámara y en su propio cuerpo "detrás" de cámara. Carri logra desviar la problemática de la objetividad y la veracidad hacia el hecho de la comunicación misma, y de su respuesta afectiva a la realidad. Así, desconfiando de los testigos y haciendo dudar de todo referente, devuelve una indagación personal sobre la memoria y el tiempo.

---

[62] Para pensar en estas instancias basta recordar la secuencia en que Analía Couceyro se presenta como la actriz que va a interpretar a Albertina Carri; en la que Carri y su equipo reciben el fax del Comité de Precalificación del INCAA en donde Albertina deja bien en claro que asume que "como generación, ésta no es la película que ellos necesitan"; los fragmentos en los que el espectador asiste a las reuniones de equipo donde hablan de sus avances, comentan las entrevistas, y Carri corrige cuestiones de actuación a su alter-ego Analía; el momento en que tanto Couceyro como Carri se realizan el examen de ADN, entre otros.

Por su parte, Nicolás Prividera tenía seis años cuando, pocos días después del 24 de marzo de 1976, su madre fue secuestrada y desaparecida. *M* es el documental que resulta de su búsqueda, o del comienzo de ella. Su indagación se construye en varios niveles. Por un lado, el film está dividido en dos grandes partes: la primera, es el derrotero de Prividera por la Secretaría de Derechos Humanos, ATE, la Casa de la Memoria y la Vida de Castelar, la CONADEP, la agrupación Abuelas de Plaza de Mayo, en la que experimenta la desilusión y el hartazgo ante la desorganización de datos y materiales. La segunda parte, es el recorrido que Nicolás empieza de modo personal entrevistando a familiares y compañeros de trabajo de su madre en el INTA, y militantes que conocieron a Marta Sierra más o menos cercanamente. En este recorrido intenta descubrir algo de su militancia e imaginar posibles razones para su desaparición. Por otro lado, el documental se organiza en cuatro partes que llevan los sugerentes títulos: "El fin de los principios", "Los restos de la historia", "El retorno de lo reprimido", y "Epílogos", que se cruzan con cierta organización subsidiaria del film en el subrayado de palabras o frases del testimonio de los entrevistados.[63] Así pasan "nada que ver", "sabíamos que estaba en algo", "inmadura", "los montoneros iban a la escuela", entre otras frases.

Cuando Prividera comienza su cruzada, una pared con posters de películas, claro indicio de un imaginario adolescente, se va vaciando para dar lugar a una única imagen: una fotografía de Marta Sierra. Es esa misma pared la que se va a ir completando con esquemas, documentos, más fotos, recortes periodísticos, etc. El film construye un espectador-testigo de este nuevo comienzo y tiene la sensación de que el documental "se hace delante de sus ojos". Prividera va armando el texto a medida que se configura a sí mismo como personaje –casi siempre con un impermeable como los investigadores privados del cine negro de los años 40– que lleva sobre sus hombros el peso de la investigación, su necesidad de conocer la verdad, su dolor de hijo, y su profundo enojo hacia la sociedad civil.

Además de materiales de archivo y otras pruebas documentales convencionales, Prividera cuenta con las grabaciones

---

[63] Imposible no recordar los carteles que irrumpen en la pantalla de *La hora de los hornos* (1966-1968) de Solanas y Getino.

caseras de su infancia. Estas imágenes van construyendo a M (Marta, Mamá) en un relato paralelo al que hacen los testigos. Son esas imágenes también las que le permiten a Nicolás recuperar algo de sus recuerdos, e incluso reencontrar a su madre de alguna manera cuando la foto de Marta Sierra se proyecta sobre una pared en tamaño natural y Nicolás posa junto a ella en un tiempo imposible, configurando un *punctum* de su propia historia.[64] El realizador, además, intenta configurar una conexión entre su historia personal y una historia social, pero sólo se enfrenta a las contradicciones entre los testimonios, las peleas entre los militantes, y las sospechas a las que debe oponer su propio escepticismo y desilusión.

El de *M* es también un duelo imposible. Sin embargo, la misma estructura del film plantea cierta conclusividad, pues el texto termina con el descubrimiento de una placa con el nombre de Marta Sierra en el lugar donde trabajó, y con un discurso de Nicolás frente a los ex compañeros de su madre, en el que dos expresiones se destacan: "Saber sus nombres para saber quiénes eran" y "nosotros, los desaparecidos". Esta última se relaciona con la responsabilidad que el realizador está constantemente atribuyendo a la sociedad civil, que aportó su silencio y su olvido; y también a todos los que, aun no habiendo vivido el período o habiendo sido muy pequeños como él y su hermano, no hacen nada por hacer justicia. El montaje final de imágenes de Marta Sierra deja al espectador no sólo pensando en ella y en sus hijos, en el silencio del padre de Nicolás, que no aparece en el film, en las contradicciones que se descubren entre gente que vivió el mismo proceso, sino también en la delgada línea que separa para el realizador los delitos individuales y la culpa colectiva. Tal vez sea ésta la principal estrategia reflexiva del film, más allá de la naturaleza deconstructiva de las imágenes y una predilección por fragmentos del pasado.

Para Enzo Traverso, dos dimensiones atraviesan hoy cualquier consideración sobre el sujeto y el pasado: memoria e historia son las matrices cognoscitivas a la luz de las cuales aprehender

---

[64] La idea de "*punctum*" pertenece a Roland Barthes y la desarrolla en su texto *La cámara lúcida*. Ésta alude a un elemento que, en una fotografía, sale al encuentro del espectador, tomándolo desprevenido, golpeándolo, punzándolo.

cualquier consideración sobre el sujeto y sobre las dimensiones políticas, éticas y estéticas que lo rodean. En este sentido, los tres films no sólo interrogan la historia y los medios para producirla, sino que la muerte como acontecimiento se ve cuestionada también. Los autores se acercan al pasado, a la memoria individual y colectiva y a la imposibilidad de cerrar un proceso con construcciones que se vinculan problemáticamente con sus referentes, o los configuran a partir de decisiones artísticas, ontológicas y epistemológicas particulares.

Son ficciones que apuntan al mundo histórico y que tensionan incansablemente la tríada representación/realidad/memoria. Producen "visiones posibles" sobre la historia argentina reciente, sobre su dolor de hijos, su indignación como ciudadanos y artistas, y lo hacen a través de relatos que vinculan acontecimientos referenciales, con fantasías, recuerdos y sueños. Estos films proponen una desviación del carácter evidencial del documental y ponen énfasis en los aspectos subjetivos del discurso dando mayor importancia a la experiencia del cineasta y del "hacerse" en esa experiencia. Esto produce una "distinción entre la *performance* y el documento, entre lo personal y lo típico, entre lo corpóreo y lo incorpóreo, en síntesis, entre la historia y la ciencia" (Nichols, 1994). Es en esta apuesta que los realizadores combinan la búsqueda de la propia subjetividad desafiando la representación documental convencional y tensionando al máximo su relación con la ficción. El producto del texto no es sólo una representación sobre el mundo histórico, sino un sujeto que lo cuestiona con el arte como mediación.

A la luz del giro lingüístico y de su impacto en la historiografía contemporánea es interesante ver estos ejemplos como construcciones en las que la memoria constituye la trama o plantea una advertencia. Y es así como, posiblemente, muchas de las imágenes de *Papá Iván*, *Los rubios* o *M* recuerden hoy el llamado de alerta de las palabras de Jean Cayrol al final de *Noche y niebla*. El film de Alain Resnais de 1955, el primer documental que se asomó al horror de los campos de concentración y exterminio durante la Segunda Guerra Mundial, terminaba diciendo:

> En alguna parte, entre nosotros, quedan aún sargentos, jefes recuperados, soplones, delatores anónimos, y también aquellos que no creían en esto, o sólo de vez en cuando. Y los vencedores que, sinceramente, miran como si el viejo monstruo concentracionario

hubiera muerto bajo los escombros. Y que al ver cómo se alejan estas imágenes recuperan la esperanza, como si fueran convalecientes de esta peste de concentración. Al contemplar estas ruinas, nosotros creemos sinceramente que en ellas yace enterrada para siempre la locura racial, nosotros que vemos desvanecerse esta imagen y hacemos como si alentáramos nuevas esperanzas, como si de verdad creyéramos que todo esto perteneciese sólo a una época y a una sola nación, nosotros que pasamos por alto las cosas que nos rodean y que no oímos el grito que no calla.

Bibliografía

Aguilar, G., *Otros mundos. Un ensayo sobre el nuevo cine argentino*, Buenos Aires, Santiago Arcos editor, 2006.
Barthes, R., "¿Escribir, verbo intransitivo?" en *El susurro del lenguaje,* Barcelona-Buenos Aires, Paidós, 1987.
Barthes, R., *La cámara lúcida,* Buenos Aires, Paidós, 2008.
Benjamin, W., "Experiencia y pobreza" en *Discursos interrumpidos I,* Madrid, Taurus, 1998, pp. 167-173.
Franco, M.; Levín, F., "El pasado cercano en clave historiográfica" en *Historia reciente. Perspectivas y desafíos para un campo en construcción*, Buenos Aires, Paidós, 2007.
LaCapra, D., "La escritura (acerca) del trauma" en *Escribir la historia, escribir el trauma,* Buenos Aires, Nueva Visión, 2005, trad., Elena Marengo.
Nichols, B., "Performing documentary" en *Blurred boundaries. Questions of meaning in contemporary culture*, Indianapolis, Indiana University Press, 1994.
Niethammer, L. "The Dissolution of History" en *Posthistoire. Has History come to an End?* Verso, Londres y Nueva York.
Sarlo, B., *Tiempo pasado. Cultura de la memoria y giro subjetivo. Una discusión,* Buenos Aires, Siglo XXI, 2005.
Traverso, E., "Historia y memoria. Notas sobre un debate" en Franco, M. y Levín, F. (comp.), *Historia reciente. Perspectivas y desafíos para un campo en construcción,* Barcelona, Paidós, 2007.
White, H., "Historiography and Historiophoty", en *American Historical Review*, 1988, XCIII, pp. 1193-1199.

Intersubjetividad en el cine documental argentino contemporáneo

Pablo Piedras
Instituto de Historia del Arte Argentino y Latinoamericano
Facultad de Filosofía y Letras
Universidad de Buenos Aires

Palabras clave: *cine documental, intersubjetividad, primera persona*

Introducción

El objetivo del presente trabajo es analizar las implicancias estéticas y políticas de la incorporación de la primera persona en el documental argentino contemporáneo. Para cumplir ese objetivo abordaré conceptos de teóricos del documental como Carl Plantinga y Michael Renov y la metodología de investigación para las humanidades de Mijaíl Bajtín, específicamente las nociones que resultan pertinentes y productivas para el análisis del objeto de investigación como intersubjetividad y dialogismo.

A partir de mediados de la década de 1990 se percibe un fenómeno notable en el documental argentino: los realizadores empiezan a incorporar a sus obras una serie de estrategias y dispositivos de autorrepresentación. Se convierten en el centro de gravedad de discursos de sobriedad (Bill Nichols) cuyas tendencias hegemónicas históricamente tendieron a borrar de la enunciación y del enunciado las huellas del autor. Si bien sería reduccionista analizar el fenómeno como una transposición o derivación de una tendencia extendida en el cine documental contemporáneo desde fines de la década de 1950, no pueden dejar de indicarse las vinculaciones, antecedentes e influencias que los referentes internacionales poseen sobre los exponentes vernáculos. Este sostenido proceso de subjetivización ha sido materia de análisis durante las últimas décadas de una serie de estudiosos y especialistas en la materia. Dentro del campo de la teoría del cine documental, resultan de referencia obligada las actualmente canónicas modalidades de representación documental definidas por Bill Nichols a lo largo de su bibliografía.[65] Las modalidades performativa y participativa son las categorías teóricas que más se aproximan a la definición de un fenómeno que, en términos generales y provisionales, podríamos denominar como incorporación de las formas de la primera persona en las prácticas documentales. Aunque los escritos de Nichols han sido los que tuvieron una mayor visibilidad dentro del campo académico debido a sus traducción en diversos idiomas, otros teóricos han abordado esta problemática desde diferentes enfoques, entre ellos cabe mencionar a Carl Plantinga, Michael Renov y Stella Bruzzi, entre otros. Con el fin de desentrañar y organizar el cada vez más extenso *corpus* de films documentales que incorporan, de una u otra forma, la primera persona a sus relatos, he distinguido en un trabajo previo, tres formas en que la subjetividad del autor se materializa en la imagen y el sonido, teniendo en cuenta las relaciones de proximidad existentes entre el objeto de la enunciación o tema y el sujeto que se adjudica explícitamente esa enunciación.[66] En primer lugar, se encuentran los documentales propiamente autobiográficos en los que se establece una relación de cercanía extrema entre el objeto y el sujeto de la enunciación. En segundo lugar, se hallan los relatos que denomino de experiencia y alteridad. En éstos se produce una retroalimentación entre la experiencia personal del realizador y el objeto de la enunciación, observándose una contaminación entre ambas instancias, resultando la experiencia y percepción del sujeto enunciador profundamente conmovida y el objeto del relato resignificado al ser atravesado por una mirada fuertemente subjetivizada. En tercer lugar, se encuentran los relatos epidérmicos. En éstos la primera persona es sólo una presencia desencarnada o débilmente vinculada a la historia que se narra. Es difuso distinguir en ellos si el objeto de la enunciación es una mera excusa para la mostración del ego del realizador, un excedente del relato, o si la primera persona es realmente esencial para contar una historia determinada y no otra.

La finalidad del análisis será no perder de vista los modos estrictamente cinematográficos en que estas obras estructuran su significado y construyen un determinado tipo de discurso sobre

---

[65] Véase Nichols, B. (1994, 1997 y 2001).
[66] Véase Piedras, P. (2009).

el mundo. Provisionalmente, sostendré que la primera persona de los realizadores, introyectada hacia el centro del relato documental, establece un diálogo con el *otro* representado con el fin de comprenderse y de repensar su identidad. Esta particular forma de relacionarse con la realidad –cuestión central en cualquier arte representativa y, más aún, en las prácticas documentales– da cuenta de un giro epistemológico crucial respecto a los modos en que el documental tradicional se acerca a la realidad: ya no se trata de una explicación, análisis o mostración del mundo (relación monológica con el objeto) sino de una relación dialógica, en la que el *otro* es necesario para lograr una percepción del yo que el individuo sólo parcialmente puede alcanzar. En palabras de Michael Renov, el documental subjetivo "pone en escenas identidades –fluidas, múltiples, y contradictorias– pero que permanecen profundamente enlazadas a los discursos públicos. En este sentido, [estas obras] se alejan del solipsismo y del ensimismamiento" (2004: 178).

La primera persona y las voces narrativas

La aparición de la primera persona en el documental argentino contemporáneo produce transformaciones de orden epistemológico ya que modifica sustancialmente los pactos comunicativos que el documental establece con el espectador. Los espectadores se convierten en los referentes últimos de los films, desplazando de este sitio de privilegio las relaciones referenciales que la obra establece con los fragmentos del mundo.

Se ha sostenido en diversos artículos teóricos[67] que el tipo de proposición mediante la cual los documentales subjetivos explican el mundo se basa en una fórmula en la que la preeminencia de la subjetividad y de la expresión del yo dan cuenta de un alto grado de relativismo a la hora de construir o enunciar un discurso certero sobre el referente. Si el documental se ha definido hegemónicamente como un sucedáneo de los "discursos de sobriedad" dentro de un paradigma objetivista y cientificista de representación, la incorporación de diversas estrategias de

---

[67] Véanse Weinrichter, A. (2004) y Valenzuela, V. (2006), entre otros.

autorrepresentación y de enunciación subjetiva trastocaría esencialmente el carácter de prácticas tradicionalmente expositivas y argumentativas, influidas por los métodos de investigación de las ciencias sociales. El documental como vía de autoexpresión se asociaría entonces a otro tipos de producciones culturales contemporáneas como las autobiografías, los sitios web personales y los blogs.

Ahora bien, la inscripción del yo en el documental argentino contemporáneo no siempre modifica los modos asertivos en que éste intenta explicar el mundo, tratándose en ciertos casos de voces que si bien están encarnadas en un sujeto que enuncia en primera persona, construye proposiciones tan definitivas y concluyentes sobre la profílmico como lo hacía el documental expositivo tradicional. Podría sostenerse que la recursiva aparición de la voz *over* en primera persona, en algunas ocasiones, toma el relevo de la tan temida "voz de Dios" del documental clásico, convirtiéndose en un artificio narrativo tan convencional y artificial como aquélla. Por otra parte, aunque los directores deciden incorporar su presencia en la imagen a partir de estrategias de autorrepresentación que los convierten en investigadores en busca de un objeto determinado, se percibe una distancia entre realizador y personaje (aunque extratextualmente sepamos que es la misma persona) fruto del uso de tácticas reconstructivas que en vez de develarse intentan ocultarse. Carl Plantinga ubica este tipo de enunciaciones en el campo de las voces formales. El teórico inglés, construye una tipología de voces narrativas siguiendo los modelos bordwellianos[68] para el cine de ficción que se caracterizan por atravesar géneros, movimientos, escuelas y cines nacionales, para basarse en convenciones estilísticas y estructuras narrativas. Plantinga, propone un esquema tripartito de voces en las narrativas del cine de no ficción de carácter transhistórico. Estas voces sólo en particulares ocasiones aparecen de forma exclusiva adquiriendo dominancia alternativamente de acuerdo con los documentales. La tipología se basa "en el grado de autoridad narrativa asumida por el film [en los casos de las voces formal y abierta], y en la ausencia de autoridad a favor de una preocupación estética más amplia en el caso de la voz poética" (Plantinga: 106). La voz formal se constituye por tres

---

[68] Véase Bordwell, D. (1996).

elementos: a) se reserva un alto grado de autoridad epistémica para explicar el mundo al espectador; b) tiene rasgos estéticos y estilísticos clásicos ya que respeta cierto canon de armonía, unidad y moderación, y c) y mantiene afinidades con las narrativas de ficción clásicas dado que plantea una serie de preguntas al comienzo del relato que serán respondidas cuando éste finalice.

Por otra parte, en esos documentales, la relación entre autor y personaje es tan compleja y construida como en una obra de ficción, generándose una interacción entre un yo que se adjudica la narración y un otro, el personaje, que lleva adelante la investigación o pesquisa. Lo que distingue a este personaje de un personaje de ficción no es su dependencia de los designios del creador sino su escaso compromiso afectivo o social con los demás actores sociales intervinientes en el documental. Esto deriva en una mínima transformación del personaje hacia el final del relato. Aunque los cambios sean anunciados mediante la voz *over*, éstos raramente se encarnan en el cuerpo representado en la imagen. Quizás este sea otro indicador de la dislocación entre una voz que pertenece al autor/director y un cuerpo que se construye en tanto personaje.

En esta línea es factible analizar una serie de obras disímiles en sus tópicos e intereses pero que hacen un uso similar de la primera persona vinculado a una voz con autoridad textual formal y un distanciamiento entre autor y personaje. Nos referimos a *Hacer patria* (David Blaustein, 2007), *Río arriba* (Ulises de la Orden, 2004) y *Yo no sé qué me han hecho tus ojos* (Sergio Wolf y Lorena Muñoz, 2002).

Hacer patria debería definirse como un documental autobiográfico, dado que David Blaustein, su director, narrador y personaje, emprende una investigación para conocer en profundidad sus orígenes familiares y culturales. Se trata de una búsqueda identitaria que hurga en los documentos privados y públicos y en los testimonios familiares ligados al devenir de toda una generación de inmigrantes provenientes del este de Europa. Aunque Blaustein no hace uso de la voz *over*, organiza su relato a partir de testimonios y documentos que se estructuran de manera secuencial, con una coherencia causal y lineal. A su vez, las imágenes de archivo ilustran o evocan aquello que los testimonios están enunciando. Blaustein es el guía indiscutido del relato, pero existe un hiato en la identidad entre el director y la figura de carne y hueso que en las imágenes realiza la pesquisa. Este hiato posiblemente se deba a la desafección mostrada por Blaustein-personaje en relación con las revelaciones obtenidas durante la investigación, a raíz de la utilización constante de estrategias de reconstrucción para la puesta en escena y a la manipulación redundante de la música extradiegética. Esos elementos extrapolados de la tradición documental expositiva generan una distancia incómoda en una película que se apoya en un dispositivo autobiográfico.

Yo no sé qué me han hecho tus ojos incorpora la figura de uno de sus directores, Sergio Wolf, como mentor y partícipe de una (falsificada) investigación que tiene como objeto (perdido) a la popular cancionista de tango Ada Falcón retirada prematuramente de la escena pública. La omnipresente voz *over* de Wolf se articula con una serie de entrevistas e imágenes de archivo que reconstruyen el mito de Ada Falcón e indagan en las razones de su inesperada reclusión en Córdoba. El cuerpo de Wolf se desplaza por los espacios de una ciudad que Ada Falcón habitó pero que ya no existe. Sin embargo, nada de esa travesía pareciese producir mella en el cuerpo y en las reacciones del personaje-investigador. Los encuentros con los testimoniantes (con los otros) tienen como único objetivo la obtención de información y no parecen trastocar la identidad del sujeto. La vinculación del investigador con su objeto es epidérmica, desafectada, aunque una poética voz *over* enuncie lo contrario. Si bien el discurso de esa voz *over* está plagado de interrogantes, de frases nostálgicas y evocativas, el peso simbólico del encuentro con los despojos del cuerpo de Ada Faltan, le brinda al relato una clausura clásica que lo emparenta con la voz formal definida por Plantinga.

El periplo de Ulises de la Orden por el norte argentino en *Río arriba* se compone de un doble objetivo: acercarse a una cultura indígena sojuzgada y oprimida con la cual el realizador intenta relacionarse, al mismo tiempo que conocer los detalles de los ingenios azucareros a los que sus antepasados, como patrones, estuvieron vinculados. Nuevamente se percibe un desfase entre los dichos confesionales del narrador ("siento el impulso imperante de saberlo todo") acerca de su necesidad de comprender y conocer la cultura kolla y la fragua deliberada en todo lo que atañe a la puesta en escena de los testimonios y la investigación. Los cordiales recibimientos preparados, las falsas sorpresas y las conversaciones supuestamente espontáneas, intercaladas con paisajes de postal y un narrador en primera persona sólo virtualmente afectado, dan cuenta de una mirada tan fascinada como ingenua sobre el mundo representado. El alto grado de autoridad textual de una voz *over* subjetiva a medio camino entre el discurso poético y explicativo terminan por construir un relato documental cercano a los formatos televisivos de programas de viajes (al estilo National Geographic), en los cuales la expresión de una auténtica subjetividad en diálogo con otras culturas y subjetividades alternativas no es más que un gesto simulado.

Una segunda tendencia en los usos de la primera persona puede distinguirse en el documental argentino contemporáneo. Retomando los conceptos de Plantinga esta tendencia se caracterizaría por poseer una voz abierta, dotada de una autoridad y jerarquía menor sobre el mundo representado. Esta voz sería más reticente a impartir un conocimiento certero sobre lo profílmico, teniendo funciones observacionales y exploratorias antes que explicativas y expositivas. Según Plantinga esa enunciación tendría afinidades con las narraciones del cine de arte, dado que propone "una concepción del mundo diferente, en la cual la realidad es incognoscible, los sujetos inefables, y los eventos se suceden unos tras otros sin resolución posible" (p. 108). En el marco del modo de enunciación conformado por esta voz abierta, la expresión de la primera persona es uno más de los discursos que interactúan en el relato y a partir de los cuales el documental construye conocimiento sobre el mundo. En estas obras, la identidad entre autor, narrador y personaje se genera más sólidamente trasladándose los procesos de intersubjetividad desde la dupla autor/personaje hacia la dupla sujeto/otro. De esta manera, la identidad del personaje/narrador no se conforma a partir de una serie de características que le son asignadas verticalmente por el autor, sino a partir de la interacción compleja con los otros. Según Mijail Bajtín, la identidad del sujeto pasa a ser un fenómeno dialógico, en el que el otro es parte constitutiva del ser. Luego, dado que el yo no puede comprenderse completamente sin la presencia del otro, la identidad pierde su eje egocéntrico y monológico tornándose heteroglósica. Trasladando este entramado identitario al campo de la enunciación, el discurso propio sólo podrá construirse en relación con el discurso ajeno, en el proceso de una íntima y constante interacción. Así es como, según Bajtín, la identidad sólo pueda comprenderse como un fenómeno de frontera, constituyéndose en el umbral de intersección entre el yo y el otro.

El teórico del documental norteamericano Michael Renov denomina "etnografías domésticas" a las prácticas documentales que proponen este tipo de abordajes. Desde un enfoque profundamente relacionado con los presupuestos de la "Nueva Antropología", la etnografía doméstica es un "modo de práctica autobiográfica que empareja la autointerrogación con la preocupación etnográfica por la documentación de la vida de los otros. Pero el otro en esta instancia es un miembro de la familia [de sangre o elegida] que sirve menos como una fuente desinteresada de investigación sociocientífica que como un espejo o marco para el yo" (Renov, 2004: 218).

Los documentales de Andrés Di Tella, *La televisión y yo* (2002) y *Fotografías* (2006), están organizados a partir de una estructura laberíntica y compleja en la cual la voz *over* del narrador, si bien posee una jerarquía por sobre el resto de las voces del relato, se encuentra en abierto diálogo con otras voces que intermitente ingresan al relato. Así, se conforma un sistema narrativo en el que la autoridad textual se halla compartida, siendo el espectador el responsable de brindar coherencia y sentido a la multiplicidad de voces que irrumpen en la obra. Aunque las dos obras de Di Tella poseen un carácter autobiográfico insoslayable, siguiendo a Catherine Russell (1999: 276) podemos señalar que lo autobiográfico se convierte en etnográfico cuando el documentalista comprende que su historia personal se encuentra implicada en formaciones sociales y procesos históricos más amplios. Este tránsito de lo individual y subjetivo hacia lo social y colectivo puede entreverse en la vocación del realizador por entablar vínculos con seres que se encuentran por fuera de su entorno familiar inmediato. A partir de la apertura intersubjetiva hacia el diálogo con los otros, la identidad del sujeto se embiste de aristas inesperadas desestabilizando y cuestionando los rasgos identitarios heredados e internalizados. Así es como puede observarse una operación dramático-narrativa homóloga en los estrechos vínculos que Di Tella entabla con el nieto de Jaime Yanquelevich en *La televisión y yo*, y con Ramachandra, el hijo adoptivo del escritor Ricardo Güiraldes en *Fotografías*. El realizador enlaza su experiencia de vida a la de los otros y genera un nuevo parentesco entre seres que comparten cierta inestabilidad identitaria. Como resultado del recorrido que implica el documental, el realizador y el personaje nunca regresan al lugar de partida, sino que retornan transformados a un sitio fronterizo desde el cual ejercen una nueva mirada.

En el documental *M* (2007) de Nicolás Prividera también podemos distinguir la expresión de una voz abierta a partir de la cual se articula un discurso en primera persona de tipo autobiográfico. Resulta novedosa en este film la exclusión radical de la voz *over*, desapareciendo así la instancia del narrador como intermediario necesario de la triada que usualmente conforma en los relatos autobiográficos con el autor y el personaje. Sin embargo, a pesar de este borramiento del narrador, la subjetividad de Prividera se expresa de diversas maneras. De forma directa y deliberada en los dos diálogos/monólogos con su hermano/partenaire y en la entrevista con la periodista extranjera. Estos encuentros personales funcionan como excusa narrativa que le permite al director expresar su punto de vista sin mediaciones y con entera libertad. De manera más indirecta y mediada, la voz de Prividera se recorta en el dispositivo de la entrevista con los diversos testimoniantes. Dispositivo que siempre tiene al realizador dentro del campo: cuestionando, repreguntando, asintiendo o negando. Como el mismo Prividera señala, cuando el hijo de un desaparecido es el que se emplaza en el sitio del entrevistador, éste toma el lugar del desaparecido funcionando como un médium. El carácter vivencial del testimonio obtenido resulta entonces absolutamente distintivo. Nuevamente, la identidad se presenta como un campo de lucha, de negociación, en el que se disputan los valores del yo frente a sí mismo y frente al otro. Prividera pone a prueba sus certezas y su inagotable indignación en cada encuentro interpersonal, encontrando la posibilidad de un ajuste de cuentas simbólico hacia el final del relato. Este ajuste no significa un cierre ni una clausura, sino la posibilidad de pensar la historia personal y la historia colectiva desde un lugar diferente.

Conclusión

El análisis precedente se internó en una de las tendencias expresivas y estilísticas existentes en el documental argentino contemporáneo. Sin duda, la irrupción de la subjetividad es uno de los fenómenos de mayor productividad estética y política en el marco del proceso de transformación aún inconcluso del cine documental. La incorporación de las formas de la primera persona en el seno de las prácticas documentales que se han definido tradicionalmente en relación con los "discursos de sobriedad",[69] promueve la aparición de nuevos pactos comunicativos entre la obra y el espectador, a la vez que genera un giro epistemológico que se vislumbra en la ruptura de los sistemas explicativos tradiciones por medio de los cuales el documental clásico daba cuenta de diversos fenómenos históricos, políticos y sociales. Aunque estas transformaciones no han sido impulsadas exclusivamente por el documental en primera persona y están vinculadas también a otras variantes expresivas contemporáneas –entre las que podemos mencionar las hibridaciones entre documental y ficción y los *fakes* (falsos documentales)–, han sido particularmente significantes en Argentina debido a su intersección con problemáticas históricas y sociales más amplias como la emergencia de las políticas públicas de la memoria tras los hechos traumáticos ocurridos durante la última dictadura, la crisis institucional y económica de 2001 y la consecuente configuración de nuevas identidades culturales, políticas y de género.

Bibliografía

Bajtín, M., *Estética de la creación verbal*, México, Siglo XXI, 1982.
—— , *Teoría y estética de la novela*, Madrid, Taurus, 1989.
Bordwell, D., *La narración en el cine de ficción*, Barcelona, Paidós, 1996.
Nichols, B., *La representación de la realidad*, Barcelona, Paidós, 1997.

---

[69] Según Bill Nichols (1997) éstos incluyen los discursos de las ciencias, la economía, la política y la historia, que afirman describir lo real, con pretensiones de verdad respecto a su referente.

—— , *Blurred Boundaries. Questions of meaning in contemporary culture,* Indianápolis, Indiana University Press, 1994.
—— , *Introduction to documentary,* Bloomington, Indiana University Press, 2001.
Piedras, Pablo, "Considerations on the appearance of the first person in the Argentine contemporary documentary", en Rocha, Carolina y Cacilda Rego (eds.), *New Trends in Argentina and Brazilian Cinema*, Londres, Intellect Press, 2009.
Renov, M., *The Subject of Documentary*, Minnesota, University of Minnesota Press, 2004.
Russell, Catherine, *Experimental Ehtnography,* Londres, Duke University Press, 1999.
Todorov, T., *Crítica de la crítica*, Barcelona, Paidós, 2005.
Valenzuela, V., "Yo te digo que el mundo es así", en *Doc On-Line* Nº 1, diciembre de 2006. Disponible en *http://www.doc.ubi.pt/*.
Weinrichter, A., *Desvíos de lo real. El cine de no-ficción*, T&B/Festival de las Palmas, 2004.

Filmografía

Fotografías (Andrés Di Tella, 2006).
Hacer patria (David Blaustein, 2007).
La televisión y yo (Andrés Di Tella, 2002).
M (Nicolás Prividera, 2007).
Río arriba (Ulises de la Orden, 2004).
Yo no sé qué me han hecho tus ojos (Sergio Wolf y Lorena Muñoz, 2002).

La crisis del espacio público y de las formas de lo popular en la década de noventa. Una aproximación a partir de *Los Rubios*

Ezequiel Yanco
Facultad de Filosofía y Letras
Universidad de Buenos Aires

Palabras clave: *espacio público-identidad popular-representación cinematográfica*

Durante la década de 1990, la implementación de un nuevo programa político-económico llevó a la sociedad argentina a un proceso de cambio drástico, una de cuyas principales manifestaciones fue la desarticulación del espacio público.[70] Si en la década previa la sociedad civil había articulado sus demandas a través de ese espacio de cruce y diálogo de las alteridades socioculturales; su cercenamiento terminó por afectar las prácticas democráticas, los derechos de ciudadanía y las identidades colectivas que en los 80 le confirieron dinamismo y conflictividad a la vida sociocultural y política argentina.

Como parte de este proceso, en la Argentina de los 90 se transformó la categoría tradicional de lo popular y se redefinieron las identidades colectivas. Un conjunto de factores nacionales e internacionales interrelacionados –la crisis del espacio público como ámbito privilegiado de confrontación sociopolítica, la devaluación de la idea de la acción política colectiva en su dimensión performativa y de la concepción del pueblo como sujeto histórico– contribuyeron a una creciente desmovilización de la ciudadanía. En este nuevo contexto, la emergencia de lo popular, en la que una parte pueda asumir la representación del todo, se hizo cada vez más lejana; y los atributos tradicionales vinculados al pueblo se degradaron y quedaron asociados al recuerdo de

---

[70] El espacio público es una categoría polisémica en tanto en ella convergen dimensiones físicas y sociales. En este trabajo el interés se centra en una utilización del concepto en términos socioculturales y políticos, es decir, como un lugar simbólico donde se expresan las contradicciones de la sociedad de masas y se inscriben las acciones políticas de los ciudadanos.

otros tiempos históricos. A su vez, aparecieron nuevos conceptos como el de multitud –ampliamente difundidos por Antonio Negri, Michael Hardt y Paolo Virno–,[71] con los que se empezaron a pensar las nuevas formas populares en relación con los cambios en las sociedades contemporáneas.

Paralelamente, en el plano cinematográfico, apareció una generación de cineastas que renovó el lenguaje del cine nacional. El Nuevo Cine Argentino –nombre con que la crítica denominó al movimiento, a pesar de la heterogeneidad de estilos y la inexistencia de un programa estético común– se diferenció del cine nacional de los 80 al establecer novedosas formas de narración y representación. En contraposición al relato alegórico y pedagógico del cine nacional de la década previa, que traducía una definida afirmación política e identitaria como correlato de la apertura democrática, los nuevos realizadores antepusieron narraciones signadas por la indeterminación, sea por su incierta inscripción en un espacio público resquebrajado o por su pertenencia a una nueva realidad sociopolítica;[72] una ruptura que también se dio en el reemplazo de un realismo costumbrista por un realismo de la puesta en escena, que posibilitó un registro no estereotipado de la nueva fisonomía de la sociedad.

En relación con la representación del espacio público y de las formas de lo popular, las imágenes de los films nacionales de los años 90 se diferencian de las imágenes de la década de 1980. Si el retorno a la democracia inició una revitalización del espacio público y una creciente movilización popular que se plasmó, por ejemplo, en *La historia oficial* (Luis Puenzo, 1985), en la que la Plaza de Mayo era el ámbito privilegiado en el que se inscribían los reclamos de una sociedad civil movilizada; la degradación del espacio público y la desmovilización ciudadana de los años 90 comienzan a ser mencionadas en *Un muro de silencio* (Stantic, 1993), en una narración articulada a partir del interrogante sobre las razones de la indiferencia generalizada frente a los indultos a los militares; por su parte, en *Los rubios*

---

[71] Véase Negri, A. y Hardt, M. (2002) y Virno, P. (2003).
[72] Porque, como afirma Ernesto Laclau (2005, p. 91). "la vaguedad e indeterminación no constituyen defectos de un discurso sobre la realidad social, sino que, en ciertas circunstancias, están inscriptas en la realidad social como tal".

(Carri, 2003), la dimensión histórica se reconstruye desde una experiencia subjetiva que desdibuja la frontera entre lo privado y lo público y, además, las plazas públicas aparecen sin intensidades políticas, en las que ya no hay rastros de la voluntad popular movilizada en las décadas previas. Una cronología que no sólo marca un cambio societal –del que forma parte la crisis del espacio público y la mutación de la categoría tradicional de lo popular–, sino que también expresa un cambio en el lenguaje cinematográfico, es decir, en las formas de narración y en los modos de representación.

El presente trabajo tiene como objetivo principal analizar la crisis del espacio público y la resignificación de las identidades colectivas en la década de 1990 a partir de un estudio de *Los rubios*. Esta película no ofrece un relato alrededor del secuestro y desaparición de los padres de la directora con el propósito de brindar una reconstrucción objetiva de la situación, sino que evoca la ausencia con la intención de narrar sus efectos en la actualidad. De ahí la pulsión por el registro del presente, que habilita una confrontación de tiempos históricos y perspectivas generacionales, sustentadas en diferentes presupuestos sociopolíticos y culturales. Un contrapunto que posibilita una indagación sobre los cambios producidos, desde la década de 1970 hasta la actualidad, en la esfera pública y en las identidades populares. Dos transformaciones que pueden ser analizadas en ciertos elementos que presenta el film: el papel de la plaza, la forma de representación del pueblo y la resignificación de las categorías vinculadas a los imaginarios espaciales y las identidades colectivas.

En su segundo film, *Los rubios*, Albertina Carri centra el relato en el secuestro y desaparición de sus padres, Roberto Carri y Ana María Caruso, dos militantes montoneros, en 1977. La invocación a la figura de los padres ausentes estructura una narración que es un trabajo de identidad y memoria, desde una perspectiva personal y generacional. Por su parte, la fuerza del aspecto indicial del cine posibilita recuperar los materiales del pasado en las huellas que persisten en las fotografías, las imágenes de archivo y los lugares donde sucedieron los hechos. Con este registro del presente que hace factible el dispositivo cinematográfico Albertina Carri traslada al cine su experiencia personal –e introduce una mirada infantil, porque cuando sus padres fueron secuestrados ella tenía tres años– a partir de una actualización de los objetos, las personas, los recuerdos y los espacios de su niñez: el mundo de los playmóbiles, las fotografías familiares, el campo al que fue con sus hermanas tras el secuestro y el centro clandestino en el que estuvieron detenidos sus padres. Pero como se ha señalado, la película no organiza estos materiales para reconstruir las circunstancias que rodearon el secuestro, sino que centra su interés en narrar las consecuencias de la ausencia en la actualidad.[73]

A partir de este permanente diálogo entre el pasado y el presente es posible pensar la transformación del espacio público y de la identidad popular entre la década de 1970 y la de 1990. Estos períodos históricos se conectan mediante la evocación de la figura de los padres. En el pasado, su presencia se ligaba a una cadena de significados sociopolíticos y culturales hoy extinta, resquebrajada: los valores de una militancia que creía en la lucha armada como principal forma revolucionaria, la idea de la movilización popular con el objetivo de la transformación social, la consideración del pueblo como sujeto revolucionario. En el presente, la ausencia de Roberto Carri y Ana María Caruso marca un contraste con aquellos años, una falta que evidencia la ruptura de esa cadena de significación. Por ese motivo, cada imagen de *Los rubios* evoca la desaparición y, en simultáneo, manifiesta el fracaso del proyecto político de los 70, cuyas consecuencias han repercutido en el binomio espacio público-movilización popular y en la concepción de la figura popular.

Una de las formas en que este fracaso político se expresa en la película es con la referencia, en una de las primeras escenas, al imaginario sobre el pueblo que tenían los militantes del peronismo

---

[73] En un pequeño texto escrito para la revista *El Amante* (01-08-2003), Albertina Carri afirmaba: "Al intentar despedazar (como a un cuerpo) la ausencia de mis padres, logré aunar pasado y presente. Asociar mi presente como directora con mi pasado marcado por esta ausencia parecía una tarea, además de ambiciosa, impertinente y desafiante. Un desafío que en un comienzo se presentó como inejecutable, porque la decisión de no narrar solamente el Pasado, con la solemnidad que eso hubiese acarreado, fue inamovible. Y esto fue inexplicable para cuanta fundación y/o productor haya leído el proyecto, ya que la Historia, para ellos, estaba en la desaparición de mis padres y no en mi construcción como individuo a partir de una ausencia".

revolucionario. Al principio del film, Analía Couceyro, *alter ego* de Albertina Carri, lee un fragmento del libro de Roberto Carri, *Isidoro Vázquez. Formas prerrevolucionarias de la violencia*:

La población es la masa, el banco de peces, el montón gregario; indiferente a lo social, sumiso a todos los poderes, inactivo ante el mal, resignado con su dolor. Pero aún en este estado habitual de dispersión subyace en el espíritu de la multitud el sentimiento profundo de su unidad originaria. El agravio y la injusticia van acumulando rencores y elevando el tono de su vida afectiva, y un día ante el choque sentimental que actúa de fulminante explota ardorosa la pasión, la muchedumbre se hace pueblo, el rebaño se transforma en ser colectivo, el egoísmo, el interés privado, la preocupación personal desaparecen. Las voluntades individuales se funden y se sumergen en la voluntad general y la nueva personalidad electrizada, vibrante, se dirige recta hacia su objetivo como la flecha al blanco y el torrente arrasa a cuanto se le opone.

La película desarma esta idea del pueblo como figura colectiva "electrizada" y "vibrante". No hay imágenes, en el presente de la enunciación que den cuenta de esa voluntad general. Por eso el film utiliza el recurso testimonial para referirse a ella y a la militancia que buscaba movilizarla. Así, los familiares y compañeros evocan con sus relatos la lógica de funcionamiento de un mundo diferente al actual. En sus discursos trazan otras coordenadas sociopolíticas, como la infatigable actividad militante, sus prácticas y valores, las disensiones ideológicas internas. Son narraciones que manifiestan en la actualidad la crisis del horizonte de transformación social que había proyectado esa generación a partir de una alianza con el pueblo peronista.

Sin embargo, la presencia de un pueblo electrizado no sólo es inaccesible en las imágenes del presente, también se deconstruye en relación con el pasado. Los personajes de los sectores populares que presenta el film no se corresponden con la concepción de la generación del 70, que consideraba al pueblo como el principal sujeto revolucionario. Por ejemplo, la entrevista a una de las vecinas de Mataderos, el barrio donde los Carri se escondieron con el objetivo de escapar de la persecución política, finalmente evidencia la delación que conllevó su relato a los militares, en tanto la falsa "rubiedad" fue la identificación que efectivizó el secuestro. Por otro lado, el personaje del "Negro", el torturador de Carri y

Caruso, tiene un apodo que se vincula con varios significados sociopolíticos y culturales atribuidos al pueblo peronista. Así, la película pone en entredicho el ideario de un pueblo revolucionario, de un sujeto colectivo en vías de transformar la sociedad. Como afirma Gonzalo Aguilar, "Albertina Carri arremete contra uno de los sostenes más fuertes de lo popular en el cine y en la historia argentina: la creencia de que en el pueblo descansan la resistencia y una conciencia inalienable" (Aguilar, 2006: 146).

Al mismo tiempo, la "unidad originaria" que enuncia el texto de Roberto Carri –ese sentimiento que transforma las voluntades individuales en una voluntad general y convierte a la muchedumbre en pueblo– se resquebraja mediante una forma de cine que instala una permanente fractura. El film radicaliza una de las especificidades del dispositivo cinematográfico –ser un médium que posibilita la interacción de diferentes registros, un lenguaje contaminado de otros lenguajes– y el resultado es la articulación de una narración sin clausura, erosionada por un *estar entre* que se reproduce en múltiples heterogéneos: de formatos de captura (imágenes digitales y en 16 mm), de modos de representación (animación, documental y ficción), de tiempos históricos (pasado y presente), de cuerpos (el de Albertina Carri y Analía Couceyro, quien la representa), de registros (cine, fotografía, poesía, teoría literaria), de formas de rememoración (la de los compañeros de militancia, la familiar, la de Albertina Carri). También desde esta ruptura de la unicidad puede pensarse la crisis de la categoría del pueblo y la emergencia de las formas contemporáneas de lo popular, como la idea de multitud, a la que Paolo Virno considera "una pluralidad que no converge en un Uno" (2003: 11).

Esta fisura de la unicidad también se materializa en el plano formal mediante el uso de diferentes procedimientos cinematográfico. Uno de ellos es la proliferación de oposiciones binarias: el documental y la ficción, el pasado y el presente, lo público y lo privado, el poner y sacar el cuerpo, las imágenes en color y en blanco y negro, lo local y lo extranjero, el campo y la ciudad, lo rubio y lo negro. Esta lógica binaria presenta articulaciones diferentes, a veces los opuestos coexisten, desdibujando la frontera que los separa –como sucede con la ficción y el documental, lo privado y lo público, el pasado y el presente–; y, en otras ocasiones, los términos se excluyen en oposiciones irreductibles que reproducen antagonismos del pasado que, al estar reformulados en la actualidad, ocasionan una relectura crítica del legado sociopolítico de los 70. En este sentido, en el film quedan resignificados los términos "rubiedad", "negritud" y "extranjería". Albertina Carri utiliza la palabra extranjera para referirse a una situación de inadecuación, como sinónimo de diferencia, de una no pertenencia. Sus padres se mudaron al barrio de Mataderos para resguardarse de la persecución política, en un intento fallido de mímesis con los sectores populares que va a desencadenar la falsa identificación de rubiedad de una vecina –los padres de Carri no eran rubios–, que efectiviza el secuestro. Una situación de extranjería no percibida por sus padres y que persiste en la actualidad, en esa sensación de no pertenencia que le provoca a Carri su regreso al barrio, en donde la ven como una "extranjera", "un punto blanco que se movía", según las palabras de Couceyro.[74]

Por su parte, Carri reafirma esta inadecuación con el gesto de ponerse pelucas rubias con su equipo técnico. De esta forma, la rubiedad asociada con la extranjería se construye en oposición a lo negro, redefiniendo un antagonismo del pasado cargado de simbolismo. En la década de 1970, un conjunto de significantes expresaron la antinomia política y cultural entre los peronistas y los antiperonistas. Los antiperonistas identificaron despectivamente como "cabecitas negras" a los sectores populares que en defensa de Juan Domingo Perón irrumpieron en la Plaza de Mayo el 17 de octubre de 1945. Por su parte, los sectores peronistas descalificaron a los opositores del justicialismo con los apelativos de "cajetillas", "blancos", "oligarcas". En el film, estos términos se reelaboran en nuevas asociaciones.[75] Por un lado, la negritud se

---

[74] Retomando las asociaciones entre *Los rubios* y las formas de vida de la multitud, se podría decir, siguiendo a Paolo Virno, que "el 'no sentirse en la propia casa' es, incluso, un rasgo distintivo del concepto de multitud, mientras que la separación entre 'adentro' y 'afuera', entre el miedo y la angustia, caracterizaba la idea hobbesiana (y no solo hobbesiana) de pueblo" (2003, p. 23). Un sentimiento de no pertenencia constante en los films de Carri, que se subraya en el título de su opera prima: *No quiero volver a casa* (2000).

[75] Albertina Carri realiza una redefinición terminológica de la formación discursiva heredada de la generación de sus padres, en tanto inscribe un conjunto de significantes del pasado en su presente de enunciación, en un contexto sociopolítico y cultural radicalmente diferente al de la década del setenta. En este sentido, Ernesto Laclau sostiene, en su estudio sobre

liga con el personaje del "Negro", torturador de Carri y Caruso en un centro clandestino de detención denominado paradójicamente "Sheraton", como el hotel internacional de cinco estrellas. Por otro lado, lo blanco se filia con la rubiedad en esa percepción que la antigua vecina tuvo de los padres de Carri, una diferencia que evidencia la dificultad de la militancia peronista en articular una política revolucionaria con los sectores populares.[76]

Otra oposición que fractura la unicidad es del orden espacial. En la película hay una diferenciación del campo y la ciudad que resitúa la dimensión contemporánea del espacio público –esfera privilegiada de la praxis política colectiva– y reelabora los imaginarios urbanos de las últimas décadas. Para analizar esto es necesario referirnos al libro de Adrián Gorelik, *Miradas sobre Buenos Aires* (2004), que revisa la interacción entre las representaciones urbanas y las transformaciones materiales de la ciudad de Buenos Aires, en el siglo pasado. De esta forma, los imaginarios espaciales de la ciudad fueron cambiando en relación con los procesos de modernización urbana –y con las alteraciones sociopolíticas del país– y, por ejemplo, los tópicos tradicionales de la cultura nacional, como el clivaje entre ciudad-campo y la figura de "los provincianos en Buenos Aires", se prestaron a diversas relecturas ideológicas, en clave urbana o antiurbana. En este sentido, Gorelik afirma que, en las primeras décadas del siglo XX, la derecha nacionalista promovió una perspectiva antiurbana al resaltar la figura del provinciano frente a la disgregación cosmopolita de la ciudad, siendo aquél la expresión más acabada del interior auténtico, en la línea de "las dos Argentinas"

---

      el populismo y la lógica de formación de las identidades colectivas, que "ningún contenido particular tiene inscripto, en su especificidad óntica, su significado en el seno de una formación discursiva, todo depende del sistema de articulaciones diferenciales y equivalenciales dentro del cual está situado" (2005, p. 114).

[76] La percepción de la otredad sociocultural en torno a la rubiedad también aparece en *M* (Prividera, Nicolás, 2007), aunque con connotaciones diferentes a la de *Los rubios*. En uno de los testimonios del film, un trabajador del INTA relata su primer encuentro con Marta Sierra, la mamá de Prividera: "Yo no recuerdo bien en qué momento apareció tu mamá en el INTA. Yo la empecé a identificar cuando de pronto empecé a verla rubia, de ojos celestes y que llegaba a nosotros con la misma humildad con que nosotros luchábamos. Entonces, te sentís identificado, sentís que la que está al lado no es cajetilla".

de Eduardo Mallea.[77] A partir de los años 50, el fenómeno social del peronismo va a motivar una reinterpretación de esta tradición antiurbana por parte de la izquierda, que pasa a considerar al provinciano como un factor de ruptura con el conformismo de la clase media urbana.[78] Pero a las diferencias de estas corrientes, en los años 90 va a consolidarse un imaginario urbano celebratorio de la modernización neoliberal; una representación modernista que tiene sus orígenes en el contexto progresista de la década de 1980, en los años en que la apertura democrática y el reforzamiento del espacio público revitalizaron la dinámica sociopolítica y cultural urbana.

Dentro de este marco analítico, Gorelik encuentra una novedosa mirada sobre la ciudad en la representación del film *Mala época* (1998).[79] Para este autor, la película pone en crisis la representación modernista celebratoria de las últimas dos décadas y, en simultáneo, se distancia de las dos versiones ideológicas del imaginario antiurbano. La particularidad del film radica en presentarnos una ciudad inhóspita y brutal, al igual que las lecturas antiurbanas, pero sin ofrecer ninguna contrafigura a esa opresividad: ni el campo en "La Querencia", ni los trabajadores migrantes en "Vida y obra", ni la juventud en "Está todo mal", ni la política en "Compañeros". Para Gorelik, las imágenes del film testimonian una nueva configuración cultural que manifiesta ciertos aspectos inéditos de la sociedad argentina actual, como la falta de una comunidad con capacidad de ejercer una praxis política performativa, o la aceptación generalizada de las fracturas socio-urbanas de la Argentina.

Existen algunas similitudes entre la representación urbana de *Mala época* y la de *Los rubios*. Al igual que *Mala época*, el film de Carri elabora de manera novedosa los imaginarios urbanos al distanciarse de la tradición urbana y antiurbana, pero sin dar una visión tan negativa de los espacios contrapuestos, que le permite esbozar una proyección a futuro inexistente en la otra

---

[77] Véase Mallea, E., *Historia de una pasión argentina* (1990).
[78] Ilustran este nuevo imaginario el lugar que desempeña el "cabecita negra" en la literatura de Germán Rozenmacher y la villa miseria en los textos de Bernardo Verbitsky.
[79] *Mala época* está integrado por diferentes episodios dirigidos por cuatro jóvenes directores: "La querencia" (Nicolás Saad), "Vida y obra" (Mariano de Rosa), "Está todo mal" (Salvador Rosel) y "Compañeros" (Rodrigo Moreno).

película. En *Los rubios* la fractura espacial y social se representa mediante una cartografía identitaria signada por la tragedia, en tanto es la experiencia de Carri la que sirve para recuperar a las personas, los objetos y los lugares del pasado relacionados con la ausencia. Una cartografía identitaria[80] que actualiza los espacios en torno a la desaparición forzada de sus padres: Roberto Carri y Ana María Caruso se mudaron a un barrio humilde con el propósito de hallar refugio y, posteriormente a su secuestro, sus hijas pasaron a ser cuidadas por sus tíos en el campo. A partir de esa secuencia el film construye una espacialidad alrededor de tres zonas: la ciudad, un área periférica y el campo. Un recorrido por diferentes áreas que no nos acerca a una verdad histórica, sino que busca visibilizar el proceso de construcción identitaria de Albertina Carri, de ese *yo* que desde la infancia se cimentó "sin aquella figura que fue la que dio comienzo a la propia existencia."[81]

Una configuración espacial que actualiza los lugares del pasado en el presente y, así, proyecta las consecuencias de la tragedia personal y social en la actualidad, delineando a su vez una espacialidad en la que repercuten las formas sociopolíticas contemporáneas. En definitiva, esta yuxtaposición de tiempos históricos conlleva a una redefinición territorial, en términos sociopolíticos y simbólicos. A principios de la década de 1970, una gran parte de la militancia de izquierda realizó un trabajo de base en las zonas periféricas o externas a la ciudad –en las áreas marginales de la Capital Federal, en las villas miserias, en las zonas del interior del país– con la intención de movilizar al actor social considerado el principal sujeto revolucionario, en la reinterpretación de "las dos Argentinas" realizada por la izquierda. En paralelo a este trabajo de base continuaron las manifestaciones políticas en el tradicional espacio público, la Plaza de Mayo, en tanto allí estaba instituido, como afirma Silvia Sigal, "el *locus* del

---

[80] La dimensión cartográfica del film, en términos de reconstrucción identitaria y espacial, se destaca también en el título del libro que Carri presentó en la novena edición de BAFICI: *Los rubios* (2007).

[81] En este sentido, en varias escenas el espacio se moldea por el imaginario infantil. Por ejemplo, en el inicio del film hay un plano cenital que convierte en pequeños juguetes los automóviles que circulan por una evenida de la ciudad o, los momentos en el que el campo es representado en una animación con playmóbiles.

verdadero espacio significante, el dibujado por la plaza colmada y el Jefe en la Casa de Gobierno" (2006: 18).

En relación con el espacio urbano, en el imaginario del film –que se aleja de la brutalidad de *Mala época*– la ciudad carece de intensidades, es una metrópolis sin la tensión política de los años 70. Por eso es significativa la forma de representación de las plazas públicas. Hay tres escenas con Analía Couceyro en una plaza y en todas ellas está sentada mientras oímos un texto en *off*. En la primera está en un banco del Jardín Botánico, al salir de la casa de Alcira Argumedo, quien compara a Caruso con Rasputín. Las otras escenas son en pequeñas plazas de barrio. Una sucede después del encuentro con la vecina delatora, que motiva un relato en *off* de Couceyro sobre las diferentes impresiones que ocasionó ese testimonio en su familia y, la otra, luego de la visita a la comisaría, en la que escuchamos un diálogo en *off* en el que afirma que los sobrevivientes de la generación de sus padres reclaman "ser protagonistas de una historia que no les pertenece". Así, cada escena manifiesta el fracaso del proyecto político de la generación del 70, en tanto evidencia uno de sus efectos en el presente, el de un espacio sin intensidad sociopolítica, un ámbito de circulación de personas o refugio de pájaros –permanentemente se escucha el sonido de pajaritos– en el que no aparece el pueblo, que ha dejado de ser considerado el principal agente de la historia.

Otro espacio que revisa la película es el de las zonas periféricas de la ciudad. La perspectiva de izquierda que filiaba al pueblo revolucionario con los migrantes del interior y con los habitantes de las villas miseria –los "descamisados" que irrumpieron en la ciudad movilizados por el peronismo– ya no está presente en la representación del film. Por el contrario, en el recorrido por esas áreas de la periferia hallamos a la vecina delatora, al "negro" torturador y a la comisaría-centro clandestino de detención. En esa línea también están los recuerdos que el testimonio de la vecina les provoca a Carri y a sus hermanas. Su hermana Andrea, al escucharlo, le comenta: "Yo les decía que la máquina de escribir se oía, quién iba a tener una máquina de escribir en ese barrio". Por su parte, a Couceyro, *alter ego* de Carri, el relato le trae a la memoria un recuerdo del barrio: a Rosita, una chica de la villa que le enseñó a chasquear los dedos y le contagió los piojos, según las palabras de su abuela. Así, la construcción del espacio periférico evidencia una vez más la imposibilidad de la izquierda peronista en incorporar a su proyecto político a los sectores populares.

El último espacio trazado por la cartografía identitaria del film es el del campo. Este lugar parecería contraponerse con las otras dos áreas, en tanto fue ahí donde se resguardaron las hermanas Carri, posteriormente al secuestro de sus padres. En las imágenes de *Los rubios* el campo aparece como un idílico refugio de la infancia, como un lugar de protección. Sin embargo, el mundo rural se contamina paulatinamente con imágenes que evocan la violencia de Estado: los reiterados planos de alambrados y de las vacas en el matadero.[82] Por eso el viaje que emprende Albertina Carri al campo tampoco se conforma como una alternativa frente a las otras zonas y, así, se revisa críticamente uno de los tópicos del imaginario antiurbano, el del "viaje iniciático", el de un trayecto a lugares puros en relación con la cultura o la naturaleza. El plano final de *Los rubios*, en el que observamos a Carri junto a su equipo técnico alejándose del campo ratifica que el espacio rural no es una opción posible. De esta forma, la cartografía delineada por la película no ofrece ninguna alternativa territorial en el presente: ni la ciudad, ni sus zonas periféricas, ni el campo.

A modo de conclusión, en la década de 1990 un conjunto de políticas de Estado provocaron, entre otras consecuencias, la crisis de la categoría tradicional de lo popular y la desarticulación del espacio público. Las imágenes de *Los rubios* permiten analizar estas transformaciones, en tanto el material audiovisual se organiza desde la experiencia personal de Albertina Carri –mediante una invocación de los padres desaparecidos–, que yuxtapone períodos históricos con antitéticos presupuestos socioculturales y políticos. De esta forma, la "electrizada y vibrante" voluntad colectiva y la plaza pública –uno de los espacios de injerencia sociopolítica– se desarman en *Los rubios*, cuyas imágenes parecerían sugerir la imposibilidad de representar un espacio público tensionado por una praxis colectiva. Las otras territorialidades delineadas en el

---

[82] Esta contaminación termina por convertir al campo en un lugar asfixiante, hostil e inhumano en el último film de Carri, *La rabia* (2008), en el que retoma, centrando la narración exclusivamente en el ámbito rural, uno de los tópicos de *Los rubios*: el parricidio.

film –las zonas periféricas y el mundo rural– tampoco ofrecen intensidades políticas y simbólicas. En definitiva, *Los rubios* es una trabajo cinematográfico en el que se construye una identidad y una memoria (personal y social), a partir de la reelaboración de los fragmentos dispersos que dejó la fractura del mapa sociopolítico y cultural de la generación del 70; una ruptura de la unicidad que la película también materializa en la puesta en escena, en un *collage* de materiales y registros heterogéneos.

Asimismo, en la revisión del legado de la generación del 70 que opera el film también se ensayan nuevos posicionamisntos que tienen una proyección a futuro. A diferencia de otras películas realizadas por los hijos de desaparecidos, *Los rubios* no petrifica ni monumentaliza el pasado, sino que recupera ciertas claves sociopolíticas de aquella época histórica con una pulsión por el presente determinada por una nueva actitud vital: la de hacer cine. Por esa razón, la construcción identitaria y cartográfica del film se gesta en una especie de bunker: un estudio cinematográfico en la que se encuentran todos los artefactos técnicos que posibilitan la filmación. Tal vez por eso en las paredes del bunker hay un mapa de la ciudad de Buenos Aires –junto a los posters de la mirada multiplicada de Jean-Luc Godard y del film *Cecil B DeMented* (2000), de John Waters. Una apuesta por el cine y por una nueva forma de comunidad que también se reafirma en el plano final, en la escena en la que el equipo técnico se aleja del campo con pelucas rubias y cámaras de cine en la mano. Así, el trabajo de duelo de Carri se procesa cinematográficamente, en un tiempo presente que tiene un horizonte futuro, a partir de elecciones de filiación que ya no se inscriben en un vínculo sanguíneo.

Bibliografía

Aguilar, Gonzalo, *Otros mundos. Un ensayo sobre el nuevo cine argentino*, Buenos Aires, Santiago Arcos Editor, 2006.
Carri, Albertina, *Los rubios. Cartografía de una película*, Buenos Aires, Ediciones Gráficas Especiales S. A., 2007.
Gorelik, Adrián, *Miradas sobre Buenos Aires. Historia cultural y crítica urbana*, Buenos Aires, Siglo XXI, 2004.
Laclau, Ernesto, *La razón populista*, Buenos Aires, FCE, 2005.

Mallea, Eduardo, *Historia de una pasión argentina*, Buenos Aires, Sudamericana, 1990.
Negri, Antonio y Hardt, Michael, *Imperio*, Buenos Aires, Paidós, 2002.
Sigal, Silvia, *La Plaza de Mayo. Una crónica*, Buenos Aires, Siglo XXI, 2006.
Virno, Paolo, *Gramática de la multitud. Para un análisis de las formas de vida contemporánea*, Buenos Aires, Colihue, 2003.

Narración y descripción en *los rubios*. Documentales audiovisuales y construcción de la memoria social

Juan Pablo Cremonte
Instituto de Desarrollo Humano
Universidad Nacional de General Sarmiento

Palabras clave: *narración-descripción-documentales audiovisuales-memoria social*

Esta presentación se inscribe en el plan de investigación "Arte, tecnología y prácticas sociales: los nuevos límites de los lenguajes audiovisuales", que dirige Gustavo Aprea en el Instituto del Desarrollo Humano de la Universidad Nacional de General Sarmiento.

El trabajo aborda la problemática de las formas de articulación o tensión entre la memoria y el olvido en el caso del film *Los rubios* de Albertina Carri (Argentina, 2002); para ello problematiza, por un lado, ambos conceptos desde el punto de vista teórico. Luego, apela a un análisis de las macroconfiguraciones retóricas dominantes en el film. En especial, resulta de interés indagar en el modo en que funcionan la narración y la descripción en el mencionado documental. Nuestro objetivo es considerar cómo ambas modalidades de organización textual conviven de un modo complejo en el texto al que nos referimos y cómo se articulan con las estrategias argumentativas del documental, asimismo, nos interesa explorar de qué modo se manifiestan en la superficie del texto formas explícitas o implícitas de la memoria y el olvido.

El film

Los Rubios es un film sobre los conflictos que vive la hija de una pareja de detenidos-desaparecidos durante la última dictadura militar, para narrar lo que sucedió con sus padres, debido a los efectos conmocionantes que siente ella y todos a los que consulta, quienes, cada cual a su modo, sufren problemas similares.

La pieza incluye segmentos de ficción, entrevistas y tomas de momentos de la producción del film. A pesar de esta diversidad de recursos utilizados, se trata de un documental que se enmarca dentro de la modalidad *reflexiva*, de acuerdo con la clasificación de Bill Nichols. Es cierto que sería posible también enmarcarlo dentro de la modalidad *preformativa* (sobre todo por su componente autobigráfico), pero el cuestionamiento que realiza sobre las dificultades y limitaciones de representación del lenguaje audiovisual son dominantes sobre la cuestión autobiográfica.

Ahora bien, reconocer la modalidad reflexiva de este documental nos sirve para poder entender de mejor manera cómo funciona su argumentación. *Los Rubios* argumenta que alcanzar la verdad sobre los acontecimientos del pasado reciente es muy difícil por el efecto conmocionante del dolor. A partir de ese diagnóstico, el documental explora en territorios diversos para intentar superar ese escollo.

Los Rubios presenta tres líneas de acción: una con entrevistas a compañeros de militancia, parientes y vecinos de los padres de la directora, otro que expone circunstancias de la producción del film y un tercero con los sentimientos e interrogantes de la directora respecto de las dificultades que encuentra para concluirlo. Estas tres líneas de acción no son completamente independientes, al contrario, en más de una oportunidad se entrecruzan.

La particularidad más notoria (y novedosa) del film es que por momentos una actriz representa el papel de la directora, en otros momentos la directora hace de sí misma, e incluso aparecen juntas representando –ambas– el papel de Albertina Carri, una como directora y la otra como entrevistada.[83] Una primera lectura nos lleva a pensar que, ante el problema que implica la afectación que soporta la directora ante el tema de su película, opta por colocar a una actriz en su lugar para eludir ese inconveniente. Sin embargo, ambas posiciones se entremezclan permanentemente. Para analizar esto con precisión y referirnos a cada una de estas líneas de acción por separado, aunque siempre considerando su constante convivencia.

La línea de acción "testimonial", que incluye entrevistas a testigos de los hechos que se narran, es la que más asemeja el film

---

[83] En un par de ocasiones la actriz, representando a Albertina Carri, es entrevistada por la directora.

a un documental convencional sobre hechos del pasado. Entre algunos compañeros de militancia, familiares y algunos vecinos de la última casa en la que vivieron los padres de Albertina componen el "juego de voces" que entrega un panorama aproximado sobre las circunstancias que rodearon el secuestro de ambos. Los compañeros de militancia ofrecen información sobre el nivel de compromiso de ambos militantes con la organización (a la que nadie nombra), los familiares y amigos se refieren a cierto perfil de la personalidad de ambos y los vecinos, finalmente, detallan el modo en que tuvo lugar el secuestro (y también el modo en que las fuerzas de seguridad llegaron hasta su casa). Sin embargo, nada de esto es suficiente.

La directora, representada por la actriz, subraya que los testimonios de los compañeros y amigos de sus padres están "armaditos", en el sentido de que responden a un relato organizado que entrega pocos elementos para entender los motivos que llevaron a sus padres a sostener la militancia política hasta las últimas consecuencias. Con respecto a los dichos de los vecinos, la directora remarca la distancia entre esos testimonios y los de sus parientes y amigos (tanto respecto de la percepción física de sus padres como de prácticas e inquietudes) para concluir en una crítica de la actitud de sus padres a mudarse a ese barrio: *Los Rubios*, como título, es exponer en primerísimo plano las diferencias existentes entre esos dos "universos" que se querían –o suponían– más cercanos.

Otra de las líneas de acción es la que exhibe fragmentos de la producción del film. En diversas ocasiones el film introduce detalles sobre la situación de producción del mismo, los problemas técnicos, estéticos o políticos que el equipo encuentra para desarrollar la película. El punto culminante de esta línea argumental tiene lugar cuando los miembros del equipo de filmación discuten la respuesta que les envía el comité de preclasificación del INCAA en el que les comunican que no les otorgarán el subsidio solicitado debido a una falta de precisión en el guión presentado. En este punto se establece un debate entre los miembros del equipo sobre el tipo de película que los miembros del INCAA requieren o –incluso–necesitan–. A esto último se refiere la directora (ahora sin ninguna representación mediante) sosteniendo que lo que los miembros del INCAA le piden es la película que "necesitan como generación" pero que no es una película que ella pueda hacer. De lo que se infiere que no puede hacerla porque pertenece a otra generación. En este punto, la directora establece un corte con las anteriores representaciones sobre los 70 al subrayar que su generación necesita separarse de esas reconstrucciones para poder construir una mirada propia sobre el pasado que le permita superar los traumas generados por esos hechos. Es significativo subrayar que en este segmento tanto la directora como la actriz se representan a sí mismas (Analía Couceyro hace de Analía Couceyro) como miembros del equipo de filmación.

Si en el segmento anterior se plantea cómo funciona el documental en relación con otras miradas del pasado reciente, en otro segmento (y con una menor explicitación) la propia directora se refiere a la convivencia de la ficción con la no ficción. Durante la preparación del rodaje de una escena en la que la actriz la representa la directora anticipa que se trata de un segmento de ficción, parece un detalle menor pero no lo es tanto. Si bien es evidente que se trata de un segmento de ficción, es significativo que sea considerado como tal (y puesto de modo explícito) en la superficie de lo dicho en el film. En especial si se considera que la propia producción del film está considerando las diferencias entre ficción y no ficción y sus implicancias representativas.

Esta línea de acción está organizada en torno a la dificultad de representación, lo cual lleva a exponer buena parte de las prácticas habituales de la situación de filmación (el ajuste de luz y sonido, la preparación de entrevistas, la preproducción del guión); en los términos con los que trabajamos, diríamos que se trata de la exposición de las características del documental como dispositivo (incluso porque ese dispositivo excede a las diferencias entre ficción y no ficción).

La última de las líneas de acción que identificamos es la relacionada con los sentimientos y pensamientos de la directora en tanto que protagonista de la historia o, para mejor decir, de la búsqueda. En su intento por explorar todas las posibilidades representativas del lenguaje audiovisual, la directora indaga en sus recuerdos más íntimos, en las fantasías que tejió en su niñez acerca de la ausencia de sus padres y en las inquietudes e interrogantes de aquel tiempo que aún conserva sin respuesta. Para ello, coloca a una actriz para que represente su papel, la "Albertina Carri de carne y hueso" está reservada para los segmentos de producción del film.

Esta estrategia permite, por un lado, explicitar la situación de representación (producir una suerte de enunciación enunciada) y, por el otro, habilitar el ingreso de otro tipo de recursos de representación (tales como animaciones con muñecos Playmovil, por ejemplo) que son verosímiles debido a que el proceso de representación ha sido desnaturalizado y puesto en discusión. En esta dimensión el sonido cumplirá un papel preponderante.

El film comienza con una secuencia que pertenece a esta línea de acción, en la que vemos a unos muñecos Playmovil en la entrada de una casa de campo (también propia de ese tipo de juguetes infantiles) y lo que escuchamos es la voz de una mujer que dice: "Albert, fijate que yo no esté en cuadro". A esa altura del film ya sabemos que la directora se llama Albertina Carri, con lo cual sospechamos que se trata de alguien de su equipo de filmación. A continuación (y mientras la cámara continúa con un minucioso paneo por esta casa de juguete) escuchamos voces tenues, de niños o adultos que simulan ser niños, que personifican a los muñecos que vemos en escena.

La transición entre las diferentes líneas de acción es heterogénea y variable. La línea de acción de producción, por su propia lógica, tiene la capacidad de englobar en sí a las otras dos. Más allá de eso, se construye una tensión entre los testimonios y los recuerdos de la directora. Esta tensión se amalgama con las tomas de producción que no suavizan esa tensión sino que la exponen como parte de las contradicciones propias de la acción de recordar, como forma de "exponer la memoria en su propio mecanismo" como la misma directora dice proponerse.

La escena enunciativa que plantea el documental está organizada en torno de la figura de la dificultad tanto para la representación como para la reconstrucción de los hechos del pasado. El modo en que se articula esa dificultad responde a una búsqueda en la que se toman todos los recursos posibles, desde la caracterización actoral hasta la entrevista testimonial. El cierre del documental descansa sobre un tema musical para explicitar el desenlace de la búsqueda: "Influencia", el tema de Charly García, que suena en el final y se mantiene hasta los títulos, le abre al espectador una serie de interrogantes sobre las "influencias" (bajo las formas de recuerdos, citas, pensamientos, recursos) que acusa el documental y de las que no puede abstraerse.

El análisis

Para realizar este análisis identificaremos los segmentos de narración y los de descripción, en tanto que configuraciones dominantes en los segmentos del texto. En el primer caso, el de la narración, nos ocuparemos de establecer sus partes –núcleos y catálisis–, sus fuentes –indicios e informantes– y su nivel actancial a partir de la identificación del sistema de actantes, en cada caso. Luego de esto, caracterizaremos el narrador y narratario que el texto construye, tanto en cada segmento narrativo identificado, como en la globalidad del texto. Mientras que en el segundo caso, el de la descripción, partimos de la identificación de las denominaciones (anclaje del objeto descripto en un concepto o una adjetivación) y de las expansiones (nomenclatura –enumeraciones, aclaraciones– y grupo de predicados –ampliaciones con frases más complejas. El segundo paso es establecer las relaciones entre las tres dimensiones de la descripción: la pragmática, asociada a la figura del descriptor; la cognitiva, asociada a la figura del observador (saber); y la tímica, asociada a la figura del sujeto pasional (sentir). Nuestro objetivo con estos procedimientos es poder establecer criterios de descripción que den cuenta del proceso de selección (qué cosas se describen y cuáles se descartan) así como también qué tipo de jerarquización se realiza sobre ellas. Al igual que en el caso anterior, avanzaremos sobre las instancias de descriptor y descriptario, en este caso, tanto en cada particular indentificado como en la globalidad de la pieza.

Con este análisis como base, indagaremos en el modo en que funciona la memoria social a partir de estas dos instancias organizativas, y, por cierto, en el modo en que ambas se articulan. Las modalidades de construcción de memoria, a partir de la identificación de criterios de selección y jerarquización, nos van a permitir establecer las polémicas que este film plantea, como así también las novedades y transformaciones que establece en el modo de construcción del pasado reciente traumático y sus implicancias en los debates actuales.

Bibliografía

Barthes, R., *Introducción al análisis estructural de los relatos*, Buenos Aires, Tiempo Contemporáneo, 1970.
Filinich, M. I., *Descripción*, Buenos Aires, Eudeba, 2003.
Hamon, P., *Introducción al análisis de lo descriptivo*, Buenos Aires, Edicial, 1991.
Klein, I., *La narración*, Buenos Aires, Eudeba, 2007.
Metz, C., "El decir y lo dicho: ¿hacia la decadencia de un cierto verosímil?", en AA. VV., *Lo verosímil*, Buenos Aires, Tiempo Contemporáneo, 1975.
Ricœur, P., *La memoria, la historia y el olvido*, Buenos Aires, Fondo de Cultura Económica, 2000.
Steimberg, O., *Semiótica de los medios masivos*, Buenos Aires, Atuel, 1992.
Verón, E., *La semiosis social*, Barcelona, Gedisa, 1987.

Estética y política en el cine militante argentino actual

Maximiliano de la Puente
Instituto de Desarrollo Humano
Universidad Nacional de General Sarmiento

Palabras clave: *estética-política-militancia*

Introducción

Los debates sobre estética y política durante el siglo XX han atravesado todas las disciplinas artísticas y, dentro de éstas, los distintos movimientos y corrientes del quehacer de estas ramas: cine, literatura, artes plásticas, teatro, por no mencionar a los nuevos híbridos que surgen con la introducción de las tecnologías digitales, como el videoarte y el arte interactivo. Estos debates, como sostiene Toby Clark, se han centrado en cuestiones que siguen siendo relevantes en la actualidad: "¿El uso del arte para la propaganda política implica la subordinación de la calidad estética al mensaje? Por otra parte, ¿pueden separarse de los valores ideológicos los criterios para juzgar la calidad estética? Si el objetivo del arte político es convencer, ¿cómo lo hace y hasta qué punto lo logra?" (Clark, 2000: 10). Preguntas que, evidentemente, no pueden dejar de tener respuestas ambiguas, contradictorias, específicas de cada movimiento artístico y de cada coyuntura histórica en particular.

El presente trabajo intentará volver a hacer presentes estas preguntas, que se actualizan al tratar la problemática del vínculo entre arte y política, en el marco de los grupos contemporáneos de cine y video militante argentino. Y dado la relación que existe entre este cine y aquellos colectivos audiovisuales de intervención política de los años 60 y 70, nos referiremos también a la manera específica en que se relacionaban cine y política en las producciones de estos últimos. Tomaré para esto diversos materiales de entrevistas realizadas a documentalistas, críticos, investigadores e integrantes de los grupos de cine militante de hoy y del pasado, que fueran efectuadas en el marco de mi tesina de grado de la Carrera de Ciencias de la Comunicación: "El compañero que lleva la cámara-cine militante argentino contemporáneo", realizada en coautoría con Pablo Russo.

El cine militante, ensayo de una definición

Se vuelve necesario en este trabajo intentar una definición del término "cine militante", –siguiendo las teorizaciones de Octavio Getino–, para dar cuenta de la manera en que será pensado aquí. Ya que, si bien es posible señalar que todo cine es político, hay un tipo de cine que además de político es militante: aquel que hace explícito sus objetivos de contrainformación, cambio social y toma de conciencia.

El cine militante es entonces aquel en el que predomina la instrumentalización. El rasgo fundamental de una película militante es que mute en un film-acto: todo film militante debe convertirse en un hecho político, transformándose así en una excusa para la acción de los espectadores. El film tiene sentido sólo sobre la base de la acción que logra desencadenar. Es un lugar de debate y de ahí se deriva la acción. De esta manera, la instancia de difusión y exhibición asume una importancia central: en el cine militante, tanto en el del pasado como en el del presente: "Es el concepto de película lo que se ha modificado, a partir de haberse asumido a la exhibición como parte necesaria del proceso" (De Carli, 2005: 75). Las proyecciones suelen incluir debates respecto a los cuales las obras actúan como motivadores. En este sentido, se busca contribuir a un cambio de conciencia en el espectador, difundir una lucha o mostrar otro punto de vista sobre un aspecto de ésta. Es por eso que sus películas funcionan como denuncia, memoria y registro de las actividades y de las luchas de los movimientos sociales, y abarcan temáticas diversas, vinculadas a problemáticas sobre los derechos humanos, la memoria histórica, la cultura popular, la lucha de clases, etc. La exhibición para el cine militante resulta ser el lugar fundamental en el que se realiza el cine como tal, donde un discurso fílmico se encuentra con sus actores-espectadores.

Cine de la Base y Cine Liberación, dos formas de pensar el vínculo cine y política

Cine de la Base surge como grupo con *Los traidores* (1973), una película de Raymundo Gleyzer y Álvaro Melián. Gleyzer y su grupo estaban vinculados al PRT-ERP (Partido Revolucionario de los Trabajadores-Ejército Revolucionario del Pueblo). Habían filmado dos comunicados: "Swift" (1972), sobre el secuestro del gerente del frigorífico del mismo nombre y cónsul honorario británico, Stanley Silvestre, realizado en Rosario por el ERP; y "BND" (1972), sobre el asalto al Banco Nacional de Desarrollo perpetrado por la organización guerrillera en enero de ese año. Después de esos trabajos, en 1973 el grupo decide realizar una película con un alcance más amplio, en un lenguaje narrativo clásico. Cine de la Base nace en 1973. *Los traidores* comienza a circular en ese momento, y ya prácticamente en los dos años siguientes es muy difícil seguir proyectando debido a las condiciones políticas. El grupo termina dispersándose por la represión. La mayoría de sus integrantes se exilian y Raymundo Gleyzer es desaparecido por el gobierno militar.

Fernando Pino Solanas, por su parte, reseñó la historia de Cine Liberación, en un seminario realizado en San Antonio de los Baños, Cuba. En el relato, Solanas señala:

> Un grupo de cineastas empezamos a juntarnos, motivados por la idea de hacer un cine que fuera un instrumento útil y válido para el proceso político liberador que estábamos viviendo, para la resistencia que hacíamos, pues acababa de nacer la dictadura de [Juan Carlos] Onganía, y que, al mismo tiempo, fuera un aporte a lo cinematográfico. Claro que no se necesitaba hacer cine para ser un militante o para hacer un aporte militante. Bastaba con hacerlo en cualquier organización o rama de la política. Pero también era importante llevar al cine el compromiso de revolucionar las formas y los lenguajes, de cuestionarlos o liberarlos. Entonces, ahí empiezan a surgir las primeras propuestas de Cine Liberación" (Solanas, 1995: 146).

Cine Liberación se crea con *La hora de los hornos* (1968), de Fernando Solanas y Octavio Getino. El primer manifiesto del grupo es de mayo de 1968, inmediatamente anterior al estreno del film. En 1972 el grupo funda una revista, *Cine y Liberación*, que aparece en un solo número. El fin de Cine Liberación tiene que ver también con la represión, a partir de la irrupción del golpe militar de 1976 y del consiguiente terrorismo de Estado, que afecta a los principales referentes del grupo, empujándolos al exilio.

Ambas experiencias plantean problemáticas muy interesantes en lo que se refiere a la manera específica en que estos grupos pensaban la articulación entre cine y política. Según Mariano Mestman, en el caso de Cine de la Base, la opción de *Los traidores* por la ficción y una estructura narrativa de inspiración clásica, se justificaba porque los integrantes del grupo "percibían cierto límite en el documental (contra)informativo para interpelar a un público popular habituado al consumo del cine de ficción y priorizaban, entonces, un modelo narrativo eficaz para atraer a ese público; restando importancia a consideraciones sobre la necesaria identidad entre nuevos contenidos y nuevos lenguajes que permitiese romper los límites de expresión impuestos por el modelo narrativo clásico, fuertemente denunciado en esos años en su versión genérica hollywoodense" (Mestman, 2001: 16).

Una preocupación que ocupaba un lugar central en Cine Liberación, que le otorgaba un espacio importante al problema del lenguaje, en la medida en que, para los cineastas de este grupo, la revolución debía estar tanto en el contenido como en la forma. En *La hora de los hornos*, la principal película de Cine Liberación, se impone la idea de revelar el artificio de la puesta en escena. De lo que se trata en términos formales, es de dejar al descubierto los efectos manipuladores de las ilusiones que brindaba la puesta en escena clásica, ejemplificada en las películas de Hollywood. La película cuenta con un montaje vertiginoso, evidenciado, que no oculta su condición manipuladora de "lo real", con un ritmo percusivo insistente en la banda sonora.

Volviendo a la disputa en torno a la opción tomada por Cine de la Base, lo que estaba en juego en esta discusión era entonces el tipo de cine político que expresaba *Los traidores* y fundamentalmente, más allá de este caso particular, las diversas opciones sobre el problema del lenguaje apropiado para el film militante. En ese sentido, la posición del grupo es muy clara. Gleyzer afirma en esa época que: "Hay que comenzar replanteándose las cosas simples porque además queremos hablar así, muy sencillo: no somos teóricos" (Mestman, 2001: 17); y a propósito del problema de cómo llegar a la base: "De teoría podríamos hablar aquí varios días, el problema es cómo llegar a un hombre concreto"

(Mestman, 2001: 17). Jorge Giannoni, cineasta y miembro del grupo, defiende el cine contrainformativo, en tanto instrumento de información para la Base; y es aún más explícito: "Es difícil para nosotros (latinoamericanos) entrar en la discusión que hay en estos momentos en Europa con respecto a las estructuras o el lenguaje, porque estos problemas están supeditados a nuestra situación coyuntural de toma del poder. Después puede ser que discutamos sobre problemas de estilo o de construcción" (Mestman, 2001: 17).

Así, en torno a este debate, una pregunta se impone: ¿se puede trabajar al margen de las convenciones clásicas y seguir atrayendo al gran público? Un interrogante que toca un punto clave, en tanto todo cine político necesariamente adquiere sentido en función de su contacto con las masas, y por lo tanto de su posible eficacia política en el "mensaje" que logra transmitir a la mayor cantidad posible de público. Pese a esto, no creemos que sea necesario establecer una falsa dicotomía entre el lenguaje clásico y el vanguardista, aunque es cierto que para aquellos que han trabajado con el audiovisual de intervención, ha estado siempre en discusión la dicotomía entre revolucionar las formas, llegando a una minoría selecta, o aspirar a que se transmita un contenido político desde un lenguaje clásico, con el fin acceder al gran público, presuntamente más afecto a los géneros populares, como señalaba Gleyzer.

El cine y el video de intervención actual

En la actualidad, no son pocos los investigadores y los teóricos del arte que hablan de hibridez en las nuevas realizaciones del arte contemporáneo. Una mixtura que se refiere tanto a la instancia de producción como a la de exhibición, en la medida en que "mutan los espacios canónicos del arte: fábricas abandonadas, hangares, plazas, estaciones, edificios públicos, etc. Todo puede convertirse en lugar apropiado para una exposición, o para el transcurrir de una performance" (Arfuch, 2004: 111), o para la exhibición de un documental audiovisual de intervención política. El arte contemporáneo estaría entonces caracterizado por la hibridez y la mezcla. Así, como sostiene Arfuch, asistimos a una "nueva articulación entre arte y política, entre el arte y los traumáticos avatares de nuestra realidad" (2004: 114). Articulación dada por la proliferación de nuevos grupos o colectivos de artistas en todas las disciplinas, que desarrollan sus prácticas en espacios no convencionales y que toman el espacio público como su terreno habitual.

De esta manera, para el arte político, como sostiene Arfuch, "ya no cuenta tanto la obra en sí misma como la idea y el gesto que la instaura" (2004: 112). Esto puede pensarse también para los grupos de cine militante, en tanto el gesto político, su impronta, es algo que está siempre por delante de la obra propiamente dicha. Para algunos grupos, incluso, el gesto político es la obra en sí misma. Sin la instancia de exhibición, sin los debates y la participación activa de los espectadores, una vez finalizada la película, e incluso, en algunos casos, sin la intervención de los actores protagonistas de las luchas sociales durante la instancia misma de realización del film, las producciones de estos grupos carecerían de sentido, en la medida en que su objetivo central es la concientización y la transformación radical de la sociedad.

Desde su origen, durante la crisis de 2001, el nuevo cine militante argentino ha sido criticado con dureza, en lo que se refiere a la búsqueda de nuevos lenguajes, y a la necesidad de redescubrir nuevas formas en pos de obtener una mayor libertad creativa en sus realizaciones: como sostiene Arfuch, en algunas de sus obras se hace sentir la falta de una "tensión hacia el destinatario", esto es, implicar al espectador con el fin de generar en él "el esfuerzo de la interpretación" en vez de que las películas del cine militante se agoten en "una mera complacencia receptiva" del espectador. Con muchas de las producciones de los grupos de documentalistas actuales sucede lo que señala el crítico y cineasta Sergio Wolf: "Hay un problema de base: ¿para qué y para quién se está haciendo ese cine? Ése es el primer problema. Si es un cine que se hace para convencer a los que están previamente convencidos, es un cine que no tiene ningún sentido. Los que lo ven son los que ya están convencidos o predispuestos a dejarse convencer" (de la Puente, Russo, 2004: 55). Desde esta mirada, podríamos pensar que las producciones de estos grupos no proponen absolutamente nada nuevo desde lo estrictamente cinematográfico, ni logran involucrar crítica y activamente al espectador. Sus realizaciones no propondrían entonces "otras maneras de "hacer-ver". (Arfuch, 2004: 113) Una observación crítica que les cabe con mucha justicia a varias de las realizaciones de los grupos, pero que, en el caso de las producciones más elaboradas de los últimos años (menos atadas a la urgencia de la situación social y económica del país, debido a que la coyuntura del 2001-2002 ha cambiado), no deja de ser falaz. Esto es así, por ejemplo, en el caso de las últimas producciones del grupo Cine Insurgente, en donde la reflexión sobre el lenguaje y la forma ocupan un lugar importante, con la incorporación de secuencias de animación, gráfica y fotografía fija en sus últimos largometrajes.

De lo que se trata es de ver, como sostiene Arfuch, "de qué manera el arte permite realizar una elaboración conceptual perdurable" (Arfuch, 2004: 115). Lo que está en juego aquí es si esos materiales "pueden transformarse en objeto artístico o abonar simplemente el terreno de la repetición y el estereotipo" (Arfuch, 2004: 118). Los modos de ocuparse de lo contemporáneo oscilan entre la literalidad más absoluta o la inmediatez testimonial, y la lenta elaboración estética y conceptual, entre la autojustificación de la intervención artística en virtud de las "buenas causas" –que suspenderían el juicio estético– y la validación de la obra en virtud de ese juicio, independientemente de su temática o del carácter, político o social, de su concepción (Arfuch, 2004: 119). La relación entre arte y política fluctúa siempre en torno a esta tensión, resolviéndose en la mayoría de los casos en favor de la política, y sólo en contadas oportunidades la balanza parece inclinarse para el lado del descubrimiento de nuevos lenguajes y de una real experimentación con la forma. Retomando la perspectiva crítica reseñada líneas arriba, Sergio Wolf sostiene que en las películas de los grupos de documentalistas el problema no es de orden político, sino más bien estético: "¿Qué tipo de discurso cinematográfico tienen? Yo creo que no tienen ninguno. Veo muy poco cine ahí" (de la Puente, Russo, 2004: 56).

Pero si bien los objetivos que persiguen estos colectivos son de naturaleza política, y son inseparables de la coyuntura económica-social del país, no deja de ser cierto que algunas experiencias desarrolladas por ellos plantean abordajes estéticos sumamente significativos e interesantes. En ese sentido, algunas realizaciones de estos grupos se han elaborado directamente desde la coautoría, cediéndoles la cámara a los propios protagonistas de las luchas sociales que ellos intentan retratar en sus películas. Un ejemplo claro de esto es la experiencia que el colectivo Indymedia Argentina realizó con un militante piquetero en el cortometraje *Compañero cineasta piquetero*, un video documental de trece minutos de duración, realizado íntegramente por un piquetero de Lanús, quien, a través de un montaje en cámara, da cuenta en primera persona de una ocupación de tierras que realiza el Movimiento de Trabajadores Desocupados de Solano desde enero de 2002. Su autor pidió prestada una cámara durante una hora para filmar su barrio y su historia en primera persona.

De esta manera, vemos que la renovación formal, la libertad creativa, el cuestionamiento de una forma cinematográfica tradicional de narrar y representar el mundo, es uno de los ejes de la discusión entre los integrantes de estos nuevos grupos. Por supuesto que encontramos posiciones encontradas al interior de los distintos colectivos, con respecto a este vínculo siempre conflictivo entre estética y política. Tomemos, por ejemplo, algunas voces:

Denis, de *Ojo Obrero*: "Nunca fue prioridad discutir sobre la estética del documental, sino si servía, su función, dónde intervenir con los materiales, una función de comunicación. Primero es que quien lo vea entienda lo que sucedió, tratar de ser didáctico" (De Carli, 2005: 74).

El colectivo *Ojo Obrero*, vinculado orgánicamente al Partido Obrero, es quizás uno de los grupos que sostiene una posición más reacia a las innovaciones formales, inclinando claramente la balanza hacia el lado de la política, en la relación tensa que ésta mantiene con la estética. Pero también hemos recogido testimonios diametralmente opuestos de parte de otros integrantes del mismo colectivo, lo que señala que no hay una postura unánime sobre esta problemática al interior de cada colectivo. En declaraciones como la que reproducimos a continuación, vemos claramente que algunos integrantes de estos grupos han reflexionado sobre las implicancias formales de sus producciones:

"Pocho", de *Ojo Obrero*: "Tuvimos una discusión sobre el uso de lentes. Mientras el lente del melodrama es un tele[objetivo], con un primer plano, quizás el lente en el documental político es un gran angular, donde se muestre más el movimiento profundo de la gente y no la identificación particular con un protagonista o con una persona" (De la Puente, Russo, 2004: 76).

En este sentido es válido pensar que el videoactivismo, tomado como fenómeno social y político, representa la posibilidad de innovar, de experimentar con medios, utilizando las nuevas tecnologías como herramientas democratizadoras, dejando de lado aquella concepción empobrecedora que ve en el cine político algo carente de interés desde el punto de vista de la experimentación con el lenguaje, calificándolo por esa razón de "cine panfletario".

A partir de la década de 1990, el cine documental argentino y latinoamericano en general –dentro del cual incluimos también al cine documental militante– ha evolucionado, se ha transformado desde el punto de vista conceptual, del lenguaje formal. Ha cambiado el enfoque de los temas, que ya no es tan cerrado. Hay matices, mensajes abiertos, se trabaja a un nivel más sugerente, se subrayan ciertas claves que provocan la participación del espectador, para que éste intente reinterpretar la propuesta y pueda llevarse una idea más abierta del mensaje que se quiere transmitir. También ha habido una transformación con respecto a los aspectos técnicos. Como señala Céspedes: "Ha pasado la época del cine militante, imperfecto, donde todo era válido, porque lo único importante era el mensaje" (Toledo, 1995: 37).

Si bien hubo entonces, en estas últimas dos décadas, un salto cualitativo en las realizaciones de carácter documental, no deja de ser cierto que, para la mayoría de estos colectivos de documentalistas, se hace muy difícil salir de una "estética de la pobreza" (término acuñado por Claudio Remedi, uno de los fundadores e integrantes del colectivo Boedo Films), presos como están de una coyuntura económica, social y política que no da respiro. Ya que, pese a que las nuevas tecnologías encabezadas por la introducción del video y la edición digital implicaron un abaratamiento considerable de las realizaciones de estos grupos, –especialmente si se las compara con el carácter mucho más oneroso de las películas, realizadas en fílmico, del cine militante de los años 60 y 70– el valor de los equipos, y su mantenimiento, entre otros aspectos, sigue siendo un escollo económico difícil de superar, en particular desde la devaluación monetaria sufrida en nuestro país.

En lo que respecta al vínculo entre el cine militante de los años 60 y setenta y los grupos actuales, es interesante traer a nuestra consideración lo que sostiene el crítico alemán Peter Bürger, al retomar Hal Foster el planteo desarrollado por Bürger en su libro *Teoría de la vanguardia*. Según Foster, Bürger piensa que "la repetición de la vanguardia histórica por la neovanguardia no hace sino convertir lo antiestético en artístico, lo transgresor en institucional" (Foster, 2001: 12). En ese sentido es posible pensar que este mismo señalamiento puede ser pensado como una crítica válida para algunas producciones del cine militante contemporáneo, en tanto muchos teóricos, críticos e investigadores afirman que muchas de sus películas no proponen nada novedoso desde el punto de vista formal, ni formulan ninguna innovación significativa y perdurable desde el lenguaje audiovisual, sino que es sólo una repetición de las mismas estrategias narrativas y formales que aquellas que ya desarrollaran en décadas pasadas cineastas como Raymundo Gleyzer y Pino Solanas.

Por nuestra parte, creemos que esto es sólo una verdad a medias, teniendo en cuenta que, como decíamos líneas arriba, muchas de las nuevas producciones de estos grupos realmente incorporan innovaciones formales que ya forman parte del acervo audiovisual de la sociedad contemporánea, tales como secuencias realizadas con diversas técnicas de animación 2D y 3D, realizaciones que le otorgan un lugar preponderante al videoarte y al diseño gráfico en movimiento o *motion graphics*, el uso de diversos procedimientos de narración subjetiva, entre otras posibilidades. Hasta qué punto el videoactivismo contemporáneo será un fenómeno estético y político que pueda llegar a trascender nuestra época es algo que no lo podemos saber ahora, faltos de distancia y perspectiva teórica, en la medida en que somos también nosotros sujetos de este tiempo. Por lo que sólo con el transcurso de las décadas se podrá percibir la real dimensión de las producciones de estos grupos, y su contribución o no a la transformación y al cambio social.

Bibliografía

Arfuch, L., "Arte, memoria, experiencia: políticas de lo real", en Revista *Pensamiento de los Confines*, nº 15, Buenos Aires, diciembre de 2004.

Clark, T., *Arte y Propaganda en el siglo XX. La imagen política en la era de la cultura de masas*. Madrid, Ediciones Akal, 2000.

De Carli, G., "Desterrados, furtivos, presentes, visibles. Apuntes acerca del documental en Argentina", en *Revista Zigurat*, Año 5, nº 5, Carrera de Ciencias de la Comunicación, Facultad de

Ciencias Sociales, Universidad de Buenos Aires, Prometeo Libros, diciembre de 2004.

De la Puente, M.; Russo, P., *El compañero que lleva la cámara-cine militante argentino contemporáneo*, Buenos Aires, Editorial Tierra del Sur, 2007.

Foster, H., *El retorno de lo real. La vanguardia a finales de siglo*, Madrid, Akal, 2001.

Getino, O. y Velleggia, S., *El cine de las historias de la revolución*, Buenos Aires, Grupo Editor Altamira, 2002.

Mestman, M., "Postales del cine militante argentino en el mundo", en Revista *Kilómetro 111. Ensayos sobre cine*, nº 2, Buenos Aires, septiembre de 2001.

Solanas, F., "*La hora de los hornos*: viaje histórico del cine argentino", en *Así de simple 1*, Santa Fe de Bogotá, Editorial Voluntad, 1995.

Toledo T. (comp.), *Cine-Ojo, el documental como creación*, Valencia, Filmoteca de la Generalitat Valenciana, Filmoteca Española y Buenos Aires, Universidad del Cine, 1995.

III. EL CINE DE LA MEMORIA

El día que inundaron mi vida. Construyendo memorias de la inundación de Santa Fe de 2003. Registros audiovisuales de jubilados de Barrio Roma

Lidia Acuña
Facultad de Humanidades y Ciencias
Universidad Nacional del Litoral

Palabras clave: *memorias-registros audiovisuales-jubilados*

Introducción

Nuestra ponencia proviene del proyecto, "Sobrevivencias de los adultos mayores: testimonios y memorias de la inundación de Santa Fe de 2003",[84] realizado durante el año 2008. En esta presentación desarrollamos una perspectiva interdisciplinaria, complementando con análisis sociológicos y antropológicos, que nos permite el abordaje de la construcción de memorias y representaciones sobre el contexto social del que provienen los testimonios. En el texto reflexionamos sobre el uso de la cámara, en nuestra experiencia como herramienta de indagación de la realidad y de construcción de memorias a ser salvaguardadas y los aportes que estos documentos audiovisuales brindan al proceso de investigación socioantropológico en sus etapas de observación y de registro. Así también permitir captar testimonios que construyen memorias de los afectados que ya hoy no son *noticia mediática*, pero que a cinco años de de la inundación siguen viviendo a diario las consecuencias de la catástrofe que les cambio sus vidas. Estos documentos audiovisuales permiten hacer visibles a los afectados que continúan reclamando justicia social y política a diario. Complementamos el desarrollo con análisis de parte de los testimonios audiovisuales.

---

[84] Proyecto: "Sobrevivencias de los adultos mayores: testimonios y memorias de la inundación de Santa Fe de- 2003". Proyecto PEC, acreditado por la Universidad Nacional del Litoral, febrero a diciembre de 2008. Dir.; Nicola, Mariné. Vicedir: Acuña, Lidia, Santa Fe.

Nuestra perspectiva de trabajo

En nuestros proyectos de investigación sobre la temática "Cine y Memoria", desarrollados en la Universidad Nacional del Litoral –desde el año 2002 al 2008–,[85] bajo la dirección de la autora, hemos trabajado la línea de investigación sobre documentales y sus representaciones de la inundación de Santa Fe de 2003. Este tema es la *marca* de las producciones culturales de la ciudad de Santa Fe, abrazada por los ríos Paraná y Salado. En este caso, se nos dio la oportunidad de realizar un Proyecto de Extensión (PEC), relacionado a nuestra trayectoria de investigación en *cine y construcción de memorias*: "Sobre-vivencias de los adultos mayores: testimonios y memorias de la inundación", el desafío fue tomar la cámara *como herramienta para la memoria* y salir a buscar los testimonios. Así, este proyecto, fue nuestra respuesta a la inquietud que manifestaron los miembros del Centro de Jubilados de Barrio Roma, al oeste de la de la ciudad de Santa Fe,[86] con el objetivo de dejar testimonio de lo vivido con la inundación de sus casas, el barrio y la ciudad. Ellos deseaban participar como informantes calificados, actores clave, en la construcción de la memoria. En consecuencia, se abordó la construcción de la memoria de los adultos mayores con respecto a la inundación de Santa Fe de 2003. El proyecto se gesto desde la cátedra de Sociología de la Cultura de la Facultad de Humanidades y Ciencias, que se dicta para los alumnos de las carreras de Historia y desde la cátedra de Antropología Cultural y Social de la Escuela Superior de Sanidad que cursan los alumnos de la carrera Licenciatura en Administración de Salud,[87] con lo que participaron docentes, pasantes y alumnos. Desarrollamos una perspectiva interdisciplinaria, complementando enfoques

---

[85] Proyectos: 1) "Cine y construcción de la memoria" - Cai+d 2002-2005, y 2) Proyecto: "El cine documental: la construcción de la memoria y las formas de representación de los procesos sociales", Cai+d 2006-2008, ambos dirigidos por la socióloga Lidia Acuña, y acreditados en la Universidad Nacional del Litoral, Santa Fe.

[86] En la inundación del 2003, se inundaron las tres cuartas partes de la ciudad de Santa Fe.

[87] Mg. Lidia Acuña, profesora titular de las cátedras de Sociología de la cultura y Antropología cultural y social, desde donde se desarrolló el trabajo con equipo docente y alumnos.

sociológicos y antropológicos. Adoptamos el enfoque de la socióloga Elizabeth Jelin (2002), que distingue dos tipos de memorias: las habituales y las narrativas. Para nuestro caso nos interesamos por las narrativas, ya que en ellas están las que pueden encontrar o construir los sentidos del pasado. Las memorias narrativas son construcciones sociales comunicables a otros. Así, coincidimos con Elizabeth Jelin en tanto consideramos que los sujetos desempeñan un papel activo en los procesos de memoria/olvido que las sociedades constantemente efectúan en relación con su pasado. Se trata de un juego dinámico que se establece entre pasado y presente en donde intervienen múltiples subjetividades. Dicho de otra forma, a lo largo del tiempo los distintos actores sociales luchan por afirmar la legitimidad de su relato del pasado, y en esa disputa –hay que decirlo– no todos tienen la misma relación de fuerza: fundamentalmente por sus vínculos institucionales y el manejo de recursos económicos, los agentes estatales tienen un peso significativo. En este sentido cabe destacar el silencio que el estado provincial santafesino impuso –haciendo uso de distintos mecanismos– a la sociedad en relación con los hechos de 2003 y limitando su accionar al escaso resarcimiento económico de las víctimas y frenando el accionar de la justicia con respecto a los gobernantes de turno.[88]

También, nuestra experiencia en anteriores proyectos, de trabajar y reflexionar sobre *memoria y narraciones* nos ayudó a comprender el rol relevante de registros audiovisuales de testimonios. Considerando los aportes de Jelin existen aspectos importantes para pensar la memoria: en primer lugar, *importa tener o no tener palabras para expresar lo vivido*, para construir la experiencia y la subjetividad a partir de eventos y acontecimientos que nos "chocan". En segundo lugar, aquellos que vivieron el acontecimiento deben para poder transformarlo en experiencia, encontrar las palabras, ubicarse en un marco cultural que haga posible la comunicación y la transmisión. En tercer lugar, saber que las memorias son simultáneamente individuales y sociales dado que la experiencia y la memoria individuales no existen en si, sino que se manifiestan y se *tornan colectivas en el acto de*

---

[88] Carlos Reutemann era el gobernador de ese período y principal responsable, que no ha sido convocado a los tribunales, donde hay infinidad de juicios iniciados contra el gobierno.

compartir. Puede decirse que, la experiencia individual construye comunidad en el acto narrativo compartido, en el narrar y el escuchar.

Construyendo memorias en *trabajo compartido*

Desarrollamos como metodología en el trabajo de campo: un *trabajo compartido*, construyendo memorias con los jubilados de Barrio Roma; en nuestro caso la *cámara como herramienta* obedeció a una *intervención* en la realidad de los jubilados y con objetivos de carácter *conservador, salvacionista* de los testimonios de nuestros informantes.

El uso del film como herramienta requirió de tiempos en nuestro trabajo de intervención: en un *primer momento*, visitamos varias veces el Centro de Jubilados,[89] conocimos a la presidenta (Coca), tuvimos charlas informativas con ella respecto a las características del Centro y a nuestra propuesta de trabajo. La Presidenta mostró total colaboración, ya que la iniciativa de concretar este trabajo se había originado desde ellos. Durante los meses de abril y mayo de 2008, efectuamos visitas y fuimos conociendo a integrantes del Centro, nos interiorizamos de las distintas actividades que realizaban: talleres, gimnasia, charlas y otras. En los primeros encuentros no usamos la cámara, para nosotros eran *espacios exploratorios* de la realidad y para ellos tomar conocimiento de nuestra presencia y trabajo.

En un *segundo momento* realizamos e*xploración con la cámara*: recién en el mes de junio de 2008, se planteó una reunión grupal entre miembros del centro y nuestro grupo de trabajo, donde concurrimos con la cámara. El encuentro fue filmado mientras se desarrollaba el dialogo y los jubilados se fueron acostumbrando a la *presencia* de la cámara. Esta instancia exploratoria nos permitió evaluar las primeras observaciones y orientar las estrategias posteriores del registro fílmico. En este encuentro se dibujaron muchos de los aspectos particulares del barrio y el centro como institución que vivió la inundación de 2003. Las asistentes a la reunión, cuentan experiencias personales,

---

[89] Dirección del Centro: Pasaje Magallanes 4072, Barrio Roma, Santa Fe 3000, Argentina. Fundado hace 24 años, la presidenta es María Frutos (Coca).

y Coca sintetiza situaciones colectivas: Barrio Roma nunca se había inundado, está muy lejos del río, es un barrio al oeste de la ciudad conformado por vecinos de clase media, media baja que viven generalmente en casa propia, integrado por muchos inmigrantes italianos con oficios, comerciantes y profesionales. La *cultura de la inundación*[90] que es vivida en muchos barrios de la ciudad cercanos a los ríos de Santa Fe, es totalmente extraña a los habitantes de Barrio Roma. La presidenta Coca ilustra: "Nosotros no somos los inundados que nos arreglan con un corte de rancho, el barrio no esta acostumbrado a salir a pedir" y resumiendo expresa: "Nuestro centro, nuestros afiliados no somos gente que nos inundamos todos los años [...] nosotros todavía estamos elaborando el duelo".

El registro audiovisual revela al grupo, que asistió a la reunión, como participativo algunas como Coca y Lola daban sus opiniones y reflexiones, pero otras estaban muy atentas, calladas y con pocas palabras. La presencia de todas ellas es de mujeres bien vestidas, sin lujos pero con buen gusto, era claro que la reunión representaba un acontecimiento social especial. Nuestras actoras sociales *nos aceptaban* y asumían el rol de participar en el *trabajo compartido*. Esto nos trae al punto de destacar un aspecto clave en el registro: la *aceptación tácita* o *explícita* por parte de los informantes de ser filmados. En esta situación se observa con evidencia que las personas se *ponen en escena*, es decir, se muestran, actúan, influenciadas por la presencia de la cámara. Esto quedará evidente en las entrevistas individuales: toda persona tiene una manera de *presentarse* y de *actuar* (Guarini, 1991).

Así, en un *tercer momento procedimos al registro fílmico* de los testimonios individuales. Trabajamos con entrevistas semiestructuradas, y las realizamos durante el mes de julio de 2008 en el espacio físico del centro. Estos registros audiovisuales tenían la finalidad de concretar un *film de exposición* con el objetivo de presentar los resultados en los distintos espacios.[91] Los

---

[90] "Cultura de la inundación": es la habitual en habitantes muy cercanos al río Salado o Paraná, que se inundan periódicamente y que viven de la ayuda del gobierno de turno o de instituciones como la iglesia y otras.
[91] Entre estos distintos espacios se plantea la DEVOLUCIÓN, o sea la presentación del film en el Centro de Jubilados.

testimonios fueron voluntarios y se concretaron seis entrevistas a cinco miembros del centro y a la presidenta, ellas fueron: Rosa, Ramona, Lola, Margarita, Malena y la presidenta Coca. Las entrevistas fueron hechas por alumnos-colaboradores de la cátedra de Sociología de la Cultura–, que conformaban el grupo de trabajo. La filmación estuvo a cargo de un integrante del equipo especialista audiovisual. Además participaban del trabajo las responsables de la propuesta y coordinación.

Las entrevistas fueron organizadas en cuatro momentos: 1) en torno a la relación con el centro de jubilados, 2) recuerdos de la inundación, 3) inmediatamente después de la catástrofe, 4) reflexión y análisis desde el presente (actualidad 2008 –a cinco años de la inundación–). Así las entrevistadas se fueron presentando al Centro a horarios pautados: cada una de ellas venia muy bien vestida, algunas con peinados de peluquería y muy atentas a participar. Para estas notas rescataremos algunos aspectos particulares de tres testimonios,[92] siguiendo los pasos de la entrevista. Tratando de armar un mosaico de las memorias, luego el testimonio de la presidenta Coca nos complementa aspectos institucionales que hacen a la vida del Centro. Tratamos de construir una narración que brinde imágenes del conjunto y particularidades de los testimonios.

1) *"Recuerdos de otro país"*, testimonio de Rosa: ella se presentó bien vestida de colores opacos, con esmero, cara muy triste y mirada ausente, hace un esfuerzo por contestar las preguntas, como buscando en sus recuerdos, se detiene a veces y prosigue. Ella nació en Barrio Roma, participa en la comisión del Centro. No participó en los Talleres de la Memoria. Rosa dice: "Yo no creía que llegara el agua [...] nunca había llegado al barrio [...]. Empezó a entrar por las rejillas, no sabía qué hacer [...] luego perdí la noción del tiempo..., todo flotaba [...]. Vinieron mis sobrinos a ayudarme". Triste expresa: "Volví al lunes siguiente, volver fue lo peor, nada se salvó, era agua sucia, mucho trabajo [...]. En el barrio había mas presencia policial. Estábamos ocupados en registrarnos, pedir ayuda, hacer largas colas para alimentos que traía el ejército". "Todos estaban ocupados atendiendo sus casas. Después me sentí mal, al salir a la calle me parecía estar en *otro*

---

[92] Nos limitamos a tres entrevistas (registros audiovisuales) para la ponencia, dado el límite pautado para el Congreso.

país". Piensa y dice: "Cuando llueve de noche me da miedo salir de la cama y pisar el suelo porque creo que va a haber agua en el piso", y Rosa muestra fotos que sacaron cuando bajó el agua: la marca sucia del agua le llegaba al cuello, los muebles destruidos y sucios son algunas de las imágenes que representan las fotos. Ella agrega: "Perdí todas mis fotos, de mi comunión, de la escuela, todo". "Perdí cartas de mi hermano mayor que eran importantes, de mi hermano enfermo". Piensa, suspira y agrega: "A veces busco las cosas, mis estampitas, crees que las tenés, pero no están más". Queda en silencio, ausente, nerviosa, está sola y distante.

2) *"El día que inundaron mi vida",* testimonio de Lola (Libe, una italiana con sonrisa pronta y ojos alegres, vestida con colores cálidos, desgrana con facilidad sus recuerdos, habla tranquila, amable y organizada: hace 50 años que vive en Barrio Roma, estudió magisterio y destaca que fue maestra. Agregando que se caso y tuvo un "matrimonio lindo, con la felicidad simple, mi felicidad fue mi marido, éramos muy compañeros", su esposo murió hace dos años. Lola dice: "Participo en el Centro desde la fundación, trabajo también en la comisión directiva". Sonríe: "A mí me gusta escribir, por eso me gustó mucho participar en el Taller de la Memoria, yo escribo muchas cosas, poesías, algunas publiqué en el diario *El Litoral".* Recordando la inundación dice: "Vinieron los anfibios, muchachos fuertes, nos llevaron y nos dejaron en el Hospital de Niños, luego fuimos al departamento de una prima y después a la casa de los hijos en Rosario". "Pero mi marido y yo queríamos volver a nuestra casa, al Barrio Roma. Yo hice relaciones buenas aquí nos ayudamos mucho en el Centro". Aclara pensativa: "La inundación *nos cambió la vida".* "Pienso que todos nos ayudaron. Yo reconstruí mi casa de *nuevo.* Tuvimos apoyo emocional de los vecinos, aquí hay muchos italianos". Pero: "Uno nunca se olvida, perdí fotos [...]. El Centro de Jubilados a mi me *amparó.* Con los Talleres de la Memoria nos conocimos más, hicimos grandes amistades". "En los talleres de baile, también bailamos tango con mi esposo", sonríe con mirada alegre y nostálgica. Luego Lola, medita y dice: "La inundación marco un *antes y un después,* la tristeza te queda, pero hay que tener voluntad, yo escribí poesías [...] uno se manifiesta en lo que escribe". Lola muestra un texto que nos trajo y trata de leerlo como parte de su testimonio y en ese momento se quiebra en lágrimas. La entrevistadora lee la poesía –para el registro– autoría de Lola: *"Lágrimas sobre el río/Mi memoria se ha tornado insoportable,/ a pesar del esfuerzo,/ no puedo olvidarme del día/que inundaron mi vida, mi casa,/ mi calle, mi barrio, mis vecinos./Me estoy preguntando: /dónde están mis libros, mis muebles,/ mis recuerdos, dónde están los retratos/de mis seres amados que velaban mis sueños,/ la respuesta es el silencio./ Dónde está la vieja Olivetti cómplice cantarina/de mi poesía, de mi prosa adolescente./ Río, río, a un año de la invasión/de tus sucias aguas,/en este negro aniversario,/aún quedan lágrimas para derramar sobre tu lecho./Traigo crespones negros para mostrar el luto/del corazón desgarrado,/ las migajas del alma./ Vengo a tu orilla a buscar una respuesta,/ algún vestigio de todo lo perdido, qué utopía./ A pesar del dolor, a tu orilla vivo,/gracias a la gente que salvo gente,/ a la juventud, a todos los brazos solidarios que me contuvieron./Traigo miel y globos de colores para los niños muertos,/flores blancas para las madres,/y mi promesa de no olvidar a los desaparecidos [...]"* (Lola Fischer *(Libe)*, 2004).

Esta poesía es una síntesis de los sentimientos de Lola, que al finalizar la lectura de su poesía, llora y se enoja. Este último es un testimonio muy enriquecedor, Lola nos expresó toda una gama de sentidos, vivencias, recuerdos y su voluntad por el futuro. Ella levanta su cabeza canosa, de pelo corto que corona su figura de anciana voluntariosa, y nos da una sonrisa, con deseos de vivir y atesorando recuerdos que el río no pudo llevar. El testimonio nos brinda muchos aspectos, que otras entrevistas no pudieron cristalizar, por los velos de silencio y tristezas, que nublan los *trabajos de la memoria* de las otras personas que pese a su voluntad no encontraron las palabras. Es de destacar que en los meses posteriores a la inundación, muchos santafesinos encontraron como forma de expresar su dolor: escribir cuentos, poesías (Acuña, 2006).

3) *"El gobierno no tenía un plan",* entrevista a Coca, la presidenta del Centro: ella nos saluda con su desenvoltura habitual, vestida para la ocasión, de saco rojo y pañuelo al cuello, la Presidenta María Frutos (Coca) tiene 67 años. Ella también es secretaria de la Federación de Jubilados, además de ser la presidenta por segundo mandato del Centro de Barrio Roma. Coca es una mujer acostumbrada a hablar frente a otras audiencias, en su quehacer recorre oficinas y participa de reuniones de trabajo, nos destaca que su pasión es la política social y adultos mayores. Ella nos da cuenta de lo hecho últimamente en el Centro: "Se realizaron refacciones en el local [...]; se reconstruyó el consultorio después de la inundación". Destaca: "Aquí tenemos talleres de gimnasia, baile, tejidos y planeamos computación. También tenemos una enfermería totalmente equipada por convenio con PAMI y además una podóloga [...]. Estamos organizando la biblioteca, la universidad nos donó muchos libros, que perdimos en la inundación. Tenemos una cocina con lo necesario, un patio cubierto con asador y los sanitarios", y va mostrando las dependencias que son registradas con nuestra cámara. "El próximo año cumplimos 25 años del Centro. El número de afiliados, antes de la inundación, era de 500 socios, ahora tenemos 280. Los socios son principalmente mujeres. En el Taller de la Memoria son treinta mujeres y un solo hombre". Y explica con claridad: "La Federación de Centros de Jubilados nos ayuda con tramites, con PAMI y otro tipo de cosas. Aquí hay que asesorar a la gente en todo: trámites de pensión, derechos para las parejas en convivencia, tramites de salud y muchos [...]". Hace una pausa y vuelve sobre la inundación: "La inundación de 2003 castigó mucho al Centro, aquí a esta altura, el agua estuvo adentro quince días. Se trató de organizar para atender a la gente. Los jubilados estaban en estado de shock, paralizados, no salían de la cama [...]. Había que dar mucha contención [...]. Yo estuve en la 'Carpa de la Memoria' en la Plaza de Mayo frente a la casa de gobierno".[93] Aclara: "Costó mucho explicar al gobierno que ésta no era una inundación común. Esto era *atípico*, aquí no se inundó un barrio carenciado. Éste es un barrio que nunca se inundó [...]. El gobierno no tenía un plan. Nosotros pedíamos ayuda psicológica [...]". Ejemplifica: "Los viejos se nos quedaban en la cama, todos se querían morir. Organizamos el Taller de la Memoria, lo coordinaba una psicóloga, y luego seguimos con una terapista ocupacional. En el taller hicimos muchas cosas, una obra de teatro, la gente escribía, se

---

[93] La Carpa Negra de la Memoria fue organizada por grupos de inundados de distintos barrios, para canalizar los reclamos frente al gobierno, permaneció en la Plaza de Mayo varios años y ahora se vuelve a armar para los actos de aniversario de la inundación. Mientras los reclamos y juicios al gobierno continúan.

le puso un nombre con un el diseño de un logo: 'Una ventana al recuerdo' [...]", y muestra el cuadernillo. Continua: "Además organizamos charlas de prevención de salud, sobre alimentación, sexualidad, en un convenio que tiene el PAMI". Coca responde sobre su casa inundada: "Mis hijos me sacaron de mi casa, me llevaron a Santo Tomé. En su momento no me preocupó lo material, volví a los 10 días, mi casa ya estaba limpia, a mí me apoyó mi familia [...]". Prosigue: "Yo no vi el agua dentro de mi casa y luego vine al Centro, organizamos la Carpa de la Memoria por 170 días, pasamos Navidad en la carpa". Coca vuelve a su preocupación principal, el Centro: "El rol del Estado fue estar ausente y desde antes. El domingo tuvimos que votar y nos inundamos el martes [...]. Lo peor, desde el gobierno, fue *no informar* a la gente. Los medios de comunicación ayudaron, la radio. También las escuelas, los docentes, la iglesia". Se detiene y enfatiza: "En mi vida pensé ver las cosas que vi con la inundación [...] cosas que no tenía idea que existían [...]. Para el barrio fue un antes y un después, *sólo otro inundado lo puede entender*, esta inundación sacó lo mejor y lo peor de los seres humanos. El gobierno no tiene el dinero –no puede– para comprar lo que se perdió, cuadros, fotos [...]. Yo pienso, 'yo tengo' [...], no, 'yo tenía'". Nos mira de frente y enfatiza: "Ayudar a otros, ocuparme del Centro me ayudó a no pensar en lo mío, lo personal, no tenía tiempo".

El testimonio de Coca fue integrando aspectos de los trabajos de la memoria testimoniados. Los registros audiovisuales *se complementan* unos con otros, esta experiencia compartida aporta construcciones audiovisuales que construyen memorias, imágenes que forman parte del proceso cognitivo, ya que no se limitan a transcribir o reproducir sino también a *producir realidad*. En los registros audiovisuales se encuentran similitudes en expresiones y palabras como: marcar que "hay un antes y un después de la inundación". También la mayoría, en distintas formas, destaca el rol de contención del Centro. Algunas entrevistadas muestran *no encontrar* las palabras para comunicarse, la mirada triste o el silencio son testimonios. Mientras otras como Lola y Coca, cada una a su manera, encuentran la forma de transmitir su experiencia individual y socializarla.

Finalmente, los testimonios registrados fueron expuestos en el centro para totalizar el recorrido del trabajo, con la *devolución* a nuestras actoras sociales y compartir la experiencia con otros jubilados, tornándola así colectiva. Esto se concretó en noviembre de 2008, las entrevistadas asistieron acompañadas de familiares, nietos, que se interesaban por el tema. Concurrió nuestro equipo de trabajo, el registro completo fue agrupado en tres DVD y en la ocasión se presentó un avance con recortes de los seis testimonios. Se desarrolló la proyección frente a la audiencia, con sus caras extasiadas, muy atentas, siguiendo en silencio el audiovisual.

Al finalizar se dieron relevantes reflexiones: "Esto es buenísimo, que alguien de 'afuera', le interese el dolor nuestro". Otra dijo: "Uno escucha lo que dijimos y vemos de otro modo nuestro propio dolor", y agregaron: "Que los jóvenes se interesen por el tema, eso es muy importante". Esto último tuvo la contrapartida de los estudiantes, que comentan sobre la experiencia de trabajo y lo que se logró: "Sentirnos cercanos a un grupo".

Concluyendo, Cecilia-coordinadora-expresó: "Cada una de ustedes en los testimonios dio su parte [...] y nosotros nos llevamos adentro mucho aprendizaje [...] nos necesitábamos mutuamente". Esto sintetiza los logros de gran parte del trabajo.

Conclusión

Los registros audiovisuales nos muestran heridas, pérdidas, en imágenes, palabras y silencios, que unifican y convocan a estas actoras sociales inundadas, como *marcas de identidad*.

Lo expuesto es un aspecto de la experiencia de nuestro proyecto, con el valor agregado de la concreción de un trabajo grupal, donde se transformaron marcos teóricos en una práctica de registro audiovisual colectiva concreta. Así se establecieron nuevas interacciones, en forma de relaciones sociales entre docentes y estudiantes participantes, superando fragmentaciones a través de acciones y construyendo conocimiento con la gente del Centro. Produciendo imágenes, que *construyen realidad*; frente a la casi ausencia actual de los medios, en relación con una problemática que existe en gran parte de la ciudad de Santa Fe, pero *que ya no es noticia*.

Nuestro trabajo pone la atención y registra la problemática, articulando con actores sociales que dan sus testimonios, y esta acción permite la convergencia de tornar registros individuales en sociales incorporándolos a lo colectivo, además estas intervenciones, formas alternativas, *permiten visualizar* lo que los poderes hegemónicos mantienen al margen.

Bibliografía

Acuña, Lidia, Ponencia "Aportes de dos narraciones documentales a los trabajos de la memoria sobre la inundación de la ciudad de Santa Fe 2003", en *IV Jornadas de Investigación en Antropología social*. Facultad de Filosofía y Letras, Universidad de Buenos Aires, 2 al 4 de agosto de 2006.

Camolli, Jean-Louis, *Filmar para ver*, Sigmur/Cátedra La Ferla, UBA, Buenos Aires, 2002.

Candau, Joel, *Memoria e Identidad*, Ediciones del Sol, Argentina, 2001.

Guarini, Carmen, "Cine y Antropología. De la observación directa a la observación diferida", en Roxana Guber, *El salvaje metropolitano*, Legasa, Buenos Aires, 1999.

Jelin, Elizabeth, *Los trabajos de la memoria*, Madrid, Siglo XXI, 2002.

Nichols, Bill, *La representación de la realidad. Cuestiones y conceptos sobre el documenta*l, Barcelona, Paidós, 1997.

11-S: el auge de los documentales conspirativos

María Paula Gago
Facultad de Ciencias Sociales
Universidad de Buenos Aires

Palabras clave: *documental, 11-S, conspiración*

Introducción

Desde hace algunos años cuando se refieren al atentado del World Trade Center, los medios de comunicación internacionales sostienen que el 11 de septiembre de 2001 marcó un antes y un después.

Entre otras cuestiones, ese evento fomentó la aparición de algunas películas encuadradas en lo que denominaremos perspectiva conspirativa. Acaso la primera y más conocida de la serie fue *Fahrenheit 9/11*, de Michael Moore, que sugiere que Bush robó las elecciones en 2000 y que la guerra en Irak fue motivada por intereses comerciales. También surgieron múltiples largometrajes difundidos en Internet denunciando las verdaderas razones que impulsaron el ataque al World Trade Center, símbolo del poder político y económico de Estados Unidos. Pero esto no acaba aquí. Los relatos que intentan desenmascarar el macabro plan incluyen desde miles de correos electrónicos anónimos que señalan inexplicables mensajes ocultos hasta explicaciones de circulación periodística o televisiva que han instalado la idea de que nada es lo que parece respecto de las versiones oficiales acerca de los acontecimientos vinculados al ataque a las Torres Gemelas el 11 de septiembre de 2001.

Este fenómeno, que encontró en Internet una eficaz caja de resonancia, también se siente en el campo cultural. Las visiones conspirativas parecen ser para el mundo post 11-S lo que fue el espionaje para el siglo XX y la Guerra Fría. Lejos de ser un caso aislado, las explicaciones conspirativas no sólo abarcan el cine, la televisión, sino también la historia, la ciencia política y la literatura. Ya en 1994, el ex agente de la CIA y escritor, Tom Clancy (véase *Deuda de Honor*), prevenía al mundo sobre un atentado, utilizando aviones comerciales impactando en el Capitolio, lo que provocaba la acefalía en el gobierno norteamericano. Cuando sucedieron los acontecimientos del 11-S, la agencia lo entrevistó.

En este trabajo se analizará, en particular, las características de dos producciones post 11-S: *Loose Change: Final Cut* y *Zeitgeist*. Ambos documentales, que están disponibles en la web y son representativos de los sectores que dudan de la versión "oficial", denuncian el plan maquinado y ejecutado desde el interior mismo del gobierno de George W. Bush.

De tal manera, nuestro trabajo propone explorar los mecanismos discursivos y/o retóricos que se utilizan en los largometrajes mencionados.

Específicamente, procuraremos un análisis de la compleja trama de significaciones que encierran los discursos conspirativos. Entenderemos que un discurso es una "configuración espacio temporal de sentido" (Verón, 1987), una actividad heterogénea que se teje con discursos anteriores.

A su vez, estos discursos encierran un modo de vínculo: las palabras, las imágenes y sus múltiples articulaciones, asociadas con los modelamientos propios del dispositivo, definen un lugar de quién toma la palabra y de quién la recibe es decir, el locutor organiza sus discursos como un juego de relaciones entre él y su destinatario. Este juego de relaciones se inscribe en una comunidad ideológica y cultural que se rige por ciertas normas que el locutor asume como válidas para él y su entorno. Entonces, siguiendo estas huellas, no sólo es posible reconstruir la subjetividad individual sino una subjetividad socialmente compartida.

Desde este punto de vista, decidimos analizar los films en las tres dimensiones –retórica, temática y enunciativa– a fin de subrayar los temas y las modalidades descriptivas y argumentativas que nos permitirán establecer las características de las explicaciones conspirativas.

La resistencia a las versiones oficiales: *Loose Change: Final Cut* y *Zeitgeist*

Mientras el cine "comercial" produjo sus propias versiones sobre el atentado al *World Trade Center* –*Vuelo 93* y *Las Torres Gemelas* por citar algunas– por otros canales circulan contra-versiones de la historia "oficial": infinidad de textos y videos de bajo presupuesto. De las películas que sostienen la teoría conspirativa, que señalan a la administración Bush como responsable en los atentados con argumentos que van desde el haber desoído claras señales de alerta hasta el autoatentado planificado, uno de los que más repercusión ha tenido hasta el momento es *Loose Change Final Cut* (2008), la versión "recargada" y definitiva de un documental producido en 2005 por tres neoyorquinos Dylan Avery, Jason Bermas y Korey Rowe. Su público: aquellos que creen que el gobierno de Estados Unidos y la Comisión del 11/9 ocultó o se negó a investigar evidencia crítica que contradice la explicación oficial de los ataques.

A lo largo de sus 129 minutos, divididos en prólogo, tres actos y epílogo, una voz en *off* va enumerando y explicando las "pistas" del acontecimiento, que abarcan desde las relaciones entre los Bush y los Bin Laden hasta la "apertura" de fronteras que hizo el gobierno para dejar que se concrete el atentado.

La película tiene sus detractores. El más famoso de los "refutadores" es el blog screwloosechange.blogspot.com. Pero *Loose Change* no está sola, sino que forma parte de lo que se ha dado en llamar el Movimiento por la Verdad del 11-S (*9-11 Truth Movement)* y que ya ha producido innumerables artículos y films . Entre ellos, tres que aparecen recomendados al final de *Loose Change (2005)* y que muchos usuarios accedieron a mantener en Internet para quien quiera obtenerlos: *911 in Plane Site*, de Dave von Kleist; *Painful Deceptions*, de Eric Hufschmid; y *9/11 Guilt: The Proof is in Your Hands*, de Celestine Star. A eso se suman los dos videos del periodista radial y organizador de las Conferencias por la Verdad del 9/11 Alex Jones: *911: The Road*.

Por su parte, *Zeitgeist* (2007), según cuentan sus realizadores "ha sido hecha como un modo de inspiración para que la gente empiece a ver el mundo desde una perspectiva más crítica y para que entiendan que muchas cosas no son lo que todos piensan". Religión, mitos, control social y fanatismos. Este documental apareció en 2007 en Internet y desde un comienzo, su productor y director Peter Joseph, habilitó su descarga gratis. La obra está dividida en tres capítulos: *"The Greatest Story Ever Told"* atiende a las mentiras de la religión; *All The World's A Stage* mentiras del ataque a las Torres Gemelas, y la tercera *Don't mind the men behind the curtain*, sobre el sistema financiero norteamericano.

"Todo tiene que ver con todo"

Las explicaciones conspirativas se caracterizan por explicar lo que el discurso oficial (Birchall, 2006) omite y oculta. Se trata de una "explicación propuesta para algunos eventos históricos, formulada en términos de una actividad causal significativa de un grupo relativamente pequeño de personas –los conspiradores– que actúan en secreto" (Keeley, citado en Clarke, 2002).

Dentro de la psicología social, se distinguen entre explicaciones situacionales y disposicionales de la conducta. De acuerdo con Clarke (2002), ante determinados eventos o acontecimientos, cuando se le pide a alguien que explique lo sucedido puede dar dos tipos de explicaciones. En el caso de un accidente de tránsito, indica el autor, se podrían indicar ciertos rasgos de la personalidad (imprudencia, distracción, entre otros) de los sujetos implicados, en ese caso estaríamos proporcionando una explicación disposicional. Pero también podría explicarse el suceso por las malas condiciones climáticas, la incorrecta señalización del camino y en ese caso se esgrimiría una explicación situacional. "Por supuesto, nada impide que combinemos ambos tipos de explicación, al intentar dar cuenta de eventos complejos como los que pone en cuestión el ejemplo. Sin embargo, típicamente, la gente presiente que las explicaciones causales discriminan un único factor explicativo como "la causa de un evento" (Clarke, 2002).

Por ser altamente disposicionales (Clarke, 2002), las explicaciones conspirativas se caracterizan por vincular eventos a "simple vista" desconectados. Y como dan explicaciones acerca de todo aquello que la versión oficial no puede explicar deben recurrir a un enorme caudal de información que se vuelve imposible de "chequear", al menos para el espectador.

Desde este punto de vista, las visiones oficiales suelen dar un tipo de explicación situacional mientras que las visiones conspirativas brindan un tipo de información disposicional que le permiten vincular "todo con todo".

"Ask questions, demand answers"

Loose Change Final Cut y *Zietgeist,* constituyen intentos desesperados por dar respuesta a los interrogantes que ni el gobierno ni la Comisión 9/11 fueron capaces de contestar.

¿Qué fueron esas explosiones que algunos testigos escucharon después de que los aviones se estrellaron contra las torres? ¿Cómo es posible que las cajas negras de los vuelos de *American Airlines* y *United* nunca fueron encontradas y el pasaporte de uno de los presuntos secuestradores, hecho de un material mucho más frágil, apareció intacto a unas pocas cuadras del World Trade Center? ¿Realmente quieren hacernos creer que el hombre del video en el que Osama bin Laden se adjudicó la autoría de los atentados es el mismo de las imágenes disponibles hasta entonces de Bin Laden? ¿Por qué el elaborado sistema de defensa aéreo norteamericano no pudo hacer nada ese día? El hueco dejado por el impacto contra el ala izquierda del Pentágono ¿no se parece mucho más a aquellos que dejan los misiles que a la silueta de un avión estrellado? ¿Los secuestradores eran musulmanes fundamentalistas mentalmente "extraviados" o "profesionales" entrenados, financiados y protegidos por el gobierno norteamericano? ¿Por qué la Comisión consideró "insignificante" los cien mil dólares que el Servicio de Inteligencia Pasquitaní destinó para financiar el atentado? ¿Quiénes, en Estados Unidos, podrían estar beneficiándose con el clima generado por los ataques?

A continuación, veamos las explicaciones que se esgrimen en los documentales, a propósito del 11-S.

En primer lugar, los secuestradores. En *Loose Change* se denuncia que el ingreso a Estados Unidades de algunos de los 19 secuestradores había sido detectado por el programa de inteligencia militar *Able Danger*, que fue cerrado en el año 2000. Ambos films ponen de manifiesto que Mohamed Atta, uno de los líderes del comando terrorista, recibió cien mil dólares del Servicio de Inteligencia Pasquitaní (ISI), cuyo jefe -el general Ahmad- estaba reunido ese día con miembros del Capitolio. Estos secuestradores, sostendrá *Loose Change*, no eran musulmanes "locos" sino personas preparadas, financiadas y protegidas por el propio país.

En segundo lugar, las advertencias y las hipótesis de conflicto. Según estos films el gobierno fue advertido sobre posibles ataques terroristas y nucleares. Desde unos meses antes al 11-S, la Fuerza Aérea estaban haciendo simulaciones con aviones comerciales secuestrados por terroristas, imaginando que impactaban en el Pentágono. El día del atentado estaban haciendo simulacros de guerra, por eso muchos de los cazas fueron llevados fuera de Estados Unidos

En tercer lugar, el vuelo 77 y el vuelo 93. A las 9:37 del día 11 de septiembre el vuelo 77 de American Airlines impactó contra el Pentágono, en Virginia. Según la versión oficial, este vuelo fue secuestrado por cinco personas al mando de Hani Hanjour, quien había ingresado a Estados Unidos en el año 1996, de acuerdo con las películas analizadas.

Según versiones de instructores de vuelo, que habían conocido a Hanjour, no sabía pilotear un avión y de hecho no entendían cómo había conseguido una licencia en el año 1999. De acuerdo con el Informe del 9/11, Hanjour era un piloto experto. Para sumar contradicciones los dos films detectan que las cajas negras de los vuelos de American Airlines y United nunca fueron encontradas y el pasaporte de uno de los presuntos secuestradores apareció intacto a unas pocas cuadras del World Trade Center. A la hora de plantear el misterio del vuelo 93 de United Airlines, *Loose Change Final Cut,* desempolva un informe del canal WCPO de Cincinnati, según el cual el avión llegó a aterrizar sano y salvo en un aeropuerto de Cleveland, pero por el que luego la emisora se retractó.

En cuarto lugar, el derrumbamiento de las Torres 1, 2 y 7, y las explosiones. Ambos films descreen de la explicación oficial que sostiene que las torres cayeron por el derretimiento que generó el combustible de los aviones en el acero. Luego de consultar a arquitectos y físicos, se llega a la conclusión de que se trató de una "demolición controlada", es decir, en el subsuelo de los edificios había detonantes que generaron una caída libre de los edificios semejantes a una implosión planificada. La torre 7, que cayó a las 17:20 del día 11 de septiembre, también fue un caso de demolición controlada, entre otras causas, porque desde allí se manejaba el control de los explosivos de las torres 1 y 2.

En quinto lugar, Bin Laden apareció en tres videos, en ninguno de ellos se responsabiliza por los atentados y las autoridades nunca pudieron comprobar una relación directa entre el líder de *Al-Qaeda* y los secuestradores del 11/9. En un video donde sí se autoincrimina, según peritajes hechos a la imagen se establece que el personaje era un doble.

"Pregunta y exige respuestas". Las visiones conspirativas, al igual que las explicaciones disposicionales, ofrecen elucidaciones con más poder unificante que las explicaciones situacionales "porque pueden relacionar la ocurrencia de eventos dentro del contexto de un plan intencional" (Clarke, 2002). Como se ocupan de "desenmascarar" aquello que el poder oculta necesitan de un gran caudal de información para sostener su argumentación y por eso nos abruman con un torrente de evidencia en favor de sus posturas: entrevistas a especialistas, entrevistas a testigos, documentos "reveladores" y censurados por el gobierno, "reconstrucción" de los acontecimientos.

Si se acepta la versión oficial: nadie alertó sobre un posible ataque, por lo tanto el sistema de seguridad no estaba preparado. Por el contrario, si se cree que el plan fue pergeñado por el propio gobierno norteamericano debemos apelar a explicaciones disposicionales porque se supone que Bush y sus cómplices armaron todo para engañar al mundo entero y justificar la posterior invasión en Oriente.

A modo de cierre

El atentado al World Trade Center dio nuevo impulso a films cuya perspectiva es conspirativa. La proliferación de documentales, también disponibles en Internet, son un caso ejemplar del fenómeno.

Pero, más allá de las versiones reticentes a las versiones oficiales que circularon en Internet, Hollywood, produjo dos películas emblemáticas: *Las Torres Gemelas*, de Oliver Stone, y *Vuelo 93*, el docudrama dirigido por un inglés. Por lo tanto, la conspiración no es exclusiva de los documentales disponibles en Internet.

Contra todo lo que imaginaba cualquiera que adoptase el punto de vista de las teorías conspirativas, la espectacularidad de las imágenes en directo para todo el mundo, y luego repetidas, había superado a la propia industria cinematográfica de Hollywood.

Pero no iba a pasar mucho tiempo hasta que la sociedad norteamericana se preguntara cómo hacer una película sobre los atentados. Pero no porque fuera imposible filmar semejantes escenas: con los edificios derrumbándose y los aviones secuestrados se fue construyendo hacia fines del siglo pasado el "emporio" de las superproducciones de Hollywood.

Bibliografía

Birchall, C., "Que seas paranoico no significa que ellos no estén ahí afuera para atraparte", en *Knowledge goes pop: From Conspiracy Theory to Gossip,* Inglaterra, Berg Publishers, 2006, trad., Miguel Ángel Santagada.

Castillón, J. C., *Amos del Mundo. Una historia de las Conspiraciones*, Madrid, Debate, 2005.

Clarke. S., "Conspiracy Theories and Conspiracy Theorizing" en *Philosophy of the Social Sciences,* 2002, pp. 32-131, trad., Miguel Ángel Santagada.

Verón, E., *La semiosis social*, Barcelona, Gedisa, 1987.

Films

Loose Change Final Cut (2008), Director: Dylan Avery, version *online* disponible en http://video.google.com/videoplay?docid=6549357998725958567.

Zeitgeist (2007), Director: Peter Joseph, versión on line disponible en http://video.google.com/videoplay?docid=8883910961351786332.

Páginas web

http://www.loosechange911.com.
http://www.zeitgeistmovie.com.

El ciclo de los documentales sobre la izquierda revolucionaria peronista como testimonio y la discusión sobre la memoria social

Gustavo Aprea
Instituto del Desarrollo Humano
Universidad Nacional de General Sarmiento

Palabras clave: *historia reciente-documentales-memoria audiovisual*

Introducción

En las sociedades contemporáneas los medios de comunicación cumplen un rol fundamental para la reconstrucción y conservación del pasado. Por ello se constituyen en un factor preponderante para el desarrollo de diversas variantes de la memoria social. Dentro de este contexto de revisiones sobre lo ocurrido en la sociedad se destacan las evocaciones de la historia reciente. Los medios de comunicación, en especial los audiovisuales, ocupan un lugar determinante y complejo en la reconstrucción, el debate y la interpretación sobre lo acontecido durante este período. Sobre ellos se asienta el grueso de la información que tenemos en torno a los acontecimientos más significativos de la vida pública. En consecuencia muchas veces los productos mediáticos se transforman en fuentes que permiten recabar información sobe el pasado y, a la vez, conforman un ámbito en que polemizan las diversas versiones de la memoria social.

Una parte importante de la producción de documentales audiovisuales argentinos de los últimos años se destaca dentro de este proceso de debate y construcción de distintas variantes de la memoria social sobre el pasado reciente. Aunque dentro del campo documental se tratan cuestiones que abordan casi toda la historia argentina, aquellos trabajos que discuten los acontecimientos del pasado reciente vinculados a las luchas revolucionarias de la década de 1970 y la acción de la dictadura que finalizó en 1983 sobresalen tanto por su cantidad como por la variedad de propuestas. Este período histórico es tratado por la cinematografía argentina prácticamente desde su finalización.[94] Durante los primeros diez años esta temática se emplaza mayormente dentro del registro ficcional pero a partir de mediados de la década de 1990 el tema adquiere mayor peso dentro del ámbito documental.[95] En efecto, junto con la expansión del movimiento documentalista, en el marco de los lenguajes audiovisuales se traslada el eje de la evocación de la ficción al documental. En este contexto los documentales audiovisuales se conforman como en uno de los ámbitos principales en los que se debate sobre las memorias generadas en torno a los acontecimientos traumáticos de los períodos evocados.

El conjunto de films y videos documentales que evoca la militancia revolucionaria y aborda la memoria traumática generada por la acción dictatorial del período es encarado desde diversas perspectivas. Así se lo evoca a través de biografías de militantes,[96] reconstrucción de sucesos específicos,[97] crónicas de desapariciones[98] o evocación de trayectorias militantes.[99]

---

[94] Antes de que termine el período dictatorial se emprenden proyectos que aluden directamente al proceso que está finalizando en films ficcionales como *La historia oficial* (Luis Puenzo, 1984) o documentales como *La república perdida* (Miguel Pérez, 1983). Durante los primeros años de la restauración democrática la dictadura militar y sus consecuencias nefastas son un tema abordado de manera recurrente en la cinematografía local.

[95] El pasaje del campo ficcional al documental ha sido señalado y analizado por Gonzalo Aguilar (2006) y Gustavo Aprea (2008a).

[96] Por ejemplo: *Tosco, grito de piedra* (Jaime y Ribetti, 1998), *Padre Mugica* (Mariotto y Gordillo, 1999) o *Paco Urondo, la palabra justa* (Desaloms, 2004).

[97] Dentro de los documentales que evocan el período de las luchas revolucionarias se puede nombrar *Trelew* (Mariana Arruti, 2003) sobre la fuga y masacre de presos políticos en 1972 o *Rebelión* (Urioste, 2003). que reconstruye el Cordobazo Dentro del período dictatorial abordan esta temática documentales como *Prohibido* (Di Tella, 1996) sobre la censura dictatorial; *Sol de noche* (Milstein y Ludin, 2002) en torno a la represión en el Ingenio Ledesma; o *Caseros, la cárcel* (Raffo, 2005). Que aborda la vida de los presos políticos.

[98] Entre otros se pueden citar: *Yo, sor Alice* (Marquardt, 1999), *Flores de septiembre* (Osores, Testa y Wainszelbaum, 2003) o *4 de julio: la masacre de San Patricio* (Young y Zubizarreta, 2007)

[99] Adoptan esta perspectiva documentales como *Los malditos caminos* (Barone, 2002) sobre los cristianos revolucionarios; *Los perros* (Jaime, 2004) o *Gaviotas blindadas* (Getino, Lagar, Simoncini, Neri y Vázquez, 2006-2008), ambos se ocupan de la trayectoria del PRT-ERP.

La amplia variedad de enfoques incluye menos trabajos en los que ambos períodos –el ascenso revolucionario y la represión dictatorial– son evocados de manera articulada otorgándosele una importancia semejante. Dentro de ellos se encuentra un grupo de documentales que reconstruyen tanto la militancia del peronismo revolucionario como la represión dictatorial y sus consecuencias. Alrededor de la interpretación de la militancia montonera y su trágico final se genera un ciclo de documentales en los que, pese a las evidentes diferencias políticas y estéticas –o más bien gracias a ellas–, se puede seguir una discusión en torno a la valoración de la militancia revolucionaria y la interpretación sobre el alcance de la feroz represión estatal. Dentro de este conjunto de documentales se encuentran, sin duda: *Montoneros, una historia* (Andrés Di Tella, 1994), *Cazadores de utopías* (David Blaunstein, 1995), *Papá Iván* (María Inés Roqué, 2000), *Los rubios* (Albertina Carri, 2003) y *M* (Nicolás Prividera, 2007).

Aunque se refieren a un período histórico similar y en algunos casos hablan de los mismos acontecimientos otros documentales no hacen evidentes debates entre ellos, ya sea porque repiten posturas estéticas y políticas o porque realizan recortes que no permiten un diálogo fluido entre ellos. Entonces surge una serie de cuestiones en torno a la naturaleza de la polémica que encarnan los documentales del ciclo montonero, las condiciones que la hicieron posible, las modalidades estilísticas que la sustentan y las formas de construcción de la memoria social involucradas.

Transformaciones dentro en la construcción de la memoria social

Para avanzar sobre las cuestiones recién enunciadas vale la pena detenerse en dos tipos de condiciones que posibilitaron la emergencia del ciclo de documentales que abren un campo polémico que combina la revaloración de la militancia revolucionaria con la discusión sobre las consecuencias de la represión dictatorial: las transformaciones que se producen dentro del campo de la memoria social y los cambios que se generan dentro de la producción documental.

Varios autores –por ejemplo, Claudia Feld (2002 y 2006), Alejandra Oberti y Roberto Pittaluga (2006)– señalan que alrededor de 1995 se produce un punto de giro en torno a la construcción del la memoria social sobre la dictadura de 1976-1983. A partir de este momento se hace público el carácter militante de las víctimas de la represión dictatorial y se desencadenan distintas líneas de interpretación sobre el sentido de la estrategia emprendida por los revolucionarios relacionándolas con las consecuencias de la política de desaparición forzada de personas. Entre otras causas posibilitaron esta transformación: el pasaje del eje de la reivindicación de la memoria del ámbito jurídico al de los medios de comunicación,[100] la emergencia de nuevos actores sociales –la generación de los hijos de los militantes– dentro del debate[101] y el renacimiento del interés público por el tema de los Derechos Humanos tanto en los medios de comunicación como en el público.[102] Ninguno de estos factores por sí solo produjo la renovación dentro de las prácticas ligadas a la construcción de la memoria social pero articulados entre sí se fueron potenciando mutuamente y a partir de mediados de la década de 1990 puede señalarse la existencia de un período en el que aparecen formas nuevas de reconstruir la historia argentina reciente. Así puede hablarse, siguiendo a Claudia Feld (2002), de la construcción de una parte de la memoria social bajo el formato de un espectáculo masivo. Dentro de este contexto se recortan algunas características

---

[100] Luego de las leyes de Obediencia Debida (1986) y Punto Final (1987) y los indultos para los represores y militantes revolucionarios, dictados por el presidente Menem (1989 y 1990), la posibilidad de sostener acciones legales contra los represores en Argentina casi desapareció. En consecuencia, algunos de ellos –por ejemplo, las confesiones del marino Adolfo Scilingo o el militar Héctor Vergéz– describieron parte del accionar represivo. Por otra parte, comenzaron a tener circulación pública testimonios de sobrevivientes que unen su carácter de víctimas de la represión con su pasado militante revolucionario, como sucede en obras como el libro *La voluntad* de Eduardo Anguita y Martín Caparrós.
[101] Representada por la aparición de la agrupación HIJOS fundada en 1995.
[102] A partir de mediados de la década de 1990 los medios vuelven a hacerse eco de la problemática ligada a la represión dictatorial y comienzan a interesarse por la militancia revolucionaria que dio la excusa para su sustentación. Al mismo tiempo –entre otras razones como forma de oposición a las políticas generales del menemismo– se produce una mayor adhesión a las propuestas de los organismos de Derechos Humanos.

que definen una nueva modalidad de construcción y validación de la memoria social. La primera de ellas es la importancia que se le otorga a los testimonios como forma de evocación –en algunos casos también como interpretación– del pasado reciente. De esta manera la visión de los testimonios pasa de ser un elemento propio del ámbito jurídico a constituirse en pruebas fundamentales para la validación de una versión del pasado. En este sentido es necesario recordar que hasta el momento los testimonios de las víctimas habían resultado fundamentales tanto en la concreción del informe CONADEP (1984) como en el juicio a los ex comandantes (1985). En ambos casos tienen un valor informativo y con este sentido circulan. El interés está centrado en qué dicen más que en cómo presentan una visión subjetiva del pasado. Esto puede observarse en la forma en que son dados a publicidad, por escrito –el informe *Nunca Más* en 1984 y la publicación *El Diario del Juicio* aparecido durante 1985–, y el modo en que es restringida su circulación durante la década de 1980.[103] En el marco del relato jurídico los testimonios revelan un secreto –la represión clandestina–, se constituyen como pruebas y limitan su interpretación al plano jurídico. En la medida en que se integran en la lógica mediática los testimonios pasan a despejar otras incógnitas: ¿qué sintieron los protagonistas de los hechos?; ¿cuál es su interpretación personal de los acontecimientos?; ¿en qué medida su experiencia personal sirve para comprender los hechos aberrantes que relatan?

En relación con el nuevo valor que se le otorga a los testimonios se pueden describir otros rasgos que también se conectan con la cultura mediática. Uno de ellos es el interés por el caso individual como representante de una situación más amplia. Esta modalidad dominante en la construcción de la información audiovisual[104] parece teñir también la reconstrucción del pasado reciente. Mientras durante la década de 1980 el interés en los

---

[103] Si bien las cámaras de televisión registraron la totalidad del Juicio a las Juntas, durante su transcurso no transmitieron con sonido ni un solo testimonio. La información de los noticieros sintetizaba las declaraciones y presentaba a los testigos de espaldas a la cámara. Recién en 1995 la editorial *Perfil* editó videos sobre el juicio y en 1998 se pudo ver una versión abreviada por televisión.

[104] Este tipo de construcción de la noticia ha sido descripto por Aníbal Ford y Fernanda Longo (1995).

procesos de construcción de la memoria está puesto en una visión de conjunto tanto de la militancia como de la represión, a medida que se avanza en la década de 1990 esta perspectiva se diluye. Así, por ejemplo, dentro del terreno de los documentales audiovisuales predominan las perspectivas generalizadoras en *La república perdida II* (Miguel Pérez, 1986) o *DNI (La otra historia)* (Luis Brunati, 1989). Sólo desde la obra pionera *Juan, como si nada hubiera sucedido* (Carlos Echeverría, 1987) comienza a despertarse el interés por los casos individuales. Poco a poco tanto el campo de la información como el documental toman la estrategia que desde el primer momento adoptó la ficción para abordar esta problemática. El interés por los casos personales también se conecta con otra de las cuestiones que comienzan a tomar importancia en este nuevo período: la relación conflictiva entre las memorias personales y las memorias colectivas. Ya no se trata de una memoria subalterna que se enfrenta a la versión hegemónica de la construcción del pasado. Dentro de aquellos que cuestionan la versión oficial, institucional y mediática, no se construye una única visión reivindicativa del pasado sino que se observan conflictos entre distintas perspectivas y aparece el problema de la falta de concordancia entre los recuerdos individuales y las memorias colectivas. Esto lleva a la tematización de los conflictos y los problemas que se presentan para la reconstrucción del pasado.

Finalmente, la reivindicación pública del pasado militante de las víctimas de la represión dictatorial permite no sólo asociar los dos momentos históricos sino también discutir sus relaciones y presentar diversas perspectivas sobre cada uno de ellos. Esto implica una vuelta crítica que posibilita la revisión y amplía el debate sobre los acontecimientos traumáticos que caracterizaron al pasado reciente argentino. De esta manera van perdiendo peso las posturas que tienden a presentar una mirada con pretensiones de objetividad que pretende cerrar una interpretación aceptada por toda la sociedad. Los documentales que reconstruyen la militancia revolucionaria peronista y su fracaso trágico están condicionados por estas tendencias dominantes dentro de la reconstrucción del pasado reciente. Sin embargo esto no implica una determinación directa sino un juego de relaciones más complejo. Por un lado los documentales forman una parte activa e importante de este proceso y en tal sentido no sólo son influidos sino también dejan sus marcas en él. Por otro, en algunos casos la postura de los documentalistas puede ser reactiva con respecto a alguno de los rasgos que presenta la cultura mediática.

Un nuevo momento dentro de la producción documental

El segundo factor que posibilita el recorte del ciclo de trabajos que debate la memoria que se construye alrededor de la trayectoria del peronismo revolucionario es la aparición de un nuevo tipo de documentales. A partir de mediados de la década de 1990 dentro del campo documental se producen transformaciones tanto cuantitativas como cualitativas. En el plano cuantitativo se puede señalar tanto un crecimiento en la cantidad de documentales producidos como en la variedad de opciones estilísticas y temáticas.[105] Dentro de este nuevo contexto suele destacarse una serie de rasgos que caracterizan la nueva etapa de la producción documental. Entre la batería de rasgos que la definen pueden señalarse algunos que tienen una participación significativa en la conformación del debate sobre el pasado del peronismo revolucionario: la utilización de testimonios como recurso central, el borramiento de los límites entre tipos discursivos y la tendencia a construir miradas subjetivas sobre los acontecimientos del mundo evocados.

Con respecto al primer recurso, el uso de los testimonios cumple una doble función en los documentales contemporáneos. Por un lado brinda información sobre las vivencias de los participantes y, por otro, construye documentos que validan la interpretación del pasado elaborada por el texto. Para lograr estos objetivos los documentales contemporáneos apelan a diversas

---

[105] La ampliación del terreno documental en Argentina coincide con su renacimiento en otros países. El nuevo ímpetu internacional se sostiene sobre una serie de causas comunes: aparecen innovaciones tecnológicas que facilitan la producción, se diversifican las fuentes de financiamiento, multiplican las vías de exhibición y circulación y se redefinen las relaciones entre las distintas variantes de los lenguajes audiovisuales (ficción, documental, experimentación visual). En este sentido pueden verse los trabajos de Antonio Weinrichter (2005) y María Luisa Ortega (2007).

estrategias: en algún caso (*Cazadores de utopías*) los testimonios confluyen en la interpretación general del documental, en otros (el grueso del *corpus*) se contrastan entre sí en busca de una versión definitiva de los sucesos que no termina de concretarse nunca o simplemente se cuestiona su validez (*Los rubios*). En este caso se produce una coincidencia entre el valor otorgado a los testimonios dentro del ámbito documental y otras formas de construcción de la memoria social.

Por su parte, la hibridación entre diferentes formas discursivas no es un fenómeno exclusivo del documental. Dentro de las transformaciones estilísticas contemporáneas se redefinen una vez más los límites entre la ficción y las formas no ficcionales como la información, el documental o la experimentación visual. En este sentido se revaloriza la construcción de documentos que sirven como argumentos válidos para la interpretación del pasado que realizan los documentales.[106] La nueva relación entre los diferentes regímenes de representación audiovisual determina nuevos modos de reconstrucción del pasado. Por un lado, textos ficcionales o dramatizaciones evidentes refuerzan un valor de subjetividad no considerado hasta el momento (*Montoneros, una historia* y *Los rubios*). Por otro, se amplía el carácter de documento que permite reconstruir la historia a imágenes de la vida privada que hasta el momento parecían carecer de este valor (*Los rubios, M, Papá Iván*). Ambas operaciones se relacionan con una nueva forma de utilización de las imágenes de archivo. Como parte de una discusión sobre la construcción de la memoria las imágenes de archivos públicos[107] –especialmente las de la televisión– son resignificadas y puestas en cuestión a través de diversas estrategias: se complementan con los testimonios (*Cazadores..., Papá Iván*), se las contrapone con ellos (*Montoneros...*) o se las ignora (*Los rubios* y *M*). En todos los casos la utilización de los distintos

---

[106] La construcción de documentos como base para la interpretación y legitimación de una versión del pasado puede ser considerada tanto desde el punto de vista historiográfico (Ricœur, 2004) o como uno de los fundamentos del documental (Nichols, 1997).

[107] En este sentido vale la pena recordar que sobre algunos acontecimientos fundamentales para la reconstrucción del período (la desaparición, la tortura y el asesinato) no existen registros visuales y la memoria social se construye sobre imágenes estereotipadas de los noticieros. Véase Aprea (2008b)

tipos de imágenes –aquellas que se presentan como huellas "físicas" del pasado y las "indirectas" como dramatizaciones y testimonios– se utilizan con una intención de toma de distancia y cuestionamiento con respecto a las memorias construidas por los medios masivos.

Finalmente, la nueva etapa de la producción documental se define por la revisión del pasado a partir de miradas subjetivas que se contraponen con la tendencia a la construcción de interpretaciones que abrió el período anterior basadas en visiones generales del proceso que se ubican en una posición "objetiva" que pretende dirigirse al conjunto de la sociedad. Tal es el caso de *La república perdida I* y *II*, y las reconstrucciones televisivas como *El golpe* (D'Elía, 2006) y numerosos informes periodísticos. Por su parte los documentales que reconstruyen la trayectoria del peronismo revolucionario delimitan su perspectiva acentuando los componentes subjetivos de su interpretación del pasado. Se proponen como una lectura sesgada que organiza su argumentación desde un punto de vista explícito y recortan un tipo de espectadores dispuestos a problematizar la versión dominante de la memoria social. Las estrategias asumidas varían. Comienzan con una propuesta que reivindica una postura grupal (*Cazadores...*) construida a través de un relato coral. Se contrapone con un choque de los recuerdos individuales tanto con la memoria grupal como con la hegemónica en los medios (*Montoneros...*) a través de una investigación crítica que arriba a conclusiones explícitas. A su vez, estas lecturas se diferencian de las búsquedas impulsadas por la generación de los hijos de los militantes. Estos films asumen la imposibilidad de la existencia de una única versión de la historia a través de investigaciones personales que fracasan en sus objetivos explícitos (*Papá Iván*), se presentan como un rompecabezas al que le faltan piezas (*M*) o a través de múltiples tramas que se contradicen e imposibilitan conclusiones explícitas (*Los rubios*). De esta manera, el peso de los documentales va pasando de narraciones que impugnan la memoria existente al relato de la experiencia de la reconstrucción de ese pasado. Este desplazamiento hace que la figura del realizador vaya adquiriendo cada vez más importancia. Desde la presencia a través de marcas indirectas (*Cazadores...* y *Montoneros...*) hasta su presencia plena (*Papá Iván*) y protagonismo (*Los rubios* y *M*). En este sentido se va potenciando la tendencia a la performatividad[108] dentro de los documentales. En el caso de los documentales sobre la trayectoria del peronismo revolucionario las *performances* propuestas inciden directamente en la impugnación y redefinición de las posibilidades de reconstrucción del pasado reciente argentino.

La posibilidad del debate

Más allá de los elementos en común recién señalados en los documentales que reconstruyen la trayectoria del peronismo revolucionario presentan evidentes diferencias que ya han sido establecidas por varios autores. Por un lado las distancias entre las perspectivas han sido descriptas como generacionales: los trabajos van desde el testimonio de la generación militante (*Cazadores...*) y la crítica de los sectores cercanos (*Montoneros...*) hasta una posmemoria de los hijos de los desaparecidos (*Papá Iván, Los rubios* y *M*), tal como define Ana Amado (2005). También pueden considerarse oposiciones evidentes en el plano político. En este sentido los documentales fluctúan entre diferentes posturas frente a la militancia revolucionaria: van desde la reivindicación total (*Cazadores...*) o nostálgica (*Montoneros...*) hasta su incomprensión (*M* y *Papá Iván*) y crítica lapidaria (*Los rubios*). Otra dimensión en la que se hacen visibles las diferencias en los estilos fílmicos empleados. Parten de opciones relacionadas con variantes del cine directo (*Cazadores...* y *Montoneros...*) para adentrarse dentro de posturas que se inclinan hacia opciones preformativas (*Papá Iván* y *M*) arribando a posturas de tipo reflexivo que cuestionan tanto la generación de algunas de las imágenes como las posibilidades de construcción de memorias colectivas (*Los rubios*).

El juego que existe entre ciertos elementos recurrentes y las diferencias evidentes es precisamente lo que posibilita el debate. Entre los documentales que constituyen este ciclo existe más que una coincidencia en la evocación de un período histórico concreto. Esta polémica va más allá de las posturas públicas

---

[108] En el sentido que plantea Stella Bruzzi (2006) en la que se incluye tanto la acción de los realizadores como la de los sujetos participantes incidiendo dentro de lo que se está registrando.

sostenidas por los realizadores. Si se observan los documentales en su conjunto se puede apreciar que las diferentes posiciones políticas asumen al mismo tiempo posturas estéticas concretas. La discusión política del pasado implica también una toma de posición sobre las políticas de representaciones presentes dentro de la cultura audiovisual contemporánea. En este plano se distinguen de otras instancias de construcción de la memoria como la literatura en las que las modalidades de representación del pasado se diferencian pero no parecen existir demasiados puntos sobre los que articular una discusión.[109] Al mismo tiempo, si bien existe una cantidad apreciable de documentales que abordan fragmentos equivalentes del mismo momento histórico –por ejemplo los referidos a la trayectoria del PRT-ERP-, los modelos estéticos que sostienen no plantean diferencias que reflexionen sobre el modo en que se representa el pasado.

El grupo de documentales que trabaja sobre la trayectoria de los montoneros articula una doble discusión: cómo interpretar los sucesos del pasado reciente y al mismo tiempo si es posible la constitución de una memoria colectiva en torno a ellos que supere el sentido común construido por los medios masivos. Esta combinación se puede sostener porque la evocación del pasado no incluye sólo los momentos del ascenso revolucionario y la represión estatal, sino que involucra sus consecuencias en el presente. En este sentido construyen la memoria social (traen el pasado a la actualidad) y no sólo la transmiten. Dentro de este marco terminan tematizando una de las cuestiones fundamentales de la evocación del pasado reciente: la tensión siempre existente entre las memorias individuales y las colectivas. La relación entre las diferentes posturas sobre un mismo momento histórico no logra –probablemente no busca– la construcción de una versión definitiva sobre los acontecimientos evocados. Más allá de las obvias diferencias que asumen los realizadores al presentar su versión de los hechos, todas las visiones intentan recuperar el punto de vista de los militantes revolucionarios ya sea para reivindicarlo o para criticarlo. Por esto, en mayor o menor medida, todos los documentales tienen que presentarse como sólo una lectura del pasado reciente. La imposibilidad de

---

[109] Esto puede verse en los trabajos de Daniel Mundo (2008) y Martina López Casanova (2008).

arribar a una historia definitiva sobre la militancia montonera lejos de anularlo enriquece y posibilita un debate que cuestiona no sólo los acontecimientos del pasado sino también las posibilidades de una representación que sirva para explicarlos. En este sentido, los documentales que discuten el ascenso y la caída del peronismo revolucionario adquieren un valor testimonial. Tan importante como la evocación del pasado a través de la voz de los participantes resulta el modo en que se hacen visibles en ellos los procesos de construcción de la memoria social. Es decir, que el conjunto del texto de los documentales se transforma en un testimonio que expresa al mismo tiempo una visión personal sobre el pasado reciente y sobre cómo es el proceso de construcción de la memoria social sobre los sucesos que son evocados.

Bibliografía

Aguilar, G., *Otros mundos. Un ensayo sobre el nuevo cine argentino*, Buenos Aires, Km 111 y Santiago Arcos, 2006.
Amado, A., "Escenas de post-memoria", en *Pensamiento de los confines Nº 16,* Buenos Aires, CEPU y Fondo de Cultura Económica, 2005.
Aprea, G., *Cine y políticas en Argentina. Continuidades y discontinuidades en 25 años de democracia*, Buenos Aires, Biblioteca Nacional/Universidad Nacional de General Sarmiento, 2008a.
—— , "Testimonios: oralidad y visibilidad en los documentales argentinos contemporáneos", ponencia para las V Jornadas de Sociología de la UNLP, 2008b.
Bruzzi, S., *New documentary. Second edition,* Routledge, Nueva York, 2006.
Feld, C., *Del estrado a la pantalla: las imágenes del juicio a los ex comandantes en Argentina*, Madrid-Buenos Aires, Siglo XXI, 2002.
—— , "Quand la télévision argentine convoque les disparus. Modalités et enjeux de la représentation médiatique d'une expérience extrême", en *Les temps des médias*, nº 6, París, primavera de 2006.
Ford, A.; Longo, F., "La exasperación del caso. Algunos problemas que plantea el creciente proceso de narrativización

de la información pública", en Aníbal Ford, *La marca de la bestia. Identificación, desigualdades e infoentretenimiento en la sociedad contemporánea*, Buenos Aires, Norma, 1999.

López Casanova, M., *Literatura argentina y pasado reciente. Relatos de una carencia,* Buenos Aires, Biblioteca Nacional/ Universidad Nacional de General Sarmiento, 2008.

Mundo, D., *La representación de la dictadura militar en la literatura argentina*, tesis de Doctorado presentada en la Facultad de Ciencias Sociales de la UBA, 2008.

Nichols, B., *La representación de la realidad. Cuestiones y conceptos sobre el documental*, Barcelona, Paidós, 1997.

Oberti, A. y Pittaluga, R., *Memorias en montaje: Escrituras de la militancia y pensamiento sobre la historia,* Buenos Aires, El Cielo por Asalto, 2006.

Ortega, M. L., *Espejos rotos. Aproximaciones al documental norteamericano contemporáneo,* Madrid, Ocho y Medio libros de cine, 2007.

Ricœur, P., *La memoria, la historia y el olvido,* Buenos Aires, Fondo de Cultura Económica, 2004.

Sartora, J.; Rival, S. (eds.), *Imágenes de lo real. La representación de lo político en el cine argentino,* Buenos Aires, Libraria, 2007.

Weinrichter, A., *Desvíos de lo real. El cine de no ficción*, Madrid, T & B editores, 2005.

Judgement at Nüremberg.
¿Cómo fue posible el genocidio?
Reflexiones desde el cine y la filosofía

María Stella
Facultad de Ciencias Sociales
Universidad de Buenos Aires

Palabras clave: *genocidio, Nüremberg, cine, filosofía.*

Introducción

A principios de la década de 1960, los horrores de la Segunda Guerra Mundial parecían haber quedado atrás. La "guerra fría" entre las superpotencias, Estados Unidos y la URSS, y sus respectivos aliados, dominó por completo el escenario mundial. Sus prioridades e intereses y la fragilidad de la memoria de vencedores y vencidos hicieron que los crímenes cometidos por el nazismo quedaran cada vez más relegados al arcón del olvido. Así, las víctimas de los campos de concentración padecían un segundo cautiverio.

Dos acontecimientos, fundamentalmente, contribuyeron a reparar la justicia y la memoria sobre el pasado reciente. Uno de ellos provino del mundo histórico: la captura y el juicio a Adolf Eichmann, llevado a cabo en Jerusalén durante 1961.

El proceso, registrado por la cámara del cineasta Leo Hurwitz, tuvo una amplia difusión radiotelevisada, expandiendo así, el conocimiento y la memoria del Holocausto. La reflexión sobre el suceso fue enriquecida por la filósofa Hannah Arendt, quien, desde las páginas del *New Yorker* siguió y comentó el juzgamiento del criminal nazi y, poco después, en mayo de 1963, el relato ampliado fue publicado bajo el título, *Eichmann en Jerusalén. Un estudio sobre la banalidad del mal*. (2000).

Casi contemporáneamente, el cine de ficción se sumó a la tarea de la Historia que, según Walter Benjamin, consiste en la rememoración y redención del pasado. *Judgement at Nüremberg*

(1961),[110] dirigida por Stanley Kramer, volvió a poner en el tapete los grandes problemas éticos, morales y jurídicos que el nazismo y el Holocausto habían planteado a la sociedad moderna. La película toma del mundo histórico el proceso a los jueces, es decir, aquellos que, durante el estado totalitario, debieron administrar justicia y aplicar la ley. El hecho referido se ubica en 1948 y forma parte del conjunto de doce juicios que siguieron al proceso principal.[111]

Poco tiempo después de la experiencia macarthysta que asoló el mundo de la cultura estadounidense y, muy particularmente, el cine, surge *Judgement at Nüremberg*, film, que posee una mirada independiente sobre el pasado ya que denuncia aspectos de la política exterior estadounidense, incluidas las masacres de Hiroshima y Nagasaki y los bombardeos indiscriminados de las ciudades alemanas.

La presente ponencia ha seleccionado la obra de Stanley Kramer porque considera que contiene importantes reflexiones sobre el nazismo y el Holocausto y se propone una relectura del film a la luz de los conceptos de estado de excepción, de Giorgio Agamben, la noción de biopolítica de Michel Foucault, de banalidad del mal de Hannah Arendt y las consideraciones de Zygmunt Bauman sobre los mecanismos inhibidores de la conducta moral en la sociedad moderna. A través de esta estrategia teórica pretendemos reunir elementos significativos que nos permitan encarar la pregunta: "¿cómo ha sido posible?".

Los filósofos Gilles Deleuze y Alain Badiou, así, como el director Jean Luc Godard han considerado al cine como una herramienta del pensamiento y a los cineastas como pensadores.

---

[110] Abby Mann es el guionista y el autor de la novela homónima en que se basa el film. Por su trabajo en *Judgement at Nuremberg* fue galardonado con el Oscar al mejor guión. Intérpretes: Spencer Tracy personificó a Dan Haywood, Burt Lancaster desempeñó el papel del juez Ernest Janning, Richard Widmark cumplió el rol del Fiscal, Coronel Lawson y Maximilian Schell el del abogado defensor, Hans Rolfe. Montgomery Clift, Marlene Dietrich, Judy Garland, Edward Binns y William Shatner completaron el distinguido elenco

[111] Conocidos como los Procesos Posteriores de Nüremberg, se realizaron a partir del agrupamiento por sus respectivas profesiones de los colaboradores del régimen que acababa de ser derrotado: médicos, jueces, miembros de los ministerios, los mandos militares, grupos de empresarios, integrantes de las SS.

Del mismo supuesto parte el historiador Robert Rosenstone, quien ha valorado las posibilidades que brinda el cine para dar cuenta del pasado y constituirse en una nueva forma de hacer historia. Reforzando, aún más, su apuesta: consideramos que son los grandes traumas históricos los que ponen en evidencia los límites de la historia tradicional escrita para dar cuenta de ellos y reclaman nuestra atención sobre las versiones del pasado plasmadas en imagen y sonido

El relato cinematográfico. Nüremberg, 1948

Con la imagen de la Tribuna del Campo Zeppelín, escenario de actos multitudinarios y los acordes de una marcha alemana, el período nazi es convocado a la pantalla y al presente, haciéndonos contemporáneos. La cámara guía nuestra mirada hacia la gigantesca svástica ubicada en lo alto del edificio y se detiene un momento para que presenciemos el estallido. Elipsis de doce años, el auge y caída del nacionalsocialismo. La marcha triunfal adquiere un tono trágico; con el bombardeo zozobraron las voces y los instrumentos musicales. Ralentizada y herida, la música, devenida en lamento, acompaña las imágenes –documentales– de la ciudad bávara en ruinas. En medio de la destrucción real, irrumpe la ficción: es el automóvil del juez Dan Haywood (Spencer Tracy) que viene a presidir el tribunal que juzgará a los jueces del Tercer Reich.

Desde el arribo del magistrado hasta su partida, luego de la pronunciación de la sentencia, transcurren ocho meses, el tiempo diegético que enmarca las acciones de los personajes: los jueces del estrado, los cuatro juristas acusados, el fiscal, el defensor, los testigos y, fuera del Palacio de Justicia, ajeno, distante y casi indiferente, el pueblo alemán.

Del contexto histórico político que rodeó a los juicios reales, el film evoca las tensiones de la guerra fría, el bloqueo de Berlín, el temor a que la crisis se extienda a toda Alemania y a la Europa entera. En Estados Unidos, tanto en el gobierno como en la opinión pública, castigar los crímenes cometidos por el nazismo había perdido importancia, tanto que, según el relato, un modesto juez de distrito fue el único que aceptó el cargo. Los diez primeros jueces, que le antecedían en el orden de mérito, habían renunciado a la función por considerarla una tarea que, además de cuestionada y de escasa relevancia, no sumaría méritos ni prestigio al que la desempeñara. Pero, justamente, la carencia de fama y de distinciones hacen que, en el juez de provincia, sobresalga su firme compromiso con la justicia y la verdad, y sirva para ponerlo en contraste con el jurista alemán Janning, cuyos diplomas y renombre no impidieron que cayera bajo el influjo del nacionalsocialismo, del que se convirtió en instrumento.

Si en el bando de los acusadores hay fisuras entre los que quieren hacer justicia y castigar a los culpables –el juez Haywood, el fiscal Lawson y los pragmáticos que propugnan un punto final, el grupo de los acusados presenta una heterogeneidad mayor que da cuenta de la complejidad de explicar las conductas de los colaboradores. Está el intolerante y cruel ex-fiscal Hahn, también, el venal y corrupto que se ha enriquecido con las confiscaciones a los judíos, el juez Lampe; el funcionario que se limitó a cumplir su deber burocrático en forma acrítica, el juez Hofstetter y el juez Janning, que vio en el nazismo una forma de salvar a Alemania de los peligros que la amenazaban.

El abogado defensor, Hans Rolfe no vacila en argumentaciones que, según confiesa privadamente, muchas lo avergüenzan, pero sigue adelante porque cree estar defendiendo la dignidad, la pronta reconstrucción de su patria y el retiro de los ejércitos ocupantes.

Pese a las presiones y a las urgencias del contexto político, el Juez Haywood impone su criterio: el compromiso con la verdad, la justicia y la vida de millones de seres humanos sacrificados. Declara culpables a los cuatro acusados, sentenciándolos a cadena perpetua.

Ha finalizado la historia narrada, pero de vuelta a la realidad y al presente, la palabra escrita en la pantalla informa que ninguno de los acusados en el juicio real, quedaba en prisión. Varios años atrás, habían sido liberados, los pocos que fueron juzgados.

Estado de excepción y biopolítica en la realidad y en la ficción fílmica

Judgement at Nüremberg exhibe de manera palmaria una de las paradojas del cine señaladas por Badiou: la de ser una relación singular entre el total artificio y la total realidad (2004: 28). Así como, en los juicios históricos se mostraron las imágenes de los campos de exterminio como prueba del genocidio perpetrado por el nazismo, también, el proceso de la ficción creado por Kramer instala en la pantalla las imágenes reales de Dachau, Bergen-Belsen y Buchenwald, tal como los vieron los soldados al momento de su liberación y tal como lo registró el cine, mostrando al mundo, por vez primera, las modernas fábricas de la muerte. Niños exhibiendo sus escuálidos bracitos tatuados. Miles de zapatos amontonados, peines, anteojos y dientes de oro de aquellos que no pudieron testimoniar ante ningún tribunal. Esta presencia de lo inimaginable, de aquello que excede a las palabras en su capacidad de significar, provocan en los personajes la pregunta inevitable ¿Cómo ha sido esto posible? La escena tiene lugar en la prisión del Palacio de Justicia, donde los procesados debaten en torno a la cuestión, mezclando los distintos significados: como posibilidad, es decir, si, realmente, ocurrió, o, tomándola en el sentido moral: ¿cómo pudo suceder? Y hasta en el sentido técnico: si es posible, desde el punto de vista técnico, matar a seis millones de personas.

Décadas más tarde, fuera del universo diegético del film, Giorgio Agamben considera que preguntarse ¿cómo fue posible que ocurrieran esos hechos aberrantes en los campos de concentración? es sencillamente absurdo. En cambio, nos propone un abordaje alternativo que consiste en platearse ¿qué es un campo de concentración? y ¿cuál es la estructura jurídico política que hizo posible que sucedieran hechos de tal magnitud? (2002: 193-4). Los campos de concentración no surgen del derecho ordinario ni del derecho penitenciario normal, sino del estado de excepción que, en el siglo XX, según Walter Benjamín, dejó de ser lo que era, esencialmente, una suspensión transitoria del orden jurídico para adquirir un carácter permanente.

Los cuatro acusados de la película de Kramer no dirigieron los campos, tampoco accionaron las palancas para liberar el letal Ziklón B, no fusilaron prisioneros. Ellos dictaron sentencias de acuerdo con el derecho vigente en Alemania, emanado del estado de excepción.[112] Para Agamben, el estado de excepción es la forma

---

[112] A los pocos días de llegar al poder, el 28 de febrero de 1933, los nazis promulgaron el decreto que suspendía por tiempo indefinido los artículos de la constitución referidos a las libertades personales, la libertad de expresión, de reunión, la inviolabilidad de domicilio, el secreto de la

legal de lo que no puede tener forma legal porque es incluido en la legalidad a través de su exclusión (2005: 5). El testigo de la Fiscalía, un ex jurista que había renunciado a su función a la llegada del nazismo, describe la situación durante el Tercer Reich: la justicia objetiva había sido reemplazada por lo "necesario" para el país, el poder judicial había perdido totalmente su independencia, la raza se había convertido en un concepto jurídico, habían sido abolidos los tribunales de apelación y sustituidos por los tribunales especiales y los populares. La mayoría de los casos que se juzgaban eran los delitos contra el Estado. En cuanto a las novedades que trajo el nazismo al derecho penal, el testigo señaló el progresivo aumento de las sentencias de muerte, de los procesos realizados por razones políticas, raciales, religiosas y de los juicios que derivaban del incumplimiento de las nuevas medidas del nacionalsocialismo. Con ellas se refiere a las leyes de eugenesia y a las leyes raciales. Del relato del testigo surge la articulación entre el régimen de excepción y la biopolítica, asunto del que se ocupa Agamben, para quien, el estado de excepción es la estructura política que da origen y fundamento a la biopolítica moderna, es decir, la política que incluye la vida natural o *zoé* dentro de los cálculos del poder estatal (2005: 26-7).

El personaje interpretado por Montgomery Clift cuenta cómo, luego de ser revisado por un Tribunal de Salud que determinó su debilidad mental, fue esterilizado, en cumplimiento de una sentencia emanada del Poder Judicial. Mejorar la raza alemana y evitar su degradación era una de las nuevas funciones que se había atribuido el Estado. Al mismo objetivo biopolítico propendían las sentencias que penaban la contaminación de la sangre por relaciones entre judíos y alemanes, como lo muestra, en el film, el personaje que encarna Judy Garland. A través de las palabras de los testigos y de la letra de las sentencias de los jueces nazis, la ficción cinematográfica exhibe cómo zonas cada vez más amplias de la vida social entran en simbiosis con los juristas, los médicos, los científicos.

---

correspondencia epistolar y de las comunicaciones telefónicas. A partir del 14 de julio del mismo año, quedó consagrado el estado de partido único. En ese marco, en septiembre de 1935, se aprobó la legislación formal del antisemitismo biológico-racista: las Leyes de Nüremberg.

Sobre la conducta de los sujetos. Conceptos e imágenes

Pero si la estructura jurídico política del estado de excepción y el modelo biopolítico del poder encierran una clave fundamental para comprender el nazismo y el Holocausto, la explicación debe completarse profundizando las razones y el sentido de las conductas de los sujetos, cuestión sobre la que "reflexiona" el film de Stanley Kramer y que proponemos repensarla con la ayuda de Hannah Arendt y Zygmunt Bauman.

"Nicht schuldig" (inocente) se consideran tres de los acusados; uno de ellos, porque cree que el nacionalsocialismo fue un baluarte de la civilización occidental contra el bolchevismo, y con esto justifica tanto al régimen como a sí mismo; otro, porque sostiene que lo que hizo fue cumplir con su deber, anteponiendo el derecho vigente a su propio concepto de justicia, y eso es, según su punto de vista, lo que correspondía a un funcionario del Poder Judicial: aplicar la ley sin considerar si es justa o no. El tercero, también, se declara inocente pero su mediocridad es tal que no tiene argumentos ni palabras para sostenerlo. El Juez Janning, que había sido un eminente jurista y un académico brillante, no se considera inocente, sino culpable por no haber percibido las consecuencias que traería el nazismo para Alemania y Europa, y por haberlo tomado, erróneamente, como un mal transitorio, pero piensa que, en definitiva, su comportamiento siempre había sido guiado por la lealtad a su patria, y ése era un valor que anteponía a todo.

El abogado defensor intenta reforzar estos argumentos pidiendo al Tribunal que no se restrinja a los documentos y a los testimonios –que incriminan a los acusados de manera irrefragable– sino que se tenga en cuenta las cuestiones de índole política y social, las condiciones en que los acusados debieron administrar justicia, como así también sugiere a los jueces del estrado que no omitan considerar el "carácter" de los acusados. Con este término, la defensa significa el sentido del deber de funcionario, la lealtad al Estado-nación y el mentado patriotismo, valores fuertemente sostenidos por la sociedad alemana y, en general, por la sociedad moderna, y profundamente internalizados en los acusados.

Según la construcción discursiva de los imputados y el defensor, en 1933 Alemania estaba al borde de la disolución, había desocupación y el Partido Comunista era, por ese entonces, la tercera fuerza del país. "Sentían temor del presente, del futuro y de los vecinos", condiciones de necesidad que justificaban el régimen de excepción de Hitler y explicaban, a su vez, la aceptación y el acatamiento al orden establecido. La Defensa expande el argumento para concluir que esta conducta fue la que asumió la mayoría de la nación alemana, por lo tanto, si los cuatro juristas eran culpables, también lo era el pueblo alemán en su conjunto.

Hannah Arendt sostiene, respecto de la responsabilidad: "Lo que hemos exigido en estos juicios, en los que los acusados han cometido crímenes "legales", es que los seres humanos sean capaces de diferenciar el bien del mal. Incluso, cuando todo lo que les puede servir de guía sea sólo su propio criterio; criterio que además, está enfrentado con lo que deben considerar como la opinión unánime de todos los que lo rodean".[113] Para los acusados de Nüremberg –los reales y los de la ficción– el bien y el mal consistían en cumplir o no, respectivamente, las leyes de la nación, y, efectivamente, las habían cumplido. Según Zigmunt Bauman, se trata de una concepción de la moral propia de la modernidad, que considera la moral como un producto social que viene con la socialización del individuo. Pero, por el contrario, "El proceso de socialización consiste en la manipulación de la capacidad moral, no en su producción" (Arendt, 2006: 209). Durante el régimen nazi, los perpetradores habían seguido fielmente las normas morales de su propia sociedad, dado que en la sociedad moderna el comportamiento moral se convierte en sinónimo de obediencia social a las normas que observa la mayoría.

Una de las más importantes lecciones del Holocausto, según Bauman, fue develar que la sociedad se puede convertir en productora de inmoralidad y que hay fuertes impulsos morales que son presociales, que residen en el ser humano y que la organización social tiende a adormecerlos o inhibirlos. Los mecanismos de la sociedad moderna que debilitan la capacidad moral de los hombres son, entre otros, la ética de la obediencia, la

---

[113] Arendt, H., *Eichmann in Jerusalem. A Report on the Banality of Evil*, Nueva York, Viking Press, 1994, pp. 294-5 citado por Bauman, Z. (2006, p. 208).

ética burocrática del cumplimento de la función y la sustitución de la responsabilidad moral por la técnica. Recordemos la frase esgrimida por uno de los acusados "mi deber es aplicar la ley, no discutir si es justa o no", acorde a la ética burocrática. Recordemos, también, al miembro de las SS que, ante la cuestión de la muerte de millones de personas, solo hacía mención a las dificultades técnicas: "El problema era hacer desaparecer los cadáveres".

Estos mecanismos que horadan la moralidad se ven reforzados por otro principio moderno, el de la soberanía del Estado, el cual, se arroga la autoridad ética suprema en nombre de la sociedad que gobierna. De esta manera, "excepto por una difusa y con frecuencia estéril 'opinión pública mundial', los dirigentes de los estados no tienen ninguna traba para administrar las normas obligatorias en el territorio que está bajo su dominio" (Bauman, 2006: 231). En la ficción fílmica, el alegato final de la defensa, denuncia a la URSS por haber pactado con Hitler en 1939, al Vaticano, por la firma del Concordato en 1933, los términos elogiosos vertidos por Winston Churchill, encomiando el patriotismo de Hitler en 1938 –hacía ya tres años que estaban vigentes las Leyes de Nüremberg– y por último, a los empresarios norteamericanos que persiguiendo su egoísta fin de lucro, contribuyeron a armar a Hitler y a su régimen criminal.

Si bien, los cuatro jueces del banquillo poseían personalidades diferentes, distinto nivel intelectual y grado de identificación con la ideología racista, en ningún caso se trataba de fanáticos antisemitas, ni de hombres monstruosos. No hay en ellos maldad u odio acorde a la magnitud del crimen cometido. Esta asimetría, que constituye una paradoja, fue señalada por Hannah Arendt, quien, sin pretender hacer una teoría del mal, señaló un nuevo tipo de criminales: hombres comunes y mediocres pero capaces de cometer grandes crímenes (2000: 423-450). La desproporción entre la magnitud de los crímenes y la personalidad de quienes lo cometieron es el fenómeno al que, la filósofa alemana denominó *banalidad del mal* y que se produce por la ausencia de juicio reflexivo. Los nuevos criminales son incapaces de medir las consecuencias de su acción sobre el prójimo y tampoco pueden ponerse en el lugar de los otros seres humanos. Salvo el juez Janning, los imputados no pudieron ver la relación entre sus sentencias y las imágenes de los campos de concentración, exhibidas en la Sala de Audiencias.

La lejanía y el aislamiento de los campos de exterminio, el secreto de las operaciones y el colapso de las comunicaciones en las etapas finales de la guerra sirvieron para reforzar el discurso del desconocimiento de lo que sucedía, recurso universal en el que se escudaron tanto los ex funcionarios del régimen como el pueblo alemán. La pasividad, el silencio y el acatamiento al régimen criminal sólo, en escasa medida, pueden atribuirse al desconocimiento. Tal como lo desenmascara la obra cinematográfica, más que un argumento es una excusa colectiva que intenta justificar una conducta extendida que presenta los rasgos de la banalidad del mal.

Comentarios finales

Dice Walter Benjamin que existe un pacto secreto entre una situación presente y un acontecimiento del pasado que hace que éste se convierta en un hecho histórico. ¿Qué vínculo existe entre 1948 y 1961, entre los Juicios de Nüremberg y *Judgement at Nüremberg*? A más de tres lustros del genocidio, cuando los muertos, aun, esperaban su redención, el cine se encargó de recordarlo y señalar que no hubo justicia ni castigo para todos los culpables. Pero, además de recordar, es necesario comprender y para hacer comprensible el desmesurado suceso, la película de Stanley Kramer hurgó en la estructura jurídico política del nazismo, en las conductas de los sujetos y percibió que había, en ese pasado, claves para comprender su presente y había, en el presente, prolongaciones del pasado.

¿Vencedores o vencidos?, el subtítulo de la obra, pretendía dar cuenta de la situación paradojal de que los nazis derrotados devinieron en vencedores, en el sentido de que no fueron alcanzados por la justicia y que los jueces que los juzgaron, pese a pertenecer al bando de los vencedores, fueron vencidos en su voluntad de hacer justicia. Aunque el juez Haywood haya condenado a cadena perpetua a los cuatro procesados, en muy poco tiempo, todos estarían libres, según los cálculos del bien informado abogado defensor. En el mundo histórico, para 1961, gran parte de la elite, incluidos aquellos que habían sido condenados en los Juicios de Nüremberg, regresaron, luego de cumplir sentencias acortadas, a los puestos de mando del nuevo estado democrático, la República

Federal Alemana, consumándose el proceso de reintegración de las elites responsables, en distintos grados, de los crímenes del nazismo. Del mismo participaron tanto médicos, como juristas y, muy ostensiblemente, los grandes grupos empresariales, partícipes y colaboradores del régimen de Hitler.

Los jueces nazis habían invocado las circunstancias extremas que atravesaba el país para justificar su acatamiento al nacionalsocialismo; con similar argumento, el abogado defensor pidió el sobreseimiento de los acusados, no porque lo considerara justo, sino necesario para apresurar la salida de las potencias ocupantes de Alemania y el restablecimiento de la soberanía nacional. A Estados Unidos tampoco le convenía que continuaran los juicios. Por entonces, las razones de Estado, la defensa del sistema capitalista, se antepusieron a la justicia. Había que priorizar los intereses del presente y enterrar el pasado. El sometimiento de la judicatura alemana al poder político nazi, la actitud del abogado defensor y la postura del *establishment*, estadounidense presentan un claro paralelismo que el mensaje fílmico se encarga de develar.

En la década de 1950, cercana al contexto de producción de la película, las persecuciones, las listas negras y el avasallamiento de la libertad de opinión, de acción y de pensamiento de la época del macarthysmo, venían a señalar otras continuidades del pasado en el presente.

¿Y cuál es el pacto que vincula nuestro tiempo –la primera década del siglo XXI- con *Judgement at Nüremberg*, convirtiéndolo en un acontecimiento que merece ser rescatado del pasado? El film de Stanley Kramer y los filósofos, cuyos conceptos enmarcan este trabajo, forman una constelación. Están conectados por la preocupación sobre ciertos aspectos de la sociedad moderna que, aun hoy, constituyen una amenaza: el avance del estado de excepción, que, tal como lo había previsto Benjamin y reiterado Agamben, se ha extendido, alcanzando a los regímenes democráticos; la tendencia del poder moderno a la politización, cada vez mayor, de lo viviente, señalada por Foucault; los mecanismos detectados por Bauman, que anulan la responsabilidad del hombre para con sus semejantes y que generan conductas irreflexivas que pueden expandir la capacidad de hacer el mal, fenómeno percibido por Hannah Arendt.

Alain Badiou sostiene que la filosofía se ocupa de reflexionar sobre las paradojas, es decir, las relaciones que no son relaciones sino rupturas, relaciones paradojales o, como las llama Deleuze, "síntesis disyuntivas" (Badiou, 2004: 28 y 35). El estado de excepción, ese momento del derecho en el que se suspende el derecho para garantizar su continuidad. Un régimen que, de transitorio, se ha transformado en permanente y donde reina la indistinción entre el hecho y el derecho; la paradoja de la biopolítica que coloca la vida natural en el centro de la política; la banalidad del mal, un mal que no es profundo, sino superficial, que no surge de la acción, sino de la omisión y cuyo agente no es un ser monstruoso sino un hombre ordinario e insignificante; la paradoja de la sociedad moderna que, si bien, se autopercibe como productora de moralidad, por el contrario, posee mecanismos que generan conductas inmorales entre sus miembros.

Además de ese pacto surgido de la dialéctica del pasado y del presente, existe otro acuerdo secreto entre el cine y la filosofía. Según Badiou, el cine se ubica en la intersección de una multiplicidad de paradojas: la de ser "una relación singular entre el total artificio y la total realidad" (2004: 28). Y, en tanto que es, al mismo tiempo, la posibilidad de una copia de la realidad y la dimensión artificial de esa copia, el cine, también, es una paradoja que gira en torno a la cuestión de las relaciones entre el "ser" y el "aparecer". Otra de las "síntesis disyuntivas" que exhibe el cine es la ambivalencia de ser un "arte de masas", es decir, una conjunción entre una categoría política y una categoría aristocrática (2004: 28-29).

Quizá por esa vinculación común del cine y la filosofía a las paradojas. Quizá porque los dos, uno con imágenes, la otra con conceptos, contribuyen al pensamiento. Quizá por esas razones, existe una constelación entre ambos. De ese conjunto, de esa reunión armoniosa que integran el cine y la filosofía, se ha servido esta ponencia para volver a pensar la pregunta que, aunque esté enunciada en pasado, también pertenece al presente: ¿cómo ha sido posible el Holocausto?

Bibliografía

Agamben, G., *Homo Sacer I. El poder soberano y la nuda vida*, Madrid, Editora Nacional, 2002.

——, *Lo que queda de Auschwitz, El archivo y el testigo. Homo Sacer III*, Valencia, Pre-textos, 2005.
——, G., *El estado de excepción*, Buenos Aires, Adriana Hidalgo Editora, 2004.
Arendt, H., *Eichmann en Jerusalén. Un estudio sobre la banalidad del mal*, Barcelona, Lumen, 2000.
Badiou, A., *Imágenes y palabras. Escritos sobre cine y teatro*, Buenos Aires. Manantial, 2005.
Badiou, A., "El cine como experimentación filosófica", en Yoel, G. (comp), *Pensar el cine 1. Imagen, ética y filosofía*, Buenos Aires, Manantial, 2004.
Bauman, Z., *Modernidad y Holocausto*, Madrid, Sequitur, 2006.
Benjamin, W., *Conceptos de la Filosofía de la Historia*, La Plata, Terramar, 2007.
Bracher, K., *La dictadura alemana*, Madrid, Alianza Editorial, 1973.
Casetti, F.; Di Chio, F., *Cómo analizar un film*, Barcelona, Paidós, 2003.
Deleuze, G., *La imagen movimiento. Estudios sobre cine 1*, Buenos Aires, Paidós, 2005.
Deleuze, G., *La imagen tiempo. Estudios sobre cine*, Buenos Aires, Paidós, 2005.
Ferro, M., *Historia contemporánea y cine*, Barcelona, Ariel, 1995.
Finchelstein, F. (ed.), *Los alemanes, el Holocausto y la culpa colectiva. El debate Goldhagen*, Buenos Aires, Eudeba, 1999.
Foucault, M., *Nacimiento de la biopolítica*, Buenos Aires, Fondo de Cultura Económica, 2007.
Friedlander, S. (comp.), *El torno a los límites de la representación. El nazismo y la solución final*, Bernal, Universidad Nacional de Quilmes, 2007.
Godard, J., *Historias(s) del cine*, Buenos Aires, Caja Negra, 2007.
Laqueur, W., *La Europa de nuestro tiempo. Desde el final de la Segunda Guerra Mundial hasta la década de los 90*, Buenos Aires, Vergara, 1994.
Rosenstone, R., *El pasado en imágenes. El desafío del cine a nuestra idea de la historia,* Barcelona, Ariel, 1997.

Diálogo entre la escultura y el cine documental. Otra forma de construir memorias. (Análisis del documental *Espejo para cuando me pruebe el smoking*)

Beatríz Carosi
Facultad de Humanidades y Ciencias
Universidad Nacional del Litoral

Palabras clave: *memorias-historia reciente-cine documental*

I. El presente trabajo[114] analiza una de las formas de construcción de la *memoria* y sus formas de representación en *producciones simbólicas* y los procesos sociales que le otorgan contexto.

La fuente seleccionada para su desarrollo es la producción fílmica: *Espejo para cuando me pruebe el smoking*,[115] que *registra* e *interpreta* las creaciones escultóricas del artista Ricardo Longhini,[116] en particular su producción *Argentinitos*, reflexión que se gesta en un momento particular de la historia argentina: 20 de diciembre de 2001 en la cual el escultor Longhini es testigo presencial de los hechos.

---

[114] Proyecto de Investigación CAI+D 2009: "Imágenes de lo real. La memoria y las representaciones de los procesos sociales en el cine documental argentino". Directora: Mag. Lidia Acuña. Co-directora: Esp. Beatriz Carosi. Facultad de Humanidades y Ciencias. UNL.

[115] Director Alejandro Fernández Mouján, Argentina 2005.

[116] Ricardo Longhini, nació en Temperley, provincia de Buenos Aires en 1949. Escultor, egresado de las Escuela Nacional de Bellas Artes "Manuel Belgrano" y "P. Pueyrredón". Estudió grabado, escultura y talla. Actualmente enseña escultura en el Departamento de Artes Visuales del IUNA, en la Escuela de la Cárcova y en la Asociación Estímulo de Bellas Artes. Sus esculturas hechas de materiales descartados que recoge de la calle, tienen una contundencia singular. Desde 1987 ha expuesto en las galerías *Alberto Elía, Ruth Benzacar, Álvaro Castanigno*, en el *espacio Filo*, en el *Centro Cultural Recoleta*. En 2001, concurrió a la 8va. Bienal del Cairo, Egipto. Volvió a participar de la misma Bienal en el año 2004. Participó en la convocatoria *Escultura y Memoria* y su obra consta en el libro del mismo nombre, impulsado por la Comisión *Monumento a las víctimas del terrorismo de Estado,* que editó Eudeba (Buenos Aires, 2000).

En acuerdo con Bill Nichols considero el cine documental como agente y constructor de *representaciones sociales* en tanto da cuenta no sólo de la visión de su realizador, sino también del conjunto de ideas colectivas presentes en un momento y contexto determinados (Nichols, 1997). Sin lugar a dudas, el cine documental puede ser interpretado como una representación en sí mismo porque las modalidades que utiliza constituyen un producto de la combinación de discursos plurales, imágenes y sonidos, siendo dominadas por las características sociales del grupo que los produce o los recursos con que cuenta.

Las *representaciones* como sostiene Roger Chartier (1996) constituyen las formas en que los individuos, los grupos y los poderes construyen y proponen una imagen de sí mismos y tienen efectivamente su origen en prácticas sociales.

Desarrollaré la investigación desde la convergencia disciplinar que aporta la Sociología de la Cultura, por lo cual este film es trabajado además a partir de los aportes teóricos de Elizabeth Jelín, Jöel Candau y Paolo Montesperelli.

Jelín plantea que la explosión de la memoria en la cultura occidental llega a constituir una *cultura de la memoria* y se contrapone con la valorización de lo efímero, de la transitoriedad de la vida.

Según Candau, existe la necesidad de *recordar para construir la identidad*, tanto individual como colectiva. Pero lo más importante, es que se recuerda para *transmitir,* y es precisamente en las sociedades modernas en que esa *transmisión* de la memoria se encuentra *mediatizada*.

Encuentro diferencias entre la *transmisión histórica* y *la transmisión memoralista:* la *histórica*, es la historia producida por los historiadores y revela las formas del pasado y las legitima; la *memoralista* está atravesada por el desorden y la pasión. Ambas "[...] son representaciones del pasado, pero la primera se propone como objetivo la exactitud de la representación, mientras que la segunda no aspira sino a la verosimilitud" (Candau, (2002).

Montesperelli para ordenar la polisemia que envuelve el concepto memoria, distingue en ella tres diferentes funciones, según sea considerada como objeto, como límite o como recurso.

Este aporte al proyecto considera la memoria como "[...] patrimonio del individuo (que) se exterioriza en objeto perceptible por parte de los demás, a través de documentos, narraciones, archivos, etc. De tal manera, la misma no solo participa de la volatilidad del recuerdo, sino que adquiere mayor estabilidad, se convierte en cultura compartida, en arena para la confrontación de distintas estrategias de legitimación, en marco social que orienta y fortalece los simples recuerdos" (Montesperelli, 2004).

II. Caracterizo esta narración documental como una producción de un *realizador documentalista independiente*, analizando el film como un medio en el que la *producción simbólica* Argentinitos, *toma la palabra*.

Cuando indico *realizador documentalista independiente* me refiero a producciones donde se demuestra un vínculo personal del realizador con la temática, y además aclaro que esta autonomía no esta relacionada con las formas de financiamiento del film.

Esta faceta en el caso particular de Mouján tiene una larga continuidad,[117] esta temática, la temática social es una constante en sus producciones. Pero además, encuentro, como plantea Bill Nichols (1997) lo que puedo caracterizar como *comunidad de practicantes,* es decir, que la clasificación como documentalista independiente, implica una *comunidad de practicantes* que valida la temática y la conmoción estética, dejando clara la importancia del espectador en el ciclo de ejecución del trabajo documental.

Asimismo, *Espejo para cuando me pruebe el smoking* es un documental de intervención política, porque promueve otra representación de los problemas sociales al propuesto por los medios masivos de comunicación social.

---

[117] Como director: *Pulqui, un instante en la patria de la felicidad* (2007); *Espejo...* (2005); *Sólo se escucha el viento* (2004); *Los convidados de piedra* (2003); *Nunca son demasiados* (2003); *Las palmas, Chaco* (2002); *Argentina, un país de infinitas posibilidades* (2001); *Caminos del Chaco* (1998); *Banderas de humo* (1989). Como guionista: *Pulqui...; Espejo...* Como productor: *Las palmas...* Como fotógrafo: *Pulqui...; Argentina latente* (2006); *Cinco Miembros* (mediometraje, 2006); *Espejo...*; *Parapalos* (2004); *Memorias del saqueo* (2003); *Las palmas...; Cazadores de utopías* (1995). Como director de cámara: *Argentina latente; Cicatrices* (1996). Como realizador del montaje: *Pulqui... y Espejo...* Como asistente de cámara: *La dignidad de los nadies* (2005). Como segunda unidad de cámara: *La venganza* (1999).

Argentinitos de Ricardo Longhini[118] es una escultura áspera y filosa en el sentido literal y metafórico. Hecha de maderas, piedras, perdigones de goma, restos de granada, bolitas de vidrio, sogas, cuchillos, navajas, alambres de púas, cartuchos de bala y asfalto. "Restos que la mirada del artista descubre al azar e hilvana en pos de un sentido que siempre se cruza con un pedazo de nuestra historia" (Batisttozi, 2005).

Ya desde 1972, cuando este escultor selló los labios de un busto encontrado en la basura, su obra guarda una relación simbiótica con la Argentina y los despojos que deja su realidad. Ese minucioso trabajo de antropología del presente le permite reconstruir ese lado *brutal de nuestra realidad*. Trabaja con desechos, lo que es toda una definición. Todos los materiales que insumen sus obras tienen su historia, y esa historia determina la historia que tienen. De alguna manera, el artista le roba a los materiales su forma necesaria. En palabras de Distéfano (1999), Longhini *es* "un delincuente de la belleza. [...] Belleza como vehículo para que compartamos una ética".

Podríamos describir su obra como un descarnado y conmovedor retrato del país hecho con restos de los últimos años de democracia: lo que quedó en la Plaza de Mayo después del 20 y 21 de diciembre de 2001.

III. El director, Fernández Mouján retrata, de manera interesante la esencia de un artista, comprometido política y socialmente con la realidad. Así, Longhini, el artista aparece durante todo el documental, es decir, Mouján capta, en lenguaje cinematográfico, la complejidad de su obra, por ejemplo, mientras

---

[118] Ricardo Longhini. Nació en Temperley, Provincia de Buenos Aires en 1949. Escultor, egresado de las Escuela Nacional de Bellas Artes "Manuel Belgrano" y "P. Pueyrredón". Estudió grabado, escultura y talla. Actualmente enseña escultura en el Departamento de Artes Visuales del IUNA, en la Escuela de la Cárcova y en la Asociación Estímulo de Bellas Artes. Sus esculturas hechas de materiales descartados que recoge de la calle, tienen una contundencia singular. Desde 1987 ha expuesto en las galerías *Alberto Elía, Ruth benzacar, Alvaro Castanigno,* en el *espacio Filo,* en el *Centro Cultural Recoleta*. En 2001, concurrió a la 8va. Bienal del Cairo, Egipto. Volvió a participar de la misma Bienal en el año 2004. Participó en la convocatoria *Escultura y Memoria* y su obra consta en el libro del mismo nombre, impulsado por la Comisión *Monumento a las víctimas del terrorismo de Estado,* que editó Eudeba (Buenos Aires, 2000).

busca materiales en distintos lugares del barrio y de la ciudad, mientras trabaja en su taller, pensando y/o reflexionando, qué escultura quiere hacer, qué desea expresar a los otros, qué forma quiere que adopte su obra, etc.

Así, en la pantalla, se ven distintas obras realizadas por Longhini, entre diciembre de 2001 y diciembre de 2004. Todas ellas tienen un fuerte contenido político, pues el artista, se interroga (y a la vez, interpela a su público) acerca de la democracia argentina y sus promesas, la dominación económica y el saqueo sufrido por el país, la crisis de diciembre del 2001. Está última inquietud se plasma en *Argentinitos*, realizada con los restos que quedaron en la plaza después de la protesta y represión del 19 y 20 de diciembre de 2001; así, el artista utiliza balas, partes de granadas, fragmentos de baldosas, carteles de la manifestación, etc. Y cómo el mismo Longhini comenta en el film, esa obra se estructura de la siguiente manera: un campo superior, donde están colocadas las baldosas, que representa a los jóvenes, y un campo inferior: las balas de plomo, las granadas, que simbolizan las fuerzas represivas del Estado; y los rayos y el centro del sol (el sol de nuestra bandera) significan los muertos en los acontecimientos de diciembre de 2001.

Longhini le pone de título a su escultura *Agentinitos,* usa el diminutivo de argentinos porque subjetiviza y codifica de alguna manera nuestra idiosincrasia cultural, pero también sus intenciones en el proceso de recepción de la obra. Y la idiosincrasia cultural da cuenta de nuestra viveza, de nuestros dramas, de nuestras caídas y nuestros resurgimientos. Esto vemos plasmado en el proceso de desarticulación de la escultura y su posterior recuperación.

Lo antedicho también es registrado por la inquieta cámara de Mouján, dado que *Argentinitos* es expuesta en el Centro Cultural Recoleta, pero la forma en que es mostrada (posición vertical) no favorece la permanencia de los materiales con que está construida, y comienza a desmoronarse. Y entonces Longhini recoge esos materiales y piensa en un nuevo aglutinador para sostener el asfalto.

Pero también la obra se llama *Argentinitos* porque alude a la aparición en la escena política (pública) a partir de esa crisis de 2001, de una nueva generación de actores sociales, los jóvenes.

Ahora bien, el documental se titula: *Espejo para cuando me pruebe el smoking* (2005), porque así se va a llamar una futura obra del artista, si en el futuro le va bien. En palabras de Longhini, sería una obra que refleje lo que eres, de dónde venís, para que nunca olvides tu origen.

IV. El cine sin lugar a dudas constituye una de las dimensiones de nuestra memoria social. Es uno de las géneros en los que contamos a los que vendrán después de nosotros lo que hemos sido, por ello, el cine posee un gran potencial en cuanto a la capacidad en poner en discusión los problemas sociales (Campo, 2007).

La posibilidad de otorgar visibilidad a los problemas sociales desde el idioma cinematográfico están directamente relacionadas con el tiempo y espacio en que los realizadores están insertos, por ello, Mouján eligió el formato del arte para suavizar y potenciar tanta tragedia y el camino tomado es el encuentro de un director de cine y un escultor obsesionados por ser lo más fieles posible a lo que quieren reproducir.

Mouján y Longhini trabajan de la misma manera que los historiadores del pasado reciente, dialogan e intercambian discursos extraacadémicos que se encuentran asociados a prácticas sociales y políticas que movilizan y son movilizados por diversos actores y grupos sociales, para quienes a su vez el pasado cercano implica emociones, convicciones y experiencias cuyas verdades a su vez entran en tensión con los argumentos académicos.

En la producción de Mouján no hay un narrador que parece verlo todo o saberlo todo, no hay una intención didáctica y tampoco se percibe la presencia invasiva del director. En realidad Mouján está atento a la fluidez del artista, a la expresividad de la obra y deja transcurrir la cámara como un atento observador en el proceso de creación y también de su tiempo. En la obra de este escultor hay una nueva respuesta a la relación del arte con la política y esa relación también se expresa en el film, dado que ésta producción rompe con los tiempos vertiginosos del cine actual para revelarnos la intimidad y tiempo creativo de Longhini. En este sentido, consideramos que el documental se construye principalmente a partir de una "modalidad de observación, atendiendo a la tipología planteada por B. Nichols, en el sentido que [...] hace hincapié en la no intervención del realizador" (Nichols, 1997), en la capacidad de discreción, de no intromisión. La presencia de la cámara en el lugar atestigua su presencia en el mundo histórico, su permanencia sugiere un pacto con lo inmediato, con lo íntimo, con lo personal. Sonidos e imágenes se registran en el momento, al inicio cuando la cámara cadenciosamente se deja llevar en La Boca, en el puerto, en el puente, en las calles de La Boca y Longhini caminando junto a su mascota, el taller, imágenes recurrentes del taller, la detención en la obra en cuestión, y en otras obras.

Sin embargo, para completar este análisis propongo la utilización del concepto de *hibridación*. Concepto que puede ser entendido, en varios sentidos: en primer término, el cine es híbrido en tanto producto cultural y social que refleja la sociedad que lo produce. En segundo término, la hibridez de lo cinematográfico se manifiesta en la combinación de elementos de las distintas modalidades de representación: expositiva, de observación, interactiva y reflexiva (si bien predomina una de ellas, como aclaré anteriormente). En tercer término, el proceso de hibridación, también se hace presente en la mixtura de códigos utilizados por el cine: tecnológicos, visuales, gráficos, sonoros y sintácticos. Además, el cine, reúne rasgos y/o características, de artes más antiguas: pintura, música, teatro, danza, literatura, etc. Lo cinematográfico, combina, imagen, sonido y lenguaje.

La hibridación es definida por García Canclini (2002) como "[...] el conjunto de procesos en que estructuras o prácticas sociales discretas, que existían en forma separada, se combinan para generar nuevas estructuras, objetos y prácticas en los que se mezclan los antecedentes. Conviene advertir que, las estructuras llamadas discrtas, fueron resultado de hibridaciones, por lo cual no pueden ser consideradas fuentes puras".

Para Longhini la imbricación arte y política tiene larga data –y esta imbricación también constituye un proceso de hibridación–, entonces el escultor cuenta cómo nació *Argentinitos* y Mouján sigue pacientemente el proceso de reflexión. Durante tres años el realizador hizo un seguimiento de esa producción (febrero de 2002 hasta diciembre de 2004).

La película está contada cronológicamente. Lo que se ve es el proceso de creación de una obra y cómo a través de un hecho político puede nacer la necesidad de un artista de contestar a esa presión y generar una obra de arte.

La creación se va materializando a medida que el escultor va pensando la disposición simbólica de esos elementos en el espacio hasta darles el total significado: dos campos enfrentados en una caja de asfalto hecha con la brea que les proporcionan los obreros que están trabajando en la calle, próxima a su estudio en la Boca. De la misma manera que Longhini, Mouján apresa trozos de esa realidad (imágenes de la revuelta tomadas de noticieros televisivos, imágenes fotográficas de dos matutinos nacionales que reflejan el asesinato de Kosteki y Santillán) y los integra en el imaginario del artista plástico.

Mouján en una entrevista realizada por el diario *Clarín* por Marina Zucchi en 2005 expresa:

> Yo no sólo busco registrar el hecho concreto sino intentar una reflexión distinta. Soy amigo del artista Ricardo Longhini [...] y cuando él me mostró el proyecto de su obra me pareció interesantísimo abordar eso en una producción propia.
> El mensaje mío es tratar de desentrañar ese proceso que lleva a la relación entre arte y política. [...] Hay necesidad de hablar de muchas problemáticas sociales y el documental permite eso.
> [...] me siento cerca de la plástica. Incursioné en la actividad, tengo buena relación con los artistas y me gusta plantearme qué es el arte. Hacer esto para mí es la mejor forma de reflexión. Con el cine puedo elaborar pensamientos de lo que me conmueve. Me sensibiliza el tema social, la injusticia, la política y la cuestión del arte. Son mis temas recurrentes.

En *Espejo...*, no hay entrevistas, pero sí hay partes en donde el artista habla de su trabajo, cómo los realiza y los problemas que se le plantean y cómo los resuelve manteniendo una coherencia con lo político, pero a la vez buscando coherencia estética en la obra.

V. Entiendo que el cine es una forma más de conocimiento, que atraviesa un determinado camino de investigación que deberá ser sometido a pruebas de veracidad, de corroboración con la verdad objetiva y luego se le da la forma que lo hace particularmente obra, de reflexión, de comprensión, de innovación, cambio.

El cineasta tendrá que recurrir a símbolos para que el espectador pueda asimilar desde lo ideológico, lo racional, lo emocional, para que el significado de su propuesta, comprometiendo valores y principios que signifiquen algún cimiento de la cultura a la que quiera llegar, buscando el compromiso del público, identificación, interés.

La sociedad contemporánea, mediática parece desembarazarse de cualquier memoria, tácita, manifiesta, hegemónica o subalterna, y lo hace por sobreabundancia de referencias. La sobreabundancia de informaciones determina que el lector, el telespectador ya no se encuentren en condiciones de recordar lo ocurrido.

Parafraseando a Benjamin, en la actualidad, el recuerdo ya no nos llega del pasado bajo la forma de *tradición*, sino de *cita*. Hoy con el auxilio de las tecnologías de reproducción, entre ellas el cine, se conserva del pasado en amplísimo volumen de *citas*, de fragmentos. Fragmentos que nos permiten recordar, transmitir. Es por ello que, como afirmáramos en párrafos anteriores, dentro de algunos años, cuando haya que explicar el período que vivió la Argentina entre 2001-2004 deberá prestarse atención a la propuesta de Mouján que registra el trabajo de un escultor comprometido con su tiempo.

El cine documental resulta un constante aporte a la tradición memoralista ya que son memorias narrativas que se incorporan al trabajo de la memoria. Asimismo, en el análisis del documental de Mouján nuestra mirada se detuvo en el diálogo de un artefacto cultural que habla de otro artefacto cultural creado a partir del mismo tema y que en su búsqueda de espectadores generará múltiples miradas y voces.

Bibliografía

Batistozzi, Ana María, "Retrato de la Argentina brutal", *en Revista Ñ*, nº 100, 2005.
Campo, Javier y Dodaro Christian, "Introducción", en *Cine documental, memoria y derechos humanos*, Buenos Aires, Ediciones del Movimiento, 2007.
Candau, Jöel, *Memoria e identidad*, Buenos Aires, Nueva Visión, 2002.
Chartier, Roger, *Escribir las prácticas*, Buenos Aires, Manantial, 1996.
Distéfano, J. C.; "*Ricardo Longhini*: La videncia", en http://www.arteuna.com/PLASTICA/longhinip.htm, 1999.

Ferrari, León, "Juventud maravillosa Ricardo Longhini: Arte y represión", en *www.arteuna.com/PLASTICA/longhini99.htm*. 1999.

Franco, Marina y Levín, Florencia (comps.), **"Introducción"**, en *Historia reciente, Perspectivas y desafíos para un campo en construcción*, Buenos Aires, Paidós, 2007.

García Canclini, N., "Hibridación", en Altamirano, C. (dir.), *Términos Críticos de Sociología de la Cultura*, Buenos Aires, Paidós, 2002.

http://www.cinenacional.com/personas/index.php?persona=11349.

http://www.gacemail.com.ar./Detalle.asp?NotaID=1835.

Jelín, Elizabeth, *Los trabajos de la memoria*, Madrid, Siglo XXI, 2001.

Montesperelli, Paolo, *Sociología de la memoria*, Buenos Aires, Nueva Visión, 2005.

Nichols, Bill, *La representación de la realidad. Cuestiones y conceptos del documental*, Barcelona, Paidós, 1997.

Novaro, Marcos, "Derrumbe y recomposición", en *Historia Argentina Contemporánea, De Perón a Kichner*, Buenos Aires, Edhasa, 2006.

Ortiz, Áurea y Piqueras, María Jesús, *La pintura en el cine. Cuestiones de representación visual*, Barcelona, Paidós, 1995, 1ª ed.

Svanascini, Osvaldo, *Diccionario de las Artes Visuales en la Argentina*, Buenos Aires, Artotal, 2006.

Zucchi, Marina, "La política de hacer arte", en www.clarin.com/diario/2005/10/1/espectáculos/-00701.htm.

IV. FICCIONES DE LA ARGENTINA

La ficción hermético-metafórica del período 1976-1983: un modelo alternativo de resistencia

Ana Laura Lusnich
Centro de Investigación y Nuevos Estudios sobre Cine
Facultad de Filosofía y Letras
Universidad de Buenos Aires

Palabras clave: *cine argentino, opacidad; ficción metafórica*

La ficción hermético-metafórica: presupuestos

Entre 1976 y 1983 se concretó en nuestro país el proyecto político y económico digitado por la Junta de Comandantes en Jefe y el poder económico-financiero liderado por los ministros José Alfredo Martínez de Hoz y Roberto Aleman. Los lineamientos del gobierno comprendieron en esos años dos aspectos centrales que, expuestos de forma efectiva por el historiador Luis Alberto Romero en su frase "achicar el Estado y silenciar la sociedad" (2001: 220) modificaron radicalmente las conductas participativas y movilizadoras que habían prevalecido en las décadas de 1960 y 1970. En esos años, el campo cinematográfico, y en general el cultural fueron motivo de observación y coerción constantes, extendiéndose a los realizadores, productores y actores las prácticas de vigilancia y represión instaladas en vastos sectores de la sociedad. En este contexto, es posible comprobar que el medio cinematográfico "internalizó" rápidamente el discurso estatal, ensayando distintas respuestas que incluyeron la desarticulación de los grupos y propuestas del cine político-social gestadas en las décadas anteriores, el exilio forzado o voluntario de muchos de sus integrantes y de intelectuales y creadores de distintas tendencias políticas, la resistencia y la crítica velada, o bien, en los casos extremos, la ignorancia y hasta la exaltación del autoritarismo desplegado por el Estado.

De acuerdo con estas múltiples respuestas que manifiestan la tensión vigente entre el carácter totalitario del programa político en curso y la emergencia y desarrollo de algunas prácticas artísticas y cinematográficas que quiebran la homogeneidad discursiva del Estado, el objetivo de este trabajo es evaluar la consolidación de una variante particular del cine de ficción en este período, a la que denominamos "ficción hermético-metafórica". Sostenemos que se trata de una opción narrativa y espectacular que se instala en estos años como un modelo alternativo y crítico, que exhibe en los diferentes niveles del relato las tensiones y las conexiones que se establecen entre dos aspectos centrales: las marcas de la ideología imperante (la censura, la autocensura, el dominio de la violencia física y verbal) y las conductas esgrimidas por los directores, guionistas y productores que promueven la resistencia o la denuncia mediante la presentación oblicua y opaca del contexto político-social.

El desarrollo del trabajo propone una serie de hipótesis de carácter teórico e histórico que reformulan los planteos realizados por Ismail Xavier y Vicente Sánchez-Biosca en dos de sus escritos principales. Del texto de Xavier, *El discurso cinematográfico. La opacidad y la transparencia,* se recupera el eje que guía la exposición del texto y presenta las posturas estético-ideológicas más significativas que fueron asumidas en el cine a lo largo de su historia (transparencia/opacidad); particularmente, se retoma la idea que reconoce en los films y proyectos que adhieren a la "opacidad" el ataque frontal a la apariencia realista de la imagen cinematográfica y la capacidad reflexiva y deconstructiva frente al sistema dominante de representación (2008: 133). Del texto del historiador español Vicente Sánchez-Biosca, *Sombras de Weimar. Contribución a la historia del cine alemán (1918-1933),* el trabajo actualiza la hipótesis que afirma que en el período comprendido entre 1918 y 1933, previo a la instauración del nazismo en Alemania, en consonancia con la situación histórica, los realizadores y guionistas sustituyen los parámetros propios de las estructuras realistas y transparentes elaborando modelos narrativos y espectaculares herméticos y metafóricos (1990: 236).[119]

---

[119] República de Weimar es la denominación que adopta el régimen político en Alemania desde fines de la Primera Guerra Mundial hasta 1933, momento en que asume al poder Adolf Hitler y se instaura la dictadura del Tercer Reich.

Estos presupuestos teóricos e históricos se asocian a tendencias generales que exploran modalidades narrativas y espectaculares que depositan en la idea de opacidad discursiva la capacidad reflexiva y crítica tanto como la posibilidad de subsistencia y permanencia en el mercado. El análisis de los films realizados en nuestro país entre 1976 y 1983 incluidos en esta tendencia supone a su vez una serie de autores y textos que han estudiado las funciones discursivas y cognitivas de la metáfora –recurso pregnante y/o estructurante en los ejemplos tratados– con especial atención en las perspectivas de Michel Le Guern (*Sémantique de la métaphore et de la métonymie*, 1973), George Lakoff y Mark Johnsosn (*Metáforas de la vida cotidiana*, 1995) y Umberto Eco (*Los límites de la interpretación*, 1992). En los tres casos, aunque partiendo de aproximaciones diferentes –la semántica, el cognitivismo y la semiótica, respectivamente–, la metáfora se comprende como un procedimiento cultural que torna legible o inteligible aquello que en un comienzo resulta imposible de conceptualizar y que, más allá del plano discursivo, abarca el saber cultural y el sistema de valores del grupo social que las genera y emplea (Lakoff y Johnson, 1995: 72).

Características de la ficción herméticometafórica del período 1976-1983

A partir de estas coordenadas teórico-metodológicas, el trabajo propone el desarrollo de dos temas. El primero supone discernir las pautas y estrategias cinematográficas que reúnen al conjunto de films estudiados bajo esta denominación, reconociendo los antecedentes cinematográficos que desde mediados del siglo pasado optaron por estrategias adyacentes o similares. Luego, se propone el análisis del film *El hombre del subsuelo* (Nicolás Saquís, 1981), ejemplo que pertenece a una de las variantes de la tendencia –la metáfora espacial o topográfica– y que establece una serie de correlatos con otros ejemplos contemporáneos.

Sobre los orígenes y el desarrollo de las operaciones metafóricas en el campo del cine argentino, es posible localizar una línea de continuidad, aunque aceptando las diferencias y particularidades, entre una serie acotada de realizaciones de la década de 1950, que luego prosigue en la filmografía de Leopoldo

Torre Nilsson, en algunas expresiones del cine de la Generación del Sesenta y el Grupo de los Cinco, y en un conjunto de films realizados entre 1969 y 1976 por directores que forman parte de la experimentación y las rupturas formales más radicales. En su artículo "Emergencia y tensiones en el cine argentino de los años cincuenta", Claudio España contempla una serie de modalidades narrativas y espectaculares emergentes en esos años, asociadas a las filmografías de Leopoldo Torre Nilsson (*El crimen de Oribe*, 1949; *La casa del ángel*, 1957), León Klimovsky (*El túnel*, 1951) y Carlos H. Christensen (*Arminio negro*, 1952), preferentemente, y a una motivación general: la problematización del modelo de representación imperante. En ese contexto, la hipertrofia de los recursos narrativos (los procesos de fragmentación, opacidad narrativa, multiplicidad del punto de vista, desajuste de las normas genéricas) y espectaculares (la complicación espacial y temporal de los relatos, la obstrucción de los encuadres), fueron interpretados como síntomas de la llegada de la modernidad al país, constituyendo una retórica inmanente al campo cinematográfico, local y extranjero. Estas claves de lectura primaron a su vez en los estudios sobre la Generación del Sesenta y el Grupo de los Cinco, siendo el film de Hugo Santiago (*Invasión*, 1969) y los de Edgardo Cozarinsky (*Puntos suspensivos*, 1970), Miguel Bejo (*La familia unida esperando la llegada de Hallewyn*, 1971) y Julio Ludueña (*Alianza para el progreso*, 1971; *La civilización está haciendo masa y no deja oír* (1974), entre otros, los que promovieron una apertura interpretativa que comenzó a exceder el análisis discursivo de los relatos para incluir en el reconocimiento de las formulaciones metafóricas, metonímicas y/o hiperbólicas –recursos frecuentes en estas producciones– las dimensiones de la práctica y la acción (perspectivas presentes en el estudio de Gonzalo Aguilar sobre *Invasión*, y en los de David Oubiña y Paula Wolkowicz sobre el cine *underground* de los años 70).[120]

---

[120] Nos referimos a: Aguilar, Gonzalo, "Alegoría y enigma: Invasión, según Borges y Hugo Santiago", en Claudio España (dir. gen.), *Cine Argentino. Modernidad y Vanguardias*, Buenos Aires, Fondo Nacional de las Artes, 2005; Oubiña, David, "Vanguardia y ruptura en el cine alternativo de los años 70", en *Cuadernos de cine argentino. Innovaciones estéticas y narrativas en los textos audiovisuales*, Buenos Aires, INCAA, 2006; Wolkowicz, Paula, *Política y vanguardia estética en el cine argentino de*

En la tradición cinematográfica argentina, los films que pertenecen a la ficción hermético-metafórica realizada durante la última dictadura militar[121] se hacen eco de la trayectoria mencionada que inscribe los films en un doble movimiento, la irrupción de la modernidad cinematográfica en nuestro medio y el ejercicio de la reflexión y la crítica transversal o extrema. En el reconocimiento de un *corpus* relativamente autónomo de sus antecedentes intervienen otros dos aspectos: a) se trata de películas que responden a un modo industrial de producción, con financiamiento estatal y/o privado, estreno comercial y un seguimiento exhaustivo por parte de los mecanismos de control de la institución cinematográfica que no dudan en censurar escenas o prohibir la exhibición en algunos casos;[122] b) los films adhieren a una función textual diferenciada y compensatoria, que reside en el hecho de que los acontecimientos representados y sus referentes se asocian por dos sistemas básicos: metáfora (preferentemente) y metonimia (en segundo orden).

En la identificación de los mecanismos del discurso implícito vigente en estos films se cuela, como sostiene María Paulinelli, una de las formas de narrar del cine moderno donde se problematiza la capacidad de mostrar y de referenciar (2006: 15), sumándose a esta disposición natural de los directores y guionistas implicados en una época y un contexto cinematográfico la decisión de trascender y desarticular por medio de estos mecanismos los cánones de la ideología sostenida por el Estado. En este doble desplazamiento, hacia el interior del medio cinematográfico y hacia el exterior del tejido social y político, el ataque frontal a la

---

los años sesenta y setenta, tesis de doctorado en desarrollo en el marco de la Universidad de Buenos Aires.

[121] El *corpus* fílmico estudiado en esta tendencia incluye, entre otros, los siguientes títulos y directores: Alejandro Doria, *La isla* (1979), *Los miedos* (1980), *Los pasajeros del jardín* (1982); Adolfo Aristarain, *La parte del león* (1978), *Tiempo de revancha* (1981), *Ultimos días de la víctima* (1982); Mario Sabato, *El poder de las tinieblas* (1979); Héctor Olivera, *La nona* (1979); Sergio Renán, *Crecer de golpe* (1976); David J. Kohon, *El agujero en la pared* (1976); Nicolás Sarquís, *El hombre del subsuelo* (1981); Rafael Filipelli, *Hay unos tipos abajo* (1985).

[122] Dos películas del *corpus* fueron prohibidas en el momento de su realización, teniendo estreno años más tarde, luego de 1983: *La muerte de Sebastián Arache y su pobre entierro* (Nicolás Sarquís, 1977) y *El grito de Celina* (Mario David, 1975).

apariencia realista de la imagen cinematográfica asume en este *corpus* una serie de rasgos a destacar:

a) En los relatos fílmicos se superponen dos dominios o campos semánticos que, retomando las reflexiones de Geroge Lakoff, distinguen un *dominio meta* (dominio a metaforizar que coincide con el espacio y tiempo presente) y un *dominio fuente* (la imagen de donde extrajimos la metáfora, proveniente del tiempo pasado o de un espacio y tiempo ambiguo o indefinido, y que nos permite hablar o reflexionar sobre fenómenos abstractos, problemáticos y/o traumáticos).

b) De acuerdo con los ejemplos analizados, las prácticas metafóricas pueden clasificarse en tres grandes grupos: *metáforas estructurales* (implican la interrelación extensa entre el dominio meta y el dominio fuente y varios puntos de intersección en el ámbito de la puesta en escena, la estructura narrativa, el sistema de personajes, el nivel discursivo), *metáforas orientacionales* (en las cuales el dominio fuente hace referencia a una disposición espacial basándose en la experiencia corporal y biológica natural) y *metáforas fragmentarias* (manifiestan escasos puntos de conexión entre los dominios y pueden apelar a otros recursos retóricos: metonimia, comparación, catacresis, esta última generalmente presente en los títulos de las películas[123]).

c) De acuerdo con la adopción de una perspectiva interactiva entre la discursividad y la práctica social y cultural, las elecciones narrativas y espectaculares que configuran este modelo ficcional privilegia la función polémica de la metáfora, identificada por Marc Angenot en el discurso panfletario o contestatario, a partir de la cual las figuras retóricas estructurantes o parciales se caracterizan, frente a las funciones poética o estética, por su valor argumentativo y reflexivo, la selección sémica específica, el trabajo interpretativo directo y un alto grado de difusión y aceptación por parte de los receptores.

---

[123] Figura retórica que consiste en utilizar metafóricamente una palabra para designar una realidad que carece de un término específico.

El hombre del subsuelo: paradigma de la metáfora espacial o topográfica

El 3 de septiembre de 1981 se estrenó *El hombre del subsuelo* (Nicolás Sarquís), una película que concilia las metáforas orientacional y parcial mencionadas y que, de acuerdo con los rasgos de la puesta escena (el hermetismo, su carácter centrípeto y la apelación a niveles espaciales dicotómicos) conforma en esos años una trilogía de films que se completa con otros dos títulos: *El agujero en la pared* (David J. Kohon, 1982) y *Hay unos tipos abajo* (Rafael Filipelli, 1985).

Con guión de Beatriz Guido, Luis Príamo y Nicolás Sarquís, basada en la obra *Memorias del subsuelo* de Fiodor Dostoievski,[124] el film expone el tema del encierro o del confinamiento como escape posible del mundo y de las circunstancias. Contextualizada durante la Década Infame, en los últimos meses de 1933, con epicentro en una casona del barrio de Adrogué, el desarrollo de la historia se organiza a partir de un diseño narrativo-topográfico que presenta tres fases. En cada una de ellas se exponen las tensas y fracasadas relaciones que el dueño de casa, Diego Carmona, empleado de 44 años de edad y heredero de los bienes de su abuela Rosario Castro Vera de Carmona, entabla con otros personajes: Severo Piedrabuena, su mayordomo, en la primera etapa; Luisa, una prostituta, en la segunda; los amigos de la juventud, en el tercer momento. Cada una de estas etapas narrativas implica una organización expresiva y dicotómica del nivel espacial:

1) Adentro: en el primer tramo del film se suceden situaciones en el interior de la casa, omitiéndose o presentándose de forma fragmentada o velada los datos de la realidad exterior (es el sonido de la lluvia y de un timbre o el entorno neutral que se percibe a través de puertas y ventanas el único contacto con el afuera). En este contexto, la casa se presenta como refugio (el

---

[124] El personaje de las *Memorias del subsuelo* es un funcionario fracasado, habitante de un subsuelo que él llama "la ratonera". Pero este turbulento empleado público, aun a su pesar, se ennoblece a través de su avidez por pensar el vínculo entre el hombre y su posible libertad. Una sola tesis se repite en el relato de Dostoievski: el hombre puede entrever una ley natural, un posible orden moral, un horizonte racional de intereses y conveniencias. Pero hará todo lo contrario a lo debido si ello le granjea una sensación de libertad.

encierro necesario de los personajes ante amenazas implícitas); sin embargo, las relaciones entabladas entre los personajes que la habitan (las relaciones de poder y sometimiento entre el dueño de casa y su mayordomo) y las acciones por ellos emprendidas (la filmación de una serie de películas pornográficas) delatan la progresiva contaminación del mundo exterior y del contexto de violencia y opresión imperantes. Esta fase concluye en el momento en que una prostituta, Luisa, le solicita a Diego que le recomiende una película en cartel y éste le sugiere el sugestivo título de *El delator* (film de John Ford, de 1935, estrenado dos años después del tiempo de los acontecimientos de la historia).

2) Adentro/Afuera-Suburbio/Periferia. El protagonista, Diego Carmona, realiza junto a Luisa el periplo que tiene como punto de partida la casona de Adrogué y como punto de llegada una casa humilde, instalada en la periferia del Gran Buenos Aires. Las relaciones entre estos personajes recrudecen, presentando el personaje masculino una serie de argumentos que, más allá de su valor de verdad, degradan al personaje femenino: "¿Siempre fuiste así, abandonada?; ¿no te importa nada morirte?; ¿así que creés que estás en el buen camino?; tenés que tomar la vida en tus manos; ¿qué tenés aquí?: basura, desperdicio, abandono; no tenés conciencia de lo que pasa" son las frases que emplea para concretar su humillación. La puesta en escena insiste en el valor centrípeto de los espacios (la habitación y la casa de Luisa aparecen aisladas, rodeadas de plantas y de un orquestado sonido ambiente que señala la condición periférica del lugar: goteo de agua, canto de pájaros, pitido de una locomotora); así como en el encuadre de una serie de elementos que acentúan la indigencia en la que vive Luisa (paredes descascaradas, papeles de diario cubriendo paredes y mesas, tazas y platos derruidos), y que a su vez trazan relaciones implícitas con otro conjunto de elementos presentes en la casona de Adrogué: Diego y su mayordomo coinciden en la práctica de empapelar las paredes manifestando esta suerte de recubrimiento un posible mecanismo de aislamiento del mundo exterior.

3) Adentro/Afuera-Casa/Club. En su última salida, Diego Carmona asiste a una despedida de soltero que se realiza en un exclusivo club ubicado en el centro porteño. El protagonista se reencuentra con varios amigos de la juventud, ahora distantes, aflorando a lo largo de la cena discusiones verbales y hasta

agresiones físicas. Representantes de la oligarquía porteña (sus apellidos y ciertas menciones lo aclaran) y de profesiones liberales (uno es abogado), los antiguos camaradas tratan a Carmona de "resentido" y "miserable" explicando esta condición mediante un argumento xenófobo difundido en los años 30 ("Estos tipos son producto de la inmigración"). Como reacción a los insultos y los golpes, Carmona contesta: "No les tengo miedo, pueden matarme si quieren, no me voy a defender". Las últimas imágenes de la película exhiben a Diego Carmona en un diálogo consigo mismo, golpeado, desalineado, sentado en los peldaños de la escalera del club. Solitario y balbuceante se repite: "Se acabaron las frases hermosas; estoy harto de decir mentiras".

Hemos tratado de explicar que en este film, las prácticas metafóricas coinciden con una particular disposición narrativa y espacial, atribuibles a las metáforas fragmentaria y orientativa propuestas en un comienzo. La referencia a un tiempo y un espacio contemporáneos a su realización (los años de la dictadura militar y especialmente las consecuencias económicas y sociales que caracterizaron esa época de la historia argentina) se concreta, en mayor o menor grado, a partir de niveles diferentes del relato. El sistema de personajes y la estructura narrativa devela las relaciones entre víctimas y victimarios, categorías que se redefinen en cada una de las fases narrativas. El desempeño de los personajes evoluciona de la acción verbal a la acción física, exhibiéndose con estas modificaciones las prácticas de coerción y sometimiento que se impusieron luego de 1976. En esta dirección, si en las primeras dos fases narrativas la amenaza y la reflexión sobre la muerte cercana recorren los diálogos que Carmona sostiene con su mayordomo y con la prostituta (Diego llama "asesino" a Severo, Severo amenza con denunciarlo a la policía; Diego increpa a la mujer y le dice que sería mejor que muera de tuberculosis), durante el encuentro con sus viejos camaradas Carmona vive en carne propia los insultos y la agresión física. El periplo del protagonista indica la plena toma de conciencia, la decisión de aceptar las circunstancias adversas aunque esto signifique la soledad y el confinamiento. El diseño espacial se encuentra circunscripto a la permanencia de los personajes en unos pocos interiores cerrados (casona de Almagro, despacho del abogado, casa de Luisa, club), escatimándose los trayectos exteriores que unen estos ámbitos, delegando en el acompañamiento sonoro los escasos índices de la realidad palpable. En los interiores predomina el diseño del encuadre en planos de profundidad que, como propusiera Vicente Sánchez-Biosca para las ficciones metafóricas realizadas en Alemania durante la República de Weimar, ofrece una evidente resistencia a la exterioridad, una renuncia a proyectarse hacia los bordes, una voluntad de aniquilar cualquier prolongación del campo más allá de sus extremos (1990: 58).

Prolífica en el período estudiado, la metáfora orientacional recorre varios títulos del *corpus* (*La isla*, Alejandro Doria, 1979; *El poder de las tinieblas*, Mario Sabato, 1979; *El agujero en la pared*, David J. Kohon, 1982; *Hay unos tipos abajo*, Rafael Filipelli, 1985), siendo los films de Kohon y Filipelli los que entablan con el de Sarquís un vínculo estrecho en cuanto a la disposición de la puesta en escena. En el de Kohon, un juego espacial de cajas chinas metaforiza el deseo de poder del protagonista, un fotógrafo que con el objetivo de conseguir el amor de una mujer y mayor autoridad, encara un pacto con un poder superior que proviene de una extraescena particular: el interior de una pared o un espacio contiguo a una pared. En el de Filipelli, la polaridad Adentro/Afuera organiza el desempeño del protagonista, Julio, un joven periodista, que ante la sospecha de que es reconocido y observado por fuerzas paramilitares, se concentra en su departamento y esquiva el contacto con el mundo exterior.

Concluyendo, en *El hombre del subsuelo*, ambos sistemas, el narrativo y el espectacular, presentan y desarrollan a través de la historia de Diego Carmona un conjunto de tesis históricas específicas (la concepción del "afuera" como un espacio de tensión y de peligro; la certeza de que la libertad compromete la soledad y el confinamiento) a partir de las cuales se expresa la función polémica o reflexiva de las prácticas metafóricas. Cada una de estas tesis exhibe, como hemos visto, una modalidad particular y parcial en los distintos estadios del relato. En la clausura, las palabras finales de Carmona ("Se acabaron las frases hermosas; Estoy harto de decir mentiras") hacen frente a un cuerpo abatido, estableciendo –al menos de forma hipotética– un corte entre varios niveles: la mentira y la verdad, la apariencia y la realidad, la reserva y la revelación, el sociego y la acción.

Bibliografía

Angenot, M., *La parole pamphlétaire*, París, Payot, 1982.
Avaro, N. y Capdevilla, A., "Una lectura política del realismo", en *Denuncialistas. Literatura y polémica en los 50*, Buenos Aires, Santiago Arcos Editor, 2004.
Beceyro, R., *Cine y política. Ensayos sobre cine argentino*, Santa Fe, Centro de Publicaciones-Universidad Nacional del Litoral, 1997.
Di Stéfano, M. (coord.), *Metáforas en uso*, Buenos Aires, Biblos, 2006.
Eco, U., *Los límites de la interpretación*, Barcelona, Lumen, 1992.
España C., "Emergencia y tensiones en el cine argentino de los años cincuenta", en *Nuevo texto crítico*, California, Stanford University, año XI, nº 21/22, enero-diciembre de 1998.
España, C. (dir.), *Cine argentino. Modernidad y vanguardias I. 1957-1983*, Buenos Aires, Fondo Nacional de las Artes, 2005.
Gociol, J.; Invernizzi, H., *Cine y dictadura. La censura al desnudo*, Buenos Aires, Capital Intelectual, 2006.
Joly, M., "Imagen y discurso", *La imagen fija*, Buenos Aires, La Marca Editora, 2003.
Lakoff, G. y Johnsosn, M., *Metáforas de la vida cotidiana*, Madrid, Cátedra, 1995.
Le Guern, M., *Sémantique de la* métaphore *et de la métonymie*, París, Larousse, 1973.
Pagés, R., "Adolfo Aristarain: identidad de un narrador", en Sergio Wolf (comp.), *Cine argentino. La otra historia*, Buenos Aires, Letra Nueva, 1992.
Paulinelli, M., *Cine y dictadura*, Córdoba, Comunic-arte Editorial, 2006.
Sánchez-Biosca, V., *Sombras de Weimar. Contribución a la historia del cine alemán (1918-1933)*, Madrid, Verdoux, 1990.
Verea, F., *El cine argentino durante la dictadura militar 1976/1983*, Buenos Aires, Editorial Municipal de Rosario, 2006.
Wolf, S., "El cine del Proceso. Estética de la muerte", en Sergio Wolf (comp.), *Cine argentino. La otra historia*, Buenos Aires, Letra Nueva, 1992.
Xavier, I., *El discurso cinematográfico. La opacidad y la transparencia*, Buenos Aires, Manantial, 2008.

La dirección de arte en el Nuevo Cine Argentino: un fenómeno portador de autonomía

Paula Morguen
Facultad de Filosofía y Letras
Universidad de Buenos Aires

Palabras clave: *dirección de arte. Nuevo Cine Argentino*

Introducción

El Nuevo Cine Argentino ha sido caracterizado como un movimiento cuyas realizaciones carecen de unidad estilística, sin rasgos que lo definan en su totalidad. Teniendo en cuenta esta heterogeneidad, abordaremos la problemática relacionada con la dirección de arte en las producciones del Nuevo Cine Argentino.

Trabajaremos con los films de cuatro exponentes del movimiento y estudiaremos el tipo de relación construida entre la lógica narrativa y la utilización del color, la elección del vestuario y los objetos utilizados para la ambientación. De esta manera, analizaremos el grado de autonomía alcanzado por la dirección de arte respecto a la estructura narrativa.

Los directores elegidos son Esteban Sapir, Pablo Trapero, Luis Ortega y Albertina Carri. Tomaremos –exceptuando el caso de Carri– sus óperas prima y sus más recientes producciones. Por lo tanto, nuestro *corpus* quedará conformado por: *Picado fino* (Esteban Sapir, 1998), *Mundo grúa* (Pablo Trapero, 1999), *Caja negra* (Luis Ortega, 2002), *Los rubios* (Albertina Carri, 2003), *Monobloc* (Luis Ortega, 2005), *La antena* (Esteban Sapir, 2007), *Leonera* (Pablo Trapero, 2008) y *La rabia* (Albertina Carri, 2008).

Dirección de arte

Nos centraremos en principio en la noción de dirección de arte. Robert Olson (1999: 21-22) plantea que esta tarea consiste en desarrollar una estrategia visual para la totalidad de la producción. Esto incluye decorados, utilería, vestuario, diseño de las tonalidades, iluminación y con frecuencia ritmo narrativo de la película.

A partir del trabajo realizado por William Cameron Menzies en *Lo que el viento se llevó* (Victor Fleming, 1939), la figura del director de arte pasó a ser la del diseñador de producción. Estos últimos son en la actualidad los que dirigen la planificación de la película en su conjunto.

Diferentes autores coinciden en varios aspectos en lo que concierne a la dirección de arte: es un área que ha sido desvalorizada, a través de ella se (re)crean realidades o se evoca lo que jamás existió, implica un equilibrio entre talento innato y técnica –entendiendo por esta última conocimientos sobre diseño, arquitectura, fotografía, efectos especiales y montaje, entre otros–.

Paul Auster aporta una dimensión filosófica a la tarea, adjudicándole el componente espiritual que implica mirar cuidadosamente el mundo para luego poder recrearlo.

En líneas generales, los directores de arte proponen la interrelación entre fotografía, dirección y arte como clave recomendada para un diseño exitoso en el proceso de producción. Dentro de este proceso, Mariana Sorrouille plantea diseñar desde la primera hasta la última escena, buscar las locaciones donde se filmará imaginando las adaptaciones necesarias, elegir una paleta de colores, idear la escenografía adecuada para cada personaje y discutir e imaginar cada escena con el director y con el director de fotografía.

Sin embargo, su propuesta contrasta con la declaración del director de fotografía de *Los muertos* (Lisandro Alonso, 2004):

> Aparte de tener una estética (que uno puede decir o no que está buscada), hay algo que es irrefutable (y que lo tiene el cine argentino), donde tienen mucho que ver los recursos económicos que tenés: es minimalismo puro, o sea, no te queda otra (Cottet; Juliá, 2005: 12-15).

Surge así la cuestión económica como factor condicionante del resultado estético de la obra. La postura de Sergio Wolf es que los films del Nuevo Cine Argentino han logrado que los elementos coercitivos jueguen a favor: "En lugar de hacer un cine convencional desde la pobreza de recursos, se prefirió debatir con el cine oficial desde el terreno de la estética" (AA.VV., 2002: 10).

La limitación económica se vincula también con la desvalorización que existe en la dirección de arte nacional con respecto al resto de las áreas. Jorge Ferrari lo enuncia de la siguiente manera:

> En nuestro país, cuando el cine dejó de ser industria, cierta pobreza conceptual invitó a imitar y no a crear, el rol del diseñador lo desempeñó cualquiera, porque se desconoció la necesidad de la precisión técnica, así ocurrió que en ocasiones se eligiera a alguien sólo por su "buen gusto" (Ferrari, 1999: 10).

A partir de este panorama, nos abocaremos a analizar lo que ocurre con algunas de las producciones del Nuevo Cine Argentino en relación con la dirección de arte.

Resultados

Picado fino es uno de los films que da inicio a este fenómeno. Estrenada en 1998, la película configura un universo de intensos blancos y negros. Una pequeña historia contada de manera poco convencional: encuadres fragmentados, planos detalle de corta duración que dan paso a un montaje vertiginoso, saltos de continuidad y marcas de indeterminación espacial y temporal.

La narración se instala en los suburbios de la ciudad. Como espectadores no reconocemos lugares específicos. Las imágenes corresponden a cualquier urbe industrializada y en cierta decadencia, pero el referente no es necesariamente la ciudad de Buenos Aires.

Los interiores cerrados y asfixiantes se enmarcan en lugares corrientes como dormitorios, comedores y cocinas. Sin embargo, la cotidianidad no llega a instalarse y prevalece la imprecisión respecto a la organización del ambiente: personajes que comparten una misma habitación presentan fondos diferentes, provocando disrupciones en el espacio.

En ocasiones sólo se presentan los elementos que juegan de manera dramática en la escena, rodeados por el vacío que remite a una puesta teatral. Sin una correspondencia necesaria con la narración, en la escena que transcurre en el bar todos los objetos se encuentran cubiertos con un plástico transparente.

El relato recurre también al uso de formas didascálicas que ironizan acerca de lo que sucede en la narración, más precisamente con las relaciones entre los personajes. Los objetos de utilería se identifican con indicios gráficos disparadores de interpretaciones alternativas. A modo de ejemplo encontramos la torta de cumpleaños de la niña, decorada con dos flechas opuestas. Mientras que se elimina la referencia al motivo del festejo, se abre la posibilidad a diferentes interpretaciones, sin que ninguna de ellas encierre certeza sobre lo que se desea transmitir.

Picado fino no tuvo continuadores directos de su estilo. Habría que esperar catorce años para la próxima realización de Sapir.

La antena

Con mayor presupuesto, recursos y equipos que en su ópera prima, en *La antena* se combinan referencias al expresionismo alemán y a la estética del comic, en matices grisáceos, blancos y negros.

El director explica que el film nació del diseño de la imagen, mientras que la realización del guión en su acepción tradicional fue secundaria:

> Me imaginaba una película contada con imágenes, donde éstas fueran utilizadas como lenguaje puro. De ahí surgió la idea de que fuera muda, y la temática de la comunicación, de lo audiovisual, de las palabras (Iaccarino, Juliá, García, 2007: 12).

En *La antena* la propuesta estética logra convertirse en el atributo central del film. El detalle con que son trabajados los aspectos de la dirección de arte atraviesa la caracterización de cada uno de los personajes –como la voz sin rostro, los hombres globo o el hombre ratón–, hasta las pequeñas lágrimas artificiales, los anteojos de cartón que ofician de ojos para el niño o el mirador con ojo incluido a través del que se espían. Con el uso de materiales nobles, el film logra generar un ámbito que media entre la ciencia ficción y la fantasía infantil.

Sin embargo, de modo inverso a *Picado fino*, los elementos que conciernen a la dirección de arte se conjugan en función de un sentido cerrado, unívoco. Se asegura la recepción de un mensaje claro.

Mundo grúa

Respecto a la filmografía de Pablo Trapero, el estreno de *Mundo grúa* fue bienvenido y celebrado por la crítica que vio en el film fuertes signos de renovación en relación con los códigos utilizados por el cine nacional hasta el momento.

Como en el caso de *Picado fino*, el proceso de producción llevó un extenso período de tiempo, con mínimo presupuesto y sin guión estructurado, factor que contribuyó a incorporar los imprevistos de la filmación.

En *Mundo grúa* también se utiliza el blanco y negro. El material fílmico con que está trabajado es de alta sensibilidad, por lo que se obtiene un grano grueso que en la medida en que impide la nitidez de la imagen, le imprime a ésta un sello personal. José Carlos Avellar interpreta que no se relaciona únicamente con características propias de la fotografía, sino que:

> Ésta es así no por una cuestión técnica, sino porque es expresión: antes de que el mundo nos diga algo, la imagen nos dice cómo es el mundo [...] Lo que importa es destacar la perfecta integración entre la historia contada y el modo de contarla [...] (AA.VV., 2008: 98, 101).

En este sentido, *Mundo grúa* se aleja de las representaciones clásicas de la ciudad recurriendo por momentos a una iluminación de tipo expresionista, que enrarece los espacios transitados por los personajes.

Leonera

De forma inversa, en *Leonera*, obra en la que Trapero incurre en el universo carcelario, sólo hay una instancia en la que se aleja de una representación realista: el comienzo con los créditos realizados en animación que remiten a dibujos infantiles. De inmediato se da paso a la historia de Julia que transcurre fundamentalmente dentro de la cárcel. Lo interesante es que el film no incurre por ello en el naturalismo característico de la generación previa.

Caja negra

Caja negra fue señalado como uno de los films más representativos de la vuelta del estilo neorrealista al cine argentino, luego de la experiencia de la Generación del Sesenta. El trabajo de actores no profesionales y la utilización de escenarios naturales así lo demuestra.

Sin embargo esta línea se interrumpe en el momento en que padre e hija repentinamente se encuentran en medio del campo. Los colores pasan a ser vibrantes, sugiriendo un espacio de ensoñación del que no da cuenta la estructura narrativa. Las referencias concretas de la ciudad son abandonadas para sumergirnos en un lugar idílico, situado más allá de lo profano.

Monobloc

La segunda realización de Luis Ortega intensifica este aspecto. *Monobloc* constituye un mundo de ámbitos reducidos: el monobloc con su terraza, el camino, el hospital, la terminal y el parque de diversiones. Atravesados todos por un penetrante cielo anaranjado y una fuerte apuesta en el trabajo de dirección de arte.

La construcción del espacio huye del naturalismo para posicionarse entre lo pictórico y lo teatral. Puntos de vista frontales, ausencia de profundidad de campo y discordancia entre figura y fondo son recurrentes en la puesta revelando constantemente el artificio de su construcción.

Los rubios

Los rubios es el segundo film de Albertina Carri. Un documental en el que la directora realiza un recorrido por su historia familiar, renunciando, en términos de Jaime Pena: "[...] a las imágenes de archivo o a la representación del pasado (al menos desde una perspectiva realista)" (AA.VV., 2008: 132).

El film se aleja de los lugares anquilosados que abordan la temática de la última dictadura militar, haciendo hincapié en las contradicciones de los protagonistas. De esta manera logra tomar distancia del discurso "*todo armadito*" del que reniega Carri en una de las escenas de *Los rubios*.

La precaria animación con que es narrado el secuestro de los padres es una de las instancias que colabora en esta construcción, donde se utilizan muñecos Playmobil para materializar la subjetividad del recuerdo infantil.

La rabia

En *La rabia* se recurre nuevamente a la animación para expresar las fantasías de una niña. En esta oportunidad con dibujos de corte abstracto, depositarios de la perversión y animalización que subyace en el film. La directora logra distanciarse una vez más de las representaciones costumbristas del campo argentino, situándolo como lugar en el que la violencia emerge sin mediaciones.

Discusión

Hemos realizado un recorrido por los diferentes films con el propósito de dar cuenta de las instancias en que el trabajo de dirección de arte no apunta a crear armonía entre personajes, acciones y espacios. Hallamos entonces la tendencia a cierta arbitrariedad, para la cual es de utilidad la categorización empleada por Santiago Vila (1997: 203) acerca del cine posmoderno, en la que se establece la autonomía del espacio y los objetos respecto a la narración: la escritura se constituiría por adición de estilos.

Podemos hablar de autonomía al comparar aspectos de los films con la noción clásica de lo que atañe a la dirección de arte. Juan Antonio Ramírez explica la idea predominante de la época de oro española, que puede ser aplicada a la concepción clásica general:

> Los tipos y los espacios donde se mueven deben armonizar, reforzarse mutuamente, ser como los elementos complementarios que contribuyen a lograr una poderosa impresión emocional. "Los personajes –escribía Barnes en 1923– deben concordar con los decorados y dar la impresión de que realmente pertenecen a

ese lugar, de que la efectividad de los sets no será estropeada por su presencia o por la acción" [...] Para lograr una película ambos deben armonizar. Esta idea ha permanecido vigente hasta nuestros días (Ramírez, 1995: 61).

Observamos cómo los preceptos enunciados por Ramírez no son del todo considerados por los films de nuestro *corpus*.

Conclusiones

En *Leonera* el sistema espacio-temporal se subordina a la lógica narrativa. Por ende, vestuario, ambientación e iluminación se supeditan a ésta, exceptuando el caso de los créditos iniciales. *Los rubios* establece también una clara correspondencia entre los recuerdos de una niña y su representación con la utilización de juguetes.

Caja negra y *La rabia*, por su parte, introducen instancias de suspensión espacio-temporal generadas por cortes oníricos y de animación respectivamente.

Mundo grúa recurre a una forma de contar que está en perfecta consonancia con lo que se narra. Sin embargo, se desmarca de cualquier verosímil construido hasta el momento para abordar una historia de desempleo, nostalgia y expulsión.

Monobloc y *La antena* se apartan de referentes reales para entregarnos mundos construidos acabadamente. La propuesta estética no cobra autonomía en forma paralela a la narración, sino que logra convertirse en el aspecto central del film. Todo en ellos se dirige a reforzar sentidos en una misma dirección.

Picado fino, por su parte, rompe con la univocidad para multiplicar las lecturas sobre la historia.

De esta manera, hallamos que los grados de autonomía del trabajo de dirección de arte respecto a la narración son absolutamente variables. Su mayor o menor grado no se corresponde necesariamente con las condiciones de producción del film, sino que podríamos hablar de propuestas estéticas como estrategias que se renuevan en cada realización. Gonzalo Aguilar (2006) reflexiona acerca del debate que propicia el cine contemporáneo, a través de estas palabras:

[...] las diferentes estéticas se definen por el uso y la interpretación que hacen de él los directores.

Lo que estas posiciones revelan [...] es que muchos de los antagonismos que estructuraban el debate modernista han caducado en una sociedad en que la producción artificial de imágenes es algo habitual y generalizado. La antítesis entre transparencia o naturalidad y artificio o autorreflexión dejó lugar a otra serie de conflictos. Ya no es tan central mostrar quién desenmascara los acercamientos artificiales a lo real que se quieren presentar como verdaderos o naturales, sino quienes pueden entregar mejores percepciones o poderes para producir lo real (Aguilar, 2006: 36).

Hemos esbozado aquí algunos lineamientos sobre la dirección de arte del Nuevo Cine Argentino. Dada la amplitud del campo de análisis, en próximos trabajos abordaremos nuevos aspectos referidos a esta noción, concentrándonos en etapas previas de la historia del cine nacional.

Bibliografía

AA.VV., *Miradas: el cine argentino de los noventa*, Madrid, Agencia española de cooperación Internacional (AECI), 2002a.
AA.VV., *El Nuevo Cine Argentino. Temas, autores y estilos de una renovación*, Buenos Aires, FIPRESCI, 2002b.
AA.VV., *Generaciones 60/90, Cine argentino independiente*, Buenos Aires, Malba, 2003.
Aguilar, G., *Otros mundos. Un ensayo sobre el nuevo cine argentino*, Buenos Aires, Santiago Arcos, 2006.
Alfonsín, M., "Diseñando sueños", en *Revista ADF*, nº 3, Buenos Aires, otoño de 1999, p. 10.
Campero, R., *Nuevo cine argentino. De Rapado a Historias extraordinarias*, Buenos Aires, Biblioteca Nacional, 2009.
Casetti, F.; Di Chio, F., *Cómo analizar un film*, Barcelona, Paidós, 1970.
Cottet, C.; Juliá, J., "En búsqueda del estado puro de las cosas", *Revista ADF*, nº 16, Buenos Aires, agosto de 2005, pp. 12, 15.
Díaz Yanez, A., *Sin noticias de Dios*, Madrid, Ocho y Medio, 2002.
Ettedgui, P., *Diseño de producción & dirección artística. Cine*, Barcelona, Océano, 1999.

Ferrari, J., "Sobre dirección de arte", en *Revista ADF*, n° 2, Buenos Aires, verano de 1999, pp. 10, 11.
Ferreira, F., *Luz, cámara... memoria. Una historia social del cine argentino*, Buenos Aires, Corregidor, 1995.
García, E.; Iaccarino, M.; Juliá, J., "Transmitiendo imágenes desde 'La antena'", en *Revista ADF*, n° 22, Buenos Aires, octubre de 2007, pp. 12, 17.
Insdorf, A., *Smoke & Blue in the Face*, Barcelona, Anagrama, 1995.
Jusid, M., "La fuga", en *Revista ADF*, n° 9, Buenos Aires, mayo de 2001, p. 21.
Millerson, G., *Diseño escenográfico para televisión*, Madrid, Instituto Oficial de Radiotelevisión Española, 1982.
Olson, R., *Conceptos básicos de la dirección artística en cine y televisión*, Madrid, Instituto Oficial de Radio y Televisión RTVE, 1999.
Ramírez, J., *La arquitectura en el cine. Hollywood, la Edad de Oro*, Madrid, Alianza, 1995.
Sorrouille, M., "Arte en cine y televisión", *Revista ADF*, n° 4, Buenos Aires, primavera de 1999, p. 5.
Vila, S., *La escenografía. Cine y arquitectura*, Madrid, Cátedra, 1997.

Filmografía

Caja negra (Luis Ortega, 2002).
La antena (Esteban Sapir, 2007).
La rabia (Albertina Carri, 2008).
Leonera (Pablo Trapero, 2008).
Los rubios (Albertina Carri, 2003).
Monobloc (Luis Ortega, 2005).
Mundo grúa (Pablo Trapero, 1999).
Picado fino (Esteban Sapir, 1998).

Vanguardia estética y confrontación política en dos realizadores de la transición democrática

Jorge Sala
Centro de Investigación Nuevos Estudios sobre Cine
Facultad de Filosofía y Letras
Universidad de Buenos Aires

Palabras clave: *vanguardia estética-transición democrática-cine político*

Introducción

> *¿Por qué cuando alguien filma una manifestación de las Madres de Plaza de Mayo, deben ser iguales a las que desfilan periódicamente alrededor de la pirámide, con los pañuelos blancos cubriendo sus cabezas? Acaso no podría proponerse una imagen de hombres disfrazados de mujeres y vestidos de amarillo, sin que ello origine inmediatamente la presencia de cientos de dedos levantados diciendo "así no es la realidad".*
>
> Rafael Filippelli
> "Contra la *Realpolitik* en el arte" (1986)

La llegada de la democracia a fines de 1983 constituyó el marco en el que se produjeron variados procesos de reestructuración del campo cultural. Las principales innovaciones identificables en lo que concierne al espectro artístico estuvieron pautadas por el reingreso de nombres hasta entonces desplazados por las políticas coercitivas, en simultáneo con la inclusión de nuevos actores que reconfigurarían parcialmente las relaciones en su interior. Como consecuencia de ambos movimientos, las prácticas estéticas innovadoras, cuyas líneas vanguardistas iniciadas en los 60 fueron clausuradas durante el período militar, retornarían para mixturarse y competir con las propuestas surgidas al calor de la apertura democrática, dando como resultado una serie de obras originales que en varios puntos retomarían las banderas de transformación de las décadas pasadas.

Sin embargo, este fenómeno, ampliamente visible en el terreno de la plástica o el teatro, por ejemplo, no tuvo su correspondencia en la producción cinematográfica. Esta se mantuvo apegada mayoritariamente a un conjunto de acciones que cristalizaron en la repetición de procedimientos, devenidos herramientas al uso, y en el parcial repliegue de las búsquedas formales que habían caracterizado la modernidad. Podría decirse con una mirada rápida que el cine de los 80 osciló entre un tipo de representación fijado en los recursos de un realismo testimonial y una imagen de impronta alegórica que tendría sus mejores exponentes en las obras de Solanas y Eliseo Subiela.

Por otra parte, algunas de las realizaciones sobresalientes del período tuvieron como premisa central la concreción de ficciones que dieran cuenta de variados sucesos del pasado inmediato. La ficcionalización de los hechos asociados a la dictadura se transformaría en una de las principales formas de expresión de conflictos políticos y sociales.[125] Aunque existieron modalidades divergentes –pienso en *Las veredas de Saturno*, *El exilio de Gardel* o *Sur*– es posible comprobar que en el contexto de la transición democrática el cine hegemónico se asociaría recurrentemente a la utilización de la transparencia enunciativa como mecanismo de soporte de un exacerbado realismo testimonial. El objetivo principal que motivó esa elección fue el desarrollo de un discurso sin fisuras ni ambigüedades sobre el pasado. Frente a tal situación, el imperativo de fusionar la denuncia a una poética audiovisual radicalizada, tal como había sido la premisa del funcionamiento de muchos programas estéticos de la modernidad, quedaría suspendido. No obstante, es posible verificar la existencia de una estética contrahegemónica en films de nuevos realizadores ligados a modos de producción independientes y marginales. En el presenta trabajo me detendré en algunos exponentes que, a juicio propio, se avistan como los más significativos. Concretamente analizaré *Habeas Corpus* (1986) y *Standard* (1989), de Jorge Acha; *Diapasón* (1986) y *En el hombre del hijo* (1987), de Jorge Polaco

---

[125] No por ello la única. Otras variantes de manifestación de lo político pueden verse en las producciones documentales de los colectivos Cine Testimonio (Silvia Chanvillard, Marcelo Céspedes, Tristán Bauer, Alberto Giudici y otros) y Cine ojo.

cuyas formulaciones difieren radicalmente de aquella *realpolitik* imperante (Filippelli, 1986).

Para abordar el análisis de las obras considero productivo recurrir a ciertas ideas elaboradas por el filósofo francés Gilles Deleuze en sus *Escritos sobre cine*, al igual que otros trabajos suyos redactados en colaboración con Félix Guattari. En particular me interesa retomar los planteos que permiten identificar las fracturas con el paradigma tradicional –la crisis de la imagen-acción, según su terminología–, así como también los modos distintivos de aparición de lo político en las obras políticas modernas y/o minoritarias (Deleuze, 1985, 1986 y Guattari, 1978).

Para empezar, considero necesario hacer algunas salvedades sobre el título de mi artículo. Hablar de vanguardias en la década de 1980 implica abrir una serie de discusiones sobre las posibilidades de existencia de movimientos de este tipo durante el período. Sin posibilidades de explayarme sobre esos debates y sin dejar de atender la "historicidad de las categorías estéticas" (Burger, 1987), entiendo al concepto desde la acepción formulada por Umberto Eco en *Del espejo y otros ensayos*, contraponiéndolo a la noción de experimentación. Según él, mientras esta última trabaja sobre una reformulación de los materiales de la obra artística, la característica definitoria de la vanguardia es la de operar abiertamente en la impugnación de las proposiciones legitimadas. En este sentido, puede verse cómo el cine que edifican durante la época Polaco y Acha explicita su perspectiva vanguardista con relación a las prácticas dominantes de su época. Por el momento dejo en suspenso la cuestión de que el primero de ellos haya contado con el respaldo estatal, beneficio al que el segundo nunca pretendió aspirar. Si bien, según creo, ella tendrá una incidencia importante en cuanto a las posibilidades de enunciación más o menos abierta de la temática política, no será, por lo expresado antes, un argumento que niegue las cualidades insolentes de los films.

Un cine menor

Deleuze y Guattari, en su ensayo sobre la obra de Kafka, invocan la fórmula de literatura menor como rasgo singular de su particular forma narrativa. Un enclave social aparece en la definición. Según ellos, una literatura menor no sería la producida por una lengua minoritaria sino la que lleva a cabo una minoría dentro de una lengua mayor (1978: 28). La figura de Kafka se actualiza en *Diapasón* a partir de la inclusión de un cartel con su fotografía y en el nombre de uno de los personajes, volviendo explícita la búsqueda de una filiación. Pero además, y esto se hace extensible al vínculo que establecen las restantes películas analizadas aquí, el cine en su conjunto puede concebirse como esa lengua mayor a la que estos films deciden oponerse para desterritorializarla. Una lengua a la que buscaron subvertir desde un lugar minoritario, desplazado.

Asimismo, los films guardan una estrecha relación con otra de las claves que caracterizarían a las literaturas menores: el quiebre con la separación clásica entre lo privado y lo político. Las obras aquí se construyen desde la certeza de que todos sus elementos forman parte del entramado político, sin distinción. Mientras las formas dominantes de la época instauraron una separación tajante entre ambos planos –recordemos, por ejemplo, la total negación a rastrear en las historias personales de una película como *La república perdida*, o bien el relato que construye *La historia oficial*, al situar en compartimientos estancos la experiencia íntima de la protagonista de la acción política– las obras que estos realizadores construyen se asimilará en sus operaciones a las del cine político moderno, según la terminología de Deleuze, en el que "el asunto privado se confunde con el inmediato-social" (1986: 289).

La ópera prima de Jorge Polaco hace visible estas estrategias de mixturación. La escena inicial del viaje en el tren puntualiza el tono del relato. En ella vemos a Ignacio, el protagonista, sentado en uno de los vagones. Repentinamente abre la ventanilla y se asoma para mirar un hecho que transcurre en el exterior, a campo abierto. La cámara corta y muestra en una panorámica subjetiva lo que sucede afuera: un fusilamiento. El sonido del disparo, en primer plano, marca el retorno al interior del tren, el cierre de la ventanilla y el inicio de la *voz-over* desde la cual Ignacio rememora sus primeros encuentros con Boncha, el personaje femenino. Sorprende al espectador la naturalidad y tranquilidad con que el protagonista observa la escena, como si fuera únicamente un detalle del paisaje, como si sólo se tratara de una referencia contextual vista al pasar de una historia que, en adelante, tendrá como escenario principal la intimidad de un caserón burgués. Será en este espacio, escenario tipificado de manifestación de los conflictos íntimos desde el cine clásico en donde acontece lo que pasará a ser el *leitmotiv* del film: los encuentros violentos entre la pareja principal bajo la custodia atenta de dos sirvientes. La imagen vista en el tren se repetirá en otras dos ocasiones. El sonido del disparo otras tantas, sobre todo para puntuar el ingreso o la salida de la casa. Así, lo que podría parecer una marca que remite al pasado dictatorial se mezcla irremediablemente con las situaciones privadas. La imprecisión al momento de fijar las fechas en las que se desarrolla el relato, lo mismo que el carácter repetitivo y no situado de las acciones del los personajes colaboran en el distanciamiento con los recursos del realismo. La escena del fusilamiento, entonces, funciona como registro de un pasado que irrumpe pero que al mismo tiempo se ignora para construir un film político sobre una violencia intemporal anclada en lo cotidiano.

Según palabras del historiador Hugo Quiroga, la segunda mitad de los 80 representó en Argentina un momento de mengua de la participación política de los sujetos en el ámbito público, en tanto que "la vida privada pronto se constituiría en el recinto donde los ciudadanos irían a refugiar su indiferencia luego de los desencantos y de la pérdida de interés en los asuntos comunes" (Quiroga, 2005: 99). Las experiencias de Polaco cobran importancia en la medida en que la desarticulación de los sentidos sociales aceptados quedan anclados en lugares de este tipo.

Habeas corpus (1987), el primer largometraje del fallecido Jorge Acha, efectúa un salto radical en cuanto a las formas habituales de representación de lo político. Al igual que en el caso anterior, el film trabaja sobre las oposiciones entre espacios abiertos y clausurados, y a partir de una estructura cíclica que potencia la ambigüedad temporal. Son cuatro días en la vida de un hombre detenido en un centro clandestino. Junto a él, se recorta la figura de su captor. No mediará diálogo alguno entre ambos ni compartirán el mismo escenario, salvo en la última secuencia. Todo se reduce a la repetición de una serie de gestos mecánicos, siempre iguales. El inicio y el final de los días serán visualizados por los diferentes ingresos del guardián al lugar. Sus actividades se reducirán a mirar revistas de fisicoculturismo, comer y dejar las sobras como alimento para la víctima.

Las únicas señales que permiten situar la narración en unas coordenadas reconocibles provienen de los sonidos de la radio, en los que un locutor relatará los sufrimientos de Cristo durante la crucifixión. Estamos en Semana Santa y el relato de la pasión se fundirá con la visión del cuerpo sufriente del preso. Otra marca, en este caso el conocido cartel difundido por la junta militar con el slogan: "Los argentinos somos derechos y humanos" favorecerá el reconocimiento del lapso temporal, mediante aquel mínimo indicio, oscurecido por otra parte en unas imágenes que podrían extrapolarse perfectamente a otros años.

Las acciones quedarán siempre elididas y las únicas que llevará a cabo la víctima se reducirán a esperar y rememorar un pasado perdido, único modo de libertad posible. Y es en estas imágenes-recuerdo de unos juegos en la playa con otro hombre donde lo privado domina por encima de cualquier otra referencia. No conoceremos la ideología del detenido, ni sus motivaciones, ni siquiera por qué terminó en esa situación. El contrapunto entre el espacio idílico junto al mar y el lugar del encierro delimitan hacen de la tragedia privada la sede de una política que confronta con la tradición explicativa del cine canónico.

Ahora bien, si el predominio de lo privado será lo distintivo en ambos films, éste se asentará en la observación microscópica de la corporalidad en tanto lugar intransferible de la experiencia íntima. A su vez, será ésta la geografía principal de emergencia de los antagonismos. En *La imagen-tiempo*, su autor sostenía que: "El cuerpo ya no es el obstáculo que separa el pensamiento de sí mismo, lo que éste debe superar para conseguir pensar. Al contrario, es aquello en lo cual el pensamiento se sumerge o debe sumergirse para alcanzar lo impensado, es decir, la vida" (Deleuze, 2005: 251). En contraposición a la musculatura hipertrabajada de los hombres de las fotografías que observa el vigilante, el cuerpo del preso se inscribe en todo su despojamiento y desolación. Nunca se exhibirá la tortura ni se hará explícita la violencia, aunque al verlo desnudo, golpeado, podamos inferir que ésta tiene lugar en los intersticios de la imagen.

Al concentrarse en el drama del cuerpo, el cine de los realizadores entrará en abierta polémica con las tendencias dominantes de la militancia histórica local, las cuales tendieron a relegar a un segundo plano aquellas discusiones. La carne se hará tema de disquisiciones políticas, toda vez que dispute desde los márgenes. En *Habeas corpus* será la representación del cuerpo torturado y doliente por oposición a la musculatura exacerbada de las revistas y también al placer lúdico, lindante con un velado homoerotismo que emana del recuerdo del prisionero; del mismo modo, en *Diapasón* el cuerpo de Boncha se situará como centro de gravedad de las acciones de Ignacio, encaradas con el fin de doblegarlo y volverlo dócil, dejando al descubierto el reverso de perversión que poseen las "buenas costumbres"; así también será la exhibición de la anatomía subversiva de Margotita Moreyra, tanto en éste como en el siguiente, *En el nombre del hijo*, transformándola en el médium de una estética de la fealdad carnavalizada.

En ambas propuestas pueden verse claramente las tensiones entre los dos polos del cuerpo que aparecen en el cine moderno: por una parte la persecución y acoso del cuerpo cotidiano (Deleuze, 1986). *Habeas corpus* tendrá una larga secuencia que encadenan planos del preso mientras duerme. Ninguna acción se sucede y la cámara estará dedicada exclusivamente a mostrar en detalle los movimientos mínimos propios del estado de reposo. Por otro lado, la formación del cuerpo ceremonial tratando de hacer de él una entidad grotesca, graciosa, extracotidiana. Los personajes de Polaco se introducen en este juego exponiendo su vejez al desnudo, los dientes postizos, la enfermedad. En su segunda película, la fantasía del propio entierro que persigue a Margotita o la escena de la circuncisión de Bobi revelan algunas de las formas en que el ritual se introduce en la carne lastimándola. Pero también subsiste otro ritual a desmontar: el que determina las formas correctas de conducta. *Diapasón* tipifica las instrucciones que posibilitan la construcción de un *gestus* que rebasa los límites de la propia organicidad para volverse social. Frente a la imposición de la ceremonia, las actitudes de Boncha, en su velada negación a asumir los mecanismos de dominación, se configuran como una forma de resistencia al sometimiento a un patrón institucionalizado, representado por la figura de Ignacio: hombre, burgués, encarnación del poder.

Si *Diapasón* se erigía en catálogo de formas de conducta legitimadas por una clase, *En el nombre del hijo* se constituirá como muestrario de modos divergentes de ejercicio de la sexualidad. No porque en la anterior el sexo no se hiciera presente y explícito, sino porque aquí se radicalizará lo que en aquella quedaba sólo delineado Así, las figuraciones del cuerpo y sus vicisitudes comportarán nuevos modos de ruptura con lo socialmente permitido: las relaciones incestuosas y patológicas entre Margotita y su hijo Bobi; la pedofilia de este, al igual que sus peculiares formas de contacto con las mujeres. Aun cuando el contexto de la apertura democrática fuera propicio para la aparición de una *sexplotation* tardía, las películas de Polaco franquearán los límites al radicalizar los contenidos y acompañarlos de la puesta en cuadro de corporalidades y actitudes revulsivas.

Las formulaciones mencionadas quedarían reducidas a un intento de estilización de imágenes *camp* si no estuvieran acompañadas por lo que, considero, constituye el punto neurálgico de emergencia de lo político en estos autores. Deleuze, una vez más, al describir la crisis de la imagen-acción y la aparición de nuevos modelos proponía como uno de sus caracteres –además de la forma vagabundeo, la situación dispersiva y los vínculos deliberadamente débiles, actualizados también en las películas de los directores que tomo aquí– uno vinculado directamente a la experiencia social: la toma de conciencia de los tópicos (1985: 290). En otras palabras, los tópicos serían los elementos visuales, sonoros y psíquicos que coagularían sentidos en un momento o período determinado. La condición de posibilidad para su manifestación es la de estar naturalizados y ser utilizables sin que medie una operación de conciencia. Entonces, lo que estos realizadores aportan como gesto político es la desnaturalización de lo institucionalizado.

Polaco mostrará la cualidad enajenante de las normas del comportamiento socialmente codificadas. Con ello, el ataque se asume explícito y apunta a poner al descubierto los mecanismos de opresión asentadas en la intimidad de los sujetos. De esta manera se produce la explicitación de lo horroroso que emerge de algunas actividades simples –desde comer al vestirse, desde la higiene a los tratamientos de belleza–. Asimismo, los vínculos filiales serán puestos en crisis. Retomando la senda de la crítica a la idea de institución familiar como núcleo de estabilidad social que formulara el cine moderno desde Torre Nilsson en adelante, Polaco maximizará las contradicciones presentes en el espacio doméstico hasta volverlo un lugar no ya conflictivo, sino directamente desastroso. Resulta curioso constatar tanto en las críticas de prensa como en los análisis sobre su obra el modo en que se percibe su peculiar construcción familiar. Hay una tendencia repetitiva a interpretar la violencia y la claustrofobia producidas por los vínculos filiales como si éstos estuvieran refiriendo alegóricamente a los traumas del pasado dictatorial. Sin impugnar del todo esta visión, me parece más potente pensar que, más que la utilización de un lenguaje metafórico que alude a otro tiempo, estamos ante un discurso sobre el presente que se vuelve político al hacer evidente la carga de horror y extrañeza de cualquier relación como problema en sí mismo.

Es en la elección de los temas sobre los que determinaron los ejes de ruptura con los tópicos donde se produce la brecha que separa los intereses de ambos realizadores. La obra de Polaco persistirá en su trabajo sobre las cuestiones domésticas y los lazos familiares como objeto del pensamiento. En cambio Acha sí abrirá el juego a la reflexión abierta sobre el pasado. Pero también, mientras el primero apostará a construir un cine respaldado por las instituciones –con las consecuencias que esta decisión puedan acarrear en la práctica– el otro se mantendrá en los márgenes como opción que le permitirá ahondar en la experimentación y en una profundización del interés por derribar los tópicos. Será *Standard*, su segunda película, la que se recorte con más ímpetu en esta problemática. Dejando completamente atrás la huella de la experiencia íntima, el film tomará cuerpo como denuncia poética y puesta en trance de los elementos que constituyen nuestra supuesta identidad nacional. Según las declaraciones de intención del director, el film retoma la idea de construcción del Altar de la patria, especie de masa escultórica que proyectara José López Rega en 1975, por entonces ministro de Bienestar Social, como monumento totalizante de la argentinidad. Allí deberían quedar plasmadas todas las figuras que conforman esa conciencia común: de San Martín, Belgrano y Sarmiento a los restos de Perón y Evita; desde Gardel a la imagen de la virgen de Luján.

Este argumento, no explicitado abiertamente en la película, funciona como enclave de la tenue organización dramática. En ella vemos a cinco obreros deambular erráticos por el edificio del Abasto, cuando todavía estaba en ruinas. Los vemos efectuar diversas acciones que aparentan no perseguir un fin del todo claro (bailan, corren, apilan ladrillos, se masturban). Ellos mismos no se diferencian unos de otros. La palabra, al igual que en *Hábeas corpus*, está negada. En otro espacio, fuertemente estilizado, aparece Libertad Leblanc, mostrada de forma tal que hace pensar que se trata de una especie de encarnación sexual de todos los mitos nacionales juntos. Los acordes de los himnos escolares impregnan la banda sonora y se mezclan con las voces y la música de una radio de cumbias. Finalmente Leblanc se une al grupo, al parecer, para comandar la realización del monumento, que no se concretará. Sólo quedará lugar para la acumulación de estampitas de los próceres locales a las que sucederán las fotografías de algunos protagonistas de la política del Siglo XX –Perón, Evita, Onganía, Videla, mezclados con ídolos populares, Maradona, Gardel y la propia actriz–.

Frente a una trayectoria de derrota que exterioriza como imposible la construcción de una identidad colectiva y en la que sólo quedarán los rastros de las imágenes vaciadas de sentido de las revistas infantiles, el director pone al descubierto los tópicos que ocultaron históricamente las fisuras sociales. El gesto político de Acha aparece en la decisión de volverlos conscientes, desalienarlos, para mostrar su cualidad de pura imagen. Así, desde el atravesamiento de todos los mitos, de su puesta en trance es como podrán surgir nuevos enunciados colectivos que transformen los órdenes, siempre de manera provisoria, de la práctica social.

Conclusión

He querido exponer en el presente trabajo algunas estrategias que no cuadran exactamente con el canon dominante sobre lo que es (o debería ser) un cine político. Deliberadamente decidí detenerme en dos realizadores a los que el discurso histórico sobre el tema ha elidido casi con sistematicidad. Las cuatro películas analizadas aquí no sólo se apartan del resto de sus contemporáneas fundamentalmente por la voluntad de imbricar una mirada deferente sobre la tortura, el encierro y la opresión a unos modos de hacer contrapuestos a los regímenes realistas de la imagen. A su vez, me interesaba dar cuenta de la fuerza con la que irrumpen en la escena cuestiones hasta entonces no trabajadas como expresiones de antagonismos sociales por la militancia bienpensante (el cuerpo, la sexualidad y, más ampliamente, el deseo como claves de emergencia de lo político).

Se recuperarían así los procedimientos que tuvieron como doble imperativo del compromiso tanto con el radicalismo político como con la experimentación formal. Las producciones de Acha y Polaco dialogan, quizá sin saberlo, con el contra-cine local de la década pasada, sofocado por las presiones del contexto histórico –pienso en películas como *Alianza para el progreso*, de Julio Ludueña, … (*Puntos suspensivos*), de Edgardo Cozarinsky o *La familia unida esperando la llegada de Hallewyn*, de Miguel Bejo, también ellas cargadas de una iconografía revulsiva– del mismo modo que estrechan lazos con la literatura de Perlongher o las performances de Batato Barea, engendradas simultáneamente. Y, por qué no también, la audacia y el riesgo estético que emana de sus construcciones será el camino que hoy profundiza cierto cine contemporáneo cuando intenta abrir nuevos frentes de denuncia.

Bibliografía

Bürger, P., *Teoría de la vanguardia*, Barcelona, Península, 1987.
Calabrese, O., *La era Neobarroca*, Madrid, Cátedra, 1989.
Deleuze, G., "La crisis de la imagen-acción", en *La imagen-Movimiento. Estudios sobre cine 1*, Barcelona, Paidós, 1985, pp. 275-299.
—— , "Cine, cuerpo y cerebro, pensamiento", en *La imagen-tiempo. Estudios sobre cine 2*, Barcelona, Paidós, 1986, pp. 251-295.
Deleuze, G.; Guattari F., "¿Qué es una literatura menor?", en *Kafka, por una literatura menor*, México, Ediciones ERA, 1978, pp. 28-44.
Eco, U., "El grupo 63, el experimentalismo y la vanguardia", en *De los espejos y otros ensayos*, Barcelona, Lumen, 1992, pp. 99-112.
Filippelli, R., "Contra la *realpolitik* en el arte", en *Punto de vista*, nº 26, Buenos Aires, abril de 1986, pp. 5-6.
Garramuño, F., *La experiencia opaca. Literatura y desencanto*, Buenos Aires, Fondo de Cultura Económica, 2009.
Manetti, R., "El cine de autor", en Claudio España (dir.), *Cine argentino en democracia. 1983-1993*, Buenos Aires, Fondo Nacional de las Artes, 1994, pp. 104-123.
Piedras, P., "Un tal Jorge Acha", en *Revista Xanadu*, año IV, nº 5, Buenos Aires, 2003, pp. 13-14.

Quiroga, H., "La reconstrucción de la democracia argentina", en Juan Suriano (dir.), *Nueva Historia Argentina. Dictadura y democracia (1976-2001)*, tomo X, Buenos Aires, Sudamericana, 2005, pp. 87-153.

Sánchez-Biosca, V., *Cine y vanguardias artísticas. Conflictos, encuentros, fronteras*, Barcelona, Paidós, 2004.

El trabajo criminal en la perspectiva de la modernidad: *Últimos días de la víctima* (Adolfo Aristarain, 1982)

Marcela Visconti
Facultad de Filosofía y Letras
Universidad de Buenos Aires

Palabras clave: *delito-trabajo-modernidad-Aristarain*

Este escrito propone un abordaje crítico del funcionamiento narrativo del delito como una forma de trabajo en el film argentino *Últimos días de la víctima* realizado en 1982 por Adolfo Aristarain.[126] Considerando los regímenes de historicidad que atraviesan las nociones de delito, dinero y trabajo en su vinculación con la experiencia de la modernidad y con el advenimiento del capitalismo, la lectura propuesta intenta indagar en las relaciones que el delito mantiene con el trabajo en tanto constituyen dos formas viables para la consecución de dinero que, aunque resultan heterogéneas tanto por los valores morales que movilizan como por sus posiciones contrapuestas frente a los límites que marca la ley, operan –en términos de medios y fines– según una

---

[126] *Últimos días de la víctima*. 1982. Argentina. Dirección: Adolfo Aristarain. Producción: Héctor Olivera y Luis Osvaldo Repetto. Jefe de Producción: Alejandro Arando. Guión: Adolfo Aristarain y José Pablo Feinmann, basado en la novela homónima de éste último. Fotografía: Horacio Maira. Música: Emilio Kauderer. Montaje: Eduardo López. Sonido: Daniel Castronuovo. Escenografía: Abel Facello. Vestuario: Trini Muñoz Ibañez. Consultora general: Kathy Saavedra. Cámara: Nicolás Paradiso. Efectos especiales y maquillaje: Alex Matthews. Asistente de dirección: Jorge Gundin. Rodaje: febrero-marzo de 1982. Duración: 90 minutos. Calificación: Prohibida para menores de 18 años. Fecha y lugar de estreno: 8 de abril de 1982 en los cines Ocean, Gaumont. Distribuidora: Aries. Video: Legal Video. Intérpretes: Federico Luppi (Raúl Mendizábal), Soledad Silveyra (Cecilia Ravena), Julio De Grazia (Ravena), Ulises Dumont (el Gato Funes), Arturo Maly (Rodolfo Kulpe), Elena Tasisto (Laura Kulpe), Enrique Liporace (Peña), Mónica Galán (Vienna), Pablo Rago (hijo de los Kulpe), Noemí Morelli (secretaria de Ravena), Carlos Ferreira (Ferrari), China Zorrilla (dueña de la pensión), Marcos Woinsky (pagador). Cameo: Adolfo Aristarain (quiosquero).

lógica similar. En ese sentido se sostiene que la contaminación de las fronteras entre crimen y trabajo –actualizando ciertas contradicciones propias del funcionamiento económico-social normalizado como experiencia en la modernidad– impacta en el modo con que el film mencionado construye una figuración ficcional del delito en particular, que pone en juego determinados antagonismos y tensiones ligadas al contexto histórico del período dictatorial en el que el film fue realizado.[127]

Delito y trabajo: la planificación del crimen

El funcionamiento de la mirada como
instrumento de conocimiento

El protagonista de *Últimos días de la víctima* es un delincuente, un asesino a sueldo, un *killer*. Luego de asesinar a un directivo de una cooperativa de vivienda, Raúl Mendizábal recibe instrucciones de un alto ejecutivo de una compañía multinacional para realizar un nuevo trabajo: eliminar a Rodolfo Kulpe. Mendizábal comienza a vigilar celosamente a su futura víctima: alquila una pieza en una pensión desde cuya ventana se ve el departamento del hombre, lo fotografía y espía a través de la lente de su cámara fotográfica, lo sigue, registra sus movimientos, etc. Todas estas acciones denotan un funcionamiento de la mirada como un instrumento de conocimiento.

Ese modo específico de funcionamiento de la mirada encuentra su origen en las transformaciones de la experiencia ligadas al surgimiento de la ciudad moderna en el siglo XIX donde, con el desarrollo de medios de transporte como los trenes, los autobuses y los tranvías y con la aparición de un fenómeno –una "formación"– hasta entonces inédita como es la *masa* se produce un cambio en las relaciones que las personas mantienen entre sí y con su entorno, de forma que éstas comienzan a estar marcadas

---

[127] La problemática aquí planteada retoma una línea de una investigación más amplia, sobre el funcionamiento del delito, la violencia y el dinero –en términos de género policial– en el cine realizado durante la última dictadura, que he desarrollado como becaria UBACyT con el proyecto "Los desvíos de un género. Cuerpos e identidades en el cine policial argentino de los setenta" bajo la dirección de Ana Amado.

–en palabras de Georg Simmel– "por una preponderancia expresa de la actividad de los ojos sobre las del oído" (citado por Benjamin, 1998: 52). El nuevo *status* de los sujetos que habitan las urbes modernas se corresponde con el de una multitud de transeúntes "circulantes" y anónimos que se encuentran por primera vez –siguiendo a Simmel– "en la circunstancia de tener que mirarse mutuamente largos minutos, horas incluso, sin dirigirse la palabra unos a otros" (citado por Benjamin, 1998: 52). Este privilegio de lo visual supone una transformación de la función total de la mirada que, al asimilar el ver y el comprender, torna factible el conocimiento por las apariencias.

Esa transformación trajo aparejada la posibilidad de registrar (de retener de forma duradera) los rasgos identitarios de un hombre a través del proceso fotográfico. Si la invención de la fotografía como procedimiento de identificación fue tan decisivo para la consolidación de la criminología –"para la criminalística [el invento de la fotografía] no significa menos que lo que para la escritura significó la invención de la imprenta", sostiene Walter Benjamín (1998: 63)– es por la veracidad atribuida al propio dispositivo fotográfico en tanto modo legítimo de producción de saber, de verdad. Es decir, no se trataba solamente de la superación de una dificultad técnica sino también de la institución de una nueva confianza en la visión como instrumento de conocimiento.

Una economía del tiempo: la rutinización del trabajo y de la vida

En su planificación del crimen, Mendizábal despliega una logística caracterizada por el cálculo preciso, la observación meticulosa, el detalle, organizando su tiempo (su "tiempo de trabajo") a través de un patrón de actividades rutinarias como tomar notas o fotografías, estudiarlas, realizar persecuciones, espiar, etc. En ese sentido, la organización de una sucesión de actividades en una rutina ordenada con el fin de administrar el tiempo (de "volverlo productivo") es característica del modo en que se desarrolla la experiencia del trabajo en la modernidad, en la medida en que el mismo supone una repetición secuencial ("mecanizada") de una serie de tareas específicas (acorde a la especialización vinculada a la división del trabajo). En su cotidianidad, la vida moderna se encuentra regida por el *ritmo* (una "simetría proyectada sobre el tiempo", dice Simmel) que el trabajo imprime sobre ella. El ritmo de trabajo se basa en una economía del tiempo que regula la conducta cotidiana pautando tanto la jornada laboral en sí misma como su alternancia con los momentos de dispersión y descanso. La experiencia vital en la era moderna está modelada por un ordenamiento temporal que conjuga esta doble rutinización del trabajo y de la vida.

La espacialización del crimen

La ciudad como un medio externo amenazante

El carácter frío, distante e inmutable del protagonista asociado a un modo de proceder racional y calculador recuerda el tipo de individualidad *urbanita* desarrollada por Simmel al describir la vida de los hombres en la gran urbe moderna a partir de la actitud de reserva, desconfianza, indolencia y antipatía que la caracteriza. Según este autor el tipo del *urbanita* se crea un órgano de defensa contra un medio externo amenazante, frente al que reacciona ya no con el sentimiento sino con el entendimiento, de modo que la racionalidad lo preserva frente a la violencia de la gran ciudad. Simmel opone este "carácter intelectualista de la vida anímica urbana frente al de la pequeña ciudad que se sitúa más bien en el sentimiento y en las relaciones conforme a la sensibilidad" (Simmel, 1996: 248). Las variaciones en el comportamiento de Mendizábal se ajustan a los términos planteados por esta oposición, ya que los únicos momentos en los que abandona su rudeza y su actitud distante y alerta, mostrándose distendido, son aquellos en los que visita a un viejo amigo que se ha "retirado" a vivir en una casa aislada en las afueras de la ciudad.

La alteridad entre trabajo y dispersión (apuntada en el apartado anterior) proporciona la pauta del cambio de actitud del protagonista, el cual aparece caracterizado por una dicotomía de lo verbal y lo visual (en el sentido que lo advertían las palabras de Simmel) que se expresa en su predisposición hacia el diálogo en ocasión de las visitas a su amigo y hacia la observación silenciosa (casi rozando el mutismo) durante su permanencia en la ciudad.

El recinto campestre que habitan el amigo de Mendizábal con su "novia" (una mujer "levantada en la ruta") se presenta como el único espacio donde se interrumpe el ritmo claustrofóbico urbano, donde es posible "detenerse" y experimentar cierto bienestar en compañía de otras personas, con las que Mendizábal mantiene un vínculo afectivo marcado, sobre todo, por un fuerte sentimiento de lealtad recíproca. En contraposición, el entorno urbano (con los trenes y los automóviles, los contactos ocasionales con conocidos o desconocidos, los ruidos, la multitud de transeúntes) es figurado como un mundo solitario donde se está siempre *en tránsito*: al ir permanentemente de un lugar a otro Mendizábal parece no llegar a ningún lado, lo cual produce una sensación de circularidad y encierro en la que queda atrapado a través de la soledad de su propio movimiento continuo.

Con su incesante deambular a través de un medio urbano poco familiar y perturbador este observador solitario remite a la figura del *flaneur*, un "personaje" que cobra vida en la modernidad y en el que Benjamin reconoce la esencia del proceder detectivesco:

> El *flaneur* llega [...] a ser un detective a su pesar [...]. Su indolencia es solamente aparente. Tras ella se oculta una vigilancia que no pierde de vista al malhechor. [...] Cualquiera que sea la huella que el *flaneur* persiga, le conducirá a un crimen (Benjamin, 1998: 55-56).

El accionar de Mendizábal es homologable al del tipo del detective porque, como éste, se halla orientado –mediante la lógica de la investigación asociada a la función instrumental de la mirada– hacia la consecución de conocimiento, hacia la producción de un saber. Así, la acción investigativa mediatiza la relación entre crimen y subjetividad: en el caso del "detective", con el objeto ya sea de identificar o de impedir el acto traumático y, en el caso del criminal, con el fin de realizarlo.

El hecho de que Mendizábal se valga de los procedimientos de "la ley" para alcanzar su objetivo criminal constituye una de las formas con las que este film significa la praxis delictiva como un proceso racionalizado. En ese sentido, el crimen es figurado, no como un fenómeno anómalo e irracional, sino como uno de los circuitos que integran la ingeniería social. De esta manera, lo que se pone de relieve es un mecanismo social que exalta su propio funcionamiento racionalizado a expensas de la individualidad: en tanto cumplen roles, funciones, los sujetos resultan intercambiables, quedando sus posiciones relativizadas.

La diseminación del "estado de amenaza": los mecanismos de control

En *Últimos días de la víctima* el carácter amenazante inherente al territorio público de las megaurbes modernas se expande hacia el ámbito privado de los espacios interiores. Esta expansión puede ser puesta en relación con la paradoja de un estado autoritario que, al mismo tiempo que privilegiaba el espacio privado/familiar como el único realmente seguro, exponía todas las prácticas "privadas" a minuciosos mecanismos de control, politizándolas. El discurso oficial de la dictadura conjuntamente con esta microfísica del poder potenciaron un "estado de amenaza" que invadió indiscriminadamente los espacios tanto públicos como privados, cooperando así, en el debilitamiento de los límites entre esos espacios. La eficacia de esta microfísica del poder estriba en la invisibilidad del dispositivo de coacción, que "logra penetrar" e instalarse en el ámbito familiar y cotidiano a través de las figuras de la sospecha, la autocensura, la latencia de la muerte, la autodisciplina, etc.

En el film estudiado esta proyección del "estado de amenaza" hacia el espacio privado de lo doméstico aparece subrayada por el modo en que son espacializadas las acciones criminales que organizan la trama: las calles no constituyen un escenario para los sucesos centrales de la narración, en consecuencia, el crimen encuentra su lugar "puertas adentro". En ese sentido, resulta clave la escena con la que se clausura el relato (a la que me referiré en el apartado siguiente) porque ésta representa el momento preciso en que la diseminación generalizada de la amenaza ligada a los dispositivos de poder se actualiza, se hace concreta, se realiza, *justamente a través* del desplazamiento del crimen hacia el ámbito de la privacidad. Conjugando estas dos variables *Últimos días de la víctima* significa la vulnerabilidad extrema de los límites entre los espacios público y privado, promoviendo así la idea de un espacio social paranoide donde ningún lugar y ninguna posición son seguras y donde, por ende, nadie puede estar a salvo.

Delito y trabajo: la ejecución del crimen

El criminal como un productor

Hacia el final del relato una serie de circunstancias han hecho que Mendizábal haya perdido el rastro de su "víctima" y, con él, el dominio de la situación: tras encontrarse con el departamento de Kulpe vacío, se entera que éste ha partido de viaje. Cuando, resignado, comienza a despegar las fotografías de Kulpe que cubren las paredes de su pieza en la pensión ve encenderse una luz en la vivienda de ese hombre. Con la intención de finalizar su trabajo y cumplir con lo pactado se apresura a correr hacia el lugar donde es sorprendido por las paredes cubiertas con fotografías de cada uno de sus propios movimientos y por el sonido de una cámara fotográfica que se dispara sucesivamente mientras Kulpe, empuñando un arma, le dice antes de dispararle:

> Es un placer, realmente Mendizábal, es un placer. Usted tiene mucho prestigio. El oficio no es malo pero tiene sus riesgos, hay que saber abrirse a tiempo. Hoy le toca a usted, mañana a mí. Nos tienen que borrar. Sabemos muchas cosas y estamos en el mercado. Si nos pagan bien podemos empezar a hablar... y no es mala idea. La hora de los fierros se acabó... por ahora. Usted lo dijo muy bien Mendizábal... ¿Cómo era? "Tengo un trabajo que cumplir".

Tras la muerte de Mendizábal, Kulpe retira sus pertenencias de la pieza que éste había ocupado en la pensión. En las cortinas de la ventana se ven tres agujeros hechos con la brasa de un cigarrillo, repitiendo el diseño de aquellos que, anteriormente, había hecho Mendizábal en una cortina del departamento de Kulpe en una de sus inspecciones.

Con el motivo de las cortinas agujereadas se refuerza el tópico del cazador cazado propuesto en este relato, el cual expande su juego hacia los márgenes textuales. El mismo título del film contiene la clave del juego. La regulación del saber narrativo a través del punto de vista de Mendizábal propicia la identificación del espectador con este personaje: a través de sus ojos se asiste a los "últimos días de la víctima". Pero al final Kulpe, la supuesta víctima, se revela como el victimario. En una suerte de engaño lúdico fuimos llevados a compartir los "últimos días de la víctima", la verdadera víctima: Raúl Mendizábal.

Mendizábal muere en su ley. Esa ley admite entre sus códigos la praxis criminal como una forma de trabajo. La reiteración final de las palabras que Mendizábal había pronunciado en otra oportunidad ("Tengo un trabajo que cumplir" –aludiendo al asesinato que le fuera encomendado–) por parte de Kulpe, confirman la vigencia de ese código que ambos hombres comparten. La factibilidad de significar la praxis criminal como un tipo de trabajo ha sido argumentada por Karl Marx al postular el delito como una rama de la producción capitalista y al criminal como un productor. En ese sentido, Marx historiza el delito vinculándolo con el advenimiento del capitalismo:

> Un filósofo produce ideas, un poeta poemas, un clérigo sermones, un profesor tratados, y así siguiendo. Un criminal produce crímenes. Si observamos más de cerca la conexión entre esta última rama de la producción y la sociedad como un todo, nos liberaremos de muchos prejuicios. [...] Mientras que el crimen sustrae una parte de la población superflua del mercado de trabajo y así reduce la competencia entre los trabajadores –impidiendo hasta cierto punto que los salarios caigan por debajo del mínimo–, la lucha contra el crimen absorbe a la otra parte de esta población. Por lo tanto, el criminal aparece como uno de esos "contrapesos" naturales que producen un balance correcto y abren una perspectiva total de ocupaciones "útiles" (Marx, 1945: 217).

La consustancialidad entre delito y capitalismo opera a través de la idea utilitaria de trabajo. Los individuos con su trabajo –incluidos los criminales productores de delitos en la dirección señalada por Marx– reproducen un sistema que se proclama autónomo. El problema está en la estructura social misma que prevé funciones para cada individuo como si fueran las piezas de un engranaje. Como ya he señalado, el hecho de que los sujetos queden definidos por los roles que cumplen implica una relativización de sus posiciones ligada a su intercambiabilidad. En cierto sentido, Kulpe ejecuta el crimen que Mendizábal había planificado. Esta permutación e indiferenciación entre las figuras de la víctima y el victimario da cuenta de que, como sugieren las posiciones variables del "cubo mágico" con el que juega el protagonista, de lo que se trata es de las diferentes posiciones ocupadas dentro de la estructura y de las funciones asociadas a cada posición en particular, no de los diferentes colores. Si Mendizábal antes le había dicho a uno de sus empleadores: "Soy un arma, Peña. El que puede la compra. Y la usa [...] Siempre fue igual... ustedes tienen que matar para conseguir lo que tienen. Y después tienen que matar para conservarlo [...] Yo no estoy con nadie, Peña, trabajo para mí. Y por suerte, ustedes y sus enemigos coinciden en algo: si hay un trabajo sucio lo llaman a Mendizábal". Al final es Kulpe quien antes de matarlo le dice: "Hoy le toca a usted, mañana a mí. Nos tienen que borrar. Sabemos muchas cosas y estamos en el mercado".

Delito y dinero: el cuerpo como instrumento y como mercancía

Como sugieren las palabras de Mendizábal, el hecho de que los sujetos hayan devenido funciones significa que se han transformado en instrumentos, en cosas útiles, en mercancías que pueden comprarse y venderse porque –como afirma Kulpe- están en el mercado. Esta cosificación de la subjetividad tiene lugar en el marco de una organización social regida por un principio económico definido en términos de utilidad (según lo advierten las palabras citadas de Marx). Dentro de esta estructura atomizada (donde "no se está con nadie" y "se trabaja para sí") los intercambios subjetivos se encuentran regulados por la mediación del dinero: más que propiciar el lazo y la integración social, el trabajo funciona, en principio, como una práctica individualista orientada hacia la obtención de dinero como un fin en sí mismo.

La finalidad económica del delito como una forma de trabajo se ve resaltada en *Últimos días de la víctima* por la similitud entre sus planos de apertura y de cierre. El plano inicial muestra a Mendizábal retirando de una caseta el pago por su "trabajo" (el asesinato del directivo de la cooperativa de vivienda), dinero que un hombre había depositado allí previamente. El plano final muestra a Kulpe retirando de la *misma* caseta sus "honorarios" por el asesinato de Mendizábal luego de que el *mismo* hombre depositara allí el sobre con el dinero. La similitud de estos planos imprime en el relato una ciclicidad que funciona en el sentido de "la historia vuelve a comenzar". De esta manera, el film hace hincapié en el problema de la despersonalización de lo humano frente a una maquinaria social "automatizada". Los individuos son caracterizados por una identidad impersonal que los unifica bajo la rúbrica de las funciones con las que retroalimentan el mecanismo social reproduciéndolo. El valor de los sujetos convertidos en instrumentos del sistema radica en que, a expensas de haber perdido su singularidad, se han vuelto intercambiables. La racionalidad planificadora del sistema –que obliga a todos y a todo a declarar su función– prevé un ordenamiento de las cosas que incluye a los hombres entre las cosas, los cuales quedan homogeneizados bajo el cociente de su utilidad. Los sujetos "administrados" según esta lógica de la productividad económica quedan atados al destino del dinero bajo el anonimato del mercado. La vida de los hombres –sus cuerpos instrumentalizados ("soy un arma", dice Mendizábal) y mercantilizados ("el que puede la compra", continúa)– está regida por la ley del dinero.

Delito y valores. El prestigio individual

Al construir una figura del trabajo criminal esta ficción fílmica se apoya en la noción moderna de "oficio", de "profesión", de modo que esa figura queda delineada a partir de la idea burguesa de una reputación y un prestigio individuales basados en la eficiencia y el mérito individual. Mendizábal realiza su trabajo de un modo meticuloso y obsesivo, como si fuera un arte, una "obra de arte": "el crimen perfecto". Esto implica que la satisfacción no está solamente en la recompensa monetaria sino en la "resolución del caso" en sí mismo, siendo "el caso" el crimen y "su resolución" la posibilidad de ser llevado a cabo sin dejar rastros. (Prueba de ello es que este personaje se resista a aceptar el saldo del pago por un "trabajo" que no pudo concluir). Así, Mendizábal se encuadra con la figura heroica del delincuente como un *outsider*, un delincuente profesional con reglas, valores y códigos propios, entre ellos la lealtad (mencionada en relación con su amigo) y el honor, valores que ya no van a tener lugar en un mundo donde "se mata para conseguir y conservar lo que se tiene".

Resulta interesante que el protagonista, al definirse a sí mismo como un arma, tome distancia de aquellos que la utilizan ("*Ustedes* tienen que matar...") adjudicando la decisión criminal a los que detentan el poder económico. Lo que Mendizábal no llega a comprender es que su "vieja moral" (como le dicen en una oportunidad: "Gracias por ser de otra época") es incompatible con un mundo que parece dispuesto a sincerarse al punto de asumir sin tapujos su carácter mercenario. Para Mendizábal, su prestigio y su reputación constituyen valores en sí mismos. Mientras que "sus empleadores" traducen esos valores en términos económicos: la trayectoria y la eficiencia de Mendizábal sólo son reconocidas en tanto conforman una variable que incrementa su productividad y, con ésta, su valor de cambio, su "precio" como mercancía.

Este conflicto en torno al significado y los valores asociados al trabajo se halla atravesado por las tensiones propias de la concepción moderna de la vida. La muerte final de Mendizábal significa que los valores ligados a su visión "ascética" del trabajo se han perdido. Frente a la caducidad de su antiguo sistema de valores triunfa un estilo de vida abiertamente monetarizado en el que el dinero es el único fin y la medida de todo y de todos.

Conclusiones

Últimos días de la víctima organiza su trama narrativa en torno a una problemática que se inscribe de un modo específico dentro de las coordenadas de la modernidad: la normalización de la experiencia criminal como una forma de trabajo. Dentro de esta perspectiva el film de Aristarain ficcionaliza el asesinato como un producto del funcionamiento social.

En su funcionamiento criminal la sociedad es configurada como un dispositivo de control racionalizado orientado a identificar a los sujetos anómalos o improductivos para el sistema con el fin de desecharlos. La perversidad del dispositivo es revelada en sus sutilezas: no se trata solamente de eliminar a quienes obstaculizan el engranaje sino, asimismo, de *representar* la muerte criminal como si fuera una muerte natural. Así, cada orden de ejecución que recibe Mendizábal consta de un nombre propio y una causa de muerte: Ravena (el directivo de la cooperativa de vivienda), un suicidio; Kulpe, un colapso mental. El trabajo de Mendizábal consiste también en construir una puesta en escena, un simulacro de la muerte. Esta simulación supone una negación del crimen, más precisamente del carácter criminal que inviste parte del trabajo del que se nutre la sociedad para funcionar.

La analogía entre el plano inicial y el plano final del film con la que se subraya el reemplazo de Mendizábal por Kulpe imprime un carácter cíclico a la historia que viene a significar que lo que sucedió entre estos dos planos, lejos de estar resuelto, sucede y va a seguir sucediendo: los asesinos a sueldo existen porque alguien los contrata y les paga, deben ser eliminados porque "saben" muchas cosas y pueden empezar a "hablar". Aquí no hay una restitución del orden que posibilite un final reparador sino, por el contrario, con el retorno al punto de partida, la clausura narrativa actualiza y confirma la vigencia de un dispositivo criminal que no puede ser desactivado porque es funcional a los intereses de quienes detentan el poder dentro del sistema social. De este modo *Últimos días de la víctima* propone una constelación criminal que atraviesa el espacio social en su conjunto y que, lejos de estar clausurada, continúa renovándose. En tal sistema están vedadas las salidas colectivas; la única salida es individual y consiste en morir en la propia ley. Esta solución narrativa constituye una opción que es, ante todo, ética. En todo caso, en un período donde el crimen cobró dimensiones tan ominosas e inéditas como en la última dictadura, la elección no ha de ser ingenua.

Bibliografía

Benjamin, W., *Poesía y capitalismo. Iluminaciones II*, Madrid, Taurus, 1998.
Marx, K., *Historia crítica de la teoría de la plusvalía*, tomo I, México, Fondo de Cultura Económica, 1945.
Simmel, G., "Las grandes urbes y la vida del espíritu", en *El individuo y la libertad, Ensayos de crítica de la cultura*, Barcelona, Península, 1996.

Personajes y temáticas en el cine argentino (2000-2008)

Carolina Soria
Universidad de Buenos Aires

Palabras clave: *cine argentino-personajes-temáticas-estructuras narrativas*

Al analizar los personajes y las temáticas del cine argentino realizado a partir del año 2000, debemos contextualizarlos dentro de lo que se denomina Nuevo Cine Argentino, y que, suele haber consenso, comienza en la década de 1990 con la filmografía de Martín Rejtman. Reconocemos una continuidad y una referencia directa a este cine y observamos la consolidación de ciertos procedimientos discursivos y determinada tipología de personajes. También, las temáticas frecuentadas que se habían comenzado a percibir terminan por configurar una estética que caracteriza a gran parte de nuestra producción nacional.

Si bien el recorte temporal que realizamos, 2000-2008, es un tanto arbitrario (no se basa en un hecho significativo que marque un punto de inflexión), nos es útil para examinar aquellos films de directores argentinos que comienzan su carrera cinematográfica en el largometraje en ese período.

Retomamos lo planteado en un trabajo anterior en el cual abordamos la narratividad en el cine argentino dentro de ese marco temporal, y en el que señalamos la existencia de dos modalidades de representación del espacio y del tiempo. Aquí nos proponemos como objetivo específico, profundizar en los personajes y temáticas del cine argentino desde el abordaje de óperas primas tales como: *Sábado* (2001), de Juan Villegas; *Tan de repente* (2002), de Diego Lerman; *Extraño* (2003), de Santiago Loza; *Nadar solo* (2003), de Ezequiel Acuña; *Ana y los otros* (2003), de Celina Murga; *El custodio* (2005), de Rodrigo Moreno, *Los paranoicos* (2008), de Gabriel Medina e *Incómodos* (2008), de Esteban Menis, entre otras. Pondremos, sin embargo, especial énfasis en las dos últimas películas de este *corpus*, *Los paranoicos* e *Incómodos*. Por un lado, porque son las últimas realizaciones del período abarcado y pueden demostrar la configuración de una estética cristalizada; por otro, para echar luz sobre los ejes propuestos en el presente trabajo: determinar la tipología de personajes y las temáticas.

La primera modalidad es la que denominamos *cine de situaciones*, y corresponde a aquellos films en donde hay un predominio casi absoluto de la cámara fija, de planos-secuencia y ausencia de planos de referencia. El movimiento suele estar en los exteriores, con *travellings* horizontales de las calles y autopistas de la ciudad de Buenos Aires y de rutas, o cuando los personajes deambulan por la ciudad. No suelen haber indicaciones temporales o espaciales que den cuenta del contexto en que se desarrolla la acción; los pocos deícticos que aparecen lo hacen de forma casual, como en la lectura de la venta de una herencia en *Ana y los otros*. La cámara fija, a su vez, es reforzada por el estatismo dentro del cuadro: los personajes están sentados en un auto, en la calle, en una silla, parados apoyados en una pared, acostados.

En esta modalidad hay una coincidencia plena entre el tiempo de la historia y el tiempo del relato, mediante el mencionado uso de largos planos-secuencia. Aquí, la temporalidad de la acción desarrollada en el film coincide con la de la realidad significada "[...] sin ninguna presencia de alteraciones dinámicas, de elipsis o de particulares transformaciones rítmicas debidas a intervenciones de montaje" (Bettetini, 1984: 37). Señala Bettetini que "nos hallamos ante una auténtica reproducción, un auténtico registro pasivo del tiempo real que puede ser recuperado en su totalidad y en sus articulaciones con cada proyección de la película sobre la pantalla" (1984: 38).

Es decir, que la duración del cuadro está determinada por la duración de la escena, sin cortes que fragmenten el espacio ni las acciones desarrolladas en su interior. No hay variación del punto de vista ni de la angulación en el interior de las escenas. Podemos considerar el espacio representado como un cuadro situacional, dentro del cual se desarrolla la acción, y pensar, por lo tanto, que el film completo consiste en la sucesión de cuadros que tienen en común el devenir de los personajes y el desarrollo de las situaciones que conforman la historia. Siguiendo el enfoque narratológico, nos encontramos con que los diferentes espacios representados se relacionan entre sí en la variante *alteridad espacial*, específicamente en disyunción distal: los espacios diegéticos no guardan relación de contigüidad entre un plano y otro, sino que la mayoría de los segundos planos se sitúan en espacios irreductibles al espacio representado en el plano anterior. Por ejemplo, en *Extraño,* el personaje pasa de un espacio y tiempo a otro sin ningún tipo de *raccord.*

Para referirnos a la segunda modalidad, utilizamos la expresión de *cine fragmentado,* que si bien tiene en común con la primera (*el cine de situaciones*) el alejamiento de la estructura narrativa clásica y la ausencia de conflicto, admite ciertas particularidades. Los elementos recurrentes en este tipo de cine son las imágenes fragmentadas de rostros, cuerpos y espacios a través del predominio de primeros planos y planos detalle, y la elipsis como recurso predominante en la unión de esos planos. Los tiempos de la acción difieren del tiempo de la realidad representada por la presencia de alteraciones dinámicas, de figuras elípticas o de "transformaciones rítmicas causadas por intervenciones de montaje" (Bettetini, 1984: 38).

En relación con el espacio, esta modalidad se caracteriza por la segmentación del espacio diegético. Los objetos y personajes se configuran a partir de la variedad de tamaños de planos –como dijimos anteriormente, suelen prevalecer los planos detalle y primeros planos– y de angulación. Al referirnos a esta discontinuidad espacial desde el punto de vista narratológico, la construcción del espacio, mostrado por diferentes planos en proporciones distintas, corresponde a la noción de *identidad espacial.* Aquí, cada plano suele empalmarse con el precedente repitiendo algún elemento contenido en el plano anterior; hay que señalar que muchos de los films que podrían pertenecer a esta modalidad omiten en una primera instancia el espacio de referencia en el que se desarrolla la acción, como ocurre al inicio de *Caja negra* (2001), de Luis Ortega. El espacio diegético suele ser reconstruido posteriormente a partir de la sumatoria de planos en los que se cuela gradualmente información sobre él, y a veces, para instaurar cierto orden en la narración, se recurre a la utilización de planos de situación de los exteriores (frente de las casas o pensiones). Las particularidades de esta modalidad nos recuerdan a aquellas planteadas por Domènec Font para referirse al cine moderno, en el cual "[...] se parte de una decidida fragmentación del universo diegético y, por consiguiente, el campo y el fuera de campo manifiestan una complejidad sensiblemente distinta"(Font, 2002: 303).

Estas modalidades no son categorías estáticas y limitadas, sino que suelen convivir en un mismo film, prevaleciendo generalmente una sobre otra y son de utilidad al analizar la representación del espacio y del tiempo en nuestro corpus fílmico –en parte porque es a través de ellas que se configuran los personajes y su devenir en la trama–. Más allá de las particularidades que presentan las estructuras narrativas, los personajes y las temáticas son similares; sobre estos dos últimos aspectos nos detendremos a continuación.

Los personajes suelen ser adolescentes, con excepción de *Extraño* y *El custodio*, o adultos que no terminan de salir de la adolescencia como en *Los Paranoicos* e *Incómodos*, y siempre son solitarios y anodinos. De ellos apenas sabemos su nombre, su edad, de qué viven o a qué se dedican; mucho menos, de dónde vienen y hacia dónde van. Los actores en vez de representar un personaje, suelen protagonizar situaciones cotidianas en las que se ven inmersos, sin experimentar variaciones de su estado de ánimo en el discurrir del film.

A su vez, estos personajes no saben, no se preguntan ni manifiestan ningún tipo de anhelo. Son generalmente apáticos, carentes de entusiasmo, desarraigados y parecieran estar desencajados de su entorno. Así como en toda película narrativa "[...] los personajes crean las causas y muestran los efectos. Dentro del sistema formal ellos hacen que las cosas sucedan y reaccionan a los giros de los eventos" (Bordwell, 2007: 63), frente a nuestro *corpus* fílmico, los personajes construidos parecen sugerir lo contrario. Ellos suelen caracterizarse por la pasividad, la quietud y por la aparente no responsabilidad de sus propias acciones. Las situaciones en las que se ven inmersos suelen darse por azar, siendo este el factor principal o la causa de su devenir en el relato, ya sea en los encuentros o desencuentros de los personajes, ya sea en la determinación de sus destinos. De la misma manera, al hablar del cine de arte y ensayo en relación con el modo de la narración, Bordwell señala que las escenas se crean alrededor de encuentros fortuitos, y el film completo, como ocurre en *Sábado*, puede consistir en una serie de ellos, unidos por un mismo día.

Una vez más, se trata del mismo tipo de personajes descritos por el autor al referirse al cine de arte y ensayo. Ellos no buscan nada, no tienen un objetivo que los movilice, simplemente transitan. Los personajes están "faltos de trazos, motivos y objetivos claros" (Bordwell, 1996: 207) y el protagonista se presenta deslizándose pasivamente de una situación a otra.

Esto sucede incluso en los films de mayor conflicto, como *Ana y los otros*, en el que el resultado de la búsqueda de la protagonista es negado al espectador al final de la película. Algo diferente ocurre en *Los paranoicos,* donde el protagonista se ve enfrentado a diferentes situaciones que intentan sacarlo de su inactividad pero resultan en vano: Luciano accede a regañadientes a cenar con un viejo amigo que vino de Madrid y con su novia, pero deja pasar la posibilidad de conquistar a una chica; ante la oportunidad de presentar el guión de una película que está escribiendo hace mucho, enseña solo la sinopsis; ante la oferta que le hace su amigo de un gran trabajo, lo tiene que pensar. Se trata de un personaje-marioneta, sin decisión, que a pesar de ser incitado a accionar por el resto de los personajes, no hacen más que reforzar el letargo y la apatía en que está sumido desde hace tiempo.

Por otro lado, se omite información sobre la vida de los personajes y de su pasado; como señala Emilio Bernini acerca de *Nadar solo,* "la incertidumbre relativa a los motivos que decidieron la ausencia del hermano (de Martín) es paralela a la indeterminación de la causa de su búsqueda: si los lazos son indeterminables, también las decisiones responden a orígenes desconocidos" (Bernini, 2003: 97). En *Los paranoicos,* este rasgo se hace explícito: en una escena en la que Luciano quiere saber de dónde es Sofía, "¿de dónde salió?"; ella, sin rodeos, le dice que su historia es larga de contar. Si bien él accede a escuchar y ella a relatar, el film elude ese fragmento de la historia a través del corte directo para retomar luego de finalizado el relato. El personaje tiene un pasado que transmite a otros, pero es intencionalmente negado al espectador. Al igual que Sofía, en *Incómodos* no se sabe quién es Abril ni de dónde salió: al preguntarle Nicolás a Alfredo por ella cuando la lleva a su casa por primera vez, Alfredo elude la pregunta interrogándolo sobre otra cosa. Una ejemplo más, en relación con la indeterminación de los personajes, al preguntarle Abril a Nicolás por su edad, ya no cambia de tema como antes lo hiciera Alfredo, simplemente no responde.

El desarraigo que presentan estos personajes, y que encuentra su forma en el viaje como disparador de las historias referido más adelante, puede pensarse como uno de los rasgos característicos planteados por Zygmunt Bauman al analizar la época contemporánea. Ya no existen lugares fijos y predeterminados en los cuales "rearraigarnos", y si los hay, se presentan frágiles, y se desvanecen antes de cualquier intento. Como señala el sociólogo:

> Existe más bien una variedad de "juegos de las sillas" en los que dichas sillas tienen diversos tamaños y estilos, cuya cantidad y ubicación varían, obligando a hombres y mujeres a estar en permanente movimiento sin prometerles "completud" alguna, [...]. No existen perspectivas de "rearraigo" al final del camino tomado por individuos ya crónicamente desarraigados (Bauman, 2002: 39).

A su vez, la ausencia de la causa-efecto impide al espectador conectar los eventos dentro del film y le imposibilita suponer las "motivaciones causales" de los personajes. Si sumamos la fragmentación del espacio y del tiempo, en especial de la segunda modalidad esbozada, no nos queda más que suponer que asistimos a la expulsión del sujeto-espectador del espacio imaginario creado por la ficción. Esta exclusión, también, se puede homologar al lugar que ocupa el personaje dentro de la narración, y por consiguiente dentro del espacio de la ficción.

> [...] los lugares dicen mucho más de lo que muestran. No son solamente contenedores de la narración, son también sus actores privilegiados. [...] De funcionar como telón de fondo y teatro natural de personajes y acciones ha pasado a primer término y se ha confrontado con sus figuras (Font, 2002: 305).

Esta expulsión del sujeto-espectador y la primacía, en definitiva, de la puesta en escena, es lograda a su vez por la construcción unidimensional de los personajes y la imposibilidad por parte del espectador de identificarse con ellos. Como sostiene Agustín Campero "el cine de Villegas es un ejemplo de la ideología central del nuevo cine, en cuanto a poner por delante el rigor de la puesta en escena y subordinar a ella todos los elementos narrativos y no narrativos que hacen a una película, mucho más que el tema o el logro de la empatía entre los espectadores y las situaciones o personajes" (Campero, 2008: 68) A su vez, la no-identificación con los personajes, responde tanto a la falta de rasgos psicológicos y apatía que presentan, como a la manera en que son representados: mediante la fragmentación a través de primeros planos o de espaldas. Tomemos el caso de *El custodio,* que presenta al personaje afeitándose y de espaldas, recortado por una puerta semicerrada. En el transcurso del film, seguimos a Rubén en su trabajo diario de custodiar a un ministro, a través de insistentes primeros planos de la nuca o planos medios de su espalda y sin más elementos que permitan conocer otra faceta del protagonista que no sea su trabajo.

Podemos pensar que los títulos de los films remiten al estado de ánimo de los personajes, como en el caso de *Nadar solo*, *Los paranoicos* o *Incómodos*. En este último film, por ejemplo, los personajes explicitan verbalmente cómo se sienten. Alfredo dice "estar desmotivado" y tener la sensación de que está afuera de todo lo que pasa.

Algo evidente, especialmente en *Incómodos*, es la tardía reacción de los personajes ante los estímulos externos. Hay una especie de *delay* en las conversaciones en donde la réplica al parlamento del interlocutor se demora unos segundos, anulando cualquier tipo de fluidez en los diálogos y reforzando el retraimiento de los personajes. Se trata, en la mayoría de los casos, como lo plantea Gonzalo Aguilar en *Otros Mundos*, "de personajes amnésicos, verdaderos *zombies*, que no vienen de ningún lugar ni se dirigen a ningún otro, obsesionados por un mapa indescifrable" (Aguilar, 2006: 30).

En relación con el habla, Agustín Campero señala que ya en los primeros films del Nuevo Cine Argentino, como en *Rapado* (1991) y *Silvia Prieto* (1998), de Martín Rejtman, se radicaliza la utilización del habla cotidiana, con un lenguaje despojado de su entonación habitual, repetidos y cifrados, y completamente uniforme. Tomemos por ejemplo, y en relación también con la explicitación por parte de los personajes de sus estados de ánimo o sus características, el personaje de Abril, en *Incómodos*, quien dice que sabe que a veces habla mucho de cosas que no importan. De hecho, sus intervenciones son triviales e insignificantes, y pasa de un tema serio a otro insustancial sin escala, en un tono monocorde y sin pausa, como cuando le dice a Nicolás, que aún no supera haber sido dejado por su novia: "Estás procesando el fracaso, el fracaso de una relación. Hay que permitirse los duelos, cada cual tiene sus tiempos. Tengo sed, ¿no hay nada para tomar?".

Se puede hablar del mismo "tono sin énfasis que se mantiene inalterado" que señala Bernini al referirse a *Nadar solo*.

Al considerar la temática de las tendencias propuestas, las películas ponen en escena situaciones cotidianas dentro de las cuales se producen encuentros y desencuentros en las relaciones de pareja o familiares, el enajenamiento de lo cotidiano y la incomunicación. Esta falta de comunicación no se problematiza, si no que se toma como natural y no hay lugar para el intento de encuentro. En una entrevista realizada a Ezequiel Acuña, Diego Lerman y Juan Villegas y publicada en *Kilometro 111*, este último recuerda cómo fue el proceso de construcción de *Sábado*: al principio no tenía una historia, sino situaciones cotidianas, que articuló manteniendo una marca temporal, el trascurso de un día. En relación con la construcción de personajes, el director/crítico admite: "No tenía sentido trabajar sobre lo psicológico de las situaciones, a pesar de que a veces los actores suelen reclamar algo en ese sentido. Yo prefería trabajar, no lo psicológico, sino sobre el ritmo, la velocidad, las pausas" (Bernini, 2003: 158).

Algo recurrente en estos films es el viaje como disparador de la historia: en *Tan de repente*, Mao, Lenin y Marcia viajan a Rosario en donde vive una tía de Lenin; en *Nadar solo*, Martín viaja a Mar del Plata a buscar a su hermano que hace mucho que no ve; en *Ana y los otros*, Ana viaja a Paraná, su ciudad natal, y se reencuentra con gente de la secundaria; en *Incómodos* los personajes viajan en auto a Miramar, en pleno invierno, por diferentes razones: Nicolás realiza el viaje para arrojar las cenizas de su abuelo, Abril para visitar a su familia y Alfredo para participar en un concurso de baile. El viaje también se produce con la llegada a Buenos Aires de alguien proveniente del exterior: esto ocurre en *Los paranoicos* con la llegada de Manuel de España, o en *El juego de la silla* (2002), de Ana Katz, con la visita fugaz de Víctor, que vive en Canadá y regresa a Buenos Aires por un día para visitar a su familia.

Esta recurrencia del viaje nos recuerda la noción de nomadismo planteada por Aguilar para referirse al cine a partir de los 90, como un "estado contemporáneo" de perpetuos movimientos, desplazamientos, errancias y disolución de cualquier instancia de permanencia (Aguilar, 2006: 43). Podemos pensar que se trata de personajes que no tienen o no quieren un lugar con el cual identificarse y por ello se deslizan de un lado a otro. Como mencionamos antes, ellos no saben lo que quieren o buscan, y si hay un objetivo, es mínimo, aunque indique el sentido de la búsqueda del protagonista.

Si la familia es el núcleo primero en torno al cual se construye la sociedad, no cabe en este cine su representación, mucho menos remisiones a un contexto político, social y cultural. La familia dejó de ser una figura metafórica para hablar de la situación del país, como ocurría en décadas anteriores y se confinó a un segundo plano muchas veces ausente. Pensaremos por ello, a los personajes como resultado de una época designada, por Bauman, como "modernidad líquida", en la cual los códigos y conductas escasean cada vez más. Como señala el sociólogo "[...] hay una mengua del apetito de reformas sociales, un decreciente interés por el bien común y por las imágenes de una sociedad justa y un descenso de popularidad del compromiso político [...]" (2002: 30), tal como parece sugerir el *corpus* analizado.

Agustín Campero, en su distinción de *realistas* y *no realistas* en el Nuevo Cine Argentino, coloca dentro de la segunda vertiente a Villegas, Lerman y Acuña. A diferencia de la primera vertiente (Caetano, Stagnaro y Trapero) que facilita el encuentro de una mímesis con sus referentes sociales y su momento histórico, *Sábado*, *Tan de repente* y *Nadar solo* "están en conflicto con sus referentes, si bien con su artificialidad reflexionan, descubren y ponen en cuestionamiento el problema, precisamente, de la comunicación, el habla y las relaciones humanas" (Campero, 2008: 67). De hecho, en la entrevista antes mencionada, Juan Villegas, al reflexionar sobre el cine contemporáneo, señala que, tanto él como Ezequiel Acuña, no se proponen hablar en sus películas de la realidad social, porque el concepto de realidad que se maneja es otro. Según Villegas, sus películas hablan de lo que les pasa a los personajes, o mejor dicho, de personajes que no dicen lo que les pasa, porque según el director "a los personajes les pasan muchas cosas, [...], son personajes que sufren" (Bernini, 2003: 157).

Para finalizar, notamos que los personajes de las primeras películas del período que abarcamos, como los de *Sábado* o *Tan de repente*, son construidos desde el estereotipo, mientras que los personajes de películas más recientes son alter egos confesos de los directores. En la película de Villegas, se caracteriza a los personajes de una manera externa, diferenciándolos con pequeñas obsesiones de cada uno, y logrando que se trate de "un mismo personaje desdoblado en seis" (Bernini, 2003: 159), según las palabras del director, complementándose entre sí. En la película de Acuña, por el contrario, los personajes se construyen en oposición al otro: Tao y Lenin se configuran como *punks* y rebeldes en oposición a Marcia, que es sumisa y común. En cambio, Gabriel Medina y Esteban Menis (*Los paranoicos* e *Incómodos* respectivamente), en una entrevista, dicen reconocerse en Luciano y Nicolás, protagonistas de sus films, especialmente en sus formas de ser y gustos musicales; se trata de historias que parecen querer ser revisitadas por sus directores, dejando parte de su biografía en ellas.

A modo de conclusión, advertimos que los personajes y las temáticas permiten identificar una estética dominante que se caracteriza por determinado tipo de personajes construidos desde la exterioridad, sin rasgos psicológicos que permitan la identificación, y con un modo de hablar uniforme que obstaculiza la comunicación con sus pares. Las historias, son el resultado de esta tipología de personajes, tematizando el movimiento, el desarraigo y la falta de comunicación

Sería conveniente emprender el análisis de las producciones posteriores de los mismos realizadores, entre ellas, *Los suicidas*, *Mientras tanto* y *Como un avión estrellado*; de esta manera, podríamos determinar si lo planteado en sus primeros filmes, además de configurar una estética de gran parte de la producción del cine nacional del período abordado, significa el punto de partida desde el cual, cada uno de los directores, desarrollará e indagará en pos de la configuración de un estilo cinematográfico propio.

Bibliografía

Aguilar, G., *Otros mundos. Un ensayo sobre el nuevo cine argentino*, Buenos Aires, Santiago Arcos Editor, 2006.
Bauman, Z., *Modernidad líquida*, Buenos Aires, FCE, 2002.
Bernini, E.; Choi, D.; Goggi, D.; "Los no realistas. Conversación con Ezequiel Acuña, Diego Lerman y Juan Villegas", en *Kilómetro 111. Ensayos sobre cine*, nº 5, Buenos Aires, 2003.
Bernini, E., "Un proyecto inconcluso. Aspectos del cine contemporáneo argentino", en *Kilómetro 111. Ensayos sobre cine*. nº 4, Buenos Aires, 2003.
Bettetini, G., *Tiempo de la expresión cinematográfica,* México, FCE, 1984.
Bordwell, D.; Thompson, K., *Arte Cinematográfico*, México, Mc Graw Hill, 2007.
——, *La narración en el cine de ficción*, Barcelona, Paidós, 1996.
Brunetta, G. P., *Nacimiento del relato cinematográfico (Griffith 1908-1912)*, Madrid, Cátedra, 1987.
Campero, A., *Nuevo Cine Argentino. De Rapado a Historias extraordinarias,* Buenos Aires, Biblioteca Nacional, 2008.
Font, D., *Paisajes de la modernidad*. Cine europeo, 1960-1980, Barcelona, Paidós, 2002.

V. ESTUDIOS COMPARADOS DE BRASIL Y ARGENTINA

Cine, censura y autoritarismo: los casos de Brasil y Argentina (1964-1983). Aportes para una historia comparada

Luciano Barandiaran y Juan Padrón
Universidad Nacional del Centro de la provincia de Buenos Aires-
Facultad de Artes-Facultad de Ciencias Humanas-
Centro de Estudios Sociales de América Latina (CESAL)-CONICET

Palabras clave: *cine-censura-historia comparada*

Introducción

En el marco de un proyecto de investigación en curso,[128] que entre otros temas aborda los ciclos de cine, la relación entre política/clandestinidad y la censura, en este trabajo presentaremos algunos lineamientos iniciales para pensar las posibilidades de una historia comparada. Ésta se centrará en el rol de la censura en el desarrollo de las cinematografías argentina y brasilera, durante los regímenes autoritarios que se instauraron desde mediados de los años 60 del siglo pasado en ambos países. Abordaremos tres cuestiones: las posibilidades de la historia comparada en el desarrollo de la historia del cine en América Latina; los alcances de los estudios sobre la censura en ambos casos; y las posibilidades de futuros estudios sobre algunas cuestiones relacionadas con la censura cinematográfica, los campos aun no explorados y el rol de ciertas instituciones (especialmente la Iglesia Católica y las Fuerzas Armadas) en el afianzamiento de la censura en el cine.

---

[128] Nos referimos al Proyecto de Investigación "Imaginarios urbanos y patrimonio cultural. Tandil, experiencias de la cultura en la segunda mitad del siglo XX", acreditado en la UNCPBA, y dirigido por la licenciada Liliana Iriondo durante el período 01/01/2008 a 31/12/2010, del cual formamos parte.

Objetivos

Si bien desde muy temprano diversos sectores (estatales, religiosos, etcétera), comprendieron la potencial importancia que podían tener las imágenes para instalar diversos mensajes sobre la sociedad, e intentaron influir sobre éstos, el período que se aborda es reciente. La referencia, como ya se mencionó, es a los regímenes autoritarios que se instauraron desde mediados de los años 60 en ambos países, y que, si bien adoptaron diversas características en ambos países, sus últimos representantes gobernaron hasta los años 80. Es posible que ese conocimiento nos permita entender la posterior pérdida de consenso en torno a las necesidades de implementar esa práctica, no sólo en los círculos vinculados al poder, sino también en el seno de las sociedades civiles latinoamericanas.

Los materiales para iniciar esta comparación son básicamente bibliográficos, es decir, las obras escritas tanto desde Brasil y Argentina que analizaron esta problemática.[129] Posteriormente, el análisis se profundizará a partir de la prensa, los testimonios orales (tanto de antiguos espectadores como funcionarios vinculados a esa política); y el estudio del material cinematográfico contemporáneo al período que aquí se aborda, tanto el que fue censurado como el que no, a fin de incrementar el nivel de la comparación para conocer mejor los mecanismos a través de los cuales se ejerció o no la censura.

Con respecto al método, debemos hacer una pequeña digresión sobre las potencialidades y los límites de la historia comparada, principal perspectiva aquí escogida para realizar este trabajo. Se ha hecho referencia a que la historia comparada ha sido una de las grandes promesas incumplidas de la historiografía occidental, incluida la sudamericana. Al respecto, debemos realizar en primer lugar una breve crónica de lo que entendemos por "historia comparada"; y luego, algunas razones que expliquen esa carencia de estudios, entre las cuales podemos vislumbrar la dificultad que su desarrollo entraña.

---

[129] Entre otros: Gociol, J., Invernizzi, H. (2006); Oubiña, D., Paladino, D. (comps.) (2004); Simis, A. (2008); Simões, I. (1999); Alsina Thevenet, H. *(1977).*

El autor que con más énfasis destacó esta metodología fue Marc Bloch. En 1928 escribió "Pour une histoire comparée des sociétés européennes (Bloch, 1928: 15-50) trabajo primigenio en el que ya se observaba que la comparación estaba en el centro de su concepción de la historia; esta no podía alcanzar su meta más que separando la descripción de situaciones particulares, identificando "semejanzas y diferencias, convergencias y divergencias, relaciones y regularidades" (Aymard, citado en Bonaudo, *et al.*, 2008: 14). Bloch consideraba que la historia comparada respondía a lo que el historiador espera de un método: un instrumento técnico, de uso corriente, manejable y susceptible de resultados satisfactorios. El objetivo de Bloch era pedagógico: quería convencer a los otros historiadores que también utilizaran la comparación en sus estudios. A partir de los adelantos contemporáneos de la lingüística y de la antropología, Bloch observó que el trabajo de la comparación no implicaba ninguna elección reduccionista del historiador al describir y analizar los hechos. La interpretación podía realizarse a través de dos vías:

1) Por aproximaciones que podrían aparecer como posibles de sociedades separadas en el tiempo y en el espacio, que las analogías observadas por un fenómeno no podían explicarse por influencias mutuas.

2) Considerando "sociedades vecinas y contemporáneas al mismo tiempo", influenciadas unas por otras, sometidas en su desarrollo por su proximidad y sincronismo, a la acción de las mismas grandes causas, y reconociendo, al menos parcialmente, un origen común.

Bloch eligió el segundo camino como el más adecuado, más limitado pero más rico científicamente, por las circulaciones de influencias y prestamos cruzados. Sin embargo, era prudente en torno a las falsas semejanzas y falsas causas locales, y a la conciliación entre comparación y puesta en evidencia de la "originalidad de cada sociedad" (Aymard, citado en Bonaudo, *et. al.*, 2008: 17 y ss.). Debido a esas y otras dificultades, Bloch postuló como condición necesaria para realizar comparaciones que las sociedades que se compararan fueran cercanas en el espacio, y que sus procesos históricos se desarrollaran en el mismo cuadro temporal (Devoto, Fausto, 2008: 8). Por ende, creemos que los casos aquí abordados cumplen con los dos requisitos exigidos por Bloch.

Con respecto a la comparación entre Argentina y Brasil, los mayores progresos se observan en el campo de la política (en especial los trabajos que comparan el varguismo y el peronismo). En la mayor parte de los trabajos que han realizado comparaciones entre ambos países, se observa que es el trabajo de expertos en aspectos de su propia historia nacional que esbozan una perspectiva general sobre el otro caso (Devoto, Fausto, 2008: 9). Aquí, coincidiendo con la tipología de Bloch, estudiaremos ambas sociedades, cercanas en el espacio y en el tiempo, buscando semejanzas y diferencias.

La censura ha acompañado desde sus orígenes al fenómeno cinematográfico. Desde la temprana proyección de *El beso* (Edison, 1896),[130] moralistas y reformadores, apoyados por el poder estatal, intentaron con diverso éxito poner límites a los films. Moral, política y religión fueron los temas centrales que justificaron estas prácticas, que se hicieron moneda corriente desde los primeros años del cine. Sin embargo, fue desde mediados de los años 20, y particularmente con la llegada del cine sonoro hacia fines de esa década cuando la censura se convirtió en un elemento central de la producción cinematográfica, especialmente en Estados Unidos, con la entrada en vigencia del famoso Código Hays. Éste regulaba todos aquellos aspectos que hacían que una película fuera considerada no apta para su proyección, dictando una serie de normas que la industria cinematográfica norteamericana acató durante las décadas siguientes.[131]

A esta ola de censura contra el cine que se dio desde los inicios mismos de la industria cinematográfica, no escapó América Latina. Si nos centramos en los casos que abordan este estudio comparativo, apreciaremos que desde los años 30 existió una clara intención por parte de los sectores más conservadores de la sociedad de poner límites claros a aquello que podía ser exhibido en las salas cinematográficas. Con el advenimiento del sonoro, en 1937 el senador Matías Sánchez Sorondo, reconocido nacionalista católico y admirador de los regímenes fascistas, había logrado desde la Comisión Nacional de Cultura, y con el apoyo

---

[130] Véase Cardona, R. (1998).
[131] Véase Santos, A. (1997, pp. 32-36). Sobre el rol de la Iglesia Católica en la elaboración y revisión del código en los años treinta, véase Black, G. (1998).

del entonces director del Instituto Cinematográfico Argentino Carlos Alberto Passano, la promulgación de un decreto que regía la producción fílmica nacional (Maranghello, 2000: 24). El mismo, que imponía que los films "editados en el país, que interpreten, total o parcialmente, asuntos relacionados con la historia, las instituciones o la defensa nacional serán sometidas a la aprobación del argumento a desarrollar", no tenía poder de censura, pero sí de control policial, convirtiendo rápidamente a muchas películas y guiones en víctimas de la persecución oficial (España, 2000: 68).

En Brasil, hasta comienzos de los años 30, la censura había estado en manos de los gobiernos estaduales, que como en el caso de San Pablo, habían organizado campañas para impedir la proyección de las películas que atentaran contra las buenas costumbres, ofendieran a las instituciones del Estado o invadieran la privacidad de los integrantes de las elites económicas y políticas. Sin embargo, sólo en 1932 se dieron las primeras disposiciones federales para controlar las actividades cinematográficas, que fueron profundizadas en 1939 con la creación del Departamento de Imprensa e Propaganda, que dependía directamente de la Presidencia de la República, y disponía una serie de normas que reglamentaban el contenido permitido de las películas. Según Inimá Ferreira Simoes, ocho ítems definía, las posibles causantes de prohibición: cualquier ofensa al decoro público, escenas de ferocidad o que indujeran a provocar un crimen, divulgación o inducción a malas costumbres, incitación contra el régimen o el orden público, contenidos contrarios a las buenas relaciones con otros pueblos, elementos ofensivos contra las diferentes colectividades o religiones, imágenes que hieran la dignidad o los intereses nacionales, y escenas o diálogos que induzcan al desprestigio de las Fuerzas Armadas (Simôes, 1999: 24-26).

La llegada al poder de Perón en la Argentina y Vargas en el Brasil, y la instauración exitosa de los "regímenes populistas", no supusieron un freno a esa ola de censura. Hemos visto cómo, durante el *Estado Novo* brasilero, esos mecanismos de prohibición se institucionalizaron, creando normas lo suficientemente vagas que permitieron un férreo control estatal sobre la producción cinematográfica. Como ha mostrado Anita Simis, estas políticas dejaban en claro el papel central que se le asignaba al cine en el plano propagandístico, rol que sólo podía cumplir en tanto se reforzara su lugar dentro de un modelo corporativista diseñado desde los ámbitos estatales. En el caso argentino, el peronismo llevó adelante una política de protección del cine nacional que, por fuerza de su instrumentalización, terminó convirtiéndose en una forma de censura encubierta. La gestión de Raúl Alejandro Apold al frente de la Subsecretaria de Información y Prensa, marcó el punto culminante de esta política, que tenía como eje central una serie de premios y castigos de carácter económico para con las producciones nacionales que se adecuaran o no la construcción de una identidad nacional coherente con los postulados del peronismo (Maranghello, 2000: 93-100).

El fin de los regímenes populistas abrió un período en donde los diferentes actores políticos, sociales y culturales de ambos países buscaron construir un orden democrático viable. Sin embargo, el legado de los regímenes populistas, y la percepción del comunismo como un peligro latente para el mundo occidental, fueron un límite evidente para ese proceso democratizador. De hecho, desde mediados de los años 50, la instauración y mantenimiento de gobiernos elegidos libremente en Argentina y Brasil estuvo limitado por el poder omnipresente del poder corporativo ejercido por las Fuerzas Armadas, la Iglesia Católica, el movimiento obrero, etc. El punto culminante de ese proceso fueron las dictaduras que se instauraron en ambos países desde mediados de los años 60, que en el caso del Brasil se mantendría hasta mediados de los años 80, y en la Argentina, tras un breve interregno democrático entre 1973-1976, hasta comienzos de los 80.

El cine no fue ajeno a estos cambios. En el caso de Brasil, hasta 1964 la censura actuó sobre aquellos films que iban en contra de la moral de la sociedad brasilera, fórmula también excesivamente general que permitió frenar la proyección de obras tan distantes como *Rio, 40 graus* (1955) de Nelson Pereira dos Santos, cuya influencia neorrealista era evidente, o *Os cafajestes* (1962) de Ruy Guerra, que mostraba el primer desnudo frontal del cine del Brasil. Sin embargo, el verdadero ímpetu censor se dio después del golpe de Estado de 1964, cuando las nuevas autoridades militares encontraron en el *Cinema Novo* un blanco propicio para enfrentar los avances liberadores en las artes y la cultura. El control estatal, que se hizo evidente en un complejo itinerario de cortes, limitaciones y prohibiciones sobre los films de los principales referentes del *Cinema Novo*, atentó directamente contra la producción cinematográfica local. Aun así, el peor momento de esta ola censora se dio tras el AI5, que limitó las libertades individuales y permitió la prohibición de films nacionales y extranjeros, y el arresto y proceso contra muchos cineastas. Lo interesante es que esta ola censora no se apoyó nunca en un conjunto de reglas claramente establecidas, y obedeció fundamentalmente al "humor" de las autoridades de turno. En general, se prohibía y perseguía en nombre de valores o mensajes que eran contrarios a los principios del movimiento militar de 1964 (Gatti, 2002: 113-115).

En el caso argentino, los gobiernos posteriores al peronismo no dudaron en establecer medidas restrictivas frente al cine. Un complejo entramado legal e institucional permitió que desde 1957, con la creación del Instituto Nacional de Cinematografía y una subcomisión de calificación cinematográfica, los partidarios de la censura actuaran bajo deferentes gobiernos cercenando o prohibiendo películas, y persiguiendo judicialmente a cineastas y actores. Con el nacimiento del Concejo Nacional Honorario de Calificación Cinematográfica (1963), y su paso a la órbita del Poder Ejecutivo, comienza una etapa de persecución implacable, que amparándose en normas y reglas deliberadamente ambiguas, afectaron directamente la producción cinematográfica. Posteriormente, ya bajo el gobierno autoritario del general Onganía, se creará un Ente de Calificación Cinematográfica (1968), que regirá durante 15 años y dará total autonomía a los censores para actuar a discreción (Oubiña, Paladino, 2004: 69-85). Bajo la dirección de Ramiro de la Fuente (1968-1972) y Miguel Paulino Tato (1974-1978), se prohibieron centenares de películas nacionales y extranjeras, y un sinnúmero de artistas ligados a la industria del cine fueron perseguidos, prohibidos o desaparecidos, particularmente después de marzo de 1976, con la instauración del denominado Proceso de Reorganización Nacional.[132] Independientemente de los hechos mismos, los causales de censura fueron, como en el caso brasilero, muy generales, y daban cuenta ya en los años del Proceso de atacar aquellas películas que era percibidas como "disolvente, soez, pornográfica, negativa y falsa" (Gociol; Invernizzi, 2006: 37).

---

[132] Véanse Varea, F. (2006); Gociol, J., Invernizzi, H. (2006), e Insaurralde, A. (2005, pp. 682-727).

Discusión

Sea como fuere, una abundante bibliografía da cuenta de ese entramado legal y político que sostuvo en ambos casos la censura cinematográfica, además de dar cuenta de la vaguedad discursiva que sustentó el accionar censor.[133] Si algo es común para ambos casos, es una deliberada inclinación a la falta de definiciones claras que apoyen las acción oficial, y que se expresó en fórmulas que daban cuenta de la identidad nacional, la defensa de los intereses nacionales, y el respeto de instituciones como las Fuerzas Armadas y la Iglesia. El recorrido en el largo plazo que hemos presentado intenta dar cuenta de esto.

Sin embargo, existen límites claros en los estudios sobre la censura cinematográfica. Si en todos los casos que hemos presentado el tema del papel del Estado en la censura, y su impacto sobre los diferentes niveles de la industria cinematográfica, han sido resueltos de manera muy satisfactoria, dando cuenta del impacto negativo de estas prácticas sobre las industrias de ambos países, es difícil decir lo mismo sobre los análisis que den cuenta del papel de otros actores sociales y culturales. Si bien es cierto que buena parte de los discursos censores se apoyaron en un lenguaje confuso, que permitía las mayores arbitrariedades, no menos cierto es que esos mismos discursos se afirmaban en las acciones, prácticas y proyectos de actores e instituciones que tenía una clara percepción de qué modelo de sociedad se pretendía defender con la prohibición de ciertas manifestaciones artísticas.

El caso de la Iglesia Católica es, en ese sentido, revelador. Convertida en reducto de los sectores integristas más conservadores y reaccionarios, actuaron como una de las usinas ideológicas de las dictaduras militares instauradas en el Cono Sur. En el plano cultural, cuando no actuó dictando directamente las normas que debían ser permitidas en la industria del cine, lo hizo por medio de diferentes Ligas de Padres, Madres, de Defensa de la Familia,

---

[133] Entre los trabajos que han dado cuenta del impacto de la censura en las artes en la Argentina, es interesante señalar los trabajos de Avellaneda, A. (1986); y en el caso especifico del cine es imprescindible la consulta de Alsina Thevenet, H. (1977). Para el caso brasilero es interesante analizar, además de los textos ya presentados, Pereira, M., en Xavier, I.; Bernardet, J.-C.; Pereira, M. (1985) y Simóes, I. (2002).

etc. que desplegaban un discurso que, centrado en la defensa de la familia, la propiedad y la tradición, atacaba todas aquellas novedades artísticas que consideraban peligrosas para ese orden que decían defender. El *Cinema Novo*, el documental político, y otras formas de expresión que encontró el cine latinoamericano fueron, en ese sentido, blancos predilectos de los ataques de estos sectores.

Las Fuerzas Armadas no deben dejarse a un lado en ese análisis. Sin duda, su participación en las políticas censoras fue central, en buena parte influenciadas por el discurso de la Seguridad Nacional que encontraban en la subversión interna el enemigo más importante para los valores de la nacionalidad. El anticomunismo fue su expresión más acabada, y dio cuenta de un profundo recelo frente a toda aquella manifestación artística que denunciara las condiciones de subdesarrollo e injusticia social que afectaban a América Latina, y que abogara por un cambio radical de las condiciones políticas, sociales y económicas en el continente.

Conclusiones

En este trabajo dimos cuenta de algunos elementos presentes en los estudios sobre la censura en Argentina y Brasil. Por fuerza, este trabajo exigió sintetizar algunos de los elementos presentes en esos estudios, y que como se ha visto reflejan tanto aspectos centrales de los fenómenos analizados, como cierta propensión de las investigaciones a destacar algunas temáticas sobre otras. En general, existe un número significativo de estudios que dan cuenta del entramado legal que sustentó esas prácticas censoras, además de otros que directamente destacan el impacto de esas mismas políticas en la industria cinematográfica.

Sin embargo, aun parece escaso el interés por desentrañar el entramado capilar que sustentó los discursos y las prácticas censoras, y entender cómo las más diversas instituciones y actores sociales actuaron para garantizar el éxito de la censura. Esta debilidad no necesariamente está relacionada con la falta de estudios sobre algunas de las instituciones que ejercieron un rol central en la censura, aunque probablemente las escasas referencias que se dan sobre lo cultural sean un claro limitante para el análisis sobre su relación con la censura cinematográfica. Los estudios sobre la Iglesia Católica son un claro ejemplo de esto.

En un sentido, son necesarios mayor cantidad de estudios sobre organizaciones como las Ligas de Familia, de Madres, de Padres, de Defensa de la Cultura, etc. que durante la guerra fría se multiplicaron, y cuya función fundamental era la denuncia de todas aquellas manifestaciones que expresaran cierta disidencia con el discurso oficial, procapitalista, occidental y cristiano. Entender su organización, funcionamiento, y nexos con el poder estatal dará cuenta de aquellos mecanismos institucionales que sustentaron la censura. Estos estudios podrían tener como otro horizonte deseable de análisis las publicaciones y organizaciones católicas del período, que desde las más diversas posturas se interesaron por aquellas manifestaciones culturales que consideraban peligrosas para el discurso oficial de la Iglesia. Y por último, su impacto en la vida cotidiana, en las formas en que la censura modificó las formas de ver y entender el cine, dando prioridad aquí a estudios que priorizaran una mirada micro de esas prácticas de prohibición, y las respuestas que las éstas despertaron.

Bibliografía

Alsina Thevenet, H., *El Libro de la Censura Cinematográfica*, Barcelona, Lumen, 1977.
Avellaneda, A., *Censura, autoritarismo y cultura: Argentina 1960-1983*, 2 tomos, Buenos Aires, CEAL, 1986.
Aymard, M., "¿Qué historia comparada, hoy?", en Bonaudo, M.; Reguera, A.; Zeberio, B. (coords.), *Las escalas de la historia comparada. Tomo I: Dinámicas sociales, poderes políticos y sistemas jurídicos*, Buenos Aires, Miño y Dávila, 2008.
Black, G., *Hollywood censurado*, Madrid, Cambridge University Press, 1998.
Bloch, M., "Pour une histoire comparée des sociétés européennes", en *Revue de Synthèse*, nº XLVI, 1928.
Capelato, M., *Multidões en Cena. Propaganda política no varguismo e no peronismo*, Campinas, Papirus, 1998.
Cardona, R., "De los nacimientos de la fotografía a la factoría Edison. El nacimiento del cine en Estados Unidos", en Talens, J.; Zunzunegui, S. (coords.), *Historia general del cine. Vol. I. Orígenes del cine*, Madrid, Cátedra, 1998.

España, C., "El modelo institucional. Formas de representación en la edad de oro", en España, Claudio (dir.), *Cine argentino. Industria y clasicismo 1933/1956, vol I,* Buenos Aires, Fondo Nacional de las Artes, 2000.
Gatti, A.; Simoes, Inimá, "Censura", en Ramos, F.; Miranda, Luiz Felipe, *Enciclopédia do cinema brasileiro,* san Pablo, Senac, 2002.
Gociol, J.; Invernizzi, H., *Cine y dictadura. La censura al desnudo,* Buenos Aires, Capital intelectual, 2006.
Insaurralde, A.: "La cinematografía dirigida. Siete años de dictadura que condicionan y afectan la creación", en España, Claudio (dir. gral.), *Cine argentino. Modernidad y vanguardias, 1957/1983,* Buenos Aires, Fondo Nacional de las Artes, 2005.
Maranghello, C., "Cine y Estado. Del proyecto conservador a la difusión peronista", en España, Claudio (dir.), *Cine argentino. Industria y clasicismo, 1933/1956, vol. II,* Buenos Aires, Fondo Nacional de las Artes, 2000.
Oubiña, J., "Veinte años de censura inconstitucional en el cine argentino (1963-1983)", en Oubiña, D.; Paladino, Diana (comps.), *La censura en el cine hispanoamericano,* Buenos Aires, Facultad de Filosofía y Letras (UBA), 2004.
Oubiña, D.; Paladino, D. (comps.), *La censura en el cine hispanoamericano,* Buenos Aires, Instituto de Artes del Espectáculo-Facultad de Filosofía y Letras (UBA), 2004.
Pereira, M., "Cinema e Estado: um drama em trés atos", en Xavier, Ismail; Bernardet, Jean-Claude; Pereira, Miguel, *O desafio do cinema. A política do Estado e a política dos autores,* Río de Janeiro, Jorge Zahar Editor, 1985.
Santos, A., "Hollywood: la consolidación de los estudios", en Talens, J.; Zunzunegui, S. (coords.), *Historia general del cine. Vol. IV, América (1915-1928),* Madrid, Cátedra, 1997.
Simis, A., *Estado e cinema no Brasil,* san Pablo, Annablume editora, 2008.
Simôes, I., *Roteiro da Intolerância. A censura Cinematográfica no Brasil,* San Pablo, Editora SENAC São Paulo, 1999.
Simóes, I., "A censura cinematográfica no Brasil", en María Luiza Tucci Carneiro (org.), *Minorias silenciadas,* San Pablo, Edusp, 2002.
Varea, F., *El cine argentino durante la dictadura militar, 1976/1983,* Rosario, Editora Municipal de Rosario, 2006.

Los congresos y festivales como estrategia para la integración del cine latinoamericano

Silvana Flores
Facultad de Filosofía y Letras
Universidad de Buenos Aires

Palabras Clave: *integración, América Latina, festivales, congresos, regionalismo cinematográfico*

> *[...] hasta ahora hubo cines de autor, cines de escuela o movimientos, cines de países. Hay hoy el cine de un entero continente. Se llama: Nuevo Cine Latinoamericano.*
>
> (Fernando Birri, citado en Schumann: 13)

Introducción

A partir de la década de 1960, el cine latinoamericano, así como ocurrió con otras disciplinas del arte, se caracterizó por perseguir un afán integracionalista, con el fin de generar un frente que contrarreste la dominación cultural ejercida tanto por el cine norteamericano como por el europeo. A través de la organización de encuentros, congresos y festivales, los realizadores latinoamericanos que durante los años 60 aspiraron a generar una renovación en el lenguaje y las temáticas de sus films, tuvieron la oportunidad de difundir sus trabajos e intercambiar ideas que los llevarían a la consolidación de la lucha contra el imperialismo cultural, que consideraban atacaba a las cinematografías nacionales.

Este tipo de encuentros facilitó la integración regional de los cineastas latinoamericanos, marginalizados por la preponderancia del cine industrial proveniente de Estados Unidos principalmente, logrando que éstos expusieran sus propuestas estéticas e ideológicas de tal manera que sirvieran de inspiración a sus pares. Al mismo tiempo, los festivales y congresos se convirtieron en un medio de divulgación de films que se encontraban limitados en su exhibición en sus países de origen. Un motivo de esta situación fue la extrema censura en ciertas naciones (como Argentina, Brasil o Chile), con gobiernos de corte autoritario. Pero otro factor, coincidente en cada lugar (con la excepción de Cuba), es el poco espacio otorgado a la difusión de las cinematografías nacionales en cada uno de los países de América Latina, debido a la hegemonía del film extranjero.

Objetivos

El objetivo de este trabajo consiste en enumerar y analizar lo que consideramos es uno de los puntos de inicio de la renovación del cine latinoamericano en los años 60, es decir, los eventos que permitieron el intercambio estético-político de una nueva generación de cineastas que se propuso romper con las estructuras industriales y apuntó a la realización de un cine continental, libre de las influencias económicas del sistema y de la dependencia cultural. Se mencionarán los acontecimientos fundamentales que fomentaron la integración de estos realizadores en pos del nacimiento de una nueva cultura, y los debates que derivaron en la construcción de estéticas personales diversas bajo el mismo objetivo ideológico.

Transitando hacia la integración: un caso nacional

Si bien los años 60 constituyeron la época de explosión de este tipo de acontecimientos en el continente americano, los orígenes de esta tendencia pueden rastrearse a partir de la década anterior.

Un caso paradigmático de esta movilización hacia la creación de un nuevo cine fue el de Brasil en los años 50, década transitiva de la cual irrumpiría una nueva imagen cinematográfica a través del movimiento Cinema Novo en el decenio siguiente. A la par del cine comercial producido en el estudio cinematográfico Veracruz, estandarte de lo que podríamos denominar un cine de imitación de los patrones extranjeros, surgieron films bisagra como *Río, cuarenta grados* (*Rio, quarenta graus*, 1955), que siguiendo los lineamientos estéticos del neorrealismo italiano, presentaría una imagen del país, en especial de la ciudad de Río de Janeiro, más coincidente con sus problemas sociales y económicos que con la postal turística que suele identificarla. Al mismo tiempo, empezaron a organizarse una serie de reuniones, en forma de comisiones o grupos de estudio, que unificaron a diversos integrantes del ambiente cinematográfico, a saber, productores, realizadores e intelectuales de las diferentes áreas. Los más destacados fueron la Comisão Federal de Cinema, llevada a cabo en 1956, y el Grupo de Estudos da Indústria Cinematográfica (GEIC), surgido en 1958, y ligado al Ministerio de Educación. El objetivo de éstos era plantear cuál podría ser el futuro de la actividad cinematográfica de Brasil, siendo conscientes de la necesidad de un cambio a nivel estético y productivo. Nacidos durante el gobierno desarrollista de Juscelino Kubitschek (1956-1961), estos organismos establecieron una planificación de políticas cinematográficas para impulsar la producción, con debates en torno a la oscilación entre la protección estatal de esa industria y el patrocinio internacional (que por otro lado establecería un equivalente en el contenido de los films entre una tendencia nacionalista y otra universalista).

Junto a los grupos de estudio y las comisiones de cine, Brasil realizó durante esta década una serie de conferencias, entre las que sobresalió el Congresso Paulista de Cinema (1952). Este evento, celebrado entre el 15 y el 17 de abril de ese año, en el que se distinguieron las presentaciones de los realizadores Nelson Pereira dos Santos y Rodolfo Nani, se centró principalmente en cuestiones concernientes a la producción cinematográfica. Los treinta y seis trabajos que se discutieron trataban acerca de los problemas de financiamiento de los films, la creación de escuelas de cine y la consideración sobre qué tipo de temáticas es factible presentar en los argumentos. La propuesta de Pereira dos Santos, titulada "Libertad de producción", hacía mención de la necesidad de que los pequeños productores se unieran para formar cooperativas de cine, las cuales darían lugar a la aparición de productoras independientes. Con la presentación de Rodolfo Nani, cuyo trabajo se tituló "El productor independiente y la defensa del cine nacional", la atención estuvo puesta en la renovación de las temáticas de los films, que deberían identificarse con la literatura y la historia del pueblo brasileño, y de esta manera hacer un cine de características nacionales. La conclusión obtenida en este evento fue la consideración como requisito para el reconocimiento de un cine nacional a la existencia de capital y mano de obra brasileñas en los films, junto a la elaboración de temáticas relacionadas con las experiencias nativas.

Por otro lado, debemos mencionar también a los Congressos Nacionais do Cinema Brasileiro, llevados a cabo en 1952 y 1953. En lo que respecta al primer congreso, realizado en Río de Janeiro entre el 22 y el 28 de septiembre de 1952, las presentaciones de éste tomaron un rumbo que prevé la inclinación con la que se desarrollaría la cinematografía de ese país a partir de los años 60. En el escrito presentado por Mauro de Alencar, se plantea la necesidad de hacer un *"cine al servicio del pueblo"* (citado en Rodríguez: 33), pero que también esté hecho por él mismo y en el que se planteen sus propias problemáticas. El segundo Congreso, realizado esta vez en San Pablo entre el 12 y el 20 de diciembre de 1953, siguió la misma tendencia que el anterior en lo que respecta al planteo de una renovación no sólo temática sino que también refleje los aspectos sociales del pueblo.

Entre el 12 y el 15 de noviembre de 1960, se desarrolló en San Pablo, la I Convención Nacional de la Crítica Cinematográfica, organizada por diversas instituciones del Estado, y presidida por el historiador Paulo Emílio Salles Gomes, con el fin de concretar una protección estatal para el cine. Se trató de una conferencia cuyo título, "¿Una situación colonial?" establece un paso hacia adelante respecto a los planteos antimperialistas de los cineastas que se destacarían en esta década. Es de subrayar que, afín con el criterio de esta convención, Salles Gomes fue el autor de un ensayo sobre la dependencia cultural del cine brasileño, titulado *Cinema: Trajetória no subdesenvolvimento*.[134] La colonización cultural de la que ha sido víctima el cine nacional es el enfoque de análisis de esta conferencia, coincidente también con los puntos establecidos por Salles Gomes en su famoso escrito.

Otro punto de contacto entre los cineastas brasileños, a la hora de debatir y generar un nuevo lenguaje y estética cinematográficos fueron las reuniones que semanalmente se llevaron a cabo en la Cinemateca del Museo de Arte Moderno de Río de Janeiro, a las que asistieron gran parte de los integrantes del

---

[134] La editora Paz e Terra editó este ensayo en 1980, tres años después de la muerte del historiador.

Cinema Novo en formación, a saber Glauber Rocha, Nelson Pereira dos Santos, Paulo César Saraceni y Joaquim Pedro de Andrade, entre otros. Estas discusiones complementaban los debates entre ellos e intelectuales de la época en diversas casas, bares y cineclubes.

En 1961 se llevó a cabo la VI Bienal de São Paulo, que difundió algunos documentales seminales tales como *Arraial do cabo* (1959), de Paulo César Saraceni, y *Aruanda* (1960), de Linduarte Noronha. Esta Bienal tuvo importancia a causa de su divulgación de films que inspirarían la tendencia testimonial adoptada por los cineastas brasileños en los años subsiguientes.

Más allá de los aportes y el alcance de estos encuentros nacionales, se puede vislumbrar a través de este caso particular, cómo las cinematografías latinoamericanas alentaron la transformación de los films de productos importados a representantes de una cultura nacional, independiente del capital extranjero. Es así como en los años 60 se produjo, coincidentemente en casi todos los países de América Latina con trayectoria cinematográfica, un movimiento de integración continental, estableciéndose lazos de solidaridad entre las naciones, que transformarían el panorama cinematográfico de Latinoamérica de una orientación nacionalista a una integracionalista, coincidente con los anhelos bolivarianos de la creación de una gran patria latinoamericana.

De un cine nacional a un cine continental

En lo que respecta al cine latinoamericano en general, 1958 fue el año en el que se realizó, en la ciudad de Montevideo (Uruguay), el Primer Congreso Latinoamericano de Cineístas Independientes, organizado por el Servicio Oficial de Difusión Radioeléctrica (SODRE). En él participaron cineastas de Argentina (entre ellos, Simón Feldman, Leopoldo Torre Nilsson, Rodolfo Kuhn y Fernando Birri), de Bolivia (Jorge Ruiz), de Brasil (Nelson Pereira dos Santos), de Chile (Patricio Kaulen), de Perú (Manuel Chambi) y del país anfitrión (Danilo Trelles y Juan Roca, entre otros). Allí, se fundó la Asociación Latinoamericana de Cineastas Independientes (ALACI), con el objetivo de trabajar para que cada cinematografía de la región pueda fomentar la realización de un cine nacional, y promover la producción y distribución independientes, impulsar el intercambio de ideas entre cineastas y revalorizar la cinematografía latinoamericana en el exterior. Si bien Uruguay no fue un país muy fructífero en la producción de films, sí es importante recalcar el lugar relevante que tuvo a la hora de fortalecer el frente regional latinoamericano. En 1969, tras las exhibiciones organizadas por el legendario semanario *Marcha*, se fundó en Montevideo la Cinemateca del Tercer Mundo, que fue una fuente de preservación y difusión del Nuevo Cine Latinoamericano, y que se mantuvo funcionando hasta 1972.

Pero los eventos de mayor trascendencia para el desarrollo de este frente de integración del Nuevo Cine Latinoamericano fueron los festivales llevados a cabo en diversas ciudades del continente a partir de la segunda mitad de los años 60.

Uno de los más históricos fue el Festival de Viña del Mar (Chile), realizado en 1967 y 1969. Si bien este festival se inició en 1963, comenzó simplemente como un evento nacional hasta la llegada de 1967, cuando se asumió como internacional. El Primer Encuentro de Cineastas Latinoamericanos (tal fue el nombre otorgado al festival de 1967) tuvo entre sus resultados la conformación del Centro Latinoamericano del Nuevo Cine, con sede en Viña del Mar, y que tenía como objetivo reunir los diferentes movimientos cinematográficos que estaban emergiendo en la región. Cada país, a su vez, debía generar diferentes Centros Nacionales del Nuevo Cine, encargados de seleccionar films para organizar una Semana de Cine Latinoamericano en varios festivales internacionales. Este Encuentro fue trascendental para la constitución de ideas en común sobre lo que debía representar el cine continental de América Latina. Esa cinematografía, según lo expresado en las resoluciones del festival, es la que "aborda los problemas sociales y humanos del hombre latinoamericano, situándolos en el contexto de la realidad económica y política que lo condiciona, promoviendo la concientización para la lucha por la transformación de nuestra historia" (citado en Getino, 1988: 267).

El Festival de Viña del Mar de 1967 abogaba por la unidad de los realizadores chilenos y latinoamericanos, generadores de un cine nuevo. Allí se exhibieron algunas de las películas que marcaron la tendencia de la cinematografía latinoamericana del momento, entre ellas, *Revolución* (1963), de Jorge Sanjinés (Bolivia), *Maioría absoluta* (1964), de León Hirszman y *Viramundo*

(1965), de Geraldo Sarno (ambas de Brasil), *Now* (1965) y *Cerro pelado* (1966), dos cortometrajes del cubano Santiago Álvarez, y *Carlos* (1965), de Mario Handler (Uruguay).

El Segundo Festival del Nuevo Cine Latinoamericano de 1969, de tanta trascendencia como el primero, dio a conocer films como *Memorias del subdesarrollo* (1968), de Tomás Gutiérrez Alea (Cuba), *Sangre de cóndor* (1969), de Jorge Sanjinés (Bolivia), *El chacal de Nahueltoro* (1969), de Miguel Littín (Chile) y *Antonio das Mortes* (*O dragão da maldade contra o santo guerreiro*, 1969), de Glauber Rocha (Brasil).

Entre el 21 y el 29 de septiembre de 1968, por su parte, se realizó en la Universidad de Mérida (Venezuela) el Primer Encuentro de Documentalistas Latinoamericanos, que contó con la participación de cineastas como Raymundo Gleyzer y Fernando Solanas (Argentina), Mario Handler (Uruguay), Thomas Farkas (Brasil), Miguel Littín (Chile), Arturo Ripstein (México) y Carlos Rebolledo (Venezuela), entre otros. Allí concursaron films como *Aysa* (1965), de Jorge Sanjinés, *Ocurrido en Hualfin* (1966), de Raymundo Gleyzer, *A opinão publica* (1967), de Arnaldo Jabor, *Hasta la victoria siempre* (1967), de Santiago Álvarez, *La hora de los hornos* (1966-1968), de Fernando Solanas y Octavio Getino y *Me gustan los estudiantes* (1968), de Mario Handler.

A pesar de ser una muestra sobre documental, el encuentro llevado a cabo en Mérida exhibió algunas películas de ficción, fuera de concurso, como *Vidas secas* (1963), de Nelson Pereira dos Santos y *El romance del Aniceto y la Francisca*[135] (1965), de Leonardo Favio. Los films expuestos debían abordar diferentes aspectos de la realidad social de América Latina, ya sea con un enfoque etnográfico, sociológico o político, con el fin de analizar los problemas que conciernen a la región y debatir soluciones.

Ya en la siguiente década, en 1971, se realizaría un encuentro similar en Caracas (Venezuela), pero el de mayor repercusión ha sido el realizado en la misma ciudad en 1974: el IV Encuentro de Cineastas Latinoamericanos, que dio a nacer al Comité de Cineastas de América Latina (C-CAL), conformado por Miguel Littín, Manuel Pérez Paredes, Pastor Vega y Carlos Rebolledo.

---

[135] El título completo con el que se conoció a este film es Éste es el romance del Aniceto y la Francisca, de cómo quedó trunco, comenzó la tristeza, y unas pocas cosas más.

Este Comité tenía como fin la promoción más organizada de los lazos de solidaridad entre los cineastas latinoamericanos, promoviendo futuros encuentros, seminarios y debates sobre la problemática del cine de la región. En apoyo a los países que estaban transitando por regímenes dictatoriales, este organismo proponía la preservación de esas cinematografías y utilizar este arte como instrumento contra la infiltración ideológica del imperialismo sobre la cultura latinoamericana. Luego de los eventos que derivaron en la persecución, desaparición y muerte de cineastas como el camarógrafo chileno Jorge Müller y el realizador argentino Raymundo Glezyer, este comité se orientó no solo a la promoción de films sino también a la denuncia de tales hechos.

Durante el V Encuentro, realizado esta vez en Mérida en 1975, se consolidó la inclinación de estos cineastas por utilizar las *"culturas nacionales como instrumento de resistencia y lucha"* (Citado en Getino: 163), retomando el ideal de integrar a Latinoamérica en la gran patria de la que hablamos anteriormente.

En 1979, con la colaboración del Comité de Cineastas, se dio inicio al Festival Internacional del Nuevo Cine en La Habana (Cuba), en un esfuerzo de continuidad de las conexiones entre los realizadores de América Latina. Allí se constituyó el Mercado del Cine Latinoamericano (MECLA), que de alguna manera continuó con la tarea que otrora llevara a cabo la Cinemateca del Tercer Mundo: la distribución y divulgación del cine latinoamericano.

Estos encuentros, a los que habría que sumar el Festival Internacional de Mar del Plata (Argentina) de 1965, donde se creó la Unión de Cinematecas de América Latina (UCAL) y el Festival de Cine de Mérida (Venezuela) de 1977, permitieron dar a conocer los lineamientos estéticos y políticos que los cineastas de cada nación estaban desplegando. Esta constante comunicación generó un circuito adyacente al comercial para la divulgación de este nuevo cine en emergencia. Los intercambios no se limitaron a la concordancia de ideas sino que también asumieron la forma de posiciones encontradas. Tal fue el caso de los debates entre realizadores como Fernando Solanas y Glauber Rocha sobre el valor de la ficción y el documental, o la diferencia entre un cine de militancia y un cine político que no puede escaparse de los patrones aburguesados de sus creadores.

Latinoamérica desde la mirada de Europa

Otra característica a destacar en el cine latinoamericano de los años 60 es el éxito de los films en los festivales internacionales europeos, en los que, a diferencia de lo que ocurría en las naciones de origen, eran premiados y honrados, generando ya no sólo un frente de integración latinoamericana sino también un aporte a la movilización por la realización de un cine tercermundista.

Durante los primeros años de la década del 60, la cinematografía latinoamericana recorrió algunos festivales reconocidos como los de San Sebastián, Cannes, Venecia, Berlín, Moscú y Karlov Vary. En algunos casos, la existencia de estos eventos permitió que algunas películas censuradas en sus países de origen pudieran ser finalmente exhibidas. Tal fue el caso de la ya mencionada *Antonio das Mortes*, que luego de ganar el Premio del Jurado en el Festival de Cannes de ese año pudo estrenarse en Brasil al ser levantado el certificado de censura que la prohibía.

Un acontecimiento de gran trascendencia para la difusión del Nuevo Cine Latinoamericano, y en especial, aquel que sufrió la censura, fue la realización de la IV Mostra Internazionale del Nuovo Cinema, en Pésaro (Italia) en 1968, lugar en el que por primera vez se exhibió públicamente el film argentino *La hora de los hornos* (1966-1968), de Fernando Solanas y Octavio Getino (fundadores del grupo Cine Liberación). Este festival había sido inaugurado en 1965, y desde entonces tuvo una trascendencia primordial respecto a la difusión del cine político latinoamericano. De menor importancia que el anterior, los festivales realizados en las ciudades italianas de Sestri Levante y Santa Margherita se han constituido en puntos de encuentro obligado de los cineastas latinoamericanos, muchos de ellos huyendo de sus países en un forzado exilio.

El recorrido de estos films por los certámenes europeos, y la gran ascendencia del jurado por los mismos, nos permite considerar que el cine latinoamericano de los años 60 y 70 poseía dos frentes de difusión e intercambio: por una parte, uno continental, de características semi-clandestinas, ya sea por la exhibición privada de esos films en los países con extrema censura, como también por el desplazamiento de los films nacionales a causa de la hegemonía de las películas norteamericanas. Este frente se extiende en una red alternativa generada por estos encuentros y festivales, sin mucha expectativa de difusión para el gran público. Por otro lado, y paradójicamente, estos films fueron galardonados y encontraron su difusión abierta en ámbitos provenientes de afuera. En consecuencia de esto último, las películas alcanzaron su objetivo de comunicabilidad, pero ante receptores que no habían sido planificados como los destinatarios centrales de ese mensaje. De esta manera, nos preguntamos cuál fue el verdadero alcance de estos films , semi-olvidados, en cuanto a su objetivo de establecerse como instrumentos de lucha contra la dominación cultural. Tal como cita Fernando Solanas, la frase del escritor francés Régis Debray en la que afirma que "los latinoamericanos se conocen a través de Europa" (Solanas; Getino, 1973: 15), es una de las mejores descripciones de este fenómeno.

Conclusiones

Latinoamérica siempre se ha constituido como una región marginal en lo que a cinematografía se refiere, eclipsada por la supremacía del cine euronorteamericano, que se instituyó como rector de lo que el arte cinematográfico debería ser. A lo largo de la historia, las naciones de América Latina que más han desplegado una producción de películas (léase Argentina, Brasil o México), han intentado calcar modelos de industrialización y patrones estéticos de lo que culturalmente los países dominantes han establecido como referentes.

El valor de estos encuentros y festivales radicó en la posibilidad de un fortalecimiento de la lucha individual de cada país por renovar y revolucionar tanto la cinematografía como la realidad nacional. De esta manera, se han podido establecer lazos y enriquecer las ideas para contrarrestar la dominación cultural y económica de cada industria nacional. Cada proyección y debate, más allá de las divergencias estéticas e ideológicas de cada uno de los participantes, aportó una semilla en el sueño, quizás utópico, de cambiar la sociedad a través del arte.

Bibliografía

Amar Rodríguez, V. M., *El cine nuevo brasileño (1954-1974)*, Madrid, Dykinson, 1994.
Del Río, J., "Precursores, nacimiento y plenitud del Nuevo Cine Latinoamericano", en *Miradas. Revista del audiovisual*, http://www.eictv.co.cu/miradas/ index.php?option= com content&task=view&id=286&Itemid=48.
Ferreira Leite, S., *Cinema brasileiro. Das origens à Retomada*, San Pablo, Editora Fundação Perseo Abramo, 2005.
Getino, O. (comp.), *Cine latinoamericano, economía y nuevas tecnologías*, Buenos Aires, Legasa, 1988.
Labaki, A., *Introdução ao documentário brasileiro*, San Pablo, Editora Francis, 2006.
Ortiz Ramos, J. M., *Cinema, Estado e lutas culturais. Anos 50/60/70*, Río de Janeiro, Paz e Terra, 1983.
Pierre, S., *Glauber Rocha. Téxtos e entrevistas com Glauber Rocha*, San Pablo, Papirus, 1987.
Ramos, F.; Miranda, L. F., *Enciclopédia do cinema brasileiro*, San Pablo, Senac, 2000.
Salles Gomes, P. E., *Cinema: trajetória no subdesenvolvimento*, San Pablo, Paz e Terra, 1996.
Schumann, P., *Historia del cine latinoamericano*, Buenos Aires, Legasa, 1987.
Solanas, F.; Getino, O., *Cine, cultura y descolonización*, Buenos Aires, Siglo XXI, 1973.
http://www.cinelatinoamericano.org.

Cine, educación, vida social y subjetividad

Miriam Garate
Departamento de Teoria Literária
Instituto de Estudos da Linguagem
Universidade Estadual de Campinas

Palabras clave: *cine de los primeros tiempos, mímesis, comportamientos sociales*

Prácticamente desde el principio, el cine suscitó acaloradas discusiones acerca de su incidencia en las esferas pública y privada. América Latina no fue una excepción a la regla, por lo que es posible encontrar numerosos artículos a ese respecto producidos por intelectuales de renombre. Los mexicanos Luis Urbina, Alfonso Reyes, Martín Luis Guzmán, Hipólito Seijas; los brasileños Olavo Bilac, João do Rio, Monteiro Lobato, Lima Barreto; los rioplatenses Horacio Quiroga o Leopoldo Hurtado, entre otros, plantean recurrentemente una serie de cuestiones: ¿el cine es una "escuela del delito"?, ¿estimula deseos "ilícitos" o "moralmente condenables"?, ¿muestra caminos conducentes a su realización?, ¿es por el contrario un eficaz vehículo de difusión de la cultura en su doble vertiente científica y literaria? Evidentemente las respuestas no son homogéneas y varían tanto de acuerdo con la perspectiva adoptada como con el paso del tiempo (cuyos límites para efectos de este trabajo coinciden con el período mudo, *grosso modo*, 1896-1930). No obstante, cabe destacar que ellas "reponen", exacerbadas por el concurso de una tecnología cuyo efecto de realidad/poder de ilusión resulta particularmente intenso, una problemática de larga tradición en el terreno estético y, muy especialmente, en el dominio literario. Como ocurriera durante el surgimiento, ascenso y consolidación del género novelesco, la pregunta por las interferencias o contaminaciones existentes entre las esferas de la imaginación, la ficción y lo real, de lo deseado, lo soñado y lo vivido, cobra importancia decisiva. Esta suerte de "continuidad" implica, por otra parte, una cuestión que no será tratada aquí por razones de espacio, pero que pauta las relaciones entre el nuevo espectáculo y la cultura "libresca" al menos durante las primeras décadas del siglo XX:

¿el cine representa un complemento o una competencia para la *letra*, es un posible aliado o un antagonista?[136]

A continuación quisiera examinar el tratamiento dado a esos interrogantes en algunos textos de los escritores mencionados. Lejos de cualquier propósito de minuciosidad, pretendo indicar líneas de fuerza pasibles de un análisis ulterior más pormenorizado.

* * *

Comienzo citando una nota de Fósforo, seudónimo de los mejicanos Alfonso Reyes/Martín Luis Guzmán, publicada en *El Imparcial* (17-6-1916):

> Un ladrón de Infantas, acosado por sus perseguidores, salva una tapia y cae en un sembrado. Un perro le corta el paso.
> El perro: ¡Alto! ¡Arriba las manos!

---

[136] Transcribo dos pasajes, el primero de una crónica mexicana de Ángel Efren de Campo y Valle, de 1906; el segundo del brasileño Monteiro Lobato (s/f, probablemente anterior a 1921). En ambos casos, la manifiesta simpatía en relación con el cine no oculta los dilemas que éste instaura para las prácticas vinculadas al ejercicio de la palabra impresa. Sostiene Campo y Valle: "Centenares de pudientes se divierten en los salones de paga, y centenares de gentes humildes peregrinan desde barrios lejanos para gozar con esa simulación de la vida, que es para los que no saben leer, novela breve, periódico, drama, comedia, comentados según el ángulo facial lo permite [...] Si esa máquina se perfecciona, el escritor, el periodista, los secretarios de juzgado quedarán relegados a las obras extravagantes de la acalorada fantasía" (*El imparcial*, 14/10/1906; González Casanova, M. (org.), 1995, p. 102). Lobato, a su vez, afirma: "Recentíssima, coisa de ontem, a cinematografia já conquistou o mundo e imprimiu ao andamento do progresso um ritmo novo. Sua influencia amanhã será tão grande como o é hoje a da imprensa. E é possível, mesmo, que seu destino seja sobrepor-se à imprensa, subalternizando-a como instrumento de propagação de idéias – a ela e ao livro. [...] No Brasil, 140.000 pessoas vêem diariamente as novelas cinematográficas dadas a projeção...o que prova o avanço conquistado pela novelística muda... A novela popular pelo sistema antigo, quer em folhetins de jornais, quer em brochuras baratas, está quase morta entre nós, onde, aliás, nunca teve grande desenvolvimento graças ao nosso fantástico analfabetismo. A proporção nas capitais e no interior do país entre a novela vista e a lida será, talvez, de uma para mil. E a inclinação da balança favorável à novela vista cresce constantemente" (Monteiro Lobato, J. B., 1964, pp.18-9).

> El ladrón: ¿También tú? ¿También tú imitas a los personajes del cine? Morirás por entrometido (le apunta con una pistola Smith de reglamento).
> El perro: Deténte, torpe ¿Cuándo se ha visto tal? El ladrón nunca mata al perro; no en Torino Films, ni en Italia, ni en TranAtlantic, ni en Tannhauser, ni...
> El ladrón: ¡Basta! ¿Qué debo hacer entonces?
> El perro: Según mis autoridades ha llegado la hora de que te suicides.
> El ladrón: Sea. Acaso hubiera podido esperar dedicándote la bala que ha de inmortalizarme. Pero como se dice en *El amor médico* de Molière, más vale "*mourir selon les régles*" (el ladrón dispara y cae muerto).
> Lector, examina el caso por tu cuenta; revuelve tus libros después... Y cuando hayas acabado considera estas palabras que pone Oscar Wilde en su "Decadencia de la mentira", renovando paradójicamente la querella del realismo en el arte:
> Cirilo: ¿Crees, pues, que la vida imita al arte, que la vida es el espejo del arte?
> Viviano: Sí, aunque te parezca paradoja. Justamente acabamos de ver el caso en Inglaterra.[137]

A la exaltación wildeana de bellezas londinenses "a la Rosetti" o de las brumas reales "debidas a los impresionistas", sucede la retomada de la querella cinematográfica:

> Así, pues, hasta el perro aprende a apresar al ladrón. La banda ha sido apresada; lo cual no deja de complacernos, porque somos aficionados a la virtud. Para nosotros, sin embargo, este éxito de la policía es más bien un éxito del público: los ojos de las gentes están aprendiendo a ver. El cine –no hay duda–enseña a ver y conocer el estilo de la vida.
> ¿Y a robar, como tantos quieren? Dejémonos de puerilidades. Los efectos de la cultura son siempre dobles: desinteresada colaboradora de la vida, ella vuelve al necio más necio, y al sabio más sabio. Toda intensificación de la vida favorece tanto al mal como al bien.[138]

Como se puede advertir, aunque el planteamiento busca permanecer en el dominio de las reglas "puramente" estéticas, rápidamente se desplaza al orden de lo social. Pese al énfasis en la educación de la mirada y el conocimiento de los estilos de vida concebidos como instancias moralmente "neutras", verosimilitud,

---

[137] "Diálogo crítico entre el perro y el ladrón de alhajas", González Casanova, M. (org.) (2003, pp.162-3).
[138] *Ibidem*, p. 184.

intensificación artística, norma social y trasgresión constituyen una totalidad abigarrada difícil de separar.

Si se considera esta postura como la que expresa el mayor grado de autonomía concebible para la época entre representación simbólica/comportamiento real y, en consecuencia, como la que expresa el menor grado de responsabilidad imputable al cine por lo que ocurre en las calles, en los hogares... e incluso en el cine mismo, puesto que no debemos olvidar que este espectáculo se alía a un nuevo espacio signado por la cercanía de los cuerpos en la oscuridad.[139] Si se considera este punto de vista como el más ecuánime posible para el contexto (vale decir, para el contexto de la narrativa cinematográfica clásica y sus consabidos procedimientos de identificación proyectiva). Si se considera esta postura como una suerte de meridiano, en suma, se pueden ordenar en torno a él dos grupos de textos representativos de actitudes antagónicas pero solidarias: por un lado, los detractores, aquellos que consideran el espectáculo cinematográfico una "escuela normal del crimen", para recurrir al título de una crónica de Urbina publicada en 1926 (*Escuela normal del crimen, un discípulo aprovechado*), que retoma ideas de una nota anterior (*El cine y el delito*, de 1915); por otro lado, los "apologistas", y también aquí me valgo de una expresión título, en este caso, de una nota de Horacio Quiroga, de 1920 (*El cine en la escuela: sus apologistas*).

En lo que respecta a las crónicas del mexicano, ambas parten de eventos históricos concretos (un memorial elaborado por la Delegación Policial de Cienfuegos, en un caso, el asesinato de

---

[139] Varios escritos enfocan esta otra escena en la que a menudo suceden peripecias no menos interesantes que las de la pantalla. Cito un párrafo de la introducción a *Cinematógrafo,* del brasileño Jõao do Rio:
"O pano, a sala escura, uma projeção, o operador tocando a manivella e ahí temos as ruas, miseráveis, políticos, actrizes, loucuras, pagodes, agonias, divorcios, fomes, festas, triunphos, derrotas, um bando de gente, uma torrente humana –que apenas deixa indicados os gestos e passa leve sem deixar marca...
–Interessante aquela fita, dizes. E dois minutos depois não te lembras mais.
–Viste a fita passada?
–Não, aproveitei-a para beijar a mão daquella senhora que não conheço. E prompto. Não há mal nenhum no caso. Isto é, no beijo talvez possa haver porque o beijo tem uma grande importancia relativa". Do Rio, J. (1907, p. 5). Retomaré este tópico más tarde.

un pasajero cometido por un joven taxista, en el otro), para abordar de inmediato el centro neurálgico de la cuestión, a saber, el principio imitativo y su hipotético papel en el aprendizaje de los medios para delinquir, no obstante no se le atribuya el origen del deseo delictivo. Cito la crónica de 1915 publicada en *El Heraldo de Cuba* (7/11/1915):

> La Delegación, en Cienfuegos [...] elevó un memorial [...] En él pide a las autoridades que prohíban a los menores de edad la entrada a los cinematógrafos, cuando en éstos se estén exhibiendo películas de dramas policíacos y pasionales. Porque, según afirma esa institución, comienzan a presentarse, a diario y en toda la República, múltiples casos de delincuencia infantil. [...] Se exagera un poco al atribuir al admirable aparato de la fotografía en movimiento las absolutas responsabilidades. Aquí, como en todas partes, ese fenómeno es revelador de un morboso estado social, cuyos núcleos deberán combatirse en el ambiente familiar [...].
>
> Sí, la imitación es la seducción, es la preparación, es la educación. La casa es, en muchas ocasiones, la escuela del crimen. Y de la casa a la calle hay sucesivas estaciones de contagio. Una de ellas es la que el Bando señala: el cinematógrafo [...] al desenvolverse la acción de un drama policíaco se entabla el combate, la lucha a muerte de Sherlok y Fantômas, del detective y el bandido, de la sociedad y el insociable, del Bien y del Mal. Las autoridades obligan a que triunfe el Bien. Pero las peripecias, los incidentes, las aventuras, muestran, enseñan, la audacia y el ingenio con el que el Mal se defiende; los infernales proyectos, las diabólicas combinaciones, los sutiles engaños.
>
> Y si de lo policíaco pasamos a lo pasional, la acusación resulta más justificada todavía (Miquel,1996: 72-3).

Dejemos lo pasional para un poco más tarde, puesto que al tratar de esa variante del delito Urbina planteará otra faceta del mismo problema, que merecería por sí sólo un examen detallado. Por el momento, interesa retener el gesto por el que se le atribuye una prevalencia (causal) y una precedencia (cronológica) al mal existente en el plano de lo real ("el morboso estado social que deberá combatirse"), pero a la vez la importancia otorgada a las "estaciones de contagio", entre las cuales el cinematógrafo resulta decisivo por *seducir imitando*, mostrando, enseñando en la pantalla imágenes de un realismo nunca antes alcanzado. En este sentido, y dado que en esta querella las partes interesadas no dejarán de preguntarse quién imita a quién, a fin de negociar responsabilidades, resulta elucidativa una nota publicada en la revista porteña *La Película* (*Moralidad, criminología... Lo de siempre. La Razón contra el cinematógrafo,* 20/5/1919). En ella se transcribe un suelto publicado en *La Razón*, en el que siguiendo la misma línea de razonamiento de Urbina, pero extremándolo, el diario le achaca buena parte de la culpa al cine por dos asaltos recientes. Afirma el suelto de *La Razón*:

> Los dos hechos tienen todo el aspecto de los dramas policiales del cinematógrafos. Todos los detalles, sin omitir uno solo, parecen salidos de la pantalla. La preparación del crimen, la violencia, el automóvil esperando [...] Todos cuantos han leído el relato verídico del asalto están contestes en sostener que su origen viene de las espeluznantes escenas del film norteamericano, que ha llegado a las más acentuadas expresiones de la criminalidad muda y teatral. La influencia perniciosa de estas cintas se hace sentir en todos los profesionales del delito. Estos han de ir seguramente allí a tomar lecciones de cómo se mata y cómo se asalta, y cómo se roba, y cómo se huye. Sería bueno que la policía pensara un poco en esto. No creemos que la cinta haga más buenos o más malos a los criminales, pero creemos, sí, que los alecciona y los prepara para el delito, desde que la exhibición fotográfica emula y exalta la imaginación.[140]

Ahora bien, *La película*, una de las primeras revistas cinéfilas de la Argentina,[141] es una iniciativa de distribuidores y trabajadores del ramo cinematográfico, por lo que la defensa antes las acusaciones de *La Razón* se hará invirtiendo los términos de la fórmula:

> Aunque se trata de un asunto sobre el cual resulta casi anacrónico hablar... queremos recordar algunas verdades. En primer lugar, si tan acabada semejanza existe entre el crimen de la calle Newvery y las escenas de los films policiales ¿por qué afirmar que aquéllos son reproducción de los últimos y no lo contrario? La esencia del arte cinematográfico es reproducir la realidad, la naturaleza y la vida tal como ellas se nos representan y es claro que, al filmar escenas criminales, han acudido los autores y directores a la realidad, y esa realidad la han encontrado muy a mano... en la crónica policial

---

[140] "Moralidad, criminología... lo de siempre. *La Razón* contra el cinematógrafo", en *La película*, s/f, p. 5.
[141] Sobre este tema véase Broitman, A.; Samela, G., "Del celuloide al papel. Las publicaciones cinéfilas en la Argentina"; en Gonzáles, H; Rinesi, E. (comps.) (2002, pp. 203-10).

de los diarios de importancia como *La Razón*. Supongamos que mañana pretenda una empresa argentina filmar la escena de un asalto, ¿qué material mejor que la crónica que el ilustrado diario vespertino hace del crimen? [...] Además, las cintas policiales han sido producto directo de las novelas policiales que tanta boga adquirieron en la última mitad del siglo pasado. Los filmadores no hicieron más que seguir la corriente del gusto público: Sherlok Holmes, Arsenio Lupin, etc., han pasado del folletín de los grandes diarios a la pantalla de proyección. Esa es la realidad de las cosas y sólo espíritus poco ecuánimes pueden pretender culpar a la copia de los defectos del original. El film copia a veces la realidad de la vida en sus aspectos criminales; si eso no gusta a las gentes pusilánimes... supriman el crimen. Arrojar la cara, importa, el espejo... no hay por qué.[142]

Arguyendo a partir del mismo postulado mimético de base pero invirtiendo la naturaleza de su contenido; atribuyéndole incluso un plus de valor a la "instrucción por los ojos" en detrimento de la que provee la "papelería impresa"; Quiroga hará una exaltación del cinematógrafo en la nota ya mencionada. En ella, luego de invocar a autoridades políticas y educativas francesas, que se habrían pronunciado a favor del potencial pedagógico del cine, el escritor sostiene:

> Se trata de un concurso siempre creciente de fuerzas para luchar por una tan evidente y sencilla cosa como es hacer ver al alumno lo que nos empeñamos, desde que el mundo es mundo, en imaginarlo con la lectura. Mientras el movimiento de una acción no estuvo al alcance nuestro, nada más legítimo que describir con la pluma esa acción al escolar. Pero hoy el caso es distinto [...] Finalicemos con una observación que, no por estar en boca de todos, pierde su trascendencia:¿cuántos años de lectura heterogénea y amplísima hubiera necesitado el chico escolar para adquirir el cúmulo de conocimientos que de la vida norteamericana le han dado las modestas cintas de su barrio? Costumbres, hábitos, vida industrial... los conocen nuestros amiguitos del cine (Quiroga, 1997: 75-6).

Pronunciamientos semejantes pueden leerse en otro artículo de Quiroga (*El cine educativo*, 1922), en el ya referido del brasileño Monteiro Lobato, titulado *A lua córnea* (s/f), o en el del brasileño Afrânio Peixoto, que lleva el elocuente de *Un sonho, um belo sonho* (1930), entre otros. Cabe mencionar, asimismo,

---

[142] *Ibidem*, p. 5.

en el plano político institucional, los varios proyectos de cine educativo emprendidos en México durante la década de 1920 desde la Secretaría de Educación Pública (a cargo de Vasconcelos) y la de Agricultura.[143]

* * *

Vuelvo a la crónica de Urbina de 1915, para enfocar ahora la otra gran vertiente del "delito", la pasional:

> Y si de lo policíaco pasamos a lo pasional, la acusación resulta más justificada todavía. Nada que subyugue como el desbordamiento extraordinario de los ímpetus de la pasión [...]. Los abismos son pavorosos, pero atraen [...]. En la película, las pasiones bregan con una ansiedad desenfrenada. Necesitan sustituir la ausencia de palabra con el exceso de mímica. Y para causar en los espectadores un efecto profundo es preciso amplificar el gesto. Los ojos quedan clavados, como hipnotizados, frente a aquellas mudas tragedias que, por su absurdo y pueril enredo, son a modo de folletines fotográficos.
> Y entonces sucede que las dormidas inclinaciones [...] despiertan dentro de algunos espíritus obscuros que sienten, ante el cuadro iluminado de la pantalla, una invitación a realizar los posibles episodios y a transportarlos de la imaginación a la vida [...] Para cierta clase de almas fantaseadoras y sugeribles, el drama policíaco y el pasional son incentivos [...] No; por fortuna, la vida no es como nos la presenta, en abominable caricatura, el cinematógrafo con la exhibición de sus novelas policíacas y pasionales. Pero el cinematógrafo y la novela barata, el melodrama, así la desfiguran [...]. A muchos hombres puede causar daño ese espectáculo. A muchos niños también. Para el libro insano es preciso dominar la pereza de leer; para asistir al malévolo melodrama es urgente atender la sugestión de la palabra que explica y comenta la acción; para asistir al film no se necesita más que un poco de calderilla en el bolsillo y otro poco de salud en los ojos. Y sucede por eso que la propaganda del delito tiene más eficacia en la película que en el libro y el escenario.[144]

En primer lugar, quisiera llamar la atención sobre el común prejuicio que hermana a detractores y apologistas, y cuyos desdoblamientos exigen, como señalé al comenzar, un examen pormenorizado de las relaciones tradición letrada/cine en este

---

[143] Véase a este respecto: De los Reyes, A. (1993), en especial pp. 130-172.
[144] *Ibidem*, pp. 73-4.

período: para unos y otros, el cine es más perjudicial o más benéfico que la palabra escrita debido a su mayor inmediatez, simplicidad, concretud, características responsables por su alcance y eficacia.[145] Por otro lado, y en lo atinente a la esfera de lo pasional, cabe señalar que en la inmensa mayoría de las crónicas el énfasis se desplaza del problema de la *imitación de los medios* al de la *imitación del deseo*, de los peligros del "pasaje al acto" al riesgo de alienación de los sujetos (predominantemente, aunque no sólo, femeninos) en deseos *non santos* para las normas imperantes, desde luego, si bien casi siempre irrealizables para felicidad de los moralistas. Me explico: claro que existen también en este caso vasos comunicantes o "estancias de contagio", como diría Urbina, entre la pantalla y la vida. Para comenzar, entre la seducción vista y la vivida... mientras se ve una película, como puede constatarse en *Amor, cinema e telefone* (1920), incisiva crónica de Lima Barreto en la que se ataca por igual a las mediocres cintas norteamericanas, a la sensibilidad del público que las mira... y al teléfono ("outro aparato moderno medianeiro de amores ilícitos e criminosos"):

> Todas essas fitas americanas são brutas histórias de raptos, com salteadores, ignóveis fantasias de uma pobreza de invenção de causar pena, quando não são melodramas idiotas que deviam fazer chorar as criadas de servir há quantos anos passados.
> Apesar disso tudo, é na asistência delas que nasce muito amor condenado. O cadastro policial registra isso com muita fidelidade e freqüência. "Foi", diz uma raptada, "no Cinema X que conheci F. Ele me acompanhou, até"... Ainda outro dia, no inquérito a que a polícia procedeu, sobre aquela tragédia conjugal da Rua Juparanã, veio saber-se que a esposa culpada conhecera o seu sedutor no Cinemaz.
> O amor, ao que parece, é como o mundo, nasce das trevas; e o cinema não funciona à luz do sol, nem à da eletricidade, nem à da lua.[146]

Pero existe una dimensión aún más importante en la que se aunan el deseo de vivir una vida de película, de protagonizarla y consecuentemente... de ser estrella de cine, desencadenando una suerte de furor mimético en los ámbitos de la moda, la

---

[145] Para un análisis de esta problemática véase el artículo de mi autoría: "Tradição letrada e cinema mudo: em torno a algumas crônicas mexicanas de começos do século XX (2008, pp. 197-211).

[146] Lima Barreto, A. (2004, pp. 106-7).

gestualidad, los hábitos de consumo, etc. En este caso, no obstante, la imitación conduce mucho menos al éxito o concretización del "delito" que a la ilusión falaz, el desengaño, la frustración. De allí que los textos que abordan ese universo temático busquen sobre todo disuadir a las ilusas víctimas y restituir el "principio de realidad". A veces, con una dureza no exenta de compasión, tal como sucede en la nota del mexicano Silvestre Bonnard que lleva el título "Vanidad de vanidades" (1919).[147] Otras veces, con ironía y crueldad devastadoras, como es el caso de las crónicas arltianas tituladas "Mamá, quiero ser artista" (1932),[148] "El cine

---

[147] "Señor, ruégole me envíe una lista completa de todos los estudios cinematográficos que existen en Los Angeles, pues quiero dirigirme a ellos para tratar de asuntos particulares. Su servidora, Carmen L.". Matemáticamente, el cartero me entrega todos los días dos o tres sobres... Estos sobres guardan misivas idénticas a la que inserto al principio de estas líneas. ¿Han comprendido ustedes, lectores piadosos, el objeto de estas tímidas correspondencias? Nuestras señoritas de la clase media sueñan con la pantalla. Las he visto en los cines de barrio, seguir con los ojos ávidos a los personajes de cualquier película que se proyecta, seguirlos con una secreta amargura, con un deseo irrefrenable de imitarlos... Ellas quieren salir de su abrumadora mediocridad, abandonar para siempre el libro de taquigrafía, el expediente, la máquina de escribir y el novio relamido que lee a Vargas Vila, para lanzarse al mundo a vivir la vida intensa de las películas. en episodios [...] Entonces me buscan como mentor desconocido que habrá de conducirlas de la mano hasta los enormes estudios de Los Angeles. En realidad yo no debería contestar esas cartas porque alimento una esperanza que no debe existir. Yo debería hablarles de la casi absoluta imposibilidad de ser admitidas en el cine, les debería contar que en Los Angeles existen más de cinco mil muchachas bonitas como ellas, que no tienen cabida en ningún lado y que por lo tanto casi mueren de hambre a la vera de Chaplin, que gana millones, Mary Pickford que percibe cientos de miles. Yo quisiera contarles todas esas cosas pero no puedo hacerlo. Por el contrario, les remito siempre la lista consabida. Pero desde aquí, sinceramente, me dirijo a vosotras: Carmen, Josefina, María, Enriqueta y Esperanza, desde aquí les recomiendo que... olvidéis el cine, que es un espejismo fatal. Seguid como hasta hoy, escribiendo cartas a máquina, tomando dictados de taquigrafía [...]", Bonard, S. "Vanidad de vanidades", en Miquel, A. (org.), *Los exaltados* (1992, pp. 336-40).

[148] "Ud. llega a la casa de una de estas muchachas (de barrio) y al cuarto de hora empieza la letanía.
La madre –¿Por qué no declamás, Nena?
La nena (que no es nena): Pero mamá...

y las costumbres" (1930)[149] o "Me parezco a Greta Garbo" (1933). En textos como los citados, se despliega una suerte de bovarismo barrial y puramente imaginario (el adulterio "a la *Rosa púrpura del Cairo*", por así decir, constituye un tópico recurrente), del que es imposible tratar aquí por razones de espacio, pero que nos devuelve otra vez, dibujando un círculo, a la vida, al cine, a la novela.

---

[149] El visitante: Declame, señorita... –A ver si me acuerdo (Todo visitante, aunque sea almacenero, se acuerda de un verso, aun del que empieza; "Yo te saludo, bandera de mi patria").
La madre: Va a ir a Jólibud (Hollywood).
El visitante ("Inter nos"; el visitante es más bruto que un adoquín noruego): ¿Asi que vas a ser artista?
La madre: Nena, por qué no hacés ese papel de Dolores del Río en *Las sombras blancas*?
El visitante (semiasustado, constatando que el asunto va en serio): No hace falta. Basta verle la cara para darse cuenta de que será una gran artista". Arlt, R., "Mamá, quiero ser artista", en *Notas sobre cine* (1997, pp. 59-60).
Diálogo entre Arlt, quien afirma no frecuentar el cine porque lo aburren las cintas de amor, y "una señora": Señora, me he fijado que entre el elemento femenino que concurre al cine se encuentran muchas señoras y demasiadas chicas. Que a las chicas les interese el amor, es lógico; y el amor con los besos que dan en el cine, más aún; pero que a una señora casada le atraiga el cine, me resulta un poco inexplicable.
Yo: Es que las señoras casadas, al tiempo de "tomar estado" se aburren profundamente de la tontería que han hecho.
Señora: No creo eso, Ahí está su error. La mujer no se aburre del casamiento en sí, lo que la harta y provoca en ella una especie de malestar subterráneo es la monotonía de la vida matrimonial. Decir que el casamiento aburre es lo mismo que decir que comer merengues harta. Pero si a usted lo obligan a alimentarse exclusivamente de merengue, es caso seguro que terminará por enfermarse del estómago.
Yo: Es probable.
Señora: Ocurre algo más, Los hombres, cuando se aburren de su esposa, encuentran un recurso más o menos cómodo: enamorarse de otra. El hombre tiene una especial facilidad para la infidelidad. A las mujeres, piense que son de carne y hueso como ustedes, no nos es tan fácil enamorarnos, pero sí aburrirnos. Y sustituimos el amor... con el cine. "El cine y las costumbres", *ibidem*, pp. 80-1.

Bibliografía

Arlt, R., *Notas sobre cine*, Buenos Aires, Simurg, 1997.
Broitman, A.; Samela, G., "Del celuloide al papel. Las publicaciones cinéfilas en la Argentina", en Gonzáles, H; Rinesi, E. (comps.), *Decorados. Apuntes para una historia social del cine argentino*. Buenos Aires, Manuel Suárez editor, 2002.
De los Reyes, A., *Cine y sociedad en México. Bajo el cielo de México (1920-1924)*, México, Unam, 1993.
Do Rio, J., *Cinematographo. Crónicas cariocas*, Porto, Livraria Chadrón, 1907.
Gárate, M. V., "Tradição letrada e cinema mudo: em torno a algumas crônicas mexicanas de começos do século XX", *Revista Alea* V 10, nº 2, 2008.
Gonzáles Casanova, M. (org.), *Los escritores mexicanos y los inicios del cine. 1896-1907*, México D. F./Culiacán, Unam/ El Colegio de Sinaola, 1995.
——, *El cine que vio Fósforo*, México, Fondo de Cultura Económica, 2003.
Lima Barreto, A., *Toda crônica*, Río de Janeiro, Agir, 2004, vol. I.
Miquel, A., *El nacimiento de una pasión: Luis G. Urbina, primer cronista mexicano de cine*, México, Universidad Pedagógica Nacional, 1996.
——, *Los exaltados. Antología de escritos sobre cine en periódicos y revistas de la ciudad de México 1896-1929*, Guadalajara, Universidad de Guadalajara, 1992.
Monteiro Lobato, J. B., "A lua cornea", en *A onda verde/O presidente negro. Obras Completas*, vol 5, San Pablo, Brasiliense, 1964, 11ª edición.
Quiroga, H., *Arte y lenguaje del cine*. Estudio preliminar de Carlos Dámaso Martínez. Compilación de textos, Gastón Gallo, Buenos Aires, Losada, 1997.
——, "Moralidad, criminología… Lo de siempre. La Razón contra el cinematógrafo", en *La Película*, año III, nº 140, 20/5/1919.

Los límites de la imaginación política.
El cine y el Mercosur

Marina Moguillansky
Instituto de Altos Estudios Sociales
Universidad Nacional de San Martín

Introducción

Durante la primera década de existencia del bloque regional, el tratamiento de la industria del cine estuvo incluido en las disposiciones generales para la cultura. Sin embargo, fueron surgiendo algunos espacios de interacción como la Asociación de Productores Audiovisuales del Mercosur (APAM) en el año 2000, los festivales cinematográficos como el Florianópolis Audiovisual del Mercosur (FAM) y otros foros en los que comenzaron a plantearse políticas para el sector. Luego, el cine lograría conformar un espacio específico para dotarse de políticas sectoriales, a partir de la combinación de una serie de factores: por un lado, la recuperación ya sostenida de las industrias cinematográficas en Brasil y Argentina, con sendos reconocimientos en festivales internacionales; por otro lado, la importancia que cobró la industria audiovisual en la política externa del gobierno de Lula da Silva. La creación en Brasil en el año 2003 de un organismo estatal para la política cinematográfica, la Agencia Nacional do Cinema (ANCINE) brindó un nuevo impulso para la cooperación regional.

El primer organismo específico para la industria cinematográfica se creó con el nombre de Reunión Especializada de Autoridades Cinematográficas (RECAM) a fines del año 2003 como espacio para la promoción de la producción y distribución de bienes, servicios y personal en la industria cinematográfica de la región. Es un órgano de consulta conformado por las máximas autoridades cinematográficas de los países del Mercosur. Cuenta con una Secretaría Técnica que coordina las reuniones y realiza el seguimiento de los temas de trabajo y con un Observatorio del Mercosur Audiovisual que produce, recopila y sistematiza datos sobre las industrias audiovisuales en la región.

La actividad central de la RECAM es el desarrollo de propuestas para el mejoramiento de la integración de las industrias cinematográficas de la región. Los temas sustantivos de análisis de las reuniones incluyeron la reducción de asimetrías, el acceso a los mercados nacionales, la libre circulación intra-Mercosur, la creación de una cuota de pantalla regional y la formación de públicos. Aunque no todos ellos llegaron a plasmarse en proyectos concretos, formaron parte de la agenda de discusión y de los programas anuales de trabajo elaborados por el organismo.

En cuanto a las iniciativas concretas, se desplegaron diversas líneas de trabajo que en su mayoría se encuentran aún en la etapa de realización de estudios preliminares. Uno de los problemas centrales planteado por los distintos actores reunidos en la RECAM es la dificultad para la circulación de las obras cinematográficas entre los países del Mercosur. Al respecto, se emprendió un estudio de los obstáculos a la circulación, se intentó la implementación del sello Mercosur Cultural y finalmente, en el año 2006, se creó el Certificado de Obra Cinematográfica del Mercosur.[150] Aun así, según los distribuidores siguen existiendo trabas burocráticas porque las disposiciones no llegan o no son reconocidas por las aduanas correspondientes. Otro problema detectado para la integración cinematográfica es la existencia de situaciones muy dispares en cuanto a las instituciones y leyes que en cada país regulan el sector. Argentina y Brasil cuentan con organismos específicos (INCAA y ANCINE, respectivamente) y con leyes de regulación y fomento de la industria cinematográfica (Ley nº 24.377 en Argentina, y Ley del Audiovisual en Brasil). Paraguay y Uruguay, en cambio, no contaban con instituciones ni legislación específicas, por lo cual la RECAM promovió la generación de leyes del cine en estos países.[151] Los proyectos más importantes, y destacados por la RECAM como sus mayores logros, fueron el acuerdo de codistribución entre Brasil y Argentina, la creación de un Foro de Competitividad para el sector

---

[150] Mercosur/GMC/Res. 27/06.
[151] En el primer caso, se encuentra en estudio y, en el segundo, fue aprobada muy recientemente dando lugar a la creación del Instituto Cinematográfico y Audiovisual del Uruguay (ICAU). Asimismo, la RECAM fomentó la realización de festivales de cine del Mercosur y de seminarios de discusión para incrementar las instancias de intercambio y conocimiento mutuo entre los actores de la industria.

cinematográfico y el inicio de relaciones de cooperación con la Unión Europea. A continuación analizamos en detalle estas políticas.

El acuerdo de codistribución entre Argentina y Brasil

Basándose en un diagnóstico que indicaba la existencia de distorsiones en el mercado cinematográfico, causantes de una baja circulación del cine de los países del Mercosur en sus respectivos mercados (RECAM, 2004), se diseñó una política que fomentara la circulación de cine mercosureño no nacional en las pantallas de los países de la región. Para comenzar, se eligió a Brasil y Argentina por tratarse de los mayores productores y, a la vez, de los mercados más importantes. Se partía de la idea de que había una demanda insatisfecha de cine latinoamericano que podía explotarse e incrementarse a través de políticas públicas que la suplieran.

En 2003 se firmó el acuerdo de codistribución de películas entre Argentina y Brasil para apoyar con financiación pública el estreno cruzado de largometrajes en estos países. El dinero se destinaba a cubrir parte de los costos de copiado, subtitulado y traslado de las copias, y parte de los costos de promoción y publicidad. Se permitía de manera provisoria el ingreso de copias positivas -contra lo establecido por la legislación nacional- pero no se resolvía de manera concluyente el problema de la circulación de las copias entre países del Mercosur.[152] Como veremos, resultó un obstáculo serio para la implementación de este proyecto en la Argentina.

El Acuerdo comenzó a implementarse en el año 2004, generando un aumento considerable de los estrenos cruzados en ambos países. Sin embargo, los resultados en la Argentina fueron poco satisfactorios. Según la evaluación de los distribuidores el primer concurso realizado funcionó relativamente bien aunque con algunos serios problemas, pero el segundo concurso, realizado en el año 2005, fue calificado de "fracaso absoluto".

La implementación del convenio en Argentina presentó varios problemas que socavaron los resultados positivos que se podrían haber obtenido. En primer lugar, existieron trabas para

---

[152] El texto del acuerdo indica que "el INCAA y la ANCINE se comprometen a buscar fórmulas para facilitar el tránsito de copias e internegativos entre los dos países" (ACD, cláusula n° 21).

el ingreso de las copias de las películas brasileñas a la Argentina. Nuestro país tiene una legislación que protege a los laboratorios locales prohibiendo la importación de copias positivas de films, es decir, deben importarse los inter-negativos para producir las copias en la Argentina. Pero el convenio de codistribución, previendo que los costos de esa operatoria serían altos, establecía un marco de excepción por el cual quedaba autorizado el copiado y subtitulado de las películas en Brasil o Argentina de manera indistinta.[153] Sin embargo, estas directivas no llegaron a la Aduana argentina, donde varias películas quedaron demoradas -situación que se reitera habitualmente, según relatan los distribuidores-. Esta dificultad se vio agravada por otro factor: la mayoría de las películas brasileñas que se iban a estrenar en la Argentina habían sido previamente vendidas a HBO-Olé, un canal *premium* de cine de la televisión por cable. Ello imponía tiempos más cortos para realizar el estreno de los títulos en salas. Finalmente, una tercera complicación fue que el INCAA demoró en dar a conocer los resultados y concretar el pago de los subsidios.[154]

Por otra parte, en problema adicional que condicionó y limitó toda la experiencia del convenio de codistribución fue la ausencia en la Argentina de un circuito de salas comerciales de exhibición de cine de arte. Ésta quizá sea una de las claves que permita explicar por qué el acuerdo funcionó exitosamente en Brasil, donde ANCINE efectivizó tres ediciones del concurso para la distribución de películas argentinas. En ese país existe un circuito muy importante de salas comerciales dedicadas al cine de arte y ensayo: Brasil cuenta con alrededor de 160 salas de cine-arte que representan el 8% del total, distribuidas en los estados aunque con mayor concentración en San Pablo y Río de Janeiro.[155]

---

[153] "Autorízase a realizar el copiado y subtitulado de los títulos brasileros que resulten ganadores del concurso correspondiente al acuerdo citado, indistintamente en Brasil o Argentina, en el marco de excepción de este acuerdo" (Art. 10, Bases del Concurso, INCAA).

[154] En el caso de *Madame Satã* hicieron eclosión los tres problemas con un resultado desastroso: la película fue exhibida por el canal de cable el fin de semana anterior a su fecha de estreno en cines, razón por la cual las salas más importantes no le dieron espacio. Las restantes cinco películas que fueron estrenadas a través del convenio obtuvieron resultados muy poco satisfactorios en la taquilla, pero según los distribuidores el subsidio compensó las pérdidas.

[155] Datos de FilmsB 2005.

El Foro de Competitividad del Cine

Los foros se crean en el ámbito del Programa de Foros de Competitividad de las Cadenas Productivas del Mercosur creado por el Consejo Mercado Común (CMC) para aprovechar las ventajas comparativas de los países miembro y para mejorar la competitividad global. En el año 2007 se creó el Foro de Competitividad del Sector Cinematográfico -el segundo de su tipo en el Mercosur- y en el año 2008 se realizó la primera reunión.

Foro de Competitividad del Cine del Mercosur	
Sector	Objetivos
Producción	→Fortalecer la asociación y complementación de largo plazo entre las empresas productoras de los países de la región para incrementar las coproducciones regionales; →Estimular el intercambio de experiencias de producción con el objetivo de reducir costos, reforzar la calidad técnica y artística, y ampliar el mercado para los profesionales del sector.
Distribución	→Promover la asociación de los distribuidores independientes, desarrollando mecanismos de complementación e intercambios para la codistribución de películas nacionales y de las coproducciones regionales. →Promover la formación de consorcios regionales de distribución que amplíen la capacidad de actuación internacional de las distribuidoras de la región. →Generar acciones para la promoción comercial conjunta en el exterior.
Exhibición	→Impulsar la asociación de las empresas y cadenas de exhibición cinematográficas nacionales de la región, facilitándoles el acceso a los diversos mercados nacionales. →Ampliar el parque exhibidor cinematográfico de los diversos países del bloque. →Generar lazos entre distribuidores independientes y exhibidores del Mercosur. →Generar mecanismos que incentiven a las emisoras y programadoras de televisión abierta y por suscripción de la región, a difundir obras cinematográficas y audiovisuales del Mercosur.
Infraestructura	→Proyectar a escala regional a los diversos proveedores de infraestructura y de servicios cinematográficos y audiovisuales de la región para toda la cadena de valor. →Identificar medidas que faciliten la circulación de obras en proceso. →Integrar las nuevas tecnologías digitales a los procesos de producción, distribución y exhibición cinematográfica en la región.

Fuente: Mercosur/X RECAM/DI nº 01/07.

Participan del foro representantes de los gobiernos respectivos, del sector productivo, de la comercialización (distribución y exhibición) y de los sindicatos de profesionales y técnicos. Los objetivos previstos para la actividad del Foro abarcan la problemática de la producción, distribución, exhibición e infraestructura. Los resultados y avances del Foro, por su reciente creación, no han podido ser evaluados aún.

La Cooperación con la Unión Europea

Tras alrededor de cuatro años de difíciles negociaciones que conocieron avances y retrocesos, la RECAM logró a través de la gestión de la Secretaría Técnica articular los intereses del Mercosur y de la Unión Europea en un proyecto conjunto de cooperación interregional, lo que resulta muy novedoso, ya que "la cooperación internacional siempre se ha realizado entre Estados" (Bayardo, 2004: 3). A comienzos de 2007 se establecieron las metas comunes para el mediano plazo, en el cual se incluyeron cuestiones vinculadas a la industria cinematográfica. En este marco, se formuló el Proyecto de Apoyo al Sector Cinematográfico y Audiovisual donde se establece que la Unión Europea brindará 1,5 millones de euros para distintas líneas de acción con el objetivo de fortalecer al sector en el Mercosur.

La cooperación con la Unión Europea puede ser significativa -aunque el monto de recursos destinados a ella no lo sea- en cuanto a la transferencia de experiencias hacia el Mercosur. La Unión Europea ha tenido una política regional muy activa en el sector audiovisual: se desarrollaron programas de financiamiento para la producción y sobre todo la coproducción (*Eurimages*), políticas de distribución regional (MEDIA), directivas para la cuota de pantalla cinematográfica y televisiva (*Televisión sin fronteras*), un observatorio audiovisual y ayudas para la formación de profesionales en el sector. La mayoría de estos programas se inició en los primeros años de la década de 1990, por lo que tienen ya cierta experiencia acumulada y se cuenta además con evaluaciones sustantivas de los resultados obtenidos por esas políticas.

Los silencios de la política cinematográfica

Podemos evaluar la política cinematográfica desarrollada regionalmente en el Mercosur explorando no sólo los programas desarrollados sino también qué iniciativas se vieron bloqueadas. Teniendo en cuenta una serie de debates y propuestas que se desarrollaron en el marco de la RECAM y que no pudieron plasmarse en políticas públicas -o para los que se decidió expresamente postergar la discusión- analizamos la configuración de intereses contrapuestos en el campo. Dos casos emblemáticos de proyectos que debieron suspenderse nos permitirán explorar los obstáculos que encuentra el desarrollo de políticas culturales en el Mercosur: la cuota de pantalla regional y los fondos cooperativos para la producción cinematográfica.

La cuota de pantalla regional

En Brasil y Argentina rigen cuotas de pantalla para la producción nacional que no incluyen las películas de los otros países del Mercosur. La RECAM, en su tercera reunión realizada en Brasilia en septiembre de 2004, acordó impulsar la implementación de una cuota de pantalla regional, pero este proyecto no pudo concretarse hasta el momento, ni hay perspectivas de que se avance en el corto plazo, debido a que enfrenta la oposición de algunos actores de la industria cinematográfica. Algunos actores se oponen a la cuota de pantalla en general, sea para la producción nacional o regional, y ven con malos ojos cualquier incremento de la regulación de la exhibición. Los empresarios de la distribución y de la exhibición consideran que las intervenciones del Estado en este terreno son perniciosas y autoritarias:

> Yo no soy muy creyente en la cuota de pantalla. Yo estoy de acuerdo con que al cine hay que protegerlo, pero lo que pasa es que lo que no se le puede imponer al público lo que tiene o lo que debe dejar de ver (entrevista a distribuidor independiente, Argentina).

Así, según los distribuidores, la cuota de pantalla no resuelve el problema de fondo que es la falta de interés por parte de los espectadores en la producción del Mercosur y la propia producción nacional. Los empresarios de la exhibición son los principales opositores a las políticas de regulación del sector, con los mismos argumentos que emplean los distribuidores, centrados en el imperio de las preferencias del público. Buena parte de la crítica cinematográfica manifestó sus reparos frente a la reglamentación de la cuota de pantalla. La mayoría de los cuestionamientos seguía la línea argumental de distribuidores y exhibidores, centrada en la libertad de elección del espectador y de los empresarios. Un sector minoritario apoyó la cuota de pantalla pero advirtió que la protección exclusivamente dirigida al cine argentino no resguardaría la diversidad de las pantallas. Los críticos de *El Amante* y otros independientes señalaron sus reparos no tanto por la cuota de pantalla en sí misma, sino por su diseño que restaba espacios a otros cines.

La oposición a la cuota de pantalla nacional es fuerte en los distribuidores y exhibidores, pero cuenta con un apoyo muy decidido por parte de las asociaciones de directores y productores argentinos de cine, del Sindicato de la Industria del Cine (SICA) y de las autoridades del INCAA. En cambio, cuando existe la posibilidad de introducir una cuota de pantalla regional, no hay apoyos relevantes de ningún sector del campo cinematográfico. Es por este motivo que la ronda de consultas abierta por la RECAM entre los países miembro para estudiar la implementación de una cuota de pantalla regional no registró avances. Desde el propio discurso estatal no aparece como horizonte posible la ampliación de las políticas culturales al espacio del Mercosur:

> A la política cultural del Estado argentino le compete el cine argentino. A la política cultural del Estado francés le compete el cine francés. A mí el Estado argentino me paga para defender el cine argentino (entrevista a Jorge Coscia, *El Amante*, nº 149, 2004).

En el imaginario de los actores del campo cinematográfico -tanto los empresarios como los funcionarios- la protección del cine nacional por parte del Estado es una posibilidad que, si bien es cuestionada por algunos, en diversos grados según los intereses en juego, fue finalmente aceptada. La inclusión del cine regional en esos dispositivos de protección, en cambio, no aparece en el horizonte discursivo o bien es una alternativa descartada de plano por imposible o absurda. Resulta llamativo a más de diez años de existencia del Mercosur que el discurso público de los funcionarios del Estado -directivos del INCAA, por ejemplo- no lo haya incorporado como espacio relevante para la definición de la política cultural.

Fondos regionales de financiamiento

Aunque desde sus inicios la RECAM se planteó la misión de enfrentar las enormes asimetrías existentes entre las industrias cinematográficas de los países del Mercosur, los proyectos concretos con ese objetivo prácticamente no han tenido desarrollo y no pudieron tampoco instalarse como problemas. Los países más pequeños, Uruguay y Paraguay, presentaron algunas propuestas para superar su endémica carencia de fondos para desarrollar una industria cinematográfica. Se trataba de preocupaciones de larga data que tienen antecedentes casi desde los inicios del Mercosur. Paraguay, por ejemplo, había propuesto en las reuniones del Parlamento Cultural del Mercosur la creación de un Banco de Proyectos Culturales con líneas de crédito abiertas a los productores de la región. Más adelante, en distintas reuniones de la RECAM, ambos países plantearon su situación solicitando mayor acceso a los fondos de Brasil y Argentina. Las propuestas giraban en torno a la idea de constituir fondos regionales para el financiamiento de la producción cinematográfica y fomentar las coproducciones, vía casi excluyente para la industria cinematográfica de los países pequeños. Teniendo en cuenta que las inversiones estatales de Brasil y Argentina representan el 99% de los fondos de la región, sería factible pensar en mecanismos de inversiones cruzadas para ayudar a desarrollar las industrias de los países vecinos.

Tabla 1
Financiamiento público para la producción cinematográfica
1995-2005

	Brasil	Argentina	Paraguay	Uruguay	Total (miles de U$)
1999	34,8 %	65,0 %	0,0 %	0,2 %	78.362
2000	34,8 %	65,0 %	0,0 %	0,2 %	76.033
2001	44,1 %	55,7 %	0,0 %	0,2 %	82.191
2002	66,7 %	32,8 %	0,0 %	0,5 %	35.722
2003	70,0 %	30,0 %	0,0 %	0,0 %	57.627
2004	73,9 %	25,9 %	0,0 %	0,2 %	73.492
2005	73,2 %	26,6 %	0,0 %	0,2 %	80.049
Promedio	56,8 %	43,0 %	0,0 %	0,2 %	768.450

Fuente: elaboración propia sobre la base de datos de ANCINE, FONA y AFIP.

Pero estas iniciativas más ambiciosas no llegaron a instalarse siquiera en la agenda de discusión de la RECAM: el acceso a financiamiento conjunto por parte de los países más pequeños fue tratado únicamente a través de la alternativa de los acuerdos de coproducción. Al respecto, durante los años 2005 y 2006 se exploró la posibilidad de desarrollar un Acuerdo de Coproducción Cinematográfico del Mercosur, pero no prosperó.

¿Dónde se definen las políticas cinematográficas?

Las políticas culturales de nivel regional han tenido poco desarrollo en el Mercosur. Si bien en años recientes se desplegaron algunas iniciativas de políticas dirigidas al sector audiovisual, es poco lo que se consiguió implementar más allá de la retórica de las declaraciones, convenios y acuerdos. Entre las disposiciones normativas del Mercosur para la integración cultural y las operaciones culturales que efectivamente se producen entre los países de la región se generan disonancias (como vimos con respecto a la circulación de copias y las aduanas) y conflictos de intereses (por ejemplo, sobre la cuota de pantalla regional). Las políticas culturales diseñadas, por otra parte, no enfrentan las asimetrías existentes entre los países de la región ni los graves problemas que presentan los circuitos de distribución y exhibición de cine. En definitiva, las cuestiones más espinosas como "la concentración de la industria, la diversidad de contenidos y la creciente estratificación social del acceso a los bienes culturales" (Galperín, 1999) permanecen desatendidas; aunque debamos reconocer que en este último punto, los silencios de las política culturales son generalizados y se verifican también en bloques mucho más desarrollados, y con mayores recursos, como la Unión Europea. En este sentido, resulta aún necesario un avance significativo en el plano de las políticas culturales que se centre en "el eje de la diversidad cultural y la justicia social, no sólo como un instrumento necesario para poner freno a las mega corporaciones que las dificultan, sino como trabajo creativo sobre los sentidos, que posibilite imaginar y construir mundos pluralistas" (Bayardo, 2008: 12).

En el Mercosur, la definición de la política cinematográfica sigue siendo patrimonio prácticamente exclusivo de los Estados nacionales. Las decisiones más relevantes, que tocan cuestiones tales como la regulación general del sector, el financiamiento de la producción, la cuota de pantalla en la exhibición y las políticas de formación de públicos, son tomadas por cada Estado nacional atendiendo a su industria cinematográfica. La inversión pública en el sector es administrada por cada país con un horizonte que se limita a sus fronteras: hasta el momento no existen fondos regionales para el sustento de políticas cinematográficas. Tampoco se ha elaborado una normativa regional que regule o intervenga de alguna manera en las industrias y mercados cinematográficos.

En síntesis, aunque existieron iniciativas y voluntades políticas para desarrollar la integración en el área cinematográfica, éstas se encontraron con una serie de dificultades. En primer lugar, el propio esquema del Mercosur, sesgado hacia fines comerciales y basado en un modelo intergubernamental que no contempla grandes concesiones en materia de soberanía. En segundo lugar, la escasa importancia que ha tenido la cultura para los Estados latinoamericanos y la matriz tradicional de sus políticas culturales hizo que tendieran a centrarse en la gestión de eventos y en la protección de las artes y el folclore. En tercer lugar, la existencia de enormes asimetrías entre los países que conforman el Mercosur en cuanto a los tamaños de sus industrias y mercados cinematográficos, así como en cuanto a sus legislaciones, instituciones y políticas públicas dirigidas al sector.

Finalmente, el obstáculo central es la dificultad para instalar el espacio regional como horizonte en la definición de políticas públicas. La nación sigue siendo el destinatario natural de la acción estatal para el imaginario de los funcionarios y de los actores privados del campo cinematográfico. En ese sentido, resulta sintomático el diseño del acuerdo de codistribución entre Brasil y Argentina. Los Estados dispusieron un marco de fomento para el cine del país vecino sólo en tanto y en cuanto la reciprocidad les asegurara beneficios para su propia industria cinematográfica. La ayuda al cine de la región pudo ser procesada debido a que era un instrumento indirecto para obtener mayores mercados para la propia producción.

Bibliografía

Bayardo, Rubens, "¿Hacia dónde van las políticas públicas culturales?", en I Simposio Internacional de Políticas Públicas Culturales en Iberoamérica, Universidad Nacional de Córdoba, 22 y 23 de octubre de 2008.

—— , "Consideraciones para la cooperación euroamericana en investigación cultural desde una perspectiva latinoamericana" en *Pensar Iberoamérica. Revista de Cultura*, nº 7, septiembre-diciembre de 2004, OEI.

Galperin, Hernán, "Cultural Industries policy in regional trade agreements: the case of NAFTA, the E.U. and MERCOSUR", en *Media Culture & Society*, nº 5, septiembre de 1999, Londres, SAGE.

Sandoval Peña, N., "Las industrias culturales en América Latina en el marco de las negociaciones de la OMC y el ALCA", en *Pensar Iberoamérica*, 2000, Lima.

A construção da metrópole em tempos de crise: *Terra Estrangeira* e *Mundo Grua*

Marina Tedesco
Instituto de Geociências
Universidade Federal Fluminense

Palabras clave: *cidade; cinema; crise; paisagem; relações sociais*

Lugares sobrepostos:
a cidade no cinema e o cinema na cidade

É perceptível o surgimento, nos últimos anos, de uma série de pesquisas que procuram estudar de modo mais aprofundado os vínculos entre o cinema e a modernidade (e com isso pretende-se afirmar o fortalecimento de uma temática, e não seu ineditismo). De fato, as afinidades são muitas. Ambos compartilham a velocidade, a mobilidade – fortemente marcada pelo paradoxo do espectador estar imóvel, uma fragmentação que, na verdade, é mobilizada a fim de obter uma totalidade, a efemeridade...

Mais interessante que destacar as características compartilhadas por ambos é perceber, todavia, o quanto o cinema, mesmo não tendo o poder de revolucionar imediatamente vidas e relações das mais diversas espécies como o telégrafo ou o trem, foi importante para esse período do apagar das luzes do século XIX e alvorecer do XX: "Nos seus primeiros anos como um fenômeno urbano, o cinema teve múltiplas funções: como parte da paisagem da cidade, uma breve pausa para o trabalhador a caminho de casa, uma forma de escape do trabalho doméstico para as mulheres e pedra de toque cultural para os imigrantes" (Charney & Schwartz, 2004: 21-2).

Percebe-se, a partir da citação acima, as muitas formas através das quais é possível se acercar à questão. Neste artigo, entretanto, interessa principalmente o primeiro ponto destacado, ou seja, a cidade como espaço de um fenômeno que tem na modernidade seu marco temporal. E que, portanto, é marcado pelo urbano.

Urbano e cidade: dois conceitos que se inter-relacionam, duas palavras que (embora sejam muitas vezes utilizadas de tal forma) não são sinônimas. Segundo Lefebvre, as cidades são obras mais que produtos, são "centros de vida social e política onde se acumulam não apenas as riquezas como também os conhecimentos, as técnicas, as obras (obras de arte, monumentos)" (Lefebvre, 2006: 4). Já o urbano, para o mesmo autor, é um conceito cujo desenvolvimento ainda não está acabado, e que aponta para um movimento –igualmente incompleto, potencial- que reúne, forma e trans-forma aquilo que concentra (e nesse sentido cria), não sem conflitos.

Feito tal esclarecimento pode-se complementar o argumento que estava sendo anteriormente desenvolvido, dotando-o de maior densidade teórica: as cidades, ou melhor, as grandes cidades da sociedade urbana, são indissociáveis da prática cinematográfica. Elas não apenas abrigaram, desde o início, um número maior de salas exibidoras como, para a maior parte das cinematografias, foram e são o ambiente de um grande percentual das obras produzidas.

Via de regra, mesmo quando é no campo onde se situa a história (para falar de estruturas narrativas, posto que este é o caso dos films que serão aqui estudados), ele é construído a partir de um olhar da cidade –o que é possível precisamente pelo urbano ser capaz de transcender os limites daquela. Daí visões tão comuns como as do rural idílico ou atrasado.

O cinema e as cidades cresceram juntos e se tornaram adultos juntos. O film é testemunha do desenvolvimento que transformou as cidades tranqüilas da virada do século nas cidades de hoje, em plena explosão, onde vivem milhões de pessoas [em uma só palavra: metrópoles]. O film viu arranha-céus e guetos engrossarem, viu os ricos cada vez mais ricos e os pobres, mais pobres (Wenders, 1989: 181).

Alterações sociais e paisagísticas que se fizeram presentes nas grandes telas das mais diversas formas; desde ficções científicas com seus prognósticos pessimistas sobre o destino da humanidade, as quais se passam em alguma grande metrópole em um futuro cada vez menos distante, até films de denúncia que se valeram de uma estética realista para criticar algum (ou vários) aspecto(s) do capitalismo.

A relação cinema e cidade, contudo (como o próprio termo "relação" já sugere) não é ocorre em apenas um sentido, não é unilateral.

Desde que o cinema filma a cidade [...] as cidades terminaram por se assemelhar ao que elas são nos filmes. Que uma cidade ou outra nunca tenha sido filmada, hipótese pouco provável, mesmo absurda, isto não impede a representação de viver na cidade, de organizá-la. Socialmente, politicamente, culturalmente, a cidade se desenvolveu na história segundo sistemas de representações variáveis e determinados. O momento da história das cidades, contemporâneo ao cinema, adota um modo de representação que coincide com os modelos cinematográficos, ou se inspira neles (Althabe & Comolli, 1994: 153).

São Paulo e Buenos Aires-cidades cruciais para o desenvolvimento dos films *Terra Estrangeira* e *Mundo Grua*, respectivamente-participam, sem dúvida alguma, dos fenômenos observados por estes dois autores. Além de pertencerem a uma rede mundial de metrópoles mobilizada pelo capital financeiro e caracterizada pela homogeneização paisagística das principais áreas envolvidas, serviram de locação (e mesmo de personagem) para uma infinidade de realizações audiovisuais. *Las luces de Buenos Aires*, *Buenos Aires Vice Versa*, *São Paulo S.A.* e *São Paulo, Sinfonia de uma Metrópole* são apenas alguns dos títulos que podem ilustrar esta afirmação.

Brasil, Argentina, e a(s) crise(s) nos anos 1990

Para compreender o colapso político, econômico e social que se instaurou no Brasil nos primeiros anos desta década é necessário retornar a 1989, ano da eleição de Fernando Collor de Mello para a presidência da república. Uma vitória histórica –desde 1960 o povo não podia comparecer às urnas a fim de escolher seu principal governante– que terminou com sabor bastante amargo.

Já no dia seguinte a sua eleição, portanto em 16 de março de 1990, a Ministra da Economia Zélia Cardoso anuncia um novo pacote econômico para o país. Este era composto por uma série de medidas polêmicas: "para estabilizar a moeda, o Plano Collor congelou preços, confiscou provisoriamente e reduziu parte da riqueza financeira das classes médias e empresariais. Assim, além de atingir a riqueza material, ameaçou a segurança jurídica da propriedade privada" (Sallum Jr., 2004: 59).

As reações foram as piores possíveis em todos os segmentos sociais: falências de pessoas físicas e empresas, quebras na bolsa, retirada de capital estrangeiro do país, demissões em massa... Além disso, o recém empossado presidente ainda conseguiu abalar de modo irreversível a aliança entre os grupos que tinham tornado possível sua eleição e se veria, paulatinamente, cada vez mais isolado no cenário nacional e internacional.

Durante o período Collor (março de 1990 a dezembro de 1992), as licenças e as barreiras não tarifárias à importação foram suspensas e as tarifárias alfandegárias foram definidas, criando-se assim um programa para sua redução progressiva ao longo de quatro anos. Ao mesmo tempo, programou-se a desregulamentação das atividades econômicas e a privatização das companhias estatais que não tivessem protegidas pela Constituição, a fim de recuperar as finanças públicas e reduzir aos poucos o papel do Estado no incentivo à indústria doméstica (Sallum Jr., 2004: 59).

Ao final do processo, pode-se afirmar que nada disso foi capaz de solucionar os problemas vistos pela sociedade como prioritários naquele momento; a hiperinflação seguia crescendo a cada mês, a distribuição da renda não se tornou menos desigual, a corrupção entre a classe política continuou sendo prática corriqueira... E foi justamente este último ponto que precipitou sua saída do poder (já desejada por muitos e importantes setores).

Após investigação, a Comissão Parlamentar de Inquérito encarregada de apurar irregularidades no governo conseguiu reunir provas contra Collor de Mello e seu tesoureiro de campanha, Paulo César Farias. Irreversivelmente atrelado a desvios de verbas públicas e ao tráfico de influência política, empreendedor do plano de recuperação econômica mais impopular da história do Brasil e abandonado por seus principais aliados, o destino do então presidente não poderia ser outro: em 22 de dezembro de 1992 ele deixa o cargo, cabendo ao seu vice Itamar Franco conduzir o país até o fim do mandato.

Se a eleição presidencial de 1989 desde muito cedo passou a ser considerada trágica no Brasil, demorou mais de uma década para que este diagnóstico se popularizasse na Argentina. Afinal, embora tenha enfrentado forte resistência por parte de alguns setores da sociedade, Carlos Menem pôde cumprir seus dois mandatos (de 1898 até 1999) com relativa tranqüilidade e gozando de alta popularidade a maior parte do tempo.

No final da década de 1980, a Argentina era apenas mais um dos vários Estados latino-americanos a atravessar um grave período de hiperinflação e recessão. A fim de resolver tais problemas e alinhar o país com as tendências econômicas recomendadas pelos fundos multilaterais às chamadas nações em desenvolvimento, seu novo governante promoveu uma série de transformações.

Nesse momento teve início no país um importante processo de reformas para reestruturar a economia e redefinir o papel do Estado dentro da mesma. A privatização das principais empresas estatais (autorizada pela Lei de Reforma do Estado de 1989) se constituiu em uma das linhas principais da nova política, cujo objetivo primordial era a estabilização dos preços, passo fundamental para conquistar a confiança e a credibilidade dos investidores e a subseqüente entrada de capitais necessários para o crescimento da economia (Ministerio de Economía y Producción: 5).

Também foi promovida uma profunda reforma monetária, cuja medida mais importante e famosa foi a Convertibilidade. Esta atrelava dez mil australes ao dólar americano (em seguida foi criada uma moeda denominada peso argentino, com valor fixado em um dólar). Ao Banco Central Argentino coube, através de suas reservas em moeda estrangeira, respaldar a novidade.

Os efeitos foram imediatos. Uma política econômica como essa limita muito a capacidade do governo de emitir moedas sem ter condições reais de fazê-lo. Isso, obviamente, teve influência direta na contenção da hiperinflação. Ao mesmo tempo, ao implementar mudanças tão radicais, o governo demonstrou uma estabilidade política e institucional incomum em território latino-americano, o que foi mais um incentivo para os tao desejados investidores externos.

No entanto, já no ano de 1994, o Secretário da Fazenda Ricardo Gutiérrez admitiu que somente na administração pública nacional haviam sido demitidos 350.000 funcionários. Quadro que só se agravou, apesar das inúmeras leis aprovadas na Reforma Trabalhista para solucionar o problema. "Durante a segunda metade da década de 1990, o aumento muito evidente do desemprego e da pobreza começou a caracterizar um país dividido entre um grupo crescente de pobres e uma parte apreciável da sociedade que ainda se beneficiava da política econômica" (Sallum Jr., 2004: 33).

O esgotamento do modelo econômico implantado por Carlos Menem se refletiu nas urnas. Em 1999 a população rechaçou seu candidato, optando por Fernando de la Rúa para governar o país. Este, no entanto, não alterou substancialmente as estruturas deixadas pelo antecessor, limitando sua atuação a medidas paliativas.

Quando em dezembro de 2001 o então presidente anunciou um limite para o saque de fundos dos bancos e o fechamento do mercado de câmbio o protesto social se generalizou e a nação viveu momentos em que suas ruas se converteram em campos de batalha (19 e 20 de dezembro de 2001). As mobilizações populares obrigaram de la Rúa a renunciar e se sucederam diversos presidentes em poucos dias, até que Eduardo Duhalde foi o escolhido definitivo para completar os dois anos de mandato deixados vagos. A Argentina viu-se obrigada a declarar moratória de sua dívida externa e iniciar uma desvalorização (e, conseqüentemente, uma série de falências) que não poderia mais ser adiada.

A crise na metrópole cinematográfica

Terra Estrangeira indica ao espectador através de legendas e fatos verídicos –estes muito conhecidos pelo público brasileiro– que o film inicia em 1990, primeiro ano do mandato do presidente Fernando Collor de Melo. Conforme visto no ponto anterior, eram tempos instáveis: inflação a níveis exorbitantes, abertura do mercado nacional aos investimentos estrangeiros, privatizações...

Quando a então Ministra da Economia anuncia o confisco do dinheiro depositado no banco, Manuela, uma costureira que passara a vida inteira poupando as parcas sobras de seu trabalho, não suporta o choque, sofre um ataque cardíaco e morre. Desorientado e sem condições materiais para sobreviver por muito tempo, Paco, seu filho e aspirante a ator, decide realizar o sonho da mãe –voltar a San Sebastián, a cidade de seus avós.

Para alcançar tal objetivo, aceita levar mercadoria ilegal para a Europa. Seu destino é Lisboa, de onde, ao ser pago, pode partir. Só que as coisas não saem como o esperado e seu destino acaba se cruzando com o de Alex, também brasileira, também de São Paulo, que vive com um músico que faz parte da mesma quadrilha de contrabando com a qual Paco se envolve.

Em *Mundo Grua*, embora não se encontre nenhuma marca que indique precisamente quando a história acontece, nada na sua construção diegética parece sinalizar para outro momento que não o presente. Muito pelo contrário. Sabe-se que, embora sempre tenham existido desempregados na Argentina, foi durante o segundo mandato de Carlos Menem que o índice de falta de ocupação chegou a níveis jamais vistos.

Dentro deste contexto se insere Rulo, o protagonista. Músico de sucesso no passado, mais velho, gordo e com problemas de saúde encontra muitas dificuldades para conseguir trabalho. A despeito disso, a narrativa começa mostrando um período no qual sua vida aparentemente caminha para a estabilidade –ele agora é operador de grua e começa a construir um relacionamento.

O frágil equilíbrio é desfeito quando Rulo não é aprovado nos exames médicos e a empresa de construção o dispensa. Tendo um filho e a si próprio para sustentar, e sem perspectivas na capital, se vê obrigado a migrar de Buenos Aires para Comodoro Rivadavia, cidade situada a 1829 km ao sul do país, onde surgira uma oportunidade.

Como se pode perceber, no campo temático há muito em comum: o problema do desemprego, o enfraquecimento do status de "terra das oportunidades" em duas das principais cidades latino-americanas –Buenos Aires e São Paulo, o fenômeno da migração, a instabilidade como elemento com o qual é preciso conviver cotidianamente...

Para retratar as realidades acima listadas, o repertório de opções estéticas e cinematográficas à disposição dos diretores é quase infinito. E o mesmo se pode afirmar sobre a reconstrução fílmica dos ambientes nos quais elas e os agentes que as vivem se espacializam.

Já à primeira vista se destaca o fato das duas obras apresentarem fotografias em preto e branco. Sabe-se que não por suas características intrínsecas, e sim devido a construções sociais, escolher hoje tal paleta de cores para realizar um film confere quase automaticamente ao que é visto características como tristeza, melancolia e descompasso espaço-temporal, entre outras.

Também é bastante evidente o fato de nos dois casos se buscar uma estética –e um clima– realista. Não há enquadramentos ou ângulos inusitados, a iluminação e as sombras que ela produz são verossímeis, assim como as escalas e proporções de tudo o que é visto dentro do quadro, os objetos de cena, as locações, os figurinos e mesmo a interpretação dos atores. O que, claro, não quer dizer que todos estes elementos participem da diegese da mesma forma como se encontram no mundo "extra-cinematográfico".

Tudo isso requer um vasto conjunto de códigos assimilados pelo público para que simplesmente a imagem que se apresenta seja tida como semelhante em relação a uma percepção real. O "realismo" dos materiais de expressão cinematográfica não passa do resultado de um enorme número de convenções e regras que variam de acordo com as épocas e as culturas. É preciso lembrar que nem sempre o cinema foi sonoro, nem sempre foi colorido e que, quando conquistou som e cores, seu realismo se modificou singularmente com o correr dos anos: a cor dos films dos anos 50 parece-nos, hoje, bem exagerada, mas a dos films desse início dos anos 80, com seu recurso sistemático ao pastel, deve muito a moda. Ora, a cada etapa (mudo, preto e branco, colorido), o cinema não cessou de ser considerado realista. O realismo parece, então, como um ganho de realidade em relação a um estado anterior do modo de representação. Esse ganho, porém, é infinitamente renovável, em conseqüência das inovações técnicas, mas também porque a própria realidade jamais é atingida (Aumont, 2002: 135).

A partir dessas constatações percebe-se que tanto em *Terra Estrangeira* como em *Mundo Grua* a imagem, da maneira como foi captada e apresentada, reforça intencionalmente alguns aspectos das tramas que serão desenvolvidas, contribuindo (mas não determinando) para que o film seja, desde o princípio, recebido pelo espectador de determinada forma.

Entretanto, no que tange as grandes metrópoles latino-americanas que são atravessadas pela crise nas produções aqui estudadas, uma caracterização panorâmica e geral como a até então apresentada não é suficiente. Em primeiro lugar por não ser capaz de explicitar os mecanismos através dos quais espaços conhecidos por parte considerável de seu público (pelo menos o nacional) são transpostos para as telas.

Em segundo, porque poderia sugerir uma afinidade no tratamento dispensado às duas cidades cinematográficas e ao trânsito de seus habitantes por elas que não necessariamente poderia ser sustentada após uma análise mais detalhada. Faz-se necessário, portanto, investigar de modo minucioso ambas realizações, a fim de escapar das armadilhas recém apontadas.

Terra Estrangeira começa com uma imagem que sintetiza muito bem o que é, no âmbito do filme, a experiência dos personagens privilegiados pela história em São Paulo (e quem sabe em qualquer outra metrópole, posto que, quando cruzam o Atlântico e se mudam para Lisboa, a situação parece ficar ainda pior).

Em Plano Geral, vê-se um prédio cercado. A sua esquerda está um outro edifício. A sua direita, um pedaço do que parece ser um anúncio gigante de calcinha. À frente, um pedaço do que se supõe ser um viaduto. Acima não há nada. O quadro foi composto de modo a não ter nenhum horizonte. A estrutura cinzenta, quadrada, monótona, quase sem vida é seu próprio limite.

Só é possível perceber luz acesa através de uma das janelas. Em todas as demais, apenas a escuridão. Dentro daquela, um homem caminha de um lado para o outro, declamando um texto escolhido para ser o centro da atenção da banda sonora. Parece fazer um grande esforço para se concentrar, o qual é continuamente ameaçado pela presença ruidosa de uma cidade que invade de maneira agressiva seu "espaço privado".

Pode-se afirmar que a São Paulo de *Terra Estrangeira* oprime tanto quanto a situação de vulnerabilidade social que se encontram aquelas pessoas –que tem profissões que não são bem-remuneradas, que moram em lugares "degradados", que ficam à mercê de governos imprevisíveis... Nesse sentido, a imagem do viaduto que envolve o edifício é emblemática. Não por acaso ela será um dos "planos de paisagem" do film com maior duração.

Até que este apareça, o espectador (com exceção daquele que conhece o Viaduto do Minhocão) sabe apenas da pista que passa em frente ao prédio. Quando Manuela morre, a que o contorna é exibida, em uma construção plástica que se assemelha a um coração que parou de bater –metáfora reforçada pelo fato de não passar nenhum veículo durante a tomada.

Contudo, ao mesmo tempo em que se refere à morte da mãe, este segmento também é carregado de significados sobre o que são as relações nas grandes metrópoles, especialmente em tempos de crise: o isolamento, a fragmentação, o vazio que marcam profundamente boa parte de seus habitantes.

O assalto de um modo de produção capitalista às subjetividades se materializa, ainda, na convivência intensa e cotidiana das personagens com alguns de seus principais símbolos. No início do plano em que Manuela se dirige ao seu edifício, verificamos a presença acintosa da publicidade no próprio prédio.

Mais que uma marca temporal útil para a reconstrução de uma época e um indício da desvalorização da área habitada por mãe e filho, os anúncios chegam a ser comentários irônicos, tamanho é o contraste entre a beleza e viço dos modelos que vendem roupas íntimas masculinas e femininas e a aridez das relações que serão acompanhadas no centro de São Paulo.

Até sua mãe morrer e ficar totalmente desorientado, não se vê Paco interagindo com a cidade. Apesar do Viaduto do Minhocão estar praticamente dentro do seu quarto, ele o ignora –tal vez já esteja acostumado. Nos poucos planos em que o film mostra o personagem fora de casa não se acompanha seu trajeto.

A seqüência em que espia o ensaio de uma peça de teatro é exemplar nesse sentido. A passagem do plano do filho se levantando em casa, dizendo para a mãe que está atrasado (que pertence à anterior), para ele já escondido atrás da coxia se dá através de um corte seco. Um tipo de elipse que é o padrão na parte paulistana de *Terra Estrangeira*, até determinado momento.

A situação muda quando o aspirante a ator fracassa no teste para o qual tanto ensaiara, e que, em suas circunstâncias atuais, seria uma esperança, agora que se encontrava sozinho e sem muito dinheiro. Pela primeira vez Paco sai vagando pelas ruas de São Paulo, as quais parecem contribuir apenas para intensificar seu estado de espírito.

Não se vê nada de bom, animador ou ao menos acalentador nelas. A metrópole que lhe cabe é fragmentada, instável, barulhenta, desconexa. O personagem não passa por nenhuma parte "bonita" da cidade. Seus muros são descascados, seus cartazes, incompletos, suas construções, precárias, suas crianças moram nas ruas...

A São Paulo desta obra cinematográfica é uma cidade na qual o amor só é demonstrado quando a partida do outro é irreversível. Fala-se no filme, sobre Lisboa, que ela é "o lugar ideal para perder alguém ou para perder-se a si próprio". A julgar pelo desenvolvimento da narrativa e pelos fatos que se sucedem nas duas metrópoles em questão, a belíssima frase parece se aplicar muito mais ao caso brasileiro.

Ao contrário do que se verifica na obra brasileira, não se encontra na Buenos Aires apresentada por *Mundo Grua* nenhum ponto de referência relativamente famoso que seja reiterado e explorado muitas vezes durante a narrativa. Está ausente, por exemplo, o Obelisco da Praça da República. A região da Casa Rosada aparece apenas uma vez e a presença da Estação Constituição é inevitável devido à própria história. Se Rulo precisa pegar um trem para Comodoro Rivadavia não poderia tê-lo feito em nenhum outro lugar.

Muito pelo contrário, se percebe a preocupação em não situar a história em nenhum bairro ou região específicos. Não há placas com nomes de ruas, os estabelecimentos comerciais tampouco são identificados pelas suas localidades. Nem mesmo quando o protagonista vai com Milly ao cinema a fachada (um possível elemento de identificação para o público local, assim como o é o Viaduto do Minhocão de *Terra Estrangeira*) é acessível ao espectador.

Claro que pelo perfil das personagens e por algumas características paisagísticas certas localidades podem ser descartadas. É bastante improvável que trabalhadores da construção civil, donos de mercadinhos ou mecânicos vivam em Palermo ou na Recoleta. Contudo, ainda sobram muitas possibilidades dentro da cidade.

A rigor, é impossível garantir, com base nas informações fornecidas pelo filme, se Rulo mora em algum bairro periférico desta ou em alguma outra cidade da Grande Buenos Aires. A única certeza possível é que ele trabalha na capital, posto que apenas ela poderia apresentar o horizonte de prédios que se vê do alto da construção em que trabalha.

Mais uma vez se diferenciando de *Terra Estrangeira*, em *Mundo Grua* o personagem principal interage com imagens típicas de metrópole, porém apenas quando está trabalhando, e enquanto dura sua jornada diária. É emblemática a seqüência em que Rulo opera a grua pela primeira vez, e dentro dela um plano detalhe de sua mão –em primeiro plano– com a cidade desfocada ao fundo.

Esta associação fonte de renda –metrópole faz com que a última adquira um caráter oposto ao que foi conferido a São

Paulo na produção anteriormente analisada. No caso argentino ainda há uma possibilidade de acesso à cidade e, conseqüentemente, do direito à cidade como o pensa Lefebvre ("O Direito à cidade"), o que é apresentado como desejável. Não obstante esta se dá através da oportunidade de exercício de uma profissão, e apenas para aqueles que a tem e conseguem, por sorte ou mérito, conservá-la.

Os planos de grua contra o céu parecem reforçar essa ascensão/sublimação através do trabalho. Não se trata, contudo, de uma ética protestante aderida às imagens e sons de *Mundo Grua*. Tal obra está muito mais para o diagnóstico e a crítica social do sombrio quadro de crise iminente na Argentina do final dos anos 1990.

Um último ponto referente ao recorte adotado neste artigo em que os films brasileiro e argentino se afastam diz respeito à possibilidade de momentos ou mesmo períodos de felicidade na metrópole. Ainda que se dêem principalmente nos "espaços privados" –cinema, oficina mecânica, casa de alguém– e que fique claro que a tendência dominante é a da diferenciação e mesmo da expulsão sócio-espacial, é inegável que eles fazem parte da existência de Rulo.

Pode-se afirmar, portanto, que *Terra Estrangeira* e *Mundo Grua* transpõem para o audiovisual duas das principais metrópoles latino-americanas em tempos de crise através de estratégias convergentes que, no entanto, constroem sentidos diferentes. Ambas se valem de uma estética realista, de uma fotografia em preto e branco e de planos fixos, abertos e com grande profundidade de campo no que diz respeito às cidades.

Ao mesmo tempo, o roteiro condiciona que elas tenham sentidos muito diferentes. Até onde se acompanha a trajetória de Paco, este não volta para a cidade da qual saiu fracassado profissionalmente e onde não deixou nenhum vínculo forte. Já Rulo, ao que tudo indica, pois se trata de outro final aberto, volta para seu lugar de origem, o que neste caso significa mãe, filho, amigos e uma possível namorada.

Constatações que, metodologicamente, reforçam a certeza da impossibilidade de se fazer afirmações sobre um filme, qualquer que ele seja, sem uma análise aprofundada de seus diferentes níveis. Pelo fato do cinema se constituir da união de materiais expressivos de naturezas diversas, à primeira vista um pode obscurecer o outro, o que leva a conclusões precipitadas.

No que tange à linguagem, os resultados aqui encontrados permitem corroborar críticas a uma série de generalizações muito difundidas sobre a temática, a saber, aquelas que associam enquadramentos, ângulos, entre outros elementos que envolvem o posicionamento e a movimentação da câmera com significados construídos a priori. *Terra Estrangeira* e *Mundo Grua*, com todas as afinidades temáticas e estilísticas acima apresentadas, são excelentes exemplos do quanto esse tipo de concepção é errôneo, ao mesmo tempo em que provam a pluralidade de olhares possíveis para as realidades latino-americanas e suas cidades no cinema contemporâneo da região.

Bibliografia

Althabe, G.; Comolli, J., *Regards sur la ville*, París, Centre Georges-Pompidou, 1994, 128 p.
Aumont, J. A., *Estética do Filme*. Campinas, São Paulo, Papirus, 2002, 310p.
Charney, L. & Schwartz, V. (orgs.), *O cinema e a invenção da vida moderna*, São Paulo, Cosac & Naify, 2004, 576 p.
Lefebvre, H., *O direito à cidade*, São Paulo, Centauro, 2006, 145 p.
Ministerio de Economía y Producción, *El proceso de privatizaciones en la Argentina desde una perspectiva de balance de pagos*. Disponível em: www.mecon.gov.ar/cuentas/internacionales/documentos/privatizaciones.doc. Acesso em: 26/09/2009.
Sallum, Jr., B., *Brasil e Argentina hoje*: política e economia, Bauru, EDUSC, 2004, 292 p.
Wenders, W. *Emotion Pictures*, Lisboa, Edições 70, 1989, 204 p.

VI. GÉNEROS Y REGÍMENES CINEMATOGRÁFICOS

El *thriller* en su laberinto.
Dos miradas del *thriller* mexicano en el ocaso de los 70

Álvaro Fernández
Centro de Investigación y Estudios Cinematográficos
Universidad de Guadalajara

Palabras clave: thriller *mexicano, Neonoir, Posmodernidad*

Durante los años 70 parte del dispositivo cinematográfico da gradualmente un vuelco hacia la revalorización de lo clásico y asimilación de lo moderno, incluso a lo que algunos llaman el cine posmoderno; una condición que se vivirá más intensamente en las siguientes décadas y en el contexto de la sociedad de consumo tejida por distintos lenguajes que vienen de la televisión, la novela o la historieta.

Algo del *thriller* mexicano forma parte de este vuelco, así como el tratamiento del crimen que en significativas ocasiones es articulado con el tema de la corrupción[156] y de la violencia explícita e irónica. De toda una serie de películas variopintas de baja calidad como los *thrillers* fronterizos de los hermanos Almada, o de alta calidad de directores como Felipe Cazals con el caso de Canoa (1976) o Antonio Eceiza con el de *El complot mongol* (1979), que a su manera acuden al *thriller* en la época; Alfredo Gurrola con *Llámenme Mike* (1979) y Arturo Ripstein con la excepcional *Cadena perpetua* (1978), pueden considerarse representativas[157]

---

[156] Cuestión apenas tocada pero tenazmente censurada en la historia clásica de nuestro cine de ficción. Simplemente, al margen del *thriller*, a *La sombra del caudillo* (Julio Bracho, 1960) que trataba el tema de la historia de corrupción política posrevolucionaria, no le fue permitida la exhibición hasta 1990; *El brazo fuerte* (Giovanni Korporaal, 1958), que por tratar el caciquismo y la insuficiencia del sistema electoral, tuvo suerte similar.

[157] El éxito comercial, los elogios de la crítica especializada y algunos premios de la Academia, así como su insólito punto de vista sobre el tema criminal, son determinantes para la elección del caso en el que podemos localizar ese cambio de mirada. Además, *Cadena perpetua* y *Llámenme Mike* acuden a la tradición del *noir* clásico y del *thriller* subsecuente, anclado a valores estéticos e ideológicos propios de nuestra cultura y

ya que permite, a través de un acercamiento textual y contextual, localizar pautas para percibir el cambio de sensibilidad social y de percepción estética en peculiares *thrillers* que rinden culto a los escabrosos terrenos del *film noir*, bien rescatando su tono oscuro y elegante, o bien insertando un tono irónico que irradia los primeros chispazos de la posmodernidad,[158] aunque más en cuanto a representación del crimen y la violencia que en cuanto al discurso fílmico.

Hablamos de *thriller* para referir una noción descriptiva formada por varios géneros y narrativas del crimen –a veces de terror– donde la función de la víctima-protagonista se enfoca a generar intensas emociones relacionadas con la intriga y el suspenso.

La estrategia a seguir lleva en esta ponencia al análisis que parte de la noción de *thriller* emparentada con el laberinto que Pascal Bonitzer trata en su artículo: "La Visión Partielle. Cinéma et Labyrinthe", donde cine y laberinto se perciben metafóricamente como "una prisión sin límites" (¿o "cadena perpetua"?) que por fuerza, concretamente en el *thriller*, se compone –como refiere Martin Rubin– de tres aspectos fundamentales: 1) una estructura regida por la parte activa del sistema "ver/no ver" o bien "campo/fuera de campo", mientras siempre se "está a punto de ver"; 2) de laberintos físicos reales o espacios laberínticos, a lo que añado "laberintos imaginarios", y 3) de suspenso como emoción cardinal.[159]

De lo anterior, tras un breve contexto histórico, me dirijo a realizar un análisis narrativo con la intención de percibir a partir de cortes transversales qué necesidades de representación, expresivas y fílmicas se perciben y, de vuelta a cuenta, de qué manera registran el cambio de sensibilidad.

---

de la absurda realidad social, policíaca y criminal. *Llámenme Mike* ganó en 1982 el Ariel al Mejor Actor (Alejandro Parodi), Mejor Guión y Mejor Argumento Original, y según Jorge Patiño ganó el premio internacional de la crítica en Estados Unidos en 1979; *Cadena perpetua* obtuvo en 1979 el Ariel al Mejor Director, Mejor Película, Mejor Guión, Mejor Coactuación Masculina, Mejor Coactuación Femenina (Ana Ofelia Munguía).

[158] Véase Molina Foix, V. (1995, pp. 151-166); y Lyotard, J. (1984).
[159] Según los parámetros trabajados en Bonitzer, P. (1979, pp. 35-41); citado a su vez por Rubin, M., (2000), aunque la cita viene de la revista *Wide Angle*, vol 4, nº 4, Estados Unidos, The Johns Hopkins University Press, 1982, pp. 56-63.

Panorámica veloz

Tras una intensa crisis comenzada en los 50, el cine mexicano dio un giro a la revitalización momentánea al entrar en los 70. El Estado asume la mayor parte de la producción y los nuevos cineastas abordaban temas criminales ya ajenos al maniqueísmo de siempre, a la vez que proyectan al cine nacional en direcciones internacionales. Al asimilar la experiencia moderna de los 60 –década también recordada por una extendida y aguda crisis–, varios directores se instalan en un realismo opresivo y claustrofóbico anclado a la realidad social. Y Jorge Fons realiza *Los albañiles* (1976), Arturo Ripstein *El castillo de la pureza* (1973), y Felipe Cazals *Las Poquianchis*, *Canoa* y *El apando* (todas de 1976), mientras aparece una visión de renovación estética totalmente "cruda" y sórdida nutrida de crímenes que colmaron la nota roja.[160]

---

[160] Sin embargo, los industriales de la siguiente administración poco aprendieron de estos ejemplos que aprovecharon políticas de producción derivadas del Estado, y que llevaron el crimen a narraciones de calidad. Así deviene en lo que García Riera llama "El desastre" durante la gestión de Margarita López Portillo (que al acudir a una proyección de *Llámenme Mike* dijo que nunca había visto una película tan mala; según palabras de Jorge Patiño, guionista de la cinta, en entrevista para Mario Vázquez Ramos, "El hombre es un animal diurno; en la oscuridad duda, titubea" en *El Financiero*, México, Miércoles 16 de julio de 2008), hermana del presidente de la República, quien estuvo al frente de RTC (Radio, Televisión y Cinematografía) –entre 1977 y 1982– y puso a la industria del cine en bandeja de plata al sector privado, principalmente a los dedicados a la exhibición y distribución. Cabe decir qué memorable es tal gestión, tanto por su deplorable labor como directora de RTC y el de su equipo de consejeros, como por un cuantioso fraude no esclarecido y por el incendio que consumió el edificio que acunaba la Cineteca Nacional la Dirección de Cinematografía. Cabe decir que se vive un momento en que la corrupción en todos los niveles, principalmente política (durante el sexenio de José López Portillo) y policial, se mantiene en la cúspide reafirmando una corrosiva tradición cultural que se amplía a la industrial del cine. Asimismo, la cinematografía tiende al "cine pirata", que condiciona las producciones por medio de anticipos de distribución y exhibición. Un cine dirigido al público hispanoamericano radicado en Estados Unidos que devora películas de nulo valor estético, escasa inversión y recuperación inmediata; pero que bien o mal asegura un cuantioso 75% del ingreso total en las arcas del cine mexicano. Se trata de un espectador fácil que también consume el "cine familiar" con temas y tratamientos superficiales para todo tipo de público o vulgares

De cualquier manera, vale mencionar a Fernando Vallejo que en 1977 realiza *Crónica roja*, y quizá por una buena equivocación Alfredo B. Crevenna –director de churros– logró filmar *La hora del jaguar*, con mediana calidad. En 1978 algunos otros como *Bandera rota*, thriller político de Gabriel Retes, y en el mismo tenor *La sucesión* de Alfredo Gurrola, todas películas que figuraron fuera de intentos fallidos, y de toda la tendencia "churrera" del *thriller* fronterizo, de narcos y en general de serie B. Hablamos de intentos fallidos de cintas de 1979 como *Morir de madrugada* de Julián Pastor, la serie de los hermanos Almada como *357 magnum* de Rubén Galindo, o las películas de Valentín Trujillo como *El hombre sin miedo* de Edgardo Gazcón. De otras de 1980 –fuera de personajes estereotipados de la talla de los Almada o Valentín Trujillo–, como *Dulces navajas* del español Eloy de la Iglesia, *Vengador de asesinos* de Jaime Bayarri, o *La tormenta* del mencionado colombiano Fernando Vallejo.

En contraparte, aquellos hijos del cine clásico que crecieron y se formaron en las inmediaciones de la modernidad cinematográfica, ahora se veían inmersos en el retroceso derivado del arrebato de la industria por parte de la iniciativa privada, pero logrando –al finalizar la década e iniciar la siguiente– un trabajo meritorio y personal con sello de autoría, interesados más en el relato de ficción. De ahí surgieron *thrillers* como *Días de combate*, *Cosa fácil* (ambos de Alfredo Gurrola, 1979), o las mencionadas *El complot mongol*, *Cadena perpetua* y *Llámenme Mike*.

El *thriller* cobra un giro, y más que de la nota roja, se nutre de las novelas negras de mayor éxito en la historia de la literatura mexicana. Gurrola simplemente recurre en las primeras dos películas a las novelas homónimas escritas por Paco Ignacio Taibo II; Ripstein por su parte recupera la novela *Lo de antes* de Luis Spota, otro de los escritores más férreos en cuanto a historias criminales se refiere; y Eceiza acude a la novela homónima de Rafael Bernal, que hasta el momento

---

sexy comedias para adolescentes y adultos; de la misma manera que ve el cine de crimen trasladado a subgéneros criminales simplistas de frontera o de narcotráfico, *pseudothrillers* fronterizos sin intenciones de lograr una pizca de calidad.

goza de un reconocimiento incomparable dentro de la literatura negra mexicana.

Los relatos permanecen en cruces constantes con la literatura, se dirigen hacia las peripecias de una víctima inmersa en un laberinto de corrupción, se vuelcan hacia la ambigüedad moral, hacia la reconceptualización de temas como la homosexualidad, el suicidio, los asesinatos en serie, la locura, y sobre todo el poder y la corrupción. Entonces surge la cuestión de cómo se representa lo anterior a través de ciertos elementos sintácticos y semánticos del *film noir* reinventados en un contexto de la cultura mexicana que anuncia la posmodernidad con la ironía y la paradoja como figuras retóricas (más en *Llámenme Mike* y *Días de combate*), y el suspenso y la intriga como principal motor emocional (más en *Cadena perpetua* y *El complot mongol* que hace otro tipo de culto al clasicismo).

Contraplano: dos *thrillers* en su laberinto

Rescatamos pues dos planos en el tratamiento fílmico y en la representación que comienza cruzar el cine mexicano al finalizar la década. *Llámenme Mike* –decía– representa el plano posmoderno o, mejor dicho, *neonoir* con tintes posmodernos más en el tratamiento de temas que en la forma fílmica; *Cadena perpetua* es el más estricto ejemplo de la tradición *neonoir* regido en su forma por los elementos estructurales, dramáticos y argumentales del *noir* clásico (narrativa discontinua, representación de temas, introspecciones del protagonista, también intriga y suspenso, etc.).

En el relato de *Cadena perpetua*, Tarzán Lira es un delincuente que fracasa en su plan de robar dinero del banco que porta un empleado. Decide retirarse del crimen y convertirse en un cobrador honesto del banco que intentó robar. Mientras realiza su trabajo de manera ejemplar, un incidente delictivo lleva a un *flash back* en el que Tarzán corre luego de robar una cartera, después corteja y regentea a prostitutas. Con un *flash foward* vemos cómo tras hacer un cobro del banco, es llamado por el corrupto comandante apodado *Burro*. En otro *flash back* el comandante se lleva a *Tarzán* a la jefatura y lo tortura para que confiese el robo de unos abrigos. De nuevo en *flash back* recuerda cómo roba los abrigos. En *flash foward*, ya en el presente, el comandante junto con otro policía se lleva a Tarzán fuera de la ciudad, y dentro de un monumento lo golpean para obligarlo a que vuelva al crimen, imponiéndole un tributo de 600 pesos diarios a cambio de protección. Los policías se enteran de que tiene familia y le roban parte del dinero y Tarzán en *voz over* reconoce que no tiene escapatoria: o regresa a su vida delictiva o busca la ayuda de su jefe del banco. Desesperado va a buscarlo mientras otro *flash back* lo lleva a recordar su estancia como preso en Las Islas Marías donde se convierte en amigo de un custodio, luego amante de la esposa de éste, que al enterarse lo apuñala. Un último *flash foward* muestra cómo sin lograrlo, Tarzán intenta a toda costa localizar a su jefe del banco en múltiples lugares. Desesperanzado, Tarzán acude al estadio de fútbol donde roba una cartera.

Llámenme Mike mira en otra dirección. Ahí el policía corrupto Miguel Contreras, ávido lector de las novelas negras y fan del detective Mike Hammer,[161] luego de dejar en una carretera a una amiga que ha muerto por sobredosis, se convierte en chivo expiatorio de su grupo de agentes deshonestos, alcohólicos y drogadictos acusados de robar droga incautada. Ya en la cárcel, mientras lee una de sus novelas, Miguel es golpeado por varios convictos que purgan condenas gracias a él. La golpiza lo lleva al manicomio. Ahí es visitado por el jefe O'Hara, que saluda con falsa preocupación: "¡Miguelito!" –él responde– "¿Miguelito?... es el ratón.... Llámame Mike"; entonces toma la personalidad de Mike Hammer. Escapa del manicomio guiado por el deseo de desmantelar una imaginaria organización comunista que conspira contra la democracia estadounidense. A sus antiguos conocidos que se atraviesan en la investigación, uno a uno les dice que lo llamen Mike. Ya gobernado por la personalidad del justiciero anónimo logra desmantelar una organización criminal gracias a una serie de casualidades que cruzan la realidad delictiva y su mundo imaginario de novela.

Como podemos ver, además del tono, la estructura del argumento de ambas películas van por veredas diferentes. En principio si las diseccionamos en secuencias-programas, es

---

[161] Creado por el novelista Mickey Spillane.

decir, en grandes programas narrativos que las estructuran, encontramos distintos tratamientos y modelos argumentales, distintos planteamientos de las macropreguntas al inicio de la narración, y de las micropreguntas del suspenso (donde lo haya) que generan el conflicto y la angustia en ciertas escenas; no obstante las dos definen el *neonoir* autóctono en el tratamiento y representación de temas que diseñan su propio laberinto:

Narración no lineal (*Cadena perpetua*)

Vida pasada (*flash back*) Ilegalidad y condena	Vida presente Deseo de vida recta	Entrada al laberinto: suspenso o intriga de predestinación
	A. Intento y fracaso de robo	
	B. Deseo de un trabajo honesto	(F. hermenéutica de suspenso macroestructural)
a. Vida criminal y de lenocinio		
	C. Enfrentamiento con el comandante (insinuación de amenaza: entrada al laberinto)	
b. Tortura del comandante		
c. Robo de abrigos		
	D. Obligación de volver al crimen	(Suspenso microestructural: amenaza y resolución entre dos posibilidades opuestas A-B)
	E. Búsqueda de ayuda al jefe	(Posibilidad A)
d. Condena en las Islas Marías		
	F. Búsqueda de ayuda	
	G. Regreso al crimen	(Resolución: posibilidad B)

Narración lineal (*Llámenme Mike*)

Mundo real	Mundo imaginario	Entrada al laberinto: de la acción al misterio por develar el secreto
Presentación de policías corruptos y viciosos, y abandono en una carretera de una mujer muerta por sobredosis		
Obsesión de Miguel por las novelas negras		
Violencia policíaca y robo de droga		
Amenaza a policías del director de la policía de consignar al grupo corrupto		
Transferencia de culpa a Miguel		(F. hermenéutica macroestructural 1)
Purga de condena y golpiza		
	Reclusión en el manicomio y cambio de identidad a Mike	(F. hermenéutica macroestructural 2)
	Fuga del manicomio y búsqueda de responsables por el complot comunista	
	Necesidad del grupo de policías corruptos de eliminar a Mike	
	Inicio de relación amorosa y descubrimiento de redes criminales y policíacas	Cruce imaginario/realidad (Descubrimiento A)
	Aniquilación de principales criminales	Cruce imaginario/realidad (Descubrimiento B)
	Reconocimiento hacia Mike por el director de la policía y la prensa	(Resolución)
	Discurso de Mike sobre la necesidad de hacer justicia	

Cadena perpetua acude al suspenso como principal motor emocional ligado a nuestra identificación con el protagonista que va de criminal a víctima amenazada, y se inscribe en el modelo argumental de perseguido-perseguidor con la diégesis tejida por el presente y el pasado: un destino inexorable que persigue al solitario personaje de principio a fin (primero con la ilegalidad, la condena así como el deseo presente de una vida recta, para culminar con el determinismo que lo lleva al crimen). A diferencia, el argumento de *Llámenme Mike* se rige por los códigos del cine de acción con distinto motor emocional, estructurado en dos partes: el mundo real y el imaginario; así el personaje se transforma de policía corrupto a víctima y luego a perseguidor de víctimas de su locura y de su férreo sistema moral. En este caso, también es clara la revaloración que hace del cine negro clásico con todo y ambivalencia moral de su protagonista, para seguir en la segunda parte del film con una moral incorruptible que circunda el *whodunit* fragmentado, es decir, el género detectivesco parodiado y desarticulado en realidades paralelas de lo que ve el espectador y de lo que cree ver el personaje.

Si bien ambas mantienen la estructura laberíntica, cabe decir que la película de Gurrola, como otras donde acude al crimen –citemos *La sucesión, Cosa fácil* y *Días de combate*–, no alcanza como Ripstein altos niveles de angustia, ese suspenso –según Bonitzer– que construye el laberinto y genera el efecto laberíntico en la particularidad centrípeta del tiempo suspendido; en otros términos, en ese flujo de información que se oculta u ofrece a cuentagotas para finalmente revelarse, con atroces amenazas y esperas que se alargan y quedan pendientes entre dos resoluciones posibles: o logra encontrar a su jefe del banco para continuar con una vida honesta alejada de amenazas policiacas, o continúa en el crimen pagando un forzoso tributo a cambio de protección y quizá de cárcel.

El efecto laberíntico surgido del suspenso de *Cadena perpetua* se va fraguando desde la secuencia-programa C, donde aparece el comandante, la amenaza latente que se manifiesta en la secuencia D. Ahí se plantea la pregunta del suspenso y surgen las hipótesis del espectador. Por su parte, la entrada al laberinto de *Llámenme Mike* no surge del suspenso y, en los contados momentos de éste, no se busca el efecto de angustia como el absurdo y la ironía de la violencia. Podemos verlo en una parte de la secuencia-programa J que muestra con un intento de escaso suspenso, cómo torturan y luego fulminan por un paradójico accidente a la *femme fatal* a la mexicana. En ese tenor, el laberinto de Ripstein es tejido a través de la angustia del suspenso, pero igual de laberintos físicos y morales –decía–, con una mirada "seria" que rinde culto al clasicismo, donde el protagonista va de criminal a víctima del sistema policíaco corrupto. En oposición, la de Gurrola parte de otra mirada con rasgos de humor negro, retrata al policía víctima y parte de ese mismo sistema policíaco, pero cambia al justiciero moral activo inmiscuido en laberintos de la mente, en mundos imaginarios donde rinde culto a la violencia, donde la razón y el delirio de la literatura negra se unen con nudos irónicos, paródicos y paradójicos que bien, en el ejercicio intertextual, podría acudir al Quijote de la Mancha.[162]

No obstante, pese a no echar mano del suspenso, este *thriller* sí mantiene una estructura laberíntica con espacios físicos e imaginarios, así como un permanente "punto ciego" del protagonista que siempre está a "punto de ver". Es el caso de los sitios propiamente laberínticos como la cárcel, el manicomio y los barrios decadentes donde Mike va uniendo cabos sueltos del mundo de la novela que no ve (y no vemos), con los espacios y personajes del universo criminal que sí ve (y nosotros vemos otra cosa), que lo enfatiza en el cruce de miradas del plano final cuando Mike voltea a la cámara y exige al espectador que lo llame Mike.

De la misma manera en *Cadena perpetua* con las calles de los barrios que llevan a hoteles y centros nocturnos. De ahí a la sala de tortura en la que se nos permite ver los recuerdos de la vida delictiva, luego a la cárcel en la que el cabo ve sin ser visto la relación de Tarzán con su esposa, justo en el panóptico que refuerza el poder del sistema de control, pero que fracasa en la readaptación de un preso que no renuncia a su condición y a la relación que arrastra con el sexo opuesto. También está el laberinto físico de los trayectos: las eternas escaleras y largos pasillos del banco, donde Tarzán siempre está a punto de ver a su jefe que simboliza la esperanza de quitarse el peso criminal que viene del pasado, pero nunca lo ve (ni lo vemos), y también, como Mike, sólo mira al espectador en el último plano para mostrarle su fatal destino criminal.

Son miradas de interpelación que permite el nuevo dispositivo heredado de la modernidad cinematográfica: hablar de tú

---

[162] Aunque el guionista Jorge Patiño manifieste que el origen de su inspiración fue su propio hermano paranoide esquizofrénico que veía una organización judía que intentaba terminar con su carrera como boxeador, *op. cit.*

a tú con el espectador, y recurrir al único cómplice y testigo que conoce sus profundos deseo. Ambos personajes reclaman en el juego de poder al espectador que está fuera de campo; uno a través de la desesperanza, la mirada vencida y dominada; otro a través de la mirada vengativa y vigilante, empoderada. Se trata de nuevas reglas que juegan las dos partes del dispositivo a través de dos miradas nostálgicas de la experiencia del *neonoir*, una lo hace con una solemnidad que muestra la vigencia de aquella forma fílmica del pasado, y de su capacidad de adaptación a los cambios socioculturales. Otra a través de la mirada posmoderna, un *thriller* "*kitsch* posmoderno" –para usar una categoría propuesta por Vicente Molina–,[163] también con intenciones deliberadas por abordar textos del pasado pero con una importante exposición irónica de la violencia exenta de rasgos de solemnidad.

En ese sentido, si atendemos a Vicente Molina, que argumenta que el cine posmoderno mantiene tres motivos recurrentes: la desaparición de un cine referencial (en lo tocante al paradigma industrial de Hollywood de los 50 y 60), el trocamiento y recuperación del cuerpo de la narración, y la relativización de ciertos patrones ideológicos o morales;[164] es claro que *Llámenme Mike* no pertenece a esta categoría, al menos en el trocamiento de la narración, pues es ajeno a la narrativas bifurcadas del cine posmoderno, a lo múltiple y lo fragmentado, incluso es más fiel al llamado Modo de Representación Institucional (MRI), sigue la lógica del relato clásico de no fragmentación discursiva, no alteración cronológica. Por el contrario, sí desmitifica patrones ideológicos al menos en lo tocante a la representación de la violencia estetizada y cotidianizada en el seno de una sociedad de consumo y de un sistema corrupto bien asumido e interiorizado. Violencia que incluso da coherencia estética a este "*kitsch* posmoderno" que, aunque mantiene un núcleo narrativo, es regido por dos diégesis, dos mundos imaginarios divididos por el punto de vista de lo que se ve y lo que cree ver el personaje, pero unidos en el mismo discurso fílmico: en la imagen, en el sonido, en la puesta en escena, en la narración, en el montaje, etc.

Para finalizar digamos que estos *thrillers* son confeccionados por disímiles cineastas que acuden a paradigmas del pasado y los reinventan, sea parodiando las convenciones genéricas o

---

[163] *Op. cit.*
[164] *Ibidem.*

ideológicas, sea acudiendo a la autorreferencia cultural y a la transtextualidad que relaciona un texto con otra serie de textos que vienen de la novela, la historieta, la publicidad o la televisión; pero también atienden a la intertextualidad compuesta por una serie de citas de novelas contemporáneas y películas clásicas, mientras trasladan las convenciones formales y el horizonte de expectativas de este género, a la experiencia de un cine más libre para el espectador que disfruta de lo clásico y a la vez del *collage* genérico.

Con esto queda sugerido que puede apreciarse un cambio de sensibilidad social y de percepción estética representado en cintas que se cruzan y se aleja en los distintos pasajes del laberinto del *thriller*. Narrativa del ocaso de los 70 que retrata la existencia de mundos corruptos y sin salida: la vida entendida como un laberinto que lleva siempre al crimen, y a la esquizofrénica lucha contra él.

De tal manera el nuevo espectador se encuentra justamente con la opción de experimentar dos posibilidades en la experiencia de la ficción: sea gozando de la angustia del laberinto (o "la cadena perpetua"), sea revertiendo la imposibilidad de salir del laberinto a través del escape virtual que ofrece la parodia y la ironía, justamente para exigir que lo llamen posmoderno.

Bibliografía

Bonitzer, P., "La Visión Partielle. Cinéma et Labyrinthe", en *Cahiers du cinéma*, n° 301, París, junio de 1979, pp. 35-41.
Conner, S., *Postmodernist culture. An introduction to the theories of the contemporary*, Oxford, Basil Blackwell, 1989.
García Riera, E., *Breve historia del cine mexicano*, México, Foro 2000, 1986.
Font, D., *Paisajes de la modernidad. Cine europeo, 1960-1980*, Barcelona, Paidós, 2002.
Lyotard, J., *La condición posmoderna*, Madrid, Cátedra, 1984.
Rubin M., *Thriller*, Madrid, Cambridge University Press, 2000.
Molina Foix, V., "El cine posmoderno: un nihilismo ilustrado", en *Historia General del Cine. El cine en la era audiovisual*, vol. XII, Madrid, Cátedra, 1995, pp. 151-166.
Vázquez Barrios, M., "El hombre es un animal diurno; en la oscuridad duda, titubea", en *El Financiero*, México, miércoles 16 de julio de 2008.

Tito se vuelve Mariachi.
El cine mexicano en Yugoslavia

Robert McKee Irwin
Universidad de California

Palabras clave: *cine mexicano, época dorada, recepción, industria cinematográfica, cine y música*

Hoy presento el resumen de un hilo de una investigación en colaboración titulada "El cine dorado mexicano y el mundo: la industria cultural mexicana 'se impone'". Trata la recepción del cine mexicano de los años 30-40-50 en el extranjero, con capítulos que se presentan acá sobre Cuba y Argentina, y otros capítulos sobre Colombia, Venezuela, Argentina, España y Estados Unidos. Analiza también la participación de extranjeros en el cine mexicano y el estatus de México como "Meca" para el cine en español (casos de Luis Buñuel, Ninón Sevilla, Libertad Lamarque); las representaciones hechas en México de obras de importancia para la cultura nacional de otros países (*Doña Bárbara*, *Simón Bolívar*); el poder propagandístico del cine mexicano en la promoción de la música, la comida, las costumbres, las modas, el estilo de vida, los paisajes mexicanos, además del acento y el español-sobre todo la imagen de México como país con ricas tradiciones pero también país moderno y tecnológicamente avanzado; el papel del cine mexicano en promover el panlatinoamericanismo y el sentido de fraternidad entre los latinoamericanos; el orgullo latinoamericano al ver el éxito del cine mexicano ante la amenaza devoradora del cine de Hollywood en los mercados mundiales; y también la amenaza cultural generada por el poder inmenso de la industria cinematográfica mexicana para influir en otras culturas. Todo esto se entiende casi intuitivamente en los casos de Sudamérica y el Caribe- y la extensión de estos argumentos a los casos de España o las zonas de mercados importantes de hispanohablantes de Estados Unidos es lógica.

Pero el caso que les presento hoy es el más inesperado de nuestra investigación. Se trata del éxito insólito y la influencia inesperada del cine dorado mexicano en Yugoslavia. Vamos a reflexionar sobre este triunfo extraordinario de la industria cultural mexicana a través del caso particular de la película, *Un día de vida* (1950), film dirigido por Emilio "Indio" Fernández y fotografiado por Gabriel Figueroa, con actuaciones de Roberto Cañedo, Columba Domínguez, Rosaura Revueltas y Fernando Fernández.

Es probable que noticias sobre el cine mexicano hayan llegado a Yugoslavia en 1946, con el triunfo de *María Candelaria* (también bajo la dirección del "Indio" Fernández y visión cinematográfica de Gabriel Figueroa) en el festival de Cannes. La prensa europea los denominó "la escuela mexicana de cine" por sus impresionantes representaciones visuales de México y su ideología subyacente de la Revolución Mexicana. *Un día de vida* seguía en el estilo nacionalista de *María Candelaria* y otras "clásicas mexicanas" del equipo de producción de Fernández, como *Flor silvestre, Enamorada, La perla,* y *Salón México*. Cabe mencionar que aparte de la nominación que recibió Rosaura Revueltas por coactuación femenina para los premios Ariel de 1951, esta película pasó casi desapercibida en México. En realidad, las mejores películas de Fernández se filmaron en la década de 1940, y su época de premios y de elogios críticos garantizados se acababa ya a fines de esta década.

Un día de vida se podría describir como un melodrama de la Revolución Mexicana. Su protagonista es Belén Martí (Columba Domínguez), una periodista cubana que viaja sola a México en plena época de la guerra revolucionaria con el fin de "escribir sobre sus grandes cosas y conocer la Revolución y sus hombres" (Fernández y Magdaleno, 1948: 3). Parece que se identifica con el espíritu revolucionario y quiere acercarse a un mundo que idealiza. Como extranjera, su papel es siempre el de observadora ajena, admiradora, y quizá por eso un público no mexicano se identifique más con ella que lo que lo haría una audiencia internacional. La popularidad internacional del cine del "Indio" Fernández es producto no tanto de su capacidad de representar la realidad mexicana como de su tendencia a su idealización –alineada con las expectativas de la crítica internacional del cine de prestigio (es decir, la europea– a diferencia del cine comercial de Hollywood). La fotografía de Gabriel Figueroa, influida indudablemente por la visión también extranjera del conocido pionero de técnicas de cinematografía y montaje, el director ruso Sergei Eisenstein –quien igual que Belén Martí vino a México en busca del fervor revolucionario-, pinta un México de procesiones antiguas, agaves solitarios, palmas majestuosas, indígenas solemnes, ritos exóticos y ciudadanos a la vez humildes y orgullosos. En *Un día de vida* son notables los amplios cielos y las figuras geométricas de los actores, que presentan un México altamente dramático, estéticamente perfecto, limpio, pulido, lleno de contrastes, como es evidente en esta imagen.

La protagonista, representada por Columba Domínguez (joven esposa del director), evoca la memoria de José Martí: la unidad latinoamericana, el hombre natural, el espíritu antiimperialista. Como todas las películas de Fernández, ésta también está repleta de símbolos nacionales. Una de las primeras escenas tiene lugar en el Hotel Iturbide, símbolo del conflicto histórico de clases en México, tema que se recalca en el diálogo entre Belén y el administrador del hotel, quien habla con orgullo de este "hotel de abolengo [...] que fue nada menos que el palacio de nuestro primer emperador" (3); luego Belén visita la Villa de Guadalupe para ver la imagen de la Virgen que para ella representa la madre no sólo de los mexicanos sino también "de todos los que hablamos el mismo idioma en América" (7); y gran parte de la acción sucede en un pueblito radicado muy cerca de las pirámides de Teotihuacan, símbolo de la gloria de los indígenas antiguos de la región y de la profundidad y complejidad cultural del país y del hemisferio entero.

Al llegar a México, Belén Martí se entera de una noticia sobre un tal coronel Lucio Reyes que va a ser fusilado como traidor por haberse levantado en armas como protesta contra la muerte de Emiliano Zapata. Reyes, hombre idealista, resulta ser un gran héroe de la revolución, así que su papel, igual que el de Zapata, parece ser de mártir. Belén se dice a sí misma: "Tengo que verlo, porque quien muere así, por un ideal, tiene el secreto de su pueblo" (12). Intenta visitarlo en el cuartel donde está encarcelado, pero no le permiten entrar. Pero sí admiten que le envíe un regalo de cigarros cubanos. Al recibirlos, el coronel Reyes, representado por Roberto Cañedo (quien en otra película de Fernández actuó en el papel del mismo José Martí), se pone nostálgico y recuerda el gran afecto que siempre ha habido entre Cuba y México. Recurre a los grandes iconos de fraternidad cubano-mexicana: habla del poeta cubano José María Heredia, quien "fue gobernador del Estado de México y murió en esta Capital" (16) y del mismo José Martí, quien vivió "sus mejores años" en México donde le escribió versos a Rosario, la gran musa de la poesía mexicana del siglo XIX, que se casó en México y cuya hermana fue novia en algún momento del pasado del presidente Venustiano Carranza, el mismo que ordenó el fusilamiento de Reyes (16).

Si Zapata representa un primer momento de idealismo revolucionario que se asocia con Heredia y Martí, Carranza pertenece a una segunda época más compleja en la que la revolución se realiza pero no de acuerdo con los ideales de quienes la lanzaron y lucharon por ella. El idealista Reyes no sobrevivirá para ver la posrevolución, pero su gran amigo, el general Felipe Gómez (Fernando Fernández), sí. Éste, más pragmático en su participación en la guerra, termina recibiendo la orden de fusilar a su amigo de la infancia.

Belén Martí, fascinada por la figura de Reyes, intenta una vez más acercarse a él, no directamente, sino a través de una entrevista con su madre, a quien le dicen Mamá Juanita (Rosaura Revueltas). Viaja entonces al pueblito de Cieneguilla, localizado en las sombras de las pirámides de Teotihuacan, donde conoce a la señora, quien la invita a pasar la noche en su casa porque está convencida de que su hijo vendrá al día siguiente para el día del santo de su madre, como es su costumbre. Resulta que todo el mundo se ha empeñado en ocultarle a Mamá Juanita el destino de su adorado hijo. Martí, incomodada por saber la verdad, no quiere quedarse, pero Juanita insiste porque la joven le ha caído muy bien: "¡Cuántas veces he soñado que Lucio me trajera una novia o una esposa así... inteligente y bonita, como usted!" (31).

Como es evidente, la película es un melodrama, género fundamental del cine de oro mexicano por su popularidad entre las masas. Los personajes y eventos evocan nociones de patriotismo, sacrificio, amor familiar o, por otro lado, ambición (de parte de Gómez). Por la curiosidad de Belén Martí, la amistad de Reyes y Gómez, y la devoción maternal de Mamá Juanita, la guerra revolucionaria se vuelve un drama de elementos muy personales y la audiencia –sobre todo una audiencia predispuesta a disfrutar el melodrama como lo era la mexicana y latinoamericana de la época– sufre con Martí la ansiedad ante esta madre que tiene que enterarse en algún momento de la muerte inminente de su hijo.

Al día siguiente tocan "Las mañanitas" mientras el pueblo entero se prepara para la fiesta. Pero no ha llegado Lucio, y Belén apenas puede ocultar la ansiedad que siente por Juanita, a quien alguien pronto tendrá que contar la verdad. Mamá Juanita, con expresión "grave", le dice a Belén: "Todavía no pierdo las esperanzas de que venga" (38). "Las mañanitas," canción tradicional de celebración, se resignifica en este contexto como balada lúgubre. Pero de repente, todo cambia: llega inesperadamente Lucio Reyes a la casa de Mamá Juanita, acompañado por Felipe Gómez, quien conocía bien el rito de la visita anual y no pudo negarles ni a su amigo ni a su madre, a quien aquél ama también desde su niñez, este último gusto. Entonces se cantan de nuevo "Las mañanitas" ya que según la tradición, Felipe siempre se la canta a la madre de su gran amigo. El ambiente entonces es muy festivo, pero la angustia de Belén sólo se intensifica; se niega a comer y sale del escenario para llorar fuera de la vista de Mamá Juanita.

Lucio, fascinado con ella, y obsesionado con la imagen de José Martí que le evoca su apellido, parece irse enamorando de ella y ella de él, por ser el héroe mártir de la causa revolucionaria que tanto admira–. Mientras sigue la fiesta, Belén les ruega tanto a Felipe como a Lucio formular algún plan de escape, pero Lucio teme implicar a los vecinos del pueblo como cómplices y está resignado a asumir su papel de mártir. Y mientras Mamá Juanita disfruta de la fiesta como todos los años, Belén no puede dejar de pensar en lo que sucederá al día siguiente. Pero cuando se acaba la fiesta, Juanita le revela a Felipe que no obstante sus esfuerzos, ella sabía la verdad: "Lo supe desde que lo sentenciaron a muerte" (58).

Termina la película con el inevitable fusilamiento bajo los órdenes de Felipe Gómez, con Belén Martí como testigo entre sus demás admiradores. En la última escena, se presenta Mamá Juanita para reclamar el cadáver de su hijo: "Sobre este cuadro de *mater* dolorosa con su hijo en brazos, -en tanto los otros dos [Belén, Felipe] se aproximan, aparece la palabra *fin* y se produce el *fade out* de esta película" (65).

El cine mexicano en Yugoslavia

Según el escritor y cineasta esloveno Miha Mazzini, el triunfo en Yugoslavia de esta película -más que otras del mismo equipo de mexicanos: *María Candelaria, Salón México, Enamorada, La perla, Flor silvestre, Las abandonadas,* etc., que habían tenido mucho más éxito tanto crítico como popular en sus principales mercados de México y otros países de América Latina- se atribuye al momento histórico. Fue una época de grandes tensiones entre la Yugoslavia de Tito y la Unión Soviética de Stalin. Por estos conflictos y la propaganda antisoviética que se diseminaba en el país, el cine soviético dejó de ser popular allí: "Las autoridades yugoslavas tenían que buscar en otras partes el entretenimiento fílmico. Encontraron un país apropiado en México: estaba lejos, las posibilidades de que tanques mexicanos aparecieran en las fronteras yugoslavas eran mínimas, y –la razón principal– en las películas mexicanas siempre se hablaba de la revolución en los términos más altivos" (traducción mía del inglés). Uno de los primeros éxitos del cine mexicano en Yugoslavia fue *Un día de vida*. Llegó a fines de 1952, dos años después de su estreno en México. "Nunca antes una película había provocado tantas lágrimas del público" declaró el literato yugoslavo Aleksandar Vučo en una reseña (investigaciones en Belgrado y traducciones del serbocroata gracias a Dubravka Sužnjević). La película se volvió un clásico de la historia de cine para los yugoslavos, y según un artículo de Vladimir Lazarević de 1997 del periódico serbio *Politika Ekpres*, es "la película más vista en Yugoslavia en los últimos cincuenta años", un dato que se ha repetido con frecuencia en otras fuentes. Asevera Mazzini, "*Un día de vida* de Emilio Fernández se volvió tan inmensamente popular que los ancianos de la república extinta de Yugoslavia hasta hoy día la consideran sin duda una de las más conocidas películas de la historia a nivel mundial –aunque en realidad sea probablemente desconocida en cualquier otro país".

Cuatro veces se compraron en Yugoslavia los derechos para presentarla en los cines nacionales y fue reestrenada cada dos o tres años durante unos veinte años. Un cartel desteñido de *Un día de vida* se exhibe hoy día en un antiguo cine de Sarajevo, Bosnia. El éxito de *Un día de vida* tuvo repercusiones mucho más allá del los cines (y después la televisión, donde siguió exhibiéndose con frecuencia durante muchos años). La música mexicana, en especial la ranchera, se popularizó no por la importación de productos mexicanos sino por la formación de bandas yugoslavas dedicadas al género. La canción clásica del género es "Mama Huanita" (más conocida en México como "Las mañanitas"), "una canción que a todas las madres les encantaba escuchar en la radio para sus cumpleaños" (Mazzini, 2009), evocando para ellas la impactante escena del último encuentro entre madre e hijo en la película. Mazzini describe el panorama de artistas "yu-mex": "Los mexicanos más encantadores fueron Nikola Karović y Slavko Perović; mientras que el más determinado fue Ljubomir Milić. Ana Milosavljević fue la reina y la voz tenebrosa de Nevenka Arsova su primera compañera".

Mazzini tiene un sitio de Internet que brinda, según sus propias palabras, "un pequeño homenaje a los cientos de artistas que se vestían con sombreros para hacerse mexicanos eslavos" y donde se pueden escuchar varias de estas canciones, incluyendo, por ejemplo "Paloma negra" de Arsova y "Ay Jalisco" de Trio Tividi, que también se pueden escuchar en YouTube con su versión de "Vedro nebo" [Cielito lindo]. El mismo Tito también se entusiasmaba, como se evidencia en algunas fotos de sus cumpleaños.

Este fervor mexicanista se renovó en 1997 cuando la actriz Columba Domínguez, quien recibió cartas de admiradores de Yugoslavia durante décadas por su actuación en *Un día de vida*, fue invitada a Belgrado. Asistió a una exhibición de la película en la Cineteca Nacional, precedida por una representación en vivo de "Mama Huanita" por Slavko Perović cuya popularidad sigue vigente hasta hoy, hecho evidenciado por un nuevo CD de sus éxitos mexicanos (y griegos) de 2007, inevitablemente titulado *Jedan dan života* [Un día de vida]. Hubo también una gran recepción en el Ministerio de Cultura de Serbia y una comida con el príncipe Tomislav Karadjordjević. Domínguez fue tratada como si fuera una de las grandes estrellas del cine nacional.

Por alguna razón: la representación visual y temática de México como país exótico, pintoresco y fundamentalmente revolucionario, y la exaltación de valores universales (patriotismo, amor materno, fraternidad internacional), por otras más particulares a las circunstancias políticas del momento en Yugoslavia, y por otras quizás más idiosincrásicas (el afán de los yugoslavos por el melodrama y la música ranchera), *Un día de vida* llegó no sólo a tener la misma aclamación crítica y entusiasta recepción pública que *María Candelaria* había experimentado en Francia y otros países europeos unos años antes, sino también a ejercer una insólita influencia cultural evidenciada en la onda poderosa de la música "yu-mex" de 1950 en adelante en Yugoslavia. Aunque casi no se conoce este fenómeno hasta en el mismo México, es un ejemplo emblemático de las posibilidades antihegemónicas de la globalización de los medios décadas antes del éxito mundial de las telenovelas.

Bibliografía

Fernández, Emilio (autor); Mauricio, Magdaleno (adaptación cinematográfica), "Un día de vida" (manuscrito no publicado), México, 1948.

Fernández, Emilio (dir.), *Un día de vida*, con Columba Domínguez, Roberto Cañedo, Rosaura Revueltas, Fernando Fernández, México, Cabrera Films, 1951.

Lazarević, Vladimir, "Un boleto más para el río de lágrimas", en *Politika Ekspres,* 14/9/97.

Mazzini, Miha, "Yu-Mex", www.mihamazzini.com/ovitki/default.html, consultado el 24/9/09).

Vučo, Aleksandar, "Un día de vida", en *Borba,* 21/12/52.

Reflexiones sobre el problema del documental como género cinematográfico

Pablo Hernán Lanza

Palabras clave: *documental-narratividad-genero*

Introducción y objetivos

Documental y género: aquí tenemos dos términos que parecieran contradecirse, pero que aparecen juntos más a menudo de lo que uno piensa, tanto en estudios académicos como en los suplementos de espectáculos de diarios y revistas en ocasión de estrenos de la cartelera. A riesgo de parecer crear un mito fundacional, nos parece conveniente señalar el hecho de que trabajos iniciales, como los de Paul Rotha (1935) y Eric Barnouw (1996) apliquen el concepto sin reflexionar demasiado sobre la cuestión. Pero ¿es adecuada tal denominación? ¿Cuáles son sus implicaciones?

El problema se dificulta aún más cuando se piensa que todavía no se ha arribado, y probablemente nunca se hará, a una definición del documental capaz de satisfacer a todo el mundo. Es decir, si aceptamos la premisa que considera a todo film ficcional, ¿sería el documental un género más de ficción como, digamos, el policial?

Por lo tanto, nos proponemos trabajar sobre tres ejes que, creemos, están relacionados y son de suma importancia para poder llegar coherentemente, no a una conclusión, sino a una posición, desde la cual poder realizar trabajos futuros. Los ejes son:
- la oposición ficción/documental, quizás hoy más relevante que nunca si observamos de qué manera se está divulgando el término no-ficción;
- el problema de la narratividad, eje que se desprende del anterior; y, finalmente,
- la cuestión de género. En cada abordaje nos planteamos una pequeña revisión bibliográfica del tema, permitiéndonos la discusión con algunos autores, pero siempre a sabiendas de la relatividad de nuestra posición. También utilizaremos algunos (pocos) ejemplos a modo de ilustración.

Ficción y documental

La historiografía clásica acepta como primera definición del documental aquella propuesta por el realizador británico John Grierson, quien, en un texto sobre un film de Robert Flaherty,[165] fue justamente el acuñador del término: ésta lo postulaba como "el tratamiento creativo de la realidad". Tras esta primera y poca precisa definición, se efectuó una división para marcar en los orígenes del cine el nacimiento de cada una de las "tendencias", tomando a los hermanos Lumière como el grado cero del documental y a la figura de Georges Méliès como la del creador del cine de ficción. Esta división sigue utilizándose aún hoy en día, a pesar de haber sido puesta en tela de juicio rápidamente en la década de 1950 por André Bazin (1966).

En la década de 1960 con la denominada revolución del cine directo, que se ocupó de llevar a un extremo –o por lo menos así se lo creyó en un primer momento– los postulados de la ontología de la imagen baziniana,[166] la hasta entonces no muy cuestionada oposición ficción/documental comienza a problematizarse. Mientras Christian Metz formulaba que todo film debe ser de ficción, ya que constituye un relato –entendido como un "discurso cerrado que irrealiza una secuencia temporal de acontecimientos" (Metz, 2002: 53)–, otros autores, principalmente aquellos pertenecientes a la revista *Cahiers du cinéma* –Jacques Rivette, Jean-Luc Godard–, decían que todo film (de ficción) constituye un documental de su rodaje, del modo en el que los actores hacen frente a una situación determinada. Recordemos la célebre frase de Godard, "un film son 24 verdades por segundo" (que contiene algunas implicancias de orden más filosófico, como veremos más adelante).

Es interesante notar de qué manera numerosos films, apoyándose –de forma más o menos consciente– en estas posturas, releen películas de ficción con una mirada "documental", o metraje de noticieros de forma inversa. Dentro de los que adoptan la primer premisa, podemos señalar la existencia de algunos film-ensayo, como *Rock Hudson's Home Movies* (Mark Rappaport, 1992), en el que un actor, interpretando a la estrella del título, revisita las

---

[165] El film en cuestión era Moana (1926).
[166] "[...] el cine se muestra como la realización en el tiempo de la objetividad fotográfica", en Bazin, A. (1966, p. 29).

películas como *home movies* (o películas caseras), evidenciando el paso del tiempo y releyéndolas desde la homosexualidad que el astro mantuvo oculta durante décadas al público; y *Los Angeles Plays Itself* (2003), en el que Thom Andersen analiza las representaciones que los films de Hollywood construyeron de la ciudad, al mismo tiempo que los re-transita, ofreciendo una contraposición.

Estas posturas, opuestas, tienen un punto de encuentro, quizás obvio: en ellas se propone la existencia de un único tipo de film, llámese ficción o documental. Por supuesto que éstas no son las únicas posiciones, sino que entre ellas se pueden ubicar autores como Francesco Casetti y Federico di Chio (1999), que creen que una película puede ser considerada tanto documental como ficción, ya que tal distinción tiene que ver con la postura del realizador –en un principio– y del espectador –en segundo lugar–, en lo que puede pensarse como una especie de extensión del concepto de obra abierta de Umberto Eco, u otros como Santos Zunzunegui (1989), quien postula que la diferenciación únicamente debe ser pensada como una estrategia discursiva, más que en la posibilidad de una definición universal que las pueda englobar. Como manifestaremos más adelante, ésta nos parece la alternativa más viable para pensar una diferenciación entre el documental y la ficción.

Narratividad

Previamente dijimos que los que postulaban la predominancia del documental se basaban en las características técnico-ontológicas del dispositivo cinematográfico; en cambio, el principal argumento esgrimido por lo que sostienen lo contrario es que el cine es siempre narrativo. Por supuesto, esta sentencia también ha sido objeto de discusión: como se ha notado repetidamente, tras postular que el documental es narrativo, Bordwell y Thompson (1995) realizan un análisis de ejemplos de cine no narrativo recurriendo en todos los casos a documentales.

María Luisa Ortega señala acertadamente que con el cine directo se producen nuevas temporalidades narrativas, consecuencia de novedades como la introducción del azar y de la ausencia de control en las filmaciones. De todas formas, no nos parece que estos hallazgos no hayan quedado "[...] domesticados como meras retóricas de la inmediatez y la autenticidad bajo corsés narrativos naturalizados" (Ortega, 2005: 198), o que sea suficiente para concluir que el documental –especialmente el observacional– no sea narrativo. Tomemos la película *High School* (1968), ejemplo típico del cine de Frederick Wiseman, en el que se muestra –sobre la base de repetición de escenas– cómo es la vida en un secundario perteneciente a un barrio de clase alta. Si bien no se puede hablar de una secuencia temporal de acontecimientos que construyan un relato, cada pequeña escena construye una narración en la que se terminan delineando situaciones y conflictos a manos de los personajes observados.

Creemos que hay dos cuestiones claves a tener en cuenta al hablar de la narratividad y el cine, ambas relacionadas: el cine es un registro temporal que, casi necesariamente, establecerá relaciones de consecuencia, y, por otro lado, la operación básica del montaje consiste en la transformación de un tiempo en otro tiempo. Por lo tanto, consideramos apropiado postular que el documental siempre es narrativo, salvo, como señala Antonio Weinrichter, en el caso del cine-ensayo (2004: 16) que debe ser considerado una reflexión, un discurso. Pero, ¿necesariamente implica este carácter narrativo que no pueda distinguirse de la ficción?

Repasemos un poco más en detalle la postura de Metz, quien retoma los postulados de Albert Laffay. Según esta posición, el relato se define por oposición al mundo: "El cine narra y a la vez representa, contrariamente al mundo, que simplemente es" (Gaudreault; Jost, 1995: 22), siendo necesario para poder ser tal la existencia de un narrador. Como consecuencia, el relato produce un efecto de irrealización sobre lo narrado del que el espectador es enteramente consciente.

La cuestión reside justamente en que si el documental apunta a mostrar o demostrar algo sobre la realidad pro-fílmica, o sobre sí mismo, debe pensarse como relato; como reza la máxima lacaniana: "La verdad tiene estructura de ficción". El efecto de ficcionalización en el documental radicaría en la elaboración de estructuras y ordenación de signos, en la búsqueda de sentidos; por esta razón, propone Jacques Rancière, la cuestión no es decir, que todo es ficción, sino más bien que "lo real debe ser ficcionado para ser pensado", ya que ambos poseen un "mismo régimen de verdad" (Rancière, *online*). Es de esta manera que documental y ficción pueden ser pensados como variables.

Por esta razón, la definición de Carl Plantinga nos parece la más adecuada: el documental debe ser considerado no como una forma de registro de la realidad, sino como una práctica discursiva, una "representación de veracidad expresa" (2008: 50), con el acento puesto en la palabra "representación". En el momento en el que una película es designada con la etiqueta "documental", se establece un contrato entre la película y el espectador de que lo que se va a ver es, en mayor o menor medida según la voz del film,[167] verídico; de esta forma, si bien hay una estructura narrativa, no equivale a decir que todo debe ser ficción.

Género

Finalmente, con una definición –por lo menos provisoria– de documental, podemos avanzar hacia el último eje propuesto: la cuestión de género y documental. Si comenzamos diciendo que, generalmente, estos dos términos suelen utilizarse juntos, ahora nos interesa detenernos en los autores que han esbozado una refutación y en las argumentaciones que realizan para sostener su posición.

Si bien Roger Odin no propone una discusión en los términos aquí utilizados, sí creemos que sus trabajos sobre lo que él denomina *modo ficcionalizante* y *modo documentalizante* son útiles a nuestros propósitos. Para el autor,

> mientras la ficcionalización funciona como un sistema de previsibilidad extremadamente fuerte [...], el modo documental didáctico comporta [...] numerosas opciones *que elegir* y es por lo tanto el espectador el que ha de intentar ver [...] en cada momento de la lectura de un film, lo que se le pide que haga (Odin, 1994: 72).

Es decir, el modo documentalizante, a diferencia del ficcional, no posee una estructura fija. Es digno de mención el hecho que Odin llame a esta cuestión uno de los problemas del modo documentalizante, a diferencia de Paul Rotha, quien, como dijimos anteriormente, sí habla de género, pero se refiere a esta libertad como un inmenso poder discursivo que el documental posee para poder desarrollar un análisis más detallado que la ficción.

---

[167] Plantinga distingue entre voces abiertas y formales, según el grado de autoridad.

Ésta parece ser la argumentación habitualmente esgrimida a la hora de negarle al documental carácter de género cinematográfico: es también lo que propone Raúl Beceyro (2007), ya que el documental no posee una estructura deliberada, ni un conjunto de reglas a seguir. En su opinión, el documental comparte los mismos procedimientos que el relato ficcional, pero se diferencia en un aspecto: los hechos retratados acontecen sin la necesidad de la presencia del documentalista; es decir, suceden en la realidad pro-fílmica y toman lugar sin importar si se hace una película de ello o no.

Para avanzar en este punto, nos remitiremos a un film, que, creemos, demuestra su objetivo espectacularmente. En *David Holzman's Diary* (Jim Mcbride, 1967) se narra el intento de un joven cineasta por filmar, impulsado por la ya citada cita de Godard, un diario de su vida en búsqueda de algunas respuestas. En realidad el film es un documental falso que plantea una crítica al *cinéma vérité*, tan en boga de esos años, y el intento de sus realizadores por lograr una epifanía mediante la intervención de la cámara: a medida que la narración avanza, la presencia del aparato trae todo tipo de problemas al protagonista, desde la ruptura con su novia hasta una tentativa de arresto. Este ejemplo nos es de utilidad por dos razones: por un lado, demuestra que no puede pensarse al documental como el registro de hechos independientes a su realización, ya que la mera presencia de la cámara transforma a los entrevistados en variadas formas –detengámonos en el hecho que tal definición dejaría afuera, justamente, el *cinéma vérité*, que basaba su existencia en una intervención salvadora–; por otro, el hecho que el film sea un documental falso nos dice varias cosas: se ha insistido mucho en el carácter reflexivo que poseen este tipo de películas, lo que resulta obvio en este caso, dado que su principal propósito es la burla a un movimiento documentalista. Pero para que la forma de un documental pueda ser parodiada, tiene que haberse producido una fuerte codificación que permita su imitación; por lo tanto la mera existencia de este tipo de películas parecería apoyar la tesis de que género y documental no necesariamente se excluyen.

Sumado a esto, uno debe preguntarse, por qué al referirse al documental se señala el hecho de que entre films como, a modo de ejemplo y con un criterio absolutamente arbitrario, *Nanook del norte* (*Nanook of the North*, Robert Flaherty, 1922), *Shoa* (Claude Lanzmann, 1985) y *Roger y yo* (*Roger and Me*, Michael Moore, 1989) no se pueden encontrar construcciones que se repitan, como si ocurriera lo contrario en films de ficción, elegidos con el mismo criterio aleatorio, como *Nosferatu* (*Nosferatu, eine Symphonie des Grauens*, 1922, F. W. Murnau), *Week End* (Jean-Luc Godard, 1967) e *Imperio* (*Inland Empire*, David Lynch, 2006). Si se han delimitado géneros y poéticas autorales dentro de la ficción, qué nos hace suponer que no podemos realizar la misma circunscripción en el interior del documental; probablemente consciente de este hecho, Bill Nichols (1997) haya definido sus modalidades del documental de manera muy similar a la del género.

A modo de conclusión

Los géneros suelen definirse en torno a un tema, una estructura y un *corpus* concreto: por un lado, son un tipo de enunciados relativamente estables, pero también son una categoría teórica, y por lo tanto, poseen un carácter utópico; las obras de arte no hacen más que discutir e intentar vencer su código. Más aún, si bien algunos géneros presentan un alto grado de codificación (probablemente el western el que más), otros, como el melodrama suelen contaminar con su presencia al resto, sin que su estatuto como tal sea demasiado cuestionado.

Lo que nos propusimos en este trabajo fue tan sólo repasar algunas cuestiones poco precisas, el objetivo planteado no era definir cuáles serían las características que harían del documental un género, sino intentar reflexionar sobre la viabilidad de esta posibilidad. Y si bien nos parece que es factible, por el momento no nos aventuraríamos en mantener esa posición. Creemos que el documental posee una estructura de ficción, lo que le permite establecer un régimen de verdad, pero no hay que olvidar que el dispositivo tiene una naturaleza mecánica pasiva[168] que le otorga un plus. Por esta razón, en palabras de Rancière: "El cine entregado a lo "real" es, en este sentido, capaz de una invención ficcional más fuerte que el cine de ficción" (Rancière, *online*).

---

[168] Esto se mantiene a pesar de que su presencia altere, aunque sea como documento de este proceso.

Bibliografía

Altman, R., *Los géneros cinematográficos*, Barcelona, Paidós, 2000.
Aumont, J.; Bergala, A.; Marie, M.; Vernet, M., *Estética del cine. Espacio fílmico, montaje, narración, lenguaje*, Buenos Aires, Paidós, 2005.
Barnouw, E., *El documental*, Barcelona, Gedisa, 1996.
Bazin, A., *¿Qué es el cine?*, Madrid, Ediciones Rialp, 1966.
Beceyro, R., "El documental. Algunas cuestiones sobre el género cinematográfico", en Josefina Sartota y Silvina Rival (eds.): *Imágenes de lo real. La representación de lo político en el documental argentino*, Buenos Aires, Libraria, 2007.
Bordwell, D.; Thompson, K., *El arte cinemato*gráfico, Barcelona, Paidós, 1995.
Breschand, J., *El documental*, Barcelona, Paidós, 2004.
Casetti, F.; Di Chio, F., *Cómo analizar un film*, Paidós, Barcelona, 1999.
Gaudreault, A.; Jost, F., *El relato cinematográfico*, Barcelona, Paidós, 1995.
Eco, U., *Lector in fabula*, Barcelona, Lumen, 1981.
Metz, C., "Sobre la impresión de realidad en el cine", "Observaciones para una fenomenología de lo narrativo", en *Ensayos sobre la significación en el cine (1964-1968)*, vol. I, Barcelona, Paidós, 2002.
Nichols, B., *La representación de la realidad. Cuestiones y conceptos sobre el documental*, Barcelona, Paidós, 1997.
Odin, R., "Problemas del modo documentalizante (a propósito de Nuestra planeta la Tierra)", en *Archivos de la Filmoteca nº 17*, Valencia, Ediciones de la Filmoteca, junio de 1994.
Ortega, M. L., "Documental, vanguardia y sociedad. Los límites de la experimentación", en *Documental y vanguardia*, Madrid, Cátedra, 2005.
Plantinga, C., "Caracterización y ética en el género documental", en *Archivos de la filmoteca nº 57-58*, Valencia, Ediciones de la Filmoteca, 2008.
Rancière, J., "La división de lo sensible. Estética y política", disponible en www.mesetas.net/?q=node/5.
Rotha, P., *Documentary film*, Londres, Faber & Faber, 1935.
Weinrichter, A., *Desvíos de lo real. El cine de no ficción*, Madrid, T & B Editores, 2004.
Zunzunegui, S., "Documental y ficción", en *Pensar la imagen*, Madrid, Cátedra, 1989.

La novia de América madura: Libertad Lamarque en México

Mónica Szurmuk
Instituto de Investigaciones Dr. José María Luis Mora
México

Palabras clave: *México, melodrama, Libertad Lamarque*

La partida de Libertad Lamarque a México se ha transformado en uno de los mitos del antiperonismo. Impregnada de todos los elementos del melodrama, una historia que ha circulado durante décadas asegura que durante la filmación de *La cabalgata del circo*, Lamarque, estrella del cine nacional, se peleó con la joven actriz Eva Duarte y en un momento de furia le dio una bofetada, culminación de una situación de tensión entre ambas. Poco después, Eva Duarte, ya casada con el presidente Juan Domingo Perón, se habría ocupado de que Lamarque no volviera a trabajar en la Argentina. Lamarque misma descartó esta versión, como también lo han hecho los historiadores Marissa Navarro y Nicholas Fraser. Nuria Madrid de Susmel, hija del productor y guionista Francisco Madrid, quien asistía asiduamente cuando era pequeña a la filmación de la película, también desechó esta versión, insistiendo en las grandes diferencias entre Evita y Libertad, pero afirmando que la bofetada nunca existió.[169] En este texto ofrezco versiones alternativas de las razones que llevaron a Lamarque a establecerse en México, y hago un breve *racconto* del tipo de roles que la actriz tuvo en ese país. Termino con unas breves reflexiones sobre *La loca*, uno de los films más exitosos que realizó Lamarque en México.

---

[169] En la entrevista publicada en el número especial de la revista *Somos* dedicada a Lamarque, la actriz afirma: "Eva Duarte llevaba un pequeño papel, pero era tan incumplida en sus horarios de trabajo que creaba malestar no sólo en mí, sino también en los demás compañeros. En una ocasión en la que llegó tardísimo al llamado, lo único que hice fue saludarla con un frío 'buenas tardes' y una reverencia, como si se tratara de una reina, fue todo" (p. 28).

De Buenos Aires a México

En el número 195 del 29 de enero de 1942 una nota sin firmar de *Cine Argentino* describe así a Libertad Lamarque:

> Es la actriz que prefiere el público centroamericano. Y ella lo sabe. Pero se queda en Buenos Aires. En Argentina Sono Film. O en San Miguel. Que es quedarse. Con lo que queda demostrado que aún no nos demostró su afán de caminos (*Cine Argentino*, nº 195: 7).

Libertad Lamarque era entonces la estrella indiscutida del cine argentino. No hay número de las revistas de entretenimiento en que no aparezca alguna referencia a Lamarque, y en muchas aparece en varias notas, en fotografías de cuerpo entero, en declaraciones sobre temas variados desde el amor hasta el cine, desde la radio hasta la crianza de los niños. La hegemonía de Libertad Lamarque en el cine argentino de principios de la década de 1940 es indiscutida. Es la estrella del estudio San Miguel, cobra por película el equivalente a dieciséis automóviles Ford y aparece en absolutamente todos los números de las revistas de cine. Sin embargo, a medida que la situación del cine argentino va empeorando a causa de la falta de celuloide, Lamarque también recibe múltiples ofertas de filmar fuera del país por parte de las industrias cinematográficas de Cuba, Chile, México y Brasil. Es invitada también a filmar en español en Hollywood. Además, la actriz tiene problemas personales: se separa de Manuel Romero e inicia una batalla legal por la tenencia de su hija Mirtha.[170] En 1945 desea casarse con Alfredo Malerba, casamiento que no puede realizarse en la Argentina donde no existía el divorcio. En realidad, hacia el inicio del peronismo y el final de la Segunda Guerra Mundial, viajar por América Latina es una posibilidad rentable a nivel económico, conveniente a nivel personal, y casi inevitable a nivel profesional para Libertad Lamarque, cuya fama más allá de las fronteras argentinas era enorme.

En el campo estrictamente cinematográfico se consagran en la Argentina una serie de damitas jóvenes que se transforman en protagonistas por una fracción del cachet que cobraba Lamarque:

---

[170] La ley argentina en ese momento otorgaba la patria potestad al padre. Lamarque lleva a su hija a Montevideo sin autorización del padre y es acusada de secuestro.

Mirtha y Silvia Legrand, Silvana Roth, Paulina Singerman, entre otras. Se privilegia un tipo físico diferente: actrices rubias de ojos claros en las que se adivina "el muelle detrás de los ojos claros"[171] y un estilo de cine llamado "para la mujer" que "agrupó historias dulzonas, pequeños dramas domésticos y amoríos juveniles [...]" (España, 1984: 78) Lamarque tenía oportunidades en el extranjero en un momento en que el cine argentino estaba en franco declive. En 1945, acompañada por su segundo marido, inicia una gira latinoamericana exitosísima. En Cuba es recibida por el presidente y saluda a su público desde el balcón presidencial. Hacia fines de año se establece en México donde permanecerá durante 36 años y filmará 45 películas.

Durante la Segunda Guerra Mundial, México y Argentina compitieron por los mercados internacionales del cine, especialmente por el del cine hispanohablante. El cine argentino había sido muy prolífico en la década de 1930 a partir del enorme éxito internacional del tango y de la figura emblemática de Carlos Gardel. Durante la guerra, la falta de película virgen afectó de modo diferente a ambos países. Mientras que en México, el apoyo de Estados Unidos en la guerra redundaría en la disponibilidad de celuloide, la negativa de Argentina de declarar la guerra al eje le valió castigos internacionales no sólo en la limitación de celuloide sino también en boicots. Por otro lado, mientras en el México posrevolucionario, el Partido Revolucionario Institucional, partido único gobernante, apoyó la industria del cine y en general creó un ambiente de ebullición cultural, los gobiernos que emergieron en Argentina luego del golpe de Estado de 1930 fueron ampliando los espacios de acción de la derecha reaccionaria que a menudo castigaron la industria del cine a través de decretos, legislaciones restrictivas y censura. A pesar de la muy notable presencia de empresarios, directores y técnicos republicanos españoles y judíos (algunos exiliados del nazismo) en la industria del cine, hubo boicots internacionales por la sospecha de que en Argentina se estaban produciendo films en apoyo del nazismo.[172] Cuando Perón

---

[171] Una nota biográfica sobre Paulina Singerman en la revista *Cine Argentino* dice: "En el año 1927 usaba boina. Y se le adivinaba el muelle detrás de las pupilas verde claro. Como al mate lavado. Y el té de peperina" (*Cine Argentino*, año 5, n° 203, 26 marzo de 1942, p. 20)

[172] Tamara Falicov cita una acusación realizada por Vincent de Pascal en el *Hollywood Reporter* del 20 de febrero de 1941 sobre los lazos entre

llegó al poder en 1945 en la Argentina, México ya había ganado la batalla (y quizá también la guerra). En 1945 se estrenaron en los cines argentinos 69 películas mexicanas y solamente 40 argentinas. (*Heraldo del Cinematografista*, 1945: 740-747) Durante el año 1946, y a pesar de los problemas sufridos por el cine mexicano (incluyendo una serie de huelgas en los estudios), varias de las primeras figuras del cine argentino, como Luis Sandrini, Hugo del Carril, Tita Merello y Libertad Lamarque, pasaron gran parte del año en México. También pasaron temporadas en México o se instalaron definitivamente en la capital mexicana los actores y actrices Juan José Cibrián, Néstor Deval, Nelly Edison (con el nombre de Nelly Montiel), Inés Edmonson, Charito Granados, Agustín Irusta, Amanda Ledesma, Ana María Lynch, Vicente Pádula, Héctor Palacios y Julio Villaroel, el productor Juan José Guthman, los directores Luis Amadori, Leo Fleider (asistente de dirección de Luis Saslavsky), Roberto Ratti, el guionista y escritor Enrique Santos Discépolo. (*El Heraldo del Cinematografista*, 1945). Durante ese año muchos productores mexicanos visitaron la Argentina para contratar actores y facilitar la difusión del cine mexicano en la Argentina y la del cine argentino en México, como Guillermo Carter, subgerente de la compañía de teatros de México, Carlos Garrido Galván (presidente de Films mundiales), Ismael Schiffrin de Rodríguez Hermanos, Sam Seidelman, supervisor de Artistas Unidos para América Latina, Simón Wishnak presidente de Filmex. En un artículo titulado "Mala explotación del cine argentino," el crítico mexicano Roberto Cantú R., que visitaba a menudo Buenos Aires y a partir de mediados de 1946 tuvo una columna fija en *El Heraldo del Cinematografista*, observa que el cine argentino es muy exitoso en México pero que tiene mala distribución por "los frecuentes cambios de representantes" (*Heraldo del Cinematografista*, 28 de noviembre de 1945: 16). Es reveladora la entrevista que *El Heraldo* le hace a Sam Seidelman, supervisor de Artistas Unidos para América Latina, quien afirma que el cine argentino perdió terreno "por falta de organización en el exterior" (19 de diciembre de 1945: 196):

En todos los países de la América Latina que he visitado todos insisten en que técnicamente las películas argentinas valen

---

el estudio Argentina Sono Film y la Alemania Nazi. Falicov oberva que no ha encontrado otros indicios de esta colaboración (pp. 253-254).

mucho más que las películas mexicanas, y si no se imponen es debido a la falta de visión de quienes siguen aferrados al viejo sistema de pedir adelantos y sacrifican posibilidades: para tener un dólar hoy pierden los 10 dólares de mañana. El costo de los films argentinos es el 20 o el 30 % de los mexicanos, y bien administrados podrían constituir brillantes negocios para sus productores si fuese explotado como es debido al mercado extranjero (p. 196).

En 1946 ya se presenta un panorama bastante diferente. Hay pocas visitas de productores y empresarios mexicanos a la Argentina y el éxodo de argentinos a México es constante e incluye compañías enteras. En México, el fin de la guerra implica un desafío por mantener los públicos conquistados. Durante el sexenio de Miguel Alemán (1946-1952) se mantiene el nivel de industrialización pero en un mercado cada vez más competitivo, y esto tiene ecos también en la industria cinematográfica. El año 1946 está marcado por huelgas y conflictos en el impresionante sistema de estudios que manejaba el cine mexicano que durante la guerra no había tenido conflictos. A pesar de todo, el fluir de argentinos se mantiene. Parten en enero Angel Magaña y Francisco Petrone para presentar la emblemática película argentina *La guerra gaucha* (*El heraldo*, 9 de enero de 1946: 4). Solamente en los primeros seis meses del año *El heraldo* registra las partidas de Luis Sandrini (30 de enero de 1946: 12); José Le Pera, Juan José Guthman (6 de febrero de 1946: 17); Carlos Olivari, Sixto Pondal Ríos y Blackie (6 febrero de 1946: 18); Alicia Barrié (13 de febrero de 1946: 22); Leo Fleider (13 de marzo de 1946: 37); Vilches y Paul Ellis (3 de abril: 49); Tilda Thamar (24 abril de 1946: 61); Atilio Mentasti de Argentina Sono Film (22 de mayo de 1946: 74); Pepita Serrador y Paulina Singerman (12 de junio de 1946); y Juan Carlos Thorry (31 de julio de 1946; 123).

Hay informes constantes sobre el trabajo de los argentinos en México: entre ellos Luis Sandrini, Pondal Ríos, Olivari, José Cibrián, Amanda Ledema, Charito Granados ("estrellita argentina") (3 de abril de 1946: 53); Amanda Ledesma y Agustín Irusta (24 de abril de 1946: 62); Néstor Deval, Charito Granados y Agustín Irusta (26 de junio de 1946: 94), Amanda Ledesma (7 de agosto: 129), José Ramón Luna (14 de agosto de 1946: 153); José Nájera (4 de diciembre: 216) (además de informes casi semanales sobre Hugo del Carril, Charito Granados y Agustín Irusta entre otros, y también sobre las ofertas a otras estrellas del cine argentino como Mecha Ortiz, Amelia Bence, Zully Moreno y Silvana Roth (24 de abril de 1946: 61). Se venden argumentos argentinos para ser filmados en el cine mexicano: Clara Films obtiene un argumento de Saslavsky para filmar *La fuga* (21 de agosto: 137) y se informa sobre la filmación de la película *La cola de la sirena* de Conrado Nalé Roxlo (4 de septiembre: 146);

En el número del 15 de septiembre de 1946, *El Heraldo del Cinematografista* instala una columna fija escrita por Roberto Cantú Roberts (periodista del *Cinema Repórter* de México) llamada "la semana del cine en México." Siguen apareciendo en otras columnas de la revista numerosas referencias al cine mexicano. La columna de Cantú informa sobre tendencias importantes en el cine mexicano, sobre la participación en el de argentinos y también sobre los estrenos argentinos en México.

En el curso del año 1946, la crisis del cine argentino en México, sin embargo, recrudece. El periodista argentino residente en México Carmelo Santiago afirma que es un momento muy malo para el cine argentino en México, "se presentan las películas sin publicidad y son mal explotadas" (4 de septiembre de 1946: 146). El 16 de octubre, Chas de Cruz, comentarista fijo del *Heraldo*, reporta la opinión de un cómico cubano, en que se revive la preocupación por la poca distribución del cine argentino:

> No es malo el cine argentino pero allí no se habla español. Es un buen cine para ellos, pero no para la América de habla castellana. Hay películas argentinas de temas tan localistas que en otras naciones de habla española nadie las comprende (p. 173).

En 1946 Lamarque, con 36 años, filma *Gran casino* con dirección de Luis Buñuel, su primera película mexicana. La actriz ya es conocida en México especialmente a través de la película *Ayúdame a vivir* de 1936 y era popular como cantante de tangos. Al llegar a México Lamarque debuta en el centro nocturno "El patio alternando" con Germán Valdés "Tin Tan" e inicia una actividad muy intensa como actriz. En todas las películas que realiza en México, Libertad Lamarque mantendrá el acento argentino. En algunas la trama girará alrededor de ser argentina, como es el caso de *Gran casino* en la que encarna a Mercedes Irigoyen, argentina llegada a Tampico en búsqueda de su hermano que explota pozos de petróleo. En otros casos no hay referencia a su origen y en la mayoría la referencia al origen no se explica mucho, se habla por ejemplo de "su niñez en Buenos Aires," sin aclarar qué la llevó a México. Sin embargo, dada la limitación de su acento, es notable que haya realizado tantos films, uno por año, en la mayoría de los casos siempre encabezando los títulos y las marquesinas, a veces compartiéndolos con otro *star* y en muchos casos como única estrella, a pesar de tener coprotagonistas de la talla de Pedro Armendáriz y Jorge Negrete.

Melodrama en México: *La loca*

La pregunta inevitable es cómo pudieron conseguirse tantos roles protagónicos para una mujer madura que además no podía tener nexos familiares importantes con muchos personajes por su calidad de extranjera. El rol indiscutido para una mujer madura, aun encabezando marquesina, era por supuesto el de madre, rol que definió a la actriz mexicana Sara García.[173] La extranjería de Lamarque potenciaba la posibilidad de tener roles levemente desestabilizadores, donde el eje del conflicto se ubica en la maternidad traumática.[174] Como señala Ana M. López, el melodrama familiar puso en escena dramas de la identidad que complicaban las identificaciones ideológicas para hombres y mujeres (p. 151). Lamarque interpretó madres separadas de sus hijos, mujeres pobres casadas con hombres inescrupulosos en falsos matrimonios, cantantes buenas de corazón pero sospechadas de tener vidas livianas. En todos los casos, será una mujer buena en malas circunstancias que la mantienen separada de sus hijos, o si vive con ellos deberá realizar actividades consideradas levemente inmorales para mantenerlos como cantar en cabarets.

---

[173] La centralidad de la figura de la madre en el cine dorado mexicano tiene la ventaja de ofrecer múltiples posibilidades actorales para actrices maduras que en otros cines como el de Hollywood debían interpretar personajes secundarios.

[174] Como indica Diana Paladino: "A diferencia de la caracterización textual de la cantante que tuvo su desarrollo constante a lo largo de toda la filmografía de Lamarque, la caracterización de la madre sólo alcanzó un desarrollo acabado en sus films rodados en México" (p. 71).

Voy a hablar brevemente de *La loca* (1951), uno de los films más exitosos realizados por Lamarque en México, que le valió la nominación al prestigioso premio Ariel y que es paradigmático del género melodramático y del tipo de papeles que protagonizó la actriz en México. En *La loca*, Elena/Azucena, el personaje argentino de Lamarque, se ha vuelto loca después de la muerte de su marido y la subsiguiente desaparición de su hija Ana María, de tres años, a quienes raptan los parientes mexicanos de su marido con el objetivo de apropiarse de la fortuna de la argentina. Elena toma el nombre de Azucena con su locura: Elena es cuerda, Azucena es loca. La locura de Azucena se caracteriza por el desconocimiento del paso del tiempo, sigue viviendo en una pieza de vecindad, ocupada de cuidar de la muñeca que funge como sustituto de la niña perdida. Cuando Azucena es confinada al Manicomio General de la Castañeda por orden judicial, el doctor Linares, un joven psiquiatra recién llegado de Europa, decide probar un tratamiento alternativo con ella y lo comenta con su maestro, el doctor González de la Cueva, quien además de ser el dueño de una clínica psiquiátrica privada es el primo del marido de Azucena y quien se ha apropiado de la niña Ana María. En el momento en que el doctor Linares llega a casa del doctor González de la Cueva, no sabe que los González de la Cueva acaban de enterarse de la muerte del padre de Elena en Buenos Aires y están ideando un plan para apropiarse de la millonaria herencia. Deciden entonces llevar a la loca vivir con ellos en su lujosa casa, lo que le dará al joven psiquiatra la oportunidad para probar su teoría y al maestro la posibilidad de controlar la herencia. Azucena, ya convertida en Elena, conoce a su hija Ana María y el afecto y el reconocimiento es inmediato. Después de una serie de avatares alrededor de la herencia, los González de la Cueva internan a Elena en la clínica privada y deciden hacerle juicio por locura, y de esa manera apropiarse de la herencia y obligar a Ana María a casarse con su hijo Pablo, apodado Paul. El doctor Linares, que se ha enamorado de Ana María, cura a la madre a través de la hipnosis. En la escena final que tiene lugar en el juzgado donde se decide sobre la salud mental de Elena, Linares le hace recuperar el sentido del paso del tiempo y con ellos la cordura. El abrazo final de reconocimiento entre madre e hija explora el tropo del espejo que ha sido constante durante el film: Elena se reconoce a sí misma en un espejo y en fotos va reconociendo en la joven Ana María a la niña que ha perdido y a la que reconoce en el reflejo en el espejo en que se mira.

La relación de Elena con dos objetos la identifica como loca: no se puede mirar al espejo porque esto le daría la pauta del paso del tiempo y no permite que nadie toque la muñeca de Ana María. El trauma establece un eterno presente para Elena. Nótese que este trauma no es la muerte del marido, ni la pelea con el padre, ambos cortes con el orden patriarcal que Elena revivirá en su hipnosis. Lo traumático es la desaparición de la hija y el corte del lazo madre-hija; lo insoportable es dejar de ser madre. En ese sentido, la muñeca es la metáfora de esta pérdida porque con ella Ana María replicaba la relación entre ella y su madre, y después de la ausencia de Ana María se transforma en el objeto que reemplaza a la niña como receptáculo del amor de su madre. Cuando Azucena es llevada a la casa de los González de la Cueva, resiste el quedarse hasta que conoce a Ana María. Se presentan primeros planos de los rostros de ambas y se vislumbra un reconocimiento, marcado en el film primero por la música y luego por una toma donde Elena entrega a Ana María su muñeca. Ana María toma el rol disciplinador materno de formación de clase pero también de género –es ella quien le enseña su madre a vestirse como "señora;" ella la maquilla y la peina–. A la vez la muñeca es el disparador del vínculo: si para Elena la muñeca es el sustituto de la niña perdida, para Ana María es el objeto que la remite psicológicamente al pasado. No es menor que la muñeca sea una "Shirley," apuntando a otro sistema de citas y de ecos especulares. La "Shirley" es la imagen especular de Shirley Temple, la niña actriz de los rizos dorados y el pelo es el lazo táctil entre Ana María y Elena (Elena siempre busca acariciarle el cabello a Ana María). La "Shirley" es a la vez una metonimia de la cultura de Hollywood y de la cultura americana representada en el film por el primo Paul. Los juegos de espejos y de identidades son múltiples. Paul es la versión *light* y agringada de su padre Pablo, tío de la joven, autoridad de la psiquiatría mexicana que también es un farsante, un secuestrador y un ladrón. Para Pablo, el dinero de su prima política se traduce en estatus y en una vida holgada de casa grande, personal doméstico, choferes, autos y una vida pública reconocida por el logro científico; para Paul el dinero permite el consumo rápido: whisky, mujeres, buena ropa pero sin ningún afán de ocupar un lugar de prestigio y reconocimiento en la sociedad. La mujer de Pablo es fría y calculadora, no se la ve demostrar mayor afecto ni con su hijo ni con la sobrina que crió. Es también la guardiana del orden doméstico que reglamenta las prácticas de género y de clase. Elena, por su lado, subvierte hasta cierta medida, estas prácticas. En su casa de la vecindad hace tareas domésticas, cuida a sus animales, cose, borda, a diferencia de la ociosa prima política que relega todas las actividades domésticas al numeroso personal que trabaja en la casa. Como en otras películas, el contraste entre la actividad de las protagonistas de Libertad Lamarque y las "señoras bien" es un *leit-motiv*. Parte del conflicto es la crisis de los personajes de Lamarque con los modelos consagrados de lo femenino en la alta burguesía mexicana. En este torbellino de acción, Elena es madre con una pasión completamente ausente en su prima política. La desaparición de su hija y la culpa por la muerte de su marido le roban el tiempo, no tiene ni futuro ni pasado sino que vive en un presente continuo en el que se repiten las acciones de la misma semana de 1936 en que murió el marido y desapareció la hija.

El melodrama nos ofrece un punto de entrada a la alteridad femenina y a la vez un punto de identificación con lo abyecto cuyo eje es Azucena. La redención como la caída tienen que ver con lo materno. Como ya se ha dicho en la primera escena en que Ana María ve a su madre, vemos a las dos enfrentadas como en un espejo, un posicionamiento que se va a repetir y que se revela también como parte de la conclusión. En la escena final, el doctor Linares guía a su paciente a través de un álbum en que el tiempo va pasando para Ana María, de niña pequeña, a joven mujer. Luego Elena es puesta frente a un espejo donde el deterioro físico ocasionado por el tiempo pero también por la traumática permanencia en el hospital psiquiátrico se hacen evidentes. En el encuentro final Elena y Ana María se enfrentan nuevamente en un reconocimiento mutuo. La película concluye alejándose de la escena y ofreciendo un paneo sobre el manicomio de la Castañeda.

La película fue estrenada en Buenos Aires recién el 21 de junio de 1956, cinco años después de su estreno en México y luego del derrocamiento de Perón. Según la crítica aparecida en *El heraldo* "una trama melodramática e ingenua conduce a este film por caminos trillados con el solo objetivo de utilizar todos los recursos posibles para conmover al sector femenino de la platea," y más adelante se dice que "carente de situaciones cinematográficas, la trama se desarrolla a través de frondosos diálogos explicativos que tornan a menudo monótono el film".

Conclusión

"El melodrama es un género que da mucho dinero. Y gloria. En los films siempre sufre", afirmaba Libertad Lamarque en una entrevista publicada en la revista *Cine* en el año 1942. Agregaba el periodista con ironía, "pero el padecimiento cinematográfico le brinda la felicidad de carne y hueso" (29 de enero de 1942: 6-7). Sin duda esta felicidad se medía en éxito, reconocimiento, joyas, pieles, departamentos. Lamarque era entonces la estrella indiscutida del cine argentino y no se imaginaba quizá su éxito internacional, consagrado en el mercado cinematográfico más importante en lengua castellana, un éxito siempre atado al melodrama como género.

Mi texto comienza con una escena fundacional digna del melodrama, la actriz exitosa le da una bofetada a una chica joven, pobre y bonita pero ambiciosa. La joven es amante de un hombre poderoso y logrará la venganza. Como en todo melodrama, este escenario borra las sutilezas de la situación. Mujeres de melodrama en la ficción, tanto Libertad Lamarque como Eva Duarte, fueron mujeres de acción, modelos de independencia y voluntad, que a sabiendas –o no– disfrazaron con los atuendos del melodrama historias personales. Enfundadas ambas en ropa de alta costura, protagonizaron en la vida algunos de los roles preferidos del género: la mujer decente que es hostigada por un hombre inescrupuloso, la muchacha pobre elegida por el hombre que cambiará su vida y la de un país, la novia de América y la abanderada de los pobres. En el transfondo del melodrama se vislumbran además otras realidades: la competencia entre las dos industrias cinematográficas más importantes en el mundo hispanohablante y la emergencia del cine latinoamericano como industria cultural continental.

Bibliografía

De la Vega Alfaro, E., "Origin, Development and Crisis of the Sound Cinema", en Paranaguá, P. A. (ed.), *Mexican Cinema*, Londres, British Film Institute y México, Incine, 1995, pp. 79-93.
España, C., "El cine sonoro y su expansión", en *Historia del cine argentino*, Buenos Aires, Centro Editor de América Latina, 1984, pp. 47-89.
Falicov, T., "Hollywood's Rogue Neighbor: The Argentine Film Industry During the Good Neighbor Policy, 1939-1945", en *The Americas* 63: 2, octubre de 2006, pp. 245-260.
Fraser, N.; Navarro, M., *Evita: The Real Life of Eva Perón*, Nueva York, Norton, 1996.
López, A. M., "Tears and Desire: Women and Melodrama in the 'Old' Mexican Cinema", en King, J.; López, A. M.; Alvarado, M., *Mediating Two Worlds. Cinematic Encounters in the Americas*, Londres, British Film Institute, 1993, pp. 147-162.
Madrid de Sumel, Nuria, entrevista personal con Mónica Szurmuk, Buenos Aires, 2 de diciembre de 2008.
Monsiváis, C., "Mythologies", en Paulo Antonio Paranaguá (ed.), *Mexican Cinema*, Londres, British Film Institute y México, Incine, 1995, pp. 117-127.
Paladino, D., "Libertad Lamarque, la reina de la lágrima", *archivos de la filmoteca* 31 (2/1999), pp. 61-75.

Revistas

Somos, número especial "La novia de América: Libertad Lamarque," diciembre de 1990.
CineArgentino
Cine
El Heraldo del Cinematografista

Filmografía

La loca, dirección de Miguel Zacarías, argumento original Miguel Zacarías y Edmundo Báez. México, 1951.

Documental y ficción en el cine de los comienzos

Malena Verardi
Facultad de Filosofía y Letras
Universidad de Buenos Aires

Palabras clave: *cine documental ficción*

A modo de introducción

La intención del presente trabajo es plantear un análisis en torno a la dicotomía documental/ficción en el cine de los primeros tiempos, abordando puntualmente los films realizados por los hermanos Louis y Auguste Lumière en Francia y por Tomás Alva Edison en Estados Unidos, a fines del siglo XIX.[175] Si bien partimos de la idea de Metz (1972) acerca de que todo film es necesariamente una película de ficción y un documental a la vez (un documental sobre su propia realización), nos interesa analizar las categorías de cine documental y cine de ficción en una época en la cual el concepto de género narrativo fílmico no se hallaba aún establecido.[176] Se trata de abordar las concepciones

---

[175] La elección de los realizadores tiene que ver con la discusión en torno a quién es considerado el "creador" del cinematógrafo. Sin detenernos en este punto, abordamos las películas realizadas por los hermanos Lumière y por Edison en tanto ambas forman parte primordial del cine de los inicios.

[176] Mónica Dall´Asta en su texto "Los primeros modelos temáticos del cine" sostiene que: "El cine de los orígenes no posee temas propios; aunque en realidad eso vale para todo el cine en su conjunto y para otras artes, ya que la dimensión temática es, sin lugar a dudas, entre todas las dimensiones textuales, la menos ligada al medio de expresión específico que la transmite. En virtud de su carácter "abstracto" (en sentido semiótico), los temas pasan fácilmente de un lenguaje a otro, circulan y se difunden con mucha más facilidad que las figuras y las formas discursivas. Sin embargo, aunque no existen esquemas que vinculen ciertos temas a ciertas formas de expresión, las tradiciones culturales dan lugar a lo largo de la historia a modelos convencionales de organización temática que se concretan en conjuntos textuales coherentes, perfectamente

sobre documental y ficción –surgidas a posteriori de las primeras filmaciones, a partir del desarrollo de la historiografía y la crítica cinematográficas– para realizar una lectura de éstas, en relación con el cine de los comienzos.

Relato documental, relato de ficción

En su análisis sobre el cine de los primeros tiempos, François Jost y André Gaudreault se interrogan sobre el estatuto del relato, más precisamente sobre el del relato cinematográfico: ¿cuándo un relato cinematográfico puede considerarse como tal? Siguiendo a Metz, Gaudreault y Jost mencionan cinco criterios de reconocimiento: en primer lugar, señalan que todo relato debe poseer un inicio y un final, es decir, formar un todo que funcione como una unidad de discurso. En segundo lugar, expresan que un relato pone necesariamente en juego dos temporalidades: por un lado la de la narración, por otro la que deriva del acto narrativo en sí. En tercer lugar, indican que todo relato remite necesariamente a un sujeto de la enunciación, que es quien lo organiza. En cuarto lugar, sostienen que el relato se opone a la "realidad", en tanto no se encuentra aquí y ahora como ésta. Finalmente, expresan que el relato es un discurso en el cual el acontecimiento funciona como "unidad fundamental".

Resumiendo estos cinco criterios puede sostenerse que: "El relato es un discurso cerrado que viene a irrealizar una secuencia temporal de acontecimientos" (Gaudreault y Jost, 1995: 29). Ahora bien, los autores se preguntan entonces por qué ciertos relatos de los primeros tiempos –por ejemplo *El desayuno del bebé* [*Déjeuner de bébe*, 1895], de los hermanos Lumière– parecen menos narrativos que otros, como por ejemplo *El regador regado* [*L´Arroseur arrosé*, 1895], también de los hermanos Lumière. Gaudreault y Jost continúan su análisis sosteniendo que en *El desayuno del bebé*, como así también en películas como *La llegada del tren a la estación de La Ciotat* (*L´arrivé d´un train en gare de La Ciotat*) o *Salida de la fábrica* (*La sortie de usine Lumière*):

> reconocibles en el contexto de la producción global de un determinado medio de expresión: es lo que se conoce generalmente bajo el nombre de "género" (Dall'Asta, 1998, p. 242).

[...] la inorganización del material profílmico, que se presenta ostensiblemente ante la cámara tal como se desarrolla, "de manera natural", favorece mucho la actitud documentalizante en el espectador. Lo que veo yo espectador son las huellas presentes de ese pasado concluido de los pasajeros del tren, de los obreros y obreras, del bebé y de sus padres, que el cinematógrafo filmó. Al contrario, debido a la organización del material que nos presenta la película *L 'arroseur arrosé* favorece la actitud ficcionalizante. Lo que el espectador ve no es específicamente la filmación de la "broma" que se ha desarrollado en el seno del mundo profílmico, sino esa misma "broma" que, por su carácter organizado, adquiere cierta autonomía (1995: 41).

Nos interesa en primer lugar plantear algunas ideas con respecto a las reflexiones señaladas en el párrafo anterior. La ligazón que establecen Gaudreault y Jost entre, por un lado, la puesta en escena de una representación inorganizada y el documental y la que señalan, por otro, entre cierta organización del material fílmico y el cine de ficción, permite comprender los criterios en función de los cuales han sido construidos la ficción y el documental en tanto géneros fílmicos. Es decir, el documental ha ocupado un lugar cercano a la mostración de la "realidad" (entendiendo por esto la búsqueda por registrar miméticamente el mundo extrafílmico), en tanto que a la ficción se le ha reservado un rol ligado a la construcción de una determinada realidad –el universo narrativo del filme– (que podrá tener mayor o menor vinculación con la "realidad" extrafílmica). Así, el vínculo del documental con el contexto socio-histórico en el que éste se inscribe se plantea como directo, en tanto que en el cine de ficción se sugiere la existencia de un mayor grado de mediatización entre objeto representado (filme) y contexto.[177]

Por otro lado, Gaudreault y Jost sostienen que la "actitud documentalizante" lleva a considerar al objeto representado desde la perspectiva del "haber estado ahí" (en relación con un pasado, un momento concluido), lo cual emparentaría al documental

---

[177] Si bien, como decíamos, hay casos –el cine clásico de Hollywood por ejemplo– en los que se intenta generar la impresión de una "continuidad" directa entre lo que acontece en la pantalla y el mundo circundante, procurando ignorar la presencia de la cámara y las operaciones inherentes al dispositivo cinematográfico. Aún considerando esto, creemos que, en términos generales, la relación entre las variables cine y "realidad" es entendida como más cercana en el documental que en la ficción.

–siguiendo lo planteado por Barthes–[178] con la fotografía; en tanto que, según los autores, la actitud ficcionalizante ubica el objeto representado en un "estando ahí" (en el presente), es decir, del lado del cine. Desde esta perspectiva el documental queda ligado necesariamente a la representación de un pasado, en tanto que el film de ficción es ubicado más cerca del presente, en tanto posibilita la actualización del pasado en cada proyección.[179]

De esta manera, nos interesa analizar la conformación de estas "series": inorganización del material fílmico + pasado = documental; organización del material fílmico + presente = ficción, en relación con el cine de los comienzos, con el propósito de discutir su eficacia y productividad analíticas.

El cine según Louis y Auguste Lumière, el cine según Tomás Alva Edison

Como hemos visto, los films de los hermanos Lumière, especialmente los señalados por Gaudreault y Jost como "menos narrativos", han sido considerados como el punto cero del documental, es decir, el comienzo del cine como instrumento de documentación. Noël Burch sostiene, con relación a *La salida de la fábrica*:

> Además de tratarse de una experiencia decisiva, efectuada con el prototipo de esta cámara histórica, nos encontramos con una experiencia de observación de lo real: se trataba, diríamos hoy, de

---

[178] En *La cámara lúcida*, Roland Barthes señala que en la fotografía hay una doble posición conjunta: de realidad y de pasado: "[...] al mirar una foto incluyo fatalmente en mi mirada el pensamiento de aquel instante, por breve que fuese, en que una cosa real se encontró ante el ojo [...] en la foto algo se ha posado ante el pequeño agujero quedándose en él para siempre [...] ; pero en el cine, algo ha pasado ante ese agujero: la pose es arrebatada y negada por la sucesión continua de las imágenes [...] (1990, pp. 138-139).

[179] En realidad todo film (de ficción o documental) ha sido rodado en pasado con relación al momento de su emisión. Podría pensarse que es en realidad el movimiento –característica propia del cine– lo que posibilita la actualización y la impresión de tiempo presente, ya que también la fotografía ha sido tomada en un momento anterior al de ser vista por un espectador y, sin embargo, siempre remite a un tiempo pasado.

"atrapar" a una acción, conocida en sus grandes líneas, previsible casi al minuto, pero aleatoria en todos sus detalles, y cuyo carácter aleatorio se intentará conscientemente respetar escondiendo la cámara.[180] Todas estas características, recogidas por una gran parte de las películas de la "escuela Lumière", unidas al aspecto "trozo de vida" de tantas de sus vistas, contribuyeron a darle a Lumière la reputación de primer documentalista, de primer campeón de un cine "de testimonio", "directo" (Burch, 1999: 32).

Los films de Edison, por el contrario, aparecen desde el inicio ligados a la puesta en escena del espectáculo: peleas de boxeo, riñas de gallos, un fisicoculturista que exhibe su musculatura, una pareja besándose, entre otros,[181] dan cuenta de la búsqueda por ubicar al cine como espectáculo.

Ahora bien, dejando de lado la cuestión de las temáticas abordadas en los films de los hermanos Lumière y en los films de Edison y volviendo a las "series" planteadas en el apartado anterior, nos interesa centrar el análisis en la organización –o inorganización– formal de las películas de ambos realizadores.[182] Es en este plano en el que encontramos, entre ambos "modelos" de discursos fílmicos, ciertas diferencias que pueden ponerse en relación con la posterior conformación del cine narrativo clásico o, en términos de Burch, del modelo de representación institucional. Divergencias que, a la vez, inciden en la incipiente construcción del documental y el cine de ficción en tanto géneros fílmicos.

Como señala Burch, la imagen del cine de los hermanos Lumière no posee un centro claramente definido, sino que se extiende por todo el cuadro tornándose en principio inabarcable para el ojo del espectador. Podría decirse que la imagen posee un ordenamiento centrífugo que dirige la mirada hacia los bordes del cuadro, sugiriendo la existencia de una prolongación más allá de éste:

---

[180] "Se instalaba la cámara en una habitación de la planta baja de un edificio –explicará Francis Doublier, colaborador de los Lumière– a fin de que los "figurantes" no fueran distraídos por la visión del aparato" (Burch, 1999, p. 32).
[181] *The Glenroy brothers*, 1895; *Cock fight*, 1896; *Sandow*, 1895; *The May Irwin kiss*, 1896.
[182] Entendemos la división forma-contenido (o forma-tema) como sólo posible y pertinente a los fines de la realización de un análisis de este tipo.

[...] La imagen de Lumiére [...] incluso cuando sólo muestra los rasgos de un bebé "como en el microscopio", incluso cuando no esboza la clausura narrativa como en *L´Arroseur Arrosé*, vive a su modo. Ciertamente, es no-lineal, no-centrada, inasimilable a primera vista como totalidad. No se trata ya (o todavía) de la construcción de la realidad propia del naturalismo, sino de una imagen que, sin ser análoga de lo real, tampoco es el resultado de un encuentro de la cine-cámara con una "realidad bruta". La atracción ejercida por estas películas procede en buena medida de ahí [...] El placer que el propio Lumiére, al igual que sus espectadores, de ayer y de hoy, saca de sus películas emana claramente del efecto analógico (como el que produciría una fotografía sobre el mismo tema, o casi), pero según un modelo no-lineal, acéntrico y que no sitúa al sujeto-espectador en el centro del espacio imaginario; por esta razón pienso que el placer –y también el conocimiento– que produce es de un orden muy distinto al futuro placer institucional (Burch, 1999: 50-51).

Del mismo modo, Jacques Aumont sostiene que la imagen de las vistas de Lumière "desborda" los límites del cuadro: "[...] la locomotora, los figurantes transgreden este límite (digo transgredir, no abolir). Gracias a esta actividad en los bordes de la imagen, el espacio parece transformarse incesantemente [...] como si, de algún modo, los bordes se convirtiesen en operadores activos de esta transformación progresiva" (1997: 24).

En el inicio de *La llegada del tren a la estación de La Ciotat* (*L´arrivé d´un train en gare de La Ciotat*) puede verse fugazmente a un hombre, tal vez empleado del ferrocarril, trasladando un carro para llevar equipaje, que rápidamente sale de cuadro por el lateral derecho. Momentos después es la locomotora que encolumna a los restantes vagones de la formación, la que ingresa en el cuadro desde un punto ubicado en el horizonte, para cruzar en forma diagonal el campo visual y salir en este caso por el lateral izquierdo (al detenerse el tren la imagen permite observar dos de los vagones, mientras que la locomotora ha quedado fuera de campo). Los pasajeros que bajan del tren y los que suben se entremezclan, generando un conjunto de movimientos que dotan la imagen de gran dinamismo. De esta manera, la cámara encuadra cuerpos en toda su dimensión que al salir progresivamente de cuadro se transforman en fragmentos (torsos, piernas) y vuelven a conformar cuerpos enteros al ingresar nuevamente en el cuadro. Es esta "actividad en los bordes del cuadro", como señala Aumont, la que le confiere a los films de Lumière una de sus características distintivas, ya que, efectivamente, el continuo movimiento de las imágenes, así como el diálogo entre el campo y el fuera de campo, "obligan" al ojo del espectador a realizar una lectura activa del film. Puede pensarse que las vistas de Lumière traen consigo ciertas instrucciones de visión que alientan este tipo de lectura.

En los films de Edison, por el contrario, la imagen se ubica generalmente en el centro del cuadro, sobre un fondo negro[183] que aplana la mirada destacando aún más la figura central. Se trata así de un ordenamiento centrípeto que guía el ojo hacia un determinado sector del cuadro. Ese centramiento permitiría ubicar esta clase de films como más cercanos al "futuro placer institucional", en términos de Burch, ya que el direccionamiento de la mirada del espectador será uno de los basamentos principales del cine narrativo clásico. Asimismo, Aumont sostiene que el kinetoscopio de Edison "satisface la mirada" en el sentido de que:

> En la realización sobre fondo negro, los indicios de profundidad son mínimos, el centrado forzoso del tema filmado limita además la amplitud del campo: la mirada sólo aprehende el espacio "chocando" con el fondo para volver sin cesar al personaje, en una alternancia interminable que siempre recentra, refocaliza, reidentifica al espectador con su mirada (Aumont, 1997: 27).

The May Irwin kiss (1896), por ejemplo, se inicia con los dos personajes ya en pantalla. Un plano americano los encuadra desde poco más arriba de la cintura hasta el rostro. Lo que excede y rodea a ambas figuras corresponde al telón negro que conforma el fondo de la imagen. Se trata justamente de un fondo que no disputa nada de interés al objeto ubicado en el centro de la imagen, que debe ser el que concite la mirada del espectador (las dos figuras en este caso). El tipo de plano utilizado, un plano relativamente corto, propicia además la focalización del ojo del espectador en los dos personajes, en tanto que el oscurccimiento del resto del campo visual destaca aún más la imagen del hombre y la mujer, cuyas vestimentas (principalmente la de la mujer) y cuyos tonos de tez establecen un claro contraste con la oscuridad que los circunda. Por último, la acción única, centrada en la breve conversación y el beso entre ambos personajes, también colabora en la construcción de la "satisfacción de la mirada" que menciona Aumont.

---

[183] Burch indica al respecto que estos fondos funcionan como prefiguración de las iluminaciones en degradado que surgirán hacia 1915.

Sin embargo, a la vez puede pensarse que la platitud generada a través del uso del telón de fondo negro –característica de las vistas de Edison– subvierte la pretensión de tridimensionalidad que también regirá en el MRI como elemento clave:

> [...] las condiciones materiales de la producción del momento –pero también las de los modelos populares que marcaron el primer cine, de los cromos a las historietas, de los teatros de sombras a los *Folies Bergere*– provocaron en todos los autores de vistas compuestas –en estudio, pero también a veces al aire libre– una soberbia indiferencia hacia lo que hoy se nos aparece como la vocación tri-dimensiomal del cinematógrafo. Sus películas muestran, años antes de Caligari, decenios antes de Godard, la capacidad objetiva del cine-cámara para producir una representación del espacio más cercana a la de la Edad Media, de Epinal (o del Japón clásico) que al pintor Mollet, para citar este modelo conscientemente elegido por Billy Bitzer (Burch, 1999: 173).[184]

Otro elemento a tener en cuenta en el análisis de la organización formal de los films es el color. Las connotaciones del color en el cine han experimentado un ambiguo recorrido, ya que en una primera instancia el blanco y negro fue entendido como una limitación en la búsqueda por presentar una imagen cada vez más cercana a la "realidad".[185] Pero luego de la incorporación

---

[184] El uso del color, tema al cual nos referiremos en el siguiente párrafo, funciona en esta misma línea: "En un primer momento, se trata sobre todo de destacar del fondo monocromo a un personaje determinado, adjudicándole un tono vivo, es decir, obviar el efecto de achatamiento debido a la iluminación uniforme, a la colocación de la cámara, etc. Sin embargo, las rebabas propias del coloreado a mano, como estampado, tienden más bien a acentuar el efecto de superficie, haciendo efectivamente, más legible la imagen, y confiriéndole un gran encanto plástico" (Burch, 1999, p. 179).

[185] Máximo Gorki, en su texto "El reino de las sombras", que recoge las impresiones del escritor ante su primer contacto con el cinematógrafo, señala: "La noche pasada estuve en el reino de las sombras. Si supiesen lo extraño que es sentirse en él. Un mundo sin sonido, sin color. Todas las cosas –la tierra, los árboles, la gente, el agua y el aire– están imbuidas allí de un gris monótono. Rayos grises del sol que atraviesan un cielo gris, grises ojos en medio de rostros grises y, en los árboles, hojas de un gris ceniza [...] Calladamente, el follaje gris ceniza de los árboles se balancea con el viento y las grises siluetas de las personas, se diría que condenadas al eterno silencio y cruelmente castigadas al ser privadas de todos los colores de la vida, se deslizan en silencio sobre un suelo gris (1981, pp. 17-18).

de la técnica que permitió el desarrollo del cine a color será precisamente el retiro, ahora voluntario, del color –el retorno al blanco y negro– el signo connotador de "realismo" por el cual optarán muchos documentales a lo largo de la historia. De esta manera, el blanco y negro comienza a instalarse como parte del código de la imagen documental hegemónica[186] y puede pensarse que es uno de los factores que contribuyen a nominar como documentales a los films realizados por los hermanos Lumière.

Algunas conclusiones

Luego de las ideas expuestas hasta aquí, podemos concluir que resulta poco productivo subsumir de manera directa las películas –las vistas– de los hermanos Lumière dentro de la categoría documental, así como ubicar las realizadas por Edison dentro del plano ficcional. En primer término porque el contexto epocal en el cual se inscriben ambos realizadores aparece dominado por la experimentación y no ha entrado aún en vigencia el "vocabulario institucional", en términos de Burch, que regirá a partir de la consolidación del modelo de representación institucional. En segundo lugar, porque la codificación y sistematización que caracterizarán luego al cine narrativo clásico atribuirá determinados rasgos a la construcción del género documental y determinados rasgos a cada uno de los géneros ficcionales que se irán conformando a partir de 1915.[187] De esta manera,

---

[186] Nos referimos aquí de manera amplia al documental, no a los múltiples ejemplos que plantean desviaciones del modelo dominante o hegemónico de cine documental.

[187] Resumiendo su perspectiva del cine previo a 1915, Burch indica: "Toda la historia visual del cine anterior a la Gran Guerra –y no solamente en Francia– se realiza, por lo tanto, sobre esa oposición entre la afirmación "melesiana" de la superficie y la afirmación de profundidad que de entrada enuncia *L´Entree d´un train en gare*. Esta contradicción será reabsorbida, de algún modo, entre 1915 y 1920 gracias a un compromiso. Éste implicará la supresión de la platitud del telón pintado, pero también de esta profundidad primitiva tan "extremada" que no será descubierta de nuevo hasta veinte años después por Renoir, y más tarde en Estados Unidos por Welles, Wyler, etc., para volver a constituirse desde entonces en un elemento corriente del "vocabulario" institucional" (Burch, 1999, pp. 181-182).

ni el desborde/ordenamiento centrífugo propio de los films de Lumière, ni la planimetría generada por los telones de fondo de los films de Edison posibilitan la ubicación de ambos dentro del universo institucional (al cual pertenecen los géneros documental y ficción en sus versiones hegemónicas).

Podría entonces pensarse que los films de los hermanos Lumière responden a una visión pre-institucional del documental (o bien una visión alternativa, no-hegemónica, del documental) y, en la misma línea, que algunos rasgos de los films de Edison anticipan elementos clave del cine narrativo clásico (el centramiento de la mirada del espectador), pero otros lo niegan declaradamente (la bidimensionalidad generada a partir del fondo plano), situándose así en una posición ambivalente.

Es precisamente la presencia de esta ambivalencia, esta ambigüedad, la que, creemos, dificulta el enrolamiento del cine realizado por los hermanos Lumière y por Edison en un género fílmico dado (documental/ficción) y la que, a la vez, resulta uno de los rasgos más atractivos –y analíticamente productivos– del cine de los comienzos. Se trata, sin duda, de una problemática susceptible de continuar siendo desarrollada en trabajos posteriores.

Bibliografía

Aumont, J., [1989], *El ojo interminable. Cine y pintura*, Buenos Aires, Paidós, 1997.
Barthes, R., *La cámara lúcida. Nota sobre la fotografía*, Buenos Aires, Paidós, 1990.
Burch, N., *El tragaluz del infinito (Contribución a la genealogía del lenguaje cinematográfico)*, Buenos Aires, Cátedra, 1999.
Dall´Asta, M., "Los primeros modelos temáticos del cine", en *Historia General del Cine, Orígenes del cine*, vol. 1, Madrid, Cátedra, 1998.
Gaudreault, A.; Jost, F., *El relato cinematográfico*, Buenos Aires, Paidós, 1995.
Gorki, M., "El reino de las sombras", en *Los escritores frente al cine*, Madrid, Editorial Fundamentos, 1981
Metz, Ch., *Ensayos sobre la significación en el cine*, Buenos Aires, Tiempo Contemporáneo, 1972.

VII. ENSAYOS SOBRE ESTÉTICA

Montaje en *Suite Habana* (2003) de Fernando Pérez

Cynthia Tompkins
School of International Letters and Cultures
College of Liberal Arts
Arizona State University

Palabras clave: Suite Habana, *Nichols, montaje, Eiseinstein,* close-up, *Deleuze,* extreme-close up

Introducción

Genealógicamente, *Suite Habana*, del director Fernando Pérez,[188] apunta intertextualmente a películas fundacionales como *Berlin: Die Symphonie der Großstadt* dirigida por Walter Rutmann (1887-1941) en 1927 y *Chelovek s kino-apparatom* producida por Dziga Vertov (1896-1954) en 1929, ya que estas cintas experimentan con el montaje y prescinden tanto de sets como de actores. Sin embargo, lejos del funcionalismo de Rutmann cuyo objetivo era enfatizar la vida orgánica de la ciudad misma, la cinta de Pérez se enfoca en la vida diaria de trece de sus habitantes, nucleados en tres grupos interconectados.[189] Uno está compuesto por Francisquito Cardet, un niño autista de diez años, su padre Francisco Cardet, arquitecto de cincuenta y cinco, que desde (los siete años transcurridos desde) la muerte de su esposa se desempeña como constructor cuentapropista. La abuela, Norma Pérez, instructora de arte retirada de setenta años y su marido, Waldo Morales, profesor de marxismo retirado, de setenta y uno,

---

[188] La filmografía de Fernando Pérez Valdés comprende *Madrigal* (2006), *La vida es silbar* (1998), *Madagascar* (1994), *Hello Hemingway* (1990), *Clandestinos* (1987), *Omara* (1983), *Siembro viento en mi ciudad* (1978), *Cascos blancos* (1975) y *Crónica de la victoria* (1975). Véase www.cubacine.cu/realizad/fernandp.htm.

[189] Tierney establece relaciones intertexuales con Gómez, Gutiérrez Alea y Wenders (pp. 50-51). Sin embargo, Pérez cita *Koyaanisqatsi* (1982) de G. Reggio (Young, p. 35).

completan el grupo familiar. Hacia el atardecer, Francisquito le compra maní a Amanda Gautier, obrera textil retirada, de setenta y nueve años. Asimismo, el trabajo de Francisco permite el vínculo con Ernesto Díaz, bailarín de veinte años, sostén económico de su madre viuda. Un segundo grupo y el orden es arbitrario, está compuesto por Iván Carbonell, de treinta años, que trabaja en la lavandería del Hospital Salvador Allende y de Raquel Nodal, su pareja de cuarenta y tres, empleada en una fábrica de perfumería. Los tacones altos que Iván lleva a arreglar vinculan a la pareja con Julio Castro, el zapatero elegante de sesenta y nueve años, habitué del salón de baile Benny Moré. Heriberto Boroto, de cuarenta años, reparador de vías férreas, divorciado, vive con su madre y su abuela. De noche toca el saxofón en el Benny Moré. Un tercer grupo aislado por el dolor, gira en torno a la partida hacia Miami de Jorge Luis Roque, ingeniero de cuarenta y dos años, para encontrarse con Aidy, cubano-americana. Éste incluye a su hermano, el médico Juan Carlos Roque, de treinta y siete y a su madre Caridad, de setenta.

Como el intertítulo sólo permite conocer el nombre y la edad de los protagonistas la información que brinda el epílogo permite recapitular lo inferido y (re)estructurar las relaciones. Además, los deseos de los personajes refuerzan su caracterización. Así es que el sueño de Francisquito es "subir a las alturas", el de su padre, "no faltarle nunca a Francisquito" y el de su abuela, "encaminar a Francisquito para que no sea una carga para nadie". Pero su abuelo sólo desea "tener salud para vivir". Mientras que Heriberto aspira a "ser músico en una orquesta", el sueño de Iván Carbonel es "actuar en un gran escenario" y el de su pareja, Raquel Nodal, "viajar para regresar". Mientras que el doctor Juan Carlos Roque quisiera "ser actor", su hermano Jorge Luis desea "reunir a su familia". Por otra parte, Julio Castro sueña con "tener cada noche un traje distinto", Ernesto Díaz desea "arreglar la casa para que [su] mamá viva cómoda y ser un gran bailarín". Por último, Amanda Gautier "ya no tiene sueños".

Objetivos, materiales y métodos

Luego de contextualizar relaciones entre *Suite Habana* y cintas mudas fundacionales tales como *Berlin: Die Symphonie der*

Großstadt y *Chelovek s kino-apparatom*, este texto analiza la película cubana en términos de categorías de montaje identificadas por Eisenstein. La descripición de los documentales observacionales de Nichols permite identificar las variaciones que presenta la cinta e investigar sus repercusiones a nivel ideológico. Luego de examinar la postura deleuziana sobre el asalto a la afectividad resultante del *close-up*, se pasa revista a la paradófica función del *extreme close-up*, ya que produce un efecto de extrañamiento que resiste la representación y que ideológicamente remite a la (auto) censura. Finalmente, se debatirá el acercamiento catacrésico a la realidad cubana que surge de la aproximación metonímica a las realidades compartidas.

Discusión

Tal como la cinta alemana, *Suite Habana* se enfoca en los variados ritmos de la ciudad. Las imágenes iniciales del faro son ambiguas en tanto que iluminan el puerto y sugieren las de un panopticon.[190] Quienes montan guardia para cuidar la estatua de John Lennon a despecho del frío y de la lluvia lo hacen por turnos largos que incluyen el nocturno. Por otra parte, el paso de la jornada se ve marcada por acciones comunes tales como desayunar, ir a la escuela o al trabajo, almorzar y regresar al hogar. El tiempo transcurre lentamente mientras Walter se mece viendo televisión, pero parece estancarse para la nonagenaria abuela de Heriberto, sentada hieráticamente frente al aparato. Asimismo, para el marido de Amanda, inmóvil y anclado en su silla, el tiempo es una aporía, transcurre pero todo permanece inmutable. De acuerdo con una lectura alegórica simbolizaría la condición (política) de la isla.[191]

Con un gesto posmoderno, Pérez inscribe y subvierte las convenciones del documental observacional. De acuerdo con la norma, las tomas anclan los sucesos en el espacio y el sonido

---

[190] Como Panopticon, el faro brinda la connotación de presidio a la isla. Esta connotación se vería reforzada por el Hamstead con que juega Francisquito en casa de su abuela.
[191] Al pasar revista a las distintas categorías de aporías, Derrida incluye la aristotélica-hegelina del tiempo (pp. 15-16).

remite el diálogo a un momento histórico específico.[192] Mientras incluye tomas relativamente largas, Pérez replantea el tema de la sincronización del sonido al privar a la audiencia del habla de los protagonistas (Nichols, 1991: 38).[193] Asimismo, aunque la cinta se enfoca en el transcurso de un día en la vida de los protagonistas, se elimina toda referencia a una fecha específica, de modo que la película adquiere un aire de atemporalidad. Son más bien las tomas del avanzado estado de deterioro de los edificios los que la sitúan en algún momento del siglo XX tardío.[194] Esto se ve reforzado por las convenciones genéricas del documental observacional, ya que por un lado remiten a un contexto referencial semejante al de las películas de ficción, y por el otro, observamos a "actores sociales", es decir, sujetos que se interpretan a sí mismos, en su contexto histórico (Nichols, 1991: 42). Por consiguiente, no se espera que el espectador se identifique necesariamente con los personajes, sino más bien que responda como observador del mundo histórico representado (Nichols, 1991: 43).

En términos de montaje, Eisenstein abogó por el método dialéctico, de acuerdo con el cual, "dos segmentos fílmicos contrapuestos, cualesquiera sea su género, inevitablemente dan lugar a un nuevo concepto" ("Word and Image", 1947: 4). Fiel a este parámetro en 1929 Eisenstein comparó el funcionamiento del montaje al de los ideogramas compuestos japoneses, basado en la premisa que "cada [imagen], por separado, corresponde a un objeto pero al combinarse se refieren a *un concepto*" ("Beyond the Shot", 1988: 139). Así, la representación de una boca y un pájaro connotan canto, una daga y un corazón, sufrimiento, etc. Pérez se vale de este tipo de montaje para caracterizar a sus personajes.[195] Por ejemplo, el contrapunto del *close-up* del rostro

---

[192] Aunque Burton identifica cuatro modalidades en el documental, a saber, expositivo, observacional, interactivo y reflexivo (pp. 4-5) y Nichols básicamente las mantiene, me baso en sus desripciones porque están más desarrolladas (pp. 38-44).
[193] Todas las traducciones me pertenecen.
[194] Fajardo Cárdenas me recuerda que el título juega con la acepción del término "Suite" en tanto habitación de lujo de un hotel, que se contrapone e ironiza con la pobreza de los lugares miserables donde viven los personajes (correo electrónico).
[195] Cabe mencionar que se oye el diálogo que entabla el payaso, quizá para enfatizar el pesar que oculta, representado por el sonido del avión en que hipotéticamente se exilia su hermano. Véase el poético resumen

de Iván y el de los zapatos de tacón alto que lleva colgados del manubrio de la bicicleta, anuncian que es un transformista.[196] Sin embargo, la heterosexualidad normativa prevalente en la ideología hegemónica nos lleva a descartar esa opción hasta comprobar que caracteriza a Celia Cruz. Por otra parte, el que Raquel vea a la adivina y sea ella quien lleve el vestido de luces de Iván, mientras que éste viste traje por la calle, sugieren que la caracterización de Celia Cruz no se corresponde con la norma. Por otra parte, Francisco compra flores y las lleva al cementerio, lo cual connota su viudez. De manera similar, tanto la carta que relee como la foto que contempla Jorge Luis Roque al preparar el bolso, preanuncian el exilio. Los pinceles y el atril apuntan a la actividad artística de Norma Pérez, así como la radio de alta frecuencia connota el interés político de su marido.[197] Paradójicamente, que Juan Carlos Roque se vista de payaso no solo sugiere su interés por la actuación sino que refuerza el cliché de la sonrisa ante el dolor. Por último, mientras que la batalla por vestirse denota la condición de Francisquito, los cucuruchos de maní que vende Amanda connotan su magra sobrevivencia.

Sin embargo, Eisenstein también se percató del contrapunto visual de la toma misma (*shot*), al que definió en términos de conflicto gráfico, entre planos, entre volúmenes, espacial, de iluminación y de tempo ("Dramaturgy of Film Form": 168-72). El conflicto espacial se percibe en la cinta al contraponer una toma subjetiva desde el punto de vista de Francisquito y su abuela camino a la escuela del enorme patio interior del edificio que parece a punto de derrumbarse (figura 1), con sus figuras a contraluz al salir a la calle. Por otra parte, esa toma en dirección ascendente se contrapone a otra en sentido opuesto. En efecto, cuando llegan al colegio, la cámara los enfoca desde la baranda del primer piso de modo que parecen estar aplastados (figura 2).

---

del argumento en la página del Internet Movie Database www.imdb.com/title/tt0384566/.

[196] Sobre las diferencias entre un transformista y un travesti, véase Young, 2007, p. 42.

[197] Tierney se enfoca en las "memorias de la revolución" (2007, p. 52) y Young (2007, p. 33) señala el paso de la revolución como utopía colectiva a un arte más rentable que critique a la revolución desde dentro sin dejar de representar la realidad cubana al igual que temas universales tales como los dilemas existenciales diarios.

A despecho del ángulo, ideológicamente el efecto de las tomas es similar, ya que refuerza el tema de la carencia con la (presunta) falta de oportunidades del niño en el futuro.

En 1929 Eisenstein también definió otros tipos de montaje, a saber: métrico, rítmico, tonal, sobretonal, e intelectual ("Fourth Dimension": 186-94). En *Suite Habana* el montaje rítmico, descrito como "movimiento dentro del encuadre que impulsa el movimiento del montaje de cuadro a cuadro" (p. 188), es particularmente visible con el *crescendo* de la actividad a mediodía, reflejado en el ámbito doméstico por el baileteo de las válvulas de las ollas a presión, que se yuxtapone a un *close-up* del rostro de una mulata que se mueve al compás de su andar, seguido por una toma del contorneo de glúteos enfundados en un corto vestido elástico con diseño de leopardo, y reforzado por una de vaqueros ajustados. Es decir, que además del ritmo, la semejanza entre el movimiento de las válvulas y el caminar connotan el estereotípico ardor de la mulata.[198]

Asimismo, fiel a su título, *Suite Habana* incluye distintos tonos musicales que se reflejan tanto en el montaje como en el [presunto] efecto sobre la afectividad del espectador.[199] Es así como el montaje tonal "se basa en el característico tono emocional de la pieza" (Eisenstein, "Fourth": 188). Aunque el ritmo cambia a lo largo de la cinta, el *rallentando* se percibe después del almuerzo, sugiriendo aletargamiento y/o la tristeza de Franquisco en el cementerio y el pesar de la familia de Jorge Luis que lo despide en el aeropuerto. El silencio permite percibir sonidos tales como los del paso del tren, el del tráfico, incluyendo una sirena y un avión. A continuación, se nubla y mediante el recurso de la falacia patética, la naturaleza proyecta la tristeza de los personajes. El tono grave se mantiene mientras retornan al hogar. Algunos se alegran, como Francisquito cuando lo llevan a pasear. El tono neutro e introspectivo se vuelve más alegre con el de la música que transmite la radio mientras Raquel se baña. Asimismo, la televisión transmite música instrumental lenta mientras Iván,

---

[198] Desde un punto de vista feminista, estas tomas son sexistas, sin embargo, las reacciones de los hombres apuntan a un hecho probado.
[199] Patterson (2005) nota que "la ausencia de diaólogos no hace que el film sea silente [porque] la música de Edesio Alejandro introduce una voz que se superpone al silencio de los personajes, interpretando sus acciones" (p. 187).

Heriberto y Julio se afeitan, Amanda tuesta maní, la madre de Heriberto le retoca el traje y Francisco y su hijo preparan la cena. El ritmo lento se mantiene mientras Francisquito se baña y Amanda vuelca maní en los cucuruchos de papel.

La transición a la trova surge con la imagen televisiva de Silvio Rodríguez cantando "Mariposas". Así es como del bolero "La tarde" se pasa a un a*ccelerando* con el *allegro molto* de la coda del *"Pas de six"* de "El lago de los cisnes" de Chaikovski. El crescendo de los aplausos da lugar a un cambio de locación ya que Julio ingresa al salón Benny Moré. La multitud baila semejando el oleaje del mar y Heriberto toca el saxofón.[200] La transición al cabaret se da por medio del montaje de tomas de manos abanicándose desde ángulos opuestos y el ritmo se acelera con la rumba "Ya no hace falta" que canta Iván. El *rallentando* vuelve a darse mediante el silencio que da lugar a lentos acordes de piano que sirven de fondo a las tomas relativamente largas de Ernesto, Heriberto, Iván y Raquel, que regresan caminando a sus respectivos hogares. Mientras Francisco y Amanda velan el sueño de sus seres queridos, Juan Carlos distrae la angustia con una revista y su madre fuma en el corredor. La lluvia vuelve a arreciar con el telón de fondo del bolero "Quiéreme mucho". Por último el enfoque del embate de las olas contra la costa permite cerrar el círculo. Es decir, que tal como en una suite, los ritmos cambian, reflejando los sentimientos de los protagonistas e influyendo sobre la afectividad del espectador.[201]

Además del montaje tonal y rítmico la trama se refuerza mediante un montaje asociativo que connota la cotidianidad de las acciones y permite establecer relaciones entre los personajes.[202] Así, mientras la mujer apostada frente a la estatuta de Lennon, Francisquito y Heriberto almuerzan un sandwich, Amanda sólo

---

[200] Tierney (2007) nota los sonidos atonales sobre los de la música de baile remiten a *Memorias del subdesarrollo*, ya que ambas cintas se oponen a representación tradicional de Cuba y su música de baile (p. 51).
[201] La suite es una pieza instrumental que consiste de varias más cortas. La barroca abarca una serie de movimientos de danza, posteriormente, hubo mayor libertad en la combinación de piezas, algunas compuestas por extractos de un obra más extensa, ópera, ballet, o música incidental. Véase www.asu.naxosmusiclibrary.com.ezproxy1.lib.asu.edu/default.asp?page_name=resources&label=glossary&char=S.
[202] Sobre el montaje asociativo en *Berlin*, véase Macrae (2003).

tiene pan. Por otra parte, pese a que la longitud de las tomas varía y algunas son tan cortas que (casi) pasan desapercibidas, el montaje asociativo tiene una función diegética porque refuerza la ilusión de simultaneidad de las historias, como en el caso del montaje de tomas de Raquel, Heriberto, Enrique y Francisquito bañándose y/o de Iván, Heriberto y Julio afeitándose.[203]

Resultados

La función del documental observacional es captar y percibir los ritmos de la vida diaria…, ver los colores, las formas y relaciones espaciales entre los personajes y sus posesiones, y discernir particularidades resultantes de la entonación y el acento (Nichols, 1991: 42). Tal como se ha mencionado, la diferencia radical de *Suite Habana* consiste justamente en eliminar el diálogo, salvo en el caso de las palabras del payaso y de la adivina, que se intuyen pese a estar distorsionadas. Sin embargo, Pérez parece recurrir al recurso del *close-up* para apelar a la identificación del espectador al permitir "una lectura afectiva que resulta de la combinación de una unidad inmóvil [el rostro] que refleja intensos movimientos expresivos [...] que normalmente permanecen ocultos en el resto del cuerpo" (Deleuze, 2003: 87-88).[204] Deleuze nota que la tradición pictórica occidental se enfoca o bien en "el contorno de la cara, que circunscribe la nariz, la boca y el borde de los párpados" o bien en "rasgos dispersos intuidos globalmente" tales como "el temblar de los labios" o "el brillo de la mirada" (2003: 88). Es así como "la admiración se transmite mediante un 'mínimo de movimiento' [...] que se refleja y refracta en el rostro" (Deleuze, 2003: 90-91) y "lo que denominamos *deseo* [sea] inseparable de las pequeñas atracciones o impulsos que hacen que una serie intensiva se exprese mediante el rostro" (Deleuze, 2003: 88).

Sin embargo, las facciones de los personajes de *Suite Habana* se mantienen, en gran medida, inmutables, ya que la ausencia de diálogo remite a la introspección. A pesar de todo, el rostro

---

[203] Aún así, caben las comparaciones, dado que sólo Francisquito tiene agua corriente y los demás deben recurrir a un recipiente para enjuagarse.
[204] Pérez intenta que los espectadores se identifiquen con los pensamientos de los personajes (Stock, 2007, p. 73).

sumido y surcado de arrugas de Caridad connota un dolor visceral y la apacible expresión de Amanda, escepticismo (figuras 3-4). Tal vez sean quienes escapen de la realidad cotidiana por medio del arte son los que demuestran deseo y ambición; así es que vemos la sonrisa de Enrique cuando termina de bailar. Asimismo, de acuerdo con la postura de Deleuze, "el aspecto serial se transmite mejor en una serie de rostros presentados simultánea o sucesivamente" ya que su función es "pasar de una cualidad a la otra [...] para llevar a cabo un salto cualitativo" (2003: 89). Es decir, que la alternancia entre los rostros vencidos por las circunstancias y los de quienes aspiran a un futuro mejor, nos hace sentir admiración por los denodados esfuerzos que les demanda la mera supervivencia. Sin embargo, el *close-up* no se restringe al rostro, por el contrario, Deleuze nota que al utilizar este recurso con objetos se los arranca de sus coordinadas temporoespaciales y se los convierte en íconos (pp. 96-97). Esto es particularmente evidente en las tomas del reloj despertador que sacuden a Francisco de su sueño y de la cafetera que preanuncia el desayuno. La función del *extreme close up* es dar a conocer algún detalle significativo. Sin embargo, en *Suite Habana* remite a una paradójico distanciamiento debido al hermetismo resultante de la falta de diálogo.[205] Es decir, que la experiencia de la vida cotidiana dice lo que no permite el silencio de la (auto)censura sobre las condiciones de vida.

Resultados

Ante el borramiento del lenguaje, aumenta el impacto afectivo del montaje, desde el que ocurre a nivel de la toma (*shot*) en sí que incluye conflictos de planos, como del tonal y rítmico. El montaje asociativo es particularmente efectivo al sugerir el paralelismo de la acciones y permitir una aproximación catacrésica a la realidad representada. Paradójicamente basada en la "presencia ausente" del director, el documental observacional refuerza el

---

[205] Tierney (2007) nota que "la imagen más cruda y directa del video digital [...] otorga a estos objetos una extraña cualidad hiperreal [que] sugiere] la especial fragilidad, aunque resistencia, del orden social [...] en la era postsocialista" (pp. 53-54).

impacto de estas escenas al transmitir la sensación de "un acceso libre y directo al mundo" (Nichols, 1991: 43). El valor testimonial de la cinta aumenta al no tomar lugar "en un set [...] sino en ámbito de la realidad histórica [lo cual] impone más restricciones sobre el observador ideal de las que encontramos en la ficción" (Nichols, 1991: 44). Asimismo, el impacto afectivo del *close-up* profundiza la admiración del espectador ante la obcecada lucha diaria de los personajes frente a la carencia que los rodea, que no los arredra en cuanto a abjurar del éxito al que aspiran por medio del arte.[206] La inocencia de Francisquito encarna la de la isla y su discapacidad, las falencias de la historia. Es por ello que el mero sobrevivir constituya rebelarse y que "la interacción de los múltiples niveles de significación visual" (Macrae, 2003: 258) profieran un mudo grito de denuncia.[207]

Bibliografía

Aubert, J., "Suite Habana", en *Cuba: cinema et revolution*, 2006, pp. 255-62.
Burton, J., *The Social Documentary in Latin America*, Pittsburgh, University of Pittsburgh Press, 1990.
Chanan, M., *Cuban Cinema*, Minneapolis, University of Minnesota Press, 2004.
Deleuze, G., *Cinema 1: The movement-image*, Minneapolis, University of Minnesota Press, 1986, 2003, trad., Tomlinson H.; Habberjam B., 7ª ed.
Derrida, J., *Aporias*, Stanford, Stanford University Press, 1993, trad., Thomas Dutoit.
Eisenstein, S., "Beyond the Shot" nº 139, en *Selected Works, vol. 1. Writings, 1922-1934*, Londres, British Film Institute, 1988, pp. 138-50, trad. Taylor, R.
——, "Dramaturgy of Film Form", pp. 161-80.
——, "The Fourth Dimension in Cinema", pp. 181-94.

---

[206] Para un análisis más detallado sobre el cine cubano del período especial, véase Chanan (2004, pp. 444-95).
[207] Aubert (2006) también señala que "le film procède par accumulation" (p. 258).

—— , "Word and Image", en *The Film Sense*, Nueva York, Harcourt, Brace and World, 1947, trad., Jay Leyda.

Macrae, D., "On Berlin. The Symphony of a Great City", en *Expressionist Film: New Perspectives*, Comp. Dietrich Scheunemann, Rochester, NY, Camden House, 2003, pp. 251-70.

Nichols, B., *Representing Reality: Issues and Concepts in Documentary*, Bloomington, Indiana University Press, 1991.

Patterson, E., "Tres testimonios cinematográficos", en *Encuentro de la cultura cubana*, nº 36, primavera de 2005, pp. 181-89.

Pérez, F., *Suite Habana*, 2003.

Rutmann, W., *Berlin, Die Symphonie der Großstadt*, 1927.

Stock, A., "Imagining the Future in Revlutionary Cuba: An Interview with Fernando Pérez", *Film Quarterly*. 60.3., primavera de 2007, pp. 68-75.

Tierney, D., "La imagen digital en Cuba y en Colombia", en *Cuadernos Hispanoamericanos*, nº 679, enero de 2007, pp. 45-54.

Vertov, D., *Chelovek s kino-apparatom*, 1929.

Young, Elliott, "Between the Market and a Hard Place: Fernando Pérez's *Suite Habana* in a Post-Utopian Cuba", en *Cuban Studies*. 38.1., 2007, pp. 26-49.

Romanticismo naturalista en el cine de Herzog

Edgardo Gutiérrez
Universidad Nacional del Centro de la Provincia de Buenos Aires
Universidad de Buenos Aires

Palabras clave: *Herzog, romanticismo, naturaleza, posmodernidad, América*

Introducción

Es habitual asociar cierta sensibilidad alemana con los principios estéticos y filosóficos del romanticismo, si por "romanticismo" entendemos no aquello que está encerrado en un concepto estrecho, derivado de la historia del arte, sino la suma de caracteres, modos de vida, formas de percibir, imaginar y pensar que exceden aquellos impulsos originarios que dieran nacimiento al movimiento artístico y cultural que con ese nombre se forjó hacia fines del siglo XVIII y principios del XIX. Si lo que define a lo romántico es el predominio de la desmesura y lo misterioso, el primado de lo irracional y lo trágico, la atracción por lo oscuro y lo primitivo, la pasión por el pasado y por la naturaleza salvaje, no será difícil reconocer esos motivos en el cine de Herzog. El romanticismo, en Herzog, adopta una personal forma, fundada en el interés por la anormalidad y lo marginal. Sus personajes suelen ser seres excéntricos: enanos, como en *Los enanos también comenzaron pequeños*, débiles mentales, como en *El enigma de Kaspar Hauser* o en *Woyzek*, tontos, como en *Stroszek*, vampiros, como en *Nosferatu*, delirantes paranoicos o soñadores utópicos, como en *Aguirre, la cólera de Dios* y *Fitzcarraldo*, rebeldes insociables, como en *Grito de piedra*. En cualquier caso, esos personajes se apartan de lo socialmente "normal". En lo que sigue consideraremos los tres films mencionados en último término, rodados en América del Sur, e intentaremos desarrollar una línea discursiva que toma como eje la cuestión del otro, en sus dos aspectos indisociables: la relación del europeo con *el otro* (los indígenas americanos), y con *lo otro* (la naturaleza).

Aguirre y **América posmoderna**

Es notorio que el significado de la irrupción de la historia europea en América fue diverso para el europeo del que tuvo para los pobladores americanos en la época del descubrimiento. El gran relato europeo (el gran mito) postuló que América, con su descubrimiento por Europa, ingresaba en la Historia Universal, dando nacimiento a la época moderna. El Nuevo Mundo descubierto era, para el europeo moderno, algo ya existente, pero todavía no conocido.[208] América ofrecía al europeo la posibilidad que le había estado vedada en Europa. Tierra virgen, naturaleza salvaje, nacía sin pasado. Devenido lugar de asentamiento para una nueva civilización de colonos, pronto se convirtió en la tierra donde Europa hubo desplegado su voluntad de dominio, en su doble forma de voluntad de poder y voluntad de riqueza. Esa irrupción, con su historia y su proyecto, le permitió a los europeos descubrir en las tierras americanas el *topos* de la utopía (Cerutti 1973: 53-91). América empezaba a ser definida como una nueva tierra prometida. En los tiempos venideros, escribe Hegel, "se mostrará su importancia histórica", pues "es un país de nostalgia para todos los que están hastiados del museo histórico de la vieja Europa" (Hegel, 1946: 184).

Pero el proyecto europeo moderno no podía ser realizado sin el ominoso prerrequisito del megagenocidio de la población nativa. Como dice Ardiles sintetizando el fenómeno: "Esta modernidad europea se constituye desde sus orígenes en el juego dialéctico de una relación bipolar, que implicaba un polo imperial y dominador, por un lado, y una base dependiente y dominada, por el otro. Su cultura era, consiguientemente, una cultura de dominación basada en la violencia y concebida como una totalidad clausa cuyo motor inmanente era la guerra" (Ardiles, 1973: 13).

Pero en todo fenómeno, según sabemos desde Heidegger, está contenido el aparecer o el ofrecer aspectos que necesaria y constantemente presenten la posibilidad de encubrir y ocultar lo que el ente es en verdad. El descubrimiento, manifestación de un fenómeno acontecido en América, oculta más de lo que

---

[208] En la *Antropología* de Kant (1991, p. 148) se lee: "La cosa que se descubre se supone existir ya antes, sólo que todavía no era conocida, por ejemplo, América antes de Colón".

descubre. En la América moderna, en tanto descubierta por Europa, se ve un aspecto, una vestidura, máscara o *camuflage*, que revistió, encubrió y ocultó su ser al mismo tiempo que lo descubrió, pues, como afirma Ardiles, "en el choque, lo originario precolombino no fue des-cubierto, sino lisa y llanamente conquistado" (Ardiles, 1973: 13).

En la alborada de la época moderna el choque con la alteridad era el enfrentamiento con un otro que no era reconocido como tal, porque no se lo determinaba como sujeto sino como objeto. El conquistador buscaba tomar y someter, y cuando esto no era posible resolvía el problema mediante el inapelable expediente de la mera destrucción del otro. Los conquistadores se enfrentaban con su otro como con un desigual. Tenían que "tender a la muerte del otro [...] pues el otro no vale para él más de lo que vale él mismo" (Hegel, 1985: 116).

Lope de Aguirre, la figura del conquistador español escogida por Herzog para su film, es el personaje adecuado para mostrar la crueldad brutal del europeo en tierra extranjera, que se comporta de un modo no muy distinto a un animal de rapiña dejado suelto, como aquella nietzscheana "magnífica bestia rubia, que vagabundea codiciosa de botín y de victoria" (Nietzsche, 1994: 47). Frente a la pureza incontaminada de la Naturaleza y del hombre salvaje, que es uno con su medio natural, Aguirre parece un epítome de la conquista española, y en su desmesurado proyecto imperial vemos, de un modo a la vez caricaturizado y trágico, el *arché* y el *telos* de la subjetividad moderna.

Tierra, agua, lodo, un caudaloso río y su selva virgen, un luminoso cielo y altas montañas inexploradas, son el escenario de la historia. La potencia de las imágenes es proporcional a la potencia de esa Naturaleza primigenia en la que los personajes y la cámara (y el espectador con ella) se sumergen afanosamente: "El terreno es tan difícil que no podemos avanzar" dice el relato consignado en el diario de Carvajal, el sacerdote que acompaña la expedición de Aguirre. Carvajal, el representante de la iglesia, es la otra cara de la conquista. El secreto referido a la permanencia de la milenaria institución que, cínicamente, comparte con la hija de Aguirre, lo muestra cabalmente. "La vida de los hombres –dice, paternal y filosófico– es como una diminuta hierba, florece un instante como una flor de los campos. Pero cuando se levanta el viento se extingue la vida y ya nadie conoce su morada. Ya sabes, hija mía que para mayor gloria de nuestro señor la Iglesia siempre está al lado de los fuertes."

El lado de los fuertes es, en esta historia, el lado de Aguirre. Aguirre despoja a los indígenas de sus tierras, y a la tierra de sus indígenas. El despojo se cifra hasta en el nombre. En un pasaje del film, uno de los nativos le dice a la hija de Aguirre: "Mi pueblo ha soportado tormentas, terremotos e inundaciones, pero lo que han hecho los españoles es mucho peor. A mi me llaman Baltasar cuando mi nombre es Runo Dimac (el que habla) [...] Yo era un príncipe. Todos debían mirar al suelo ante mí y nadie podía mirarme a los ojos. Pero ahora estoy encadenado, como mi pueblo, y soy yo el que debe bajar la vista. Nos han quitado todo lo que teníamos. No puedo hacer nada, soy impotente".

El hambre imperial de Aguirre no sólo lo conduce a someter y asesinar a los indios; también lo impulsa a rebelarse contra el comandante a cargo de la expedición, que cae muerto. E incluso, en la *hybris* de voluntad de poder, Aguirre llega a desafiar al mismo rey Felipe II, a quien absurdamente pretende destronar, cuando le ordena leer al padre Carvajal un documento dirigido a aquél, en el que dice: "Somos la historia y ya nadie sentirá miedo en esta tierra. Nos rebelamos ante la muerte".

El despojo de la naturaleza adquiere ribetes de supina paranoia. Ya en los extremos del desvarío, Aguirre dice: "Si quiero que caigan muertos los pájaros de los árboles los pájaros caen muertos de los árboles. Yo soy la cólera de Dios. La tierra que piso me ve y tiembla". Dice: "Yo, la cólera de Dios, me casaré con mi propia hija y con ella fundaré la dinastía más pura que jamás haya visto la Tierra. Yo soy la cólera de Dios. ¿Quién está conmigo?". Pero lo que el espectador ve es que los pájaros de los árboles vuelan libremente por los aires, y lo que pisa Aguirre no es la tierra, sino los inestables maderos de una frágil balsa a la deriva a punto de desarmarse. Y su hija no es flechada por él sino por un certero dardo indio que la hiere de muerte en el cuello. Y con él no hay nadie, excepto una manada de pequeños monos inofensivos que invaden la balsa. Lo que vemos, en el epílogo del film, es la imagen de Aguirre, solitario, sobre la balsa a la deriva, siendo devorado como un insecto insignificante por la inextricable selva americana. Y recordamos las palabras de Runo Dimac, el príncipe indígena que, después de la confesión de impotencia dirigida a la hija de Aguirre, añade, casi piadoso, una lapidaria sentencia, que parece la sentencia que la naturaleza dicta en sus oídos para que la pronuncie ante los europeos como destinatarios: "Vosotros me dais lástima. Jamás podréis salir de esta selva".

De *Aguirre* a *Fitzcarraldo* y *Grito de piedra*

La irrupción de la historia europea en América tuvo, dijimos, un diverso sentido para el europeo renacentista y para los pobladores americanos de los tiempos de la conquista. Pero también lo tiene para el europeo y el americano contemporáneos. Lo que encuentra el europeo en América posmoderna es, expresado en palabras de Vatimo, "un enorme depósito de supervivencias que, en interacción con la desigual distribución del poder y de los recursos del mundo, da lugar al acrecentamiento de situaciones marginales" (Vatimo, 1986: 141). La situación posmoderna es la de una coexistencia de culturas diferentes, producto del proceso de descolonización, del ocaso de las guerras interimperiales, y de las masivas migraciones. Pero no será arbitrario afirmar que la posmodernidad, lejos de ser, como se cree, un fenómeno reciente, comenzó, como la modernidad, en el Renacimiento, y con el descubrimiento de América por los europeos. Si un rasgo esencial de lo posmoderno es el encuentro con la alteridad, y su reconocimiento, habría que tener en cuenta que el desocultamiento y reconocimiento de lo otro no es sino un tardío resultado que pone en conceptos aquello que ya está dado de antemano en la historia real. Por eso a la modernidad de América preferimos llamarla "paramodernidad". Y como en esa paramodernidad se da no sólo un *collage* de lenguas, culturas y religiones, sino también un *collage* de épocas, América moderna, es decir, paramoderna, es posmoderna *avant la lettre*. En efecto, Colón parece una cifra de la posmodernidad. Es, a la vez, antiguo, medieval y moderno. Lleva el espíritu de los griegos en el asombro y la admiración frente a la naturaleza, el espíritu de los cruzados en su mística salvacionista, el espíritu burgués en la codicia del oro. Colón quiere descubrir, quiere cristianizar y quiere riquezas, en medio de una población nativa donde impera la comunidad de bienes. Desde el siglo XV América paramoderna (y posmoderna) reúne épocas y modos de producción: comunismo primitivo de las comunidades tribales, socialismo de estado incaico, acumulación primitiva producto del saqueo del oro y la plata, capitalismo mercantil monopólico, servidumbre en la forma de la encomienda, esclavitud. Entonces, si se admite nuestra hipótesis, si modernidad y paramodernidad son las dos manifestaciones de un solo y mismo fenómeno, esto es: el encuentro con la alteridad y su historia, desde la aniquilación hasta el reconocimiento, lo que llamamos posmodernidad tiene quinientos años.

Ahora bien, la Europa del siglo XX no es la del XV; es una Europa *diferente*. Ciertamente, Herzog no es Colón; ciertamente, Fitzcarraldo no es Aguirre. Pero esa diferencia se apoya en una identidad. Fitzcarraldo es y no es Aguirre. Herzog es y no es Colón. Colón descubre, Herzog filma. Que el diario de filmación de *Fitzcarraldo* se titule *Conquista de lo inútil* es toda una definición de la gesta, tanto la del personaje del film como la del realizador. Semejante a la de Aguirre, la conquista de Fitzcarraldo es desmesurada y absurda. Como Aguirre, Fitzcarraldo, presa de una utopía delirante que no se realiza, pronuncia su profesión de fe egocéntrica. Le dice a Don Araujo: "¡Soy... mayoría! ¡Soy los billones! ¡Soy el teatro en la jungla! ¡Soy el inventor del caucho! ¡Sólo a través de mí el caucho se hace palabra!". Fitzcarraldo no padece la frenética ambición de Aguirre por el oro. El suyo es el loable anhelo de llevar La Música a la selva. Herzog no es Colón, que quería enseñar a los indígenas a hablar (no español, ni italiano, ni portugués, ni genovés, sino a hablar); pero en el prólogo de su diario escrito en la desmesura de la jungla, dice que en medio de "una naturaleza que aniquila por igual a los quejosos y a los fuertes" la voz de Caruso "hace enmudecer todo dolor y todo grito de los animales de la selva (y) extingue el canto de los pájaros" (Herzog, 2008: 11).

La descripción por parte de Herzog de la naturaleza salvaje no podría ser más romántica o expresionista: los cantos de los pájaros no son cantos, son gritos, "porque en este paisaje, inacabado y abandonado por Dios en un rapto de ira, los pájaros no cantan; gritan de dolor, y los árboles enmarañados se pelean el uno contra el otro con sus garras como gigantes, de horizonte a horizonte, en el vapor de una creación que aquí no fue acabada". No será arbitrario asociar esa percepción de la naturaleza, y el contraste con la incondicional estima del canto de Caruso, que tan insistentemente aparece en el diario de Herzog, con aquellas conocidas cláusulas apreciativas de Hegel concernientes a la superioridad del espíritu frente a la irracional brutalidad de la naturaleza: "La más funesta idea que atraviesa el Espíritu de un hombre es mejor y más elevada que el mayor producto de la Naturaleza, y esto justamente porque participa del Espíritu y porque lo espiritual es superior a lo natural" (Hegel, 1990: 10). Pero Herzog finaliza el prólogo con una sabrosa confesión. Dice, refriéndose a los árboles: "Jadeantes de niebla y agotados se yerguen en este mundo irreal, en una miseria irreal, y yo, como en la *stanza* de un poema en una lengua extranjera que no entiendo, me encuentro allí profundamente asustado". Uno podría preguntarse: asustado por qué, asustado de qué. Retengamos esta inquietud.

Del siglo XV al XX la conciencia europea pasa de la determinación del otro como objeto a la determinación del otro como sujeto, del otro como cosa al otro igual al yo, pero *diferente*. Tal captación de la diferencia, en el fin de la modernidad, supone el respeto. Esta es la verdad del europeo posmoderno. Dicho con las palabras de Nietzsche, que adelanta las de los filósofos del futuro: "Hay que apartar de nosotros el mal gusto de querer coincidir con muchos" (Nietzsche, 1983: 67). La antropología cultural constituyó el discurso sobre las otras culturas, y el antropólogo se manifestó como aquel que, como lo define Lévi-Strauss, "va lo más lejos posible". En la época llamada posmoderna el otro es alguien a quien comprender. Pero esta comprensión deviene de la mala conciencia europea, del remordimiento del crimen de occidente. "Etnografía", he aquí el nombre de esa mala conciencia. Escribe Lévi-Strauss al respecto: "Si el occidente ha producido etnógrafos, es porque un muy poderoso remordimiento debía atormentarlo, obligándolo a confrontar su imagen con la de sociedades diferentes, con la esperanza de que reflejaran las mismas taras o que la ayudaran a explicar cómo las suyas se desarrollaron en su seno" (Lévi-Strauss, 1976: 391). El europeo contemporáneo carga con la culpa del crimen perpetrado por sus antepasados, y es consciente de que "la aventura en el corazón del Nuevo Mundo significa en primer lugar que ese no fue el nuestro y que llevamos en nosotros el crimen de su destrucción" (Lévi-Strauss, 1976: 395).

En *Grito de piedra* encontramos esta conciencia posmoderna, que contiene a la vez rasgos de autocrítica y de arrepentimiento culpógeno, de sentimientos naturalistas y neorrománticos. Ya desde el título estamos en presencia de una declaración romántica en su hiperbólica forma expresionista, o una declaración expresionista en su hiperbólica forma romántica. Pues aquí el grito no es el del hombre, sino el de la piedra. El grito de Munsch se conjuga con el animismo de Nerval, quien escribió, en los tiempos de apogeo del romanticismo histórico los siguientes versos: "Todo es sensible/ a la materia misma un verbo es adherido/ Y como un incipiente ojo cubierto por sus párpados, un espíritu puro brota bajo la corteza de las piedras".

En *Grito de piedra* encontramos un atormentado exponente de esta conciencia posmoderna, que se expresa en este film bajo la forma del andinista que respeta a la vez al otro (la indígena mapuche) y a lo otro (la imponente montaña). El pretexto es la historia de una expedición de andinistas a la Patagonia austral. Vemos, en la apertura del film, a dos rivales intentando triunfar en el "Campeonato mundial de escalada deportiva", que es celebrado en un estudio de televisión de Munich, y transmitido al mundo entero. Quien gana el campeonato es, naturalmente, quien llega más arriba. El ganador, Martin Seldmair, conoce, después de la competencia, a Roccia Imerkofler, un experimentado alpinista que ha escalado las montañas más altas del planeta. Pero la duda con respecto a los competidores surge: ¿se trata de escaladores o de simples acróbatas? Roccia, que odia las cámaras, las luces, y la gente, plantea al triunfador un desafío: escalar el cerro Torre, en la Patagonia. El cerro Torre sólo tiene tres mil metros de altura, y se presume de fácil ascenso. Pero Roccia dice, no obstante: "Es una aguja de roca con paredes verticales de dos mil metros. Es una montaña imprevisible". Ya en la Patagonia, vemos a Roccia mostrando su ambivalencia: respeto casi religioso por la montaña, y, a la vez, soberbia de campeón de escalada. "Esta montaña me hace pensar demasiado", dice en un momento reflexivo. Pero también le dice a Martin, que observa el cielo despejado y está ansioso por subir: "Yo dirijo la expedición"; le dice a Katharina, su pareja: "Sólo yo decidiré cuando el tiempo es bastante bueno"; le dice a Ivan, su amigo periodista: "piérdelo todo, menos tu confianza en mí".

El film presenta un cruce entre conciencia ecologista e irrefrenable impulso del ego. Hans Adler, el compañero alpinista de Roccia, comenta en uno de los pasajes: "A la montaña parece que no le gustamos". Pero en otro le dice a Martin: "Estoy harto de ser el número dos". El escalador sin nombre, que vive en la montaña como un ermitaño, parece el único occidental integrado a la naturaleza. Dice: "Nunca nadie podrá llegar a la cima. El cerro Torre no es una montaña. Es un grito de piedra." Pero a la vez llama al cerro Torre: "El viejo ladrón de dedos", pues la montaña se los arrebató en su ascenso a la cima.

La voluntad de poder occidental se muestra con toda su fuerza en el segundo intento de escalada. Martin irá nuevamente a la Patagonia a "ratificar" su récord. Ahora el despliegue se hace con una gran producción televisiva financiada por un productor millonario que bautiza el espectáculo: "Juntos hasta la cima", y que incluye cuatro cámaras y un helicóptero para filmar la proeza. Dice Ivan: "Asalto masivo con tropas de artillería pesada". Roccia, que ha permanecido solitario (pero acompañado de la india mapuche) durante un largo año en el lejano sur, se refiere a todo aquello como a un circo. Pero a pesar de su romántica decisión de vivir como un ermitaño en contacto con la naturaleza, Roccia no elude una nueva competencia con Martin por llegar a la cima (y acaso al corazón de la mujer que ha perdido).

El alpinista llega, finalmente, luego de un titánico esfuerzo, y de una lucha desigual con la Naturaleza, a la cresta de la montaña. Vemos el triunfo del hombre. Y con ello los límites de la autocrítica de la conciencia posmoderna. Pregunta Ivan: "¿Por qué los hombres escalan montañas?". Y agrega, citando a Martin: "Escalar es como jugar al ajedrez pero siendo el jugador y las piezas". Pues bien, el hombre occidental parece no poder no querer ganar, siendo el jugador, pero, más aún, siendo el jugador y las piezas. Parece no poder no conquistar. Y cuando no conquista también conquista, pues el fracaso es la conquista de lo inútil.

Conclusión

De los aspectos más manifiestos contenidos en estas obras de Herzog se desprende, en apariencia, una visión autocrítica de la conciencia europea. En *Aguirre*, mediante la crítica radical de la conquista española, se pone claramente en evidencia la hiperbólica barbarie de la civilización europea. En *Fitzcarraldo*, de un modo no menos crítico, pero más matizado, debido a la estetización que el lirismo de la música operística comporta, la confrontación entre lo salvaje y lo civilizado, entre América y Europa, se construye alrededor de la delirante voluntad de poder del personaje protagónico. En *Grito de piedra* la doble rivalidad, y el obsesivo afán del personaje protagónico (y también del antagónico) por triunfar, al mismo tiempo, sobre el competidor y sobre la montaña, resaltan los caracteres de la soberbia europea, que contrastan con el manso sosiego de la indígena mapuche integrada a la naturaleza.

Ahora bien, de acuerdo con la lectura que proponemos, no sólo habría que percibir, en estas denuncias, una forma artística que pone en imagen la autoconciencia del etnógrafo, que ejerce el reconocimiento del otro, y del ecologista neorromántico, que anticipa los males que esperan a la humanidad si la naturaleza es sometida con arrogancia a los arbitrios civilizatorios; habría que percibir también una cifrada puesta en obra de cierto imaginario que en la Europa conquistadora parece anidar, generado por el temor inconsciente de una conjetural inversión compensatoria de la historia por venir.

Las circunstancias de la modernidad admitían un discurso del amo que legitimaba su dominio; las de los tiempos de la llamada posmodernidad, en cambio, generan discursos de reconocimiento del otro, y de lo otro. Pero ese reconocimiento ¿no será la modalidad posmoderna de la conquista? En relación con *el otro*, Todorov lo entrevió con clarividencia: "Nos parecemos a los conquistadores y somos diferentes de ellos: su ejemplo es instructivo, pero nunca estaremos seguros de que, al *no* comportarnos como ellos, no estamos precisamente imitándolos, puesto que nos adaptamos a las nuevas circunstancias" (Todorov, 1987: 264). Si lo que afirma Todorov es cierto, el reconocimiento muestra ocultando. Y lo que muestra ocultando es el temor inconsciente del europeo posmoderno de una justa compensación de la historia, si la cultura de Europa fuera, como en la Antigüedad la monolítica Roma lo fue por los germanos, fagocitada por las de los pueblos que sometieron. Pero en relación con *lo otro* la magnitud del problema se torna aún mayor. Herzog escribe en su diario que aquí, en esta tierra, la creación "no fue acabada" (Herzog, 2008: 11), que este es un "país dormido, sobre el que la ira de Dios se ha enfriado" (Herzog, 2008: 17). Y con esas palabras nos revela los límites de la conciencia europea para percibir y pensar lo americano, para percibir y pensar lo inmenso, lo exuberante y lo profundo de la geografía de América.

Dice la india de *Grito de piedra* en un momento: "Ellos son como son porque su dios ya no los puede ayudar". En efecto, ese dios no puede ayudar al hombre blanco, pues ese dios, como sabemos desde Nietzsche, ha muerto. Y ha muerto, paradójicamente, porque el hombre blanco lo ha asesinado. El dominio sobre el otro, la voluntad de poder sobre la naturaleza, la apropiación técnica del mundo, son consecuencia de la muerte del dios del hombre blanco. Y en América, la creación, en efecto, no fue acabada, como dice Herzog, pero no porque dios la haya abandonado en un rapto de ira, sino porque en América no es dios el creador, sino la Naturaleza, superior a los hombres. Eso es lo esencial que hay que ver: no la conquista de lo inútil, sino lo inútil de la conquista.

Y sin embargo, y sin embargo... Las imágenes de *Aguirre* y *Fitzcarraldo* nos permiten ver y oír (y se diría que también nos permiten oler y sentir) la espesura de la selva, el verde de la selva, la humedad de la selva, el calor de la selva. Las imágenes de *Grito de piedra* permiten ver y sentir lo blanco del glaciar, el frío del glaciar, el brillo del glaciar; permiten, a la vez, ver y tocar lo gris y lo duro de la piedra. En esas imágenes, en la materialidad de esas imágenes ópticas y sonoras puras de la naturaleza, en las imágenes en las que nos mira la mansedumbre de los pobladores originarios de América, es en lo que reside el auténtico valor de estas obras, no en las palabras, ni en los pensamientos explícitos de los personajes y del autor.

Bibliografía

Ardiles, Osvaldo, "Bases para una destrucción de la historia de la filosofía en la América indo-ibérica", en *Hacia una Filosofía de la liberación latinoamericana. Enfoques latinoamericanos* nº 2, Buenos Aires, Bonum, 1973, p 13.

Cerutti Guldberg, Horacio V., "Para una Filosofía Política indo-ibero americana; América en las utopías del renacimiento", en *Hacia una Filosofía de la liberación latinoamericana. Enfoques latinoamericanos* nº 2, Buenos Aires, Bonum, 1973, pp. 53-91.

Hegel, G. W. F., *Fenomenología del Espíritu*, México, FCE, 1985, p. 116.

—— *Filosofía de la Historia Universal*, Buenos Aires, Anaconda, 1946, p. 184.
——, *Introducción a la estética*, Barcelona, Península, 1990, p. 10.
Herzog, Werner, *Conquista de lo inútil (Diario de filmación de Fitzcarraldo)*, Buenos Aires, Entropía, 2008, p. 11.
Kant, I., *Antropología*, Madrid, Alianza, 1991, p. 148.
Lévi-Strauss, Claude, *Tristes trópicos*, Buenos Aires, Eudeba, 1976, p. 391.
Nietzsche, F., *La genealogía de la moral. Un escrito polémico*, Madrid, Alianza, 1994, p. 47.
——, *Más allá del bien y del mal*, Barcelona, Orbis, 1983, p. 67.
Todorov, Tzvetan, *La conquista de América, La cuestión del otro*, México, siglo XXI, 1987, p. 264.
Vatimo, Gianni, *El fin de la modernidad*, Barcelona, Gedisa, 1986, p. 141.

Naturaleza y personaje en el cine latinoamericano del nuevo siglo

Andrea Molfetta
Instituto de Ciencias Antropológicas
Facultad de Filosofía y Letras
Universidad de Buenos Aires

Palabras clave: *América Latina-personaje-naturaleza-trauma-siglo XXI*

"Esta generación filma como Hollywood sin culpas" –decía el mexicano Paul Leduc, autor del legendario film *Frida*, en el centro del programa *Roda Viva*, de la TV Cultura paulista, en 2007.

Vi los films de la muestra "América Latina: diversidad e semejanza", escribí algunas anotaciones sobre ellos y, sí, es verdad. Esta generación, la mía, habla el cine del norte sin cuestionamientos de lenguaje. O, todavía más, cuando no son realistas, son hiperrealistas. Casos ya famosos del nuevo cine mexicano, como *Amores Perros (*Alejandro González Iñárritu, México, 2000*)*, el montaje veloz de *Ciudad de Dios* (Fernando Meirelles, Brasil, 2002) o el cine de Boulocq en Bolivia (*Lo más bonito y mejores años*, USA/Bolivia, 2005) son ejemplos del virtuosismo técnico y de la velocidad con que el realismo de origen euro-norteamericano, adoptado por nosotros, incrementa sus potencias.

Si cuarenta años atrás existia el propósito del arte como herramienta para la transformación social, objetivos de todos los nuevos cines, hoy el horizonte, las justificativas y, claro, los films, son otros. Desde el punto de vista político, menos audaces y contestatarios, tanto en la forma cuanto en la construcción de los personajes, con una filmografia que aborda los sujetos en su intimidad, buscando un trabajo reflexivo y, al mismo tiempo, emocional.

Entonces, ya que las formas de la sintaxis fílmica dejaron de ser aparentemente el foco de la atención y de experimentación fílmica –en relación con los films de esa muestra– apenas me resta un análisis: el de la dramaturgia, es decir, del nivel semántico de estos films, tanto describir los personajes cuanto tratar de las características espacio-temporales del cronotopo que habitan en esos textos, para que así, después, podamos decir algo sobre los objetivos y especulaciones de este renovado realismo en el contexto fílmico latinoamericano del nuevo siglo.

El foco del cine narrativo clásico ha sido, desde siempre, el universo interior del protagonista, con quien nos identificamos, fundimos y de quien nos despedimos después. La psicología, desde los primeros estudios de teoria del cine a principios de siglo (Munsterberg), y luego el psicoanálisis han realizado una contribución histórica dentro de la teoria del cine, en especial, al desvendar el problema del espectador. Son maravillosos los textos de Bazin sobre el primer plano como inmersión psicológica, del libro *Qué es el cine* (1966); o los textos de Christian Metz explicando el dispositivo identificatório en el cine a través de la transposición de los principales tópicos freudianos, en El *Significante Imaginario (1977)*; los textos de Deleuze sobre el cine como máquina de emociones, o sobre el cinema-vidente, en el libro *A Imagem-Movimento* (1983), sólo para citar algunos ejemplos de este siempre fructífero encuentro entre cine y psicoanálisis.

Sin embargo, en el caso de estos films sudamericanos contemporáneos, a pesar de que el viaje constituye uno de los arquetipos más arcaicos de los procesos de transformación dentro de la historia de la narrativa occidental, veo un conjunto de films cuyos personajes, para resolver sus conflictos, están o deciden quedarse "en tránsito" por este continente, en el nuevo siglo. Y, más que la situación de tránsito, impacta el modo de construir el tiempo de esta situación, porque no son viajes realmente transformadores, ni de sí mismos, ni del contexto. Así como aparentan ser viajes sin destino, sin orientación, sin rumbo claro. Por el contrario, las películas nos muestran una forma de viajar que es intransitiva. Entonces, si no hay transformación de estos personajes en tránsito, ¿qué es lo que hacen al viajar? Ésta es la pregunta que direccionó mi análisis. Cómo es este sujeto que protagoniza los nuevos films de nuestra Sudamérica?

Los personajes Esperanza y Tristeza, en *Qué tan lejos*, de Tania Hermida (Ecuador, 2006), o el matrimonio de *Como pasan las horas*, de Inés de Oliveira Cézar (Argentina, 2004), el alemán de *Cinema, aspirinas e urubus*, de Marcelo Gomes (Brasil, 2005), o, por último, el adorable pibe de *El año que mis papás salieron de vacaciones*, de Cão Hamburguer (Brasil/Argentina, 2006). Todos personajes que, a pesar de que se ponen a sí mismos en situación de cambio, no siempre alcanzan sus objetivos. Tal vez, el deseo de viajar no era de ellos mismos... Entonces, ¿qué representa esta metáfora? Qué significa viajar para un sujeto obligado a hacerlo por su circunstancia social?

Lejos de ser viajes deseados o inicitáticos, son viajes de espíritu errante, como quien avanza de espaldas, mirando para atrás. Hay en los personajes de estos films, casi siempre, antes que el descubrimiento de una nueva situación, el luto por lo perdido, por aquello que se dejó atrás. Como viajantes son, de cierto punto de vista, pasivos, llevados por una circunstancia irremediable que los mueve: la dictadura, la opresión social sobre una mujer, la insoportablel monotonía de un matrimonio o la superflua e irremediable condición de turista. Pero ni las motivaciones del viaje cuanto sus resultados les competem por entero a ellos mismos. Todas son viajes emprendidas por sujetos que son empujados por sus historias, y no viajes que el sujeto emprende con espíritu de búsqueda. Estos viajes, más que un recorrido propuesto con un punto de llegada, parecen fugas o divagues desorientados.

Podríamos relacionar esto con la experiencia del *flanneur* romántico de las grandes urbes, además de con una actitud melancólica en relación con la historia, tal como la describe Benjamin. Sin embargo, en el conjunto de estos films, este divagar es continental, al encuentro de la naturaleza, encuentro en el que se desvendan, sin resolución, los conflictos personales.

En *Qué tan lejos* (Ecuador, 2006) tenemos dos protagonistas que viajan juntas: Esperanza, una joven española, y Tristeza –que en verdad se llama Tereza, pero acepta el equívoco sin alteraciones–, una universitaria de Quito. Ambas son presentadas para nosotros como extranjeras: Esperanza, obviamente; Tristeza se siente extranjera en su propio país, cuando se relaciona con los índios, habitantes nativos, encuentro racial. Ambas se encuentran distantes de una realidad que observan como verdaderas estranjeras, impotentes.

Esperanza comenta sorprendida: "Yo escucho noticias de la huelga, de los cortes de rutas [...] ¡pero no veo nada!".

Para Esperanza, la turista española, esta realidad latinoamericana es distante, imperceptible, y constituye el cuerpo de la propia Historia: a ella le pasan la cuenta de la opresión, como si fuera ella la propia Conquista, durante toda su incursión en el continente. Sin embargo, Esperanza, fiel y merecedora de su nombre, reflexiona, se detiene, cuestiona y responde, en fin, articulando una elaboración que le es propia. No pasa lo mismo con el personaje latinoamericano, Tereza/Tristeza, que no consigue sus objetivos y, además, se queda callada, casi no tiene letra, apenas espectando pasivamente su propio fracaso.

Para Tristeza, esa realidad distante, frente a la cual es impotente, es el cuerpo social de aquello que la aliena y asfixia: el padrón social de la feminidad, forzándola a sufrir rechazos por querer ser libertaria y buscando espacios nuevos para sí misma. Esa realidad es, para Tristeza, la estructuración conservadora de la sociedad ecuatoriana, en especial, el lugar castrado reservado para la mujer en la cultura machista, denunciado en la permanente sexualización de la mirada de los personajes masculinos hacia ella y, claro, apenas verbalizado en los comentarios de Esperanza. Para Tereza/Tristeza, la historia social es el plano presente de su experiencia, no remite a la profundidad histórica de las condiciones que la reprimen, es una participante-víctima, no-distanciada de la situación, apenas viviendo su insatisfacción frustrante. Tristeza sólo padece. Se siente alienada y calla, en fin, no impide el casamiento de su ex novio, que era su mayor objetivo como personaje desde el inicio del relato.

Las dos juntas son como un mandala, fragmentos complementarios de un gran personaje femenino en situación existencial: la Mujer, tan femenina la trama cuanto el propio nombre de nuestro continente, América Latina, mezcla inestable y dinámica de colonizador y colonizado. Ambas son definidas por sus atributos incluso biológicos en cuanto tales: la fecha de la primera regla, por ejemplo.

En *Como pasan las horas* (Argentina, 2003), de Inés de Oliveira Cèzar, acompañamos el drama de un matrimonio desencajado y en descompás, viviendo una situación claustrofóbica. En el medio del vacío que los atormenta, los diálogos indagan nuevos caminos para todos los personajes. Al mismo tiempo, cada personaje aparece aislado visualmente en un espacio diferente, sólo para sí. Son pocos los encuadres compartidos entre los dos personajes.

En esta película predominan las escenas en las cuales los personajes están en situación de soledad en un lugar cerrado, o en tránsito, también solos. En el fondo, un gran clima de estancamiento, donde todo cambio es deseado, incluso el de la muerte. Un estancamiento dramaticamente enfrentado por los personajes, que buscan romperlo. Él imagina que todo puede ser diferente. Ella asume que todo ya cambió, irremediablemente.

El film posee un ritmo narrativo en el cual las escenas de nuestros personajes se alternan con secuencias experimentales de paisajes naturales. Así, creo que este binomio estancamiento-mudanza es representado con la presencia mutante, y al mismo tiempo persistente, de la naturaleza. Lo angustiante, para el espectador, es que el ser humano, en su enfrentamiento y comparación con la condición natural, teje justamente lo que hay de más humano: su autotransformación deseante, sus crisis, su cultura, en fin, su pensar y reaccionar frente a la historia. Una historia diferente, y sin embargo, presentada como igual de inmanente y monolítica, como la historia natural. Pienso que este modo de mostrar la historia (humana, política), como historia natural es un modo de hablar de cómo la sienten estos autores: la historia política y cultural se "naturaliza" cuando es padecida como opresión. Importa destacar que, una vez más, la natureza y la historia aparecen articuladas cinematográficamente en una ecuación dramática original para este nuevo siglo, y de gran fuerza estilística.

Éste es el segundo tipo de espacio que aparece en este film: los espacios naturales, en largas duraciones, que hacen que el film entre en una clave surrealista. En el film de Oliveira Cézar, las imágenes de la naturaleza sufren una delicada intervención formal que nos introduce en el plano onírico, en una temporalidad tanática. Esta intervención formal aparece en los ángulos obtusos de los planos, que asumen posiciones de cámara muy interesantes y originales, así como un cuidado especial en el color, la luz y el montaje sonoro de estas imágenes de la naturaleza, de un mar nocturno.

Este cambio temporal, que induce a un cambio del estatuto de lo real dentro de la trama, está vinculado, de este modo, a la experiencia de la duración del discurso, que pasa a ser tan lento y denso, y que nos deja, como espectadores, inmersos en una lectura ansiosa y sensible frente a cualquier cambio en la imagen del viento, por ejemplo, o del mar. Así, este cambio de estatuto de la imagen, que nos saca de la temporalidad histórica de los personajes y nos sumerge en la percepción de la temporalidad pura del discurso, está vinculado a la imagen de la naturaleza, nuevamente.

En *Lo más bonito y mis mejores años*, de Miguel Boulocq (Bolivia/USA, 2005), tenemos un triángulo amoroso de personajes jóvenes, sin proyectos. Un film que se ofrece como un anecdotario de escenas de la calle, autos y, a la noche, escenario de la juventud urbana de Cochabamba. Todos tienen entre 20 y 30 años, lo que sin dudas influye en el modo como estas películas se focalizan en un presente continuo, sin síntesis o cuestionamientos de profundidad histórica sobre nuestra condición latinoamericana, siempre presente y evidentemente padecida por sus protagonistas.

El horizonte de esta generación boliviana aparece marcado por la idea de irse del país.

La cámara es videográfica, en la mano, trabaja en el nivel pictórico de la mancha, del trazo rápido, cine directo, el film es predominantemente nocturno y callejero. Film en el cual todo sucede en torno, dentro o por un auto: fetiche de una industrialización foránea frente a la cultura incaica original. Al final de la película, los jóvenes no consiguen partir. En este caso, ellos planean un viaje que nunca sale, en parte porque aparece otra dimensión del viaje, igual de siniestro y todavía más frustrante, el de las drogas.

En fin, personajes en situaciones de desplazamientos, en tránsito, y que, finalmente, terminan su "viaje" sin mucha transformación. Tereza/Tristeza no avanza en sus propósitos; Esperanza es la única que efectivamente viaja, pero ella es turista; el matrimonio viaja, sin transformaciones para ella; él pasa por una transformación, la muerte; los jóvenes de La Paz viajan, en sus alucinaciones, alienados de una transformación real. Apatía, falta de esperanza, opresión vivida en los espacios íntimos, falta de juicio histórico, eso fue lo que encontré como dramas de estos personajes que se ponen en este tipo intransitivo de viajes.

En relación con el análisis espacial, la dupla ciudad/campo me surprendió, porque creo que la Naturaleza continúa siendo um ámbito destacado en nuestros cines. Las películas puramente urbanas de la muestra son pocas, una minoría. Y esta vez, la naturaleza no es más un gran símbolo de la potencialidad de una Nación, como era en los períodos más clásicos, iluminados y acordes a los programas políticos, de los nuevos estados. Esta vez, la naturaleza es un espacio de autorreflexión, de encuentro rivalizante con la identidad personal. Los personajes van al encuentro de la naturaleza a exhibir sus dudas, sin resolverlas, es un espacio para mostrar lo incógnito detrás del mundo natural. Lejos de la función de anclaje y sedimentación de un símbolo, la naturaleza es un espacio para escenificar conflictos en abierto, sin respuestas. En el fondo, es el escenario de desplazamientos desorientados, que no indagan nuestra identidad, una identidad colectiva. Es escenario de indagaciones personales, irresolutas.

¿Y qué es, justamente, lo que nos crea en este conjunto de films la dupla sujeto-naturaleza? Personajes en viajes de autorreconocimiento, fotografiando la actual América del Sur. Este tipo de relación con la naturaleza se torna absolutamente paradigmática en la escena del film *Qué tan lejos*, cuando cinco niños indígenas surgen de la nada, del brete entre dos montañas, silenciando el diálogo entre las dos protagonistas de *Qué tan lejos*.

Estos niños, ¿surgen de la nada? ¿Nada, o sin nombre? ¿Es la nada o es lo incógnito, lo innombrable? Nuevamente, un ejemplo de detención temporal, que nos alerta sensiblemente sobre el lento pulsar del plano inmanente. Momentos de detención temporal que acontecen, en los dos casos ejemplificados en los films de Hermida y Cerqueira, en relación con la Naturaleza.

Así, creo que esto puede ser todavía un parámetro diferenciador del cine que hacemos hoy: no es más la natureza en sí, como monumento simbólico, como representación metafórica del potencial nacional, tal como sucedía en el paisaje cinematográfico de los años 40 y 50, y que no hacían más que reproducir los discursos modernizantes de los Estados-nación que nos colonizaron. Hoy tenemos, en cambio, en nuestra cinematografía, el carácter relacional de estos sujetos latinoamericanos con ese paisaje, que se ofrece más como espejo de incógnitas, espacio de preguntas, que de respuestas.

Quiero decir que estos personajes viven estas detenciones u obstrucciones del tiempo histórico, justamente, cuando están en tránsito. Contraste o contrapunto muy barroco de la construcción dramática, tanto cuanto el acto estético-fílmico de buscar descentrarse para encontrarse a sí mismo, a pesar de que encuentran, siempre, sus propios vacios. Tiempo histórico detenido, paradas reflexivas que, definitivamente, por la dilatación de la duración a que nos exponen, enrarecen la relación con la historia, que siempre aparece como algo distante que alcanza a los personajes para hacer que la padezcan, como Historia de opresión, monolítica y sin derecho a repuesta.

Si la narrativa del cine clásico representa un Tiempo de la Historia en un Tiempo cualquiera del Discurso –un bloque de historia inscripto en una duración discursiva–, las narrativas audiovisuales modernas ensayan la posibilidad de obstruir el acceso a la historia a través del obstáculo de la reflexividad, exponiéndonos a la lectura de un tiempo discursivo puro, puro relato, ritmo narrativo que Genette llamara de *pausa*, y que es absolutamente transtornador para el espectador, que debe decidir el rumbo de su lectura sin referente, deteniendo todo el funcionamiento del verosímil. Esto que para el autor de *Figuras III* es un ritmo narrativo llamado de *pausa*, para Deleuze (1983) es el resultado, en el cine moderno, de un trauma generado por la impotencia colectiva vivenciada durante la Segunda Guerra Mundial. Es decir, repito, una *pausa*, que es síntoma de un trauma.

Creo que, en el caso latinoamericano, esta *pausa* que surge en el contacto con la naturaleza se presenta de algún modo naturalizando una situación opresiva y, todavía, colonial, naturalizando lo que es histórica y políticamente construido, explicable y pasible de transformación, lo cual es, ciertamente, peligroso y nos dice, a gritos, que perdemos la chance de narrar desde un punto de vista poscolonial. En ese sentido, parece que esta estética cinematográfica posee una deuda crítica con nuestros contextos de probreza, lo que va en el mismo sentido de la denuncia de Leduc citada en el comienzo, pecado de un realismo ambiguamente comprometido con nuestra condición histórica.

La historia no aparece como un campo de acción e intervención. Todos los films se sitúan en el presente, todos sin excepción, y sus tiempos históricos, generalmente, no superan el plazo de algunos días. No realizan síntesis, ni juicios históricos. No hay perspectiva histórica o política en estos relatos, ni en los asuntos, ni en el abordaje de la historia que hacen los personajes. Y veo esto como un síntoma peculiar nuestro o, más que como un síntoma, como una cicatriz de la ficción.

Bibliografía

Deleuze, Gilles, *A Imagem-Movimento*, San Pablo, Brasiliense, 1983.
—— , *Conversações*, Río de Janeiro, Editora 34, 1992.
Genette, Gerárd, *Figures III*, París, Seuil, 1972.
Gwendolyn; Audrey; Foster, Captive *Bodies, Postcolonial Subjectivity in Cinema*, Albany, State University of New York Press, 1999.
Metz, Christian, *O Significante Imaginário. Psicanálise e Cinema*. Lisboa, Livros Horizonte, 1973-1976.
—— , *L´ennonciation impersonnelle, ou Le Site du Film*, París, Méridiens Klincksieck, 1991.

Análisis del tiempo en la película *Cielo dividido*

Noe Santos Jimenez
Universidad Autónoma Metropolitana
Comunicación Social
México

Palabras clave: *cine mexicano, cine gay, estilo, tiempo*

El estilo del director

Julián Hernández es egresado del CUEC y director de teatro, ha realizado varios cortometrajes como: *Hubo un tiempo en que los sueños dieron paso a largas noches de insomnio* y *Por encima del abismo de la desesperación*. Por su ópera prima *Mil nubes de paz cercan el cielo* recibió el premio Teddy Award al mejor largometraje del LIII Festival internacional de Berlín y el premio al mejor director de la XVIII Muestra de cine mexicano de Guadalajara.

El cine de Julián Hernández presenta varios puntos de *experimentación* como la propuesta de expresar el sentido a través de las imágenes, sin la necesidad de que los personajes hablen. El trabajo con los actores busca explotar su fotogenia y miradas; el cambio de tiempo en un mismo plano, la utilización del plano secuencia en toda la película; la utilización de encuadres simbólicos y la mezcla musical de diversas procedencias, entre otros muchos, son aspectos con los que gusta innovar en la realización de sus films.

El trabajo de la *puesta en escena* obedece a una perfecta planificación de cada uno de sus elementos debido a que el director no le gusta la improvisación en el momento del rodaje de una película. Para lo cual considera que se manejan tres elementos esenciales. El primero de ellos es *el espacio*, el cual además de proporcionar información acerca de los personajes, funciona dramáticamente enfatizando el contendido de las acciones y, en muchas ocasiones, tiene una función simbólica dentro de la historia.

Otro elemento muy importante de la puesta en escena es *el actor* que Julián Hernández prefiere trabajar con actores no tan conocidos y que la mayoría de las veces no corresponden con los estereotipos de belleza que propone la sociedad, la publicidad y los medios de comunicación. Es por ello que la mayoría de la veces selecciona personas de un "tipo común" que corresponden con los estereotipos de las clases populares o medias, tal es el caso de su anterior película *Mil nubes de paz cercan el cielo*, filmada en locaciones cercanas a Pantitlán en la ciudad de México. En el caso de *Cielo dividido* son estudiantes que acaban de ingresar a la universidad.

Los *planos secuencia* que se manejan a lo largo de la película por lo general son largos y llegan a durar varios minutos.Tal es el caso de la secuencia final, que corresponde con un *flash back* y que nos transporta a la mente y los recuerdos más importantes de uno de los personajes de la película. El manejo del tiempo como propone Gian Franco Bettetini en su libro *Tiempo de la expresión cinematográfica* se convierte en el elemento que crea una mayor significación dentro de la película.

Estos *flash back* son presentados casi en bloques a través de la película y representan el *punto de vista* de los tres personajes principales de la película, es decir, el *mega-narrador*, o encargado de mostrarnos cómo se desarrolla la historia, nos presenta el *punto de vista interno* de cada uno de los personajes, en donde se nos muestra lo más profundo de su ser, sus pensamientos y emociones mediante los recursos del mencionado *flash back* y de la *voz en off* del narrador.

Para este análisis cinematográfico vamos a dividir estas retrospecciones narrativas (flash *back*) en cinco momentos principales de la película, de acuerdo con el *punto de vista* de cada uno de los personajes.

1. Grupo: ¿quién me cuenta la historia?

La primera toma (Escena 1) de la película nos presenta a Gerardo que está haciendo el amor con un personaje que no se le puede distinguir el rostro, porque se presenta esta escena en planos muy cerrados, preferentemente en *medium close up*. La iluminación es muy marcada; existen luces muy fuertes de tonalidades amarillas, que la convierten no en una escena realista; sino marcada por un "tono" que tiene una carga subjetiva muy fuerte. Esta escena es excesivamente breve. El narrador dice: "Me acuerdo de ti en el día, en la noche, siempre me acuerdo de ti", es decir, se trata de una historia de amor en la cual solamente se muestra a uno de los personajes (Gerardo) y la voz narrativa que escuchamos no sabemos –todavía– de quién es.

La siguiente escena (Escena 2) Es de Gerardo que camina por los campos de Ciudad Universitaria de este momento y hasta la secuencia (Escena 15a) que entra el título de la película, aproximadamente 35 minutos de la película la historia se desarrolla linealmente, es decir, no aparece ningún *flash back*. A toda esta parte se le puede considerar una *introducción* a los tres personajes y a la vida cotidiana de Gerardo y Jonás, que tienen una relación de amor muy intensa. Al final de la secuencia (Escena 15) aparece por segunda vez la voz del narrador que dice que Jonás llora y Gerardo no puede entenderlo. En este momento se da el primer cambio y comienza a desarrollarse *el conflicto*. Se presenta también a Sergio como un observador distante de algunos momentos de la felicidad de la pareja.

2. Grupo: Jonás deja de amar a Gerardo, piensa en un extraño

Posterior al comentario del narrador y a la presentación del título de la película, el *conflicto* surge: Jonás se aleja emocionalmente de Gerardo, es decir, deja de quererlo tan intensamente como en la parte de la presentación en la cual se tenían muchos momentos de felicidad. Y en los momentos que parece va a surgir un nuevo encuentro aparece el recuerdo del extraño que Jonás conoció una noche en la discoteca y al cual no puede olvidar. De las escenas 12 a la escena 23 la historia se desarrolla linealmente; pero los personajes se han distanciado cada vez más.

Gerardo se encuentra en la alberca de ciudad universitaria (Escena 24), baja y se sienta al lado de Jonás este no quiere que lo toque, después de unos momentos Gerardo se acuesta en las piernas de Jonás y comienza a tocarle el pecho, la cámara baja y se dirige a las piernas de Gerardo para posteriormente volver a regresar a su cuerpo. Cuando regresa no es el rostro de Gerardo sino el del desconocido de la discoteca. Esta toma es eminentemente subjetiva y sólo funciona porque está vista a partir de *la mirada subjetiva* de Jonás y es un equivalente de un *flash back*. Pero realizado mediante un *plano secuencia* muy abierto Mientras, la relación entre Gerardo y Jonás se vuelve más conflictiva y su distanciamiento es cada vez más evidente.

Posteriormente, Gerardo y Jonás están en su habitación (Escena 35), Jonás se va aproximando a Gerardo, después de que han tenido algunas peleas y de que ha pasado bastante tiempo. Jonás besa a Gerardo y en este momento entra la canción tema principal de la película. Aparece un *flash back* (Escena 35a) de Jonás besando al tipo de la disco. (Escena 35b) dejan de besarse; Gerardo se sienta en la cama y Jonás hace lo mismo. Entra la voz del narrador que marca otro momento importante dentro de la narración. En este segundo grupo de *flash back* el punto de vista narrativo está cargado en el personaje de Jonás y sus recuerdos más profundos.

3. Grupo: Sergio había deseado estar con Gerardo

Gerardo conoce a Sergio y se ha ido acercando emocionalmente a éste. En otro momento (Escena 38) Gerardo le hace el amor a Sergio para, posteriormente, cortar a un *flash back* (Escena 39) en el cual Gerardo y Jonás se besan y el momento preciso en que Sergio mira Gerardo. El punto de vista varía ligeramente y los recuerdos y *flash back* pasan a ser los de Sergio. Narrativamente es de importancia debido a que Sergio siempre había estado en un segundo plano y a la sombra de Gerardo y Jonás, que habían sido los personajes protagónicos. Sergio siempre ha funcionado como un testigo del amor entre ellos porque se los ha encontrado varias veces en diferentes lugares.

Pero no comienza a adquirir importancia hasta que Gerardo asiste una vez a la discoteca y se vuelven a encontrar en los baños. Sergio logra tener su primer encuentro amoroso con Gerardo. Y el narrador comenta que "los otros" no entienden este tipo de amor que se da en un cuarto oscuro. Posteriormente, Sergio toca la pared (Escena 41) de la biblioteca en donde en algún momento se besaron Gerardo y Jonás, y el narrador comenta: Gerardo se volvió a Sergio y lo miro como si lo amara.

Gerardo ha abandonado la casa de Jonás (Escena 44) y ha recibido apoyo y consuelo de su mamá (Escena 45) y empieza a llevar una vida al lado de Sergio como su nueva pareja. Gerardo lo espera a la salida del metro Insurgentes (Escena 47) y van a tener encuentros íntimos en un hotel (Escena 49) donde bailan y son felices (Escena 49a), se besan y pueden mostrarse su amor; escuchamos nuevamente la canción tema principal de la película. Lo que nos indica que Gerardo ha vuelto a encontrar el amor.

4. Grupo: Jonás descubre que amaba a Gerardo

Jonás trata de continuar su vida después de la separación de Gerardo y asiste a la disco (Escena 48) y se encuentra casualmente con Gerardo y Sergio en el Ángel de la Independencia (Escena 51); Jonás corre desesperadamente para que no lo vean. En su casa busca las fotos de Gerardo y él (Escena 52) y el narrador hace un comentario. Entra un *flash back* (Escena 52a) de él con Gerardo besándose y el narrador dice que Jonás no puede soportar estar separado de Gerardo. Nuevo *flash back* (Escena 53) en el cual Jonás recuerda el momento en que estuvo con Gerardo en la biblioteca y en uno de los pasillos se encontró con Sergio. Jonás continua en su casa (Escena 54) y viene un *flash back* (Escena 54a) en el cual se repite el momento en que conoció al desconocido en la discoteca, En este recuerdo (*flash back*) hay varios elementos a destacar cuando se da el encuentro en la disco (Escena 15) es visto desde el primer piso desde la perspectiva de Gerardo. Ahora, se nos presenta desde el *punto de vista* de Jonás y, además, éste toma conciencia de que en ese lugar también estaba Sergio.

En este grupo de *flash back* han cambiado varias cosas. Jonás deja de preocuparse por el extraño de la disco y comienza a interesarse nuevamente por la relación que tenía con Gerardo; así como que recuerda la presencia de Sergio en la biblioteca y en la discoteca, ahora la nueva pareja sentimental de Gerardo.

Desde el punto de vista de la narración cada vez se han ido haciendo más frecuentes los *flash back*, han sido más largos y han adquirido un mayor peso dramático y significativo, tanto por la toma de conciencia de Jonás de que realmente lo quería y que recuerda a Gerardo como un momento de plena felicidad y, además, que ya había conocido previamente a Sergio pero no le había dado la importancia que ahora tiene. Además, de que los acontecimientos se repiten varias veces desde un nuevo *punto de vista*, el de Jonás, que en su presentación anterior como en el caso de la Biblioteca Central que eran vistos "objetivamente", sin favorecer la mirada de ningún personaje. Jonás se convierte en el personaje que reflexiona y recuerda aquello que irremediablemente se ha ido y se ha perdido para siempre.

Estos regresos al pasado le sirven al *mega-narrador*, la instancia encargada de trasmitir el relato, para enfatizar y resaltar aquellos momentos importantes dramáticamente dentro del relato. Así como para resaltar cómo los vivió cada uno de sus personajes, y desde el punto de vista cinematográfico para enfatizar el *punto de vista* visual y psicológico de los personajes. El distanciamiento que se provoca con el estilo de la película: utilización del plano secuencia, poca utilización de diálogos y actuación muy controlados, etc. se reduce al presentar los acontecimientos desde una "mirada particular" que muestra exactamente cómo lo sintió cada uno de los personajes.

La *intriga de predestinación* del inicio de la película de ¿quién era el personaje que pensaba todos los días en el amor que se había terminado?, era Jonás sin lugar a dudas y no Gerardoque vuelve a encontrar el amor.

5. Grupo: Gerardo llora por el recuerdo

Sergio está preocupado por su relación con Gerardo, su hermana le dice que no tiene de qué preocuparse (Escena 62). Ese mismo día Gerardo se encuentra con Sergio en la explanada de ciudad universitaria (Escena 63); se aproximan. En el baño (Escena 64) Sergio se lava, luego camina hacia la ventana en la cual está Gerardo. El narrador comenta: "Sergio estrecha a Gerardo y le dice que lo ama. Gerardo le dice que le cree". La cámara realiza un *paneo* por toda la habitación. El narrador comenta que Jonás llama a Gerardo y le dice que lo extraña todos los días, después ambos lloran. Mediante el paneo a la habitación se da el último *flash back* (Escena 64a) de la película, que corresponde al *punto de vista* psicológico de la película con el de Gerardo, que está viviendo nuevamente el amor con Sergio. Sin embargo, en la imagen se ve a Jonás y Gerardo entrando en la habitación de hotel. Gerardo besa inmediatamente a Jonás después de haber cerrado la puerta.

Este *flash back* se continúa mediante otro paneo (Escena 64b) En el cual Gerardo está en el baño, lo que nos recuerda la escena (Escena 59) en la que Gerardo ya no quiso tener nada que ver con Jonás. Esta vez, cuando Gerardo sale, ve a Jonás en la cama desnudo, al igual que en la Escena 59, pero esta vez le ofrece la mano para que se acueste. Gerardo se dirige hacia Jonás lleno de felicidad y amor, como cuando entraron al cuarto, se acuesta junto a él y se abrazan acostados hacia la izquierda. Se escucha una canción pop de José José que une este grupo de *flash back*.

Es interesante resaltar que de la *intriga de predestinación* de que no sabemos cuál es el personaje que habla y dice seguir enamorado del otro, hasta este momento la historia tiene varios cambios: primero el enamoramiento de Jonás y Gerardo; la separación de ellos y la tristeza que siente Gerardo por este acontecimiento. El inicio de su nueva relación con Sergio. El darse cuenta por parte de Jonás de su amor por Gerardo. Y el regreso de la felicidad para Gerardo por su nuevo amor con Sergio. El *mega-narrador* junta dos momentos diferentes que han ocurrido en dos tiempos diferentes:

1. El amor entre Sergio y Gerardo (tiempo presente) y de importancia en la película, que de por sí es suficiente para cerrar la historia.
2. El amor entre Gerardo y Jonás (tiempo pasado) *flash back* y final de la película.

El pasado –*flash back* final– resulta tan importante, o incluso más, que el tiempo

presente. Los recuerdos (*flash back*) se van volviendo cada vez más significativos y, de hecho, marcan el "tono emocional del relato" del personaje que cuenta: "Todos los días pienso en ti". La última intervención del narrador es con respecto a un tiempo futuro, dice: después de mucho tiempo cuando Jonás vuelva a llamar a Gerardo y éste llora. Ambos lloran. Pero visualmente se muestra el momento de más intimidad y felicidad de la relación entre los personajes de Jonás y Gerardo. Abrazados y entrelazando sus cuerpos en un cuarto de hotel después de haber tenido relaciones amorosas.

Epígrafe y créditos

El director Julián Hernández ha declarado que hace películas de lo que conoce y que la mayoría de éstas tienen algo de autobiográficas. El *epígrafe* es algo exterior a la película, pero, en este caso, resume gran parte del sentido de la película. Es una dedicatoria que el director hace hacia alguna persona, pero en este caso se confunde con los propios personajes. Eso mismo pudo haberle dicho Jonás a Gerardo. También Hernández ha declarado que no quiere hacer películas que sean consideradas simplemente gays, sino que quiere hacer algo que vaya más allá de una película gay. Decirlo se convierte irremediablemente en un acto (Searle), al igual que un beso o una caricia. No importa cuanto tiempo después que se diga. Ni a través de qué medio se diga: un teléfono, una novela, una película. En la primera parte del film el amor se ve expresado físicamente, pero no se menciona mediante palabras. Hasta que el narrador –y sólo el narrador–, dice que se lo dijo Jonás a Gerardo y que ambos lloraron.

Esto se confirma, lo que dice el narrador, con el *epígrafe* final de la película, con lo que cree el director:

"He aquí el resultado de todo este tiempo en el que he querido decirte
Que te amaba, gritarlo.
Eso es todo.
Diciembre de 2005

El recuerdo, es significativo, después de haberlo vivido, de haberlo "calibrado emocionalmente", como aquella huella que quedó dentro de mí y necesita ser dicha o gritarla de acuerdo con la intensidad de la experiencia.

No se entendería la historia si no se intercalaran y se cruzaran los tiempos, como si casi se superpusieran uno después de otro como en el final de la película, donde se pegan dos momentos de felicidad, uno del presente y otro del pasado. El *tiempo* va a determinar su valor, su significado o, posiblemente, su olvido.

No es casualidad el ínter título de inicio de la película, que es una cita de Margarite Duras:

Vendrá un tiempo en que no sabremos qué nombre dar a lo que nos une. Su nombre se irá borrando poco a poco de nuestra memoria. Y luego desaparecerá por completo.

En cuanto a los créditos, corresponden a fotografías del rodaje de la película y están unidos mediante una canción pop del cantante kalimba que dice en su primera estrofa:
"Tuve un amor perfecto...".

Esta canción tiene todavía relación muy estrecha con lo que se ha contado dentro de la película. La siguiente estrofa dice "tuve un amor imperfecto". Es decir, que este amor sea perfecto o imperfecto depende del *punto de vista* del personaje que lo vive y también de nuestra ubicación en el *tiempo*. Es decir, fue perfecto sólo en ese *tiempo* que se dio, que se vivió, y no puede repetirse ese momento porque quedó encerrado en ese pasado, en ese *tiempo*, como un insecto en el ámbar; el amor perfecto se encuentra en el pasado y, a pesar de que se haya sufrido una separación un "cielo divido". Para Julián Hernández como para Margarite Duras es necesario decir, gritar ese amor antes de que llegue el olvido.

Bibliografía

Aumout, Jaques, *Las teorías de los cineastas. La concepción de los grandes directores,* Barcelona, Paidós, 2004.
Barthes, Roland, *Lo obvio y lo obtuso. Imágenes, gestos y voces,* Barcelona, Paidós, 1986.
Bettetini, Gianfranco, *Tiempo de la expresión cinematográfica,* México, FCE, 1982.
Careaga, Gloria, *Sexualidades diversas. Aproximaciones para su análisis,* México, Miguel Ángel Purrúa, 2004.
Casetti, Francesco, *Cómo analizar un filme,* Barcelona, Paidós, 1991.
Gutiérrez, Begoña, *Teoría de la narración audiovisual,* Madrid, Cátedra, 2006.
Hernández, Julián, *"Un plano es una elección ética",* en Varios, *Realización,* México, CUEC, 2006.
Hernández, Julián, Entrevista, *Revista de estudios cinematográficos* (s/a), México, CUEC.
Marquet, Antonio, *El crepúsculo de heterolandia. Mester de jotería,* México, UAM-Azcapotzalco, 2006.
Weeks, Jeffrey en Sas, Ivonne; Lerner, Susana, *Sexualidades en México. Algunas aproximaciones desde la perspectiva de las ciencias sociales,* México, Colegio de México, 2005.
Zavala, Lauro, *Elementos del discurso cinematográfico,* México, UAM-Xochimilco, 2003.
—— (coord.), *Revista Tierra Adentro: El placer del cine,* México, CONACULTA, 2006.

Estéticas do contemporâneo.
Algumas tendências do cinema brasilero

Catarina Andrade
Universidade Federal de Pernambuco – UFPE
Pós Graduação em Comunicação PPGCOM

Palavras-chave: *estética, cinema contemporâneo, cultura de massa*

Antes de pretender fazer uma análise estética de qualquer que seja o objeto –um filme, um romance, uma música, uma pintura–, parece necessário explorar o próprio conceito de estética e outros conceitos que o circundam. De uma forma muito simplificada, mas já elucidativa, é possível dizer que a estética é o estudo das condições e dos efeitos de uma criação artística, portanto, toda obra de arte pode ser estudada e analisada esteticamente. Nesse sentido, há um acordo de que a estética estaria diretamente ligada aos produtos artísticos, mas o que torna esse terreno de discussão um tanto movediço é o fato de, para se fazer uma análise estética, ter que se definir como arte o objeto de estudo escolhido. O problema consiste, na verdade, em caracterizar o que possui, ou não, valor artístico; assim como os critérios adotados para estabelecer o valor de determinada obra. Para tanto, este trabalho pretende discutir o conceito de estética – e de valor –, especialmente no caso do cinema brasileiro contemporâneo, tendo como base argumentativa alguns conceitos a ele relacionados.

Walter Benjamin, em seu ensaio *A obra de arte na era de sua reprodutibilidade técnica* (1996: 165-196), discute a função e o valor de uma criação artística na modernidade, levantando a discussão sobre a reprodutibilidade de uma "obra" possibilitada pelas novas técnicas associadas às obras de arte, em particular, trata do confronto entre pintura e fotografia. Segundo o autor, o conceito de reprodutibilidade não está simplesmente relacionado à reprodução de uma obra de arte, mas ao novo processo de 'confecção' da arte. A partir da possibilidade de reprodução em larga escala num curto espaço de tempo, a obra de arte ganha nova definição: ela passa a ser feita tendo em vista a sua reprodução. Nessa nova lógica, os elementos, que para os clássicos são fundamentais, estão ausentes: o caráter único da obra, sua autenticidade e, conseqüentemente, sua aura.

Benjamin aponta como evento principal para essa nova percepção da arte o surgimento da fotografia. Porque a obra fotográfica é o instante em que o fotógrafo percebe a imagem e a congela com um clique. O negativo, que passa por um processo de revelação para poder ser visto, já pode ser compreendido como a obra de arte 'confeccionada' para ser reproduzida, pois a partir daí a imagem será ampliada para o papel quantas vezes forem desejadas e cada ampliação será idêntica e, no entanto, será a própria obra; portanto, não caberia discutir, nos dias de hoje, a autenticidade de uma fotografia; pois, todas as reproduções são, ao mesmo tempo, original e cópia.

Dessa forma, segundo o filósofo Walter Benjamin, a existência única da obra de arte é substituída pela existência serial na medida em que a técnica multiplica a reprodução. "E, na medida em que essa técnica permite à reprodução vir ao encontro do espectador, em todas as situações, ela atualiza o objeto reproduzido". (1996: 168-169) Os dois processos trazem como conseqüência um abalo da tradição e estão relacionados com os movimentos de massa. É uma característica das massas modernas 'aproximar' todas as coisas, 'diluir' as fronteiras, e também superar o caráter único, através da reprodutibilidade técnica das obras. Então, a nova lógica proposta, baseada no consumo, eleva os caracteres da transitoriedade e repetibilidade, enquanto destrói os da unidade e durabilidade.

Diferentemente de outras obras, como a pintura, por exemplo, que hoje possui um elevado caráter de "exponibilidade", o cinema possui um valor de exposição inerente à sua própria existência. Se compararmos com a fotografia ou a literatura, no que concerne à reprodutibilidade, o cinema também se distingue, uma vez que a reprodutibilidade técnica do produto não é condição para sua difusão. A técnica, neste caso, permite a confecção da obra – nenhum filme pode ser feito sem um mínimo de aparato técnico –, mas não garante a eficácia de sua reprodutibilidade uma vez que reproduzir um filme implica um custo muito elevado para o consumidor. Esta característica intrínseca da obra cinematográfica obriga o cinema não somente a ser uma obra de massa como também pressupõe uma apreciação coletiva dos filmes.

O cinema foi criado para ser consumido coletivamente (numa sociedade de massa); um filme pode e deve ser visto por milhares de pessoas ao mesmo tempo. Em vista disso, a indústria cinematográfica, nos dias atuais, ainda é uma das mais rentáveis em termos de cultura de massa. Se considerarmos que o cinema

– como um todo – é um produto da cultura de massa, isto significa dizer que os filmes já "nascem" (e também são "concebidos") dentro de uma estética voltada para a massa. Sendo assim, o cinema se utiliza de padrões da indústria cultural e da cultura de massa para atingir seu público e causar os efeitos desejados.

Contudo, para entender o cinema dentro dessa sociedade de consumo, torna-se necessário tentar definir como essa sociedade se organiza e que padrões de consumo podem ser estabelecidos nela. Primeiramente é relevante levantar a discussão a respeito da cultura de massa, dos meios de comunicação de massa (*mass media*) e de como esses meios interferem na formação da sociedade e na definição de novos padrões e costumes. O rádio, a televisão, o cinema vêm agindo sobre as sociedades não só como forma de democratização da informação, de popularização da cultura e da arte, mas também como forma de manipulação e alienação das massas; ou seja, os *mass media* representam instâncias de poder, que não devem ser ignoradas.

A cultura de massa, da forma como é veiculada no Brasil pelos meios de comunicação, está estreitamente relacionada à sobrevivência do próprio sistema capitalista. Segundo Umberto Eco, pode-se distinguir três níveis de cultura: superior (*high*), média (*middle*) e baixa (*low*) (2001: 55). Entretanto, Eco ressalta que esses "três níveis não coincidem com níveis de validade estética", ou seja, não determinam o valor de uma obra. Portanto, a discussão do que está sendo veiculado pelos *mass media* e de como e quanto a sociedade consome os bens culturais de massa talvez seja muito mais relevante do que indicar os níveis de cultura e permanecer no discurso da hierarquia do poder.

Assim, deixando à parte a discussão dos níveis de cultura relacionados ao poder financeiro, Mac Donald levanta uma questão interessante (Eco, 2001: 37-39). Para ele, o midcult (cultura média) manifesta algumas características estéticas: toma de empréstimo processos da vanguarda e adapta-os para confeccionar uma mensagem compreensível e desfrutável por todos; emprega esses processos quando já conhecidos, divulgados, gastos, consumidos; constrói a mensagem como provocação de efeitos (característica determinante do kitsch); vende-a como arte; tranqüiliza o seu consumidor, convencendo-o de ter realizado um encontro com a cultura, de modo que ele não venha a sentir outras inquietações. O masscult, por sua vez, lança mão das vanguardas e não levanta o problema – nem para si, nem para a massa de consumidores –de uma referência à cultura superior.

O que ocorre hoje é que todos fazem parte da massa independentemente da classe social; logo, a divisão da cultura como alta, média e baixa pode estar completamente ultrapassada numa sociedade onde a hierarquia do consumo de bens culturais não corresponde à hierarquia das camadas sociais. Faz parte da própria natureza dos meios de comunicação de massa se dirigir a todas as camadas sociais em busca de um público (uma audiência) cada vez maior. O consumo não pretende ser elitista, pelo contrário, o que ele busca é unir todos em torno de um mesmo produto. As pessoas possuem hábitos de consumo que, quase sempre, independem do sexo, da idade e da classe social. Segundo Umberto Eco, "entre o consumidor de poesia de Pound e o consumidor de um romance policial, de direito, não existe diferença de classe social ou de nível intelectual. Cada um de nós pode ser um e outro, em diferentes momentos de um mesmo dia", (2001: 60) buscando, em cada caso, uma diferente forma de entretenimento.

No caso do cinema, um filme jamais é produzido para determinado público –como um objeto de culto para poucos–, ele busca o maior número de expectadores possível, não só em escala nacional, mas também no âmbito internacional. Um fenômeno muito comum no cinema hoje, que ajuda a reforçar esta idéia do maior consumo, são os numerosos filmes que vêm sendo realizados por mais de um país – por exemplo, diretor brasileiro, atores de diversas nacionalidades, locações em mais de um país, etc. – imprimindo na própria produção a estratégia de marketing para o futuro consumo. Um caso recente é o filme dirigido pelo brasileiro Fernando Meirelles Ensaio sobre a cegueira, cujas filmagens foram realizadas no Brasil, Canadá e Japão. Entre os protagonistas, os americanos Julianne Moore, Mark Ruffalo e Danny Gloover, a brasileira Alice Braga, o japonês Yusuke Iseya, o mexicano Gael García Bernal e a inglesa Yoshino Kimura.

De qualquer forma, seria ingênuo pensar que o consumo é uma atividade inteiramente livre. Muitos consomem o que a sociedade, ou os "peritos", define(m) como de boa qualidade, não levando em consideração seu próprio julgamento; é um tipo de consumo muito mais ligado ao status que determinado produto promove do que pelo conhecimento verdadeiro do conteúdo. Essa atitude de "distinção" em relação aos outros, também pode ser considerada uma atitude de massa, uma vez que o indivíduo não reflete sobre o que está consumindo, mas é conduzido por motivações alheias, mesmo sem perceber que isso esteja acontecendo

Já para o filósofo francês Pierre Bourdieu, em seu livro A Distinção – crítica social do julgamento, a contemplação (ou a fruição) de uma obra de arte está ligada ao conhecimento escolar e às classes sociais nas quais se situam os sujeitos. O senso de distinção, ou seja, o que diferencia as pessoas e as distingue na sociedade, é determinante de seu gosto. Bourdieu define, portanto, "três universos de gostos correspondentes, em geral, aos níveis escolares e às classes sociais" (2007: 21): o gosto legítimo, o gosto "médio" e o gosto "popular".

Deste modo, o gosto legítimo estaria associado às classes dominantes e ao elevado nível escolar; é o gosto pelo que é autêntico, único, e, de preferência, "consumido" por uma restrita parcela da sociedade (distinguindo-se, assim, dos outros). Já o gosto "médio" é relativo às classes médias e às frações "intelectuais" da classe dominante. Ainda de acordo com Bourdieu, o gosto "popular", como o nome já diz, é próprio das classes populares e varia inversamente ao conhecimento escolar, quer dizer que, quanto menos conhecimento escolar (ou acadêmico) tiver o sujeito mais dificuldade ele terá de apreciar obras "complexas". A estética popular seria estabelecida pela estética do gosto legítimo, sendo parte dela tudo que ao gosto legítimo é avesso; para o filósofo, "seja no teatro ou no cinema, o público popular diverte-se com as intrigas orientadas, do ponto de vista lógico e cronológico, para um happy end e "sente-se" melhor nas situações e nos personagens simplesmente desenhados que nas figuras e ações ambíguas e simbólicas ou nos problemas enigmáticos" (2007:35).

A fim de orientar o consumo, ou mesmo o público, os mass media, assim como o que se convém chamar de arte (literatura, pintura, cinema), buscam estratégias intimamente vinculadas a características estéticas que podem imprimir em seus produtos. Tomando o cinema como exemplo pode-se ressaltar as estéticas do kitsch e do "grotesco", ambas largamente utilizadas para atrair o público às salas e garantir a bilheteria. O kitsch é uma estética associada diretamente à cultura de massa, mas entender o que é o kitsch é incrivelmente mais fácil do que defini-lo.

Hermann Broch diz (Eco, 2001: 73-76) que sem uma gota de kitsch não pode existir nenhum tipo de arte. O conceito de Broch está relacionado ao fato de que em determinadas sociedades a arte está completamente integrada à vida cotidiana e que sua primeira função é estimular reações lúdicas, religiosas, eróticas, etc. Segundo Eco,

> a estimulação do efeito torna-se *kitsch* num contexto cultural em que a arte é vista, pelo contrário, não como tecnicidade inerte a uma série de operações diversas (e é a noção grega e medieval) mas como forma de conhecimento realizada mediante uma formatividade com fim em si mesma, que permita uma contemplação desinteressada (2001: 74).

É importante perceber que para o autor o kitsch não se caracteriza apenas pela provocação do efeito ou pelos fatores lingüísticos da mensagem, mas também está relacionado à intenção com que se 'vende' uma produção ao público. Nesse sentido, Broch lembra que o kitsch não diz tanto respeito à arte quanto a um comportamento de vida.

A relação entre o kitsch e a cultura de massa se evidencia quando se percebe o kitsch como 'comunicação que tende à provocação de efeito'. Por fim, Walther Killy refere-se ao kitsch (Eco, 2001: 72-74) como típica atitude pequeno-burguesa, como um meio de fácil afirmação cultural para um público que julga estar fruindo de uma representação original do mundo e, na verdade, goza unicamente de uma imitação secundária da força primária das imagens. Killy enumera algumas características do kitsch: inadequação, acumulação, percepção sinestésica, meio termo e conforto.

Essas características são presença recorrente no cinema, mas não devem ser encaradas como negativas. Muitas vezes, elas são usadas exatamente para ressaltar aquilo que normalmente passaria despercebido, ou mesmo para diferenciar o mundo real do cinematográfico. Um exemplo notável é o kitsch no filme Fale com Ela (2002), do diretor espanhol Pedro Almodóvar – um kitsch consciente (também chamado de camp) e de alta qualidade, que se tornou característica marcante das obras do diretor.

Diferentemente do kitsch, o grotesco causa no espectador de cinema uma sensação de desconforto que pode atingir a repugnância. Ele associa uma multiplicidade de elementos distintos, em situações absurdas e sem sentido aparente. De acordo com Muniz Sodré e Raquel Paiva, o grotesco opera na desarmonia do gosto ou disgusto (2002:17), suscitando reações como riso, horror, espanto, repulsa. O grotesco não é o feio – contrário do belo –, ele está em um âmbito distinto, pois ele reúne elementos imprevisíveis tanto para os padrões do belo como para os do feio; "é o belo de cabeça para baixo – é uma espécie de catástrofe do gosto clássico" (2002:28). Ele confunde seres humanos com animais, mesclados num cenário de excrementos, dejetos; lida com tudo o que, em geral, tentamos esquecer ou "colocar" num lugar onde não podemos ver.

Ilustra claramente essa estética o filme recém-lançado do diretor José Mojica Marins (o Zé do Caixão) *Encarnação do demônio* (2007). No filme, o diretor choca os espectadores pela abundância de bichos como ratos, baratas, aranhas, e de sangue (foram usado 3,8 mil litros de sangue cenográfico[209]), sem contar a imagem asquerosa do próprio diretor interpretando o personagem principal. Não há limites nessa enxurrada de sangue e bichos. Mojica não poupa os espectadores sequer do mal-estar da cena em que uma mulher sai de dentro de um porco morto. Em entrevistas o diretor afirma com convicção: "Não usamos computador, e disso tenho muito orgulho. É tudo real, fiz questão de que o elenco passasse por isso. Eu mesmo joguei sobre mim um monte de aranhas-caranguejeiras".[210] Diz ainda em relação à cena em que uma das atrizes introduz a cabeça num tanque cheio de baratas: "Com o computador não fica natural. Queria as baratas se mexendo e ela mostrando esse pavor de verdade".[211]

Nesse caso, torna-se evidente que o grotesco, assim como o *kitsch* associa-se não só a produções de sentido e opções estéticas, como também a uma atitude e/ou estilo de vida. Entretanto, enquanto alguns percebem o fenômeno do grotesco como uma ferramenta de sensacionalismo, outros interpretam que, em alguns casos, esses elementos (indesejáveis) possuem uma intencionalidade crítica, no momento em que colocam "de cabeça para baixo" os protótipos já existentes. Por exemplo, um herói possui o arquétipo de um homem forte, corajoso, viril, de caráter imaculado, justo, mas no filme de Joaquim Pedro de Andrade *Macunaíma* (1969) – baseado no romance homônimo de Mário de Andrade – o herói é exatamente o oposto desse arquétipo.

Macunaíma (personagem de Grande Otelo) é o disgusto do herói. Um negro que se torna branco (personagem de Paulo José).

---

[209] www.g1.globo.com/Noticias/Cinema/0,,MUL640823-7086,00.html.
[210] Idem.
[211] www.tudoagora.com.br/noticia/4358/Assustador--Novo-filme-de-Ze-do-Caixao-tem-38-mil-litros-de-sangue-Veja-fotos-.html.

Um herói sem causa, mau-caráter, preguiçoso ao extremo (tanto que só começa a falar com seis anos de idade), safado, feio, sujo... A escolha desse herói às avessas é intencional e funciona como crítica à imagem feita do Brasil e dos brasileiros. Macunaíma sai do sertão para a cidade onde se depara com os tipos os mais torpes: prostitutas, escroques, policiais corruptos etc. e, por fim, depois de uma vida nada brilhante (sobretudo para um herói), desaparece na mata.

Macunaíma faz parte de um período do cinema brasileiro que se costuma denominar terceira fase do Cinema Novo. Ao contrário das duas primeiras fases do movimento, nesse momento os filmes deixam de ser didáticos e diretos (principalmente por causa da censura; AI-5, 1968) e demasiadamente críticos. Tropicalista e antropofágica, a terceira fase traz no seu estilo elementos do *kitsch* misturados a uma 'roupagem moderna' (Prysthon, 2002), a uma sofisticação tecnológica. Elementos como a carnavalização, o exagero cultural, a alegoria *kitsch* e algumas características do grotesco, ilustram bem os filmes desta fase.

Mas, é a partir da década de 1990 que o cinema brasileiro ganha uma nova força de impulsão e assume novas características estéticas. Graças à peculiaridade do cinema enquanto produto cultural (obra de arte?) inerente da cultura de massa, pode-se tentar entender um pouco a estética da produção nacional desde esse momento histórico.

Nos primeiros anos da década, o cinema enfrentou um momento de forte crise financeira e, por isso, de pouca produção. Além disso, a relação do cinema com o público era frágil. Com o impeachment do então presidente Fernando Collor e a assunção do vice Itamar Franco, uma luz acendeu para o cinema. Os recursos da extinta produtora Embrafilme foram rateados através do Prêmio Resgate, que contemplou uma soma de 90 projetos cinematográficos, incluindo curtas, médias e longas-metragens. Por conta da paralisação anterior, esses projetos foram rapidamente finalizados, caracterizando uma espécie de boom para o cinema do Brasil. A partir desse "fenômeno da Retomada"[212], o número de cineastas no Brasil aumentou, como também o número de filmes e o de público. Houve inclusive, devido ao aumento de diretores,

---

[212] Convém chamar "Retomada" o período, a partir do início da década de 90, em que houve um surpreendente aumento de produção no cinema do Brasil.

uma maior diversificação geográfica e etária, o que, talvez, tenha possibilitado uma representação mais acurada do país, apesar de não ter havido uma 'democratização' das atividades cinematográficas, que sempre estiveram concentradas no eixo Rio-São Paulo.[213]

Embora não se apresente como uma escola, o 'Cinema da Retomada' tem uma importância incontestável como marco de uma possível construção de um cinema brasileiro, reunindo diversos cineastas e constituindo, pouco a pouco, um público. Sua maior característica é a diversidade, tanto temática quanto estilística. Estes filmes não estavam preocupados em representar, ou apresentar, um projeto político, nem constituir uma unidade com outros movimentos cinematográficos de países terceiro-mundistas. Não tiveram –e até hoje não têm– uma intenção político-ideológica de se manter como uma proposta de transformar a realidade do país, ao contrário do Cinema Novo, por exemplo.

> O cinema da década exibiu sua diferença, mas não esteve preocupado em proclamar rupturas. Privilegiou alguns dados de continuidade, como, por exemplo, na série de filmes que focalizaram os temas da migração, do cangaço e da vida na favela, num retorno a espaços emblemáticos do Cinema Novo. Certos núcleos temáticos se recompuseram, como a questão da identidade nacional, e permaneceu o recurso a esquemas alegóricos na representação do poder (Xavier, 2001: 45).

Já no final da década de 90, o cinema adquire uma nova perspectiva e passa a uma busca explícita pela inserção no mercado global, numa tentativa de integração ao modelo capitalista ocidental. Em 1996, 1998 e 1999, o Brasil concorreu ao Oscar de melhor filme estrangeiro com os títulos: *O Quatrilho* (Fábio Barreto), *O que é isso companheiro?* (Bruno Barreto) e *Central do Brasil* (Walter Salles), este último ganhou o Urso de Ouro no festival de Berlim de 1998 e a premiação de melhor interpretação feminina para a atriz principal, Fernanda Montenegro. Dessa maneira, o cinema brasileiro evolui para uma nova etapa, procurando se estabilizar e alcançar prestígio em âmbito nacional e internacional.

---

[213] O termo "cinema brasileiro" é, de certa forma, inadequado, pois a produção cinematográfica no Brasil nunca caracterizou uma unidade nacional, uma vez que sempre se concentrou, isso até os dias de hoje, no eixo Rio-São Paulo, ficando para os outros estados os ciclos, como o ciclo do Recife (PE), na década de 30, e as produções esporádicas, que foram finalizadas com muitas dificuldades e, em geral, fizeram a pós-produção no Rio de Janeiro ou em São Paulo.

As temáticas do cinema da retomada, em geral, não mudaram em relação aos períodos precedentes, mas mudou a forma e o foco. O Brasil, que no Cinema Novo já apresentou a tendência de falar das classes oprimidas, passa a trazer essas culturas subalternas para o primeiro plano, pretendendo, dessa forma, que elas passem não só a serem percebidas, como também consumidas pela cultura central. O 'mundo periférico' é trazido para o 'mundo do centro'. O cinema ilustra uma periferia excêntrica, traz o marginal para o centro, numa perspectiva de vantagens em estar à margem, expõe um marginal belo para ser consumido pela classe média – fenômeno que Ivana Bentes[214] chama de "cosmética da fome", em contraposição à "estética da fome" anunciada por Glauber Rocha no Cinema Novo.

> A violência aparecendo como "geração espontânea" sem relação com a economia, as injustiças sociais, e tratada de forma espetacular, acontecimento sensacional, folhetim televisivo e teleshow da realidade que pode ser consumido com extremo prazer. [...] Pobreza e violência fazem parte de um cenário depauperado de teorias, estéticas, políticas e ao mesmo tempo conquistaram um lugar no mercado como temas de um presente urgente (Bentes, 2002: C2).

São filmes como Madame Satã (Karim Aïnouz, 2002), Cidade de Deus (Fernando Meirelles e Kátia Lund, 2002), Amarelo Manga (Cláudio Assis, 2003), Cidade Baixa (Sérgio Machado, 2005), O Céu de Suely (Karim Aïnouz, 2006) entre tantos outros, que buscam um resgate da história das classes subalternas, ou mesmo funcionam como uma espécie de retrato do cotidiano destas. Esses filmes apresentam uma pobreza excêntrica e faz confundir subalternidade com estilo de vida alternativo. Há, inegavelmente, uma grande evolução estética, além, é claro, de um considerável melhoramento dos meios técnicos; equiparados aos de países de primeiro mundo. É indiscutível a qualidade dos filmes brasileiros atuais, destacando-se a fotografia e a montagem.

Cidade de Deus, filme de 2002, dirigido por Fernando Meirelles e Kátia Lund, é um dos filmes mais importantes do cinema da retomada. Seu notável impacto sobre o público nacional e internacional (inclusive indicado ao Oscar 2004 nas categorias montagem e fotografia) se deve entre outras coisas por tratar de classes marginalizadas – favelados, traficantes – e da violência de uma forma comercial plástica e esteticamente. É uma favela

---

[214] Professora de Comunicação Social da UFRJ.

e uma violência para a classe média ver, que causa, ao mesmo tempo, um certo impacto negativo – pelo medo da violência – e uma admiração positiva pelo outro, pelo subalterno, pela periferia – uma espécie de voyeurismo da violência.

> O filme se propõe a fazer uma espécie de genealogia da violência nas favelas e o faz meticulosamente do ponto de vista da imagem e do estilo. A primorosa direção de arte do filme revela as belezas e peculiaridades da favela e dos favelados; figurinos, penteados e *props* são elementos fundamentais do percurso pela periferia de Meirelles e Lund (Prysthon, 2005:239-240).

Em *Cidade de Deus* a 'cidade' – a que está fora – é praticamente invisível, sabendo-se da sua existência apenas através de alguns personagens que fazem parte dela e interagem em alguns momentos com os subalternos da Cidade de Deus. A preocupação do filme está acima de mostrar as desigualdades sociais ou explorar as tensões entre os subalternos e as classes que habitam as zonas 'nobres' da cidade. A proposta aqui é de mostrar como em três décadas (1960/1990) a violência se desenvolveu na periferia e o quanto ela se tornou banal.

As imagens da violência se compõem formando uma espécie de fotografia – estética e plasticamente brilhante – da favela e de seus moradores de forma que o conflito nasça e morra dentro dos muros da própria favela; fazendo, assim, com que os espectadores saiam satisfeitos do cinema e com que o filme possa concorrer ao Oscar. A violência é revelada como uma fatalidade. Inclusive ela aparente ser extremamente rentável, no caso específico do cinema. O número de filmes que abordam esta temática vem crescendo muito e de forma padronizada. *Cidade de Deus* é um dos exemplos mais bem acabados e mais complexos dessa estética; da estética da violência, da periferia *fashion* e da favela *pop* (Prysthon, 2003. 02), da periferia como um estilo de vida exótico.

Considerações finais

Assim sendo, pode-se inferir o inegável posicionamento do cinema enquanto produto cultural do consumo de massa. Hoje, ele ocupa conscientemente este lugar e desenvolve-se na medida em que, cada vez mais, direciona suas produções seguindo a lógica capitalista da globalização dos bens culturais em vista do maior consumo. Acredito que essa forma de apreciação da violência, por exemplo, recorrente no cinema contemporâneo se deve a uma mudança não do problema – que é a pobreza, a miséria, a marginalização que sempre existiram – mas da forma como ele é percebido (e de como ele quer ser percebido pelo público consumidor desses filmes). Os efeitos da publicidade também estão cada vez mais presentes, principalmente devido à intenção comercial dos filmes.

O uso da técnica deixa de ser apenas um aparato para a realização e passa a ocupar um papel fundamental para poder atingir os efeitos visuais e sonoros, os mais envolventes possíveis, possibilitando uma sedução do público cada vez maior e mais eficaz. Os apelos estéticos (como o *kitsch* e o grotesco) no sentido visual – pois cinema é essencialmente imagem – são explorados em escala crescente com o intuito de surpreender, encantar ou até chocar o espectador e, sobretudo, de permitir com que o cinema continue ocupando uma posição de destaque como produto cultural de massa.

Bibliografía

Benjamin, Walter. *Magia e Técnica, Arte e Política: ensaios sobre literatura e história da cultura*, Brasiliense, São Paulo, 1994.
Bourdieu, Pierre. *A distinção: crítica social do julgamento*. São Paulo, Edusp, 2007.
Eco, Humberto. *Apocalípticos e Integrados*, Perspectiva, São Paulo, 2001.
Hall, Stuart. *Identidades culturais na pós-modernidade*, DP&A, Rio de Janeiro, 1997.
Nagib, Lúcia (org.). *O Cinema da Retomada*. São Paulo, Ed. 34, 2002.
Prysthon, Ângela F. *Os conceitos de subalternidade e periferia nos estudos do cinema brasileiro*. In: Sérgio Capparelli; Muniz Sodré; Sebastião Squirra. (Org.). *A comunicação revisitada*. 1 ed. Porto Alegre, 2005. P. 233-247.
Ramos, Fernão Pessoa e Miranda, Luiz Felipe A. (organizadores). *Enciclopédia do Cinema Brasileiro*. São Paulo, SENAC, 2000.
Sodre, Muniz e Paiva, Raquel. *O império do grotesco*. Rio de Janeiro, MAUAD, 2002.
Xavier, Ismail. *O cinema brasileiro moderno*. São Paulo, Paz e Terra, 2001.
www.tudoagora.com.br/noticia/4358/Assustador--Novo-filme-de-Ze-do-Caixao-tem-38-mil-litros-de-sangue-Veja-fotos-.html.

Narrativas contemporáneas: el cine de la experiencia

Celina López Seco
Facultad de Derecho y Ciencias Sociales
Universidad Nacional de Córdoba

Palabras clave: *subjetividad-experiencia-real-realidad-articulación-representación-género*

Introducción

Hace algunos años que, con mayor énfasis, el campo cinematográfico da cuenta de nuevas y diversas modalidades de expresión, modalidades que implican diferentes maneras de abordar y situarse en el mundo. Si bien podemos rastrear las raíces de esta expansión en el nacimiento de las vanguardias artísticas del siglo XX y de allí establecer relaciones y cruces entre ambas, es con el desarrollo tecnológico, principalmente con la digitalización de los formatos, que esa explosión de discursos asume, hoy, una mayor visibilidad.

En esta instancia abordaré una de las tantas "nuevas" manifestaciones cinematográficas representativa de nuestra contemporaneidad por su innovación estética, su experimentación formal y de contenido, y por la posibilidad de situarse alternativamente al modelo de representación dominante, a esta modalidad la denomino cine de la experiencia.

El cine de la experiencia es aquel que, recuperando la noción de realismo como sistema de representación, se constituye en una forma de articulación y relación entre una subjetividad –la memoria/ experiencia del cineasta–, una representación –la realidad– una materialidad, –lo real del mundo–, y otra subjetividad –el espectador–.

Vicente Sanchez-Biosca en *Cine y vanguardias artísticas* señala que la expresión de la subjetividad en el cine de vanguardia, lejos de ser un componente homogéneo, no ha cesado de crecer desde los años 60 y que esto se debe a una amplia gama de factores que comprenden y contienen no sólo el desarrollo tecnológico sino también la importancia adquirida por la memoria personal en el discurso social, la compleja interrelación entre lo público y lo privado, el resurgimiento del film familiar, y agrega "no es de extrañar que en el clima de saturación de imágenes tautológicas, superfluas, arbitrarias y superficiales en medio de las cuales vivimos hoy los registros personales, como el film de familia parezca dotado de un valor de autenticidad y frescura" (Sanchez Biosca, 2004: 220).

Objetivos

La relación entre las imágenes –los discursos– y la realidad a la que remiten no es un problema nuevo ni surge exclusivamente en el ámbito de la semiótica, pero es con ésta que llega a formalizarse y adquiere un carácter central en la problemática de conjunto que define a la disciplina, esto es: la construcción de lo real en el interior de la semiosis.

Los objetivos que se plantean para la presente investigación están orientados a contribuir al desarrollo de los estudios en el campo de la semiótica sobre cine y se podrían clasificar en tres líneas aproximativas:

- Aportar elementos para el análisis del discurso cinematográfico y la sociedad de la que forma parte.
- Pensar la construcción de categorías susceptibles de abordar los nuevos fenómenos o manifestaciones artísticas/cinematográficas desde una perspectiva sociosemiótica, que tenga en cuenta la indisociabilidad del sentido y sus condiciones de producción.
- Contribuir al desarrollo de la reflexión sobre las manifestaciones artísticas que dan cuenta de un estado de época.

A partir de este delineamiento nuestra primera hipótesis de trabajo plantea que las características del cine de la experiencia lo configuran como discurso artístico/reflexivo, es decir, alternativo sobre el mundo. Por ello, para abordar esta forma cinematográfica en relación con lo social lo distinguiremos como género en tanto esta categoría nos permite pensar el interior del texto fílmico en relación con las convenciones, en él manifestadas, dadas por la época. Como género abarca el ensayo fílmico, la escritura autobiográfica, los diarios filmados y el cine doméstico. Todos estos discursos cinematográficas poseen en común la construcción de un pacto (Lejeune) –o contrato (Verón)– entre realizador y espectador que recupera la noción de verdad como experiencia.

El método, o desde dónde nos aproximamos

Planteamos la relación del cine de la experiencia con nuestra contemporaneidad a través de la noción de género discursivo elaborada por Bajtín. Cabe recordar que este autor considera los géneros como tipos relativamente estable de enunciados, siendo el enunciado la unidad comunicativa principal. Bajtín distingue así entre géneros primarios que surgen en condiciones más simples de comunicación (como el saludo por ejemplo) y géneros secundarios o más elaborados (como los discursos artísticos, científicos, periodísticos, y cinematográficos en el caso que nos ocupa, entre otros) y de estos le interesa no su división sino la manera en que el primero se inserta en el segundo perdiendo su contacto inmediato con la realidad. Todo género es ideológico dirá Bajtín, en la medida en que es un modo de tomar posesión de la realidad, y actúa como correa de transmisión entre la historia de la sociedad y la historia de la lengua (Bajtin, 1995: 254). Es desde esta noción de género discursivo como marca de interacción entre la subjetividad y la época, entre la mirada como recorte sobre el mundo, desde donde nos proponemos buscar las formas relativamente estables que configuran el cine de la experiencia (como modalidad/género) y hacerlo así abordable para el análisis y susceptible de aportar luz sobre nuestra contemporaneidad.

El género es siempre el mismo y otro simultáneamente, siempre es nuevo y viejo, renace y se renueva en cada nueva etapa del desarrollo literario (discurso que estudiaba Bajtín) y en cada obra individual de un género determinado (1993: 150-151). En este sentido decimos que el cine de la experiencia toma y hereda del cine autorreflexivo de la modernidad –Godard, Truffaut, Vardá, Eustache, Garrel– la relación entre el realismo como representación y el autor como marca/huella inscripta en el texto. Mientras que en el cine moderno este vínculo tenía más que ver con la figura del autor como creador en el cine de la experiencia la figura del autor se relaciona con la subjetividad como experiencia de vida presente en el texto fílmico lo cual sienta las bases de un contrato de lectura/pacto basado en la noción de verdad, diferente al cine moderno, con el espectador. (En ambas modalidades hay una articulación de las nociones de realidad/ real pero en el cine de la experiencia se plantea la realidad como representación de un real a través de la noción de verdad como experiencia del cineasta que dice: esto es lo que yo observo, esto es lo que siento en relación con lo que experimento/observo). De esta manera, y como segunda instancia e hipótesis de la investigación postulamos que el cine de la experiencia podría erigirse en puente o bisagra, fisura y posibilidad de repensar las categorías estáticas con las que tradicional y habitualmente se establecen rupturas tajantes entre el documental y la ficción y así abrir el mapa de lecturas que de la época pueden dar los relatos.

Material: las películas

El *corpus* seleccionado son las películas de Chris Marker (1921), David Perlov (1930-2003), Naomi Kawase (1969) y Joaquín Jordá (1935-2006) en primera instancia. Todos estos films poseen en común la presencia, no sólo como figura sino también a través de la voz en *off* –Marker, Perlov–, de sus realizadores expresando un punto de vista/representando una porción de lo real. A su vez distinguimos entre los realizadores que narran su propia experiencia vital –Kawase, Jordá– de aquellos que narran su percepción/ apreciación como experiencia sobre lo real –Marker– siendo el caso de Perlov un posible cruce entre ambos.

Para el análisis en cuestión y por razones de cercanía lingüística y temporal analizaré el film de Joaquín Jordá *Monos Como Bekis* (1999)

La verdad: mi experiencia

Joaquín Jordá, cineasta catalán (1935-2006), uno de los precursores en España del llamado "documental de autor", sufre una embolia cerebral a partir de la cual ingresan a su cine cuestiones relacionadas con esta experiencia.

El film comienza con la cita en *off* de Jordá sobre la imagen de un laberinto de ligustros que dice: "Entra, saldrás sin rodeos, el laberinto es sencillo no es menester el ovillo que dio Ariadna al deseo".

Luego, y antes de los créditos iniciales, aparecen conversando mientras recorren el laberinto dos médicos historiadores contextualizando el relato que veremos a continuación:

> Esta historia puede perfectamente comenzar con el caso de Piñas Gay, el capataz que estaba trabajando en los ferrocarriles americanos poniendo unas cargas explosivas y una barra de hierro se le introdujo por la cara, perdió el conocimiento pero al rato estaba perfectamente bien, entonces el médico del pueblo se quedó muy asombrado porque a pesar de la lesión tan grave que este hombre había sufrido estaba perfectamente bien.

En este punto interviene el segundo médico diciendo:

> Sin embargo al poco tiempo empezó a tener trastornos de la personalidad, comenzó a vagabundear, acabó en un circo, perdía los trabajos, se volvió iracundo, grosero, etc., hasta que murió. Luego se demostró por unos investigadores portugueses de los cuales Egas Moniz se pondrá a la cabeza, que la lesión que había tenido este capataz había sido una lesión del lóbulo frontal". Con esta introducción el film establece un paralelismo con las condiciones psiquiatritas actuales.

Moniz, neurocirujano formado en "la florinata europea", habiendo experimentado primero con monos, de aquí el título que da nombre al filme: *Monos como Bekis*, será quien realice la primera intervención quirúrgica en el cerebro humano con el fin de extirpar aquellas conductas indeseables, socialmente reprobables e involuntarias cuyo origen radicaría en una lesión/disfunción del lóbulo frontal.

Corte del plano secuencia que seguía a los médicos personajes referenciales/médicos "reales", por el laberinto y primer plano del laberinto visto en perspectiva con los títulos de crédito: "Escrita y dirigida por Joaquín Jordá y Nuria Villazá". Corte, aparecen dos hombres, uno de apariencia informal (pelo largo y mirada ausente) caminando –vagando– por el laberinto y otro de apariencia formal (de traje, pelo corto) levantándose de un banco.

Esta imagen de los hombres, que hacen referencia a distintos puntos de la conversación entre los médicos, sería la primera muestra de recursos metafóricos que se utilizarán a lo largo del filme. Vuelve la imagen de los médicos que miran a la cámara y dicen: "Oye, parece que por aquí no hay salida", el otro responde: "Pues tendremos que dar la vuelta."

Desde esta incipiente aproximación al film: los médicos y los hombres con distintas funciones dentro del relato (unos, argumentar otros, representar, ambos representantes de dos tipos de discursos: el discurso médico y el cotidiano) deambulan por un laberinto, lugar al que comúnmente asociamos con la noción de pérdida, desencuentro, confusión, se puede establecer una primera lectura: *Monos como Bekis* esta postulando que la verdad –la de la ciencia en este caso– es una construcción que como todo discurso es susceptible de diferentes lecturas de sentido. Y para este fin se valdrá de recursos propios de lo que Nichols denomina "documental expositivo" (Nichols, 1997): los argumentativos como cuando los médicos sugirieren que:

> Existe una clara similitud entre los postulados biologisistas y simplistas de Moniz con la actual "psiquiatrización" de la sociedad, es decir, con los psicofármacos que actúan como inhibidores de las neuronas. La lobotomización –intervención en el cerebro humano– estaba planteada como un método eficaz, simple y limpio que ayudaría a vaciar los hospitales, al igual que el *electroshock* y los tratamientos con insulina.

Por otra parte, el texto recurrirá a recursos propios de la ficción como las metáforas o las representaciones teatrales que realizan los internos de un psiquiátrico (Jordá desdoblando su figura en la de un actor haciendo explícito el recurso: vemos a Jordá entrar a una biblioteca y luego a su representante consultar bibliografía).

Así se plantea la forma que tomará el relato en función de la narración: reflexionar sobre un tema: la institucionalización de la locura, a través de una experiencia personal.

Esta articulación, subjetividad-realidad-real-subjetividad, será puesta en relación en el film a través de múltiples (y ¿anárquicas?) formas:

- La manipulación del material de archivo, al que se recurre para establecer paralelismos entre noticiarios de la época (Llegada del general Franco a la universidad de Portugal)

y las afirmaciones de los médicos historiadores sugiriendo de este modo la idea de la medicina como dictadura. (Actor haciendo de Jordá leyendo en una biblioteca archivos de la época sobre Moniz y posteriormente registrando en un grabador –dentro de una sala cinematográfica– sus hallazgos).
- Incorporación de entrevistas: a los familiares de Moniz, a especialistas de los hospitales, a los mismos internos, a empleados del zoológico donde están los monos, etc.
- Incorporación de ficcionalizaciones: a través de la figura de un actor crea un *alter ego* que busca información sobre Moniz.
- Intervención de la figura del director en escena: como enunciador –Jordá es el entrevistador– y como objeto de enunciación –él fue intervenido quirúrgicamente en el cerebro– es uno entre los locos; como director de ficción (de las teatralizaciones con los internos) como investigador detrás de su *alter ego*.
- Cruce permanente entre el discurso del poder: del hospital y la medicina como institución y sujetos que lo ejercen, psiquiatras, guías informativos (el guía del zoológico), familiares del investigador, herederos de su fortuna y el discurso de "los locos".
- Cruce y puesta en relación de los mismos discursos de poder: entre la información que dan los familiares de Moniz sobre el museo que creó el investigador para que perviva "la cultura como espiritualidad, y los objetos que él amó" (una guía del museo hace referencia a su genio en el premio Nobel que obtuvo en 1949 y a su humanidad a través del retrato pintado por "Medina", Jordá sólo escucha a la guía y deja que sus palabras y reflexiones den cuenta del sentido que tiene la noción de humanidad para la guía) y los médicos investigadores actuales.

Me detendré un poco más en este último punto, ya que en las respuestas de estos médicos, actuales herederos del inventor de la lobotomía, radica gran parte de la *construcción* argumentativa del film, es decir, en un guiño irónico de Jordá a los espectadores ya que esos postulados son contrarios al contrato propuesto al inicio del film por los médicos historiadores:

El neurocirujano Joao Lobo Antunez reconoce que

> El descubrimiento de Moniz es de una profunda actualidad asociada a los grandes descubrimientos del siglo: la "angiografía cerebral" cuya técnica diagnosticó la localización de una enfermedad en el cerebro. Esta técnica se sostuvo con una base científica muy sólida: trabajaban con perros, con cadáveres. Sin embargo muchos asocian la figura de Egas Moniz con un segundo descubrimiento: La neurocirugía, y esto es más controvertido.

Aquí aparece otro sujeto de saber, un biopsicólogo: Elliot Valenstein que dice:

> El procedimiento consistía en colocar un instrumento en un agujero practicado en el cráneo, de hecho se llegaban a practicar hasta seis agujeros en el cráneo para llegar al cerebro, luego se utilizaba un cable extraíble colocado a lo largo del cerebro de manera que cuando se hacía girar este aparato hasta el interior se destruía una zona nuclear del cerebro, este procedimiento solía llamarse: "operación de núcleo".

Corte, imagen –reconstrucción– de un hospital psiquiátrico con una enfermera vestida de época. Corte, aparece un tercer sujeto de saber: el neurocirujano Antonio Monteiro Trindade que dice:

> Supuestamente esto producía cierta interferencia en los comportamientos indeseables y moralmente no convenientes que el individuo llevaba a cabo de forma involuntaria en ciertas situaciones psiquiátricas. Se pensaba que de esta manera se podían "domesticar" estos comportamientos.

De estas relaciones entre "la historia oficial" y la interpretación y recreación de Jordá sobre aquella realidad surge *Monos como Bekis* que es una puesta en juego de los sentidos que atraviesan la semiosis social y que remite a una valorización del discurso subjetivo sobre el discurso institucionalizado. Jordá les da voz a los internos en un relato que como diría Bajtín "el otro" no es otro interpretado, es otro diferente que se asume como tal porque despliega su universo propio dentro de la polifonía discursiva.

Este lugar que Jordá cineasta le da al otro aparece en el texto cuando él como cineasta/investigador/intervenido quirúrgicamente es representado por un actor. Él, como los demás internos del neuropsiquiátrico con quienes realiza la película sobre la investigación de la lobotomía, desdobla su presencia en el texto como cineasta investigador en la figura de un actor que hace de un investigador, es decir, no sólo es quien dirige el film sino también uno de los sujetos sobre los que el film trata.

Podríamos pensar que este desdoblamiento lo sitúa en un nivel de igualdad con los demás sujetos representados. En una de las entrevistas, regresando del zoológico al psiquiátrico en el autobús, Jordá les pregunta a los internos:
- qué sensaciones o reflexiones tienen sobre la película que están realizando;
- qué implica para ellos estar frente a una cámara;
- qué les pareció la visita al zoológico que acaban de realizar.

Y uno de ellos contesta:

> Que cuando ve una película con animales en África o en cualquier parte, él sabe que las personas son reales y los animales son reales, y que ahora ya no sentirá más envidia de eso que vio porque él también ha estado con animales de verdad.

Apreciación, juego y reflexión sobre la realidad –imágenes cinematográficas– y lo real –estar ahí–. En este mismo autobús otro interno, cuando le preguntan qué piensa sobre hablar frente a una cámara responde: "Es para quedarte tuerto, porque tú miras, y te miran y los dos se están mirando".

En *Monos como Bekis* juegan permanentemente diferentes formas y puestas en relación de los discursos: en la interrelación de los mecanismos propios del documental como la entrevista y el material de archivo y los propios de la ficción, que configuran un relato cinematográfico alternativo. Pero la característica principal del texto por la cual estamos analizando *Monos como Bekis* es la articulación de la realidad –la institucionalización de la locura– con lo real –la intervención quirúrgica en el cerebro humano– a través de la experiencia de una subjetividad –el cineasta intervenido– que se presenta a su vez como objeto y sujeto de la enunciación: en esto descansa la noción de la verdad como experiencia. Estas características lo hacen susceptible de formar parte de la modalidad/género de análisis en cuestión: el cine de la experiencia.

A modo de hipotética conclusión, siguiendo el planteo de Bajtín quien refiere la utilidad de la noción de género en función a la noción dialógica irreductible a todo discurso, lo que Verón más precisamente llamaría como contrato de lectura propuesto entre el productor del discurso –cineasta– y su espectador, es que postulamos que en *Monos como Bekis* el lugar asignado al espectador –bajo el contrato de verdad como experiencia– en la figura textual de enunciatario es el de un otro con el que el enunciador aparece en un plano de igualdad, entrando en relación "dialógica" con ellos. No se lo estigmatiza, ni se lo interpreta, se lo presenta: este sujeto es otro, a partir de allí ese otro habitará un texto donde su presencia no es asignada desde fuera, su presencia es presencia de su propia voz.

Podemos decir que *Monos como Bekis* configura una estructura de relación diferente y por lo tanto alternativa a las planteadas por los discursos dominantes donde, entre otras cosas, el lugar asignado a otro no asume necesariamente condiciones de igualdad diferente.

Bibliografía

Bajtin, M., *Estética de la creación verbal:* "El problema de los géneros discursivos", "Hacia una metodología de las ciencias humanas", México, Siglo XXI, 1995, pp. 248-293, pp. 381-393.
Martín Gutierrez, G., *Cineastas frente al espejo*, Madrid, T & B, 2008.
Nichols, B., *La representación de la realidad, cuestiones y conceptos sobre el documental*, Barcelona, Paidós, 1997.
Olgán Arán, P., *Nuevo diccionario de la teoría de Mijail Bajtín*, Córdoba, Ferreira Editor, 2006.
Quintana, A., *Fábulas de lo visible*, Barcelona, Acantilado, 2003.
Sanchéz Biosca, V., *Cine y vanguardias artísticas*, Barcelona, Paidós, 2002.
Schefer, R., El *autorretrato en el documental*, Buenos Aires, Universidad del Cine, Catálogos SR., 2008.
Todorov, T., Mikhail Bajtín, *El principio dialógico*, Córdoba, UNC, 1991.
Torreiro, C., Cerdán, J., *Documental y Vanguardia*, Málaga, Cátedra, 2005.

La cámara que respira:
el grado inestable del cine contemporáneo

Marcela Parada Poblete
Facultad de Arquitectura, Diseño y Estudios Urbanos
Escuela de Diseño
Pontificia Universidad Católica de Chile

Palabras clave: *cine, inestabilidad, representación, registro, cámara*

Esta ponencia interroga el espesor narrativo que el cine ha ido ganando con el tiempo, y la estrecha relación que ese espesor guarda con el proceso progresivo no sólo de experimentación, sino también, de aligeramiento de la tecnología propio del desarrollo tecnológico de la época en curso.

En nuestros días nos encontramos ante una disponibilidad técnica y de mundo por la que el cine contemporáneo –un cierto cine contemporáneo que ponemos en alerta– promueve una lectura que se complejiza, según el cambio de domicilio que ha experimentado en el transcurso la objetividad-subjetividad del ojo-conciencia que registra, aísla, selecciona y articula en una composición de orden significante y que afecta, consecuentemente, la percepción que experimenta el espectador.

La hipótesis que nos guiará en esta exposición es que la narración cinematográfica contemporánea problematiza particularmente el tema de la mirada y nos pone ante un test permanente de presencia del sujeto particular involucrado en la aprehensión y constitución de mundo.

En este cine contemporáneo que pondremos en alerta, la cámara móvil y mínima ingresa como operación deliberadamente al ámbito de la representación, y en ello se cuela un grado de inestabilidad propio del sistema de registro en curso. Operación técnica en la que es posible leer un factor inherente a la subjetividad constitutiva del conocimiento humano; conocimiento atravesado por la condición inestable y finita que el cine contemporáneo pone de manifiesto vía la disponibilidad de los medios, la estrategia de registro y la emergencia de los recursos representacionales en la puesta en obra y cuestión.

El cambio narrativo-técnico no radica sólo en la manera de registrar y producir sino que, ingresando la cámara a escena y problematizando la mirada, en el cine contemporáneo que revisaremos el tiempo narrativo queda tensionado por el emerger del tiempo real.

Para el desarrollo del tema, nos centraremos en la revisión de cuatro películas:

PELÍCULA	DIRECCIÓN	GUIÓN	PAÍS	AÑO	DURACIÓN
The Blair witch Project (El proyecto de la bruja de Blair)	Daniel Myrick, Eduardo Sánchez	Daniel Myrick, Eduardo Sánchez	Estados Unidos	1999	87 min.
Le Fils (El Hijo)	Jean-Pierre y Luc Dardenne	Jean-Pierre y Luc Dardenne	Bélgica, Francia	2002	103 min.
Sábado, una película en tiempo real	Matías Bize	Julio Rojas, Paula del Fierro	Chile	2003	60 min.
Rabia	Oscar Cárdenas	Oscar Cárdenas	Chile	2006	74 min.

Estas cuatro películas fueron seleccionadas considerando una muestra del período comprendido entre el año 1999 y 2006, distinguiendo que el cambio de siglo coincide con una serie de cambios tecnológicos que el cine ha ido incorporando vía el aligeramiento de la tecnología y la disponibilidad de los medios de registro, edición y difusión.

En este sentido, se han escogido películas que funcionan como agentes-modelo para interrogar el tratamiento técnico-narrativo de realizaciones cuya puesta en obra adopta una estrategia discursiva operacional que complejiza particularmente el tema de la mirada en la representación y sobre ella.

La revisión que haremos de las películas agentes-modelo se focalizará en la estrategia de registro que se utiliza para narrar y poner en obra lo que se narra, advirtiendo el tratamiento y operación de la cámara, en vistas a señalar un factor técnico particular que distinguiremos cruza a diversas realizaciones de la época en cuestión. Ese factor técnico particular equivale a una estrategia representacional que hace uso de una suerte de *Táctica del seguimiento*; sistema de registro y aprehensión temporal-espacial que actúa sobre la apropiación narrativa del mundo y que puede ser asumida como una nueva tendencia que se abre paso en la contemporaneidad.

Prescindiendo de la narración descriptiva acostumbrada, estas narraciones cinematográficas contemporáneas incorporan, bajo la modalidad de esto que hemos denominado *Táctica del seguimiento*, la transformación del esquema establecido del espacio de visión en una visión particularmente segmentada, que es dirigida y conducida en el seguimiento del sujeto-objeto de narración. Nos encontramos ante un escenario en donde el paisaje es deliberadamente segmentado fuera de los cánones establecidos. Informe de segregación, de parcelación, en donde la ausencia de Planos Generales, sumada a la reformulación de encuadres y dislocación de ángulos de cámara habituales, restringe la comprensión espacial y temporal al índice del sujeto.

Pasamos con estas distinciones preliminares a la revisión de los "agentes-modelo".

1) El caso de *The Blair witch project (El Proyecto de la bruja de Blair)* es emblemático, marcando un hito en la puesta en forma de un argumento ficcional que tiende sus redes a la invocación de la lógica documental.

En términos argumentales los tres protagonistas se internan en el bosque cámara en mano en busca de los rastros materiales de la leyenda de la bruja de Blair. Trayecto de un fin de semana en el que desaparecen misteriosamente y del cual con el tiempo se tendrá noticias por el diario de rodaje y grabaciones de los jóvenes encontradas en medio del bosque.

Desde el momento en que en el plano argumental la intención de los propios protagonistas es realizar un documental, todo lo que ocurre ocurrirá en forma específica –y de manera particularmente obsesionada– para el ojo de la cámara, para el registro que constituirá una reserva de visión y documentación del trayecto que se emprende.

Para la primera escena entramos al living de la casa de Heather, la chica que lidera la excursión. La cámara de video *High*-8 realiza una toma en Primer Plano que se inicia en fuera de foco y que es abierta por la voz de la chica que notifica para la cámara que se inicia el viaje. A medida que la joven habla, el foco y el plano se ajustan con premura sobre su objetivo hasta que la imagen de la chica se vuelve nítida. Esta sutil imperfección de la toma que abre la narración funciona como marca para la lectura pseudo documental y doméstica que promueve el film.

En la misma línea, las secuencias iniciales pueden ser leídas como un registro instantáneo, a la manera de un *making-off* personal e íntimo del equipo, cuyo registro queda –incluso– abierto a ser desechado una vez que se realicen "las tomas oficiales" del documental que se llevará a cabo. Descarte que, en la impostación documental del film, evidentemente no ocurre.

La consigna de la chica es grabarlo todo, registrarlo todo. Bajo esta premisa, el registro realizado extrema particularmente la visión. Nos encontramos ante un tipo de registro que puede ser leído como una modalidad extrema de cámara subjetiva. La cámara entra deliberadamente a escena, ya no como punto de vista que equivale esporádicamente a los ojos del protagonista, sino como instrumento explícito y permanente de mirada.

El espacio es asimilado a través del ojo de la cámara en los tiempos que solicita la propia mirada de los jóvenes internados en el bosque, y a medida que los acontecimientos se precipitan, el encuadre queda constantemente sobrepasado por el fuera de campo.

La fórmula de "ver más y mejor", y de guardar para el futuro lo que se encuentra –lo que se ve–, propiciada por la disponibilidad de los medios de registro, es subvertida, para el caso, por la incapacidad técnica tanto de ver todo como de ver más allá de lo que la luz del foco de la cámara alcanza a vislumbrar en plena noche.

En las múltiples tomas nocturnas que articula el film, la oscuridad que desvirtúa la visibilidad, promueve un sentimiento de indeterminación e inestabilidad, donde lo amenazante cobra fuerza. Asistimos a una suerte de imágenes veladas, indiscernibles, tanto por la premura de los acontecimientos como por la información deficitaria que otorga una cámara en mano que registra en medio de la noche, cuando el mundo que no se ve y que se presiente en acto actúa con mayor fuerza.

En *El Proyecto...*, predomina la cámara en mano móvil, el cuadro impreciso en Plano Medio apuntando al paisaje que compone un espacio laberíntico y el cuadro en Primer Plano apuntando directo al sujeto portador de la cámara; tomas en las que el contraplano, para el caso, lo compone virtualmente el espectador, observador *a posteriori* del material pseudo documental registrado. El espectador queda, así, interrogado por la imagen, en cuyo encuadre los protagonistas interrogan a cámara el incierto devenir.

2) En *Le Fils (El Hijo)*, asistimos a una puesta en obra que se desarrolla temporal, espacial y argumentalmente bajo la práctica del seguimiento sobre el personaje del padre que articula la trama.

En términos argumentales, el padre es profesor de carpintería en un centro de reinserción social juvenil y para los primeros minutos del film habrá de recibir en el taller donde trabaja al chico que asesinó a su hijo, situación que tanto el chico como los integrantes del Centro desconocen. El joven ha salido del lugar de detención en el que estaba recluido luego de cumplir una condena de cinco años y ha sido derivado al centro de reinserción. La circunstancia de relación entre los dos personajes –el padre y el joven– será resguardada argumentalmente para ser revelada luego de transcurrida la primera media hora de la trama.

Es así como la cámara se instala fielmente tras el personaje del padre, situada generalmente a escasos centímetros de su nuca, siguiéndolo de modo incisivo durante todo el film. Los planos son cerrados y encerrados en este seguimiento, y la ausencia de Planos Generales concentra la atención en aquel que se constituirá, de entrada, como motivo-sujeto de la crisis.

Somos guiados por una cámara que no se desprende del motivo que ha escogido ya desde los primeros segundos del film y cuya posición exhaustiva y anómala –ello, por cuanto se sostiene no dando el brazo (el ojo, en rigor) a torcer–, hace que la imagen adopte no sólo un peso visual agudo, sino un peso que llega –literalmente– agazapado sobre los hombros, en la nuca del protagonista. Algo –¿qué?– lo sigue a donde vaya. Algo –¿qué?– gravita a sus espaldas y lo oprime. En estas condiciones, lo abierto por la cercanía visual es la inminencia. La estructura representacional en Primer Plano construye los cimientos de una zona que se acerca, precisamente, en la cercanía de auscultación. Algo –¿qué?– se encuentra a las puertas de irrumpir, aun cuando se trate de un "todavía no".

Bajo esta mecánica operacional, el eje dramático de *El Hijo* es –será– revelado a través del personaje del padre quien actúa como un concentrador de tensión –y turbación– para el discurso en curso.

El padre a quien seguimos ausculta a su vez, él mismo y en secreto, al joven. La operación de vigilancia adopta así una estructura en abismo: inspeccionamos las acciones del padre quien, a su vez, inspecciona clandestinamente las acciones del nuevo joven. Bajo el sistema de registro en curso se cuela el desconcierto y el rastro de lo inminente, y en ello queda planteado el foco de inestabilidad.

3) *Sábado, una película en tiempo real*, fue producida para ser registrada, como su nombre lo señala, en tiempo real; y el resultado hace honor al slogan del título.

Grabada con una cámara miniDV, en la que el soporte de grabación es la cinta digital de una hora de duración, asistimos por el lapso de una hora ininterrumpida, en un solo plano secuencia en movimiento, a los preparativos de una novia en el día de su matrimonio religioso y al conflicto que se desata cuando ésta recibe la intempestiva visita de una segunda chica que, junto con confesarle que ha mantenido por meses un *affaire* con el novio, le informa que está embarazada. La novia decide enfrentar al hombre-compartido y poner fin al compromiso.

Entramos a la trama en acto siguiendo a la segunda chica (la amante), quien acude a casa de la novia en su tarea de revelarle la noticia del embarazo. Esta chica a quien seguimos es acompañada por un joven quien, cámara en mano, registrará toda la situación. El punto de vista corresponde al del joven documentalista, cuyos encuadres denotan premura por abarcar cada detalle de la situación.

Una vez efectuada la confesión-revelación de la segunda chica, la novia traicionada le pide al cámara que la acompañe y con él va a enfrentar al novio-compartido. Este momento actúa como marca en el plano secuencia. La cámara pasa de un objetivo (de la segunda chica, la amante) a otro (la novia). De modo que en términos no sólo narrativos, sino operativos, la cámara abandona el primer objetivo una vez que éste se ha agotado y lo reemplaza por un segundo objetivo una vez que encuentra –como en una carrera de posta– el siguiente foco de registro y atención en donde se desarrollará la acción.

La consigna de la novia es, como la de la segunda chica, registrarlo todo y la amenaza inminente equivale a una cuestión técnica: el límite de la cinta y el agotamiento de las baterías.

Es así como aquí en adelante seguimos al cámara –y con él a su ojo visor que sigue a la novia– como si se hubiese activado el mecanismo de un *timmer* en carrera en contra del reloj, lo que colabora a una lectura de registro y aprehensión temporal-espacial en tiempo real, en donde la estrategia narrativa-técnica pone en forma la *Táctica del seguimiento*.

De manos del joven cámara asistimos al desarrollo de la trama en curso y descubrimos, al mismo tiempo que él, no sólo a los personajes, sino también el espacio en la experiencia de un tiempo lineal y continuo, en acto. Espacio y tiempo imprevisible, que es un constante devenir, y en donde la cámara móvil actúa de forma obsesiva, registrando planos *in situ*, regados de imperfección y encuadres inestables a medida que los acontecimientos se precipitan. El espectador-observador adopta una posición inmersa en la trama, tan privilegiada como precipitada en el registro y aprehensión temporal-espacial. La cámara, para el caso, ingresa argumental y materialmente a la escena. Imposible no notarla con su premura e inestabilidad.

4) En *Rabia*, la protagonista es una chica de clase media, secretaria, desempleada, que busca trabajo y asiste a múltiples entrevistas infructuosas.

Por 74 minutos, seguimos a la chica por varios días y en distintos lugares, todos relacionados con sus entrevistas de trabajo y mayoritariamente en la espera, en los momentos previos a los que la chica sea llamada a entregar sus antecedentes.

En la *Táctica del seguimiento* que pone en forma el film, la cámara en mano de un observador anónimo se concentra en la protagonista. Se instala a su lado, como si la cámara fuese, a ratos, una postulante más del grupo en el que se aguarda para ser llamado individualmente.

Los planos exploran una suerte de "naturalismo documental" que se diría busca hacer olvidar al espectador la ficción de la no ficción en la que se ha construido el argumento. En esta línea, se graba en locaciones que no han sido intervenidas, con un equipo técnico reducido, con iluminación natural y con planos imprecisos que intentan dar la noción de realidad en acto donde la cámara es un observador neutro y descorporalizado que registra sin ser visto. El resultado es un film que se construye bajo la premisa pseudo documental con una forma y materialidad en la que ronda la idea de lo deficitario. *Rabia* construye su régimen de validación y de verosimilitud bajo la estética de la instantánea del gráfico de prensa aficionado. Como si la cámara, una vez ingresada a la escena y focalizada en su objeto-sujeto de narración, fuese una suerte de recién llegado, que no ha tenido el tiempo ni lo tendrá para ajustar la distancia, el plano, el ángulo o las tomas a contraluz.

Por su parte, el plano fijo inestable, de duración extensa sobre una acción debilitada en la espera, promueve lo indeterminado. *Rabia* convoca un tiempo que se plastifica en la suspensión: el mundo se ha hecho subjetivo, se ha hecho profundo y da que pensar.

El sistema de registro adoptado, vía las deficiencias que incorpora y deliberada inestabilidad, devuelve la imago de una impotencia. Para el final, asistimos no al cumplimiento de sentido, sino a la interrupción y a la interrogación. Al final no se halla el sentido, sino el tiempo que sigue transcurriendo pese a la frustración.

Conclusiones

Hoy, pareciera ser que el núcleo narrativo cinematográfico de estabilidad ha estallado. *La cámara ausente* del cine clásico, provista de la estabilidad y distancia que otorgó con los años un sistema de registro y montaje acordado por la convención que hacía desaparecer la noción de registro en pro de concentrar al espectador en la narración en curso, ha sido reemplazada por una *cámara que respira*, un ojo inestable en estado de vigilia constante. Una cámara centinela que no podemos si no notarla, como operación de mediación sobre la realidad.

En los cuatro casos agentes-modelo que hemos revisado, asistimos a la representación de una realidad que se está jugando en primeros planos, en la abolición de la distancia de observación, en oscilaciones de la cámara, en el temblor de la mirada, en la inestabilidad del cuadro, en los relevos espasmódicos de planos y ángulos de mirada, en el quiebre determinante del punto de vista, en la precipitación de los encuadres, en el registro de planos *in situ* captando en movimiento el devenir en movimiento, en la ambigüedad entre documentalidad y dramatización, en fin.

En definitiva, estas realizaciones se juegan en lo que podríamos reconocer como la inmediatez de la mirada sobre lo cotidiano y circunstancial.

El cambio narrativo-técnico que ponen en forma estos films no radica sólo en la forma de registrar y producir, sino en la hipótesis operativa de que en estas realizaciones la cámara ha ingresado a escena como operación, problematizando particularmente el tema de la mirada y estableciendo en ello un campo de análisis crítico sobre la imagen representacional de mundo contemporáneo.

En el cine que ponemos en alerta, la mediación que la cámara solía respetar es traspasada, movimiento en el que la unidad que proveía la distancia y planos establecidos de observación se desagrega, por lo que la identificación con aquello que sucede en la escena del reflejo sufre la turbación de no lograr superar la fragmentación. En este sentido, la operación representacional que pone en obra el cine contemporáneo nos reconduce a la noción de impotencia fundamental del cuerpo fragmentado propuesta en su momento por Lacan. Esto es, al retorno de una falta fundamental que la imagen especular ya no resuelve y en donde el reconocimiento sufre el trastorno de la relación de una dimensión de identificación imaginaria con algo que viene a interferirla. No se trata, por cierto, de una regresión, sino del retorno de una impotencia originaria que distinguimos que el cine contemporáneo pone de manifiesto.

El reflejo invertido que es el mundo que transcurre al otro lado de la pantalla de proyección, compuesto por dispositivos de realidad, fragmentos de mundo que han sido arrancados de este lado para venir a articularse en una nueva disposición al otro lado de la pantalla, devuelve la construcción representacional de una falta. Ese lugar tras la pantalla en el que todo –digamos– iba bien por cuanto el flujo narrativo solía corresponder con los procesos operativos de mediación sobre el relato, es intervenido y desmantelado por la conquista de una imagen especular de mundo, cuya dialéctica reflexiva operacional instala la determinación de la indeterminabilidad. El espectador pasivo, testigo a salvo del cine convencional, es secuestrado en estas realizaciones para ser constantemente espoleado por la fragilidad de la mirada, la inestabilidad del registro y la indeterminabilidad de la representación. Dicho de otro modo, lo que se estabiliza en estos cines es la desestabilización. Experiencia en donde el mecanismo de inversión que es el cine, instala en el cine contemporáneo, la condición inestable y finita de la subjetividad constitutiva del conocimiento humano.

Bibliografía

Lacan, J., "El estadio del espejo como formador de la función del yo (je)", Comunicación presentada en el XVI Congreso Internacional de Psicoanálisis, Zurich, 17 de julio de 1949, www.galeon.com/elortiba/lacan5.html.

Rojas, S., *Imaginar la materia. Ensayos de filosofía y estética*, Santiago de Chile, Editorial ARCIS, 2003.

¿Como pensar a autoria na criação cinematográfica?

De Aquino Rodrìguez, Laecio Ricardo
Universidade Federal de Pernambuco (UFPE)
Universidade Estadual de Campinas (Unicamp)

Palavras-chave: *autoria, cinema, política dos autores, sociologia da arte*

1. Introdução:

Parece contraditório insistir na idéia de autoria numa modalidade artística como o cinema, que pulveriza a atividade criadora em diversos setores, delegando-a a múltiplos indivíduos que, embora mantenham entre si um diálogo contínuo, possuem relativa autonomia em suas respectivas áreas.[215] No entanto, apesar do entrave levantado por esta diluição do processo criativo, o debate se mantém fértil, inspirando entusiastas e críticos. Este ensaio recapitula o tema com o objetivo de instigar novas reflexões. O trajeto tem início com uma revisão da "política dos autores", defendida nos anos de 1950 pelos jovens críticos da revista francesa *Cahiers du Cinéma*, que se converteriam nos expoentes da *Nouvelle Vague*.[216] Em seguida, mapeio as objeções a tal posicionamento, bem como o que dele reside de fértil, para propor reconsiderações inspirado em Norbert Elias.

2. A Política dos Autores: o papel dos "Jovens Turcos"

Embora tenha defendido a condição de autor para alguns cineastas, a nova geração de críticos do *Cahiers*, liderada por Truffaut e Godard, nunca formalizou suas reflexões em obra

---

[215] Basta pensarmos nos múltiplos cargos de direção comuns à atividade cinematográfica, cada um com forte poder de decisão em suas áreas: cineasta, diretor de arte, de fotografia, de elenco, produtor executivo, roteirista, diretor musical...
[216] Nomes como François Truffaut, Jean-Luc Godard, Eric Rohmer, Claude Chabrol e Jacques Rivette, por exemplo.

teórica de fôlego. O que se pode apreender de suas propostas são as considerações que acompanham seus textos publicados na famosa revista. Devido a inexistência de formulação abrangente, as idéias do grupo foram agrupadas na expressão "política dos autores" ou *politique des auteurs* (Buscombe, 2005), termo que se consagrou nas décadas seguintes.[217] No Brasil, estudo pioneiro sobre a influência dos redatores do *Cahiers* (geração que ficou conhecida pelo epíteto de *jovens turcos*) e a repercussão local de suas idéias, foi publicado por Jean-Claude Bernardet. Seu livro será peça importante para revisarmos a *politique*, embora peque pela ausência de referências precisas.

Lembra-nos ele que, na tradição francesa que antecede à "política", a idéia de autoria no cinema era debitária das reflexões sobre autoria na literatura – respeitado o paralelo, muitas vezes era o roteirista o profissional incensado como criador. Na revisão proposta pelos *jovens turcos*, a experiência cultural que modelará o conceito de autor cinematográfico ainda será a literária; porém, é o cineasta que emergirá como o "criador-escritor" e o filme, seu provável *romance*. No entanto, não deve o cinema se transmutar em literatura: a nova geração dos Cahiers defende uma arte mais livre da trama, do enredo e da narrativa; vinculada, portanto, às especificidades cinematográficas (os elementos plásticos, a encenação, a composição de planos). Para eles, os valores literários dignos de serem incorporados pelo cinema são os *valores morais* (Bernardet, 1994: 9 a 18), precisamente o controle criativo que se atribui ao escritor e o prestígio deste artista numa cultura de forte tradição literária como a francesa – lembremos que os jovens críticos, e futuros cineastas, estão às voltas com a tarefa de conferir legitimidade ao cinema[218] (Buscombe, 2005: 281 e 282).

Inerente a este aspecto da definição está o preceito romântico do autor como aquele que infunde seu sangue à obra e que

---

[217] A imprecisa designação "Teoria do Autor" é um equívoco do americano Andrew Sarris traduzido no artigo "Notes on the Auter Theory in 1962", publicado em *Film Culture* em edição do inverno de 1962-1963 (Buscombe, 2005, p. 281).

[218] Contudo, mesmo defendendo uma dissociação dos elementos da prática literária, os *jovens turcos*, seja como críticos ou realizadores, não conseguiram se restringir às especificidades fílmicas. Seus textos se amparavam em parâmetros literários (enredo, personagens e conflitos) e seus filmes, não raro, preservavam a diegese (1994).

vivencia a experiência do ato criador solitário e, não raro, doloroso (típico da literatura oitocentista).[219] A política dos autores, rememora Bernardet, ecoando ensaio de Truffaut publicado em 1957, é a apologia do sujeito que se expressa, uma concepção que nega o cinema enquanto arte coletiva – no tumulto do estúdio, é possível o isolamento criativo. Para tanto, os jovens turcos defendem uma centralização da atividade cinematográfica: para impor seu ímpeto artístico, o diretor deve conciliar as funções de roteirista e produtor; preceito que, embora ingênuo, foi incensado pela *Nouvelle Vague* e alguns dos *Novos Cinemas*. (1994: 22 a 26).

Segundo a "política", o verdadeiro autor seria aquele que faz reverberar sua *matriz ou metáfora obcecante* ao longo de sua obra. Esta mesma interioridade, em outros textos, é denominada de *temática plena ou metafísica*, termos que não contribuem para lhe conferir precisão. A matriz dificilmente se vislumbra no primeiro filme, embora este já contenha seu germe; a tarefa do cineasta-autor, então, é decantá-la ao longo de sua trajetória (Bernardet, 1994: 28 a 35). Buscombe confirma que "a noção de unidade produzida pela personalidade do autor é central na posição do *Cahiers*; mas é tornada mais explícita por seu apologista americano, Andrew Sarris" (2005: 284). Tal apologia impõe questões que não encontram respostas fáceis na *politique*: a matriz faz da obra um sistema fechado e coeso? Tudo está contido no primeiro filme, mas em potência? A obra, portanto, tem por função concretizar a promessa esboçada na estréia? Os filmes precedentes profetizam os posteriores e estes aprimoram os anteriores? Por conseguinte, "escreve-se" sempre o mesmo filme?

Na "política", papel crucial é conferido à crítica cinematográfica. Uma vez que o artista nem sempre consegue verbalizar a inspiração que norteia sua arte, caberia a crítica analisar a obra e verificar as similitudes que ratificarão a força criativa dos filmes, indicando suas metáforas obcecantes. Abro um parêntese para compartilhar o que me parece uma dupla suspeita: ao mesmo tempo em que a redação do *Cahiers* tenta legitimar a arte cinematográfica e a autoria, verifica-se igualmente um esforço de valorização da crítica. Ora, à época, os jovens turcos ocupavam

---

[219] Para Buscombe, os textos dos *Cahiers* traziam implícita a noção de "centelha divina", "que separa o artista dos mortais comuns, que distingue o gênio do "artesão" (2005, p. 284).

precisamente o cargo de críticos (seus textos, portanto, são uma defesa do posto que exerciam nesta cadeia e das idéias alavancadas por eles sob tal condição); um decênio depois, o mesmo grupo se consagraria como cineastas, adotando tais preceitos. Haveria aqui a escavação de um duplo terreno?

Um aspecto surpreendente na "política" é o fato dos jovens turcos articularem suas idéias sobretudo a partir da análise da obra de cineastas de Hollywood – não apenas Welles e Fritz Lang, incensados no Velho Mundo, mas também Howard Hawks, Nicholas Ray e Alfred Hitchcock, nomes que dividem opiniões. Para Bernardet, esta singularidade encontra motivações: ao mapear o "ego" e a autoria num ambiente que os rechaçava, e em produções comerciais, tratavam os jovens turcos de conferir maior legitimidade às suas idéias – a vitória da criação em "território inimigo" atestaria suas convicções (1994: 36 a 45).

Porém, tal entusiasmo perde força quando avaliamos o método empregado nas análises. Para identificar a matriz dos cineastas hollywoodianos e fundamentar suas hipóteses, Truffaut e os demais restringiam seu diagnóstico a um grupo específico de filmes – quando alguma produção não expressava a suposta matriz, era descartada. O gesto seletivo (aproveitar o que é pertinente e desprezar as exceções) nega um modelo que define a obra como decantação da matriz e o criador como aquele que sempre reverbera suas metáforas. Por outro lado, tal gesto também rasura a legitimidade do crítico: como aceitar um trabalho analítico que se pretende de conjunto, mas que se revela excludente?

Para Buscombe, a proposta dos jovens redatores do Cahiers estimulara um *apartheid* no campo cinematográfico: de um lados teríamos os criadores autênticos, do outro, artesãos ou realizadores. Para além das rivalidades expressa por tal dicotomia, o predomínio da visão romântica que incensa os "cineastas verdadeiros" também enfrenta resistências pelos seguintes motivos: elege a personalidade como critério de valor e de classificação de uma obra; pressupõe que o gênio independe do tempo, do espaço e do contexto histórico; despreza as influências do tecido social e dos fatores econômicos no ato criador e na dinâmica cultural (2005: 286 a 290). Considero ingênua esta visão do artista como oposto à sociedade e o único responsável pelos sentidos da obra – espécie de sujeito pleno que se expressa mesmo em ambiente hostil e que, exatamente por isso, é valorizado. Contra esta posição, mas também não favorável à visão que decreta o triunfo das estruturas sobre o indivíduo, dirijo minhas colocações no próximo segmento.

3. Por uma reclassificação do autor e do sujeito:

Gostaria de apresentar a primeira crítica que o conceito de autoria defendido pelos jovens turcos enfrentou a partir dos anos de 1960, período de grande politização no campo cultural. Num quadro internacional de expansão dos regimes ditatoriais na América, de descolonização africana e de fortalecimento das esquerdas no Velho Mundo, a prática de um cinema autoral – desconectado da urgência da *luta de classes* e preso às interioridades de seus criadores – é vista como alienação e excentricidade (Bernardet, 1994: 155 a 162). No lugar da militância e do debate político, sobressair-se-ia em tais obras a individualidade e o gênio do cineasta-autor encastelado. Esta produção fechada sobre si, hermética, se distanciava da necessidade de um "cinema de intervenção", que somente seria alavancado com a defesa de uma arte voltada aos interesses coletivos. Emblemático desta crítica é o texto de Solanas e Getino, intitulado "Hacia um Tercer Cine",[220] que defende a transição para um novo cinema, expressão das transformações históricas em vigor, em oposição à produção hollywoodiana (estéril, capitalista e voltada ao espetáculo) e à *politique* (de mentalidade burguesa, niilista, mistificadora). No entanto, o manifesto da dupla não atinge o cinema de autor em seu preceito nuclear (a visão do artista romântico, decalque do sujeito moderno); sua crítica consiste numa recusa do intelectualismo e das aspirações pequeno-burguesas presentes na obra dos *autores*.

Com cores mais sofisticadas, oposição semelhante é manifestada por Pasolini ao analisar a ascensão do "cinema de poesia" na obra de diretores influenciados pela *politique des auteurs*. Na visão do italiano, além do esteticismo demasiado e febril, é possível identificar na estrutura diegética destas produções a inclusão de personagens-pretextos que serviriam para externalizar

---

[220] Solanas, Fernando e Getino, Octavio, *Hacia um Tercer Cine*, em *Cine, Cultura e Descolonización*. Buenos Aires, Siglo XXI, 1973.

as angústias individuais dos diretores e ratificar suas visões de mundo burguesas (Pasolini, 1981). Longe de promover qualquer revolução social, tal arte, aos olhos do italiano, teria o estatuto de um *cinema da reprodução*.

Outra crítica aos "jovens turcos" pode ser vislumbrada no ensaio de Teixeira sobre o processo criativo de Júlio Bressane. Se os redatores do Cahiers defendem que cada filme de autor é expressão das marcas pessoais e intransferíveis da criação que consubstanciam um estilo a ser sempre maturado (ênfase na continuidade, unidade e fidelidade a si), Teixeira argumenta, amparado na cinematografia de Bressane, que a verdadeira criação pressupõe reinvenção e ousadia e, não, estagnação ou lealdade a um estilo ou *matriz temática* (1999). De sua análise, despontam duas observações: vida e obra devem ser dissociadas (a criação artística não se confunde com a biografia – ela é transmutação e não reprodução da emoção vivida); o estilo é devir criador (qualquer cristalização implica em necrose do autor).

Um questionamento mais rigoroso do autor resultou da ascensão do *anti-humanismo* francês da vertente estruturalista (Lévi-Strauss, Barthes, Lacan e outros), que negava a primazia do sujeito moderno consagrada pelo Iluminismo e sua celebração da razão triunfante. No lugar do sujeito pleno e dotado de uma autonomia extrema, fonte de suas representações e de seus atos, teríamos um sujeito conformado na multidão, determinado por estruturas que lhe antecedem e que se impõem a ele (a língua, a religião e o inconsciente, por exemplo), disciplinado por poderes que lhe escapam e saberes que legitimam tais práticas de dominação. Por esta visão, o homem contemporâneo despontaria como uma instância de reprodução de discursos que pré-existem a ele – ele não é um fomentador destes discursos e saberes, mas uma caixa de ressonância a ecoá-los voluntariamente ou não.

A ascensão da posição estruturalista, metaforizada na provocativa declaração da "morte do homem",[221] representou um severo golpe no conceito de autor esboçado pelo *Cahiers*. Questionado o sujeito moderno, fragilizava-se sua personificação no campo das artes – o autor. Se, pelo homem, transitam discursos que lhes são externos e estruturas que norteiam sua subjetividade, perde força

---

[221] Foucault, Michel, *As Palavras e as Coisas*, São Paulo, Martins Fontes, 1992.

o conceito de "gênio romântico" e sua condição de criador iluminado, sem conexão com o tecido histórico – que acredita ser livre das interdições sociais. Recusa-se a versão da inspiração como ato isolado, denuncia-se o culto do autor moderno como mistificação (alguém cuja assinatura se converte em grife para orientar leituras, lotar cinemas e organizar prateleiras) e decreta-se sua "morte".

Esta última e ousada sugestão desponta em ensaio demolidor de Roland Barthes (1988), no qual o francês destaca a escrita como a destruição de toda e qualquer voz individualizada enquanto mescla heterogênea – um texto não é feito de uma linha de palavras, que libertam um sentido único e teológico, mas um espaço de dimensões múltiplas, um tecido de citações proveniente de diversas culturas, e que entram umas com as outras em diálogo, paródia ou contestação. Um campo aonde se perde toda e qualquer identidade, a começar pela do corpo que escreve. O único poder do escritor, assevera Barthes, é o de misturar as escritas, de contrariá-las umas às outras, de modo a nunca se apoiar numa delas. Tradicionalmente, a *explicação* da obra é sempre procurada do lado de quem a produziu, como se a obra fosse a confidência única do autor. Mas, sugere Barthes, a linguagem que ali fala não é personificação do autor e não é este quem controla os sentidos do texto; tal multiplicidade apenas se reúne no leitor. A unidade de um texto, dessa forma, não estaria na sua origem, mas no seu destinatário impessoal.

Foucault, cujo vínculo à corrente estruturalista é ambíguo,[222] nos convida a perscrutar o conceito de autor (ele usa o epíteto *função*) e suas conexões históricas, em texto inspirado em seu procedimento genealógico. Para ele, a ascensão desta função, como hoje a conhecemos, está vinculada a um contexto jurídico e institucional específico. Ela não se exerce de modo uniforme em todas as épocas e civilizações, despontando num contexto de forte individualização na história das idéias e saberes, período em que se configuram os direitos autorais e o mercado de circulação da produção cultural (1992: 33).

---

[222] Traços estruturalistas são evidentes nos textos inicias de Foucault. Contudo, sua obra pós-1975 revela novos pontos de inflexão. Sua vinculação ao estruturalismo é recorrente, mas também é fácil encontrar interlocutores que a questionem; o próprio Foucault recusou enfaticamente tal enquadramento.

Mas, se o autor é uma construção histórica, impreciso é o conceito de *obra*. Uma obra é o que escreveu o autor? Será que tudo o que ele disse ou deixou atrás de si faz parte de sua obra? (Foucault, 1992: 37 e 38). Trata-se de um problema teórico e técnico: "Como definir uma obra entre os milhões de vestígios deixados por alguém?" (p. 38). E quando um texto não possui autoria reconhecida pode ser considerado uma obra? O questionamento ironiza o esforço da crítica, que não tolera o anonimato, a ausência de datas ou das circunstâncias que levaram à produção do texto.[223] Para Foucault, assim como para Barthes, a identificação de um autor responde ao esforço da crítica em impor um "fechamento" para o texto, em "congelar" seus sentidos. Por isso, Barthes dirá que o reino do autor é também o reino do crítico (1988). Afinal, um trabalho *assinado* não se confunde com um texto anônimo – sua recepção exige outro estatuto e sua circulação, outro trajeto.

Influente no contexto do pós-Guerra, a abordagem estruturalista também sofreu revezes a partir dos anos de 1970. Seu anticientificismo e sua rejeição à noção existencialista de uma liberdade humana plena, pautada na defesa de que a conduta individual é orientada por estruturas, constituíam para muitos uma abordagem conservadora, negativista e determinista, que afastava dos homens a possibilidade de assumir as rédeas históricas. Uma síntese desta crítica encontra-se numa afirmação de Lucien Goldmann em debate com Foucault, após a conferência deste último sobre o autor: "as estruturas não descem à rua"; isto é, "nunca são as estruturas que fazem a história, mas os homens, ainda que a ação destes tenha sempre um caráter estruturado e significativo" (Foucault, 1992: 80).

Para Stephen Heath, um esforço de recuperação do conceito de autor deve pressupor um deslocamento desta problemática para a *teoria do sujeito*. E, no caso do cinema, qualquer proposição precisa levar em conta as múltiplas especificidades da produção fílmica (2005: 298). Esforcemo-nos por reformular o lugar do sujeito. Goldmann concorda com Foucault que o indivíduo não é o autor último de um texto. Ou seja, ele admite que a criação tem

---

[223] As observações de Foucault se dirigem principalmente aos campos literário e científico. Isto não nos impede de expandirmos suas colocações para outros setores criativos, a exemplo do cinema.

uma dimensão social; mas se nega a condenar o sujeito moderno, propondo sua substituição por um sujeito trans-individual – que concilia em si as dimensões social e individual, que se constitui nas suas interações sociais e na sua experiência singular.

Uma posição semelhante pode ser vislumbrada no estudo de Norbert Elias sobre Mozart, cujo subtítulo é inspirador para o tema deste ensaio – "sociologia de um gênio" (1995) –, bem como em seu livro "A Sociedade dos Indivíduos" (2001). Comecemos pelo último volume. Nesta obra, Elias argumenta que a polarização indivíduo e sociedade, cristalizada em muitas teorias, é falsa. Para o autor, a necessidade de realização das inclinações pessoais não se opõe às obrigações que devemos cumprir enquanto integrantes da vida social. Segundo Elias, os indivíduos estão ligados entre si por um fenômeno de *dependência recíproca*, dispondo de uma margem até onde podem agir livremente de forma a não comprometer o equilíbrio do quadro social em que se encontram inseridos (2001).

Elias reconhece que as redes de interdependência atravessam a existência individual (é na vida social que se forma a individualização, que os sujeitos se diferenciam). Tal processo, contudo, não é tão determinista. Para ele, a imagem da sociedade é *reticular*: nossas vidas se entrecruzam num quadro de influências recíprocas e as idéias que manifestamos resultam das múltiplas interações de que participamos (2001). Sua sociologia, portanto, recusa as interpretações que privilegiam o excesso de subjetividade na conduta individual, mas também não ratifica as abordagens deterministas (*estruturalismo*, por exemplo).

Exemplar desta relação é seu estudo sobre Mozart (1995), que tenta esclarecer o fracasso profissional do músico, apesar do seu inquestionável talento. No livro, acompanhamos o duelo entre uma subjetividade artística em luta para aflorar versus a repressão social de seu tempo – Mozart teria sido um visionário numa sociedade que ainda não concebia a idéia de artista autônomo, que cria conforme suas aspirações. Sua índole se opunha ao *habitus*[224] da aristocracia e às regras da corte, que exigiam dos compositores total subordinação – uma estrutura que sufocava a

---

[224] Para o conceito de *habitus*, sugiro a leitura dos seguintes livros: Elias, Norbert, *A Sociedade de Corte*, Rio de Janeiro, Jorge Zahar Editor, 2001; Elias, Norbert, *Os Alemães*, Rio de Janeiro, Jorge Zahar Editor, 1997.

"genialidade". Embora tenha sido educado na tradição da corte, Mozart sempre nutriu ressentimento pelos ritos da aristocracia. Tinha convicção de sua superioridade musical e não aceitava limitações. Lutou para ser um artista autônomo numa época que não comportava independências – era um *gênio* numa sociedade que desconhecia este conceito romântico e não permitia singularidades (1995). Ao mesmo tempo, desejava ter seu talento reconhecido pela corte – exatamente o tipo de sentimento que caracteriza um *outsider* (ser dependente do reconhecimento do grupo que o oprime).

Mozart tentou driblar a hierarquia aristocrática num momento em que tal manobra não era admitida – apesar do heroísmo, sua margem de ação foi restrita. Para Elias, Mozart se arriscou em demasia. O passo ousado e *individual* o conduziu à maturidade artística, mas sinalizou sua tragédia social. O reconhecimento definitivo despontaria na posteridade, quando o *habitus* burguês se torna hegemônico, redefinindo a relação do artista com o público. Considero a leitura de Elias rica para repensarmos as noções de sujeito e de autor, livre de maniqueísmos. Para o sociólogo alemão, o homem não é absolutamente autônomo nem socialmente determinado em suas decisões – as escolhas dos indivíduos comportam margens de autonomia. A criação musical, se nos detivermos no exemplo de Mozart, é modulada por ações individuais e determinismos. Também o conceito de gênio é revisado por Elias, não se restringindo à figura do indivíduo dotado de grande sensibilidade ou talento nato; o gênio é aquele que encontrou estímulos e condições de aprimorar seu talento, alguém cujo processo de maturação não escapa aos laços de reciprocidade social.[225]

Creio que esta revisão do conceito de gênio redimensiona a idéia do autor e da criação, sem recair na falácia romântica ou na anulação estruturalista. Pelo menos em sua dimensão subjetiva, o problema que o "gênio romântico" suscita não é o seu direito instituído à propriedade privada das idéias,[226] mas

---

[225] Os livros de Elias revelam um chão histórico de fôlego e surpreendente erudição. Todavia, apesar da análise de sociabilidades que nos são aparentemente distantes, seus livros travam um diálogo com o presente, possibilitando um entendimento da vida social contemporânea.

[226] Não é pretensão deste ensaio mergulhar no debate sobre direitos autorais ou propriedade intelectual.

sua suposta condição de criador iluminado, sem conexão com o tecido histórico. Individual ou em parceria, a criação possui forte dimensão coletiva – imersos na vida social, os autores são influenciados por milhares de idéias e imagens que se encontram em trânsito. A criação resulta de um diálogo entre sua sensibilidade estética e esta pluralidade de informações. Talvez pudéssemos estabelecer a analogia de um autor-parabólica, que capta esta infinidade de sinais e, através de sua experiência singular, ressignifica tudo na forma de arte, estabelecendo uma síntese criativa.

Teria ele direito de assinar uma obra que possui dimensões sociais? Minha posição tende a ser afirmativa. É fato que a criação tem componentes sociais, mas a apreensão destas tensões passa pela sensibilidade singular de um ou mais indivíduos, que funcionam como síntese do processo. Tal tarefa, convenhamos, não é pouca coisa. Poder-se-ia argumentar que também a sensibilidade estética do autor possui matriz social – em sua formação, ele trava um diálogo com uma longa tradição, com a qual precisa se familiarizar para questioná-la ou aprimorá-la. Mas é preciso levar em conta que tamanha herança é igualmente ressignificada e contaminada pela experiência particular deste indivíduo – experiência esta que difere completamente das trajetórias (também singulares!) dos cânones que lhe inspiraram. Poderíamos pensar o mesmo para o empreendimento científico: um pesquisador sempre parte de uma bagagem e referencial herdado de sua tradição acadêmica (um componente social forte), mas é legítimo reconhecer seu esforço individual em levar à frente a tocha do conhecimento, propondo novos eixos de investigação. Para o artista, vale igualmente o reconhecimento por insistir em não recuar frente à aventura da criação. Equivocada, creio, é a idéia romântica de autor cristalizada pelo senso comum, não o reconhecimento de que existe empreendimento individual na arte.

Sobre o processo criativo, cabe também desmistificar um mito perpetuado pela crítica, que insiste em procurar unidades e em estabelecer comparações na obra de um autor. A unidade não é preceito para a criação, que comporta perfeitamente fases, rupturas e contradições. Como argumentou Teixeira (1999), criar é ousar e se reinventar, recusando estagnações. A coerência pode existir, mas ela não é categoria fundamental da criação – cada obra existe em si e não necessariamente em relação umas com as outras.

Mas, ao insistir no reconhecimento da autoria no processo criativo (ao valorizar o empreendimento individual na atividade artística), não desejo ratificar a visão consagrada do autor como "senhor da obra". Sem aderir ao radicalismo de Barthes (1988), reconheço o leitor igualmente como autor – sua fruição é que legitima a criação, lhe confere sentidos, a ressignifica (a recepção não pode ser controlada por "aquele que assina" o trabalho). No entanto, creio que esta assinatura pode acionar modos de recepção no espectador – seria, por exemplo, indexador de formas de apreensão ou indicador de leituras. Lembremos que, para o público, o autor não é um anônimo, mas uma autoridade legitimada pela crítica, concordemos ou não. No caso da produção cinematográfica, poderíamos estabelecer um paralelo, reconhecendo a "assinatura" do cineasta como índice de referencialidade para o espectador, sugerindo modos de recepção de sua obra (e não de controle!).

Neste segmento, me inspirei em Elias para propor uma revalorização do sujeito/autor e flexibilizar a crítica estruturalista do conceito de "gênio", sem negá-la. Gostaria de finalizar com uma citação de André Bazin, que se aproxima das considerações de Elias. Um dos fundadores do *Cahiers*, Bazin foi mentor dos jovens turcos, embora nem sempre compartilhasse do entusiasmo da "política". O que surpreende aqui é sua intuição para perceber, ainda nos anos de 1950 e em oposição a seus pares, a complexidade do processo criativo e a dinâmica social que age sobre o indivíduo.

> A evolução da arte ocidental em direção a uma maior personalização deve definitivamente ser vista como um passo à frente, mas apenas na medida em que essa individualização continue sendo apenas uma perfeição final e não pretenda *definir* a cultura. Neste ponto, devemos lembrar o lugar-comum irrefutável que todos aprendemos na escola: o indivíduo transcende a sociedade, mas esta encontra-se irrevogavelmente *dentro* dele. De modo que não pode haver uma crítica definitiva do gênio ou do talento que não leve em conta o determinismo social, a combinação histórica de circunstâncias e o embasamento técnico que em grande medida o determinam" (Bazin *apud* Buscombe, 2005: 285, *grifos originais*).

Bibliografia

A Política dos Autores Conjunto de entrevistas publicadas no *Cahiers Du Cinéma* com cineastas como Roberto Rossellini, Fritz Lang, Orson Welles e Jean Renoir, dentre outros. Lisboa: Assírio e Alvim, 1976.

Barthes, Roland. *A Morte do Autor*. In: *O Rumor da Língua*. São Paulo: Brasiliense, 1988.

Benjamin, Walter. *O autor como produtor*. In: *Walter Benjamin, obras escolhidas: magia e técnica, arte e política*. São Paulo: Brasiliense, 1993.

Bernardet, Jean-Claude. *O Autor no Cinema*. São Paulo: Brasiliense/Edusp, 1994.

Buscombe, Edward. "Idéias de Autoria". In: RAMOS, Fernão (org.) *Teoria Contemporânea do Cinema*. Volume 1. São Paulo: Editora Senac, 2005.

Caughie, Jonh. *Theories of Authorship*. Londres: British Film Institute, 1981.

Elias, Norbert. *A Sociedade de Corte*. Rio de Janeiro: Jorge Zahar Editor, 2001.

——, *A Sociedade dos Indivíduos*. Rio de Janeiro: Jorge Zahar Editor, 2001.

——, *Mozart - sociologia de um gênio*. Rio de Janeiro: Jorge Zahar Editor, 1995.

——, *Os Alemães*. Rio de Janeiro: Jorge Zahar Editor, 1997.

Elias, Norbert e Scotson, John. *Os Estabelecidos e os Outsiders*. Rio de Janeiro: Jorge Zahar Editor, 2000.

Foucault, Michel. *As Palavras e as Coisas*. São Paulo: Martins Fontes, 1992.

——, *O que é um autor?* 2a. edição. Lisboa: Vega, 1992.

Heath, Stephen. *Comentários sobre Idéias de Autoria*. In: RAMOS, Fernão (org.). *Teoria Contemporânea do Cinema*. Volume 1. São Paulo: Editora Senac, 2005.

Pasolini, Pier Paolo. "O Cinema de Poesia". In: *Empirismo Hereje*. Lisboa: Assírio e Alvim, 1981.

Solanas, Fernando e Getino, Octavio. "*Hacia um Tercer Cine*". In: *Cine, Cultura e Descolonización*. Buenos Aires: Siglo XXI, 1973.

Teixeira, Francisco Elinaldo. *Autor e Estilo no Cinema*. In: *Cinemais - Revista de Cinema e outras Questões Audiovisuais*, julho/agosto de 1999, nº 18, Rio de Janeiro.

VIII. LA TEORÍA DE LOS GÉNEROS VA AL CINE

Representación del terror y políticas del corazón en *Señorita extraviada*

Valeria Valenzuela
Universidad Federal Fluminense
Centro de Estudos Gerais
Instituto de Artes e Comunicação Social
Programa de Pós-Graduação em Comunicação

Palabras clave: *documental latinoamericano, resistencia, representación*

Introducción

Desde el año 1993, en Ciudad Juárez, la zona fronteriza más poblada del norte de México, un alto número de mujeres desaparecen, son violadas y asesinadas de forma extremadamente violenta. La mayoría de ellas son jóvenes, morenas, de pelo largo y de escasos recursos financieros. Los feminicidios[227] son desde entonces constantes, y a pesar de que a lo largo de los años han ido surgiendo organizaciones de defensa de derechos humanos y agrupaciones de familiares de las víctimas que permanentemente denuncian y difunden en la prensa los atropellos, muchos de estos casos continúan hasta la fecha sin esclarecimiento por parte de las autoridades competentes.[228]

Las muertas de Juárez han recorrido el mundo. Amnesty International, organizaciones mundiales de defensa de los derechos

---

[227] Término que define el asesinato de mujeres en función de su género, producto de formas de dominación, ejercicio de poder y control. Estos asesinatos se generan a partir de relaciones desiguales de poder –tanto sociales como estatales– entre hombres y mujeres. En América Latina y el Caribe, un gran número de organizaciones han adoptado este concepto como forma de denunciar la violencia contra mujeres y la impunidad que permite su propagación.

[228] Según un documento informativo publicado por el gobierno de México, en febrero de 2004, 45,72% de los casos recibieron sentencia. Para las organizaciones de familiares de las víctimas, 80% continúa sin esclarecimiento.

de la mujer y algunos periodistas comprometidos han denunciado los crímenes, sin embargo continúa siendo poquísimo lo que se sabe sobre las causas y los verdaderos culpables de estas muertes.

El velo de impunidad que cubre los hechos aparece en la primera frase del documental *Señorita Extraviada*.[229] Desde una narración en *voice over* Lourdes Portillo dice: "Vine a Juárez para presenciar el silencio y el misterio que rodea las muertes de cientos de mujeres"; como en forma de presagio, la autora deja claro que el film al que asistiremos no es una investigación periodística decidida a esclarecer el misterio. Existe en esta primera frase un tono de resignación por querer saber lo que "no se debería preguntar", una impotencia frente a una fuerza mayor que protege a los culpables. Esto torna a la autora un testigo ocular de la situación que acecha a Ciudad Juárez, donde las únicas fuentes para adquirir información son las víctimas sobrevivientes, los familiares de quienes no sobrevivieron y los organismos no gubernamentales que se solidarizan con los afectados. Desde el lugar del más débil, en una narrativa que busca evidencias, la autora se declara, al igual que los personajes del documental, sin la posibilidad de acceder a informaciones más allá de las difundidas por los medios de prensa. En los últimos minutos del documental ella piensa en voz alta: "*¿Quienes son los asesinos?, la pregunta sigue sin respuesta*". Más que la historia de los asesinatos en serie, lo que relata Portillo es la historia de la impunidad.

Señorita Extraviada, doblemente impotente –tanto en relación con el tema como en su estructura–, se constituye como un documental de denuncia que da voz a los familiares de las víctimas, raramente representados por los discursos de los medios de comunicación, en un intento por concientizar a la sociedad civil.

En América Latina existe una tradición de documental de denuncia, consolidada en torno al movimiento del Nuevo Cine Latinoamericano, en las décadas de 1960 y 1970. Un cine social cuyo fin era despertar la conciencia del espectador en relación con los problemas de su medio y la valoración de lo nacional. Los cineastas de la época entendían que la dimensión política de estas nuevas poéticas exigía la construcción de un lenguaje capaz de "hacer pensar". En este contexto surgió una contra-narración que

---

[229] Lourdes Portillo, México, 2001, 74 minutos.

buscaba la producción de un sentido no alienado, y cuyo resultado se materializó en un lenguaje abierto, aparentemente desarticulado.

Actualmente, la producción documental contemporánea en América Latina continúa rescatando cuestiones de identidad como forma de denunciar la dependencia y rechazar la alienación. Frente al dominio del discurso sobre lo real por parte de la industria televisiva, la producción independiente se articula como un espacio de resistencia a las estructuras de comercialización. En este espacio alternativo se desarrolla un trabajo de autor, donde el documentalista analiza e interpreta las cuestiones del mundo histórico, pero no necesariamente bajo la consigna de explicar y convencer al espectador, y sí de aproximarlo al proceso de reflexión del propio cineasta, rescatando las marcas subjetivas del texto e impregnando el discurso de una mirada que se construye a través del punto de vista del autor.

Señorita Extraviada, uno de los primeros documentales que trata el tema del feminicidio en Ciudad Juárez, se estructura como un acto de resistencia frente a las formas de dominación, ejercicio de poder y control sobre mujeres mexicanas cuyo hogar y lugar de trabajo está en la frontera con Estados Unidos. Su autora, Lourdes Portillo, establece en el texto una relación individual y única con el tema, impregnada de su propia experiencia como mujer chicana. Portillo asume en este documental una postura de responsabilidad moral frente a la realidad filmada y a los actores sociales que la construyen.

Objetivos y metodología

Este artículo analiza las estrategias narrativas de un discurso que utiliza la subjetividad para aproximar y representar el terror que acecha a la población de una ciudad, para luego articular un mensaje de resistencia de importante trascendencia política. Lourdes Portillo habla de "políticas del corazón" cuando se refiere a los medios que utiliza para construir los argumentos de su discurso.

El análisis pretende observar de qué forma, a partir de un compromiso emocional en el discurso, esferas privadas y públicas establecen una conexión capaz de contribuir para la construcción de una memoria colectiva y para el debate en el campo de las hegemonías políticas.

Todo documental corresponde a un discurso de lo real estructurado sobre la base de una argumentación que pertenece al mundo histórico. Al ser *Señorita Extraviada* un documental más bien híbrido, fuertes rasgos de reflexividad se destacan en su forma. El mundo histórico se representa de manera distanciada, produciendo una especie de meditación cinematográfica. Encuadramientos inusuales y variaciones de velocidad son algunos de los recursos utilizados que le quitan lo familiar a la realidad y estimulan en el espectador un estado de conciencia intensificado en relación con el documental y aquello que representa.

Para analizar los recursos discursivos en esta obra documental se utilizaron los siguientes conceptos teóricos: *montaje intelectual* de Eisenstein –función del montaje que da acceso directo a ideas abstractas; el *efecto de extrañamiento* del teatro épico de Brecht– donde a través de un distanciamiento y de una nueva valoración de lo cotidiano, el espectador tendrá la oportunidad de acceder a un conocimiento sistémico; y el concepto de *dialéctica de la paralización* de Benjamín –que se refiere a la idea de fotografiar el momento de un proceso, que permitirá, a partir del *instantáneo* que este movimiento genera, aproximar contextos pasados con presentes.

Como modalidad exclusivamente discursiva, el documental está necesariamente influenciado por el punto de vista del autor, quien establece una relación individual y única con el tema. Esto lleva a priorizar la relación espectador-realizador por sobre la relación espectador-objeto.

Entrevistas, material de archivo de origen diverso y la presencia explícita de un punto de vista son el objeto de estudio de una narrativa en la cual tanto los encuadres como la articulación del montaje evidencian la intervención manifiesta –por parte de la realizadora– en la construcción del relato.

Resultados

"Ciudad Juárez, México, está situada en la frontera con El Paso, Texas. Para algunos estadounidenses, Juárez es el lugar donde todo lo prohibido está disponible. Para los mexicanos es su hogar y el lugar donde trabajan", así presenta Portillo el lugar del crimen, un territorio conocido por su alto índice de narcotráfico, lavado de dinero y de prostitución. El 60% de los habitantes de esta ciudad son emigrantes

de otras entidades de la República Mexicana, que llegan en busca de empleo atraídos por la enorme cantidad de plantas maquiladoras[230] que se concentran en esta región; 80% de las mujeres que trabajan en la industria maquiladora son emigrantes de otros Estados.[231]

Desprovistos de su antiguo territorio, los emigrantes que vienen a trabajar en la industria maquiladora se adecuan a vivir en "los alrededores de Estados Unidos", trabajan para ellos, cerca de ellos, pero no viven como ellos; ocupando un tercer espacio, que se torna un nuevo territorio ambiguo. Esta desigualdad económica y política refuerza entre los mexicanos una ideología colonial impuesta por una cultura dominante externa, donde ellos mismos se desvalorizan. Situación que facilita las muertes en el anonimato, porque nadie se sorprende de que los cientos de mujeres asesinadas en Ciudad Juárez sean morenas y pobres. Como afirmó Elena Poniatowska: "En esta ciudad fronteriza a las mujeres mexicanas se las considera peor que basura. La violencia y la impunidad de las autoridades las convierte en objetos de tiro al blanco". Sólo después que 80 mujeres habían sido asesinadas el gobierno local pidió una comisión especial para investigar el caso.

Para Lourdes Portillo este documental está asociado con la injusticia. A las mujeres mexicanas es fácil "matarlas, deshacerse de ellas y usarlas. Son como materia prima", dice la autora, "El trabajo de hacer esta película es mi ofrenda a los centenares de mujeres jóvenes que se han sacrificado a lo largo de la frontera de México-Estados Unidos. Cuenta la historia del terror impuesto y del silencio mortal mientras que prospera el nuevo mundo de la globalización. Mi sincera esperanza es que la película y su poder puedan de hecho efectuar un cierto cambio en la conciencia de los espectadores".[232]

Lourdes Portillo nació en la capital del Estado de Chihuahua, al norte del país. Siendo aún una niña emigró con su familia a

---

[230] Empresas que importan piezas de sus matrices extranjeras para que sus productos (como automóviles o aparatos electrónicos) sean manufacturados por una mano de obra más barata que la exigida en sus matrices; después de terminado, el producto final es exportado de regreso a su país de origen. Ellas existen en México desde 1965, pero se reprodujeron considerablemente cuando, en 1994, el Tratado de Libre Comercio eliminó los aranceles de importación. El 70% del total de las plantas maquiladoras de México se encuentra en Chihuahua.
[231] Datos del Censo General de Población y Vivienda, México-2000.
[232] Materiales del paquete de prensa.

Estados Unidos, donde estudió cine y se radicó en forma definitiva. Identificada fuertemente con el sector chicano, en su obra ha reflexionado sobre temas relacionados con la situación de la frontera, los emigrantes, el rol de la mujer, la discriminación y la identidad.

Es a partir del reconocimiento de su propia identidad que Portillo asume la narración en *voice-over* de *Señorita Extraviada*. La autora se manifiesta como narradora de los hechos representados mediante un texto en primera persona. Su primera frase *"vine a Juárez"* define su realidad exógena en relación con el mundo de lo real del cual pretende hablar. Sin embargo, su aproximación como testigo es directa y familiar, lo que torna su observación afectada y comprometida: "Portillo inventa una práctica teórica en su rodaje que permite a la emoción entrar como un compañero necesario en la tarea de producir una película" dice Héctor Torres (2004: 69); ya Rosa Linda Fragoso (2003) se refiere a la forma como Portillo enfrenta el documental como la práctica de una cinematografía vulnerable, donde un "observador vulnerable" produce un "rodaje vulnerable".

A diferencia de lo que fue el documental expositivo del Nuevo Cine Latinoamericano, donde el autor se preocupaba en retratar al "otro de clase",[233] buscando dejar claro tanto los motivos de la opresión como las posibilidades para salir de ella, existe en Portillo un interés por mostrar las historias particulares de los personajes, las micro-historias,[234] sin la necesidad de que se tornen ejemplos representativos de funcionamientos estructurales en la sociedad.

La forma afectiva de acercamiento, en la obra de Portillo, hace que el espectador establezca una relación con el objeto mediada por la autora; es su experiencia como investigadora y activista, su forma de observación, de aproximación y de reflexión lo que está narrado en *Señorita Extraviada*. Como sujeto de la experiencia, la presencia de la realizadora en el film la torna un personaje más, a pesar de que nunca la vemos en pantalla. Sus estadías en Ciudad Juárez le dan una cadencia al relato determinada por el transcurso del tiempo, fundamental en una construcción dramática donde la

---

[233] Concepto utilizado por Jean-Claude Bernardet para caracterizar una tendencia del documental moderno que priorizó la elección de su objeto en relación con la alteridad que representaba para el cineasta.

[234] En el campo de los estudios de historia se usa el término "micro-historia" cuando las temáticas son abordadas a partir de situaciones singulares de individuos o pequeños grupos, en oposición a las macroanálisis, que estructuran su discurso respondiendo porqués.

documentalista asume el rol de un detective de *film noir*. El tiempo que transcurre es un tiempo determinado por la investigadora con frases como: "Cuando llegué a Juárez", "La segunda vez que vine" o "Durante los 18 meses que duró el rodaje de este documental".

La relación que se establece con el objeto es a través de la experiencia de la autora y la presencia de esta experiencia en el relato hace que la construcción argumentativa del documental sea más transparente. Cuando el discurso se asume como tal, es decir, como una interpretación y no como una verdad, el espectador recibe un estímulo para posicionarse frente a ese discurso. Es por eso que, a pesar de que el vínculo con el mundo de lo real en *Señorita Extraviada* sea prioritariamente de involucramiento emocional, esto no significa que el discurso que se genera no sea político.

Al tematizar la representación surge necesariamente una mayor conciencia del sistema de las representaciones en sí, y con eso una mayor conciencia del montaje. Un montaje cuya estructura está más en función del mundo de las representaciones y menos del mundo histórico. Esto permite que mediante el montaje se reformule lo real y pueda observarse, desde un ángulo diferente de aquel establecido por los modelos dominantes, porque las marcas de reflexividad posibilitan la conciencia política.

El montaje se torna así un fin en sí mismo, como defendía Eisenstein, un discurso articulado con significación propia, que reflexiona sobre la realidad al mismo tiempo que emite un juicio ideológico sobre ella. La continuidad narrativa está dada por una serie de choques entre fragmentos de film, que crean una impresión nueva en la mente del espectador. Estos choques articulan significaciones, que en su conjunto generan un otro discurso, exclusivo de la estructura fílmica. Este nuevo significado se forma con la ayuda del espectador, ya que será en su mente donde se realizará la lectura de los choques de planos; el público participa emocional e intelectualmente del proceso creativo: "La fuerza del montaje reside en el hecho de que hace participar las emociones y el raciocinio del espectador. El espectador debe recorrer el camino de la creación que el autor recorrió al crear la imagen" (Eisenstein, 2001: 101). Así, el montaje se torna el principio de vida que le da sentido a las tomas primarias.

El montaje tiene la función instrumental de incentivar la capacidad intelectual del espectador por su capacidad de abstracción simbólica, pudiendo así transmitir ideas y conceptos. Esta función del montaje intelectual de Eisenstein está presente en la estructura de *Señorita Extraviada* como instrumento de concientización.

Secuencias que se componen en gran parte de imágenes en primer plano, en las que el contexto pierde importancia, despiertan la conciencia sobre el sistema de las representaciones. Son imágenes aisladas, unidades de significación, que no necesariamente forman parte de la construcción mayor de una situación específica. La película se apropia de algunas imágenes que son parte de las historias filmadas –como ropas y zapatos de mujer, rostros y manos, cruces negras pintadas en postes y paredes de la ciudad, o autobuses en el desierto- para transformarlas en símbolos que se repetirán en diversas secuencias, representando conceptos abstractos como "pérdida", "temor" o "desamparo".

En la segunda secuencia del documental, la madre de Silvia Arce cuenta que su hija desaparecida trabajaba en una zapatería; imágenes en blanco y negro muestran una vitrina con zapatos femeninos en primer plano y algunas jovencitas de espalda en la zapatería. La idea de esta imagen se repite varias veces adoptando diferentes formas, todas ellas enormemente sugestivas: zapatos viejos en el desierto, pies femeninos calzándose, zapatitos de plástico colgados en el vidrio frontal de un autobús, nuevamente los zapatos nuevos en la vitrina. La separación de estas imágenes de su contexto las convierte en un concepto que remite a los espacios vacíos que dejaron las mujeres desaparecidas.

En otra escena se informa que los cuerpos de las víctimas son reconocidos por la vestimenta. La película vuelve a usar el recurso de la repetición, esta vez con diversas vestimentas femeninas, que fueron encontradas en el desierto o que quedaron sin usar en sus casas, y les asigna un carácter simbólico. Estos "fetiches" como los llama Sergio de la Mora (2003, *online*), son utilizados por Portillo para representar simbólicamente el cuerpo ausente de las desaparecidas: "Las imágenes más prominentes de los remanentes físicos de las asesinadas y desaparecidas son artículos de ropa y los ornamentos que significan feminidad".

También ojos, manos y cabelleras de mujer son retratados en acercamientos extremos y en cámara lenta. Imágenes descontextualizadas, fragmentadas, que permiten que las mujeres se tornen más visibles; es decir, que lo que las muertas representan se torne más visible.

En la obra es posible visualizar la mediación del proceso documental, y esto produce cierta incomodidad al permitir observar el estado de las cosas y no sólo las cosas en sí. Similar al efecto de extrañamiento del teatro épico de Brecht en donde se interrumpe la acción no para fragmentar, sino para generar una función organizadora: el curso de la acción se detiene para forzar al espectador a tomar posición respecto de lo que acontece y para forzar al actor a tomar posición respecto de su propio papel (Benjamin, 2004). Esta técnica pretende evitar el involucramiento emocional en pro de obtener una comprensión objetiva de la realidad.

En muchas de las secuencias de *Señorita Extraviada* la acción parece detenida. Los *leitmotivs* –recurrentes en el film– son generalmente momentos de no acción, detenciones que permiten mirar los acontecimientos de otro modo. Un efecto de contención, como en la fotografía, que posibilita conocer a los personajes más allá de su cotidiano, observándose a sí mismos, observando sus vidas y observando al espectador. Esto es visible en la escena en la que los parientes de la joven asesinada, Sagrario González, como si estuvieran posando para una fotografía familiar, miran a la cámara en silencio, en un acto de contención que expresa rabia y tristeza.

Para Walter Benjamín, el contexto en el que se desarrolla un texto tiene la misma importancia que el texto en sí. La visibilidad de este contexto se da a través de los *instantáneos*: imágenes mentales que expresan una relación con índices históricos o experiencias sociales. Los *instantáneos* son fotografías del momento de un proceso, imágenes donde el pasado se junta con el ahora. El proceso por el cual pasado y presente generan una imagen es lo que Benjamin llamó *dialéctica de la paralización*.

Las imágenes fotográficas de *Señorita Extraviada* constituyen secuencias donde nada sucede, donde nada se dice; detenciones donde lo no-dicho permite ver las marcas del momento del encuentro entre quien filma y quien es filmado. El reconocimiento del contexto de filmación en un tiempo pasado contribuye a la comprensión del texto documental en el tiempo presente.

Esta relación, definida a través de los *instantáneos* de Benjamin, puede también ser pensada en relación con las entrevistas: como mediación entre la vivencia de la experiencia y el momento de la declaración testimonial. El sujeto de la experiencia manifiesta su voluntad de hablar motivado por derechos reprimidos que necesita liberar; en el caso del testimonio como parte de una estructura textual, éste será relevante por los efectos morales que pueda tener su discurso, es decir, el testimonio se transforma, en el documental, en un instrumento de verdad. El discurso personal de la experiencia de vida permite, mediante este mecanismo de valoración, crear un vínculo con cuestiones no sólo de la memoria colectiva sino también con cuestiones morales, políticas y hasta de interpretación histórica.

Conclusiones

La forma documental remite a aprender, a adquirir un conocimiento. En el caso de *Señorita Extraviada* esta adquisición de un nuevo saber está directamente relacionada con la idea de no olvidar. Se hace uso de la denuncia como estrategia para preservar la memoria de las víctimas, al mismo tiempo en que la preservación de la memoria se transforma en una forma de resistencia que lucha contra la impunidad. Los familiares piden un trato digno para sus muertos, que se les recuerde con respeto y que nunca se olvide la arbitrariedad de su muerte. Portillo termina el film sumándose también a este pedido; por medio de la voz de una activista demanda que se esclarezcan los crímenes y que se les proporcione protección a las familias de Juárez.

Sin embargo, investigaciones en el área de género[235] afirman que en las regiones donde hay crímenes contra mujeres, también hay otras formas de violencia contra mujeres que están presentes en la vida social de forma constante, tolerada socialmente y por las autoridades" (Lagarde, 2007, *online*). Al ser Ciudad Juárez conocida por el alto número de asesinatos de mujeres, el Estado de Chihuahua ocupó el sexto lugar en el país en cuanto a la tasa de homicidios de niñas y mujeres. Lo que sucede en Juárez no es excepcional, la violencia contra la mujer está respaldada por la sociedad y las víctimas no encuentran protección de ningún tipo, dice Lagarde.

Señorita Extraviada es la representación de la situación de impunidad frente al terror. Expresada en una forma de narrar

---

[235] Marcela Lagarde, etnóloga y doctora en Antropología, encabezó, desde la Cámara de Diputados en México, una investigación en la que concluyó que la situación tiene su origen en problemas de convivencia de género.

fotográfica, cargada de tiempos muertos, esta narrativa ilustra la impotencia, al mismo tiempo que incorpora pausas de reflexión.

El lenguaje utilizado por Portillo se constituye como una práctica de resistencia, donde la representación de los mundos particulares de los personajes –vivos y muertos–, posibilita alcanzar una comprensión general. Y así, esta "narrativa de los afectos" o, como dice la documentalista, estas "políticas del corazón" pueden alcanzar una reflexión singular que en cuanto práctica de resistencia ofrece narrativas alternativas a los discursos hegemónicos, tan fundamentales en una América Latina que continúa siendo parte del mundo desde el lugar del oprimido.

Bibliografía

Benjamin, W., *Obras Escolhidas*, San Pablo, Brasiliense, 1990.
Bernardet, J. C., *Cineastas e imagens do povo*, San Pablo, Companhia das Letras, 2003.
Carvajal, M., "Un análisis con enfoque social sobre la violencia contra las mujeres en América Latina", entrevista con Marcela Lagarde, Buenos Aires, *Página 12*, 25 de noviembre de 2007.
De la Mora, S., "Terrorismo de género en la frontera de E.U.A. - México: Asesinato, mujeres, y justicia en Señorita Extraviada de Lourdes Portillo", en *El ojo que piensa*, nº 0, México, 2003, disponible en: www.elojoquepiensa.udg.mx/espanol/numero00/veryana/04_terrorismo.html. Acceso el 10-07-2008.
Eisenstein, S., *Hacia una teoría del montaje*, vols. I y II, Barcelona, Paidós, 2001.
Fregoso, R. L., *The Devil Never Sleeps and Other Films* , Austin, University of Texas, 2003.
Hojas de cine: Testimonios y documentos del Nuevo Cine latinoamericano, vols. I y III, México, SEP, UAM, Fundación Mexicana de Cineastas, 1988.
Stam, R.; Shohat, E., *Critica da imagem eurocêntrica*, San Pablo, Cosac & Naify, 2006.
Torres, H., "A conversation with Lourdes Portillo", en *Film & History: An Interdisciplinary Journal of Film and Television Studies* 34.1, 66-72, 2004, disponible en www.muse.jhu.edu/journals/film_and_history/v034/34.1torres.html. Acceso el 20-08-2008.

La mujer: una representación puesta en crisis

Miriam Elisabet Alvarado y Anahí D'Amato
Universidad de Buenos Aires

Palabras clave: *representación, cine argentino, mujer*

La mujer: una representación puesta en crisis

Desde mediados de la década de 1950 hasta comienzos de la década de 1960 el cine argentino atraviesa un período de transformaciones que desembocan en la aparición de un cine moderno nacional. En los films de este período la mujer se vuelve protagonista y se produce un quiebre en relación con los modelos de representación femenina establecidos por el cine clásico previo. Sin embargo, la imagen de la mujer sigue respondiendo a la construcción social ideológica dominante.

Esta investigación se propone analizar, desde los aspectos formales, la representación de la mujer, entendida como una construcción cultural y social, a partir de los conceptos de representación y punto de vista. En un período en que la mujer se resignifica como sujeto social también se transforma su imagen en el cine, se muestra fragmentada, como puro artificio.

Comenzamos analizando films en los que se producen cambios dentro del modelo canónico, ejemplificado con las películas *Ayer fue primavera* (1955), de Fernando Ayala; *Graciela* (1955), *La casa del ángel* (1957), *La mano en la trampa* (1961), de Leopoldo Torre Nilsson, y *Rosaura a las diez* (1958), de Mario Soficci. Concluimos con el cine moderno que tiene origen con la Generación del 60, con *La cifra impar* (1961), de Manuel Antín, y *Tres veces Ana* (1961), de David José Kohon.

La representación

Consideramos la representación como un proceso, una producción, cultural y social. Según Aumont, "[...] representar es: o bien "hacer presente, o "bien reemplazar", o bien "presentificar", o bien "ausentar"; y de hecho –siempre– un poco ambas cosas, puesto que la representación, en su definición más general, es la paradoja misma de una presencia ausente, de una presencia realizada gracias a la ausencia –la del objeto representado– y a costa de la institución de un sustituto. Artefacto plenamente cultural, basado en convenciones socializadas que rigen su campo y su naturaleza, ese sustituto siempre fabricado, lo delimitan la técnica y la ideología" (Aumont; Marie, 1990: 114).

El concepto de representación permitirá analizar las películas producidas durante el período. Entendemos la representación de la mujer como una construcción social delimitada por la ideología dominante. Así, es posible investigar los mecanismos a través de los cuales se constituye esta representación, en tanto proceso, producción, regido por convenciones socializados. La representación en tanto presencia ausente nos permite pensar a las mujeres de estos films desde dos perspectivas. Por un lado, desde una perspectiva ideológica, la mujer es presencia y ausencia de un modelo social y cultural hegemónico. Por otro lado, desde una perspectiva narrativa, la mujer es protagonista pero, paradójicamente, se encuentra ausente en un relato donde domina una mirada masculina.

En el período se percibe una fractura en relación con la estructura clásica del relato fílmico y, al mismo tiempo, se desarrolla un quiebre de los estereotipos de la mujer que se venían perfilando desde los comienzos del cine argentino. Si en el período previo la mujer era representada fundamentalmente por dos modelos básicos, la muchachita ingenua por un lado y la mujer devoradora por el otro, en este período se enfrentan a la moral tradicional y a la ley del patriarcado. Sin embargo, esta nueva forma de representar a la mujer sigue respondiendo a la moral que pretende transgredir, ya que finalmente son castigadas y condenadas.

En *Ayer fue primavera* la mujer protagonista del film, Silvia, se presenta en un primer momento como la típica madre de una familia ideal, pero a los pocos minutos muere, y a partir de unas cartas que encuentra su marido, se pone en duda la honestidad y la fidelidad de la protagonista. Lo que marca el cambio es principalmente la muerte de la mujer y el cuestionamiento de su honestidad como esposa. Al final, Silvia es restituida al lugar de madre y esposa leal, como resabio de una representación de la mujer del período clásico construida siempre desde y para la mirada masculina. Esto refuerza, por otra parte, la normativa del género melodramático: aleccionar y funcionar como modelo de lo que una mujer debe y no debe ser y hacer.

En los films de Torre Nilsson (*Graciela, La casa del ángel* y *La mano en la trampa*) la protagonista siempre es una adolescente que transgrede las normas impuestas por su familia, una típica familia de clase media venida a menos que intenta vivir bajo las normas de la moral tradicional. Las protagonistas siempre son castigadas de diferentes maneras: con una violación *(La casa del ángel)*, una muerte, la descomposición de la familia *(Graciela)*, convertirse en amante *(La mano en la trampa)*.

En *Rosaura a las diez* la protagonista es presentada, en el comienzo, como una ingenua adolescente de clase alta que se enamora perdidamente de un pintor que trabaja para su padre. Cuando avanza el film, la imagen de Rosaura se modifica completamente, pasa a ser una prostituta, ex presidiaria que se abusa de la honestidad y la confianza de los personajes del film. Aquí la mujer es castigada con la muerte.

En *La cifra impar* la protagonista, Laura, provoca una disputa entre dos hermanos. Comienza una relación con uno de ellos (un artista que sufre de graves problemas de salud), finalmente lo abandona y se va con el otro a vivir a París. Aquí el castigo a la protagonista es la constante presencia en sus recuerdos, y en los de quienes la rodean, del hombre muerto a quien ella abandonó para irse con su hermano.

En *Tres veces Ana,* en el primer episodio, "La Tierra", Ana intima con un hombre sin ningún prurito, se muestra sexualmente desinhibida. En otro episodio, "El Aire", Ana es una mujer divorciada que mantiene relaciones ocasionales. En el último fragmento, la mujer es pura construcción en la imaginación del protagonista, que termina descubriendo que quien invade su imaginación es sólo un maniquí. Se castiga a la mujer con el abandono y la incitación a cometer un aborto.

El punto de vista

En este período de transición entre el cine clásico y el cine moderno podemos observar una desestructuración del relato, que se desarrolla en diferentes profundidades. Trabajaremos esta desestructuración desde el concepto de punto de vista definido por Jaques Amount y Michel Marie, para estudiar cómo y desde qué lugar se constituye la representación de la mujer en los films.

Según los autores, en *Análisis del film,* "Por definición, el punto de vista es el lugar desde el cual se mira. De manera más general, es también el modo en que se mira. [...] Analizar un film narrativo en términos de puntos de vista (o, lo que viene a ser lo mismo, de miradas), es, pues, central el análisis esencialmente sobre lo que se ha dado en llamar "mostración" (Andre Gaudreault) por oposición a la narración en sentido estricto" (Amount; Marie, 1990: 154).

La filmografía analizada presenta diferentes variantes con relación al punto de vista. En algunos casos, la construcción del relato se genera a través de varios puntos de vista *(Ayer fue primavera, Rosaura a las diez)* y en otros casos es explícitamente subjetiva *(Graciela, La casa del ángel, La mano en la trampa)*.

En *Ayer fue primavera* el relato se genera a partir del punto de vista de varios personajes; la historia de la protagonista se construye a través del recuerdo de dos hombres, su marido y su supuesto amante. Luego de la muerte de Silvia, Ricardo regresa a su casa, después de varios meses de recuperación, y encuentra unas cartas de su esposa que le hacen dudar de su fidelidad. Así, comienza un *flash-back* que nos cuenta la historia de este matrimonio desde la perspectiva del marido. Más adelante éste decidirá ir a ver al supuesto amante de su esposa para quitarse todas las dudas, entonces él tomará las riendas del relato y contará la verdadera historia, en la que se sabrá que Silvia era una esposa fiel y devota de su marido. A lo largo del relato volvemos a asistir a los mismos acontecimientos que primero son vistos desde la perspectiva del marido y luego desde la perspectiva del amante.

En el film presenciamos una representación de la mujer fragmentada y ausente. Silvia muere al comienzo y su vida se nos da a conocer a través del relato y la mirada de los hombres. Esta estructuración se corresponde con la necesidad de mantener la tensión y la duda acerca de quién es Silvia realmente.

La historia de Rosaura se construye de forma similar, aunque aquí los puntos de vista son múltiples. El film se construye a través del relato de varios personajes. En una comisaría los habitantes de la pensión "La Madrileña" declaran para intentar descubrir quién ha asesinado a Rosaura. Esta investigación dará lugar a un nuevo interrogante, más profundo aún, ¿quién es realmente Rosaura?

La primera declaración es la de la dueña de la pensión, Milagros, quien presenta a Rosaura como una mujer de buena familia, enamorada de Camilo Canegato, un habitante de la pensión. El siguiente *flash-back* corresponde a David, otro inquilino, enamorado de Rosaura, quien acusa a Camilo de haberla asesinado. Luego volvemos al presente de la historia, y a través del comentario del inspector tenemos los primeros indicios que nos hacen pensar que Rosaura no existe; como él dice: "Rosaura es una mitificación". Este hecho será confirmado en el tercer *flash-back* narrado por Camilo, quien afirma que Rosaura es una creación, su propia creación: "Rosaura es una pura invención mía. Rosaura me pertenece".

El misterio sobre la identidad de Rosaura se develará con el hallazgo de una carta que había escrito a su tía. Rosaura es en realidad Ana María, una ex presidiaria asesinada por unos maleantes que pretendían explotarla sexualmente.

Nuevamente se muestra a la mujer de forma fragmentada, construida desde el punto de vista de los otros. Si bien se presenta a Rosaura tanto desde la mirada femenina como de la masculina, es producto de la creación de un hombre. Camilo le dio nacimiento, vida, forma, rostro y nombre.

En las películas de Torre Nilsson, el punto de vista es asumido por las protagonistas. Ellas relatan sus propias historias en voz over y en tono confesionario. En *Graciela* el film se inicia con la protagonista leyendo su diario íntimo, a partir del cual se desencadena un *flash-back* que relata su historia. *La casa del ángel* comienza con el relato de Ana, en voz over, acerca de la llegada de Pablo Aguirre a la casa. A través de este recurso la narración se tiñe de la subjetividad de las protagonistas.

Los característicos planos inclinados de Torre Nilsson y el uso de claroscuro están en estrecha relación con el punto de vista de las protagonistas. Ellas se sienten asfixiadas, aprisionadas a su entorno, y la composición de la imagen refleja sus sensaciones. La casa-trampa de Torre Nilsson es la prisión en la que se encuentran estas mujeres, lugar de lo siniestro, espacio del caos. En los primeros planos de *La mano en la trampa* se evidencia la idea de la casa-prisión, ya que se muestra a Laura detrás de los barrotes del pórtico, detrás de los barrotes de la puerta de entrada a la casa, detrás del barandal del balcón.

A diferencia de los films anteriores, en los cuales la mujer es construida a través del relato de los otros, aquí ellas asumen el punto de vista. De todas formas, las mujeres se encuentran en crisis, perturbadas, e intentan transgredir las normas impuestas por su entorno y sufren las consecuencias de tal osadía.

En *La cifra impar* el relato se construye a través de los recuerdos de los protagonistas. Éstos son confusos, los asechan y les impiden vivir con tranquilidad. Incluso la fantasía se mezcla con la memoria. Así, se van trazando las líneas que componen a Laura y a la historia de esta familia. En el film el relato se muestra desestructurado, los *flash-backs* se suceden sin respetar un orden cronológico y, en algunos casos, resulta imposible adjudicarlos a un personaje en particular.

Así como en Torre Nilsson la narración tiene un tono confesionario, en *La cifra impar* la culpa es el motor de relato. Conocemos a Laura a través de los recuerdos que la atormentan a ella y a su marido. Laura se muestra como una mujer perturbada, en crisis, y es construida desde la culpa por haber tomado una decisión moralmente errónea

Tres veces Ana se compone de tres episodios en los que si bien la actriz es siempre la misma y lleva el mismo nombre los personajes que interpreta son diferentes. El punto de vista de la mujer se va desdibujando progresivamente y los hombres comienzan a asumirlo hasta que Ana sólo es un producto de la imaginación masculina.

En el primer episodio está presente el punto de vista de Ana, a quien observamos en la intimidad de su hogar y en su trabajo. Sin embargo, a lo largo del relato se vuelve dominante la mirada de Juan. En el segundo episodio no tenemos el punto de vista de Ana ya que es reducida a objeto de deseo y la conocemos sólo a través de la mirada de los hombres. Finalmente, en el tercer episodio el punto de vista está a cargo de Mono, quien construye imaginariamente a Ana, motivado por el rostro de una mujer que ve en un ventana. Él imagina que comparte momentos con ella y nosotros somos testigos de esos encuentros surreales. El rostro de esa mujer que lo obsesiona es en realidad la cabeza del maniquí de una modista.

Aproximaciones a una conclusión

En este período se percibe una fractura en relación con la estructura clásica del relato fílmico y, al mismo tiempo, se desarrolla un quiebre en los estereotipos de la mujer que se venían perfilando desde los comienzos del cine argentino. Claudio España, en un artículo publicado en *Nuevo texto crítico*, "Emergencia y tensiones en el cine argentino de los años 50", considera que en el cine emergente en la década de 1950 hay una ausencia de la mujer como sujeto, en la realidad del relato, al mismo tiempo que ésta se constituye como cuerpo-fetiche a partir de las voces narrativas masculinas. Este período de la historia del cine argentino coincide históricamente con un momento en el que la mujer, desde lo político, comienza adquirir fuerte presencia mientras que "[...] en el cine se convierte en memoria ausente: o está en el pasado, o vive en la memoria [...]" (España, 1998: 52), y:

> Fue en la representación de la mujer donde se plasmó la crisis cultural argentina "[...] porque fue en las mujeres en quienes se detectó mejor el advenimiento de algo nuevo, de nuevas costumbres y normas de comportamiento" (España, 2005: 93).

Normas fuertemente sancionadas desde la cultura y el cine. Aparece así la tensión entre el modelo tradicional y la aparición de nuevas libertades de las que la mujer no puede hacer pleno uso. La representación de su imagen sigue siendo construida desde y para la mirada masculina. Más allá de los intentos de ruptura, tanto en el plano cultural y social como en el de la representación artística, desde la tradición patriarcal la mirada masculina continúa sancionando su conducta.

Bibliografía

Aumont, Jacques; Marie, Michel, *Análisis del film*, Barcelona, Paidós, 1990, pp. 114, 154.
Casetti, Francesco, *Teorías del cine*, Madrid, Cátedra, 1994.
Donae, Mary Ann, *The film and the masquerade: theorising the female spectator*, Nueva York, Screen, 1982.

España, Claudio (comp.), *Cine Argentino: Industria y Clasicismo. 1933-1956*, vols. I y II, Buenos Aires, Fondo Nacional de las Artes, 2000.

—— (comp.), *Cine Argentino: Modernidad y Vanguardia. 1957-1983*, vols. I y II, Buenos Aires, Fondo Nacional de las Artes, 2005, p. 93.

——, "Emergencia y tensiones en el cine argentino de los años 50", *Nuevo Texto Crítico*, Año XI, n° 21/22, California, Stanford University, 1998, p. 52.

España, Claudio; Manetti, Ricardo, "El cine argentino, una estética especular: del origen a los esquemas", "El cine argentino, una estetica comunicacional: de la fractura a la síntesis", en Emilio Burucua (dir.), *Arte, sociedad y política, vol. II*, Buenos Aires, Sudamericana, 1999.

Gaudreault, André; Jost, François, *El relato cinematográfico. Ciencia y narratología*, Barcelona, Paidós, 1995.

Mahieu, José Agustín, *Breve historia del cine argentino*, Buenos Aires, Eudeba, 1966.

Manetti, Ricardo, "El melodrama, fuente de relatos. Un espacio para madres, prostitutas y nocheriegos melancólicos", ficha de catedra Historia del Cine Latinoamericano y Argentino, UBA, s./f.

Sexualidades dispares.
Representaciones y construcciones
de género en el Nuevo Cine Argentino

Romina Smiraglia
Facultad de Ciencias Sociales
Universidad de Buenos Aires

Palabras clave: *cine, género, sexualidades*

Introducción[236]

Los sistemas de representación de nuestras sociedades, que se construyen tanto social como culturalmente, han dejado una huella posible de ser rastreada en el arte general, y en el cine en particular. En este sentido, las investigaciones sobre las producciones culturales elaboradas durante los últimos cuarenta años desde una perspectiva feminista, surgieron con el objetivo de realizar una crítica radical a los modelos hegemónicos de representación, poniendo en entredicho "el carácter supuestamente 'natural', 'necesario' y 'transhistórico' del sistema sexo-género" (Colaizzi, 1995: 9). Las diversas teorías y críticas cinematográficas provenientes del feminismo buscan, entonces, echar luz sobre los procesos de construcción de los sujetos y su representación en las narraciones fílmicas, ya no como otra herramienta metodológica dentro del análisis –semiótico, sociológico, etc.– sino como una nueva mirada que, atravesando todos los campos anteriores, intenta problematizar las lecturas tradicionales.

Como intentaremos mostrar en el recorrido que se propone este trabajo, las teorías surgidas dentro de este campo de estudio han atravesado desde su comienzo varias etapas que coinciden con debates abiertos, al interior de los estudios de género en general, sobre el modelo de representación cinematográfico y su relación

---

[236] El presente trabajo es un extracto de un primer avance sobre el proyecto de tesis doctoral enmarcado en la beca Conicet tipo I que actualmente llevo adelante (2008-2011).

con el sistema sexo-género, sobre las representaciones socialmente dominantes que influyen en la traducción de la diferencia sexual en desigualdad social. No obstante, en los últimos años, irrumpieron fuertemente discursos críticos sobre la construcción del género y la sexualidad, discursos que inevitablemente nos conducen a repensar algunas categorías fundamentales –y 'fundacionales'– del feminismo, y su impacto en los estudios cinematográficos. Esta vuelta reflexiva sobre las propias teorías feministas se va a producir a través de un *giro performativo* en la interpretación de la identidad (Butler, 2001, 2005 y 2006) que, buscando desnaturalizar la diferencia sexual, ha dado lugar a nuevas interpretaciones sobre las representaciones de género y de la sexualidad, tanto en el espacio político como estético. Lecturas que problematizan la noción Mujer y nos enfrentan así con sujetos –múltiples no unificados– constituidos no sólo en el género, sino también sujetos *en-gendrados* en la experiencia de relaciones de clase y raciales, además de sexuales (De Lauretis, 1996).

En la actualidad, frente a la irrupción de sexualidades dispares, cuerpos *abyectos* y vínculos no convencionales en las nuevas cinematografías; estos nuevos aportes se vuelven fundamentales a la hora de abordarlas. Es en ese sentido, y apoyándonos en estas últimas lecturas, que este trabajo se propone comenzar a indagar sobre el tipo de construcciones de género dentro del Nuevo Cine Argentino y su relación con los discursos hegemónicos de nuestra sociedad, adentrándose en sus figuraciones sexuales y corporales. Para ello comenzaremos haciendo un breve recorrido por la relación entre la teoría feminista con el cine, rastreando los principales aportes que se han realizado en estos últimos años sobre la construcción de los sujetos, de la mujer, del sistema sexo-género. Luego, nos adentraremos en el análisis de los procesos de producción y circulación de sentidos en relación con los cuerpos y las sexualidades a través de uno de los ejemplos que consideramos paradigmáticos,[237] no con el objetivo de realizar un análisis exhaustivo, sino tomándolo como punto de partida para comenzar a reflexionar sobre los temas enunciados en este trabajo.

---

[237] Debido a los límites de extensión establecidos, y a que el objetivo de este trabajo es introducir la temática más que desarrollarla en profundidad, he decidido tomar como ejemplo sólo la película *Tan de repente* (Lerman, 2002).

Los inicios: hacer visible lo invisible o lo visible como tecnología

Los primeros acercamientos de los estudios feministas a la relación entre el cine y las mujeres, estudios surgidos en la década del setenta, estuvieron fuertemente enfocados en dar cuenta de la ausencia de éstas en el ámbito de la producción cinematográfica,[238] enfocando su análisis en la imagen de la mujer retratada en los films, como también en su rol de creadora dentro de la Industria. En otras palabras, estos trabajos iniciales intentaron hacer visible la puesta en los márgenes –o directa omisión– de esta problemática tanto en la teoría cinematográfica como en los estudios historiográficos sobre cine, ofreciendo "[...] a la mirada interpretativa del teórico, crítico o historiador de cine un objeto que a casi nadie parecía consistente o problemático" (Colaizzi, 1995: 12).

Dentro de este enfoque, siguiendo siempre la interpretación de Giulia Colaizzi, podemos encontrarnos con dos vertientes claramente diferenciadas. En la primera de ella podemos ubicar trabajos de corte más historiográfico, en donde se brinda información sobre la contribución realizada por mujeres –contribución excluida de los textos de historia– en diferentes roles dentro de la producción cinematográfica.[239] En la segunda vertiente, nos encontramos con trabajos más de orden teórico, en donde por primera vez se analiza la imagen de la mujer al interior del film a través de una tipificación de los personajes femeninos según los estereotipos que representan dentro de la estructura narrativa: *femme fatale*/chica buena, madre/prostituta, entre otros.[240] La

---

[238] En este punto, tomaré como referencia principal el recorrido que realiza Giulia Colaizzi en la "Introducción" al libro –editado por ella– *Feminismo y Teoría Fílmica* (1995). También, en algunos casos, me remitiré a la "Introducción" de *Las mujeres y el cine. A Ambos lados de la cámara* (Kaplan, 1998) y a las "Introductory notes" de *Feminism & Film* (Kaplan, 2000). Todos ellos citados en la bibliografía.

[239] Un ejemplo de este tipo de aproximación es el libro de Sharon Smith *Women who make movies* (1975) en donde se realiza un relevamiento, a través de un trabajo de archivo, sobre el rol de las mujeres durante los inicios de la Industria Cinematográfica

[240] Ejemplos de esta vertiente podrían ser *Popcorn Venus. Women, movies & the American dream* (1973) de Marjorie Rosen o *Reverence to Rape: The Treatmant of women in movies* (1974) de Molly Haskell.

limitación de este tipo de estudios es que al partir su análisis de ciertos estereotipos que las autoras encuentran como ya existentes en la realidad, "mujeres reales" que pueden servir como referentes para este tipo de representaciones, presuponen que el cine es un medio, un instrumento, que refleja una visión del mundo al igual que un espejo de la realidad; en donde cualquier cambio de características en estos estereotipos representados se deberá a transformaciones producidas en el ámbito sociopolítico y cultural (Siles Ojeda, 2002). Es justamente esta limitación la que abrirá el paso a una segunda etapa en la investigación feminista, una etapa más relacionada con la semiótica y el psicoanálisis que desplazará "el énfasis crítico de las 'imágenes de' las mujeres, al eje mismo de la mirada en cuanto tal" (Colaizzi, 1995: 17).

En esta segunda etapa, denominada por Colaizzi como *de lo visual en tanto tecnología*,[241] lo fundamental ya no va a ser *hacer visible lo invisible*,[242] sino justamente adentrarse en cómo se producen estos vaciamientos, y no sólo el cómo, sino también el por quién y para qué. Lo visible, sería entonces, el resultado de una tecnología en donde sus mecanismos se encuentran ocultos, y a través de los cuales se construye la "esencia femenina", condenando a las mujeres a ciertos roles en la sociedad. Lo interesante de esta segunda etapa es que no sólo nos permite acercarnos a estas representaciones para develar los diferentes procesos ideológicos que están en juego en ellas, sino también abrir la posibilidad de actuar sobre ellas a través del –por ejemplo– *counter-cinema* propuesto por Claire Johnston.[243] Si el problema central es desentrañar estos mecanismos, hacer visible –ahora– el carácter de construcción de esas imágenes, esto se podrá realizar no sólo a través de un estudio crítico sino

---

[241] Nacida en torno a la revista *Screen* en Inglaterra y *Camera Obscura* en Estados Unidos, podemos encontrar –entre otros– los estudios de Claire Johnston, "Women´s Cinema as Counter-Cinema" y "Visual Pleasure and Narrative Cinema", de Laura Mulvey. Ahora en Kaplan (2000).
[242] *Hacer visible lo invisible* hace referencia a la frase con la que Annette Kuhn definió el objetivo de la teoría y crítica fílmica feminista.
[243] "Any revolutionary strategy must challenged the depiction of reality; it is not enough to discuss the opresion of women within the text of the film; the language of the cinema/the depiction of reality must also be interrogated, so that a break between ideology and text is effected", en Johnston (2000, p. 30).

también a través de la realización de films que problematicen con esta supuesta "naturalización" que produce y que necesita el Modo de Representación Institucional (MRI), produciendo procesos de extrañamiento como forma de resistencia política. En última instancia, en estas investigaciones el foco ya no estaría puesto en las representaciones como formas terminadas del cine, sino en los procesos de construcción de una supuesta feminidad que serían producto de los discursos hegemónicos, entre ellos el artístico, es decir, estas investigaciones "[...] prestaron cada vez más atención a cómo se elabora el significado en las películas, en lugar de al 'contenido'" (Kaplan, 1998: 50).

Sin embargo, en estos últimos años, algunas teóricas se mostraron preocupadas por cómo este tipo de enfoques pueden tornarse, en la actualidad, una limitación al desarrollo del pensamiento feminista. Consideran que estas lecturas, al basarse únicamente en una oposición sexual universal Hombre/Mujer, dejan de lado otro tipo de diferencias sin tomar suficientemente en consideración las determinaciones sociales e históricas de estos sujetos, haciendo imposible –por ejemplo– visualizar las diferencias entre el concepto Mujer y las mujeres en cuanto sujetos históricos.[244] Por ese motivo, afirman la necesidad de una nueva teoría feminista de la subjetividad que pueda dar cuenta de esta multiplicidad de diferencias, asumiendo la noción de diferencia no sólo como marca distintiva entre hombres y mujeres, sino al interior de las mujeres –y de los hombres– así como las diferencias de clase, preferencia sexual y/o etnia.

Intentar ver la diferencia, diferente

Como adelantamos en la introducción, desde fines de los ochenta y durante la década de 1990, aparecen nuevos enfoques atravesados por un *giro performativo* en la interpretación de la

---

[244] "Radical change requires a delineation and a better understanding of the difference of women from Woman, and that is to say as well, the differences among women. For there, after all, different histories of women. There are women who masquerade and women who wear the veil; women invisible to men, in their society, but also women who are invisible to other women, in our society" (De Lauretis, 2007, p. 36).

identidad que comienzan a problematizar sobre el binomio sexo-género. Una definición del género en términos de *performance* que surge en reacción tanto a la afirmación del feminismo esencialista de una verdad natural o pre-discursiva de la diferencia sexual, como a la imposición normativa de ciertas formas de masculinidad y feminidad, "[...] el 'sexo' es una construcción ideal que se materializa obligatoriamente a través del tiempo. No es una realidad simple o una condición estática de un cuerpo, sino un proceso mediante el cual las normas reguladoras materializan el 'sexo' y logran tal materialización en virtud de la reiteración forzada de esas normas" (Butler, 2005: 18).

Desde este horizonte de sentido, el género ya no puede ser pensado como identidad estable y coherente, como la mera inscripción cultural de un sexo preestablecido. Es precisamente en la *iterabilidad*, en la práctica *citacional* de las normas establecidas, repeticiones regularizadas y obligadas que son realizadas por sujetos concretos, en donde radica su estabilidad. Una forma de *situarse* en y a través de las normas culturales –vinculadas a prescripciones, tabús, sanciones–, un *vivir el cuerpo* en el mundo, pero en donde esa forma de situarse, que en sí es condicionada pero no determinada, deja abierta la posibilidad del cambio. En otras palabras –y citando una frase de Simone de Beauvoir– "no se nace mujer, se llega hacerlo" pero ese "llegar a ser", ese proceso, es un proceso sin fin, es una constante lucha con el poder recibido, rehaciendo las normas o deshaciéndolas, porque cada acto de reproducción contiene el riesgo de *fallar* o de producir efectos que no son completamente previstos.

Así pues, la representación artística, al igual que los discursos institucionales, el sistema educativo, entre otros, funcionan como *tecnologías sociales* que al nombrar, representar y/o definir la feminidad o la masculinidad también la están creando, "like sexuality, we might then say, gender is not a property of bodies or something originally existent in human beings, but 'the set of effects produced in bodies, behaviors, and social relations' in Foucault´s words, by the deployment of 'a complex political technology'" (De Lauretis, 1996: 3). No obstante, aun frente a las *tecnologías sociales* que se encuentran operando sobre la construcción del género, *tecnologías de género* que producen o promueven representaciones del mismo, los términos de una construcción diferente subsisten en los márgenes de los discursos hegemónicos (De Lauretis, 1996).

En última instancia, estos nuevos aportes proponen una revisión crítica de los procesos –sociales, políticos y culturales– a través de los cuales se construyen las identidades sexuales y de género (heterosexuales como homosexuales, masculinas como femeninas) "alertándonos sobre los mecanismos de normalización, exclusión y naturalización que acompañan a la cristalización identitaria" (Preciado, 2008). Dentro de este marco, el debate acerca de la mujer en el cine, o de la relación de la espectadora con esas narraciones, se vuelve más complejo "[...] ya que no podemos garantizar desde esta perspectiva la existencia de un placer, un deseo 'femenino' compartido por todas las mujeres, ya no podemos hablar de la Mujer" (Siles Ojeda, 2002). Es justamente dentro de esta complejidad que el análisis –en nuestro caso de narraciones fílmicas– se vuelve más interesante, en donde al aceptar la multiplicidad de las experiencias que han marcado y marcan a los sujetos podemos evitar recurrir, a través de un análisis transversal, a análisis construidos sobre binomios como: mujer/hombre, heterosexual/homosexual. Quizás ésta sea la forma en que podremos dar cuenta de la irrupción producida en los últimos años de películas enmarcadas en nuevas cinematografías, entre ellas el Nuevo Cine Argentino, películas que parecieran ofrecernos representaciones de sexualidades minoritarias que no pueden definirse fácilmente como masculinas o femeninas, heterosexuales u homosexuales.

Figuraciones de resistencia

Las llamadas minorías sexuales han sido representadas por el cine argentino desde sus inicios, aunque en la mayoría de los casos haya sido a través de caracterizaciones negativas o reproduciendo su estereotipo como objeto de burla.[245] En estos últimos años, y en simultáneo al proceso iniciado de normalización de identidades sexuales en la mirada pública,[246] sexuali-

---

[245] En el libro compilado por Adrián Melo *Otras historias de amor. Gays, lesbianas y travestis en el cine argentino* se pueden encontrar numerosos artículos que ahondan sobre esta temática.
[246] Como nos señala Gonzalo Aguilar "Cambió el régimen de visibilidad (sobre todo por la televisión) y esto no sólo ha minimizado la carga

dades dispares, cuerpos abyectos, vínculos no convencionales, parecieran filtrarse en las pantallas alternativas cada vez con más fuerza. Sin caer en estereotipos condenatorios o ridiculizantes, o en caracterizaciones disfrazadas de tolerantes, a fines de los noventa aparecen algunas películas disruptivas no tanto por cómo representan a las supuestas minorías sexuales, sino porque directamente parten desde otra construcción de la subjetividad.

Frente a la saturación de representaciones normativas de la sexualidad dentro de la industria cultural, películas del Nuevo Cine Argentino[247] parecieran ofrecernos representaciones de sexualidades minoritarias en tensión con las construcciones sociales de la ideología sexual y las categorizaciones impuestas en la socialización y regulación de los cuerpos. *Vagón fumador* (Chen, 2000), *Tan de repente* (Lerman, 2002), *Un año sin amor* (Berneri, 2004), *Géminis* (Carri, 2005), *Glue* (Dos Santos, 2006), *Plan B* (Berger, 2009), entre otras, parecieran encontrarse en relación crítica con las normas y convenciones sobre el género y la sexualidad –sobre el cómo, dónde y cuándo de la misma– como así también con la necesidad compulsiva de la heteronorma, la monogamia o la familia.

El disparador de *Tan de repente* es un encuentro, la aparición de dos chicas, Mao y Lenin, en la monótona y aburrida vida de Marcia. Mientras Lenin juega al *flipper* en una casa de videos, Mao, que se encuentra al lado de ella, es atraída por una chica que, desde el otro lado de la ventana, pasa caminando. Mao no puede quitar sus ojos de ella, hipnotizada por su presencia sale del lugar y comienza la persecución. Al principio de la escena se desconoce cuál es el motivo que lleva a Mao a seguir a esa chica en particular, pero es imposible no percibir –a través del uso del

---

transgresiva de ciertos actos sexuales sino que ha hecho que la inclusión de la temática homosexual en algunas obras pueda ser vista como una tendencia de mercado o una concesión a los gustos del espectador (e imaginarias transgresiones inexistentes)" (2008: 321).

[247] No me detendré en el cómo o en el porqué del surgimiento del Nuevo Cine Argentino (tema ya trabajado por numerosas fuentes: G. Aguilar, A. Amado, E. Bernini, F. M. Peña, S. Wolf, entre otros). Lo que sí vale aclarar para los fines de este trabajo, es que a pesar de las diferentes tendencias al interior del NCA, esta cinematografía representa en su conjunto una renovación estética y temática –acompañada de nuevas formas de producción– que se distinguirá de sus antecesores y que marca un corte dentro de la producción cinematográfica nacional.

montaje- una sensación de peligro, una sospecha que se hace más intensa a medida que Mao -ya en compañía de Lenin- se acerca a Marcia, la cual ahora se ha dado cuenta que ya no está caminando sola.

Pareciera que dos películas están por chocar entre sí. Dos historias que hasta ese momento lo único que aparentemente compartían era la pantalla, dos historias narradas en paralelo -la de Marcia por un lado y la de Mao y Lenin por el otro- que hasta ese momento eran contadas desde distintas puestas en escena, ritmos, están por cruzarse para dar comienzo a una tercera. Entonces, el móvil del accionar de Mao es puesto en palabras a través de una propuesta concreta: "¿Querés coger?". Luego el resto, imposible de clasificar dentro de ningún género, aunque coquetee con varios de ellos: comedia, *road movie*, melodrama, etc. Tal cual lo describe Cozarinsky, pareciera que el film de Lerman fuera en busca de su narración, "fue intuir que su ficción se iba tramando ante mis ojos" (2003: 181), y no sólo la ficción podríamos decir, sino también los personajes. Tres chicas que no son lo que parecen, no porque esté oculta una especie de "esencia", Marcia, Lenin y Mao se van construyendo como personajes al mismo tiempo que se "deconstruyen".

Una película que muchas veces suele clasificarse como una película protagonizada por lesbianas; aunque sus protagonistas declaren no serlo, aunque no trate sobre "lesbianismo". Entendible si se tiene en cuenta que, durante muchos años, las mujeres lesbianas fueron condenadas por el cine a la invisibilidad. A diferencia de lo que sucedería con la representación de la homosexualidad, el lesbianismo no podía ser caricaturizado con la misma facilidad ya que su arquetipo estuvo casi siempre más vinculado a la transgresión, al peligro[248] (Tacetta; Peña, 2008). Pero catalogar este film como una película sobre el lesbianismo porque dos -o tres- mujeres en roles protagónicos tienen sexo entre ellas, puede llevarnos a construir *ficticias* afirmaciones sobre una película que pareciera jugar justamente con lo que desborda esas identidades, con lo que no se deja contener. Ni Marcia es una "lesbiana reprimida", ni Mao una "lesbiana heroí-

---

[248] "Más allá del subgénero carcelario, la revisión de numerosos films argentinos revela un motivo recurrente: si la lesbiana no está presa, merecería estarlo" (Tacetta; Peña, 2008, p. 119).

na" que acompañará a Marcia en su *salida del closet* para vivir un amor prohibido.

Frente al cine fundado sobre arquetipos, la película de Lerman pareciera abordar la sexualidad poniendo el foco en lo que se escapa, no centrándose en los problemas con los que se ve obligado a lidiar una persona cuando *sale del closet*, cuando intenta "normalizar" su situación en el mundo (de los otros). En última instancia, *Tan de repente* trata sobre las contradicciones, no como falta de sentido, sino justamente como *prueba* de vida de sus personajes.

A modo de conclusión

Si el carácter revulsivo de las representaciones de ciertas sexualidades ha disminuido, si vivimos en una época en donde cada vez es más común la explotación de la temática, aunque sea ahora principalmente enmascarada de tolerancia a través de los medios de comunicación, acaso sería interesante adentrarnos en qué tipo de *gay* –por ejemplo– ha sido procesado, normalizado y hasta explotado por la mirada pública, como también qué tipo de prácticas relacionadas con la sexualidad.

Es cierto que se han ampliado las opciones y características vinculadas a estos personajes dentro de la industria cultural, pero ello no implica que se haya acabado con los estereotipos, sino que ahora existen varios puestos a disponibilidad del consumo. Frente a esas identidades entonces, ¿qué sucede con las figuraciones corporales, sexuales, que no se condicen con una totalidad que se pretende homogénea, que pretende incluirnos? La necesidad de previsibilidad, de ordenamiento, sigue vigente, y sigue dejando por fuera al "resto", a los que no funcionan tan bien en la pantalla, a los que no son fácilmente asimilables, a los que justamente desbordan esas identidades. Identidades cuyos términos en sí son excluyentes, y que únicamente pueden ser construidos reprimiendo las diferencias.

No obstante, frente a la irresistible fuerza homogeneizadora de la industria cultural que todo lo incluye, a veces aparece –como destello– lo disonante. Es ahí donde películas como la analizada, irrumpen problematizando estas nociones, películas que no acentúan la *diferencia* pero tampoco la borran, sino que juegan con ella y la entrecruzan con otras diferencias, experiencias. Frente a estas películas, frente a esta nueva cinematografía, se hace indispensable la realización de estudios transversales, evitando el acercamiento a ellas desde categorías como Mujer, Hombre, Homosexual, Heterosexual, los personajes de estas películas son más que eso –o quizás menos– lo que sí no son sólo eso.

Figuraciones de resistencia que, en última instancia, irrumpen en la cinematografía argentina de los últimos años, y que no parecieran estar ahí para intentar "cambiar el mundo", buscando la reconciliación de lo *diferente* con el todo. Figuraciones de resistencia que construyen diferentes representaciones de la sexualidad y del género en los márgenes de los discursos hegemónicos, en otras palabras, figuraciones que lo subvierten, generando fisuras, *desplazamientos*, mirando desde *otro lugar*, hablándonos de lo que *no es*.

Bibliografía

Adorno, Theodor W., *Teoría estética*, Madrid, Akal, 2004.
Adorno, Theodor W., *Dialéctica negativa. La jerga de la Autenticidad*, Madrid, Akal, 2005.
Aguilar, Gonzalo, *Otros mundos. Un ensayo sobre el nuevo cine argentino*, Buenos Aires, Santiago Arcos Editor, 2005.
Aguilar, Gonzalo, "Testimonio de una disolución. Sobre un año sin amor de Anahí Berneri", en Adrián Melo (comp.), *Otras historias de amor.   Gays, lesbianas y travestis en el cine argentino*, Buenos Aires, Ediciones Lea, 2008, pp. 319-335.
Althusser, Louis, *Ideología y aparatos ideológicos de Estado. Freud y Lacan*, Buenos Aires, Nueva Visión, 2005.
Amado, Ana, "Cine Argentino. Cuando todo es margen", en *Pensamiento de los Confines*, nº 11, septiembre de 2002, pp. 87-94.
Bernades, Horacio; Lerer, Diego; Wolf, Sergio (eds.), *Nuevo Cine Argentino. Temas, autores y estilos de una renovación*, Buenos Aires, Ediciones Tatanka, 2002.
Bernini, Emilio, "Un proyecto inconcluso. Aspectos del cine contemporáneo argentino", en *Kilómetro 111. Ensayos sobre cine, nº 4, La escena Contemporánea*, Buenos Aires, Santiago Arcos Editor, 2003, pp. 87-106.

Burch, Noël, *El tragaluz del infinito*, Madrid, Cátedra, 1999.
Butler, Judith, "Variaciones sobre sexo y género. Beauvoir, Wittig y Foucault", en Seyla Benhabib; Drucilla Cornell (eds.), *Teoría Feminista y Teoría Crítica. Ensayos sobre la política de género en las sociedades de capitalismo tardío*, Valencia, Edicions Alfons el Magnànim, 1990, pp. 193-211.
Butler, Judith, *El género en disputa. El feminismo y la subversión de la identidad*, México, Paidós, 2001.
Butler, Judith, *Cuerpos que importan. Sobre los límites materiales y discursivos del "sexo"*, Buenos Aires, Paidós, 2005.
Butler, Judith, *Deshacer el Género*, Barcelona, Paidós, 2006.
Colaizzi, Giulia (ed.), *Feminismo y Teoría Fílmica*, Valencia, Episteme, 1995.
Cozarinsky, Edgardo, "Notas sobre un film argentino", en *Kilómetro 111. Ensayos sobre cine*, n° 4. La escena Contemporánea, Buenos Aires, Santiago Arcos Editor, 2003, pp.
De Lauretis, Teresa, "Rethinking Women´s Cinema", en Patricia White (ed.), *Figures of Resistance. Essays in Feminist Theory*, USA, University of Illinois Press, 2007, pp. 25-47.
De Lauretis, Teresa, *Technologies of Gender. Essays on Theory, Film and Fiction*, Indiana, Indiana University Press,1996.
Foucault, Michel, *Tecnologías del yo*, Barcelona, Paidós, 1995.
Foucault, Michel, *Historia de la sexualidad I. La voluntad del saber*, Buenos Aires, Siglo XXI, 2008.
Johnston, Claire, "Women's Cinema as Counter-Cinema", en Bill Nichols (ed.), *Movies and Methods*, Berkeley, University of California Press, 1976, pp. 208-217.
Kaplan, E. Ann, *Las mujeres y el cine: a ambos lados de la cámara*, Madrid, Cátedra, Instituto de la Mujer, 1998.
Kaplan, E. Ann (ed.), *Feminism & Film*, New York, Oxford University Press, 2000.
Khun, Annette, *Cine de mujeres: Feminismo y cine*, Madrid, Cátedra, 1991.
Montenegro, Patricia, "Mujeres travestidas de varón, transgresión transitoria y la teoría de la contención", en Adrián Melo (comp.), *Otras historias de amor. Gays, lesbianas y travestis en el cine argentino*, Buenos Aires, Ediciones Lea, 2008, pp. 171-191.

Kristeva, Julia, *Poderes de la perversión*, Buenos Aires, Siglo XXI, 1998.
Mulvey, Laura, "Visual Pleasure and Narrative Cinema", en *Screen*, vol. 16, nº 3, otoño de 1975, pp. 6-18.
Peña, Fernando Martín (ed.), *Generaciones 60/90. Cine argentino independiente*. Buenos Aires, Fundación Eduardo Constantini, 2003.
Preciado, Beatriz, *Testo Yonqui*, España, Espasa Calpe, 2008.
Preciado, Beatriz, *Manifiesto Contra-sexual*, Madrid, Opera Prima, 2002.
Rossi, María José; Aguilar, María Sol. "La identidad como destino. Disidencia sexual y representación fílmica", en Adrián Melo (comp.), *Otras historias de amor. Gays, lesbianas y travestis en el cine argentino*, Buenos Aires, Ediciones Lea, 2008, pp. 211-231.
Siles Ojeda, Begoña, "Una mirada retrospectiva: treinta años de intersección entre el feminismo y el cine", en *Caleidoscopio*, nº 1, Revista del AudioVisual, Valencia, Universidad Cardenal Herrera-CEU, marzo de 2002. Descargado de www.uch.ceu.es/caleidoscopio/numeros/uno/ssiles2.html
Wittig, Monique, *El pensamiento heterosexual y otros ensayos*, Barcelona, Editorial Egales, 2006.
Taccetta, Natalia; Peña, Fernando Martín, "El amor de las muchachas", en Adrián Melo (comp.), *Otras historias de amor. Gays, lesbianas y travestis en el cine argentino*, Buenos Aires, Ediciones Lea, 2008, pp. 115-132.

IX. ESTUDIOS DE LA TRANSMEDIATICIDAD

De *Matador* a *La ley del deseo*: la resignificación del bolero en el cine temprano de Pedro Almodóvar

Karen Poe Lang
Maestría en Artes con Mención en Cinematografía
Universidad de Costa Rica

Palabras clave: *Almodóvar, bolero, erotismo*

Introducción

Michel Foucault, en el prefacio de *Las palabras y las cosas*, indica que su libro "nació de un texto de Borges. De la risa que sacude, al leerlo, todo lo familiar al pensamiento –al nuestro: al que tiene nuestra edad y nuestra geografía– trastornando todas las superficies ordenadas y todos los planos que ajustan la abundancia de seres, provocando una larga vacilación e inquietud en nuestra práctica milenaria de lo Mismo y de lo Otro. Lo que "El idioma analítico de John Wilkins" nos muestra, como encanto exótico de otro pensamiento, nos dice Foucault, es el límite del nuestro: la imposibilidad de pensar esto" (Foucault, 1984: 1).

Más adelante en su argumentación, Foucault señala que "no se trata de la extravagancia de los encuentros insólitos, sino que la monstruosidad que Borges hace circular por su enumeración consiste en que el espacio común del encuentro se halla él mismo en ruinas. Lo imposible no es la vecindad de las cosas, es el sitio mismo en el que podrían ser vecinas" (Foucault, 1984: 2).

Curiosamente, la risa que sacude y la vacilación e inquietud que Foucault apunta como efectos de lectura del texto borgiano son también reacciones comúnmente producidas por el cine de Almodóvar, pero en este caso, el terreno común que ha sido sustraído es el de la clasificación normativizante de la sexualidad. Aquello que la medicina y la psiquiatría decimonónicas habían logrado, no sin grandes esfuerzos, ordenar y clasificar, emerge en el cine de Almodóvar despojado de la mirada clínica. ¿A partir de qué tabla, según qué espacio de diferencias y de identidades podemos ordenar esos seres fabulosos, diversos y semejantes que existen en su filmografía?

Al sustraerse de la mirada clínica, que era el terreno desde el cual se podían establecer los límites entre la normalidad y la patología, el cine de Almodóvar nos deja sin nombres para designar a los seres que pueblan sus películas. Tal es la confusión que a veces no hay forma de establecer la identidad sexual de sus personajes. Un ejemplo notable es el modo como el director manchego asigna los papeles en sus obras. Bibi Anderson, conocida transexual española, actúa como mujer, al menos en tres films : *Matador, La ley del deseo* y *Tacones lejanos*. Carmen Maura y Antonia San Juan, mujeres en la vida real, hacen el papel de transexuales en *La ley del deseo* y *Todo sobre mi madre*, respectivamente. Pero además de las masoquistas felices (*Pepi, Luci, Bom y otras chicas del montón*, 1980), los sádicos tiernos (*Átame*, 1990), travestis, homosexuales y lesbianas, hay hombres haciendo de hombres, hombres haciendo de transexuales, que se acuestan con mujeres y engendran hijos, monjas lesbianas o que se acuestan con transexuales (*Todo sobre mi madre*, 1999) etc., etc.

Propongo, entonces, que una de las características del cine de Almodóvar es su capacidad de suspender el espacio normalizador desde el cual nos ha sido posible pensar, clasificar, ordenar y jerarquizar la diversidad sexual. Al igual que la enciclopedia china de Borges, el cine de Almodóvar nos muestra los límites de nuestro pensamiento, los límites de nuestro orden social y abre la posibilidad de imaginar nuevos modos de sociabilidad.

Leo Bersani (2005: 103) finaliza su lúcido ensayo sobre Almodóvar resaltando la inmensa y tocante modestia del cineasta manchego, cuando en la última escena de *Mujeres al borde de un ataque de nervios*, coloca la cámara justo ahí donde no podemos escuchar de qué hablan esas dos mujeres, como si esos personajes (Pepa y Marisa) hablarán de cosas que él mismo, Almodóvar, fuese incapaz de imaginar. En un nuevo orden relacional ¿de qué hablaremos? se pregunta Bersani y sostiene que la sociabilidad tal como aparece en Almodóvar está notablemente menos constreñida por la complejidad psíquica y el peso del sentido que la forma habitual como ésta es concebida. El presente trabajo está motivado por una sugerencia de Foucault, a saber, la tarea de pensar nuevos modos relacionales, nuevas formas de sociabilidad y de inventar nuevos placeres. Además, parto de la consideración de que el cine de Almodóvar, lejos de cualquier intención realista o pedagógica, es un cine pulsional, que se despliega en el registro de la fantasía.

El cine de Almodóvar es la puesta en escena de una pluralidad de formas subjetivas que no se anulan entre si, a pesar de su diversidad. La sociabilidad es presentada como un espacio construido a partir de una lógica del placer, de los placeres en plural sería más correcto, y no desde una ética del bien común. Sus personajes se agitan, aman, tienen sexo, discuten, lloran en un ambiente libre de toda intención normalizadora. Y al desaparecer la norma se esfuma la normalidad, lo que permite a sus personajes escapar de la tiranía de las clasificaciones, por ejemplo la de perversión.

Es precisamente este hilo el que pretendo seguir: cómo se manifiesta esta nueva forma de sociabilidad en su cine, a partir de la reutilización que hace del género musical bolero. ¿De qué maneras podremos amarnos y explorar nuestros cuerpos y placeres en esta nueva forma almodovariana de sociabilidad?

Nacido a fines del siglo XIX en Cuba, el bolero, en su triple materialidad simbólica (letra/música/baile) ha sido uno de los géneros populares más significativos de la cultura amorosa latinoamericana. Como he propuesto en *Boleros* (Poe, 1996, cap. III) se trató de una práctica significante de carácter eminentemente transgresor. El bolero, al hacerse cargo de una larga tradición del discurso amoroso en Occidente, que proclamaba el amor opuesto al matrimonio, no dejó de escandalizar la moral convencional de la época. Evidentemente lo que constituía un escándalo a principios del siglo XX hoy ya no lo es. De ahí el trabajo de resignificación del género por parte de Almodóvar.

La primera referencia al bolero ocurre temprano en su carrera cinematográfica. En la última escena de *Pepi, Luci, Bom y otras chicas del montón*, Pepi le propone a Bom que deje el pop y se dedique a cantar boleros como Olga Guillot. En 1983 el bolero se convierte en un elemento fundamental en el film *Entre tinieblas*, en el cual la Madre Superiora y Yolanda cantan sobre una versión de *Encadenados*, interpretada por Lucho Gatica, mientras se miran ardientemente a los ojos. Como ha indicado Smith (1998: 188): "En esta secuencia altamente estilizada y de fuerte carga emocional el público es directamente interpelado como participante en la seducción lesbiana". Las protagonistas luego debaten largamente sobre este tipo de música.

Madre Superiora: Adoro toda la música que habla de los sentimientos: boleros, tangos, merengue, salsa, ranchera.
Yolanda: Es la única música que habla, que dice la verdad de la vida.[249]

Este diálogo, además de ser una declaración de principios de Almodóvar, sirve para expresar el amor desmedido y lésbico que siente la madre superiora por la reclusa. Según Smith:

> La secuencia indica una apropiación lesbiana de las imágenes heterosexuales ya confeccionadas de la cultura popular; así, cada una de las mujeres recita a la otra palabras originalmente cantadas por un hombre a una mujer. La música popular puede expresar sentimientos universales, como señala Yolanda, pero su utilización en este contexto marca una reorientación extraña y específicamente lesbiana de imágenes generalmente naturalizadas como heterosexuales (Smith, 1998: 189).

Esta primera resignificación del bolero, al utilizarlo en una relación lésbica y para colmo de una monja, transgrede el campo semántico del género, que, no olvidemos, nació en la América hispana profundamente católica. Además, cabe señalar que el bolero, al igual que el melodrama clásico de Holywood no tenía un carácter intrínsecamente irónico. Por el contrario, ya desde este cine temprano, la apropiación del bolero que hace Almodóvar está marcada por un cierto distanciamiento.

No será sino con *Matador* (1985) y *La ley del deseo* (1986) que el bolero alcanza su máxima expresión como elemento dramático y erótico. La última escena de *Matador*, de tono abiertamente erótico ocurre al son de *Espérame en el cielo*, interpretado por Mina. Por otra parte el bolero *Lo dudo*, en versión de Los Panchos, marca las escenas de sexo entre Pablo y Antonio. Unos años después, en *Carne trémula* (1997), *Somos*, el famoso bolero de Mario Clavert, enmarca la escena de sexo entre los protagonistas Víctor y Helena. Finalmente en *Tacones lejanos* (1991) y *La mala educación* (2004) el bolero es interpretado por travestis que imitan a grandes cantantes del género como Sara Montiel. Este listado, para nada exhaustivo, da cuenta de la importancia del género musical bolero en la filmografía de Almodóvar.

Con base en la teoría *Queer* y el psicoanálisis lacaniano me propongo demostrar cómo el bolero, ese género usualmente

---

[249] Todos los diálogos citados han sido tomados en directo de las películas.

pensado como el prototipo del amor heterosexual, es resignificado en la filmografía de Pedro Almodóvar para poner en crisis precisamente la hegemonía de la pareja heterosexual. Al reapropiarse el bolero para los más diversos tipos de experiencia erótica (sin excluir la heterosexual), Almodóvar desestabiliza la primacía de este modelo. La identidad sexual de sus personajes (travestis, transexuales, mujeres, hombres, lesbianas y gays) convierte al bolero en un género abierto a cualquier experiencia erótica o sexual. Incluso en *Tacones lejanos*, un bolero de Agustín Lara expresa el confuso amor de una madre por su hija.

Por razones de espacio, centro mi trabajo en dos películas que tienen un elemento común. En *Matador* y *La ley del deseo* el bolero acompaña una escena de sexo explícito. Alejandro Yarza ha señalado que "las canciones en *Entre tinieblas*, y particularmente los boleros, como en las siguientes películas de Almodóvar tienen una función dramática y, lejos de ser algo accesorio, son un elemento fundamental en la construcción de la trama y en la caracterización de los personajes" (Yarza, 1999: 63).

Estas dos películas pueden ser pensadas en espejo ya que tratan del mismo tipo de amor, aunque cambian los protagonistas: en *Matador* se trata de la pareja heterosexual clásica, mientras que en *La ley del deseo*, Almodóvar trata el tema del amor imposible en un marco homosexual. Además, utilizar el bolero para las escenas de sexo explícito es ya una resignificación del género, pues éste habla de sentimientos, amor, despecho, abandono y evidentemente de erotismo, pero siempre de una forma idealizada, sublimada y no directa. En este sentido, Almodóvar transgrede la idealización de los cuerpos cantados por el bolero, al introducir la carne y el sexo en sus imágenes.

I. Matador

Matador es una película cuidadosamente elaborada desde el punto de vista de la forma. Sus estilizados personajes despliegan sus movimientos en un ambiente altamente codificado y alejado de cualquier pretensión realista. La artificialidad característica del cine del director manchego alcanza uno de sus puntos más significativos en este film, en el cual, la alta costura, el maquillaje y la iconografía taurina se dan la mano para construir una obra de gran belleza formal.

La historia principal se enmarca dentro de los parámetros del discurso amoroso de Occidente como una reelaboración del mito del amor pasión, que establece un lazo estrecho entre el amor y la muerte. Como ha planteado Denis de Rougemont: "El mito actua en todos los lugares en que la pasión es soñada como un ideal y no temida como una fiebre maligna; en todos los lugares en que su fatalidad es requerida como, imaginada como una bella y deseable catástrofe" (1986: 24). La historia del amor en Occidente nos ofrece repetidos ejemplos de este amor mas allá de la muerte (o que busca la muerte) en la leyenda de Tristán e Isolda, en la Poesía Cortés, en *Romeo y Julieta* y en el cine, en la ya clásica obra *El imperio de los sentidos* de Nagisha Oshima. Vale recordar que se trata siempre de amores correspondidos y fuera de la institución matrimonial.

La abogada María Cardenal y el torero retirado Diego Montes sólo son capaces de lograr el placer sexual si éste va enlazado con la muerte. Antes de encontrarse, ambos protagonistas se ven obligados a asesinar a sus parejas sexuales. Como dice María en la última escena: "Antes de conocerte, siempre hice el amor sola". La inevitabilidad del fin que les espera es el resultado del destino, de una fuerza inexorable que se cierne sobre sus seres y que los empuja a la sublime muerte de amor.

Cabe señalar que Almodóvar nos entrega de antemano las claves para leer este tipo de relación como una búsqueda de la muerte propia y ajena en el centro mismo del erotismo o del placer sexual. Aunque este vínculo ya ha sido propuesto por el psicoanálisis, en el campo de la producción cultural el acento suele ponerse sobre el amor y no sobre el componente mortífero. Tristán e Isolda o Romeo y Julieta han permanecido en nuestra memoria como grandes amantes, y la muerte aparece como una fatalidad o un accidente no buscado por los protagonistas. En cambio Almodóvar ubica la muerte como el objetivo del amor. Mas aún, el placer obtenido gracias a la unión entre muerte y erotismo es lo que buscan María y Diego, sin importar las consecuencias. Pero lo más notable es que este film y en general la producción de Almodóvar toma partido por la libertad humana en cuanto a sus elecciones eróticas. La mirada que estructura el film no parte de ninguna posición normalizadora que dicte cuál debe ser el modo de construir nuestro cuerpo, nuestra sexualidad y nuestras relaciones con los otros. Incluso se podría sugerir que los asesinatos anteriores al encuentro definitivo entre María y Diego son de algún modo justificados, y la muerte erótica de la pareja es planteada como una de las vías posibles de vivir la vida.

Como ha indicado Yarza: "El cine de Almodóvar no emplea el aparato cinematográfico para imponer sobre el espectador una posición de sumisión sino que intenta abrir nuevas posiciones de sujeto" (1999: 97).

La última escena, en la cual María y Diego tienen sexo antes de suicidarse tiene la extensión del bolero *Espérame en el cielo*, interpretada por la cantante pop española Mina. Resaltan dos características del modo en que Almodóvar utiliza el bolero: primero al poner la canción completa, sin fragmentarla, hace depender la duración de la última escena de la película de la extensión de la canción, resaltando así su importancia. Pero además, al escoger a una cantante pop que logra darle una interpretación nada convencional, logra un sincretismo que reescribe y dota la canción de nuevos sentidos. Canción que habla de la trascendencia del amor después de la muerte es resignificada por Almodóvar para representar el placer de dos cuerpos que se desean con pasión hasta alcanzar la muerte.

En *Boleros* (Poe, 1996 cap. III) he señalado la vinculación entre el bolero y el amor pasión, y el carácter transgresor de este género musical, al exaltar el amor fuera del matrimonio y las convenciones sociales. Si embargo, Almodóvar logra resignificar esta intención transgresora de la moral imperante, al contrapuntear la letra un poco trascendental del bolero con el sexo explícito y la carne que da imagen a la escena.

Además, la escena muestra la fortaleza del personaje femenino, quien es capaz de llevar la muerte de amor hasta sus últimas consecuencias. María termina su orgasmo en solitario, pues luego de asesinar a Diego deberá también suicidarse, ya que su amante es incapaz de matarla. En este aspecto, Almodóvar no es una excepción. Ya en *Romeo y Julieta*, es la protagonista femenina quien debe suicidarse en la soledad siniestra de la tumba, para caer en los brazos de su amado muerto. También en la novela *La raza de Caín*, del escritor modernista uruguayo Carlos Reyles, es Sara (la protagonista femenina) quien cumple su voluntad al pegarse un tiro en la sien, mientras Julio (el héroe decadente) contempla aterrorizado el cuerpo desnudo de su amante y sabe que no será capaz de suicidarse.

No es casual que esta última escena, de una gran potencia visual y belleza formal, produzca envidia en los otros personajes de la película que se sienten excluidos de ese exceso de pasión. Y es precisamente el jefe de la policía, es decir, el máximo representante de la ley, quien ante la imagen de los cuerpos muertos y entrelazados, sanciona la relación al decir: "Es mejor así, nunca había visto a nadie tan feliz".

Y es que ya en este cine temprano de Almodóvar es evidente que sus personajes buscan el placer o la felicidad (no el dinero, ni la fama, ni la heroicidad como en la mayoría del cine de Holywood), aunque las formas de encontrarlos atenten contra lo que nuestras sociedades paternalistas y normalizadoras consideren las vías correctas de alcanzarlos.

II. La ley del deseo

La ley del deseo es rodada al año siguiente de *Matador* y en ella es posible descubrir una misma pulsión creadora. Se trata nuevamente de un amor apasionado, pero esta vez en el marco de un triángulo amoroso de corte homosexual. El cineasta Pablo Quintero está enamorado de Juan, quien no lo desea pero lo quiere. Antonio se enamora de Pablo, su primer amante, y asesina a Juan por celos. Finalmente secuestra a Pablo en el departamento de su hermana transexual y luego de hacerle el amor, al compás de *Lo dudo*, se suicida con un revólver.

El bolero *Lo dudo*, interpretado por el Trío Los Panchos aparece tres veces en la película para enmarcar las escenas de intimidad y sexo entre Pablo y Antonio. Como ha indicado Almodóvar: "*Lo dudo* y *Ne me quitte pas* son personajes de la película que corresponden a los dos rivales por el amor de Pablo, Antonio y Juan".[250]

La primera vez que se escucha el bolero es durante el primer encuentro sexual entre Pablo y Antonio, donde explícitamente se muestra un coito anal. Paradójicamente (y a diferencia de *Matador*), Almodóvar escoge una versión tradicional del bolero para representar una escena tan atrevida desde el punto de vista de la imagen y el

---

[250] Entrevista recogida por Vidal, N. (1988, p. 241).

diálogo como ésta. Antonio, que al parecer es virgen, le pregunta a Pablo que si quiere poseerlo; Pablo responde que desde que lo vio no hace más que pensar en eso y luego se muestra el dolor/placer de Antonio producto de la penetración. En esta escena, Almodovar va aún más allá de la escena de sexo de *Matador*, al representar uno de los tabúes que han sido consolidados por Occidente, tabú sobre la representación del cuerpo masculino desnudo y sobre las relaciones sexuales entre hombres, en donde la penetración anal ha estado casi ausente en la historia de las representaciones culturales. El ritmo tropical y melifluo del bolero *Lo dudo* establece un contrapunto con la escena representada.

Lo dudo aparece por segunda vez cuando Pablo escribe en su máquina y el ritmo de la música se acopla con el sonido de las teclas. Suena el timbre de la puerta y es Antonio. Se produce entonces el segundo encuentro sexual entre los protagonistas.

La tercera aparición del bolero ocurre en el climax de la película, en una escena de sexo con gran ternura entre Pablo y Antonio. Como indica Vernon: "El diálogo hablado de Antonio se parece a una letra de bolero con su expresión de amor transgresor" (2005: 162).

> Antonio: Amarte es un delito pero estoy dispuesto a pagar por ello. Sabía que tenía que pagar un precio muy alto pero no me arrepiento. No me importa lo que ocurra dentro de una hora.

Varios investigadores han comentado el impacto afectivo de la última escena de este film, e incluso lo consideran como "un momento fundamental en el cine de Almodóvar". Según Marvin D'Lugo: "Los personajes reunidos debajo de la ventana del piso donde ocurren los hechos están llamados a asumir el papel de testigos y por medio de su reacción parecen ratificar la unión homosexual que tiene lugar fuera de su campo de visión" (1995: 127). Por otra parte en la entrevista de Kinder al director hablan de esta escena: "Sus caras están llenas de reverencia y envidia. Hasta los policías se muestran suavizados y erotizados por la pasión que imaginan que se está expresando en el cuarto. Se convierten en espectadores almodovarianos por antonomasia" (1987: 40).

Este final puede ser leído como una reescritura de la escena erótica que cierra *Matador*. Aunque hay diferencias la estructura es similar. Una pareja (no importa si es heterosexual u homosexual) tiene sexo a ritmo de bolero y a la vista del espectador cinematográfico, mientras un público interno del film no logra ver lo que sucede y lo imagina. En el caso de *Matador*, gracias a la capacidad de tener visiones de Ángel (Antonio Banderas), Eva, la novia oficial del torero, los policías y la psicóloga logran penetrar la intimidad de la pareja. Ángel, el muchacho inexperto, repite el diálogo íntimo que tienen los protagonistas y se contagia de su erotismo exacerbado. Con gran pasión repite las palabras de María y Diego en el oído de las dos mujeres que lo acompañan en la parte trasera del automóvil.

Este público interior al film tiene rasgos similares en las dos películas. Está compuesto por agentes de la ley (policías en ambos casos), ex amantes de alguno de los protagonistas (Tina enamorada de Antonio y Eva enamorada de Diego), psicólogos, médicos y curiosos, y hasta una niña en *La ley del deseo*. Almodóvar se cuida bien de que los representantes del poder médico estén de parte de la conducta "desviada". Es decir, que despoja la mirada médica de todo poder de decisión sobre los sujetos y sus cuerpos, pues al no haber una noción de normalidad, no es posible juzgar a los demás.

Este público cumple la misma función en los dos films: sancionar y envidiar la pasión de los amantes. En este sentido, Almodóvar no se niega el placer de representar la diversidad de modos que puede adquirir la pasión humana. Lo importante es que su mirada no juzga jamás lo que ocurre. Su posición parece estar mas allá del bien y del mal, tal y como nuestras sociedades lo han pensado a través de la historia.

Bibliografía

Acevedo-Muñoz, E., *Pedro Almodóvar*, Londres, British Film Institute, 2007.
Allinson, M., *Un laberinto español. Las películas de Pedro Almodóvar*, Madrid, Ocho y medio, 2003.
Bersani, L.; Dutoit, U., *Forms of Being. Cinema, Aesthetics, Subjectivity*, Londres, British Film Institute, 2004.
Bersani, L., "La pureté á corps perdu", en *Conférences*, París, EPEL, 2005.
Borges, J. L., "El idioma analítico de John Wilkins", en *Prosa Completa*, Volumen II. Madrid, Bruguera, pp. 221-225.
D'Lugo, M., "Almodovar's City of Desire", en Kathleen V. and B. Morris (eds.), *Post-Franco, Postmodern: The Films of Pedro Almodovar*, Londres, Greenwood Press, 1995.

De Rougemont, D., *El amor y Occidente*, Barcelona, Kairos, 1986.
Edwards, G., *Indecent Exposures. Buñuel, Saura, Erice & Almodóvar*, Londres, Marion Boyars, 1995.
Foucault, M., *Las palabras y las cosas*, Barcelona, Planeta-Agostini, 1984.
García de León, M. A.; Maldonado, T., *Pedro Almodóvar. La otra España cañí*, Ciudad Real, Biblioteca de Autores y Temas Manchegos, 1989.
Holguín, A., *Pedro Almodóvar*, Madrid, Cátedra, 2006, 3ª ed.
Kinder, M., "Pleasure and the New Spanish Mentality: A Conversation with Pedro Almodovar", en *Film Quarterly*, 41.1, otoño de 1987.
Markus, S., *La poética de Pedro Almodóvar*, Barcelona, Littera, 2001.
Millet, C., "Le Zip D'Almodóvar", en *Almodóvar Exhibition*, París, La Cinemathéque Francaise/Editions du Panamá, 2006.
Mira, A., "Con pluma: la tradición *camp* en la estética de Almodóvar", en *Almodóvar: el cine como pasión*, Cuenca, Ediciones de la Universidad de Castilla-La Mancha, 2005, pp. 177-192.
Poe, K., *Boleros*, Heredia, EUNA, 1996.
Polimeni, C., *Pedro Almodóvar y el kitsch español*, Madrid, Campo de Ideas, 2004.
Smith, P. J., *Las leyes del deseo. La homosexuallidad en la literatura y el cine español 1960-1990*, Barcelona, Ediciones de la Tempestad, 1998.
—— *Desire unlimited. The cinema of Pedro Almodóvar*, Londres, Verso, 2000, 2º ed.
—— "Cine, historia y homosexualidad. *Far from Heaven* de Todd Haynes (2002) y *La mala educación* de Almodóvar (2004)", en *Archivos de la Filmoteca*, No. 54, Valencia, octubre del 2006.
Strauss, F., *Pedro Almodóvar. Un cine visceral*, Madrid, Ediciones El País/Santillana, 1995.
Vernon, K., "Las canciones de Almodóvar", en *Almodóvar: El cine como pasión*, Cuenca, Ediciones de la Universidad de Castilla-La Mancha, 2005, pp. 161-175.
Vidal, N., *El cine de Pedro Almodóvar*, Barcelona, Ediciones Destino, 1988.
Yarza, A., *Un caníbal en Madrid. La sensibilidad camp y el reciclaje de la historia en el cine de Pedro Almodóvar*, Madrid, Ediciones Libertarias, 1999.

Las tecnologías audiovisuales en el teatro: formas de intermedialidad

Mariana Gardey
Facultad de Arte
Universidad Nacional del Centro de la Provincia de Buenos Aires

Palabras clave: *intermedialidad-remediación-teatro-medios audiovisuales*

Lo intermedial es un espacio donde los límites se difuminan: nos sitúa entre y dentro de una mezcla de espacios, medios y realidades. Ésta es una aproximación al tema de la intermedialidad desde la perspectiva del teatro. Apuntaremos a cuestiones centrales como: ¿cuál es la naturaleza de la intermedialidad en el teatro? ¿Qué tipos de intermedialidad vinculan al teatro con los medios audiovisuales? La intermedialidad es un fenómeno tripartito que habita un espacio escénico entre los actores, los espectadores y la confluencia de medios implicados en una obra de teatro en un momento particular. Es un proceso de transformación de materiales y pensamientos donde se forma algo diferente a través del espectáculo teatral. Hay una re-percepción del conjunto, que es reconstruido mediante la escena y la actuación para crear un nuevo modo de representación: nuevas estrategias dramatúrgicas, nuevas maneras de poner en escena las palabras, las imágenes y los sonidos; nuevas formas de posicionar los cuerpos en el tiempo y en el espacio, nuevos modos de crear interrelaciones temporales y espaciales.

El discurso intermedial es un debate que surge a fines de la década de 1980, cuando varios teóricos alemanes de las artes y los medios empiezan a estudiar los movimientos de cruce en los márgenes entre ambos terrenos. Christopher Balme y Jens Schröter identificaron algunas tendencias de la intermedialidad. Balme (2001) distingue tres nociones diferentes: la primera refiere a la *transposición del contenido de un medio a otro*. La segunda es la intermedialidad como una *forma específica de intertextualidad*, y la tercera remite a la intermedialidad como *recreación de las convenciones estéticas* de un medio particular dentro de otro diferente. Schröter distingue cuatro tipos de discursos sobre la intermedialidad. El primero es la *intermedialidad sintética*, que refiere a la fusión de diferentes artes y medios en nuevas formas artísticas o mediáticas. El segundo, basado en la asunción de que los métodos y los modos de representación (convenciones estéticas) operan en varios medios, es la *intermedialidad formal y transmedial*. El tercero es la *intermedialidad transformacional*, que remite a la representación de un medio en otro. Su reverso es el cuarto tipo, la *intermedialidad ontológica*, en la que un medio define su propia ontología y especificidad a través de la comparación con otro.

En su libro *Remediación*, Jay David Bolter y Richard Grusin (1999) exploran la relación de la literatura y el arte con los medios digitales en el contexto de la cultura visual. Distinguen diferentes formas de remediación, que van desde la digitalización de objetos mediáticos antiguos (fotografías, pinturas, textos literarios impresos) hasta la absorción completa de un medio tradicional. Sugieren que la remediación puede operar también en distintas direcciones: los nuevos medios pueden *adoptar y mejorar* los métodos de representación de los medios precedentes, y también *cambiar los métodos de representación* de los medios más antiguos (por ejemplo, extendiendo el film y la televisión a través de la tecnología digital). Los conceptos claves de la remediación son la *inmediatez*, la *hipermediatez* y la *transparencia*. La inmediatez o *inmediatez transparente* apunta a hacer que los espectadores olviden la presencia del medio, y sientan que tienen un acceso directo al objeto. La *transparencia* significa que el espectador ya no tiene conciencia del medio porque éste ha borrado sus marcas. La *hipermediatez* intenta recordarle al espectador cuál es el medio, dirigiendo su atención a él de modo deliberado. La inmediatez y la hipermediatez suelen operar simultáneamente para evocar una experiencia *real* auténtica.

Philip Auslander (1999) incluye el teatro en su libro *Lo vivo: la actuación en una cultura mediatizada*, que contiene una sección sobre la relación entre la televisión y el teatro, donde se lee que la televisión primitiva se modeló sobre el teatro como opuesto al film, porque tanto la primera televisión como el teatro fueron reconocidos como medios en vivo. Auslander emplea el modelo de Bolter y Grusin para decir que el film "remedió" al teatro mediante la adopción de las estructuras narrativas y las estrategias visuales del melodrama del siglo XIX. Mientras que el film sólo pudo remediar al teatro en estos niveles estructurales, la televisión pudo hacerlo en el nivel ontológico mediante su demanda de inmediatez.

La cultura mediatizada es el foco del planteo de Auslander, quien ubica al teatro en oposición a la cultura de masas, y remedia el modelo binario vivo/ mediatizado en *el vivo*. Toma la definición de Wurzler (1992) como un sumario del debate vivo/ mediatizado: las categorías de lo vivo y lo grabado se definen en una relación mutuamente exclusiva, en la que la noción del vivo tiene su premisa en la ausencia del grabado, y el factor definitorio de lo grabado es la ausencia de lo vivo. Dice Auslander que un pensamiento común que persiste es que el acontecimiento vivo es "real" y los eventos mediatizados son reproducciones artificiales de lo real. Propone que el teatro debe reconocer que es sólo un elemento entre muchos que operan en un sistema cultural mediatizado. En este sistema, el dominio financiero y de mercado de los medios masivos denota éxito; esta posición es contraria a la de quienes creen en la significación política especial de la actuación en vivo, por su autenticidad y su poder de resistencia frente a una economía cultural basada en la mediatización y la reproducción.

Para Auslander, una mediatización y una reproducción omnicomprensivas contienen dentro de sí a la actuación en vivo. Esto incluye no sólo acontecimientos de gran escala como eventos deportivos y shows de Broadway, producidos para la televisión, sino también espectáculos teatrales de pequeña escala, guiados cada vez más por modelos de la televisión. Auslander toma prestado el término "mediatizado" de Baudrillard, empleándolo de manera libre para indicar que un objeto cultural particular es producto de los medios masivos o de la tecnología de los medios. Una "actuación mediatizada" es la que circula por televisión, como grabación audiovisual, y de otras maneras en las tecnologías de la reproducción. Auslander piensa que la *actuación en vivo* fue inventada sólo para diferenciar al teatro ante el advenimiento del film y, más tarde, de la televisión, el video y los medios digitales. Los griegos, sugiere, no iban a ver "teatro en vivo" sino que iban al teatro. Sostiene que el poder de la actuación en vivo se mantiene en la importancia de la orgánica y emocionante voz en vivo en la cultura contemporánea. La contribución de Auslander es un punto de referencia por la matriz de la teoría de los medios y la actuación dentro del paradigma de los estudios culturales.

En *El lenguaje de los nuevos medios* (2001), Lev Manovich caracteriza los dos principios de los medios digitales como *representación numérica* y *estructura modular*: de estos principios proceden la *automatización*, la *variabilidad* y la *transcodificación*. La codificación digital está representada matemáticamente y está sujeta a la *manipulación algorítmica*, volviéndose *programable*. Creado en la computadora, un nuevo objeto mediático se origina en forma matemática; si es convertido a partir de un medio más antiguo, por ejemplo, una fotografía escaneada, el proceso de conversión se llama *digitalización*: primero la imagen es muestreada, y luego, cuantificada. El proceso de digitalización convierte viejos medios de datos lineales continuos en unidades de datos discretos. Un nuevo objeto mediático tiene la misma estructura modular en toda su extensión. Los elementos mediáticos, sean imágenes, sonidos, formas o comportamientos, están representados como colecciones de muestras discretas (píxeles, polígonos, vóxeles, caracteres, *scripts*). Estos elementos se combinan en objetos de mayor escala pero continúan manteniendo sus identidades separadas.

Debido a su estructura modular, los objetos mediáticos digitales pueden modificarse fácilmente por borrado, sustitución y adición de elementos mediáticos individuales. A diferencia de las estructuras mediáticas analógicas, que son entidades fijas, los objetos mediáticos digitales no son fijos porque su estructura es codificación numérica + estructura modular. Cuando las producciones teatrales incluyen tecnología digital, una codificación adicional se hace presente en escena, enmarcada por la actuación. Hay una diferencia empírica y cualitativa entre los objetos digitales y no digitales que operan en el espacio escénico. Así, la digitalización desempeña un rol en la conceptualización del espacio cambiante del espectáculo teatral: crea puntos de junción donde se encuentran los diferentes medios, y en esos puntos de encuentro se sitúa la intermedialidad en el teatro, que genera una respuesta en el observador.

Un elemento crucial de las estructuras mediáticas digitales es la *hipermedia*. En la computadora, los elementos multimedia se conectan mediante *hipervínculos*, y siguiendo los hipervínculos, cada usuario individual crea su propia *ruta de navegación* a través de un texto y lee diferentes versiones de ese texto. La lógica de los medios digitales corresponde a la lógica de la sociedad posindustrial, que valoriza la individualidad por sobre la conformidad masiva. Manovich identifica una *estratificación* dentro de los *principios de digitalización*. La primera capa en los medios digitales es la material: *codificación numérica + organización modular*. La segunda capa es la *automatización* y la *variabilidad*, e incluye características como la hipermedia. La tercera es la *transcodificación*, que se refiere a la *estratificación de actividades* entre el comportamiento de la computadora y la comprensión humana.

En la primera capa de número + módulo, la computadora trabaja de acuerdo con un "sistema cartesiano coordenado". En el nivel de la *representación de la imagen*, la imagen de los nuevos medios tiene un "diálogo" entre el usuario humano y la programación de la computadora. En el nivel de los *nuevos medios*, hay una interfaz entre la *lógica cultural de los medios* y la *lógica cultural de la computadora* (modos de representar el mundo y, por lo tanto, de comprender la realidad). Como los nuevos medios son creados, distribuidos, almacenados y archivados en computadoras, la lógica de la computadora tiene una significativa influencia en la lógica cultural de los medios.

Esto pertenece a la intermedialidad en el teatro, porque las computadoras se han convertido en *máquinas mediáticas*. Pero ahora, la capa de la computadora y la capa cultural están componiéndose juntas, con el resultado de que hay una nueva cultura computarizada, que es una mezcla de significados humanos y de computación –de las maneras tradicionales en que la cultura ha modelado el mundo, y del control de la computadora sobre nuestros modos de representarlo. Manovich postula un modelo interactivo entre la actividad humana y la actividad generada por la programación computada. Esto genera un espacio "en-entre" distintas realidades: en-entre la representación del mundo generada por computadora, y la contribución del pensamiento del usuario humano a esa representación del mundo computarizada. El teatro como hipermedio ofrece un espacio escénico donde esas realidades en-entre el actor, las realidades computarizadas y la percepción del público de esas realidades se encarnan en el espectáculo. Las estructuras subyacentes de lo digital en el teatro esperan su activación en la actuación en vivo, lo cual no depende sólo de los mecanismos de lo digital, sino también de los procesos de pensamiento que los sustentan.

Esto conduce a la reflexión filosófica sobre el concepto de intermedialidad en el teatro. El filósofo holandés Henk Oosterling (2003), por ejemplo, relaciona el concepto de intermedialidad con las características de una creatividad artística multimedial e interdisciplinaria para la producción de una sensibilidad micropolítica y para la aplicación de una conceptualidad e interactividad filosófica innovadora. La intermedialidad reconfigura las artes, la política y la ciencia, especialmente la filosofía, intensificando una experiencia del "en-entre" y una sensibilidad para las diferencias tensionales. En los cruces entre las artes, la política y la ciencia/filosofía se han constituido nuevos campos de investigación.

A partir de estos autores, Freda Chapple, Chiel Kattenbelt y otros teóricos presentaron su propia tesis sobre la intermedialidad en el teatro. Proponen que la intermedialidad incluye como elementos constituyentes una mezcla de las formas artísticas del teatro, el film, la televisión y los medios digitales, que toma marcos teóricos procedentes de la actuación, la percepción, las teorías de los medios y la filosofía. Dos principios fundamentan su marco conceptual: 1) el teatro es un hipermedio que incorpora todas las artes y medios y es el espacio escénico de la intermedialidad; 2) la intermedialidad es un efecto actuado en-entre la medialidad, que provee múltiples perspectivas y destaca la producción de sentido por los receptores del espectáculo.

Chapple y Kattenbelt usan la palabra "teatro" como un término colectivo que incluye todas las artes de la actuación en vivo, lo cual implica la presencia física simultánea del actor y el espectador en el mismo espacio. Pero reconocen que dentro de este término colectivo hay diferentes tipos de teatro que tienen sus propias ontologías, textos, narrativas, géneros e historias. Emplean el código semiótico, definiendo el teatro como un sistema de signos de sonido, imagen y palabra. En un primer nivel de interpretación, la intermedialidad se localiza 1) en-entre el teatro visual, el literario y el musical, cada uno de los cuales es en sí mismo intermedial; 2) en-entre la medialidad de los actores y la medialidad de las formas artísticas, y 3) en-entre los actores y los receptores del espectáculo. Así, la intermedialidad no depende de la tecnología sino de la interacción entre la actuación y la percepción.

Los conceptos del espectáculo teatral han ido evolucionando, en parte para referirse a formas de teatro que van más allá de las limitaciones de la representación dramática de acciones y personajes. En 1997, Umberto Eco describió una situación teatral en términos de *acto de mostrar* (ostensión) –los objetos/cuerpos, acontecimientos y acciones se vuelven *signos de signos*. En el teatro posdramático, la manipulación del espacio y el tiempo suele lograrse mediante otros medios que operan "como actores" en el espacio del espectáculo. Los rasgos del teatro basado en el texto y los del teatro posdramático se vuelven una tangible fuerza intermedial operativa en la escena hipermedial. La llegada del debate posestructuralista abre para el análisis intermedial las fisuras en-entre los textos, los signos y la actuación, y provee una localización para el discurso intermedial a través del cuerpo y la mente del actor y del receptor. La teoría de la actuación postula que el cuerpo del actor es un medio, y dado que el teatro necesita al público para completar su razón de ser, también lo son los cuerpos de quienes observan. Entre los cuerpos y mentes del público y los de los actores hay un intercambio medial más grande que el que cualquier medio producido tecnológicamente puede alcanzar.

La actuación en vivo se define como la presencia física simultánea del actor y del espectador en el mismo espacio y en un tiempo presente. La representación mediatizada es la que emplea tecnologías de grabación y de *playback*. Generalmente se acepta que "vivo" y "mediatizado" representan una oposición binaria: vivo significa "ausencia de grabación", y mediatizado, "ausencia de vida". Pero a menudo el concepto "vivo" es usado en un sentido más amplio para los medios audiovisuales, siempre que el grabado y su ejecución tengan lugar al mismo tiempo, es decir, sin una diferencia de tiempo perceptible. En este sentido amplio, la televisión y el video pueden ser "vivo". En el caso de la televisión en vivo, el actor y el espectador están separados en el espacio pero no en el tiempo.

El teatro se ha vuelto un hipermedio que alberga todo. Brinda un espacio donde las formas artísticas del teatro, la ópera y la danza se encuentran, interactúan y se integran con los medios del cine, la televisión, el video y las nuevas tecnologías, creando una profusión de textos, intertextos, intermedios y espacios en-entre. La intermedialidad se localiza en un punto de encuentro en-entre los actores, los observadores, y la confluencia de los medios contenidos en un espectáculo en un momento particular, y el teatro provee su espacio escénico. En el mundo actual, todos habitamos lo intermedial –estamos rodeados de diarios, películas, televisión. Vivimos en-entre las artes y los medios–, la intermedialidad es nuestra manera de experimentar la vida. Hay diferentes captaciones de las realidades y del lugar que la creatividad juega en el teatro para concebirlas. La realidad y la habitación de espacios en-entre realidades es materia adecuada para una aproximación filosófica al espectáculo intermedial, que ayuda a percibir quiénes somos en el mundo "real". El concepto de la intermedialidad en el teatro es el de una arena creativa y un espacio mental que opera en-entre las artes, la política, la ciencia y la filosofía. La intermedialidad es el todo recreado en espectáculo, una experiencia cotidiana de la realidad, en la cual somos actores de nuestras vidas e intentamos llegar a cierta comprensión de nuestra propia realidad.

Bibliografía

Auslander, Philip, *Liveness. Performance in a Mediatized Culture*, Londres, Routledge, 1999.
Bolter, Jay David; Grusin, Richard, *Remediation. Understanding New Media*, Massachusetts, Cambridge, The MIT Press, 2000.
Chapple, F.; Kattenbelt, C., *Intermediality in Theatre and Performance*, Amsterdam-Nueva York, Rodopi, 2006.
Dixon, Steve, *Digital Performance. A History of New Media in Theater, Dance, Performance Art and Installation*, Massachusets y Londres, Cambridge, MIT Press, 2007.
Giannachi, Gabriella, *Virtual Theatres. An Introduction*, Nueva York, Routledge, 2004.
Manovich, Lev, *The Language of New Media*, Massachusets y Londres, Cambridge, MIT Press, 2001.

Cine y teatro:
avatares de una historia compartida

Luis Thenon
Centre de recherche sur l'intermédialité
Université de Montreal

Palabras clave: *teatro, cine, televisión, universos videolúdicos, nuevas tecnologías, influencias estéticas, artes intermediales*

En el sistema integral de las artes, sus expresiones particularizadas dialogan sin cesar, se mezclan, establecen regiones de influencias, efímeras unas, prolongadas otras, y en esa dinámica, se unen a veces para dar nacimiento a otras expresiones, mixtas para unos, híbridas para otros, nuevas, para quienes las impulsan.

El arte, como acción afectiva, sensorial y racional, actuando en el seno de una misma matriz generadora de sentidos, lleva, en la visión de una cierta cultura institucional, el peso de un discurso propincuo a ciertas esferas que pugnan por conservar una visión romántica del arte y que, en los ámbitos de poder de las culturas institucionales, defienden un estado de cosas tal, que permite que siga prevaleciendo una visión canonizada de las prácticas artísticas, la cual reduce el acto de producción artística, y por ende una parte fundamental del ejercicio del arte, a un simple uso de expresión emotiva, ordenada según los términos o los cánones oficiales de la belleza. A esto se combina un estado de conveniencias comerciales que no dudan en avasallar todo aquello que pueda generar ganancias financieras, sin importar qué se construye como modelo cultural y social.

El arte trasciende estas insignificantes esferas de los órdenes cotidianos del poder y acuña miradas sobre el mundo que desenmascaran los límites impuestos y proponen una visión renovada de los lugares más ocultos del universo social y natural. Y se tejen espacios propios que desentrañan las formas de la vida como si fueran puentes tendidos entre lo visible y lo invisible, entre lo frágil y lo resistente, entre lo precario y lo inmutable, entre lo efímero y lo perenne, entre lo fugaz y lo constante no entendido como un sistema de oposiciones sino como un sistema cardinal formado de elementos complementarios.

En este devenir de las artes, el diálogo entre el teatro y el cine, y entre ambos y la literatura, comienza quizás antes de los inicios del cine como arte. En el transcurso del siglo XX, y sobre todo en su comienzo, este diálogo múltiple, polifacético, nunca exento de polémica, capaz de poner en crisis los valores aceptados y de generar aperturas estéticas insospechadas, alcanza su aparente máximo desarrollo con el advenimiento del cine hablado. Pero pensar que allí radica el punto más álgido de esta relación sería desconocer su naturaleza misma, que no ha dejado de sorprendernos y que seguramente nos depara todavía un mundo de sorpresas inimaginables. Y de eso se trata en este artículo, de imaginar, de sospechar más bien, a la luz del juego de influencias que el teatro y el cine han sobrellevado, entre ellas y con las otras formas de expresión artística (incluyendo sus luchas y sus miedos conjuntos frente a la aparición de otros medios, la televisión por ejemplo), imaginar decíamos, cómo será el cine y el teatro de las próximas décadas, en qué punto de sus trayectorias seguirán determinándose mutuamente, qué transformaciones comunes sufrirán ambos y de qué manera esas influencias comunes se abrirán paso de manera única en cada uno de los campos.

En el cambiante universos de las artes, el cine y el teatro se transforman hoy ante el ímpetu de las artes intermediales, de la potencia de los nuevos medios de comunicación de masas, de la interactividad, de los espacios llamados colaborativos, de la maravillosa oportunidad expresiva que abre la ruptura de los claustros ante el impulso y la presencia liberadora de la red. Nada nace en el arte y nada muere espontáneamente. Los movimientos artísticos, como oleadas, se introducen en los recovecos del alma y al hacerlo transforman al hombre en su mirada, en su percepción, en sus afectos y sus dudas y crean nuevas razones para seguir construyendo los conjuntos sociales. Desde allí, es necesario intentar analizar los parámetros de esta larga relación entre cine y teatro.

En sus comienzos, el cine se nutre copiosamente del teatro. De su repertorio de situaciones, tanto como del modelo espectacular que le otorga incluso su frontalidad actual, su especialidad receptiva, el cine se inspira en el teatro, para de allí generar su propia existencia, integrando del modelo teatral la construcción dramatúrgica y su componente fundamental, el actor y su trabajo de creación. Y adopta también del teatro aquello que sería más tarde su característica creativa fundamental, a saber, la figura del director.

Charles Tesson da como ejemplo para ilustrar esta problemática, la Règle du jeu de Jean Renoir. El modelo de Renoir lo lleva a observar la alternancia de escenas de marcada influencia teatral. El diálogo (y en general la palabra en su conjunto, sea ésta narrativa o acción verbal) ejerce el rol de eje organizador de la acción cinematográfica, con escenas donde el modo de interpretación confronta los personajes a determinaciones sociales mucho más tangibles. Esto permite mostrar, según Charles Tesson,[251] cómo la puesta en escena facilita la exposición de los problemas estéticos específicos del cine, su íntima relación con la realidad y su dependencia con la apariencia de la realidad, propia del conjunto de las artes de representación.

No debemos sin embargo olvidar que la relación entre cine y teatro ha ocupado de manera especial la crítica francesa. Esto no es incomprensible si tenemos en cuenta dónde comienza el cine, como experiencia escénica, la importancia de la palabra en el cine y el teatro francés, un arte de la palabra, un gusto de la palabra podríamos decir sin temor a equivocarnos, de la cual se nutre toda una época del cine galo, llegando incluso al límite de convertirse casi en una conversación filmada, en que la dinámica de lo cotidiano poético se filtra en la pantalla como una condición natural y nos transporta de las más abiertas banalidades de ese cotidiano social, superficial y tenue, a los recovecos más ocultos del espíritu humano, de sus contradicciones, de sus deseos innombrables. No puedo dejar de pensar en los universos dramatúrgicos que desde el ámbito de la palabra teatral llegan a la pantalla, como los de Pagnol, o los de Cocteau y Guitry.

Aun cuando el teatro y el cine, han sido ampliamente analizados desde el punto de vista de su mutua filiación, la relación entre el cine y el teatro continua ocupando un amplio espacio en las reflexiones críticas. Sus realidades teóricas, como sus procesos de producción y de creación, siguen comparándose, cuestionando a menudo el tipo de relaciones que ambos mantienen desde hace más de un siglo. Al cabo de las décadas, una inmensa cantidad de estudios y de publicaciones se han dedicado a ilustrar diversos

---

[251] Para un estudio pormenorizado del tema, véase Tesón, Ch. (2007).

aspectos de la relación cine/teatro, incursionando por ejemplo sobre la cinematización de los clásicos del teatro de todas las épocas, sobre las variantes actorales, sobre las características propias del arte de la puesta en escena para el cine o para el teatro, y muchos otros aspectos de esta relación que no vale la pena enumerar en este trabajo. El estudio de Tesson sin embargo, nos parece que va mucho más allá de la simple intención de trazar una línea de pasajes y transbordos utilitarios, para cuestionarnos sobre la compleja relación entre estas dos artes de la puesta en escena.

A su vez, Pablo Iglesias Simón traza el cuadro de los comienzos del cine como el de "una construcción por analogías según la cual un medio, olvidando su identidad, duplica y se apropia de los recursos utilizados por el otro, haciendo que un medio adopte los resultados y principios estéticos, expresivos o narrativos pertenecientes inicialmente al otro, a través de nuevas y originales soluciones, coherentes con sus particularidades" (Iglesias, 2008:126). El estudio de esta construcción por analogías, según el autor citado, observa de qué manera se relacionan el teatro y el cine en el comienzo de esta interactividad generativa del nuevo lenguaje y a través de este proceso, cómo ambas realidades creativas se reformulan sin renunciar a su especificidad. Dos son los instrumentos a los que apunta Iglesias; por un lado, el desarrollo de los artificios tecnológicos para la escenificación de la dramaturgia melodramática, y por el otro, la creciente importancia de la figura del director de escena en la época aludida (fines del siglo XIX).

El teatro, desde sus orígenes, ha sido tributario de las tecnologías de su tiempo. Desde el advenimiento de los nuevos medias y el acceso masivo a la capacidad de producción de imágenes, no es extraño imaginar que el desarrollo de los nuevos universos artísticos, con el advenimiento masivo de las nuevas tecnologías de la comunicación, impulsan al cine y el teatro a un nuevo desafío. Ambos se encuentran en un momento en que los cánones se reconstruyen, produciendo nuevos interrogantes y exigiendo nuevos desarrollos críticos, teóricos y artísticos.

Al referirse a la relación estrecha que se genera entre cine y televisión, se pregunta René Predal si se puede hablar de un "cine bajo influencia" (Prédal, 1987: 11). Y aunque no caben dudas de que esta relación de influencia puede solventarse críticamente, no es menos cierto, para el autor, que las influencias entre cine y televisión se producen en ambos sentidos.

Entre cine y teatro ocurre lo mismo, y podríamos hablar, parafraseando a Predal, de una relación de influencias entre cine y teatro. El flujo se mueve también en ambos sentidos, con predominancias cíclicas. Mientras el cine crece, el teatro envejece, la ilusión poderosa de la pantalla arrasa con la escena verbal, y el teatro se cuestiona, surgen nuevos modos de actuación, el cuerpo retoma su función generadora de sentidos, la ilusión escénica deja de querer contar linealmente la vida y se lanza en una búsqueda incesante de renovación estética. La palabra teatral entra en crisis, nace el *nouveaux théâtre*, el discurso escénico comienza a fragmentarse, el espacio se multiplica en lugares cambiantes y la dinámica dramatúrgica se sube al caballo de la cineturgia. Y aquello que marcaba la relación de los comienzos se revierte dejando por momentos la escena teatral a merced de los improvisados buscadores de efectos. Sin embargo, podríamos también decir que de esta dinámica de ruptura nace un nuevo arte teatral, renovado, seguro de su nueva identidad, despreocupado de su filiación con el séptimo arte.

También llega el momento de la primera gran ruptura para el cine. Cuando en los años 1958-1959 llega al cine francés una nueva corriente de cineastas, lo que parece evidente es que los creadores de esa generación se esfuerzan por hacer un nuevo cine para un nuevo público. El cine se hace elitista. Al igual que en los años 20, cuando se realiza la primera transferencia importante de público desde las salas de teatro hacia las salas de cine, la irrupción de la televisión, de forma masiva en la vida cotidiana, transforma los hábitos. René Predal se refiere al tema, especificando que el público, acostumbrado al cine de la generación de creadores anteriores, encuentra en la televisión el tipo de historias y el mundo de narraciones al que estaban acostumbrados, y de esta manera hacen irrupción en la pantalla televisiva Denys de la Patellère, Gilles Grangier, Christian-Jacque y tantos otros. En el teatro, se introduce una variante que determina una nueva estética, al mismo tiempo que se buscan renovadas maneras de integración de los espacios de la emisión y de la recepción, como las experiencias festivas del Open Theatre o las renovadoras propuestas inclusivas del Living Theatre.

Pero volvamos un instante al momento de la irrupción de la pantalla de televisión en el cotidiano familiar, lo que determina necesariamente una etapa en la historia del cine, y por ende, en la relación que ésta tiene con el arte teatral. Al disminuir la clientela de las salas de cine, se debilitan necesariamente las condiciones de producción y fundamentalmente las capacidades de financiamiento. Pasan más de dos décadas antes de que el cine y la televisión encuentren un modus vivendi que los uniera en un crecimiento mutuo, y como consecuencia de esta asociación, las influencias del universo televisivo sobre las prácticas cinematográficas se intensifican. Para comprender enteramente este fenómeno, debería estudiarse paralelamente la influencia que en el teatro tuvo el radioteatro, de gran popularidad en los años 50 y hasta fines de la década del 60, en que las novelas televisivas terminaron prácticamente con esta forma de expresión dramática.

Hoy estamos quizá frente a un fenómeno similar, ante un nuevo espacio de fragilización estética, un momento en que las fronteras se entrecruzan nuevamente. La televisión sufre ya de la irrupción de los videojuegos en el hábito de divertimiento de las nuevas generaciones, y el resultado se siente inmediatamente. Según una investigación de la universidad de Navarra, realizada en el año 2006,[252] al alejarse el público de la televisión, parece claro que con ello se reorientará una importante porción del caudal publicitario y así se instalará una variación incidental en los modos de producción televisiva. Dada la dependencia que las producciones cinematográficas tienen hoy del espacio de difusión en la pantalla chica (y cada vez menos chica), podemos suponer que esta variante determinará también un importante ajuste en el ámbito de la producción cinematográfica. Según Kelman, muchos son los analistas que llegan a la conclusión de que en un futuro muy cercano, el monto de negocios de la industria videolúdica suplantará las ganancias engendradas por los mercados del cine y de la música reunidos, para llegar a la conclusión de que el juego video está en vías de convertirse en el medio artístico del tercer milenio (Kelman, 2005: 23).

Al decaer el atractivo de la televisión y desplazarse hacia el universo de los videojuegos, habrá necesariamente que

---

[252] http://despuesdegoogle.com/2006/08/10, los-niños-prefieren-las-pantallas-informáticas-a-la-tele.

replantearse también el lugar que el cine ocupa en la televisión actual. Muchos estudios se han dedicado a desentrañar cómo se estructura y se desarrolla la influencia de la difusión televisiva del film en su progresión estética, pero es necesario abrir el espectro a la influencia que sobre cine y teatro tiene ya el universo de los videojuegos. ¿Pasará el cine a ser, como le sucedió al teatro, un género de elites reducidas, con importante dependencia del financiamiento estatal y reducido impacto social? En suma, ¿perderá el cine el protagonismo que alcanzó en el siglo XX? Creo que, en su forma actual, sí. ¿Significa ello la muerte del cine? la respuesta es un rotundo NO. En 1987, *Le Monde* publicaba un artículo significativo, que tiene hoy una necesaria relectura: "El audiovisual nos sumerge como arenas movedizas. Todo sucede en directo. Los templos del cine se convirtieron en algo inútil. No queda más que la pasión del cine sin el cine. En las decenas y decenas de festivales, se celebra el "*De profundis*" de este arte totalizador que tiene tantos amantes (todavía), pero que no tiene más espectadores".[253].

Laurent Trémel dice que "La estética del ciberespacio impregna los medios de comunicación masiva de imágenes infográficas, de sonidos, de formas [...] de expresiones propias de esos universos. Las nuevas generaciones son seducidas por esas formas artísticas originales que son tributarias del universo de los juegos video" (Trémel, 2001: 200).

De lo que no caben dudas, es que el cine y el teatro están llegando al punto crucial en el que se hace imperativo replantearse los desafíos que los esperan, tanto estéticos, como de sus modos de producción y de difusión. Pero con la prudencia que la historia nos induce. Con el advenimiento del cine no faltaron los que anunciaron a grandes voces la muerte del teatro, con el advenimiento de la televisión como medio masivo de comunicación y de divertimento, no faltaron tampoco aquellos que anunciaron con bombos y platillos la muerte del cine. En realidad, lo que sucedió en ambos casos fue una renovación estética unida a una revisión profunda de ciertos objetivos fundamentales y de los modos de producción y de difusión. Si volvemos a la relación cine/teatro, observamos que no cerraron las salas de teatro con la aparición

---

[253] *Le Monde*, 18 de marzo de 1987, extractos, citado por Prédal, R. (1987, p. 13).

generalizada del cine, pero el teatro perdió espacio económico, perdió influencia política, perdió protagonismo estético.

Por ello, cabe cuestionarse sobre los avatares de esta interminable y fértil relación, como cabe cuestionarse sobre la incidencia que las nuevas formas de producción artística, y en particular el desarrollo de los dispositivos audiovisuales inmersivos y la dinámica de la red, tienen y tendrán en la evolución de cada una de estas artes y necesariamente en su relación futura. Es cierto que el teatro y el cine han compartido y siguen compartiendo una serie de principios generativos que desde el nacimiento del cine como dispositivo espectacular no han dejado de evolucionar y de establecer variadas diagonales de influencias mutuas.

Desde los trabajos fundadores de Metz y Baudry sobre la teoría de los dispositivos, mucho han abordado por ejemplo el problema del teatro y el cine como sistemas autónomos y diferenciados, y la relación que tanto el cine como el teatro tienen con las problemáticas de la recepción, tributarias en gran medida de las condiciones de producción de sentidos según las pautas determinadas por ambos sistemas y sus respectivos dispositivos (Sirois-Trahan: 149-176).

Pero he aquí que la cosa se complica. Los puristas de uno y otro bando podrán siempre refugiarse en las normativas originales para intentar desautorizar toda evolución de los sistemas, pero lo que en los primeros momentos de cambio parecerá razonable ante las indefiniciones que presentan las evoluciones transformadoras de las etapas iniciales en desarrollo, se manifestará irremediablemente como una defensa inocua ante la arrolladora realidad que, con alcances aun inpredecibles, espera al conjunto de los universos comunicativos, en su dinámica de cambios.

El ímpetu del desarrollo tecnológico, no se debe únicamente al propio movimiento de inercia del desarrollo industrial, sino que está cada vez más determinado por la dinámica de los mercados, y si se habla de dinámica de mercado se debe irremediablemente hacer alusión a las transformaciones que el usuario impone al sistema, desde la intención interactiva e integradora de los espacios virtuales hasta la comunicación *in situ* y el trasvase de los códigos receptivos, y desde la producción artística presencial hacia la identidad de los espacios comunicativos globales. Estamos haciendo alusión específicamente a nuevas realidades convergentes, como la traslación de amplios espacios comunicativos mundiales al universo de una generación artística cuya característica principal radica en la puesta en movimiento de una intranet compuesta de funciones llamadas colaborativas, que permiten desmaterializar los procesos entre los flujos de comunicación y las tareas compartidas entre un grupo de participantes. Esto no es nuevo, las tecnologías propias de los espacios colaborativos existen desde los años 80, con el desarrollo de los servidores llamados transaccionales (*Lotus Notes*). Concebidos hoy en la interface Web para unir una red de utilizadores, se desarrollan hacia el tipo de plataformas modulares.

Si tomo ejemplo del párrafo siguiente, es para ilustrar cómo estos nuevos universos influencian el conjunto de la actividad creativa y su difusión. En un artículo publicado con el sugestivo título de La televisión del futuro será cualquier cosa menos una caja boba (Manzini, 2006). Pablo Manzini dice que "la TV actual y sus hacedores saben –o por lo menos sospechan– que deben diseñar un cambio revolucionario que hará estallar la lógica tradicional de producción televisiva. La TV del futuro será multiplataforma [...] la migración digital de los medios es la reorganización de la ecología mediática del futuro. Los más imaginativos, los más creativos y los que sepan entender las habilidades cognitivas de las nuevas generaciones, empezarán comprendiendo que el aparato de TV y su centralidad están quedando obsoletos, que la TV necesita pantallas múltiples e interconectadas en un sistema de medios mucho más amplio, que se parece más a un organismo vivo que a una vieja pantalla frente al sillón" (Manzini, 2006). ¿Podemos si quiera un instante imaginar que el cine y el teatro saldrán indemnes de esta nueva realidad? El estudio de la Universidad de Navarra antes citado indica que "los niños ya prefieren los móviles, consolas o Internet a la tele": un 32% prefiere la TV frente al 38% que prefiere Internet; un 34 % escoge la TV frente al 47 % que escoge los videojuegos, y un 37% elige la TV cuando un 40% elige el teléfono móvil" (Manzini, 2006).

En un momento en que las investigaciones sobre la interactividad interpelan el conjunto de disciplinas abocadas al estudio y la producción de los nuevos medias y de una nueva concepción de los espacios lúdicos, la interface presencia humana/medioambiente virtual (sistemas comunicativos integrados) determina la matriz de los desarrollos experienciales y de las alternativas críticas que este cambio supone. La imagen-red, tanto como la capacidad de simulación en tiempo real combinada a los sistemas de detección y de retroacción, impulsan a revisar la clásica relación entre el cine y el teatro, a la luz de una realidad que se nos viene encima, con su cúmulo de trasformaciones, tanto en los hábitos de producción (incluyendo los modos de generación conceptual), como aquellos provenientes de la presión que ejercen ya las nuevas pautas de recepción participativa.

Una fuga común hacia el futuro

La presión ejercida por los universos tecnológicos actuales sobre la expresión artística, impone necesariamente una nueva realidad artística, cuyo paradigma fundamental está definido por grados de interactividad.

Si a partir de los años 80 se produce un cambio fundamental en la construcción de la obra de arte, al incorporarse de manera resuelta las capacidades de percepción en el proceso creador, y dando con ello al conjunto artístico una nueva capacidad de mutación, en el teatro, este cambio se inicia en los años 70, cuando se inicia el llamado movimiento del teatro posdramático, caracterizado por un debilitamiento de las estructuras narrativas dependientes del universo literario y del psicologismo primario que organizan la representación bajo la forma de una narratividad lineal. Siguen luego el auge del teatro danza, la ruptura de las formas unicistas dan paso a la multidisciplinariedad escénica, la incorporación de los medios tecnológicos da por tierra con la primacía del logos y nace el llamado teatro de la imagen. Hoy, los nuevos lenguajes de la escena se construyen bajo la estructura de una red de sentidos y se modifican de manera radical las maneras de construir el universo narrativo. Y esta nueva narratividad escénica está directamente condicionada por lo procedimientos narrativos del cine contemporáneo.

Cine y teatro convergen hacia el universo hipermediático. En este universo, se superponen, se suplantan, se interceptan series diegéticas determinadas por una narratividad múltiple fuertemente influenciada por la doble narratividad del los juegos video y por una recepción en la que se dibujan, cada vez con mayor fuerza en la presencia del espectador ludens, las nuevas formas condicionadas por una interactividad explícita.

Para concluir, tomaré una cita extraída del prólogo teórico que Alejandro Finzi escribió como prefacio de introducción de mi libro *Le vol des anges*:

Aujourd'hui, la dramaturgie contemporaine opère comme ce palimpseste où le spectacle met en lumière cette notion de l'instantané plutôt que la notion spectaculaire de l'éphémère. À la différence de ce qui construisit les idéologèmes qui caractérisèrent la théorie du " drame " entre le XIXe et XXe siècle, notre représentation du réel, dans le domaine des arts, a abandonné cet univers de l'éphémère pour celui de la pratique qui fait allusion à la construction d'une série continuelle des " instants " qui ne peuvent être lus qu'en codes culturels exprimant la globalité.[254]

Bibliografía

Garbagnati, L.; Morelli, P. (dirs.), *Thé@tre et nouvelles Technologies*, Dijon, EUD, 2006.

Garneau, M. y Loiselle, A., "Entre Théâtre et Cinéma", en *L'Annuaire teatral*, n° 30, Hull, CRCCF/SQET, 2001, pp. 9-13.

Gunning, T., Fantasmagorie et fabrication de l'illusion : pour une culture optique du dispositif cinématographique, 2003, http://id.erudit.org/iderudit/008958ar.

Hennebelle, G. y Prédal, R., *Cinémaction*, 44, París, cerf, 1987.

Iglesias, P., *Del Teatro al cine*, Madrid, ADE Teatro, 2008, pp. 126-145.

—— , *De las Tablas al Celuloide*, Madrid, Editorial Fundamentos, 2007.

Kelman, Nick, *Jeux vidéo, L'art du XXIe siècle,* Nueva York, Éditions Assouline, 2005, p. 23.

Kessler F., "Le cinéma comme dispositif (du) spectaculaire", en *Longueuil, CINéMAS*, 2003, vol. 1, pp. 21-34.

Manzini, P., *Amphibia*, www.clarin.com/suplementos/informatica/2006/08/30.

Picon-Vallin, B., *Les écrans sur la scène*, Berna, Éditions l'Âge d'Homme, 1998.

---

[254] Prólogo firmado por Alejandro Finzi, en Thenon, Luis, *Le vol des anges*, Québec, Éditions Nota Bene, 2003, p. 10.

Poissant, L.; Tremblay, P., (dirs.), *Estétique des Arts Médiatiques*, Québec, PUQ, 2008.

Prédal, R., "Le cinéma sous influence...", *Cinémaction*, 44,, París, cerf, 1987, p. 11.

Raynauld, I., «Le cinématographe comme nouvelle technologie: opacité et transparence», Montreal, *CINéMAS*, 2003, vol. 14, n° 1, pp. 117- 128.

Sirois-Trahan, J-P., "Dispositif(s)et réception", en *Cinémas*, vol. 14, n° 1, pp. 149-176.

Tesón, Ch., *Théâtre et cinéma*, París, Cahiers du cinéma, 2007.

Trémel, L., *Jeux de rôles, jeux vidéo, multimédia, Les faiseurs de mondes*, París, Presses Universitaires de France, 2001, p. 200.

Trémel, L., *Jeux de rôles, jeux vidéo, multimédia, Les faiseurs de mondes*, París, Presses Universitaires de France, 2001.

Ficciones fotográficas y cine de ficción. La revista *Caras y Caretas* y su relación con los primeros films argumentales argentinos

Andrea Cuarterolo
Instituto de Historia del Arte Argentino y Latinoamericano
FFyL-UBA
CONICET

Palabras clave: *cine silente argentino, cine de atracciones, reconstrucciones fotográficas*

Introducción

Mucho antes de que el cinematógrafo se convirtiera en un arte autónomo, las influencias de otros medios y espacios culturales como los salones de linterna mágica, los parques de diversiones, la estereografía o los espectáculos de *vaudeville*, entre otros, fueron profundas y marcadas. Hoy ningún estudio serio sobre los primeros años del cine puede dejar de remitirse a estas diversas series culturales con las que el medio entabló relaciones y que en más de un caso contribuyeron a prefigurarlo, aun desde mucho antes de que las condiciones tecnológicas que lo hicieron posible estuvieran dadas. La fotografía, el medio con el que el cine está ontológicamente más emparentado, fue uno de los espectáculos visuales de mayor influencia sobre el nuevo arte y, sin embargo, su relación es una de las más relegadas por los estudios críticos e históricos. En este trabajo intentaremos poner en evidencia los vínculos entablados entre un tipo particular de fotografía, popularizado sobre todo a partir del *boom* de las revistas ilustradas de principios del siglo XX y algunos de los modelos temáticos surgidos en nuestro cine durante los primeros años del período silente. Si bien el fenómeno que vamos a analizar no es privativo de nuestra geografía, la investigación tiene como foco de interés a la Argentina y sobre todo las imágenes de una revista que sentó las bases de la moderna fotografía de prensa en nuestro país: *Caras y Caretas*.

Caras y Caretas y la popularización de las ficciones fotográficas

Hacia fines del siglo XIX dos innovaciones técnicas irrumpieron con fuerza, modificando el rumbo de nuestra prensa ilustrada. La primera fue la introducción en 1890 del fotograbado de medio tono (*half tone*), que permitía imprimir fotografías con su rango tonal, sin necesidad de que un artista o grabador actuara de intermediario. Esta técnica puso la fotografía informativa al alcance de las masas, inaugurando la era del fotoperiodismo moderno. La segunda innovación fue la aparición de la "instantánea fotográfica" a través de una serie de mejoras técnicas en la composición química de las placas y de la irrupción en el mercado de cámaras livianas y portátiles a precios accesibles. La imagen única y densamente informativa, que en la etapa anterior había servido para resumir la noticia, fue reemplazada entonces por decenas de instantáneas que inundaron las páginas de las revistas ilustradas.

Caras y Caretas fue la primera publicación en nuestro país en popularizar estas dos innovaciones técnicas. Fundada el 8 de octubre de 1898, fue sin lugar a dudas la revista emblemática del periodismo gráfico argentino. La publicación usó, desde un principio, la fotografía como información y la defendió como una de sus principales armas editoriales. Ninguna otra publicación había contado hasta entonces con una sección fotográfica propia y con un plantel estable de fotógrafos y corresponsales reclutados entre los mejores profesionales del país. La importancia que la revista le dio a la fotografía la convirtió en una pionera en la utilización de las últimas novedades tecnológicas del medio. La publicación incorporó desde un principio cámaras portátiles con placas de 9 x 12 cm, en una época en que la todavía arraigada utilización de pesadas cámaras de madera y trípode condenaba a la fotografía a un estatismo difícilmente superable. En enero de 1899, sus corresponsales fueron los primeros en usar el flash de magnesio y unos meses más tarde la lámpara de flash eléctrico Eclair. Nunca antes, los fotógrafos habían contado con tantas herramientas técnicas para captar fielmente la realidad y sin embargo, *Caras y Caretas* se caracterizó, sobre todo, por su extendido uso de la manipulación fotográfica. La revista no sólo recurrió asiduamente al retoque fotográfico con lápiz o tempera y al fotomontaje –que a veces competía con la caricatura manual– sino que además fue pionera en la utilización de la reconstrucción fotográfica para ilustrar las noticias. Las reconstrucciones consistían en la recreación de un suceso o historia utilizando actores que representaban los distintos papeles y situaciones requeridas. Estas formas de manipulación de la imagen, que borraban constantemente los difusos límites entre entretenimiento e información, fueron utilizadas en forma individual o conjunta para ilustrar tres tipos de artículos: las noticias de actualidad; las notas de color, generalmente centradas en la descripción de tipos y costumbres y las narraciones de carácter literario o histórico, que por lo común resumían algún cuento o novela, o narraban los episodios más importantes de algún conocido suceso de la historia argentina o mundial. A continuación analizaremos el uso de la manipulación fotográfica en los tres casos mencionados y su relación con los primeros modelos temáticos en el cine argentino del período silente.

Reconstrucciones de actualidad y falsas actualidades

Hacia principios del siglo XX, la instantaneidad se instaló como un nuevo mito alentado en gran parte por las mismas revistas ilustradas y por la construcción que ellas hacen de un nuevo personaje en el mundo de la prensa grafica:[255] el foto-reportero. Este héroe de la modernidad, capaz de sortear cualquier dificultad para conseguir su imagen, se convierte en el testigo privilegiado y ubicuo de todos los acontecimientos de actualidad.

Sin embargo, las expectativas generadas por el mito de la instantaneidad eran difíciles de cumplir. Las cámaras todavía no eran lo suficientemente rápidas y los reporteros gráficos lógicamente no podían estar siempre en el lugar justo y en el momento indicado. Nacen así las reconstrucciones de hechos de actualidad en las que los fotógrafos construyen una puesta en escena del acontecimiento a ilustrar. Para realzar el realismo de las situaciones se utilizaban algunas veces los mismos escenarios y protagonistas del suceso. En otras ocasiones, los fotógrafos

---

[255] Veáse por ejemplo el artículo "Lo que cuesta informar al público. Los soldados de la instantánea" en *Caras y Caretas*, 26 de enero de 1907.

recurrían a actores o al mismo personal de la revista para que re-actuasen el hecho en su escenario real o en estudio.[256] Este tipo de imágenes fue muy común en las noticias de catástrofes o accidentes y sobre todo en la crónica policial. Los reporteros gráficos de la crónica roja "estaban en todas partes: retratando sospechosos, testigos, el arma asesina, el cadáver, las manchas de sangre, los personajes oficiales y extraoficiales de la pesquisa. [...] solamente les faltaba acceder a la imagen más impactante, la del crimen" (Caimari, 2007: 222). El instante del crimen fue, de hecho, un motivo recurrente en las reconstrucciones fotográficas de esta publicación. En el número del 8 de julio de 1908, por ejemplo, la revista publicó un artículo sobre un suceso que conmocionó por meses a la opinión pública: el asesinato del millonario porteño Pedro Gartland. Apuñalado por la espalda en su domicilio durante un presunto robo, el caso tenía oscuras ramificaciones que involucraban a varios personajes de su entorno. *Caras y Caretas* le dedica tres páginas a la noticia e incluye imágenes de la víctima, los sospechosos y las autoridades policiales a cargo de la investigación junto con instantáneas de la escena del crimen y de su sepelio. Sin embargo, las dos fotografías de mayor tamaño son las que reconstruyen el asesinato. En una de ellas se reproduce el momento en que el ladrón apuñala al anciano por la espalda y en la otra se muestra la posición en la que la policía encontró el cadáver. La escena ha sido arreglada cuidadosamente y a fin de transmitir mayor dramatismo, el bastón y el sombrero de la víctima se han colocado estratégicamente junto al cuerpo inerte.

Las producciones de esta publicación eran impecables desde el punto de vista técnico y estético y en un principio la revista jugó con la credulidad de sus lectores presentando estas imágenes como reales. Si era necesario se recurría sin reservas a una serie de manipulaciones adicionales como el uso de objetos de utilería, el retoque fotográfico e incluso el fotomontaje. La todavía imperfecta impresión del fotograbado contribuía a que este tipo de trucos pasaran desapercibidos, mientras que los textos de los epígrafes guiaban la lectura de las imágenes

---

[256] *Caras y Caretas* contaba con un gabinete fotográfico en la avenida Maipú 392, con amplios estudios, elementos escenográficos y los últimos adelantos técnicos de la época, entre ellos las novedosas lámparas de luz artificial.

hacia el sentido predefinido por el editor. El delicado balance entre información y espectáculo, entre realidad y construcción, que observamos en la mayoría de los ejemplos analizados, fue la impronta que signó a esta revista desde sus comienzos. A pesar de las diferentes temáticas abordadas, las reconstrucciones fotográficas de hechos de actualidad coincidían en su voluntad de representar al tiempo, no ya en su cotidiana normalidad sino en sus instantes extraordinarios y singulares, sólo captables por la ubicua mirada de los reporteros gráficos.

Las reconstrucciones fotográficas tuvieron su correlato cinematográfico en las llamadas falsas actualidades o noticiarios reconstruidos. Mónica Dall' Asta incluye en este género a aquellas películas "que reconstruyen, en vez de filmarlos en vivo, acontecimientos particularmente sensacionales y de naturaleza catastrófica" y cuya motivación es la de satisfacer la creciente demanda del público por vistas de sucesos que "desde un punto de vista logístico eran imposibles de captar *in situ*" (Dall'asta, 1998: 251). No es extraño entonces que George Méliès haya sido uno de los primeros cultores de este género, particularmente propicio para el ensayo de todo tipo de trucajes. En 1898, el gran ilusionista reconstruyó episodios de la guerra hispanoamericana utilizando maquetas y efectos especiales y en 1902 logró incluso que la ficción se adelantase a la realidad al poner en escena la coronación del rey Eduardo VII, semanas antes de su auténtica celebración. Evidentemente, los más modestos inicios del cine en nuestro país no culminaron en exponentes tan espectaculares como los de Méliès, sin embargo, existen una serie de films vernáculos que pueden ubicarse cómodamente en el género de las falsas actualidades. En junio de 1901, por ejemplo, la Guardia Nacional recoge en altamar a dos malvinenses, el carpintero Federico Newmann y su hijo de ocho años, que navegaban a la deriva en un pequeño bote a vela desde hacía 62 días. Los náufragos son conducidos a Buenos Aires donde son acompañados por el ministro de Marina, Onofre Betbeder, ante el presidente Roca, de quien reciben un regalo en efectivo. La Casa Lepage, que por entonces tenía un exitoso negocio en la creación y distribución de actualidades cinematográficas, vislumbró inmediatamente el impacto comercial de esta noticia y aprovechando la estadía de los Newmann en la ciudad, reconstruyó en la rada de Buenos Aires el dramático rescate ante la inquieta lente de su camarógrafo estrella, el francés Eugenio Py. La película de 80 metros titulada *Salvamento de los náufragos Newmann por el transporte Guardia Nacional* fue estrenada en el teatro Casino el 20 de julio de ese año, con la presencia de sus protagonistas, que recogieron el emotivo aplauso del público.

El tema de los rescates marinos parece haber sido especialmente atractivo para la reconstrucción de actualidades pues en el número de julio de 1905, la *Revista Fotográfica ilustrada del Río de La Plata*,[257] editada por la casa Lepage anuncia entre las vistas cinematográficas a la venta, otra titulada *Salvataje en Mar del Plata*. Esta película reproduce un supuesto intento de suicidio en la ciudad balnearia. Un hombre de mediana edad parado sobre un muelle de madera salta súbitamente al agua. La gente a su alrededor pide desesperadamente ayuda. La pequeña anécdota sirve para mostrar en acción a un nuevo cuerpo de guardavidas negros importado de las Islas Canarias. Los intrépidos rescatistas se lanzan al agua y salvan al suicida ante los ojos de decenas de curiosos que festejan con júbilo la proeza.

En mayo de 1902, la Casa Lepage anuncia otro film titulado *El soldado Sosa en capilla*, que reproducía un episodio de gran repercusión en la época. En enero de ese año el conscripto Sosa, acusado de la muerte de un teniente, había sido encarcelado en la prisión militar de Campo de Mayo y condenado a muerte. A punto de ser fusilado el presidente Roca le conmuta la pena y lo salva. La película, estrenada en el Salón París el 18 de enero de 1902, fue muy exitosa: no sólo se repitió varias veces en la programación de la sala durante ese año sino que dos años después la Casa Lepage todavía seguía promocionándola en sus catálogos de venta. Allí se la describe como una "hermosa cinta que reproduce todos los preparativos para una ejecución: la formación de las tropas; el reo Sosa entrevistado por un periodista; la despedida de los oficiales; y por fin el indulto".[258] El catálogo agrega que "todo se ve reproducido con un realismo patente". Este film parece combinar escenas verídicas –posiblemente el plano que muestra al batallón en formación y la entrevista con

---

[257] "Vistas cinematográficas", en *Revista Fotográfica Ilustrada del Río de la Plata*, n° 143, julio de 1905.
[258] "Vistas cinematográficas", en *Revista Fotográfica Ilustrada del Río de la Plata*, n° 129, mayo de 1904.

el reportero fueran reales– con otras probablemente teatralizadas para la cámara como la de la despedida y el sorpresivo final donde el reo es perdonado.

Otro de los temas predilectos de este género fueron los incendios, una temática luego muy explotada en las primeras películas de ficción. Dall'Asta (1998: 252) sostiene que estos films eran herederos de los *reenactme*nt, una suerte de "catastrofe teatralizada", que fue muy común en los parques de diversiones europeos y sobre todo norteamericanos a fines del siglo XIX y principios del XX. Hemos rastreado al menos un film de este tipo en nuestro país, sin embargo, la ausencia de una tradición espectacular como la descripta por Dall'Asta en la Argentina lleva a suponer que las reconstrucciones fotográficas de las revistas ilustradas fueron un modelo mucho más inmediato. En efecto, *Caras y Caretas* incluía con frecuencia imágenes de incendios claramente trucadas, ya sea por medio del retoque o la teatralización, con una estética similar a la del film en cuestión.[259] Lamentablemente, el único documento que sobrevive de esta película es una fotografía de una de sus escenas, filmada sin duda en el predio de la Sociedad Rural Argentina. En primer plano se ve un antiguo coche bomba con algunos bomberos en plena tarea de salvataje. En el segundo plano un pequeño edificio ha sido decorado con falsos carteles que dicen "Tranquilo Hotel" y "Ferretería". Un pequeño grupo de víctimas en el primer piso espera a ser rescatado por los bomberos que suben por una frágil escalera. En el fondo se distinguen difusamente los pabellones de la Rural. Desconocemos el autor y el año de este film, pero la elaborada puesta en escena sugieren que se trataba de una compañía de cierta importancia, posiblemente la Casa Lepage.

Atracción *vs.* narración: tensiones presentes en la fotografía y el cine

La fotografía de *Caras y Caretas* no sólo se ocupó de los sucesos de actualidad, sino que documentó todos los aspectos

---

[259] Véase a modo de ejemplo el número 620 del 20 de agosto de 1910, en el que se incluyen varias imágenes retocadas del incendio de la tienda "A la ciudad de Londres".

de la vida cotidiana, espiando, con ojos agudos y textos disparatados, la moda y los comportamientos de la sociedad argentina. Los foto-reporteros de la revista supieron capturar como nadie las nuevas costumbres y personajes urbanos, la vida frívola y despreocupada de las clases altas, las últimas tendencias en la moda y el hogar, las fiestas populares o los primeros veraneos en Mar del Plata. Este tipo de notas, que en la jerga periodística se denominan "de color", fueron un terreno fértil para la utilización de fotografías teatralizadas. La prensa ilustrada incorporó a este género el novedoso procedimiento del relato en serie. Estas series se valieron de dos principales estrategias narrativas. La primera consistía en la agrupación de un conjunto de imágenes en torno a un tema común. Cada fotografía, acompañada casi siempre por un texto informativo o un comentario, funcionaba como una suerte de viñeta que se relacionaba con la siguiente sólo por su coincidencia temática. Los ordenamientos eran, en consecuencia, en su mayoría aleatorios y la serie podía fácilmente prescindir de una imagen sin que se viera afectado su sentido general. Predominaban en este tipo de serie los temas de contenido ingenioso o humorístico, en los que las imágenes tenían generalmente un peso propio, que muchas veces trascendía en importancia al del texto. En el número del 26 de agosto de 1905, por ejemplo, la revista publica un artículo titulado "Entusiasmo intendentil", en donde se crítica la gestión del por entonces intendente de Buenos Aires, Carlos Roseti. La nota está acompañada por una serie de fotomontajes en las que el funcionario aparece mostrando sus principales logros en la ciudad. El contrapunto que se establece entre la imagen y el epígrafe que la acompaña le da al artículo un sentido irónico. Así, por ejemplo, si el epígrafe dice "Ésta es la prueba de que Buenos Aires es millonaria", la fotografía muestra al intendente sobre el fondo de un conventillo hacinado.

Muy a tono con los diferentes discursos nacionalistas que comenzaron a imponerse hacia la época del Centenario de la Revolución de Mayo, otro tema recurrente en este tipo de producciones fueron las diferentes manifestaciones de la cultura criollista. Así, el 12 de agosto de 1905, por ejemplo, *Caras y Caretas* publica una nota titulada "El baile de moda", ilustrada con una serie de imágenes en las que se congelan las principales figuras de la danza del pericón.

El segundo procedimiento narrativo utilizado en estas series es el cronológico. Una anécdota o historia muy breve es contada a través de un conjunto de imágenes ordenadas según su progresión temporal. Se trata en su mayoría de relatos muy cortos y simples, similares a los *gags* cinematográficos, que tienen siempre un desenlace ingenioso o sorprendente que disloca de alguna manera el inicial ordenamiento cronológico de la historia. Por ejemplo, en el número del 9 de julio de 1905 la revista publica una nota titulada "En busca de casa", que pretende ser un comentario sobre algunos de los problemas habitacionales de la Capital Federal y las consecuentes subas en los precios de los alquileres. Para fortalecer su punto de vista, el cronista narra la historia de un padre de familia que, junto a su mujer, recorre la ciudad de norte a sur buscando un techo a precio razonable. La cámara del fotógrafo "sigue" a la pareja en su epopeya por las diferentes casas que visitan y muestra cómo sus expectativas van bajando a causa de los irrazonables precios demandados. La imagen más interesante de esta secuencia es la que muestra al hombre en piyamas acostado en su gran cama de madera en medio de una calle arbolada. La calle es en realidad un telón pintado que, al igual que los utilizados en el cine mudo, se colocaba en el fondo de la escena a modo de *tromp l' oeil*. Su mujer parada al lado de la cama llora. El epígrafe de la foto dice "Tendremos que vivir a la intemperie". Bastante alejada del estilo documental de las demás imágenes de la serie, esta fotografía disloca la realidad espacio temporal de la búsqueda de casas y funciona como una suerte de ilustración de los pensamientos o la imaginación del protagonista. Su único objetivo es, evidentemente, producir un efecto cómico o irónico acerca de lo que se está relatando. En una línea similar, en el número del 31 de diciembre de 1910 se publica una breve nota sobre la introducción clandestina de chinos en Estados Unidos, en el que se describen los ingeniosos métodos utilizados por éstos para ingresar ilegalmente al país. Las imágenes que ilustran la nota muestran la transformación paso a paso de un chino, que utilizando un disfraz y maquillaje queda convertido en occidental. La serie termina con dos fotografías: una del personaje transformado y otra que lo muestra antes de su cambio. Esta última imagen rompe nuevamente con la progresión temporal del relato, e introduce un momento anterior en la narración, cuyo único propósito es enfatizar las diferencias entre el antes y el después. Es imposible no trazar ciertos paralelismos entre la temporalidad evidenciada en los ejemplos analizados y algunas de las primeras experiencias cinematográficas, agrupables dentro del concepto de cine de atracciones. Este término fue introducido a principios de la década de 1980 por Tom Gunning y André Gaudreault para referirse a una importante parte de la producción cinematográfica previa a 1908 –aunque en países como la Argentina se extendió más allá de esa fecha– que era difícil de abordar desde el enfoque, sostenido por la historiografía tradicional, de una evolución narrativa del cine. Aunque estos autores no niegan la presencia de elementos narrativos en el cine de este período, su posición es que las atracciones constituyen el ingrediente dominante y a veces exclusivo de esas primeras experiencias cinematográficas. Tom Gunning (2004: 44) sostiene que mientras el cine narrativo atrae el interés del espectador instaurando un enigma, cuya resolución debe dilatarse el mayor tiempo posible, el cine de atracciones invoca el exhibicionismo más que el *voyeurismo*. La atracción se dirige al espectador en forma directa, lo sabe presente y busca despertar y satisfacer rápidamente su curiosidad visual mediante un consciente y frontal acto de *display*. Su objetivo no es –como en el cine narrativo– generar suspenso sino provocar sorpresa y su temporalidad es por lo tanto, de una naturaleza completamente diferente. El tiempo de la atracción es puro presente, un conjunto de acciones rápidas y yuxtapuestas, una constante sucesión de sorpresas visuales que tiende a la brevedad más que a la extensión, propia de la narración clásica (Gunning, 2004: 45). Nuevamente los trucajes de Méliès son un ejemplo emblemático. Sin embargo, la cinematografía de atracciones incluyó varios otros géneros que tuvieron exponentes en nuestra temprana cinematografía. El primero de ellos son los números musicales, que como vimos en el artículo "El baile de moda" de *Caras y Caretas*, eran evidentemente un tema bastante popular, sobre todo cuando estaban ligados a la cultura criollista. El catálogo de la Casa Lepage también incluye varios cortos en los que se reproducen algunos de nuestros más conocidos bailes nacionales como *El pericón nacional* (1902), interpretado por actores de la compañía de Pablo Podestá, *El gato criollo* (1902), *Firmeza* (1906) o *Tango popular* (1906), bailado por el célebre "Negro Agapito" de la compañía teatral de Pepino el 88.

El *gag* o *sketch* cómico fue otro de los géneros del cine de atracciones que tuvieron cultores locales, como el hoy prácticamente desconocido Eugenio Cardini. Este fotógrafo aficionado realizó varios cortos breves de este tipo, de los cuales afortunadamente se conservan algunos fragmentos. Uno de ellos es *Escenas callejeras* (1902), rodado con actores no profesionales, en decorados que él mismo improvisó en la terraza de su casa. A la manera de las viñetas analizadas en *Caras y Caretas*, Cardini presenta una serie de personajes urbanos –un farolero, un lustrabotas, un vigilante, un transeúnte y un par de niños que juegan a las bolitas– que escenifican varias situaciones frente a un telón pintado representando una típica calle de barrio de Buenos Aires. Más interesante aún es *En la casa del fotógrafo*, un simpático film que narra las dificultades del oficio fotográfico, interpretado por Pedro Sanquirico, fotógrafo y profesor de la célebre Sociedad Fotográfica Argentina de Aficionados. Al igual que en *Escenas callejeras*, podemos observar en esta cinta un rudimentario argumento. El protagonista, ubicado de frente a la cámara, gesticula hacia el fuera de campo donde supuestamente se encuentran sus modelos, dando indicaciones diversas. Se enoja porque no le hacen caso y porque debido a esta distracción se olvida de tapar el objetivo. Es interesante analizar en este corto el tema de la mirada a cámara y su ambigua relación con el espacio extra-diegético. ¿A quién se dirige el fotógrafo? ¿Al sujeto a fotografiar, que se encuentra por detrás de la cámara o al espectador del film? La mirada a cámara, que era totalmente convencional en la fotografía de estudio, se volvió, sin embargo, cada vez más infrecuente con la llegada del cine clásico y su obsesivo borramiento de todo signo que pusiera en evidencia los procesos constructivos del film. En la cinematografía de atracciones, sin embargo, esta acción funciona como un emblema de la particular relación entablada con el espectador. Tom Gunning sostiene que en este cine la mirada a cámara es una necesaria forma de establecer contacto con el público, de invocar su atención aunque con ello se rompa el universo ficcional instaurado por el film (Gunning, 2006).

Las escenas o vistas históricas fueron otro de los géneros de la cinematografía de atracciones transitados por nuestros realizadores. En oposición a los films predominantemente narrativos y de estética realista que surgirían durante la década siguiente, los primeros films históricos argentinos, realizados en su mayoría hacia la época del primer Centenario de la Revolución de Mayo, combinaban en dosis variables la narración y la atracción. *La Revolución de Mayo* (1909) de Mario Gallo, considerado hoy el primer film de ficción argentino, es básicamente una ilustración de los conocidos episodios mitificados por los textos y la iconografía escolar: el pueblo congregado frente al Cabildo, los paraguas, French y Beruti repartiendo escarapelas, la infaltable presencia de los vendedores ambulantes. Los diferentes episodios se ordenaban cronológicamente en el relato, siguiendo la progresión de los acontecimientos en forma ingenua y didáctica. La escenografía estaba compuesta por esquemáticos telones pintados, diseñados en una escala demasiado pequeña y que a causa de un defecto en la iluminación parecían moverse con el viento. Está claro, sin embargo, que ni el realismo ni la fidelidad histórica estaban en las preocupaciones de estos primeros cineastas. Esto se vuelve evidente al analizar el último cuadro de *La Revolución de Mayo*. El pueblo se ha reunido frente al Cabildo para escuchar el discurso de Cornelio Saavedra. Con un cambio súbito de plano, Gallo vuelve a tomar la misma escena pero desde una perspectiva lateral. En ese momento vemos en el extremo superior izquierdo del cuadro la insólita figura del general José de San Martín vestido de uniforme y envuelto en la bandera argentina, que como una suerte de *deus ex machina* moderno observa la escena desde las alturas. El film termina con el pueblo emocionado que lo saluda agitando sus sombreros y exclamando "Viva la República". La figura de San Martín, ajena al momento histórico al que se refiere el film, funciona aquí como un recurso alegórico y espectacular. Estos desenlaces, típicos del cine de atracciones, que rompen con la continuidad temporal para dar paso a un recurso sorpresivo o espectacular, son sumamente similares a los analizados en las producciones fotográficas de *Caras y Caretas*. Tom Gunning sostiene que los finales en apoteosis, popularizados por estos primeros films, detienen el flujo narrativo a través de un exceso de espectáculo y desvían el interés del espectador, que en lugar de concentrar su atención en aquello que va a suceder a continuación se entrega al simple disfrute visual

La irrupción de la narración en la fotografía y el cine

Una de las temáticas más transitadas por las reconstrucciones fotográficas de la revista fueron las adaptaciones literarias. Estas producciones, narrativamente más complejas y extensas que las hasta ahora analizadas, tomaban como base alguna conocida novela, cuento o folletín y la condensaban en una serie fotográfica, utilizando dos posibles procedimientos narrativos, que en ciertas ocasiones coexistían. El primero consistía en la presentación de un relato secuencial, en el que un conjunto de imágenes ubicadas ya sea en forma cronológica o en una suerte de "montaje paralelo", narraban una historia con inicio, desarrollo y fin. Por lo general, cada fotografía funcionaba de forma equivalente a un plano cinematográfico. Por ejemplo, en el número del 24 de noviembre de 1906 la revista publica el cuento "El misterio de la calle Arenales", una oscura historia que tiene como protagonista al conocido personaje de Arthur Conan Doyle, Sherlock Holmes. El detective inglés se encuentra en Buenos Aires y con la ayuda de un periodista local intenta impedir un crimen. Las imágenes reconstruidas, desplegadas según un ordenamiento causal y cronológico siguen a Holmes por los principales episodios de su investigación. El suspenso, elemento clave de la narración clásica, desempeña un papel primordial en esta historia. Sin embargo, el relato, plagado de truculentos ingredientes como, decapitaciones, hipnotismo y fantasmas da pie a la utilización de diversas manipulaciones fotográficas, tales como fotomontajes y sobreimpresiones, que aportan un toque espectacular y ponen en evidencia las tensiones existentes también en este tipo de relatos fotográficos entre atracción y narración.

El otro procedimiento utilizado en estas series narrativas consistía en tratar de fijar o detener la acción en lo que se consideraba el momento más representativo del acontecimiento. Esta convención, más conocida como "momento esencial", fue elaborada primero por la pintura figurativa, en un intento de soslayar la contradicción entre imagen fija y representación del tiempo. Se trataba sobre todo de elegir un instante que reflejara los momentos claves del relato y, por lo tanto, este método fue utilizado sobre todo para narrar sucesos o historias conocidas de antemano por el lector. Uno de los ejemplos más interesantes de este segundo tipo de procedimiento es el artículo publicado en el número del 21 de mayo de 1904 con el título de "Amalia". Esta nota, una suerte de homenaje a la novela de José Mármol, no sólo ilustra perfectamente la utilización del momento esencial por los fotógrafos de *Caras y Caretas,* sino que también recoge la temática de uno de los films más emblemáticos de la época silente, me refiero a *Amalia* de Enrique García Velloso, casi diez años antes de su estreno. El artículo a doble página consiste en una breve reseña de la novela de Mármol, firmada por Martín Gómez y un conjunto de imágenes acompañadas por breves epígrafes, que condensan los momentos claves de ese relato. La nota incluye asimismo una serie de retratos que presentan al lector los principales personajes de la novela. Es de destacar que Enrique García Velloso utilizó un recurso muy similar al presentar a los diferentes personajes de su film por medio de una serie de planos casi estáticos en los que los actores miran a cámara y hacen algún que otro gesto, casi como si se estuvieran posando ante una cámara fotográfica ubicada en el fuera de campo. Si bien esta presentación de personajes a través de la mirada a cámara es un recurso más propio de la cinematografía de atracciones, es la integración narrativa la que cumple un papel dominante en el film.

Conclusiones

Durante años se adjudicó al medio fotográfico un valor de verdad irrefutable que impidió que éste fuera analizado en su carácter de espectáculo productor de ilusiones. Pocos vieron, en cambio, que esa misma perfección icónica, característica de la fotografía, tuvo en sus inicios un potencial espectacular que le permitió maravillar a la sociedad de la época con su mágica perfección representativa. Hoy, en plena era digital, hemos perdido la capacidad de sorprendernos ante los poderes ilusorios de la imagen. Esta capacidad, sin embargo, se vuelve evidente cuando es analizada, como en este ensayo, en relación con el cine. Es hora de que, como historiadores, aprendamos a recuperar algo de la magia ilusionista de esas primeras imágenes y demos a la fotografía su justo lugar en la historia del cine.

Bibliografía

Caimari, Lila, "Suceso de cinematográficos aspectos. Secuestro y espectáculo en el Buenos Aires de los años treinta", en *La ley de los profanos. Delito, justicia y cultura en Buenos Aires*, Buenos Aires, Fondo de Cultura Económica, 2007, p. 222.

Dall'asta, Mónica, "Los primeros modelos temáticos del cine", en *Historia General del Cine*, vol. I, Madrid, Cátedra, 1998, p. 251.

Gunning, Tom, "Now you see it, now you don't. The temporality of the cinema of attractions", en *The silent cinema reader*, Londres, Routledge, 2004, p. 44.

——, "The Cinema of Attractions. Early film, its Spectator and the Avant garde", en *Early cinema: space-frame-narrative*, Londres, British Film Institute, 2006.

Revista Fotográfica Ilustrada del Río de la Plata, "Vistas cinematográficas", nº 143, julio de 1905.

——, "Vistas cinematográficas", nº 129, mayo de 1904.

El discurso publicitario dentro del film: una mirada semiótica

Claudio Centocchi
Facultad de Ciencias Sociales
Universidad de Buenos Aires

Palabras clave: *advertaiment, relato, film*

1. Introducción

En los últimos tiempos, el discurso publicitario en el medio cinematográfico no se asocia de modo exclusivo con las tandas que se introducen antes de la proyección del film y con el programa que puede obtenerse al ingresar a la sala. Ello se vincula con el (re)surgimiento de formatos no convencionales que se caracterizan por fusionar la publicidad con el entretenimiento. Hoy es usual que las marcas se promocionen dentro del texto fílmico.

Productos emplazados, marcas que sin disimulo visten a los protagonistas, guiones adaptados a favor de un auspiciante, son algunas de las ocurrencias que las empresas apelan para el logro de sus metas lucrativas. La panoplia se agranda sin pausa para luchar contra un espectador poco permeable, agobiado por la saturación publicitaria y la reiteración de fórmulas en los comerciales. Al mismo tiempo, la utilización de estas técnicas se ha convertido en una herramienta de enorme beneficio para las productoras audiovisuales que gastan mucho menos en la ejecución de la acción comunicacional, a la vez que constituyen una importante fuente de financiamiento para el propio film.

Del surtido de técnicas "no tradicionales", englobadas bajo el nombre de *"advertaiment"*,[260] la presente ponencia se centrará sólo en dos de ellas: el *"product placement"* y el *"bartering"*. Ambas consisten en la incorporación de una marca en el contexto de una trama de manera integrada y natural. Pero en el *bartering* –también

---

[260] Neologismo que nace de la condensación de las palabras *advertising* (publicidad) y *entertainment* (entretenimiento).

conocido como *"taylor made"* o *"branded content"*–, el anunciante ocupa el rol que suele desempeñar el productor del film, lo que origina que la concepción de la historia quede absolutamente subordinada a sus necesidades comunicacionales.[261]

Nuestro interés radica en intentar precisar las significaciones que puede adquirir un producto/marca a partir de ocupar en la diégesis una determinada función y llevar a cabo una cierta esfera de acciones.

Los relatos cinematográficos pueden constituir un soporte efectivo para la acción publicitaria. Sin embargo, no se trata de "colar" un simple "chivo" y sentirse satisfechos por el mero hecho de estar presente. Si se persigue la eficacia desde el punto de vista comunicacional, la posición que adopta una marca no puede quedar librada al azar o a la ignorancia. Deberían retomarse las distinciones que realizan los narratólogos formalistas y estructuralistas que parten de que todo elemento en un relato posee significación.

En este sentido, cuando se emplaza una marca en una historia es necesario considerar en especial su imagen, posicionamiento y ciclo de vida. Los responsables de la comunicación deben plantearse: ¿qué busco transmitir sobre mi producto/marca? ¿Qué grado de recordación intento alcanzar? ¿De qué manera logro posicionar la mercancía en la mente de mis potenciales consumidores? Las respuestas a tales interrogantes serán de gran utilidad para determinar *a priori* la pertinencia o no de cada tipo de emplazamiento. Sin olvidar que también es fundamental la creatividad y sutileza con la que se efectúa la "colocación" para despertar curiosidad y una deseada identificación de los espectadores.

Este trabajo procura progresar dentro de un campo discursivo caótico donde aún tiende a catalogarse como uniformes en términos significantes las diversas clases de acciones comunicacionales de *product placement/ bartering* debido a la carencia de un abordaje profundo sobre la materia.

Nuestro modesto aporte se centra en proponer una especie de "taxonomía" que altere el estado de situación vigente. Así se busca distinguir las ocurrencias de *product placement/ bartering*

---

[261] Moreno, I. (2003, pp. 148-149). Para nuestros fines pasa a ser superfluo distinguir en los casos seleccionados si corresponden a la técnica de *product placement* o de *bartering*.

a partir de la descripción de sus potencialidades semióticas. Ello implica en definitiva desentrañar qué significaciones diferenciales lograría un producto/ marca a partir de la función y rol actancial que desempeña en un relato.

2. *Corpus* y método

A diferencia de otros formatos de *"publicidad no tradicional"* (P.N.T.) (mención, auspicio, concurso, placa o sobreimpresión), las técnicas de *product placement* y *bartering* se manifiestan exclusivamente en discursos de ficción audiovisual que se difunden a través de los medios cinematográfico o televisivo.

No obstante, los ejemplos que aludiremos aquí corresponden únicamente a films. La elección del medio cinematográfico obedece, por una parte, al insoslayable incremento de acciones publicitarias no convencionales que se registra en este sistema; y por otra parte, en razón a que se generan fuertes repercusiones en el público y la prensa cada vez que sale a la luz un nuevo caso. Sus ecos son mundiales (ello resulta infrecuente en la TV).

Asimismo, cuando posamos la mirada sobre el espectador de cine, tomamos contacto con un sujeto que acude a la transmisión de una película –tras pagar una entrada– y se comporta conforme a ciertas determinaciones específicas. La disposición de la sala, que durante la proyección permanece a oscuras, limita la interacción entre los individuos allí presentes y facilita la concentración del espectador en la pantalla.

> Espectadores-peces, que todo lo absorben por los ojos, nada por el cuerpo: la institución del cine prescribe un espectador inmóvil y silencioso, un espectador hurtado, en constante estado de submotricidad y superpercepción, un espectador alienado y feliz, acrobáticamente aferrado a sí mismo por el hilo invisible de la vista, un espectador que sólo en el último momento se recobra como sujeto, mediante una identificación paradójica con su propia persona, ya extenuada en la mirada pura (Metz, 1979: 22).

A pesar de que nuestro análisis sea en producción –sólo da cuenta de un campo de efectos posibles (Verón, 1987)–, nos parece importante mencionar esta última característica pues estamos frente a un receptor más atento a lo que se le está contando y por ende, en principio, a la acción publicitaria encubierta. El contacto más comprometido que demanda el cine y las posibilidades claras de guiar la mirada del espectador representan aspectos destacados que despiertan especial interés en los anunciantes y realizadores a la hora de efectuar emplazamientos en un film. La inclusión de publicidad dentro de una trama cinematográfica se erige como una opción mucho más tentadora y rentable para las marcas, ávidas de dar a conocer en los más variados soportes tecnológicos sus mercancías o reforzar su imagen, su poderío simbólico.

Más precisamente, hemos seleccionado para ilustrar los distintos aspectos un conjunto de reconocidos films pertenecientes a la industria hollywoodense –salvo alguna excepción puntual– porque son las realizaciones que habitualmente insertan sin prurito esta clase de contenido publicitario en sus tramas.

Tales ejemplos representan distintos tipos de *product placement/ bartering* de acuerdo a cómo opera el producto/marca en el encadenamiento narrativo. Esta diferenciación se basa en retomar los dos primeros niveles que componen el modelo de descripción de los relatos planteado por Roland Barthes (1970): los niveles de las funciones y de las acciones, que se centran en el análisis del relato como historia.

3. Las diferentes clases de estrategias comunicacionales

Nos abocaremos a precisar en primer término los alcances semióticos que despierta una acción de *product placement/ bartering* a través de un par de cuadros. Un procedimiento que ayuda a describir las diversas posibilidades en forma sintética, pero que puede motivar la idea engañosa de que estamos frente a una rígida clasificación.

Por esto último, es fundamental aclarar que si una marca opera de un modo determinado en un fragmento del relato, ello no excluye para que pueda efectuarlo de manera distinta en ese mismo pasaje y en otras partes de la historia. Por citar sólo una de las combinaciones posibles que permite conectar los dos cuadros, una marca podría actuar a la vez como indicio y en el rol de objeto de deseo.[262]

---

[262] Roland Barthes (1970, p. 17) señala asimismo el carácter mixto de las unidades del nivel funcional que lleva a que puedan pertenecer a dos

Definiremos en consecuencia diez clases de estrategias que nunca se manifiestan puras, sino que se agrupan de a pares –al menos un caso del nivel funcional y el otro del actancial– o más en una realización de *product placement/ bartering*. Esto resulta esencial aunque hayamos decidido encuadrar por una razón ilustrativa ciertas marcas/ films como ejemplos de cada estrategia (aquella que nos parece dominante según el modo en que aparece la marca mencionada en el film en cuestión).

A. Estrategias correspondientes al nivel funcional

Estrategia	Films	Marca/s
1. Opera en un núcleo	Celular	Nokia
	La estafa maestra	Minicoopers
2. Opera en una catálisis	Forrest Gump	Nike
	La isla	Puma, Speedo, X Box
3. Opera como indicio	Casino Royale	Aston Martin, Ford, Omega, Sony Ericsson
	Generación X	Coca Cola, Pringles
4. Opera como informante	Blade Runner	Coca Cola, Atari, TDK
	Volver al Futuro II	Nike

B. Estrategias correspondientes al nivel actancial

Estrategia	Films	Marca/s
1. Rol Sujeto	Herbie: A toda marcha	Volkswagen
	Toy Story	Hasbro, Mattel
2. Rol Objeto	Perfume de mujer	Ferrari
	Sex & the city	Louis Vuitton
3. Rol Ayudante	Náufrago	Fed Ex
	Mi nombre es Sam	Starbucks, Pizza Hut
4. Rol Oponente	Herbie: A toda marcha	Pontiac, Chevrolet
	Transformers	Mustang
5. Rol Dador	Transformers	Peterbilt
6. Rol Destinatario	Transformers	Chevrolet, Pontiac, Hummer

---

clases diferentes: ser catálisis e informante simultáneamente, por ejemplo.

Observemos a continuación las significaciones que despierta cada estrategia comunicacional:

A.1

Las funciones nucleares constituyen los momentos decisivos de un relato. ¿Qué obtiene una marca al manifestarse en tal clase de acciones? Ante todo, una mayor recordación pues son instancias en las que se logran atraer la máxima atención de la audiencia. La integración de una marca en un núcleo le permite al anunciante asegurarse que su producto exhiba sus cualidades sin pasar desapercibido a los espectadores. Y además le proporciona a la marca connotaciones de prestigio y poder al vociferar *aquí estoy* en momentos centrales de la historia, donde no cualquiera puede acceder.

A.2

Cuando una marca actúa en una función catalítica notamos una significación más débil en comparación con el primer caso: su recordación y poderío simbólico decae. No obstante, se debe reconocer que al tratarse de emplazamientos activos,[263] la inclusión de una marca adquiere fuerza. Aunque, de los ejemplos mencionados, salvo Nike en *Forrest Gump*, que recibe varios planos del calzado y la remera, el resto de las marcas corren el riesgo de ser ignoradas si el espectador no se encuentra muy pendiente de los detalles de la trama.

Por lo tanto, hay cuestiones fundamentales que el responsable del *product placement/ bartering* debe velar: ¿Cómo aparece la insignia en la historia? ¿De qué modo es mostrada? Esto cobra mayor importancia aquí con el fin de sacarle un beneficio superior a una posición *a priori* menos agraciada que la descrita anteriormente.

A.3

De la misma manera que los valores asociados a una marca contribuyen a delinear la personalidad del personaje/actor que se

---

[263] Cristina Siragusa, que analiza el P.N.T en la TV, distingue dos tipos de emplazamientos: el pasivo y el activo. En el primero, el producto-marca sólo forma parte del decorado o la ambientación; en tanto, en el restante, la entidad marcaria interviene en los acontecimientos y su manipulación o mención es explícita en la trama. Véase Siracusa, C. (2005).

maneja con ella, las características del personaje/actor, su modo de comportarse tanto en la ficción como en la vida pública, se transfieren a las marcas. El proceso es dialéctico.

La asociación de un producto con un personaje/actor que ostenta determinadas características genera una fuerte identificación, llegando muchas veces a convertirse en referente de un segmento del público consumidor por esa estrecha vinculación. Cuando una marca opera esencialmente en términos indiciales adquiere connotaciones por asociarse a un determinado estilo de vida o colectivo. Se recuesta en la fuerza del contagio metonímico.

A.4

Las marcas que actúan fundamentalmente como informantes suelen brindarle al espectador el dato que durarán en el tiempo al mostrarse en historias de ciencia ficción que testifican su existencia. Las asociaciones de permanencia y proyección le otorgan a la marca, paradójicamente, una gran solidez en el presente.

Nike, en *Volver al futuro II*, logra un mayor beneficio ya que en sintonía con los verosímiles sociales y de género (Metz, 1975) exhibe su mercancía adaptada al momento temporal en que se ubica la diégesis. O sea, se muestra distinta, *aggiornada* a una época desconocida. Sin embargo, creemos que el operar como informante, y por lo tanto integrar usualmente el "telón de fondo" en una historia, no le tiende a otorgar a la marca un gran destaque y una prolongada recordación.

B.1

Cuando una marca ocupa el rol de sujeto en el hilo narrativo más importante de la historia es porque desempeña el papel de protagonista. El film está organizado para su lucimiento al encargarse de motorizar las acciones fundamentales. Este tipo de emplazamiento le asegura a la marca una presencia constante en el relato, favoreciendo su recordación. Y además, en términos de posicionamiento, se beneficia con connotaciones de energía, determinación, seguridad, heroicidad.

No es muy común identificar casos que ilustren esta categoría. Si consideramos que una de las características esenciales del *product placement/bartering* radica en dotar de verosimilitud a la narración ocultando el fin comercial propio del discurso publicitario, una marca-protagonista entorpece esa meta, abriendo paso a la lectura contraproducente que se está frente a "una publicidad de dos horas de duración".

Un relato extenso con un producto/marca actuando en el rol actancial de sujeto sólo es posible en historias donde entre en juego la magia, lo fantasioso, en textos destinados preferentemente al público infantil. El ejemplo más contundente lo brinda el film *Herbie: A toda marcha* con el protagonismo de *Volkswagen;* en el otro caso citado, *Toy Story*, los actantes encarnados por el *Sr. Cabeza de Papa* (de la firma *Hasbro*) y el *Tiranosaurio Rex* (de *Mattel*) despliegan una participación activa pero secundaria en la historia.[264]

B.2

La presencia de un objeto de deseo –o de varios– es sustancial en el desarrollo de cualquier historia: todo relato se estructura a partir de un sujeto que quiere lograr un objeto. Éste exhibe cualidades atractivas que motivan la actuación del sujeto. Dentro de este marco, las marcas-objeto exitosas se distinguen por llamar la atención, por manifestar atributos que generan el deseo de posesión del consumidor. Resulta ideal –como observamos a partir de los ejemplos citados de *Ferrari* y *Louis Vuitton*– para reforzar el posicionamiento de marcas prestigiosas, de lujo, aspiracionales, pero que a la vez se muestran en la historia como accesibles, no imposibles.

B.3

Como ayudante, una firma expone/enfatiza ciertos atributos del producto (funciones, innovaciones, etc.) o de la marca que le permiten ubicarse en ocasiones como clave en la resolución de un problema/carencia o en el logro de un objeto/deseo loable. Se beneficia al ponerse del lado del héroe (del bien). Asimismo,

---

[264] Elegimos estos dos personajes en detrimento de otros más reconocidos de *Toy Story* porque existían en el mercado antes de la difusión del film. No fueron diseñados por medio de técnicas digitales para la película y luego se lanzaron a la venta en forma de muñecos, dando lugar a fenómenos de *reverse product placement*.

la mayoría de estos emplazamientos son activos con lo cual la marca se aprovecha de una presencia mucho más fuerte. Se trata probablemente de la estrategia más recurrente. Sumamente útil para nuevos productos/marca.

B.4

El desenvolvimiento de una marca como oponente suele resultar muy complicada pues tiende a asociarse con significaciones negativas. Se posiciona como el rival del héroe al intentar obstruirle el logro del objeto deseado. No es casual, por lo tanto, la escasa actualización de esta clase de estrategia.

¿Se beneficia una marca cuando ocupa este rol actancial más allá de aparecer en un film que puede tener grandes chances de alcanzar el éxito internacional? Lo hace si se opone a una meta deshonesta o inmoral, pero qué sucede –prácticamente siempre– cuando el sujeto persigue alcanzar algo correcto. El papel no es cómodo. Por ello, es comprensible que *General Motors*, empresa que acordó con *Disney Pixar* la inclusión de sus autos como rivales de *Herbie*, haya aceptado que el *Volkswagen* derrote al *Pontiac* en la primera carrera a cambio de la exigencia de que el *Corvette* se imponga al "escarabajo" al menos en una oportunidad (Johnson, 2005).

B.5

El rol actancial de dador es difícil de asociarse con una marca porque implica que ésta debe transmitir una información que eche luz sobre un aspecto primordial y desconocido de la historia, que conduzca a la victoria del sujeto/héroe. Si una firma logra desempeñarla sin forzamientos, gana en dirección de posicionarse como una marca sabia. En consecuencia, puede ser beneficiosa para una entidad con trayectoria, líder en su categoría.

B.6

El rol de destinatario no suele representar en este contexto una opción interesante. Si la marca recibe un saber pero no lo utiliza para efectuar una acción que genere algún cambio significativo en el relato, su operatividad se ve atenuada. Asimismo, suele dar lugar a emplazamientos pasivos, donde la firma en cuestión se ubica como oyente.

Transformers nos parece el mejor exponente para ilustrar el par de roles actanciales correspondientes al eje del saber y la comunicación. Más precisamente, la escena donde el *autobot* encarnado en el camión de marca *Peterbilt* (dador) le explica tanto a la pareja protagónica como a otros *autobots* (un *Chevrolet Camaro*; un *Pontiac Solstice*; un *Hummer H2* y una *Pick-up GMC Topkick 6500*) (destinatarios) la importancia de recuperar la Chispa Suprema para lograr salvar a la *Tierra* y pacificar a *Cybertrón*, el planeta de los extraterrestres.

4. A modo de cierre

Pese a su notoria emergencia e importancia (comunicacional y económica), el *advertaiment* no ha sido todavía objeto de estudio de numerosas investigaciones. La escasa producción teórica y académica, proveniente principalmente de Estados Unidos y España –muy pocos textos son de origen local–, se preocupa usualmente por indagar sobre los efectos de sentido efectivos que generan este tipo de acciones, o bien se restringe a brindar un recorrido histórico acerca del surgimiento y evolución del *product placement*, señalando la exhibición de marcas en diversas ficciones fílmicas o televisivas.

En las producciones de índole periodística se nota empero un aumento significativo en los últimos tiempos que tratan este fenómeno, en especial en publicaciones dedicadas a la publicidad, el marketing o el interés general, pero proporcionan un punto de vista bastante superficial, con un predominio del dato numérico y el "color" a partir de la escueta mención de ejemplos.

Dentro de este pobre panorama que se expone a nivel público,[265] la formulación presentada que se sustenta en la aplicación del modelo de análisis de *Barthes* promueve distinciones que permite abandonar la aseveración de lo bueno que es integrar una trama cinematográfica sin preocuparse realmente por el modo en que el producto/marca interviene. Creemos que resulta importante considerar cada una de las estrategias

---

[265] No se puede descartar la existencia de investigaciones más avanzadas llevadas a cabo por centrales de medios, productoras o empresas transnacionales que no han circulado socialmente.

descritas cuando se brindan casos y/o se reflexiona sobre los efectos de sentido –posibles o manifiestos– de una acción de *product placement/ bartering*.

Hemos caracterizado una serie de orientaciones que pueden llegar a traducirse como ganancias simbólicas obtenidas por una entidad[266] por aparecer en un determinado emplazamiento dentro de un relato fílmico. Procuramos brindar un aporte que puede resultar de gran utilidad como base para futuras investigaciones dentro de este creciente campo donde aún impera la confusión.

Bibliografía

Barthes, R., "Introducción al análisis estructural de los relatos", en AA. VV., *Análisis estructural del relato*, Buenos Aires, Tiempo Contemporáneo, 1970.

Johnson, R., "Product Placement for the whole family", publicado en www.nytimes.com, 6 de Julio de 2005. URL: www.nytimes.com/2005/07/06/movies/06herb.html?_r=2

Metz, Ch., "El decir y lo dicho en cine: ¿hacia una decadencia de un cierto verosímil?", en *Lo verosímil*, Buenos Aires, Tiempo Contemporáneo, 1975.

——, "Historia/ Discurso (Nota sobre dos voyeurismos)", en *Psicoanálisis y cine. El significante imaginario*, Barcelona, Gili, 1979.

Moreno, I., *Narrativa audiovisual publicitaria*, Barcelona, Paidós, 2003.

Siragusa, C., "Rupturas y continuidades: reflexiones acerca de la publicidad no tradicional televisiva", ponencia presentada en el III Congreso Panamericano de la Comunicación, Buenos Aires, 2005. Disponible en www.toposytropos.com.ar/N6/tesis/siragusa2.htm

Verón, E., *La semiosis social. Fragmentos de una teoría de la discursividad*. Barcelona, Gedisa, 1987.

---

[266] La recurrencia de los rodados (automóviles, camiones, etc.) en nuestros ejemplos evidencian la flexibilidad de las estrategias comunicacionales reseñadas.

Filmografía

Blade Runner (Ridley Scott, 1982).
Casino Royale (Martin Campbell, 2006).
Celular (Cellular) (David R. Ellis, 2004).
Forrest Gump (Robert Zemeckis, 1994).
Generación X (Reality Bites) (Ben Stiller, 1994).
Herbie a toda marcha (Herbie: Fully Loaded) (Angela Robinson, 2005).
La Estafa Maestra (The Italian Job) (F. Gary Gray, 2003).
La Isla (The Island) (Michael Bay, 2005).
Mi nombre es Sam (I am Sam) (Jessie Nelson, 2001).
Náufrago (Cast away) (Robert Zemeckis, 2000).
Perfume de mujer (Scent of a woman) (Martin Brest, 1992).
Sex & The City (Michael Patrick King, 2008).
Toy Story (John Lasseter, 1995).
Transformers (Michael Bay, 2007).
Volver al Futuro II (Back to the Future part II) (Robert Zemeckis, 1989).

X. EL AUDIOVISUAL EXPANDIDO

Alfonsín, Menem y De La Rúa: publicidad política audiovisual

Laura Abratte
Universidad Nacional de Córdoba

Palabras clave: *publicidad, política, audiovisual*

Introducción

En la presente investigación proponemos abordar las campañas electorales desde 1983 hasta 1999. Nuestro *corpus* está integrado por los spots publicitarios de las campañas políticas correspondientes a las candidaturas de Raúl Alfonsín (1983), Carlos Saúl Menem (1989 y 1995) y Fernando De la Rúa (1999). Las publicidades de las campañas electorales seleccionadas corresponden a candidatos que posteriormente resultaron electos como presidentes de la nación. Cabe aclarar que si bien éste es el motivo en el que se funda la representatividad del *corpus*, no se trata de considerar o evaluar la efectividad de las estrategias en juego, sino de analizar las representaciones puestas en circulación en ellas.

Tomamos como punto de inicio la campaña de Raúl Alfonsín ya que con ésta se inician en Argentina las campañas publicitarias profesionales. A la vez consideramos como límite la campaña de De la Rúa, ya que con posterioridad a ésta se transforma el marco legal y económico del campo publicitario con la promulgación de la ley 25.600 de financiamiento de los partidos políticos que recortó los presupuestos destinados a publicidad e impuso una serie de condiciones incluso temporales en relación con las campañas proselitistas. A esto se agrega que, como señala Alberto Borrini, el penoso desenlace del gobierno de la Alianza provocó un rechazo del marketing y de la publicidad que convirtió a las campañas de 2003 en las más *"anémicas, carentes de ideas y menos influyentes de la historia"* (Borrini, 2005: 8).

El presente trabajo propone, a modo de hipótesis, que las representaciones puestas en juego en los enunciados audiovisuales del *corpus*, y específicamente la complejización de las estrategias discursivas de legitimación del enunciador y de verosimilización del enunciado, respondería al reconocimiento de la pérdida progresiva de credibilidad atribuida al discurso político como tal. En otros términos, proponemos como hipótesis que a medida que la palabra política deja de resultar creíble, los esfuerzos para volverla verosímil son aún mayores. En este sentido las estrategias discursivas del *corpus* dan cuenta de ciertas modificaciones del discurso social y del progresivo distanciamiento de la sociedad civil en relación con la esfera de lo político.

A nivel teórico, partimos de la teoría de los Discursos Sociales de Eliseo Verón y en particular de sus investigaciones sobre discurso político y mediatización de la política.

Los objetivos de este trabajo son:
- Recuperar elementos de la teoría literaria y el análisis del discurso que resulten pertinentes para el análisis de la relación de la sociedad civil y el sistema político a partir de una práctica social específica: las campañas electorales.
- Contribuir al desarrollo de la teoría de los discursos sociales, específicamente en lo referido al abordaje de los enunciados audiovisuales.
- Analizar las representaciones puestas en juego en el *corpus* seleccionado: estrategias discursivas de legitimación del Enunciador y de verosimilización del enunciado presentes en los textos audiovisuales del *corpus* seleccionado.
- Establecer la relación entre las estrategias de verosimilización de los diferentes enunciados y sus condiciones de producción.
- Observar las huellas de los diferentes discursos sociales en la publicidad política y cómo se articulan en los spots específicos.
- Relacionar las modificaciones en las estrategias discursivas del *corpus* previsto con un proceso social específico: el paulatino descreimiento de la sociedad civil en el discurso político.

Trabajaremos sobre los spots construidos para televisión de las siguientes campañas electorales:
a) Alfonsín (1983).
b) Menem (1989).

c) Menem (1995).
d) De la Rúa (1999).

Eliseo Verón analiza el contrato de lectura como forma en que desde el interior de los textos –dispositivos de enunciación–, se construye la relación de éstos con su exterioridad –especificidad del soporte en relación con su público–. Así, las herramientas teórico-metodológicas propuestas por Teresa Mozejko en su libro *La manipulación del relato indigenista* nos permiten profundizar en las formas y tipos de esta relación tal como es construida desde dentro de los textos.

En efecto, para Mozejko, la manipulación articula el hacer persuasivo del enunciador y el hacer interpretativo del enunciatario.[267] Cabe destacar que la semiótica de la manipulación sólo es comprobada en validez y eficacia a partir de la práctica analítica. Para el análisis la autora considera la competencia del enunciador, las estrategias de verosimilización según categorías espacio-temporales, actores y programas narrativos; y el rol del enunciatario, como sujeto de hacer y sus competencias. Este esquema nos permite organizar y sistematizar las estrategias desarrolladas sobre cada uno de estos ejes. A nivel analítico, utilizaremos entonces a modo de referencia el esquema propuesto por Mozejko en su libro

Con respecto a la enunciación audiovisual, André Gaudreault y Francois Jost postulan la existencia en cine de un narrador principal –implícito– (asimilable al enunciador), el que sería responsable de la comunicación de un relato fílmico y el que podría asimilarse a una instancia que, manipulando las diversas materias de la expresión fílmica, las ordenaría, organizaría el suministro y regularía su juego para transmitir al espectador las diversas informaciones narrativas. Esta instancia puede se complementada con una instancia secundaria, intradiegética, que funciona en este caso como narrador explícito.

Estas propuestas se basan fuertemente en las categorías que Gérard Genette propone para el análisis de la Voz Narrativa. De igual modo se recurre a este autor para analizar cuestiones

---

[267] En este aspecto, cabe aclarar que Verón utiliza la noción "destinatario", en tanto que Mozejko hablará de "enunciatario". En este trabajo se utiliza "enunciatario" para hacer referencia a la figura textual y "destinatario" para el agente social.

referidas a focalización y punto de vista. La focalización se define, en primera instancia, por una relación de *saber* entre el narrador y sus personajes.

Para Casetti el punto de vista desde el cual se observan las cosas en el film, que lo organiza, está siempre presente y remite a la enunciación y a su sujeto. Establece así determinadas *configuraciones enunciacionales*, a través de las cuales la presencia del enunciador (yo) y del enunciatario (tú) se manifiestan en relación con un él (enunciado), a saber:

De este modo, los elementos desarrollados sobre el dispositivo de enunciación y en particular sobre la enunciación audiovisual, nos permiten abordar la relación que se establece entre el soporte y su lectura según las modalidades del decir planteadas por el texto. Precisamente, es en este aspecto en el que nos centraremos para el abordaje del *corpus* seleccionado.

Resultados

Alfonsín (1983)

La campaña de Alfonsín se estructura fuertemente en la contraposición del presente democrático *vs.* el pasado dictatorial. Vida y muerte se asocian a democracia-presente *vs.* dictadura-pasado. En este marco, el presente concentra todos los valores positivos: representa la vida, la democracia, la legalidad, entre otros valores como la educación.

En los spots analizados aparece la imagen de la Plaza de Mayo como lugar de reunión y expresión de la voluntad del pueblo. Asimismo, se introducen citas del preámbulo de la Constitución Nacional recitado por el candidato a presidente. A partir de estos enunciados se plantea el retorno a la democracia como un hecho y la Constitución se alza como valor absoluto.

Las iniciales de Raúl Alfonsín (RA) se asocian a las de República Argentina a partir de la placa final de las publicidades en las cuales se presenta un óvalo horizontal con dos barras celestes y RA en el centro. No hay una definición personal del candidato más allá de esta asociación que se da como un hecho que no requiere justificación. No hay otra propuesta más que el respeto por la Constitución. Tampoco hay un adversario político partidario sino la oposición con el momento anterior, la dictadura.

Asimismo, al configurarse el pasado en términos de gobierno dictatorial = muerte, por oposición, a presente = gobierno democrático = vida = Alfonsín, al enunciatario casi no le cabe opción, ya que en la medida en que reconozca estos valores apostará por la deixis positiva.

Esta asimilación presupone, al mismo tiempo, que los otros candidatos no son "democráticos" o al menos que no respetarán la Constitución. Así, se propone la legalidad a partir de la Constitución Nacional, ley superior a todas las leyes y que abarca no sólo a todos los argentinos sino también a aquellos que habiten el país.

Esta carencia de opción –este no poder no hacer– se ve reflejado en el eslogan de campaña en el que se elimina el condicional propio de la instancia electoral: Ahora Alfonsín.

Menem (1989)

La campaña menemista, en particular, buscaba provocar *"media events"* o acontecimientos periodísticos que obligaran a la prensa a cubrirlos. El candidato apuntaba a los programas televisivos o al entorno editorial de los mensajes gráficos. Ésos fueron los puntos a explotar principalmente, no tanto así las tandas en televisión. Es por ello que en esta campaña en particular la producción de spots fue reducida.

Podemos plantear dos ejes principales a nivel audiovisual en relación con las publicidades: las propagandas centradas en una convocatoria específica y aquellas que apelan al humor.

En los *spots* analizados, la bandera de campaña es "la revolución productiva" y "la liberación nacional". Con la revolución productiva se asume la estabilidad, la revalorización de la moneda nacional, el futuro de los niños, el trabajo, el poder hacer. Sin embargo, subyace como eje de campaña el parámetro económico para configurar los espacios, el tiempo y los sujetos. La fuerte apelación al contradestinatario (radicalismo) es a su punto más débil: el desastre inflacionario en el cual derivó el mandato de Alfonsín, pero por otro lado, se apunta a reducir la vida –y la muerte– de los argentinos a un parámetro únicamente económico. Así, la imagen de Menem se impone como garante de la economía del país.

El desdoblamiento en dos ejes de campaña (convocatoria y humor) propone una estrategia más amplia de acercamiento y captación de votantes. En sí misma, reconoce cierto alejamiento de los ciudadanos con respecto a los candidatos políticos. El candidato ya no habla desde un balcón sino que desde el vehículo convoca y guía el "andar" de la multitud, se vuelca a las calles. Asimismo, plantea el triunfo, la victoria, el "ganar" homologándolo al pueblo. Gana Menem = ganamos todos.

Por otra parte, retoma términos muy marcados por el uso dentro del peronismo como "compañero", "victoria", "triunfo". Con ello, se pretende la asociación del candidato Menem al ex presidente Perón y su gobierno, y pretende inscribirse en esa trayectoria. En comparación a la campaña anterior (Alfonsín, 1983), aquí aparece la figura del contradestinatario como el adversario político (el otro candidato).

La marcada oposición partidaria (justicialismo *vs.* radicalismo), el construirse como garante de la economía, la certeza del triunfo ("Menem va a ganar/a triunfar), ser el rostro de la multitud y la inscripción en una determinada trayectoria histórica socialmente reconocida, constituyen las estrategias de diferenciación y jerarquización del candidato.

El humor se incorpora en términos de complicidad con el enunciatario en la evaluación del gobierno anterior. Por otra parte, se utiliza como promesa para distender el grave flagelo económico del presente: cuando Menem gane podremos reír y despreocuparnos. En esta serie aparece lo económico como un factor decisivo y las propuestas se centran en torno a este eje.

Menem (1995)

A partir de la reforma constitucional de 1994, éste es el primer caso en la Argentina en el cual un presidente puede presentarse para ser reelecto. La publicidad electoral tuvo en cuenta esta particularidad.

Esta campaña electoral parte de una situación específica: la reelección. Desde este marco se describen, a través de las imágenes como de los enunciados lingüísticos: la estabilidad, el plan económico, los créditos, las obras (Yaciretá), la derogación del servicio militar obligatorio, etc. como "hechos" cuyo autor fue uno solo: Menem.

Un ejemplo de ello, podemos observarlo en el spot "indecisos" en el cual, la diégesis presenta cuatro actores en particular (dos hombres y dos mujeres). El diálogo-debate entre ellos es sobre la elección del candidato a presidente. Una de las parejas interpela al otro personaje masculino ("Sí, pero no nos salgamos del tema"/"No puedo creer que todavía sigas dudando") incitando a que se decida por quién votar. La duda aparece como inaceptable, en la medida en que la elección es del orden de la evidencia. Así, mediante la conversación se establece el voto a Menem en términos de deber-hacer.

La evidencia se basa en la constatación de acciones positivas del gobierno de Menem en oposición a acciones o hechos atribuidos a gobiernos anteriores

Antes

"Las remarcaciones", "la hiper" (alude a la hiperinflación durante el período de Raúl Alfonsín), "la colimba", "no había créditos", "no había posibilidad de reelección".

Ahora

Estabilidad, plan económico, derogación del servicio militar obligatorio, créditos, posibilidad de reelección (reforma constitucional).

La reelección también es obra del candidato y se incorpora dentro de "lo hecho" y con valor positivo. Antes no había posibilidad de elección, ahora sí. Las diferentes realizaciones del candidato se enumeran y se plantean de forma equivalente. En la enunciación de las necesidades del pueblo (ahora satisfechas) está la reelección. Al igual que los créditos, por ejemplo, el pueblo necesitaba que Menem fuera reelecto.

Todos los valores positivos aparecen como consecuencia del hacer del actor Menem. Por el contrario, se resignifican y relativizan los valores negativos como el "efecto tequila" ("Imaginate esta crisis sin Menem, sin el plan económico").

La serie de acciones positivas imponen el deber hacer sobre la base de dar continuidad a éstas; pero a la vez se plantea que el personaje está en deuda con el candidato: gracias a Menem pudo comprar su departamento, su hermano no tuvo que hacer la colimba, y puede vivir en un país con estabilidad económica.

Al igual que la campaña a presidente de 1989, se traza un eje económico para plantear las representaciones. El candidato se legitima a partir de todo lo hecho (absolutizando la competencia del hacer) y se establece una relación de deuda del votante con el candidato por todo lo que éste hizo: por todo lo que hizo debemos retribuirlo con el voto.

Sin embargo, a partir de esto, se elimina del planteo el deber hacer del gobernante (obligación del mismo con el pueblo). Con ello todo lo "hecho" se construye en términos de deuda para con el candidato. Y el deber-hacer se traslada al pueblo (garantizar la continuidad de Menem en el gobierno a través del voto).

Las estrategias discursivas son variadas: spots ficcionales, metaenunciadores que funcionan como garantes de verdad y diferentes configuraciones extradiegéticas que intentan identificar el destinatario con el espectador. Las representaciones del candidato fundan su legitimidad (por todo lo que hizo) y asimismo, establecen que faltan cosas por hacer.

Aquí la diversidad de la propuesta es aún mayor que en la campaña anterior. La trayectoria del candidato se inscribe en el pasado inmediato, su presidencia desde 1989 a 1995. Menem ocupa todos los tiempos: es pasado, presente y futuro. Se presenta una absolutización de la competencia del hacer: referencias constantes a obras tanto a través de las imágenes como de los textos lingüísticos, eslogan "Hizo más que nadie", incluso la reelección (hasta es él mismo quien hace que sea posible volver a votarlo). También se establecen apelaciones emotivas: recuerdos, anécdotas, sueños, etc. Estas últimas se evidencian en dos spots en particular protagonizados por Duhalde y Ortega respectivamente que establecen a partir del rol de testigos una relación afectiva con el candidato ("cuantas lindas anécdotas", "cuando empezábamos a soñar juntos", etc.)

Tras seis años de gobierno, las representaciones planteadas para la reelección recurren a testimonios, emociones, atribuyen todo "lo hecho" al candidato, retoman el flagelo de la hiperinflación para reforzar el contradestinatario, van del jingle superficial y pegadizo a la confesión testimonial de los personajes. El esfuerzo en las estrategias para lograr la verosimilización de los enunciados y la jerarquización del candidato es complejo: al estar gobernando debe fundar su legitimidad en lo hecho y a la vez señalar cosas pendientes por qué continuar. Para ello, el eje de las representaciones se plantea en términos de deuda: por todo lo que hizo por nosotros, debemos retribuirlo votándolo.

De la Rúa (1999)

Las campañas electorales de 1999 costaron cuarenta millones de dólares más que las de 1995 y diez veces más que las de 1983. En éstas se recurrió, principalmente, a la producción audiovisual, la que fue acompañada, en menor medida, por gráfica y anuncios radiales.

El candidato a presidente por la Alianza fue Fernando De la Rúa. En 1998, a pedido del mismo, Miguel de Sal hizo una lista de fortalezas y debilidades para las internas. Las fuerzas potenciales del candidato lo caracterizaban como sincero, profesional, responsable, principista, previsible, mesurado, experto. Sin embargo, las debilidades aparentes lo categorizaban como frío, calculador, estático, radical (su afiliación partidaria en el pasado era vista como una debilidad), ejecutivo y aburrido. Sobre esta base se produjo la campaña.

La mayoría de las publicidades de esta campaña son protagonizadas por el candidato Fernando De La Rúa. En éstas, el candidato funda su legitimidad en el pueblo ("fue mi pueblo el que me trajo hasta aquí") y en una acumulación de competencias a partir de cualidades personales ("sé como solucionar problemas", "ser honesto", etc.) y los múltiples roles temáticos que asume (médico, maestro, empleador, etc.).

Además, las representaciones propuestas se establecen a partir del paradigma verdad/falsedad. Esto se plantea a través de los valores de verdad (por oposición a "cambio falso" y por deslegitimación de la palabra del otro), por un lado y de la cantidad (mayoría) en términos de representatividad (eslogan "somos más"), por el otro.

Por otra parte, se establece una réplica violenta al contradestinatario a partir de las imágenes y los enunciados lingüísticos. Los enunciados analizados tienen un contradestinatario común: Menem. A partir de él todas las asociaciones negativas se dirigen a su gobierno y posteriormente a los candidatos del mismo partido: Justicialismo.

El primer spot, a través de sus imágenes, hace referencia explícita al ex presidente y al pedido de él para posibilitar su presentación (por tercera vez) a las elecciones. Aunque esta solicitud le fue denegada, en el momento de producción del texto, aún no estaba resuelta esa postulación, por lo tanto, los primeros ejes de la campaña lo ubican como adversario. Posteriormente, se amplía este contradestinatario a todo el Partido Justicialista, y se atribuyen todos los antivalores configurados en torno a Menem y el menemismo a todo el bloque justicialista.

Existen dos momentos de campaña, el primero bajo el eslogan "Alguien está pensando en la gente" y "Somos más". Los primeros spots plantean representaciones que operan fuertemente sobre el hacer-saber; esto responde a la falta de "visibilidad" mediática del candidato y la necesidad de instaurar su imagen política. Los otros están más concentrados en representaciones que impulsen el hacer-hacer. Esto evidencia también el transcurso de la campaña y la proximidad de la fecha electoral.

Una de las particularidades de la campaña la constituye el spot futurista en el cual el candidato se presenta como presidente ya electo. En este caso, podemos observar la coherencia entre el planteo de la campaña y este enunciado en particular. Con él, se evidencia el reconocimiento de la desconfianza hacia las promesas de campaña que posteriormente no son cumplidas. De esta manera, se verosimilizan los demás enunciados y se refuerza el paradigma de discurso verdadero *vs.* discurso falso que recorre la campaña.

Por último, el spot ficcional establece fuertemente el hacer-hacer, esto responde a que el "saber" ya se cuenta entre las competencias del enunciatario. Para suscitar el querer se enuncia la falta de competencia presupuesta y se incita al enunciatario a contraponer una imagen positiva de sí mismo ("Nos vieron cara de estúpidos, pero no somos estúpidos"). La proximidad de la fecha electoral se corresponde a la impronta del spot.

Discusión

Discurso político y credibilidad

¿Cómo lograr un enunciado verosímil? A través de los spots analizados pudimos observar diversas estrategias con diferentes niveles de complejización. En el caso del discurso político, se intenta eliminar –desdibujar– el estatuto ficcional propio de todo discurso con el objetivo de fundar su credibilidad, sin embargo, a medida que avanzamos de una campaña electoral a la siguiente los recursos ficcionales son cada vez mayores.

Conclusiones

A partir del abordaje de los enunciados del *corpus*, en la campaña alfonsinista de 1983, vamos desde citas a la Constitución Nacional hasta la corporización de la democracia y la vida en la figura del candidato por oposición a muerte y pasado dictatorial. En 1989, los parámetros vida/muerte aparecen vinculados a la moneda nacional, sobre un fuerte eje económico se plantean las representaciones y se apela al humor y la convocatoria. En la campaña de 1995, se utilizan diferentes recursos: a la ficción (spots ficcionales), a la objetivación (spots con enunciadores y enunciatarios extradiegéticos) y al testimonio (spots con testigos que funcionan como garantes de verdad), las representaciones se establecen a partir de un eje económico, como sucede en la campaña anterior, sin embargo, se complejizan y amplían las estrategias utilizadas.

La última campaña de nuestro *corpus* corresponde a la candidatura de Fernando de la Rúa. En ella, se presenta un extremo cuidado en la construcción de la competencia del candidato y en los roles temáticos que se le asignan. Por otra parte, se realiza una fuerte interpelación al enunciatario a través del eje ojo-ojo. Así, como señala Verón, esta construcción funda la credibilidad del enunciador sobre la base del contacto indicial representado por la mirada. La creencia se desplaza de la veracidad fundada en los hechos a la confianza depositada en quien lo enuncia. En este caso, la confianza en el enunciado del candidato. Hay también una violenta réplica al contradestinatario y su partido desde la acusación explícita (imagen de Menem riendo y en una Ferrari), el insulto explícito al otro ("ser estúpido"), la exclusión total ("al que le aburra, que se vaya") hasta la deslegitimación del discurso en términos de mentira ("¿ahora son ellos...?").

Así, el presente trabajo expone que las representaciones puestas en juego en los enunciados audiovisuales del *corpus*, y específicamente la complejización de las estrategias discursivas de legitimación del enunciador y de verosimilización del enunciado puede ser referido a la necesidad de que la representación del candidato electoral resulte creíble, en un contexto en que, a juzgar por éstas, resulta cada vez más difícil de lograr.

Asimismo, la construcción de la figura del enunciador es cada vez más compleja por lo que se va incrementando la variedad de imágenes y planos como así también la configuración de los enunciados lingüísticos.

Así se puede observar en los textos, al menos como supuesto de las estrategias desarrolladas, una progresiva pérdida de credibilidad de la palabra y de la imagen de la clase política.

Bibliografía

Borrini, Alberto, *Cómo se vende un candidato*, Buenos Aires, La Crujía, 2005.
Boletin oficial [2002], *Ley 25.600: ley de financiamiento de los partidos politicos* decreto n° 990/2002 11/6/2002 parcial: se observan en su totalidad los articulos 48, 49, 51, 52, 53, 55, 59, 60, 61, 66 y 67; y se observa el segundo párrafo del articulo 44. Se observan frases contenidas en los articulos 2°, 7°, 8°, 46, 50, 62; 63, Y 64, Buenos Aires, Secretaría Legal y Técnica.
Casetti, Francesco; Di Chio, Francesco, *¿Cómo analizar un film?*, Buenos Aires, Paidós, 1994.
—— , *Analisi del Film*, Milán, Bompiani, 1990.
Charaudeau, Patrick, *Langage et discours. Eléments de semiolingüüistique (théorie et practique)*, París, Hachette, 1982 (traducido al ecastellano por la Cátedra de Semiótica General, Escuela de Ciencias de la Información, Universidad Nacional de Córdoba, mimeo).
D´adamo, O.; García Beaudoux, V.; Slavinsky, G., *Comunicación política y campañas electorales: estrategias en elecciones presidenciales*, Barcelona, Gedisa, 2005.
Gaudreault, André; Jost, François, *El relato cinematográfico: cine y narratología*, Barcelona, Paidós, 1995.
—— , *Le Recit Cinematographique*, París, Editions Nathan, 1990.
Mozejko, Danuta Teresa, *La manipulación en el relato indigenista*, Buenos Aires, Edicial, 1994.
Sigal, Silvia; Verón, Eliseo, *Perón o muerte: Los fundamentos discursivos del fenómeno peronista*, Buenos Aires, Legasa, 1985.
Triquell, Ximena, "Algunas consideraciones sobre la enunciación cinematográfica", 2001, en *Cuadernillo de Apuntes, Semiótica Aplicada, Escuela de Ciencias de la Información*, UNC, 2003.

Verón, Eliseo, "Cuando leer es hacer: la enunciación en el discurso de la prensa escrita", en Semiótica II, París, Instituto de Investigaciones y Estudios Publicitarios, 1984, pp. 33-56.

——, "La palabra adversativa", en *El discurso político: Lenguaje y acontecimientos*, Buenos Aires, Hachette, 1987.

——, *La semiosis social*, Barcelona, Gedisa, 1993.

——, *Mediatización de la política*, Barcelona, Gedisa, 2002.

——, "Discurso del poder, poder del discurso", en *Anais do primero coloquio de Semiótica*, Río de Janeiro, Loyola e Pontificia Universidade Católica do Rio de Janeiro, noviembre de 1978, pp. 85-97.

——, "El análisis del "Contrato de Lectura, un nuevo método para los estudios de posicionamiento de los soportes de los media", en *Les Medias: Experiences, recherches actuelles, aplications*, París, IREP, 1985.

——, "Interfaces sobre la democracia audiovisual avanzada", en El *nuevo espacio público*, Barcelona, Gedisa, 1992, pp. 124-139.

——, "Él está ahí, yo lo veo, él me habla", en *Revista Comunicativa, nº 38, Enonciation et cinéma*, París, Seuil, 1983, trad., María Rosa del Coto.

Material Audiovisual

Borrini, Alberto, *Cómo se vende un candidato*, Buenos Aires, La Crujía, 2005.

D´adamo, O.; García Beaudoux, V.; Slavinsky, G., *Comunicación política y campañas electorales: estrategias en elecciones presidenciales*, Barcelona, Gedisa, 2005.

Pigna, Felipe, *El final de los principios*, Buenos Aires, Diana producciones, 2003.

Fan Films: films amadores feitos por faz e para fans

Peixoto Curi Pedro
Facultad de Arte
Universidad Nacional del Centro de la Provincia de Buenos Aires

Palabras clave: *fans, consumo participativo, nuevos medios*

Introdução

O que aconteceria se personagens do universo de *Guerra nas Estrelas*,[268] criado por George Lucas, ficassem confinados em uma casa, como no *reality show* Casa dos Artistas?[269] A idéia, que poderia ser apenas levantada em uma conversa entre amigos foi levada a cabo por fãs de *Guerra nas Estrelas*. *Casa dos Jedi* é um film simples, despretensioso, feito de maneira amadora, mas se destaca por ser considerado o primeiro *fan film* brasileiro.

Uma definição para *fan films* é a de uma produção independente, baseada em um objeto da cultura oficial, feito por um fã e voltado para um público específico: outros fãs. São films feitos geralmente para preencher lacunas deixadas nas histórias ou para mostrar uma visão diferente sobre aquele objeto. Não têm como objetivo o lucro e são feitos por e para a diversão. Um meio de se aproximar de outros fãs e de se destacar dentro das comunidades.

"O *fan film* é feito para o fã. Só ele vai entender e é muito difícil você pensar em alguém de fora na hora de produzir. Alguns não são só para fãs, mas os não fãs não vão entender completamente e vão perder algumas coisas", define Henrique Granado, diretor e roteirista de *Casa dos Jedi*, produzido em 2002, para servir como vídeo de abertura da edição da Jedicon daquele

---

[268] Os filmsda série criada por George Lucas foram lançados em 1977, 1980, 1983, 1999, 2002 e 2005.
[269] Exibido pelo SBT em 2002, o programa segue os moldes do reality show Big Brother, mas com participantes famosos.

ano.[270] A primeira exibição do film foi um sucesso e a propaganda boca-a-boca levou à produção de um DVD com direito a novas cenas, extras e comentários do diretor.

Todos os dias, jovens de todo mundo assistem a filmes, séries de TV e outros programas produzidos nos Estados Unidos e consomem produtos e estilos de vida que vêm encartados em *blockbusters, sitcoms* e revistas em quadrinhos. Pela internet, se comunicam com fãs desses produtos que vivem no país em que foram produzidos ou de outras partes do mundo. Esses fãs, em alguns casos, produzem novos objetos culturais que circularão por essas redes e que gerarão novos sentidos por onde passarem chegando a fãs de todo a parte. Nesse mundo com fronteiras mais flexíveis, o jovem encontra uma série de novos espaços e possibilidades de interação.

Recriar filmes, histórias em quadrinhos e programas de televisão nunca foi privilégio dos fãs. Praticamente todas as pessoas têm a mesma reação ao ler um texto. Pensam no que poderia ser diferente, se o final poderia ser outro, imaginam uma série de novas falas e possibilidades para os personagens de uma história, produzindo, em diferentes níveis, novos sentidos a partir daquilo que recebem (Fiske, 1992: 37).

O fã recebe um texto, cria novos sentidos a partir do que leu, modifica seus hábitos e incorpora alguns deles à sua vida. Troca, com outros fãs, as idéias que teve e, mais tarde, registra aquilo que imaginou. São a dedicação do fã a um objeto e a força com que esse objeto está atrelado à sua vida que o levam a ter vontade-ou mesmo necessidade-de modificá-lo ou criar um novo para suprir suas expectativas e sua imaginação.

O limite da produção cultural dos fãs é técnica e eles sempre expressaram suas idéias utilizando os instrumentos e as interfaces disponíveis. Cada produto feito por fãs traz consigo suas limitações e a tecnologia foi responsável por diminuir essas limitações e permitir a criação de obras cada vez mais complexas e próximas do produto oficial.

O acesso à informação e a um número crescente de produções, assim como a popularização dos meios produtivos como programas de edição digital e câmeras digitais de qualidade,

---

[270] Conferência anual de fãs de *Guerra nas Estrelas*, organizada pelo Conselho Jedi do Rio de Janeiro– http://www.jedirio.com.br.

fez com que os fãs pudessem satisfazer seus desejos de tornar seus sonhos realidade. A idéia de um fã para um novo film ou um novo final não fica mais restrito a um desenho, um texto ou uma colagem de cenas do filme. É possível fazer um novo filme.

Os *fan films* são a forma mais elaborada que os fãs têm realizar tudo aquilo que imaginam e criam ao consumir um determinado objeto da indústria oficial e a partir deles, é possível tecer uma análise profunda de toda a produção dos fãs.

Objetivos

Esse trabalho parte da produção cultural de fãs de diversas nacionalidades baseada em produtos já consagrados para analisar como esse tipo de obra surgiu, a forma como esses fãs se apropriam dos artefatos que consomem e interagem com eles e de que forma esse tipo de produção pode afetar o mercado.

Tem ainda como objetivo refletir sobre as bases ideológicas do mercado cinematográfico e investigar o que possibilitou o surgimento dos *fan films*, contribuindo para os estudos sobre os fãs.

Materiais e métodos

Os *fan films* apresentam diferentes gêneros e seguem modelos que servem para classificá-los. Não necessariamente fiéis ao objeto que serviu de inspiração, podem misturar diferentes influências, histórias e contextos. A partir da análise dessas produções é possível aprofundar a pesquisa sobre a cultura dos fãs e suas conseqüências para o mercado cinematográfico e como, aos poucos, a cultura dos fãs começa a apresentar a formação de um público e de um mercado específicos.

Para isso, é necessário estruturar uma metodologia que permita traçar o perfil dos gêneros e elementos contidos em diversos *fan films*, para identificar características comuns a todos e demonstrar a evolução do fenômeno e seus desdobramentos atuais, como a crítica especializada desse gênero e o surgimento de um público especializado que começa a procurar produtos mais elaborados e que desafiem seus conhecimentos e influenciam o mercado oficial a produzir obras que os agradem e sigam sua lógica de realização.

Essa metodologia, combinada ao estudo do fã em si, pode auxiliar na compreensão de como se organizam as comunidades de fãs e como se dão as relações interpessoais dentro dessas comunidades, identificando, caracterizando e contextualizando o desenvolvimento da cultura dos fãs no Brasil e em outros países, com suas devidas especificidades.

Ao longo dos anos, a figura foi tratada de diferentes formas. Em "Fandom as pathology: the consequences of characterization" (1992), Joli Jenson apresenta os estereótipos de fãs obcecados e histéricos característicos da visão tradicional e aponta o modelo que os trata como vítimas de uma patologia como uma crítica à sociedade moderna. Desviantes, os fãs eram considerados perigosos. Aos poucos, o discurso acadêmico passou a permitir que o fã não fosse mais visto como uma vítima da cultura de massa, um indivíduo sem vontade própria que receberia, sem hesitar, qualquer coisa que lhe fosse oferecida.

Em *Textual Poachers* (1992), Henry Jenkins faz um estudo etnográfico sobre fãs em que procura redefinir sua identidade pública e desafiar os estereótipos negativos como os de figuras ridículas ou perigosas. Ele insiste que a experiência do fã tem muito que ensinar para a Academia. Seu estudo é bastante influenciado pelo conceito de consumo desenvolvido pelo teórico francês Michel de Certeau, em *A invenção do cotidiano* (1994). A noção de um consumo ativo, formulada por de Certeau, rejeita as interpretações tradicionais em que ele é conceituado como uma atividade passiva. Jenkins vê o fã como um consumidor ativo cujas atividades estão voltadas para o processo de apropriação cultural e que desenvolve sua própria maneira de consumir, fazendo disso um ato de criação. Para Jenkins, o mais importante na cultura do fã é a luta para criar uma cultura mais participativa. Essa cultura se definiria pela oposição à passividade cultural e resultaria em uma cultura de consumo e produção. Os fãs se apropriam de elementos de um objeto e, a partir daí, criam novos produtos culturais, caracterizados por um intenso envolvimento intelectual e emocional.

Com o desenvolvimento dessa cultura, surge, dentro das comunidades de fãs, um mercado que, assim como elas, tem regras bastante específicas e uma lógica própria. O conceito de capital cultural criado pelo sociólogo francês Pierre Bourdieu em *La Distinction: critique sociale du jugement* (1979), serve de base para John Fiske, em "The Cultural Economy of Fandom" (1992), demonstrar como os fãs se distinguem de outros fãs e como se relacionam com seus objetos. Ele propõe mudanças ao modelo de Bourdieu para adaptar o conceito à análise da tietagem e da cultura popular.

A forma como os fãs foram estudados ao longos dos anos, assim como o cruzamento dessas informações com o desenvolvimento da indústria do entretenimento e da tecnologia podem ajudar na compreensão do fenômeno.

Resultados

As novas tecnologias que possibilitaram a participação dos consumidores no conteúdo midiático também alteraram os padrões de consumo, permitindo a formação de uma cultura participativa.

O fenômero dos fan films ganha destaque quando, em 1997, unindo a dedicação característica de um amador a técnicas profissionais de filmagem, Kevin Rubio revolucionou a participação dos fãs no universo de *Guerra nas Estrelas*, ao produzir *Troops*, considerado o primeiro *fan film* moderno. O film é uma parodia do programa norte-americano de TV *Cops*,[271] no qual os integrantes do exército Imperial dos films de Lucas, usando as famosas armaduras brancas, aparecem como policiais.

Como toda produção de fãs, que procuram seguir os padrões de estilo utilizados nos objetos oficiais, *Troops* recorre a elementos típicos de produções televisivas que mostram a rotina de policiais. Com movimentos bruscos, a câmera na mão tenta captar toda a ação de busca e captura de criminosos, tentando representar da melhor forma a idéia de realidade. Planos abertos são usados para retratar o que acontece e o drama pessoal dos envolvidos é retratado com planos fechados, que recorrem ao desfoque no rosto de supostas testemunhas.

---

[271] Programa de TV criado por John Langley em 1989.

A inspiração não se deu por acaso. *Guerra nas Estrelas* é um ótimo exemplo da convergência midiática em ação e constituído o primeiro e tal vez maior exemplo de "filme-franquia", modelo da indústria de negócios conexos diretamente ligada à produção de reprises e seqüências (Mascarello, 2006: 347). George Lucas criou um universo rico que possibilita a exploração de diversas imagens, ícones e histórias que podem ser oferecidas para espectadores de todos os níveis culturais, educacionais, econômicos, independente da história ou do regime político do país em que vivem (García Canclini, 2006: 133). A estrutura do filme a divisão em diferentes episódios ajuda a manter o público interessado e possibilita a criação de novas histórias e produtos que revitalizam a saga. De certa forma, Lucas procurou suprir, em diversos meios, a necessidade dos fãs por novidades, enquanto não produzia algo maior. Os fãs acompanharam, tentando preencher as lacunas que encontravam com produções próprias (Jenkins, 2006).

A iniciativa de Rubio abriu caminho para que outros fãs começassem a transpor, para realizações cinematográficas amadoras, idéias e ponderações sobre seus objetos de fascínio. Desta forma, o número de produções começou a aumentar e sites que disponibilizavam os films começaram a surgir, em uma época que não existia alternativas como o YouTube e Googlevideo.

A tendência demorou a chegar ao Brasil, provavelmente, pelas diferenças no acesso aos novos meios produtivos. "Eu acho que a única diferença entre os fãs daqui e os de fora é que eles têm mais dinheiro. Atualmente, o acesso à informação é exatamente o mesmo e você já consegue comprar figurinos e armaduras originais. O pessoal lá fora tem dinheiro para gastar. Nós ainda estamos engatinhando", concorda Henrique Granado.

Fã de *Guerra nas Estrelas* desde criança, Henrique, tinha 23 anos quando produziu o *Casa dos Jedi*. Para realizar o film e driblar a dificuldade em conseguir as fantasias e o dinheiro para as filmagens, contou com a ajuda de outros membros do Conselho Jedi e com amigos. "Tudo foi feito na base da amizade. As câmeras foram emprestadas, as luzes foram emprestadas, os figurinos já eram dos atores. Os atores, na verdade, foram escolhidos por causa das roupas. Eram membros do Conselho e eu queria um film totalmente feito por fãs", conta Granado, que estima um custo de produção de aproximadamente dez reais. "Eu só gastei o dinheiro das fitas".

Como não tinha muitos recursos ou experiência com filmagem, ele apostou em utilizar as limitações a seu favor: "Nós não temos muitos equipamentos, não temos câmeras modernas, não dá para fazer um film com qualidade compatível a um profissional, então brincamos com isso, fazemos coisas bem simples, que aí vai ficar mais engraçado".

A estratégia de assumir e exaltar as próprias deficiências, comum a maioria dos *fan films*, lembram manifestos das décadas de 1950, 60 e 70 que defendiam um cinema tecnicamente pobre, mas imaginativamente rico (Stam, 2002: 112-121). Ao lidar com a falta de infra-estrutura, recursos e equipamentos, cineastas de Terceiro Mundo procuravam fazer da necessidade uma virtude, desafiando convenções genéricas e normas estilísticas de Hollywood, tendo como alvo as ideologias e as forças de mercado por trás dos arrasa-quarteirões ianques.

Casa dos Jedi apresenta características típicas de um *reality show*. O posicionamento das câmeras junto ao teto reforça a idéia de que se trata de um programa do gênero, assim como o uso de câmeras noturnas. Entre uma cena e outra, aparece o dia marca há quanto tempo os participantes estão na casa e que horas são.

Os personagens são apresentados como se tivessem uma vida fora da saga. Suas personalidades e características seguem, de certa forma, seu comportamento nos films oficiais, mas são agregados valores mais humanos e ordinários. Na abertura do filme, essas novas características são apresentadas, assim como a contextualização do film dentro do universo de *Guerra nas Estrelas*.

Depois de Casa dos Jedi, Granado montou com dois amigos uma produtora com o objetivo de fazer novos *fan films* baseados no universo de *Guerra nas Estrelas*, a *Jedi Fan Films* e chegaram a filmar outros filmes, mais preocupados com aspectos técnicos e estéticos.

Um outro *fan film*, *Exilado*, lançado no final de 2005, depois de quase quatro anos de produção, pelo estudante de cinema Felipe Cagno, teve a preocupação estética eo público-alvo como fatores importantes em sua realização. O film é falado em português, mas se destaca de outros *fan films* brasileiros por ser legendado em inglês e por ter sido concebido para que fosse lançado internacionalmente.

"Eu queria fazer um film mais comercial. Aí eu fui na internet ver o que estava sendo feito e vi que o *Guerra nas Estrelas* era viavel",[272] querendo ainda fazer um film a que não só os amigos fossem assistir e com o objetivo de ter o maior público possível, usar o universo da saga de Lucas pareceu uma boa idéia. "Os fãs de *Guerra nas Estrelas* estão sempre procurando coisas novas e eu sabia que se fizesse um *Guerra nas Estrelas* pelo menos essa galera eu teria garantida". Mas a escolha do objeto de inspiração não se deu apenas como uma estratégia para garantir público: "Queria fazer uma luta de sabres de luz bacana, porque as lutas até o episódio dois e as lutas nos três primeiros films eram meio paradas e eu pensava: dá pra fazer melhor que isso".

A idéia original de Felipe Cagno era pegar cenas dos film original, dublar outros diálogos e colocar cenas produzidas por ele no meio, usando fundo verde e cenários em 3D, mas ele não tinha conhecimento suficiente para isso e os amigos que tinham estavam ocupados ou não eram fãs dos films o suficiente para encarar o projeto como todos os outros integrantes da equipe, envolvidos "na base da amizade".

As dificuldades levaram Felipe a mudar a configuração do projeto e a transportar um guerreiro Jedi para a cidade de São Paulo, em uma galáxia bem distante dos planetas onde se passam as histórias desenvolvidas por George Lucas. No final, mais uma vez, o que parecia problema, se transformou em virtude. "Tirar essa coisa interplanetária e colocar o clima urbano me ajudou muito, porque eu acabei fazendo um film muito diferente de qualquer *fan film* feito aí fora. Eu decidi fazer uma história minha. A única relação com *Guerra nas Estrelas* seriam os *Jedis* e *Sith*, o resto seria tudo meu".

E a proposta de fazer um Guerra nas Estrelas brasileiro aparece antes mesmo do início do film em si. Um fundo estrelado, conhecido por todos que já assistiram a algum dos films da saga de Lucas é invadido pela marca oficial da série e logo depois pelo texto que vai contextualizar aquela história dentro da saga intergaláctica como um episódio brasileiro.

"Para ser brasileiro precisa de alguma coisa a mais. Eu fiz questão de retratar São Paulo como São Paulo e acho que isso já deu um toque a mais, é uma cidade muito diferente. Fazer em português é importante, porque aí fica nacional, fica brasileiro mesmo", explica Felipe.

---

[272] Entrevista concedida em 22 de junho de 2008.

No entanto, mesmo passado em São Paulo, o film foi pensado para ter lançamento internacional. Na época, antes da criação de espaços como o YouTube, em que qualquer um pode criar um perfil e hospedar seus vídeos, Felipe acompanhava as produções norte-americanas em sites feitos para hospedar *fan films*.

Para ter uma chance de figurar entre os *fan films* mais famosos produzidos até então, Felipe pegou o texto do film e traduziu. Por coincidência, a mãe de um amigo que estava na equipe de produção do filme, responsável pelo som, trabalhava com legendagem e ajudou a fazer algumas correções. Nos seis meses em que ele, sozinho, fez a edição, os efeitos e a pós-produção de *Exilado*, as legendas foram inseridas. Isso não seria, contudo, garantia de sucesso no mercado internacional.

Felipe, que atualmente mora em Los Angeles, onde faz um mestrado em cinema, acredita que os americanos não recebem bem films de fora e que as legendas podem ser um problema, mas sustenta sua opção por ter feito um film em português. "Se tivesse feito esse film em inglês não teria ficado legal, ficaria artificial. Não é um film americano. Se você está fazendo um film aqui no Brasil, é para fazer um film brasileiro".

Discussão e conclusões

A produção cultural dos fãs em diferentes meios se assemelha a estratégias do próprio mercado, que lança diferentes produtos com o mesmo tema, como livros, films e jogos de videogame, por exemplo.

Se a convergência de diferentes mídias se torna uma estratégia das grandes corporações, isso acontece porque os consumidores aprenderam novas formas de interagir com o conteúdo que encontram. A cultura participativa acompanha o desenvolvimento tecnológico que sustenta essa convergência midiática e cria demandas que os estúdios ainda não estão aptos a satisfazer.

Todo o film é feito pensando em um público-alvo e carrega elementos especialmente direcionados a esse público. No caso dos fan films, isso é mais evidente, pois o público é formado por outros fãs que são, por definição, especialistas no assunto. Ao fazer um fan film, o fã-produtor também tem o objetivo de criar algo novo, algo inédito, que impressione os outros fãs e faça com que ele se destaque dentro da comunidade da qual faz parte.

Os fãs, ao se apropriarem de produtos importados para criar novos artefatos, acabam imprimindo a eles o desejo não apenas de se destacar como fã dentro de uma comunidade local, mas de se destacar como fã em uma comunidade internacional e se aproximar do objeto que serviu de inspiração para sua obra.

Em um mundo onde a convergência audiovisual reconfigura muitas das lógicas de produção e exibição, encurtando distâncias, o conceito de cinema nacional é mais uma vez problematizado. A idéia de uma produção local-assim como a própria valorização do local que é retomada com a transnacionalização-aparece como um meio de preservar a diversidade cultural do mundo (Mascarello, 2008). Os fãs, consumidores criados dentro desses mercados transnacionais, criam seus produtos dentro dessa lógica, pensando em formas de mostrar-se brasileiros, mas muitas vezes sem saber de fato o que é brasileiro em meio a referências tão hibridizadas.

Os fãs brasileiros, ao produzirem seus filmes, criam uma idéia própria do que é um "cinema nacional". Felipe Cagno, por exemplo, acredita que o idioma e a paisagem tornam *Exilado* um film brasileiro, ao mesmo tempo que assume que toda sua formação como espectador e sua fonte de inspiração estão no cinema nacional norte-americano.

Embora criem novos produtos e desenvolvam uma cultura própria, os fãs não deixam de respeitar a integridade do que é oficial. Para eles, a palavra do autor é sempre a última. Nenhum *fan film* jamais irá substituir, para um fã, um film feito pelo criador original.

O fã não é independente e pensar nele dessa forma seria destruí-lo. O fã nasce a partir do momento em que surge algo do que ele possa ser fã. Se hoje ele tem uma cultura e um mercado próprios, isso não quer dizer que vai competir com as grandes produtoras. Ele precisa delas. O fã mantém a cultura oficial viva, assim como ela nutre a cultura que ele constrói.

O que o fã pode fazer, por meio de sua produção, é apontar novos caminhos para a indústria e desenvolver, para ela, novos profissionais. Os fãs são especialistas e suas produções agradam pela fidelidade à obra original, enquanto o mercado oficial é obrigado a se adequar a um público heterogêneo.

Ao mesmo tempo que funcionam como laboratório para jovens que querem trabalhar com cinema, os *fan films* indicam uma pré-disposição de seus autores para gostar de determinados produtos. Resultado da cultura massiva norte-americana, são produzidos, em primeiro lugar, por admiradores dessa cultura. O simples fato de produzir um *fan film* é uma forma de mostrar seu lugar entre os consumidores, de assumir um lado no mercado de cultura global.

Os fãs que criam *fan films* são jovens que tal vez sonhem em trabalhar com cinema, mesmo que de forma amadora. Jovens que tiveram o gosto moldado por determinados produtos culturais. São aqueles jovens que, todos os dias, assistem a filmes, séries de TV e outros programas produzidos nos Estados Unidos, mas que sabem que são brasileiros e, de algum forma, se orgulham disso e querem mostrar para todo o mundo o que têm a dizer. Do jeito deles.

Referências bibiográficas

Alexander, Alison; Harris, Cheryl (org.), *Theorizing fandom:* fans, subcultures and identity, New Jersey, Cresskill, Hampton, 1998.
DeCerteau, Michel, *A invenção do cotidiano: Artes de fazer*, Rio de Janeiro, Petrópolis, Vozes, 1994.
Fiske, John, "The cultural economy of fandom", en L. A. Lewis (org.), *The adoring audience*: fan culture and popular media, pp. 30-49.
Freire Filho, João, *Reinvenções da resistência juvenil:* os estudos culturais e as micropolíticas do cotidiano, Rio de Janeiro, Mauad, 2007.
García Canclini, Néstor, *Consumidores e cidadãos:* conflitos multi-culturais da globalização, Rio de Janeiro, Editora UFRJ, 2006.
——, *Culturas híbridas*, São Paulo, Editora da Universidade de São Paulo, 2008.
Gray, Jonathan; Sandvoss Cornel; Harrington, C. Lee, *Fandom*: Identities and Communities in a Mediated World, New York, New York University Press, 2007.
Jenkins, Henry, *Textual poachers*: television fans and participatory culture, New York, Routledge, 1992.

——, "'Strangers no more, we sing': filking and the social construction of the science fictions fan community", en Lisa A. Lewis (org.), *The adoring audience*: fan culture and popular media, New York, Routledge, 1992, pp. 208-236.
——, *Convergence culture: where old and new media collide. Nova Iorque: New York University Press, 2006.*
Jenson, Joli, "Fandom as pathology: the consequences of characterization", en L. A. Lewis (org.), *The adoring audience:* fan culture and popular media, New York, Routledge, 1992, pp. 9-29.
Lewis, L. A. (org.) *The adoring audience:* fan culture and popular media, New York, Routledge, 2001.
Mascarello, Fernando, "Cinema hollywoodiano contemporâneo", en Fernando Mascarello (org.), *História do cinema mundial*, São Paulo, Campinas, Papirus, 2006, pp. 333-360.
Mascarello, Fernando, "Introdução: Reinventando o conceito de cinema nacional", en Mauro Baptista; Fernando Mascarello (orgs.), Cinema mundial contemporâneo, São Paulo, Campinas, Papirus, 2008.
Sandvoss, Cornel, *Fans:* the mirror of consumption, Cambridge, Polity, 2005.
Shohat, Ella; Stam, Robert, *Crítica da imagem eurocêntrica*, São Paulo, Cosac Naify, 2006.
Shuker, Roy, *Vocabulário de música pop*, São Paulo, Hedra, 1999.
Stam, Robert, *Introdução à teoria do cinema*, São Paulo, Campinas, Papirus, 2002.

Después del fin de la televisión. Situación de la televisión argentina de aire 2005-2007

Mario Carlón
Instituto de Investigación Gino Germani
Ciencias de la Comunicación
Universidad de Buenos Aires

Palabras clave: *televisión, programación, situación*

1. El contexto mediático: la crisis de los medios masivos

Esta ponencia trata sobre la situación actual de la televisión argentina en el marco de un escenario que presenta una seria amenaza a los históricos medios masivos. Luego de una era de esplendor en el siglo XX, en la que dominaron en la vida social sin serios oponentes, los medios masivos han comenzado a declinar. Dos factores inescindibles pueden argüirse como causas principales de esta crisis.

Por un lado, la emergencia de Internet y sus nuevos medios (You Tube, Blogs, redes sociales, etc.), que han modificado sustancialmente el sistema mediático. Por otro, el cambio que se ha establecido en las prácticas sociales (de ver, de espectar, de comunicarse, de producir, de escribir, de intercambiar, de descargar, etc.) que se apropian de los nuevos y de los viejos medios (no es un tema menor aquí que las investigaciones que se vienen dando a conocer nos revelan que los adolescentes, por ejemplo, dedican más tiempo a la pantalla de la computadora que a la televisiva). Nuevos medios disputan su centralidad a través de diferentes operaciones: los erosionan, los critican, muestran que hay una vida diferente a las que sus discursos proponen o, simplemente (lo cual es peor para ellos), siguen su camino y los ignoran.

La conjunción de estos dos factores es la que ha puesto en jaque a los medios masivos. Los medios masivos probablemente no desaparecerán, pero ya no reinarán hegemónicamente como lo hicieron. Es decir, deberán resignarse, de ahora en adelante, a compartir el espacio que antes ocupaban sin competencia en la vida social.

2. El fin de la televisión

En cuanto a la televisión en particular, el anuncio de su fin ha recaído principalmente sobre su estatuto de *medio*.[273] El televisor, ese aparato que representó durante décadas la socialidad hogareña más característica de los medios masivos, parece condenado, según Eliseo Verón (2007), a desaparecer. No parece que vaya a suceder lo mismo con su principal lenguaje, el directo televisivo, que probablemente expanda su vida en nuevas pantallas y escenas de consumo mediático (Carlón, 2008, 2009), pero no hay dudas de que la televisión como medio está recibiendo una seria amenaza en la coyuntura actual.

En este contexto, se presenta, entonces, un interrogante principal: ¿cómo sigue la televisión después del fin de la televisión? Es decir, luego de su crisis, del hecho de que cada vez es más evidente que la programación de la televisión abierta ya no puede sostener los niveles de masividad que históricamente la caracterizaron, ¿a qué televisión nos enfrentamos?

Estamos convencidos de que en este nuevo escenario la televisión argentina ha cambiado. Para describir ese cambio y ubicarlo en su justo lugar en el marco del debate sobre el fin de la televisión es necesario hacer un poco de historia.

3. Etapas de la historia de la televisión

La historia de la televisión a nivel internacional ha sido consensuada, a partir de un famoso artículo de Umberto Eco, "TV: la transparencia perdida" (1983), en dos etapas.

La primera es la Paleo TV, que dura desde su fundación hasta la fecha en que Eco publica su célebre artículo; la segunda, denominada Neo TV, se extiende desde esa fecha hasta ahora

---

[273] Una definición de medio, estabilizada hace tiempo en los estudios semióticos, es la de Eliseo Verón: "Los medios: la televisión, el cine, la radio, la prensa escrita, etc. Desde mi punto de vista, el concepto de 'medios' designa un conjunto constituido por una tecnología *sumada* a las prácticas sociales de producción y de apropiación de esta tecnología, cuando hay *acceso público* (sean cuales fueren las condiciones de este acceso por el que generalmente hay que pagar) a los mensajes" (Verón, 1994).

(aunque esa continuidad es cada vez más discutida, no hay consenso acerca de la emergencia de una nueva etapa).

Lo que distingue a esas dos etapas es que la Neo TV instaura un cambio enunciativo: se pasa de una enunciación *transparente* a una enunciación *opaca* (a través de un conjunto de procedimientos constructores de opacidad que Eco enumera, como la mostración de las jirafas y las cámaras que hasta ese momento habían estado ocultas). La Neo TV ya no funciona como una *ventana abierta al mundo*, como lo hacía la Paleo TV.

Lo más importante aquí es que en este cambio del acento puesto en el enunciado a la enunciación, la Institución Emisora (en adelante IE) ha salido a la luz. Es decir, si en la primera etapa la permanecía en gran medida oculta, en la segunda, en cambio, la IE aparece como enunciador expuesto. Hasta aquí Eco.

Ahora, Eliseo Verón (2007) ha propuesto que nos encontramos en una tercera etapa. Según esta proposición el acento no estaría ya puesto ni en el mundo exterior (Paleo TV), ni en la IE (Neo TV), sino en el destinatario. Este cambio abarca desde las operaciones que el receptor puede ahora realizar (en sucesión histórica: hacer *zapping*, programar lo que va a ver, descargar) hasta la emergencia de los *realities*, programas síntomas de que la televisión ha pasado a centrarse en el destinatario.

Una de las predicciones que acompañan este proceso dice que la *grilla de programación*, elemento base de la oferta que programaba el consumo, ha entrado en crisis (un síntoma muy claro hoy es que en los canales principales desde el punto de vista del rating ya no hay horarios fijos de inicio y fin de los programas). En consecuencia, se predice que no habrá más programación: cada uno podrá ver lo que desea cuando lo desea. La frase "hasta mañana a la misma hora y por el mismo canal" parece destinada a pasar a la historia. Es el fin del *broadcasting*, uno de los aspectos principales que definieron en su gran etapa hegemónica a los medios masivos.

4. Después del fin de la televisión: cambio en la grilla de programación

Nos proponemos a continuación formular nuestras proposiciones. Son resultado de un estudio *en producción* (Verón, 1987), no en reconocimiento; por lo tanto, no podemos ni confirmar ni refutar hasta qué punto la programación ha estallado merced a operaciones realizadas por los receptores alterando el vínculo entre producción y recepción.

Lo que sí podemos afirmar es que la grilla de programación de la televisión argentina actual, con sus contratos comunicacionales, ha cambiado, es decir, que es sustancialmente diferente de la que caracterizó a la Paleo y a la Neo TV. Y, también, que ese cambio puede vincularse claramente con las cuestiones que plantea el debate sobre el fin de la televisión.

Uno de los cambios que se han producido está vinculado a la tercera etapa distinguida por Verón. Los *realities* que a la Argentina llegaron en la década de 1990, establecieron una configuración que se ha consolidado y que ha comenzado a ser retomada por otro tipo de programas que también consisten en concursos (nos referimos a formatos como los que emitió en estos años *Showmatch*: "Bailando por un sueño", "Cantando por un sueño", etc.).

El otro cambio tiene que ver con una importante tendencia de la televisión argentina desde la década de 1990: la *Metatelevisión* ("la televisión sobre la televisión", en adelante Meta TV, Carlón, 2006 y 2008).

Antes de pasar a ocuparnos de ellos, realizaremos una breve síntesis acerca de las características de las grillas que caracterizaron a la Paleo y a la Neo TV.

5. Las grillas de programación de la Paleo y la Neo TV

Umberto Eco había señalado, en "TV la transparencia perdida" (1983) que un programa característico de la Neo TV era el programa *ómnibus*. Este tipo de programas, que articulan rasgos de discursos diversos (entrevistas, musicales, pruebas de atletas, actos de magia, información, desempeños humorísticos, etc.), presenta la característica de acentuar el efecto de continuidad en la programación, es decir, el efecto de flujo continuo. Para Eco, ese efecto se veía reforzado, en términos generales, por otra operación que realizaba la Neo TV: la puesta en discusión de los límites entre ficción/no ficción, que al disolver diferencias de registro representativo entre programas establecía también una singular continuidad.

En una investigación realizada algunos años después, Casetti y Odin (1991) confirmaron lo observado por Eco pero avanzaron aún más, porque explicitaron mejor en qué consistía la diferencia entre la Paleo y la Neo TV a nivel de la grilla de programación.

Según Casetti y Odin la grilla de la Paleo TV se encontraba fuertemente jerarquizada y estructurada. Publicada en la prensa esa grilla diferenciaba claramente a los distintos programas entre sí y construía específicos contratos comunicacionales con los sujetos espectadores: "En la Paleo TV el flujo se presenta, en efecto, como una sucesión de programas cada uno de los cuales funciona de acuerdo con un contrato de comunicación especificado".[274] Esta grilla distinguía claramente programas por géneros, por edades, por intereses temáticos, y proponía, de ese modo, contratos comunicacionales específicos.

Esta situación cambia con la Neo TV. Según Casetti y Odin la grilla se deshilacha. El flujo continuo que se había instalado con los programas ómnibus ahora domina: antes de que termine un programa se abre una ventana que introduce al que le sigue; los programas ya no se dirigen a un público específico sino a la "familia", construyen un enunciatario multitarget. El vínculo se vuelve, además, más cotidiano, dominan los *talk*

---

[274] Como señalan Casetti y Odin: "La Paleo-televisión suministra a sus espectadores la consigna de estar disponibles para la demanda de sus emisiones y les proporciona los medios para que, sin dificultades, se identifiquen los contratos propuestos: separación neta de los programas en géneros (ficciones, informaciones, deportes, emisiones culturales, de entretenimientos, etc.); orientación hacia públicos específicos: programas para niños, para la tercera edad (Télé-Troisième âge, de Eve Ruggieri, en TF1), para los apasionados por los automóviles y las motos (Automoto); para los amantes de la música (Musiclub), para los amigos de los animales (Terre des bêtes), etc.; inscripción de los programas dentro de una estructura temporal rígida, periódica y con escansiones bien definidas; así, en tal canal tal día es el de las variedades, tal otro, el del cine, tal otro, el del deporte; los nombres de los programas, por su parte, señalan esta regularidad: Las mardis de l'information, Sports Dimanche (en el canal 1) Dimanche Martin (en el 2), Le noveau vendredi (en el 3); hay encuentros privilegiados: el cine club del viernes, el psicodrama de Polac el sábado a la noche, L'heure de verité, el miércoles, etc. Incluso a lo largo de la jornada, los programas se suceden unos a otros con separaciones fuertemente marcadas. En resumen, en la paleo-televisión el flujo está sometido a una grilla de programación que juega su papel estructurante de manera plena".

shows y la televisión se convierte en una extensión de la vida cotidiana resignando su capacidad para interpelar públicos específicos.

Este vínculo es condenado por Casetti y Odin: "Mirar la Paleo TV implicaba actividades cognitivas o afectivas con una plena dimensión humana: comprender, aprender, vibrar, distraerse. Mirar la neotelevisión no implica más nada de todo esto. La puesta en fase energética es una puesta en fase en el vacío, sin objeto".[275]

El hecho de que la Neo TV haya sacado a la luz, como enunciadora, a la IE, no le alcanzó para ser bien valorada, como debería haber sucedido si se hubiera puesto en juego una lectura artística o deconstructiva sobre la discursividad televisiva. No se pasó a decir, por ejemplo, que en ese pasaje de una enunciación transparente a una enunciación opaca salió a la luz algún tipo de verdad (compárese esta situación con lo acontecido, por ejemplo, en el campo de los estudios cinematográficos con el pasaje del documental clásico al moderno, que suele ser leído en este sentido). Por si hacía falta algún síntoma más, este hecho nos muestra hasta qué punto la televisión no pudo nunca superar su estatuto de *mal objeto*.

La investigación que realizamos[276] nos revela que, como adelantamos, al menos, dos importantes cambios afectan actualmente la programación. Los presentamos a continuación.

---

[275] Eliseo Verón (2009) ha realizado una crítica de la evaluación que Casetti y Odin realizaron de la Neo TV, dado que terminaron formulando que en ella ya no hay un contrato comunicacional. En términos de Verón: "Que un contrato de comunicación no nos guste, no es una razón para afirmar que no existe: todo producto mediático que sea algo más que una aparición súbita y fugaz reposa sobre un contrato (implícito, no formalizado), que expresa la articulación, más o menos estable, entre la oferta y la demanda [...]. El vínculo propuesto por la llamada neotelevisión es sin duda distinto al que predominó en el período anterior, pero no obstante es un vínculo que está muy lejos de ser vacío".

[276] Nos referimos al Proyecto de investigación Ubacyt S095, "Sujetos espectadores y regímenes representacionales en la programación televisiva" que realizamos sobre la televisión argentina entre los años 2005 y 2007.

6. El cambio local: el giro metadiscursivo.

Una tendencia iniciada a principios de los años 90 se ha expandido sin cesar en la televisión argentina: la Meta TV. El modo de ver y comentar discursos televisivos que la Meta TV instaló tiene dos claros y principales orígenes: *Las patas de la mentira* (programa creado por Miguel Rodríguez Arias y conducido por Lalo Mir, cuyo antecedente inmediato fueron unos videos que la productora de RA comercializó en quioscos) y *Perdona nuestros pecados* (producido por Gastón Portal).

La importancia de la Meta TV consiste principalmente en el hecho de que al instalar un giro metadiscursivo estableció un cambio enunciativo que ha producido una *fractura en la grilla de programación*. Pasamos a explicarlo.

Podemos decir que en su evolución histórica la Meta TV comenzó ocupándose del discurso político (*Las patas de la mentira*) pero que pronto pasó a tener como objeto toda la programación televisiva (*Perdona nuestros pecados, Televisión Registrada, Indomables, Bendita TV, Resumen de los medios,* etc.).

Al tomar como objeto toda la programación, la Meta TV instaló su giro metadiscursivo y definió su posición enunciativa: pasó a tener como objeto, ante todo, a la IE, aquella que permanecía oculta en la Paleo TV y que había expuesto la Neo TV.

Si con la Neo TV los programas dejaron de ocultar sus condiciones de producción, con la Meta TV asistimos, por consiguiente, a un paso más: algunos programas empezaron a tomar como objeto las condiciones de producción de otros (con un tono generalmente satírico). Ese cambio es el que ha establecido una fractura en la programación: los programas de la Meta TV figuran en la grilla de programación, pero se presentan, enunciativamente, "desde afuera" (Carlón, 2008).

Una importante consecuencia de esta emergencia es que la Meta TV ha creado un *nuevo contrato comunicacional* y, por consiguiente, a un *nuevo sujeto espectador*. Ese contrato, que generalmente es "crítico", ha construido a un sujeto espectador distante, tan distante que muchas veces no se reconoce televisivo. La Meta TV ha asumido que la televisión *no puede convertirse ya en un buen objeto,* y trabaja críticamente sobre su programación. De ahí las características de sus programas, algunos más humorísticos, dado que el gesto recae sobre ellos mismos (se observa en los títulos: *Nosotros también nos equivocamos, De lo nuestro lo peor*, etc.) y otros más cómicos, irónicos o satíricos (*Televisión Registrada, Bendita TV*).[277]

7. El cambio que vino de afuera: la estructura *planeta satélites*

La importación y producción local de ciertos formatos internacionales también produjo un cambio en la configuración de la grilla de programación de la televisión argentina. Ese cambio, que diferencia a la grilla de estos años de la que caracterizó a la Paleo y a la Neo TV, se produjo a partir de la importación de dos formatos: uno, los *realities*, que venían de la década de 1990 pero que en estos años regresaron con gran impacto y éxito de rating (principalmente *Gran Hermano*); otro, el de las competencias de canto y baile ("Bailando por un sueño", "Cantando por un sueño" y, finalmente, "Patinando por un sueño") que adoptó *Showmatch* luego de que abandonó el formato de programa ómnibus con el que había tenido éxito en su paso por Canal 9.

Lo propio de la aparición de estos formatos es que su presencia reconfiguró de modo novedoso la grilla de programación, que a partir de su presencia adopta la estructura *planeta-satélites*. Esta configuración se instala porque tanto *Gran Hermano* como *Showmatch* produjeron programas que se ocupan metadiscursivamente de ellos: *El debate* (*Gran Hermano*) y *La previa del show* (*Showmatch*). No sólo eso: todo un conjunto de programas no producidos por estas productoras también pasaron a ocuparse de ellos (llevan a sus invitados, discuten lo sucedido, se ocupan

---

[277] Esta primera observación acerca del carácter humorístico o cómico de estos programas no pretende ser más que un primer comentario sobre el estatuto de estos programas desde la perspectiva freudiana. Así como nos parece evidente que programas como *Perdona nuestros pecados* o *De lo nuestro lo peor* poseen un título humorístico, también lo es que programas como *Indomables*, que se ocupaba de toda la programación y poseía un carácter satírico, tenía mucho humor (la burla a los informes editados por parte de los panelistas, por ejemplo, era recurrente). Lo que se está queriendo señalar es que la complejidad que en este nivel poseen estos programas es muy alta. Este tema es objeto actualmente de una investigación llevada adelante por Damián Fraticelli.

de sus vidas mediáticas y extra-mediáticas, etc.). La razón: son los programas que, en una época de caída de los ratings, mantienen números que aseguran a la televisión su masividad.

Pero este desarrollo tiene sus consecuencias. El primero de ellos es que instala una nueva *fractura en la grilla de programación*. Ahora la televisión ofrece una configuración planeta-satélites que si bien, por un lado, le permite sostener agónicamente su masividad, por otro, constituye el síntoma de que ya no puede dirigirse a todos. La televisión sabe que hay muchos espectadores a los cuales no les interesan esos programas ni los debates que se desarrollan sobre ellas. Pero se ha resignado a que ya no puede interpelarlos.

Tanto la doble fractura que caracteriza su grilla de programación como la resignación señalada nos hablan del fin de la televisión como un medio de masas, en el nivel de sus contratos enunciativos.

Bibliografía

Carlón, Mario, ¿"Autopsia a la televisión? Dispositivo y lenguaje en el fin de una era", en Mario Carlón; Carlos Scolari (eds.), *El fin de los medios masivos. El comienzo de un debate*, Buenos Aires, La Crujía, 2009.

Carlón, Mario (dir.); Aprea, Gustavo; Fraticelli, Damian; Kirccheimer, Mónica; Slimovich, Ana; Albertocco, Sandra, "Los dos cambios de la televisión argentina actual", Foro Académico Anual de Ciencias de la Comunicación, Buenos Aires, UADE, 2008.

——, "Sobre el fin de la televisión", en Jorge La Ferla, *Artes y medios audiovisuales: un estado de situación II. Las prácticas mediáticas pre-digitales y post-*, Buenos Aires, MEACVAD, 2008.

——, "Metatelevisión: un giro metadiscursivo de la televisión argentina", en *De lo cinematográfico a lo televisivo. Metatelevisión, lenguaje y temporalidad*, Buenos Aires, La Crujía, 2006.

Casetti, Francesco; Odin, Roger, "De la Paleo a la Neo-televisión", Buenos Aires, Carrera de Ciencias de la Comunicación (UBA), 1990, Trad. María Rosa del Coto.

Eco, Umberto, "TV: la transparencia perdida", en *La estrategia de la ilusión*, Buenos Aires, Lumen/De la Flor, 1994.

Jenkins, Henry, "Comprando *American Idol*", en *Convergence culture. La cultura de la convergencia en los medios de comunicación*, Barcelona, Paidós, 2008.

Verón, Eliseo, "El fin de la historia de un mueble", en Mario Carlón; Carlos Scolari (eds.), *El fin de los medios masivos. El comienzo de un debate*, Buenos Aires, La Crujía, 2009.

—— , "Semiótica como sociosemiótica. Intervista a cura di Carlos Scolari", en Carlos Scolari; Paolo Bertetti, *Mediamérica (semiótica e analisi dei media a América Latina)*, Turín, Cartman Edizioni, 2007.

Poética del cine de animación contemporáneo

Mónica Kirchheimer
Facultad de Ciencias Sociales
Universidad de Buenos Aires

Palabras clave: *lenguaje, cine y televisión*

El renacimiento de un lenguaje

Desde hace más de una década que el cine de animación estrenado comercialmente dejó de estar exclusivamente asociado con la infancia.[278] Desde hace al menos veinte años la animación ha desarrollado poéticas diferenciales en los distintos espacios de exhibición. Así, las propuestas existentes incluyen múltiples universos de representación y poéticas que distancian la oferta dominante del cine animado contemporáneo de la animación televisiva. Lógicamente, estas animaciones, y sus construcciones estéticas no escapan a la incorporación de nuevas texturas posibilitadas por la digitalización, aunque no todos los textos toman el mismo partido poético.[279] Y en buena medida es este partido estético el que permite un nuevo destinatario para los *films*.

Hoy hay más dibujos animados. Muchas voces han hablado hacia fines de la década de 1980 de una suerte de renacimiento del lenguaje, que está relacionado con nuevas tecnologías que posibilitan una nueva clase de imágenes y de relatos. Vemos *nuevas* historias, con *nuevos* personajes y relatos menos evidentemente

---

[278] Desde las décadas de 1950 y 1960 hasta comienzos de la década de 1990 el cine animado estrenado comercialmente funcionó fuertemente como género asociado a "película infantil". Esta asociación entre animación e infancia se mantiene en muchos de los largos animados. Sin embargo, actualmente no es la única asociación posible de estos lenguajes. La incorporación de técnicas y estéticas diferenciadas, así como de relatos novedosos permitió una asociación "más amplia" que la de infancia, aunque la crítica sigue asociando estos *films* con tipos de espectador y no con tipos de textos.

[279] Se toma la noción de poética en el sentido que la plantea Jakobson en "Lingüística y Poética" (1985).

transpositivos. Cada vez más hay historias "originales" (uno de los elementos que aleja la animación estrenada comercialmente de su *nicho* infantil), y todo esto parece garantizarle al dibujo animado cinematográfico un público más amplio.

De hecho, desde mediados de la década de 1990 este nuevo público es descrito por la prensa como *Kidult* o *adultescente*.[280] Esta clasificación incluye especialmente los *films* animados, pero también se vincula con un estilo de vida que se define por una suerte de infantilización de lo adulto (especialmente por el espacio dedicado a actividades lúdicas, la colección de memorabilia, etc.) y la adultización de lo infantil (especialmente asociado al mundo de la indumentaria y el consumo en general). El espacio del *film* animado, de dibujos en particular, convoca a una vez los dos movimientos, pero, ¿cuál es la diferencia con las películas animadas destinadas a la infancia? ¿Qué cambió?

El dibujo animado cinematográfico

Por un lado, se asume que hay *algo* en los *films* de dibujos animados estrenados desde mediados de los 90; alguna clase de novedad. Se trata de una renovación del lenguaje, es decir, del tipo de imágenes ofrecidas. La animación por computadora, más allá del proceso de escanear y completar dibujos, presenta un conjunto de textos que "tienen inscripta en su materialidad marcas de "haber nacido de un tecnología no manual".[281]

Por otro lado, está la novedad narrativa. Obviamente no es una correlación necesaria, pero desde el estreno de *Shrek*[282] esta vinculación entre las cualidades de la imagen y las de la narración parecen ir de la mano, y la crítica destaca esta articulación como una característica central de esos *films* adultescentes.

---

[280] La aparición de la clasificación de *kidult* no reemplaza a la de infantil, sino que ambas conviven de manera a veces ambivalente y solapada.
[281] Nos referimos a aquellos dibujos que exponen su condición de no manuales, que evidencian una propuesta plástica "por ordenador". Muchos dibujos se procesan por computadora, pero no generan este efecto de sentido, sino que en la mirada del espectador se presentan simplemente como dibujos animados. Los dibujos en 3D necesariamente proponen este efecto.
[282] El 19 de julio de 2001 en Argentina.

Es cierto que en *Shrek* se combinan ambos cambios. Por un lado un relato que, siguiendo tendencias cinematográficas (pero no sólo cinematográficas) se presenta como un relato y un metarrelato, ya que se trata de un cuento de hadas "como corresponde", es decir, el héroe rescata a la princesa en apuros, arriesgando su vida, en el camino se enamoran, y termina en boda. Igualito que *La bella durmiente* (1959). Pero también es un "repaso" por las historias de hadas y los mundos encantados. Al héroe, que en algún momento se nos vuelve galán, no lo mueven los intereses nobles, sino que el motor de su partida al rescate es casi una ambición capitalista: recuperar su pantano, para que los demás personajes encantados –que escapan de las requisas del príncipe que los encarcela– desaparezcan.

En este camino, la crítica señaló con bastante fuerza el desapego del *film* respecto de las narraciones infantiles. Y lo que se dice cuando se refiere a esta pérdida es específicamente algo de la impronta Disneyana, que prevé relatos lineales, simplones y con moraleja. A diferencia de la mencionada *La bella durmiente*, en este caso aparecen rasgos que se despegan del edulcorado relato moralizante, propio de lo infantil.

Esto es lo novedoso que se señala para los nuevos *films* animados. El camino narrativo de *Shrek* ha sido largamente transitado: la propia saga de *Shrek, Happy n'ever alter, La increíble pero verdadera historia de Caperucita Roja, Toy Story 2*, entre otras. En todas ellas se incorporan metarrelatos, pero también hay otro conjunto de estrategias narrativas que construyen juegos meta, que los alejan aún más del tipo de relato destinado al universo infantil. *Antz* (1998) y *Bugs life* (1998) ya habían resultado películas "raras".[283]

---

[283] Esto es lo que dice la crítica sobre *Bichos de Lerer* (1998) en *Clarín* el 3/12/98 "El asunto es así. una hormiga inconformista salva a su colonia de unos bichos peligrosos y conquista el corazón de la princesa en una película animada por computadora. ¿Cómo? ¿Que ya la vieron? No, no. Esta no es *Antz* sino *Bichos* ¿Que cuál es la diferencia entre hormigas y bichos? Bueno, básicamente, son la misma cosa... sólo que los Bichos son de Disney y las Hormiguitas de la competencia (DreamWorks); que Bichos es una película para grandes y chicos (los colores son pasteles y brillantes, hay bichos en edad escolar) y que aquí Woody Allen no aparece para quejarse de sus complejos. Pero: ¿es igual, es mejor, es peor? Es... distinta. *Bichos* es, de las dos, la que viene doblada al castellano. Y eso explica bastante acerca de ella. Primero, su público: a diferencia

Y en todas ellas, lo "raro" radica en su alejamiento de lo tradicionalmente infantil –son películas también para adultos– a la vez que narran universos y problemas propios de lo "adulto". Estas incorporaciones temáticas son también características del período; así, las mencionadas *Antz, Bugs Life* pero también *The incredibles, Shark Tale, Bee movie* o *Wall E* presentan sus historias desde la tematización del "ganarse la vida", convertirse en adulto, muy alejadas de las historias de "iniciación" trabajadas en el cine de animación "clásico". En estas películas el recorrido deja pocas enseñanzas –a diferencia de los relatos tradicionales– ya que los personajes no se transforman lo suficiente para lograr aprender algo.

Y será esta condición de no moralizar la que es rescatada por la crítica y la que le abre la puerta a los "no infantes". En algún caso se señala que *Antz* no es una película para niños: fue estrenada en inglés y la mayor parte de la gracia es que Woody Allen hace de sí mismo una vez más. Es decir, es *una película de Woody Allen animada*. ¿Qué es lo que le falta además del doblaje? Nada. Y más aun, tanto para *Antz* como para *Bugs Life* o *Wall E* se señala –y este señalamiento debe ser leído como parte de su alejamiento del mundo infantil– que no son del todo graciosas. El alejamiento del registro infantil de estos *films* es por lo tanto doble: ni enseñan ni generan risa.

Sin embargo, parece que *Antz*, en su condición de ser una película de Woody Allen animada, o *Bee Movie*, por ser una de Seinfeld, se distancian de sus contemporáneas por poner a disposición imágenes animadas para adultos (y la crítica no las vincula con el universo del *arte* como pueden ser las de *stop motion* de Burton o las no estadounidenses como *Les triplettes de Belle Ville* o las de Miyazaki). Es que parece que el dibujo animado cinematográfico es un lenguaje que estuvo destinado a soportar un solo público, y la incorporación de nuevos espectadores convocados desde la pantalla le resulta extraño al menos a medio siglo de confinamiento infantil.

---

de *Antz* ésta es una película pensada para que la puedan disfrutar y comprender también los chicos. Y segundo, la sensación de que no es una película que precise del reconocimiento de las voces originales para ser disfrutada. Gran parte de la gracia de *Antz* era la posibilidad de ver a Allen, Stallone y Sharon Stone en las hormigas que llevaban sus voces. *Bichos* se libera de esas ataduras humanas. Por eso es que *Bichos* termina siendo una experiencia más placentera".

El realismo una vez más

El cine animado por computadora continúa, en muchos sentidos, la una búsqueda estética que inauguró Disney en las primeras décadas del siglo pasado. ¿En qué se diferencia un *film* de Pixar o DreamWorks de uno de Disney? En los resultados de las imágenes obtenidas, pero no en su búsqueda estética. En ambos casos, se trata de *films* que buscan una estética naturalista/realista.[284] Es decir, una estética que repone en el *film* referentes que "son como en la vida". Lo que es leído como "nuevo" a partir de la animación digital, muchas veces denominada 3D, es algo que surge en los largometrajes animados de la mano de Disney. Que la imagen reponga el efecto de existencia en el mundo de su referente, en buena medida, es resultado de la búsqueda estética, en particular desde el primer largometraje animado, en la que se *mide* con el cine de base fotográfica, constituyendo una *imitación* de los *films* de acción en vivo. Como veremos en la búsqueda realista, o hiperrealista en los estrenos de la década de 1990, hay un privilegio de operaciones del orden de la similaridad con lo referenciado.

Esta búsqueda, en un sentido, es similar a la que analiza Lévi-Strauss cuando analiza el *trompe-l'oeil*, cuando afirma que el engaño al ojo

> [...] no representa, reconstruye. Supone a la vez un saber (incluso de lo que no muestra) y una reflexión. También es selectivo, no trata de reproducir ni todo ni cualquier cosa del modelo. Elige el polvillo de las uvas antes que tal o cual otro aspecto, porque le servirá para construir el sistema de cualidades sensibles con lo graso (también escogido entre otras cualidades) de un jarrón de plata o de estaño, lo friable de un pedazo de queso, etc. (1994: 32-33).

En el mismo sentido, Barthes refiere a la asociación del realismo con la descipción, cuando afirma en relación con *Madame Bovary*:

---

[284] No se tratará aquí de reponer en toda su complejidad los debates en torno del realismo (en cine y en las artes), sino de acercar unas pocas definiciones para comprender el camino estético elegido por el cine de dibujos animados.

[...] la finalidad estética de la descripción flaubertiana está completamente mezclada con imperativos "realistas", como si la exactitud de la referencia, superior o indiferente a toda otra función, dominara y justificara sola, aparentemente, la descripción o –en el caso de las descripciones reducidas a una palabra– la denotara: las constricciones estéticas están penetradas aquí –al menos como coartada– de constricciones referenciales [...].

y más adelante agrega:

Esta mezcla –este paso de contradanza– de constricciones tiene una doble ventaja: por una parte la función estética, que da un sentido "al fragmento", detiene lo que se podría llamar el vértigo de la notación; puesto que, desde que el discurso no estaría más guiado y limitado por los imperativos de la anécdota (funciones e índices), nada podría indicar por qué detener los detalles de la descripción aquí y no allá: si ella no estuviera sometida a una decisión estética o retórica, toda "visita" sería inagotable por el discurso [...]; y por otra parte, colocando lo referente como real, fingiendo seguirla de una manera servil, la descripción realista evita dejarse incluir en una actividad fantasmal (precaución que se creía necesaria para la "objetividad del relato") [...] (1982: 149-150).

Barthes hablará del realismo como una estética, Lévi-Strauss hablará de una suerte de enunciación construida por él, Jakobson lo asociará con un imperativo de lo verosímil en la producción y crítica artística que consiste en que "se presenta el objeto en un escorzo no habitual" (1982: 163) "los tropos nos hacen más sensible el objeto y nos ayudan a verlo. En otras palabras, cuando buscamos un término que pueda hacernos ver el objeto, elegimos uno que nos es inhabitual por lo menos en ese contexto, un término violado" (1982: 164).

Por su parte Stam, Burgoyne y Flitterman-Lewis hablando del cine afirmarán que:

Una definición puramente formal de realismo, finalmente, enfatizaría la naturaleza convencional de todos los códigos ficcionales, y presentaría el realismo simplemente como una constelación de mecanismos estilísticos, un conjunto de convenciones que en un momento determinado en la historia de un arte consigue, mediante el ajuste adecuado de la técnica ilusionística, cristalizar un fuerte sentimiento de autenticidad (1999: 213).

Pareciera que el cine animado de los últimos veinte años exhibido en Argentina responde mayoritariamente a estos imperativos, pero no ya como refiere Barthes en relación con los "detalles inútiles" del relato desde el punto de vista de su narración, sino en la manera en que estos dibujos son concebidos. Claro que esta pretensión de seguir lo "real" puesto en primer plano es el proyecto estético que llevó a cabo Disney desde sus largometrajes.[285] Ésta es la estética retomada por la así presentada actual renovación. Ésta implica la misma mirada al espacio y a los personajes insertos en él, con una nueva mirada, desde "un nuevo escorzo," a los personajes presentados en los *films* . No cabe duda de que Disney ha instaurado con muchísimo éxito esta corriente, dominante, pero no deja de llamar la atención el hecho de que se denomina a los textos incluidos en la animación como del "mundo de la fantasía". Ahora ésta se presenta como una fantasía con "vuelo corto", anclada en una relación exasperadamente mimética con su referente.

¿Cuál es, entonces, la novedad? A pesar de centrarse en una referencialidad fuerte, las nuevas tecnologías permitieron la aparición, en el dibujo animado, de texturas nunca vistas. Brillos, tramas, sombras, movimientos de los elementos que refuerzan, paradójicamente, ese verosímil de la referencia, realista e incluso hiperrealista.

Estas historias (*Antz, Bichos, Toy Story, Shrek* para mencionar algunas pioneras) construyen personajes y acciones de esos personajes con una audiovisualidad inédita. Las hormigas hablan, pero son hormigas; los juguetes hablan, pero son juguetes; y los animales que en *Shrek* tienen correlato en el mundo siguen esa delimitación; los que no, se parecen mucho a las representaciones que otros textos han hecho. Más aun, los cabellos que recubren el cuerpo de Sully en *Monsters Inc* están gobernados por las mismas leyes presentes de este lado de la pantalla.

Un caso extremo, y que parece estar de la mano de una nueva reinvención de la sala cinematográfica, es el caso de *Up*

---

[285] El diseño de la cámara multiplano le permitió a Disney desarrollar esta búsqueda, que tuvo siempre al cine de acción en vivo como referente de su animación, pudiendo así saltar del cortometraje al largometraje. Es a partir de la posibilidad de crear un espacio símil tridimensión que fue posible para él desarrollar *Blancanieves*, inaugurando una tradición menos humorística o satírica como la que presentan los cortos animados hasta el momento.

de Disney-Pixar, que incorpora a la animación digital el 3D[286] y que durante la presentación de la historia narra la vida de una pareja desde su infancia hasta la muerte, en la vejez, de la mujer. Será la historia de la realización solitaria del marido de un proyecto de aventura común lo que se desarrolla luego, pero la presentación de los personajes y motivos de la historia tienen un carácter hiperrealista que llega a lugares de *perfección* del proyecto estético que estamos señalando.

Novedades

Un espacio de verdadera experimentación con el lenguaje se abrió en la animación televisiva no infantil. Con la aparición de espacios destinados exclusivamente a la emisión de dibujos animados, llegaron a la pantalla chica animaciones de distintos espacios de producción, así como una apertura de públicos claramente diferenciada.

Locomotion fue, en este sentido, un canal pionero en la Argentina, programando tanto animé (cuyo éxito transformó posteriormente la señal en *Animax*) como animaciones no estadounidenses. La presentación allí de textos como *Dr. Katz* o *Bob and Margaret*,[287] claramente destinados a un público no infantil. Este espacio creció y se multiplicó en distintas señales: ciclos como *Adult Swim* en *Cartoon Network* en 2001 y en 2007 en *I Sat*. El ciclo *No Molestar* se programa desde mediados del 2005 en Fox, y también en 2007 comienza a programarse en *FX*. Otras señales como *MTV* programaron casi desde sus inicios ciclos animados en los que se presentaron animaciones más disruptivas: así fue en su momento *South Park, Beavis and Buthead, Ren & Stimpy, Daria, El mono Mario* y actualmente *Alejo y Valentina* o *Happy tree friends*.[288] Así, las señales de cable programan, en conjunto,

---

[286] Cada vez que el cine está de alguna manera en crisis, parece reinventarse, a través de la propuesta de una experiencia solo posible en la sala cinematográfica, el 3D y el "cinerama", que construyen experiencias "envolventes" del espectador desde las imágenes proyectadas.

[287] Para un análisis sobre estos textos véase Mónica Kirchheimer (2005).

[288] Algunas de las observaciones presentadas se emparentan con el trabajo pionero de reconstrucción de la animación en Argentina de Raúl Manrupe.

todas las noches animación destinada a adultos, sin contar casos de "borde" incluidos en las señales clasificadas como infantiles (especialmente *Bobo Esponja* o *Los padrinos mágicos*). Decimos que estos espacios son de verdadera experimentación no porque los inaugurados por el cine no lo sean. Como vimos, no hay una propuesta verdaderamente novedosa en la búsqueda estética. En cambio, en el espacio televisivo se vienen programando desde hace casi 10 años nuevas maneras de construir imágenes animadas (digitalizadas y no). Así, *South Park* resultó revolucionario por poner en primer plano su condición de "yuxtaposición y hechura", al combinar técnicas mixtas de animación, construyendo un efecto final de *collage*, actualmente *Alejo y Valentina* construye un efecto de disrupción y novedad al exhibir su construcción animada por computadora "algo precaria", por lo que construye una convocatoria estética que se asocia, justamente, con *esa* precariedad. Las distintas animaciones televisivas adultas parecen haber podido zanjar dos grandes limitantes: la del dibujo "canónico", parecerse a otros dibujos clásicos o contemporáneos en los que la puesta en conjunto parece "competir" por la mayor "fidelidad" a un plan que permita mejor mixtura con el cine de acción en vivo (volveremos sobre esto). Por otro, la del "respeto" por la técnica. El dibujo animado televisivo adulto ha logrado verdadera experimentación en este campo con un efecto de novedad, conseguido por la diferencia en los recorridos que la animación y sus técnicas y tecnologías les ha permitido.

Veamos algunos ejemplos: En el caso de *Harvey Birdman* o de *El fantasma del Espacio* se trata de la "reutilización" de los personajes originales, animados con la animación que le dieran los cortos de Hanna Barbera. Esta animación de los personajes se combina con nuevas animaciones de escenarios y un nuevo doblaje que combina técnicamente imaginerías distintas. Así los personajes se presentan como "hiperbolizados" en la escena actual.

El efecto que la combinatoria de los elementos nuevos con los viejos propone se sitúa especialmente en su condición de animación. Pero este efecto, de vuelta sobre el propio lenguaje, también está presente en otras animaciones televisivas para adultos.

South Park es uno de los programas animados que construyó novedad a partir de la introducción de una técnica como el *collage* (más habitual en los espacios de animación artística que de entretenimiento). En este caso, la "simpleza" de las formas de los personajes se tensaron con las complejidades incluidas en los cortos, ya que en ellos conviven también animaciones con efecto de digital (que está ausente en los personajes), con elementos del cine de acción en vivo, con animación de objetos (en particular dibujos), etc. Este juego combinatorio, también presenta una voluntad poética de acuerdo con que lo que se pone en escena es especialmente su condición de animación. Muchas de las animaciones televisivas proponen juegos estéticos con el propio lenguaje, a partir de la exhibición –que resulta de operatorias meta– de la animación en primer plano. A diferencia del cine animado, que busca en el partido realista ocultar su condición de lenguaje, la propuesta televisiva busca los caminos de la exhibición del lenguaje.[289]

Distinto es el efecto de "animación" que construyen *Dr. Katz* que tiene los contornos de los dibujos en constante movimiento, con una línea gruesa quebrada, o *Alejo y Valentina* que presenta tal grado de esquematización en la representación de objetos que cuenta con una leyenda identificatoria; el caso de *Ren & Stimpy* que mostraba detalles microscópicos de los cuerpos de los personajes, que se presentaba en imagen fija.

En estos casos, además de la novedad animada, novedad que se presenta en general en 2D, se priorizó también un quiebre temático, luego continuado por distintas animaciones, que opera como regla de hierro en las animaciones infantiles, que es la mostración de la eventración.[290] Es en esta exhibición en la que también se construye en un nuevo distanciamiento del realismo en las animaciones televisivas adultas respecto de las animaciones cinematográficas.

---

[289] Desde los orígenes de la animación televisiva, ésta construyó, especialmente en el caso del dibujo animado, una búsqueda de nuevas técnicas, ya que se teorizó acerca de la cantidad de información que soportaba la pantalla chica, por lo que siempre se trató de una animación *más pobre*. La animación limitada se desarrolló como herramienta de economía de tiempo y adaptación de recursos para la televisión.

[290] Este rasgo de género es trabajado por Oscar Traversa (1984).

Así, tanto en los dibujos animados que mira la familia Simpson, como en *Ren & Stimpy* o el más actual *Happy Tree Friends*, la eventración es un motivo recurrente y hasta germinal.[291]

Paralelamente, la animación televisiva infantil parece haber retomado, en términos generales, la propuesta estética de estos textos en 3D, pero, si se quiere, se trata de una utilización del 3D algo más radical que la presentada en los *films* animados, ya que representan elementos no referenciales. Los personajes construidos a partir de formas geométricas, o de desarrollo de personajes sin contexto escénico. Estos juegos de lenguaje se centran especialmente en los dibujos animados televisivos infantiles didácticos.

La animación tradicional (2D, narrativa) parece estar relegada a espacios menos definidos en cuanto a su audiencia. Están fuertemente vinculados a la práctica social del entretenimiento. En este espacio se sitúa el género más tradicionalmente definido, el *cartoon*.

¿Qué pasa con las historias?

En los *films* animados, como en los de Disney, se toma un partido realista tanto con el tipo de representación que adoptan en su audiovisualidad todos los elementos de la escena, como el tipo de vínculo de estos elementos en el mundo, y las relaciones en las que se incluyen.

Volvamos a *Antz*, asumimos con la crítica que no es un *film* infantil: la primera escena nos muestra al personaje de Z en un diván comentando lo desdichada e insatisfactoria que resulta su vida. Por el derrotero del relato, Z terminará como hormiga soldado, que en el enfrentamiento bélico sobrevive gracias a la cobardía, ya que durante la batalla se esconde. También esto se vuelca sobre su referente, y en este sentido realista –recordando siempre que estamos hablando de efectos de discurso– pero de otro orden, hay un real que se asienta que no es el de los *fary tales*, es el de la vida del trabajo, del solitario acomplejado, del fracaso amoroso y social. Se trata de las tematizaciones presentes

---

[291] Segre, Cesare (1988) desarrolla para el campo temático los diferentes tipos de motivos temáticos.

en muchos de los *films* de Woody Allen, y además agrega algo: es una *película muy hablada*. Algo poco habitual en las películas animadas.

En *Toy Story* y en *Shrek* algo del mundo se desordena. Este mundo se presenta como menos "realista" que el de *Antz*. En *Toy Story* un nuevo juguete desordena las preferencias de Andy, su dueño, y Woody, celoso, planea dejar en el olvido a Buzz intentando atorarlo detrás de un escritorio, con tal mala suerte que Buzz cae por la ventana y Woody es acusado de "jugueticidio" por los demás inteftantes del cuarto de Andy. Esto lo obliga a ir en su rescate. En el camino (como en las *road movies* o en las *Buddy movies*) se harán mejores amigos y aprenderán algo: Woody a compartir el amor de Andy; Buzz, a ser consciente de su condición de juguete, como todos los de la habitación de Andy.

Shrek comienza donde *Toy Story* termina. Los personajes de los cuentos (y en especial los de Disney) son presentados en el reino de Far Far Away donde viven habitualmente.[292] En este *film* aparece una posición meta, que resulta de la convivencia conflictiva de los personajes mágicos, conocidos y presentes en otros relatos, y su convivencia con personajes nuevos (especialmente los protagónicos). Ésta es una historia de hadas, a la vez que es una historia que denuncia las historias de hadas; el comienzo mismo del *film* da el tono del conjunto: Shrek lee una historia de hadas en su letrina y cuando llega al final decree de su veracidad y utiliza una de esas hojas como papel higiénico. De allí en más todo es un juego de reconocimientos y distanciamientos tanto narrativos como de "detalles inútiles" que componen los momentos catalíticos del relato.[293] Así las apariciones de los personajes encantados del bosque supone un relato que se bifurca en dos direcciones: la de la historia lineal: el rescate de la princesa para recuperar el pantano; o el juego de chistes con/sobre el conjunto de textos convocados. Desde las distintas princesas al Lobo Feroz de Caperucita Roja, pasando por Pinocho, todos estarán, en tanto que citas, para poner los pasos de comedia.

---

[292] Otros *films* con la misma temática estrenados recientemente son *La Verdadera historia de Caperucita Roja* (2007) y *Colorín colorado, este cuento no se ha acabado* (2007).

[293] Para el concepto de catálisis véase Barthes (1966).

A diferencia de estas novedades narrativas, que implican una suerte de *transferencia*, tanto de géneros no infantiles, como de los propiamente infantiles que llegarán para ser parodiados, en las animaciones televisivas, las historias parecen tomar un partido diferencial en relación con lo infantil y lo adulto. En este punto, las historias de las animaciones destinadas al público adulto –o al menos no exclusivamente infantil– toman, muchas veces el modelo de las historias infantiles para construir sobre ellas una ironía o sátira (*Ren & Stimpy*, por ejemplo). La inclusión de operatorias como parodias, sátiras e ironías están ahora al servicio de un referente externo como es el de la vida social y política (desde *Los Simpson* a *Alejo y Valentina*) mientras que el *cartoon* se mantiene como el lugar de menores transformaciones. Las animaciones infantiles de entretenimiento, aquellas que no narran historias, parecen haber acentuado su componente didáctico imitativo por lo que en muchos casos dejan de lado el relato.[294] Mientras que los cortos narrativos y/o asociados a la *sitcom* confluyen en muchos casos con las operatorias señaladas para el caso del cine, con excepción de la imaginería de imágenes en movimiento que ofrecen. En estos casos se presenta una suerte de revitalización de la animación 2D, del mismo modo que los segmentos destinados a los adultos en televisión, con una fuerte renovación narrativa que presenta historias más "absurdas" como es el caso de *La vaca y el pollito*, *Johnny Bravo* o *La mansión Forster para amigos imaginarios*.

Evidentemente no es sólo para chicos

El recorrido realizado es uno que va a contrapelo de lo que suele pensarse: el dibujo animado es para chicos. Rescatar *Antz* en esta serie nos obliga a volver a pensar el problema de estos *films* y animaciones televisivas en relación con su enunciación construida, así como desde las diferentes apelaciones señaladas por la crítica, que construyen un universo claramente más

---

[294] Un desarrollo sobre la enunciación construida por la animación televisiva infantil puede encontrarse en el trabajo de María Alejandra Alonso (2009).

complejo en el que aparecen diferenciados los adultescentes/ *Kidults*, los textos infantiles o los adultos.

El momento estilístico en el que estos *films* se incluyen (si todavía puede llamarse posmodernidad) se caracteriza, entre otras múltiples operaciones, por un cierto *revival*, el que se asocia al *camp*[295] como gesto, el de una mirada que vuelve atrás rescatando algunos elementos del pasado, una mirada algo nostalgiosa que *garantice* que la memoria está aun viva. Sin embargo, este gesto está trabajado de manera diferencial en los medios estudiados. La animación televisiva es *camp*, ya que se retoma, por ejemplo de los personajes de Hanna Barbera los transforma en otra cosa a la vez que los mantiene tal como eran (estas yuxtaposiciones son acompañadas de la exhibición de los "clásicos" en las señales en las que se incorpora). En el caso del cine, se trata de una retoma *irónico-metadiscursiva*: se trata de actualizar distanciada y comentadamente géneros, formatos, temáticas y narrativas, antes que el propio lenguaje animado.

Tanto en *Shrek* como en *Toy Story* esta retoma es central. En el caso de la historia del ogro es un retomar las historias infantiles y sus personajes casi sin mediaciones –lo que estaba allí ahora está aquí casi sin modificación–, ya que actúan en el nuevo *film* como en su emplazamiento original. Es esta combinatoria de nuevo emplazamiento sin modificación de las funciones de actante que encarnan los personajes transpuestos la que construye una nueva articulación: se trata de una historia en la que sólo son "elementos del paisaje" la que los vuelve novedosos. Ésta es una retoma como *pastiche*.[296]

En *Toy Story*, en cambio, la retoma presente es una menos discursiva, se trata del rescate de un momento de la vida, de acciones que se realizan; lo que se rescata es una acción: el jugar; y el lugar que tienen los elementos en esta acción. Es una retoma

---

[295] Según Amícola (2000, p. 47) "Lo que vendría a hacer el camp sería [...] dar entidad a la más delirante de las integraciones al mercado, imponiéndole a este su propios términos de juego".

[296] De acuerdo con el diccionario de Beristáin (2000, p. 394), *Pastiche* es: "Obra original construida, sin embargo, a partir de la codificación de elementos estructurales tomados de otras obras. Tales elementos pueden ser lugares comunes formales o de contenido o de ambos a la vez, o bien fórmulas estilísticas características de un autor, de una corriente, de una época, etc.".

que apunta a una individualidad, es siempre un recuerdo.[297] De alguna manera la puesta en escena de Z en *Antz* parece acercarse al tipo de retoma presente en *Toy Story*. El pasado que vuelve es de una clase más individual, es menos compartido en la medida en que se asienta en la experiencia lúdica, y no en un *corpus* textual fijo como en el caso de *Shrek*.

De este modo, las historias convocan, más allá de su edad, a espectadores que se asumen distintos en los *films* y en las animaciones televisivas, y a su vez diferentes de buena parte de los largometrajes animados que los preceden. En los "clásicos" de Disney se convoca a una espectación asociada a los avatares de la historia, en la que la presentación visual funciona como refuerzo, como ilustración, soporte de las canciones, con personajes maravillosos en algunos casos, malvadísimos en otros (una vez más *La bella durmiente*); todo lo que redundará en una moraleja. En *Toy Story*, en cambio se convoca a una mirada atenta, también pegada al relato, pero que pueda "volver a deslumbrarse" pensando algo que no estaba previsto: los juguetes tienen una vida que desconocemos; y en el caso de *Shrek*, se reclama a la vez una mirada lejana, que se "enganche" con los elementos secundarios del relato pero que le da el tono gracioso; y una cercana, la de la historia de hadas, que a la manera de Disney, nos deja la enseñanza de la perseverancia y el verdadero amor.

En las animaciones televisivas adultas se reclama una espectación dispuesta a la experimentación: tanto con los límites de lo decible, ya que la procacidad, lo políticamente incorrecto, la sátira política y social son ahora materias presentes; como con lo audiovisual, en la medida en que se trata imágenes y combinatoria de imágenes verdaderamente nuevas en los medios, que no subestiman la pantalla, a la vez que se retoman de imágenes viejas presentadas de manera novedosa que obliga en muchos casos a un distanciamiento con el propio lenguaje, el que aparece tematizado por el texto.

Salvo *Antz*, las películas animadas contemporáneas son en su mayoría *también* para adultos. Pertenecen a ese grupo de *films* adultescentes o *kidults*. Ésta es una apelación que descansa antes que en la mentada renovación del lenguaje del dibujo animado,

---

[297] Sobre memoria y recuerdo en los medios véase Mónica Kirchheimer (2003).

en una tematización más cercana a la estructura narrativa que hace jugar elementos de universos disímiles. Las aventuras de Woody y Buzz, en su exageración, en el relato de la historia de venta de Buzz hace entrar un conjunto de juegos de cercanía y distancia, en menor medida que *Shrek*, pero en la misma línea.

Lo cierto es que se evidencia que la mentada "novedad del lenguaje" en la animación cinematográfica es una novedad relativa: la que habilita el lenguaje desde la posibilidad del dispositivo técnico[298] es un nuevo tipo de imágenes. Sin embargo, desde el punto de vista del programa estético actualiza como novedad la larga tradición del realismo. Mientras que las animaciones televisivas destinadas al público adulto presentan un trabajo verdaderamente novedoso en el plano del lenguaje. Antes bien, lo nuevo en el espacio cinematográfico parece estar de la mano del corrimiento de los límites de lo decible por estos *films*.[299] Las imágenes realistas del cine de animación parecen cumplir con los requisitos que hacia fines de la década de 1930 llevó a Walt Disney a crear la cámara multiplano, construyéndose la animación cinematográfica día a día más en comparación con el cine de acción en vivo, reproduciendo el mundo en su supuesta escala tridimensional, mientras que la animación televisiva adulta, con un espacio en crecimiento pero de menor visibilidad social, se permite extender, simplemente, y nada menos que los límites de lo visible.

Bibliografía

Alonso, M. A., "Las sombrías aventuras de la infancia televisiva. Análisis semiótico de la programación animada televisiva infantil", Buenos Aires, mimeo, 2009.
Amícola, J., *Camp y posvanguardia. Manifestaciones culturales de un siglo fenecido*, Buenos Aires, Paidós, 2000.
Barthes, R., "El efecto de lo real", en AA.VV., *Polémica sobre el realismo*, 1982.

---

[298] El concepto de dispositivo técnico según lo desarrollado por José Luis Fernández (1994).
[299] Véase Metz, Christian (1975).

―― [1966], "Introducción al análisis estructural de los relatos", en Barthes, Roland, *La aventura semiológica*, Barcelona, Paidós, 1997.
Beristáin, H., *Diccionario de retórica y poética*, México, Editorial Porrúa, 2000.
Fernández, J. L., *Los lenguajes de la radio*, Buenos Aires, Atuel, 1994.
Jakobson, R., "Lingüística y poética", en *Ensayos de Lingüística general*, Barcelona, Planeta-Agostini, 1985.
――, "El realismo artístico", en AA.VV., *Polémica sobre el realismo*, 1982.
Kirchheimer, M., "Memoria y recuerdo: las formas del pasado en la televisión" en *Revista Figuraciones 1/2*, Buenos Aires, IUNA-Asunto Impreso, 2003.
Kirchheimer, M., "El reproche de la comicidad. Lecturas sobre dibujos animados no infantiles", en *Revista Figuraciones 3*, Buenos Aires, IUNA-Asunto Impreso, 2005.
Lerer, D. "Más aventuras en el hormiguero", en diario *Clarín*, sección espectáculos 03/12/1998.
Lévi-Strauss, C., *Mirar, escuchar, leer*, Buenos Aires, Ariel, 1994.
Manrupe, R., *Breve historia del dibujo animado en la Argentina*, Buenos Aires, Libros del Rojas-UBA, 2004.
Metz, C., "El decir y lo dicho en cine", en AA.VV., *Lo verosímil*, Buenos Aires, Tiempo Contemporáneo, 1975.
Segre, C., "Tema/motivo" de *Principios de análisis del texto literario*, Barcelona, Crítica, 1988.
Stam, R.; Burgoyne, R.; Flitterman-Lewis, S., *Nuevos conceptos de la teoría del cine*, Barcelona, Paidós, 1999.
Traversa, O., *Cine: el significante negado*, Buenos Aires, Hachette, 1984.

XI. LOS MEDIOS COMO HERRAMIENTA PEDAGÓGICA Y DE INVESTIGACIÓN

El cine como herramienta del análisis cultural

Silvia Aguetoni Marques
Pontificia Universidad Católica (PUC)

Palavras-chave: *cinema espanhol; cultura espanhola; cultura barroca*

1. Introdução

O cinema é uma importante ferramenta de pesquisa para compreender a sociedade, da mesma forma que são o teatro, a literatura, as artes de um modo geral a culinária, a arquitetura, o idioma, as religiões e crenças.

> Ningún espectáculo en la Historia se ha propagado con tal velocidad y há alcanzado tal penetrácion. No es exagerado suponer, por lo tanto, que ha de ejercer considerable influencia en la vida de nuestros contemporáneos y en la estructura de nuestra sociedad (Soler, 1956: 13).

O cinema tem o poder de modificar a forma de pensamento.

> O cinema não é, portanto, apenas uma droga a baixo preço. A sua acção inconsciente é profunda, tal vez mais do que em qualquer outro meio de expressão. A seu lado a psicanálise pouco representa! [...] Do cinema podemos esperar o melhor ou o pior [...] Ainda se podem produzir bons filmes, mesmo em condições comerciais adversas, films que modificam as combinações de desejo, que quebram os estereótipos, que abrem o futuro (Guatarri, 1984: 1).

A presente pesquisa é sobre o cinema. Como é possível por meio da análise cinematográfica compreender a sociedade com seus costumes, processos históricos, crises políticas e mudanças morais. A questão principal da pesquisa é a relação entre elementos da cultura espanhola (touradas, pratos típicos como a *tortilla* e a *paella*, a Igreja Católica) com a ditadura de Franco, os ataques terroristas do pós-franquismo, a repressão sexual.

> El cine posfranquista ofrece a España uno de los únicos medios realmente influyentes de corregir los falsos estereotipos del país y sus habitantes que los intereses políticos del régimen franquista consiguieron inculcar en el resto del mundo. Según ellos, España

era la tierra del sol y del duende, una experiencia exótica y distinta para los extranjeros, la tierra de Don Juan y Don Quijote, y los amables, cariñosos, pero, desgraciadamente, anárquicos, españoles –que, por cierto, acabaron creyéndose esto– quienes necesitaban una mano dura que velase por ellos. [...] desde 1982 uno de sus intereses básicos ha sido la recuperación de "parcelas de cultura" perjudicadas, deformadas o reprimidas durante cuarenta años por una dictadura absolutamente vulgar (Hopewell, 1989: 423).

2. Objetivos

Falar sobre os grandes ícones culturais da Espanha por meio dos films de quatro cineastas espanhóis: Luis Buñuel, Carlos Saura, Pedro Almodóvar e Bigas Luna. O principal objetivo da pesquisa é mostrar que existe uma unidade temática no cinema espanhol.

3. Métodos

O método utilizado foi a comparação dos films de importantes cineastas espanhóis. A pesquisa lida com a obra de quatro cineastas de épocas, províncias e estilos diferentes (Luis Buñuel, Carlos Saura, Pedro Almodóvar e Bigas Luna) e que mostram ou mostraram de uma maneira muito parecida os ícones culturais espanhóis e as marcas de quarenta anos de ditadura.

4. Resultados

Os quatro cineastas trabalham ou trabalharam com o catolicismo. Os films espanhóis de um modo geral mostram elementos católicos como imagens da Virgem Maria, crucifixos. padres, freiras e igrejas. A Espanha é um país que tem muitas heranças culturais: a ibérica e cristã, a mourisca, a judia, entre outras. Por isso, é um país com uma cultura híbrida porque combina muitos elementos distintos. A ditadura de Franco somente reforçou a repressão que a porção cristã fazia em relação aos elementos mouriscos. Em nenhum momento a Espanha se esqueceu do cristianismo e da herança sensual do mourisco. Por isso, os elementos profanos e sagrados estão juntos nos filmes.

> Como observa con acierto Xavier Domingo en uno de los pocos ensayos consagrados al tema, el árabe ha integrado el acto sexual en la estructura de sus aspiraciones más elementales. El cristiano, al contrario, tiende a excluir el sexo, a negarlo. El sentimiento y la sexualidad son para el árabe cosas indisolubles. Para el cristiano todo lo que concierne al sexo es nefasto y puede contaminar el alma (Goytsolo, 1979: 300).

5. Discussão

Em Almodóvar, as touradas são mostradas como a representação de uma vida erótica intensa. No film *Matador*, o protagonista é um toureiro que assassina suas amantes. A dominação utilizada por ele nas touradas é usada também com as mulheres que são vencidas como os touros. A cama é revertida em um espaço de luta e jogo. Mais uma vez, o cinema espanhol relaciona a vida sexual e privada com os seus grandes ícones culturais. Para compreender a Espanha como país policultural e híbrido, os cineastas usam as relações amorosas.

> Em *Matador*, como já foi falado anteriormente, as idéias de amor e morte estão entrelaçadas e são vividas até às últimas conseqüências pelas personagens protagonistas. Por meio de um ícone nacional, a tourada, Almodóvar estabelece uma relação entre sexo e morte. Tal film foi admirado por alguns críticos e rechaçado por outros que consideraram que Almodóvar desrespeitou um dos principais ícones espanhóis, associando-o a um assassino de mulheres. (Marques, 2009: 70).

Carlos Saura usa muito o flamenco para falar sobre as relações de gênero. Muitos de seus films utilizam a música e a dança flamenca para mostrar o ser e o amar espanhol. A mesma sensualidade existente nas relações amorosas, faz parte da música e dança flamenca. Os olhos do homem e da mulher se encontram com a mesma força dos contatos visuais amorosos. Bigas Luna também utilizou a música flamenca para falar sobre a paixão e o desejo sexual em *A teta e a lua*. Estrellita, uma jovem casada com um homem muito mais velho, se sente seduzida por um rapaz andaluz que canta músicas flamencas para ela. Mesmo amando o marido que já não consegue satisfazê-la fisicamente, Estrellita entrega-se sexualmente ao jovem e às suas canções. Se em *A teta e a lua* a o flamenco antecipou a paixão, em *Carne trêmula* de Almodóvar, anunciou a tragédia.

> Em *A teta e a lua*, da mesma forma que aparece em outros films espanhóis como *Matador, Carne trêmula*, e *Esse obscuro objeto do desejo*, a música flamenca anuncia a paixão e serve de fonte de sedução. Em *Carne trêmula*, o flamenco antecipou a tragédia, em *A teta e a lua*, o amor (Marques, 2009: 93).

Em *Jamón jamón* de Bigas Luna, Silvia, a jovem protagonista, e sua mãe preparam deliciosas *tortillas* para vender. Em uma determinada cena, o homem amado por Silvia compara seus seios com as *tortillas* feitas por ela. Comparar uma espanhola a um prato tão típico e importante como a *tortilla* é mais que um elogio. É dizer que ela representa e simboliza a sua cultura.

> La exquisita atención tanto a la forma o estética como al contenido temático caracteriza las tres películas que siguieron a *Las edades de Lulú*, la trilogía de "Retratos ibéricos" [...] esta trilogía, aunque insistiendo em los temas y experimentos formales habituales del director, muestra um ligero cambio de énfasis sobre todo en el enfoque temático sobre lo español, es decir, los símbolos, ritos y señas de identidad del país [...] es la trilogía y, sobre todo, *Jamón jamón*, la que mejor refleja la cultura de una España profunda (Evans, 2004: 14).
> La España de principios de los noventa fue una época lo suficientemente distanciada de la sociedad autocrática del franquismo como para permitir un análisis de los valores y creencias que sostenían aquel sistema político y social. En cierto modo, pues, *Jamón jamón* aporta una perspectiva crítica e irónica sobre el pasado y sobre las raíces ideológicas y culturales que permitieron el desarrollo y el apoyo público de la dictadura (p. 21).

Em *A flor do meu segredo*, a personagem protagonista oferece uma *paella* a seu marido com o intuito de agradá-lo, mas ambos discutem. Bigas Luna afirma que o povo espanhol é como a *paella*: se os diversos elementos estão bem combinados, é um prato delicioso. Caso contrário, é terrível. O curioso é ocorrer a briga na noite em que ela manda a empregada preparar a *paella*. O prato antecipa a tragédia como a música flamenca a antecipou em *Carne trêmula*.

Em *Jamón, jamón*, a cena da briga com as pernas de presunto é muito curiosa porque o presunto é um grande símbolo da cultura espanhola. Mais uma vez as relações pessoais são representadas pelo cinema espanhol pelos ícones da mesma.

> La primera vez que tuve ocasión de observar nuestro país fue gracias a un amigo inglés que estaba visitando España, y una de las cosas que más le sorprendió era que tuviéramos piernas de animales colgadas del techo de los bares [...] Empece a darme cuenta de que vivía inmerso en una realidad muy próxima a lo surrealista, y comenzó a desarrollarse en mí una profunda fascinación hacia todo lo que representa nuestra cultura (Pisano, 2001: 181-82).

Para Baktin, a comida é uma maneira de encontrar o prazer. No film *Jamón jamón* de Bigas Luna, a comida é uma fonte de frustração.

> La comida, imagen para Bakhtin del placer y de la abundancia, es aqui –como a menudo en las películas de Buñuel [...]– más bien una expresión de los prejuicios o represiones de sus personajes (Evans, 2004: 101).

> En esta escena, la paella y la tortilla, que hubieron podido ser [...] una fuente de consuelo, no son nada más que un símbolo del fracaso de la comunidad, de la família y del ensueño de la pareja feli (p. 102).

Para Bigas Luna, a culinária é um dos elementos mais importantes da cultura espanhola.

> Huevos de oro es otro retrato de España [...] la comida, el sexo, lo surrealista y la especulación inmobiliaria. Somos lo que somos por el clima que tenemos y por lo que comemos. Una de las mejores cosas de nuestro país es nuestra comida, una pieza clave de nuestra cultura. Los huevos fritos con chorizo son uno de los platos más sencillos que tenemos, pero de una gran fuerza, um plato ancestral, casi étnico. Los huevos son la esencia y seguirán siéndolo siempre; la expresión "qué huevos" siempre conlleva una alabanza, aunque se utilice para recriminar a alguien (Luna *apud, en* Pisano, 2001: 181).

Bigas Luna usa as tarefas cotidianas como o ato de cozinhar e de amamentar para falar sobre o amor, a paixão e as relações pessoais. Em *A teta e lua*, o amor materno é representado pelo ato de amamentar.

> Concluye la trilogía hispana con la que podría ser su entrega más exaltada y, sin embargo, es la más atípica: *La teta y la Luna* (1994). Decimos que es atípica porque, ante la gran cantidad de posibi-

lidades que ofrecen las glándulas mamarias femeninas –"porque son eróticas, sensuales y a la vez un órgano alimenticio. El único en el que se mezclan dos cosas fantásticas", declararía el realizador en su momento–, Bigas se decanta por la ternura (Membe *apud*, en Pisano, 2001: 25).

6. Conclusões

O artigo mostrou que por meio da análise cinematográfica é possível conhecer mais sobre um povo. O cinema ajuda a modificar a sociedade da mesma forma que a sociedade interfere no cinema e nas artes de um modo geral. É um movimento duplo porque nenhuma manifestação artística é um reflexo puro da vida cotidiana. Da mesma forma que as heranças culturais se mesclaram na Espanha, originando um povo policultural, as artes e todas as outras séries culturais se mesclam também com a vida íntima, política e social.

Bibliografia

Marques, Sílvia Cristina Aguetoni, *O cinema da paixão: Cultura espanhola na mídia,* São Paulo, 2009, p. 113. Tese (Doctorado en Comunicación y Semiótica), Pontifícia Universidad Católica de São Paulo, pp. 70 y 93.

Evans, Peter William, *Jamón, jamón*, Barcelona, Paidos, 2004, pp. 14, 21, 101 y 102.

Pisano, Isabel, *Bigas Luna: sombras de Bigas, luces de Luna*, Madrid, S.G.A.E., 2001, pp. 25, 181, 182. 1ª ed.

Hopewell, John, *El cine español después de Franco*, Madrid, Ediciones el Arquero, 1989, p. 423, trad., Carlos Laguna.

Guattari, Félix, "O Divã do Pobre", en Psicanálise e Cinema. Coletânea do nº 23 da *Revista Communications*. Comunicação/2, Lisboa, Relógio d' Água, 1984, p. 1.

Goytsolo, Juan, *El lenguaje del cuerpo*, en Alfredo Roggiana (org.), *Octavio Paz*. Madrid, Fundamentos, 1979, p. 300.

Siguán Soler, Miguel, *El cine, el amor y otros ensayos*, Madrid, Ed. Nacional, 1956, p. 13.

Cruces interdisciplinarios y registro documental: *UORC, la película*, de Ezequiel Ábalos

María Laura González
Instituto de Historia del Arte Argentino y Latinoamericano
Facultad de Filosofía y Letras
Universidad de Buenos Aires

Palabras clave: *performance teatral-registro audiovisual -interdisciplinariedad*

Introducción

En 1986 el escritor, periodista y cineasta Ezequiel Ábalos quedó deslumbrado por el espectáculo que el grupo teatral "La Organización Negra" realizaba los días jueves en la discoteca Cemento de la ciudad de Buenos Aires. Le interesó la idea de llevar a un soporte cinematográfico un evento artístico que sobrepasaba los límites teatrales propiamente dichos y proponía con desafío un lenguaje nuevo e innovador. Así nació *UORC, la película*, filmada al año siguiente. El resultado fue una obra autónoma del hecho teatral.

Hoy, a veintidós años de su realización, la película de Ábalos no es fácilmente hallable debido a que su realizador aguarda la digitalización necesaria –relativa a estos tiempos– para reanudar posibles exhibiciones. Sin embargo, al encontrarnos dentro del marco de una investigación doctoral –que reúne algunos de los trabajos realizados por La Organización Negra entre 1983 y 1989– pudimos dar con ella. A fin de incorporarla como material fundamental para la reconstrucción de una de sus performances más reconocidas, este trabajo se propone analizar y reflexionar sobre aquellos aportes que nos ha provisto al convertirse en documento y registro de análisis del propio *corpus* que investigamos. Además de visualizar el espacio escénico, el vestuario, el maquillaje y la luminotécnica que se empleaban para cada función, pudimos dialogar con su realizador, quien nos aportó otros datos imprescindibles como su intención de respetar el "tiempo" real del espectáculo en la filmación, tratando de evitar elipsis de montaje. Es por ello que en el siguiente trabajo reflexionaremos sobre las "ganancias" de la película como registro de la performance teatral, sabiendo de la autonomía artística independiente de ambas obras. Así podremos reconocer la importancia de este tipo de trabajos interdisciplinarios dentro de la investigación teatral, por ser fuentes imprescindibles en el estudio de puestas en escena efímeras por condición.

Objetivos

Por lo hasta aquí expuesto, este trabajo se propone:
- Abordar el texto fílmico desde una perspectiva interdisciplinaria, tanto teatral como cinematográfica.
- Reflexionar sobre los aportes y las "ganancias" que provee el film como registro audiovisual de la performance teatral, a fin de resultarnos como herramienta de investigación.
- Restituir el valor cultural del film a partir de su capacidad patrimonial y memorial.

Materiales y métodos

Se ha empleado para este trabajo:
- La observación de la película filmada en 1987, por Ezequiel Ábalos, y la realización de una entrevista posterior, llevada a cabo en octubre de 2008.
- El relevamiento de artículos y avisos periodísticos de la época que retrataban parte del evento teatral, lo promocionaban, y hasta brindaban fotografías de él.
- La observación de otras fotografías de la performance, provistas por intérpretes del grupo La Organización Negra.
- Las entrevistas realizadas a intérpretes de la performance como Manuel Hermelo, Alfredo Visciglio, Fernando Dopazo.
- Otras entrevistas realizadas al músico de la performance, Gaby Kerpel y al iluminador, Edi Pampín.

Aproximaciones

¿Por qué *UORC, la película* nos interesa para abordar el tema del cine como herramienta para la investigación? Ante todo –y ya hecha la aclaración de haberse convertido en un material indispensable para el desarrollo de la investigación en la que nos vemos involucrados– UORC sería una performance teatral filmada en 35 milímetros. Una trasposición fílmica de la versión teatral. Es una película que es testigo del evento y se mueve como espectadora dentro de él. Es un estar adentro de la escena misma, donde espectadores y actores compartían el espacio escénico. Y también es el registro de una época –los ochenta– que desde esta innovación escénica realizada por el grupo La Organización Negra, trascendió estéticamente aquel momento coyuntural marcado por lo generado periféricamente al campo teatral legitimado, hasta lograr ser un punto de partida de prácticas estéticas surgidas posteriormente.

En los 86 minutos que aproximadamente dura la película, se nos muestra audiovisualmente cómo se las ingeniaron para explorar y generar un lenguaje teatral innovador. La escena era construida de la siguiente manera: sonoramente una "respiración" asfixiaba el ambiente. Había luces muy detallistas que creaban un clima de incertidumbre por la aparición y el posterior devenir de movimiento de los actores. Esta incertidumbre era desprendida por la falta de delimitación espacial, ya que no había un espacio escénico concreto delineado de antemano. Había sí, un exceso de tensión, según recuerdan quienes asistieron como espectadores. La oscuridad total del espacio, era mechada con planos lumínicos contrapicados, capaces de resultar un elemento significante fundamental para la escena, al tratarse de un material visual pocas veces visto en aquella época, en nuestro país. Los espectadores ingresaban al espacio y se acomodaban por donde quisieran, mientras eran conducidos y perseguidos por una grúa. Sobre ella, uno de los personajes se iba elevando a medida que avanzaban sobre el lugar. Una vez adentro, las puertas de acceso se cerraban. De algunas bolsas de residuo depositadas en el suelo de aquel espacio interior salían unos personajes denominados los "Pajarracos", los cuales comenzaban a romper esos envoltorios para salir a la superficie, a la vez que la gente se desconcentraba de su alrededor. Estos personajes "empetrolados" comenzaban a deambular por el interior de la discoteca entre la gente, sin un rumbo preciso. Éstas eran las primeras corridas. No había textos pero sí música. De pronto –a modo de *The wall,* de Pink Floyd– una pared de cajas altísima era derrumbada y la gente corría pensando que sería aplastada. Cuando la pared caía –sin lastimar a nadie– se descubría un espacio posterior, que agrandaba la escena, y allí detrás se podía visualizar la verdadera pared del lugar. Sobre esta pared había dos escaleras que estaban recubiertas por dos tubos de plástico traslúcidos, además de estar iluminadas por dos "campanas" de luces blancas. Por allí comenzaban a bajar otros dos personajes, totalmente caracterizados, con poca ropa, calvos y cuyos cuerpos estaban completamente cubiertos de pintura blanca, llamados los "Blanquitos"; los cuales iniciaban una segunda corrida entre la gente. Luego, otros dos personajes recorrían el espacio aéreo desde un extremo a otro mediante tirolesas, hasta descender en un escenario lateral. Allí, los esperaba otro personaje –un lanzallamas vestido con un piloto símil a un traje posnuclear– que apuntándolos con un matafuego iniciaba una lucha continuada con la rotura de muchísimos tubos de luz fluorescentes... después de que este personaje desaparecía, la escena continuaba con otras secuencias que recreaban una estética posnuclear y de cómic...[300]

Si no existiera *UORC, la película* nos acotaríamos a la narración de estos hechos a modo de reproducción narrativa de lo contado por realizadores y espectadores en las entrevistas que hemos realizado. Porque, como registro de historia oral, estas entrevistas nos proveen un testimonio imprescindible para reconstruir el paso a paso de la puesta e imaginar qué era lo que ocurría cada jueves de 1986, minutos antes del show de alguna banda musical como Sumo, en la discoteca ubicada en la calle Estados Unidos al 1200 que regenteaban Omar Chabán y Katja Alemann. Es decir, nuestra imaginación hubiera sido parte de la escena, al tratar de reconstruir cada una de las versiones recordadas. Sin embargo, la película existe y hoy nos sirve para afirmar

---

[300] En la el diario *Clarín*, Gabriela Borgna notificaba lo siguiente: "Violenta metáfora (¿posnuclear?), con cierta dosis de comic y una pizca de sonido Malcom Mc Lauren [...] en algún momento aparecerá un depredador armado de lanzallamas que no puede sino recordar la saga del *Eternauta* de Oesterheld".

y/o desechar aquello que hemos podido construir mentalmente a partir del registro oral obtenido. Siendo imágenes y sonidos concretos colaboran en la reconstrucción de una manera más precisa. Aportan información concreta sobre los elementos significantes relativos al vestuario, a las luces empleadas a lo largo de cada uno de los segmentos de movimientos desarrollados; como también relevan el exceso de material invertido como utilería. Es decir, se logra reunir una mayor cantidad de datos y de información constitutiva del evento en sí. Entonces, la película se torna parte de la reconstrucción pretendida.

Asimismo, algunas fotografías obtenidas de la puesta convergen en el mismo referente filmado por Ábalos, y como material documental también aportan beneficios para la reconstrucción. En este caso se puede decir que reafirman las imágenes captadas por Ábalos y refuerzan la idea de que todo registro de la puesta, además de concebirse como testimonio de la misma, también demuestra su calidad artística autónoma.

Planteos teóricos y algunas preguntas

La película es lo que tenemos del pasado, Richard Shechner (2003: 138).

Ahora bien, el Ábalos espectador teatral se transforma, ahora, en cineasta. Motivado por la innovación escénica y con el objetivo de perdurar y plasmar aquellas imágenes "muy cinematográficas" que llamaron su atención; permitió que algo de lo efímero ocurrido cobrara un valor perdurable. Parecería que el arte de Ábalos estuvo en concebir una obra, no como imitación de lo natural, sino como expresión de sí mismo, de artista a partir de una impresión estética vivenciada. Expresión enfocada a plasmar una sensación, aparentemente, compartida por la mayoría del público asistente de la performance, la cual sin ser mimética, proponía todo un universo construido a partir de un mecanismo operativo en el que se usaban gran cantidad de material esceno-plástico función tras función. Entonces, documentar esa experiencia de ser público, esa sorpresa y querer compartirla con quienes hubieran asistido o no, fue el punto de partida para su filmación, permitiéndose subsistir atemporalmente como huella artística de lo que sucedió.

Ahora bien, sin duda, la performance teatral no es la película. Son dos obras diferentes. Son dos soportes y dos lenguajes que requieren mecanismos de producción distintos. El referente de la obra fílmica es la performance teatral. Allí reside su función icónica. Pero la trasciende y en eso es que "gana" su autonomía. Es una trasposición. Es una versión, que en términos de Richard Schechner podría ser denominada como "restauración de una conducta", como reconstrucción de un pasado, pero que vive independiente y autónomamente de tal suceso. Es un hipertexto del hecho teatral en sí, el cual pasa a ser una intertextualidad explícita en el film. Ahora la película es parte de la obra teatral –como hipertexto–, mientras que la obra teatral es parte de la película como referente traspuesto. Paradójicamente hay una dependencia, pero como dijimos también una independencia. Esta correlación puede leerse desde la aclaración del título, de tratarse de "la película". Allí, la imbricación de una y otra forma artística ensimismada es explícita. Sin embargo, podríamos preguntarnos ¿dónde el origen de una u otra?

Así, y como incumbe a toda trasposición, donde se evalúa y se discierne qué se perdió y qué se ganó en dicho pasaje, nos interesa ir más allá para reflexionar sobre cómo cuenta a *UORC* Ábalos. Es decir, "su" punto de vista sobre el hecho teatral. Porque, como cualquier espectador, él quiso recordar y hacer perdurar aquella experiencia. Así fue como respetó el tiempo real del espectáculo en la edición final, sin tratarse de un plano secuencia. Asistió a otras funciones para elaborar su guión. Por el tipo de espectáculo, los movimientos aleatorios propios a cada función fueron tenidos en cuenta. Se propuso filmar una secuencia por día de filmación. Entonces, logró reunir un gran equipo de trabajo que con mucho entusiasmo se prestó para la realización, entre ellos colaboraron un director de fotografía, asistentes de cámaras, sonidistas, gente que le prestó las cámaras y las latas de película, y en aproximadamente siete funciones –cada día logró filmar una secuencia– y dos funciones aparte –para mejorar la iluminación utilizada– quedó listo el registro pretendido. En estas dos funciones llevadas a cabo aparte, trataron de mantenerse el ritmo de la función y la gestualidad de sorpresa y nerviosismo de los espectadores; por ello se convocó a algunos extras para que hicieran de público. El requerimiento de estas "tomas" aisladas de la función propiamente dicha, se debió a una necesidad de incrementar la iluminación de algunos momentos, ya que había fragmentos en los que resultaba escasa. Entonces, respetando el guión lumínico, se intensificaron algunos tachos de luz, logrando reforzar esas secuencias. Así, además de ver a los actores, también se aparecían los propios espectadores. Sus caras de asombros, sus gritos. En definitiva, se ve la emoción que causaba la performance que fue vista por miles de personas, donde el "boca en boca" que la promocionaba funcionaba por lo que sucedía, y no por lo que contaba la representación. Es decir, el interés a asistir estaba puesto en lo que ocurría puertas adentro y en la experimentación de ese proceder; más que en ver o escuchar algo que se contaba.

Cuando se proyectó cinco años más tarde, en 1992, La Organización Negra se encontraba en un momento particular, varios integrantes habían dejado el grupo. Sin embargo, para los continuadores, la experiencia de las catorce proyecciones –efectuadas en la misma discoteca Cemento, a sala llena– fue un gran suceso para su trayectoria. Pensar la proyección dentro del propio lugar filmado, nos permite establecer algunas relaciones espaciales entre ambas versiones. Ábalos privilegió algunos puntos de vista, que posteriormente fueron seleccionados en el montaje. Esa elección, que escapa a la mirada autónoma del espectador teatral, permite una mirada dirigida del suceso teatral; por más que en este caso se trate de una ubicación espacial aleatoria en cada momento del espectáculo. Durante la proyección del film ese espacio seleccionado y editado en la pantalla trascendía los límites extra-diegéticamente. Porque el espacio diegético filmado (la discoteca) se expandía como ámbito "real" en términos fácticos. Ese campo y fuera de campo presentes como espacio en la película, eran los mismos que el propio donde ocurría la proyección (años más tarde). Como lugar filmado, diegético, obtuvo una significación singular para los espectadores de la versión fílmica quienes –habiendo sido o no espectadores de la versión teatral– vivenciaron un evento tal, inusual y poco ocurrente.

Ahora bien, lejos de poder establecer estas relaciones espaciales, nosotros como espectadores de una función privada –recordemos que la película no se encuentra en exhibición–, aprovechamos el film como notación posible, para "ver y escuchar" lo sucedido; puesto que no hemos podido asistir a ninguna de ambas ocasiones, ni a la teatral ni a la cinematográfica. Ver las imágenes que capturan los movimientos realizados por los actores y los espectadores, nos permite ubicar tanto a actores como a espectadores como parte de la ficción. Tal vez esta ubicación más simétrica era un propósito que intentaban experimentar los realizadores teatrales, mediante esa exploración espacial acontecida, donde ficción y realidad eran intercaladas entre espacio escénico y espacio del espectador. Ahora, en la versión fílmica, ambos actantes forman parte de un mismo nivel de representación ficcional. Entonces, como espectadores cinematográficos ya no atravesamos esa indefinición espacial de ser parte de la escena, porque sí podemos delimitar nuestro propio espacio de simples observadores. Ahora, tan sólo nos encontramos frente a un espectáculo. Alguna vez la filmación efectuada en color fue proyectada en blanco y negro, algo pertinente que ocurrió cuando el hombre que proveía los videos y el proyector no pudo asistir y mandó a otro, entonces Ábalos nos contó que:

> la película salió en blanco y negro. Hay gente que hoy piensa que la película es en blanco y negro. Me he encontrado con algunos que me han felicitado creyendo que fue idea mía que fuera en blanco y negro, por ser la organización "negra".

Por otro lado, cuando el film está por finalizar, previamente a los créditos aparece un fragmento que escapa al universo ficcional propuesto en la puesta en escena teatral. A modo de "epílogo" podemos observar un registro del *backstage*, en el cual vemos cómo los intérpretes se maquillan y se preparan para la función. Según nos contó Ábalos la intención de registrar ese "detrás de escena" era la siguiente: "Si hubiese sido un buen contenido, mejor, pero la idea era verles las caras a los chabones, como personas comunes, que ellos no lo mostraban".

Porque lo que ocurría es que nadie sabía muy bien quiénes eran los integrantes de La Organización Negra. Es decir, si bien figuraban sus nombres en los programas de mano, funcionaban como grupo y la identidad mantenida siempre había sido esa. Se movían como un núcleo bastante cerrado. Incluso durante la representación podían intercambiar los roles, algo que podía pasar como inadvertido debido a la delicada caracterización que empleaban para cada "personaje". A nosotros ese "epílogo" nos sirvió para verles las caras –como pretendía Ábalos– y para ver algo de aquel detrás de escena efectuado función tras función.

Pero también nos ha servido para reconocer a aquellos jóvenes veinteañeros que hoy, más veinte años después, conocemos personalmente en cada entrevista realizada.

El paso del tiempo

Ahora bien, para abordar una última cuestión relativa a la posibilidad de registro que nos compete en este trabajo, retomaremos una preocupación pertinente a lo patrimonial. En un artículo de la revista *La Fuga*, el chileno Germán Liñero A. retoma la estadística realizada por el presidente del Instituto Audiovisual Francés, Emmanuel Hoog, de que el 80% de la memoria audiovisual de la humanidad está a punto de desaparecer, refiriéndose no sólo a películas (mayoritariamente de ficción), sino también al material televisivo y radial. En este artículo Liñero retoma el planteo con los videojuegos e Internet, y se pregunta por el registro futuro de estas prácticas para reconstruir y hablar de nuestra cultura y nuestras costumbres. A modo de "crónica de una muerte anunciada", y más allá del caso chileno en particular, la advertencia de Hoog nos permite interrogarnos sobre nuestra propia realidad patrimonial y hacer algunas observaciones al respecto del material fílmico que aquí nos convoca. Podemos observar que hoy el material del cual hablamos se encuentra en una etapa de no-exhibición. ¿Dónde está puesto el interés por conservar? ¿En qué trabajos? ¿Quién pone el valor cultural de estas "piezas" audiovisuales?

Consideramos a la película dentro de estos "otros" materiales desatendidos en cuanto a "su calidad patrimonial y su papel portador de componentes de la memoria de la humanidad" como se comenta en el artículo. Trasponer el planteo a nuestra película analizada, nos permite pensar el alcance que los registros "de teatro" gozan en la actualidad. Aquí el status de "película" alcanzado lo generó la calidad de la filmación empleada, los 35 milímetros; independientemente de su significancia como valor testimonial para el ámbito teatral. Es decir, que los alcances de legitimación alcanzados, como superadores de una "simple" grabación, estuvieron dados por ser una trasposición de una experiencia teatral llevada al cine de manera "profesional", y no por entender la preservación y documentación que este material estaba construyendo simultáneamente. Si bien este punto no lo profundizaremos queríamos dejar constancia de la preocupación que nos genera la falta de registro de ciertas prácticas y/o la falta de conservación de ellas. Y no para preguntarnos quién es responsable de la falta de ciertos cuidados y educación relativos al mantenimiento de registro indispensables; sino para pensar estrategias y resolver estas carencias en un futuro cercano.

Algunas conclusiones

Para finalizar este pequeño trabajo podemos decir que, hechas algunas aclaraciones de por qué nos interesamos en este tipo de material, y por qué hemos llegado a dar con el film, reafirmamos que el registro de puestas en escena como materiales audiovisuales resultan ser una fuente importantísima para la investigación teatral. Asimismo, la situación de los registros audiovisuales en nuestro país siempre ha tenido convergencias cuestionables. Tal vez la propia noción de "registro" es la que aún no tenemos bien definida como parámetro. La preservación y el cuidado de este tipo de materiales requieren de financiaciones que muchas veces escapan a las políticas culturales operantes. Lejos de acercarnos a nuestro pasado artístico como una manera de encontrar parte de nuestra historia y nuestra identidad cultural, el foco de interés vira hacia aspectos más redituables propios a panoramas colmados por la industria cultural.

Sin embargo, el hecho de prestar atención a este tipo de prácticas efímeras registradas y documentadas con materiales que trascienden "profesionalmente" hacia otras artes; nos permite de alguna forma, hablar de nuestro pasado teatral. Ver hoy en día qué hizo La Organización Negra en la década de 1980 es trazar instantáneamente relaciones desde un lenguaje escénico que, posteriormente, fue retomado y continuado hasta nuestro presente teatral por grupos actuales tales como De La Guarda o Fuerza Bruta. Observar estos materiales nos permite también pensar en el lugar del teatro en aquella época, por fuera de los "teatros convencionales", es decir, cómo prácticas estéticas periféricas fueron retomadas y hasta canonizadas como lenguaje artístico. Entonces, pensar ese lugar híbrido de las prácticas periféricas es también reflexionar sobre los caminos recorridos en nuestro pasado. Y así, al hablar de un film como *UORC, la película*, resurgen los cruces interdisciplinarios y los puntos de contacto efectuados en una época, como los 80, que desde el presente se vuelve memoria viva y en movimiento.

Bibliografía

AA.VV., *Territorio, Imaginario y Política Cultural. Temas de Patrimonio No. 3*, Buenos Aires, Comisión para la Preservación del Patrimonio Histórico de la Ciudad de Buenos Aires, Secretaría de Cultura, Subsecretaría de Industrias Culturales, Dirección General de Publicaciones, 2000.
Borgna, G., "Un grupo de vanguardia escenificó la propuesta del moderno terror", en *Página 12*, 24-10-1987.
Duque, F., *Arte público y Espacio político*, Madrid, Akal, 2001, colección Arte y Estética, n° 61.
Liñero, A., Germán, "Patrimonio audiovisual chileno. La memoria estresada", en revista *La Fuga*, "Cine crítica y análisis" –www.lafuga.cl–, primavera de 2008.
Pavis, P., *El análisis de los espectáculos: teatro, mimo, danza, cine*, Barcelona, Paidós, 2000.
Schechner, R., *Performance. Teoría y prácticas interculturales*, Buenos Aires, Los libros del Rojas (UBA), 2000.

Filmografía

UORC, la película (1987, Ezequiel Ábalos)

Entrevistas realizadas

Ábalos, Ezequiel: cineasta de *UORC, la película*. Entrevista personal, en Buenos Aires, 15/10/08.
Hermelo, Manuel: director de La Organización Negra e intérprete de *UORC, la película*. Entrevista personal, en Buenos Aires, 31/05/08.

Visciglio, Alfredo: integrante de L.O.N. Intérprete de *UORC, la película*. Entrevista personal, en Buenos Aires, 12/09/08.
Kerpel, Gaby: músico compositor de *UORC, la película*. Entrevista personal, en Buenos Aires, 8/10/08.
Pampín, Edi: iluminador de *UORC, la película*. Entrevista personal, en Buenos Aires, 21/10/08.

El cine como forma de conocimiento: indagaciones en torno a las narrativas audiovisuales en el aula[301]

Daniel Gastaldello
Facultad de Humanidades y Ciencias
Universidad Nacional del Litoral

Palabras clave: *cine, narrativas, semiótica, educación*

1. Problema: el imaginario sobre el cine

Dice Alain Resnais en *Toda la memoria del mundo* (1956): "Como su memoria es breve, los hombres acumulan recordatorios. Y para guardar ese montón de escritos, los hombres construyen fortalezas". De alguna manera, de lo que habla Resnais es de la escritura del hombre, de la necesidad de una marca que se sitúe al margen del tiempo, y de la actividad organizativa que los hombres operan sobre esas huellas. En su documental habla de la Biblioteca Nacional de París, pero la idea que introduce puede proyectarse sobre cualquier otro organismo: las instituciones nacen y perduran con la función de cuidar aquello que el hombre ha creado, desde sus imaginaciones más sutiles o sus terrores, hasta sus elucubraciones más brillantes o peligrosas. En este sentido, la videoteca y la sala, las bibliotecas privadas, son los espacios destinados al cine, donde *eso* que alguien creó como recordatorio queda de alguna manera en suspenso, esperando en una especie de fortaleza institucionalizada.

Ahora bien, cuando esa escritura se desprende de esa institución que la custodia, estamos ante un ejercicio de lectura. El cine cobra nuevas funciones ante los ojos de alguien, su ontología

---

[301] **La presente ponencia es el resultado de una serie de indagaciones (de campo y bibliográficas) en el marco del programa de investigación en narrativas aplicadas.** Proyecto actual: "Investigaciones narrativas aplicadas", aprobado y subsidiado por la Secretaría de CyT de la UNL, en el marco de la Programación CAI+D 2009-11: "Lenguajes, discursos y semiosis en las prácticas sociales".

se vacía y se rediseña para ser objeto de reflexión de algo para alguien. Si ese nuevo espacio es un aula, el film queda a expensas de los discursos que actualmente modalizan la enseñanza, no sólo de los pedagógicos, sino además de otros que imperceptiblemente se cruzan: desde las planificaciones y la distribución de los recursos tecnológicos, hasta los político-institucionales (que no se explicitan pero que operan). Las preguntas inevitables, entonces, rondan problemáticas como las siguientes: ¿qué imaginarios circulan en la institución educativa argentina sobre el cine?, ¿qué rol cumple el cine en la enseñanza?, ¿cuál es su lugar entre las disciplinas específicas que la institución educativa reconoce como propias?, ¿qué otras enseñanzas no declaradas operan en el aula cuando el cine entra en escena?, ¿qué se produce y reproduce sobre el cine cuando un docente y sus estudiantes miran un film? Nos preguntamos, de alguna manera, qué representaciones están antes y después del cine en el espacio del aula, y cuánto de esas representaciones legitiman o banalizan el séptimo arte. No nos preguntamos qué es el cine, sino por qué y cómo un estudiante ve cine, y para aprender o conocer qué cosa. Cómo ese *recordatorio* del que habla Resnais es concebido por la fortaleza que lo recibe y le da un sentido, de qué sentido se trata, y por qué ese y no otro.

2. Hipótesis

Sobre la base de nuestras investigaciones en diferentes instituciones educativas del país, creemos que en las prácticas de enseñanza actuales, cuando el cine ingresa al aula lo hace para ilustrar, representar, poner en escena algo que no es su propia especificidad sino una preocupación de otra naturaleza. Su estatuto de obra artística se reduce al de repositorio de eventos, su artificio a un espejo de una realidad imprecisa. No se focaliza en sus dimensiones semióticas y estéticas, sino en su mímesis con un sistema de estereotipos. De este modo, el trabajo con el significante se desplaza en beneficio del trabajo con el significado, pero no con cualquiera, sino con aquel que reproduce un modo de pensar del que precisamente quiere distanciarse el arte en general (y el cine en particular). Nuestra propuesta, entonces, no consiste en hacer una crítica de esta instrumentalización, sino por el contrario transparentar lo que creemos que opera como mecanismo subyacente a estos usos del cine, y aportar herramientas para rejerarquizarlo, sin caer en el lugar común de la desjerarquización del contenido disciplinar que la institución desea comunicar.

3. Narrativas de la expresión y del contenido

Nos encontramos, entonces, ante un *modus operandi* que tiene al cine como un objeto recurrido de lecturas cristalizadas: el cine es una muestra de la realidad, una muestra transparente y ejemplificadora (incluso a veces moralizante). El cine despliega acciones, objetos y sujetos que están o estuvieron en el mundo. Lo que se desarrolla entre esos sujetos y objetos en un tiempo y un espacio es una muestra de lo que un espectador puede vivenciar si se toma contacto con objetos, sujetos o eventos similares. Es en este sentido que la narrativa cinematográfica es propensa a un uso moralizante. Este modo de leer, que posiciona el artificio en el lugar de la vida misma, parte de una percepción, sino ingenua, al menos poco revisada. Precisamente este trabajo pretende desandar estas mecánicas de lectura, no sus causas históricas o institucionales, sino sus implicancias en la práctica educativa.

Para André Gaudreault (1988: 42), todo film relata con dos itinerarios paralelos: el de la expresión y el del contenido. El primero es objeto de estudio de una narratología de la expresión y el segundo de una narratología del contenido. Se trata de una reformulación de lo que pocos años antes Gérard Genette (1983) había definido como objetos de estudio de una narratología modal y de una narratología temática (Genette, 1983: 12) respectivamente.

La primera trata ante todo de las formas de la expresión, según el soporte con que se narra: formas de la manifestación del narrador, materias de la expresión manifestada por uno u otro de los medios narrativos (imágenes, palabras, sonidos, etc.), y entre otros, niveles de narración, temporalidad del relato y puntos de vista. La segunda trata más bien de la historia contada, de las acciones y funciones de los personajes, de las relaciones entre los "actuantes", etc. Para los investigadores que son más partidarios de esta última aproximación, o más bien de este campo de estudios, el hecho, por ejemplo, de que las acciones de los personajes sean relatadas por las imágenes y los sonidos de la película, en lugar de por las palabras de la novela, importa habitualmente poco, por no decir nada (Gaudreault, 1990: 20).

Esta última perspectiva, donde el contenido se jerarquiza por sobre la materialidad significante, es la que allana al cine y lo posiciona al mismo nivel que cualquier otro texto. No importa, en este uso, el trabajo con las imágenes, la estructuración escénica, la fotografía, el montaje, la voz, el tiempo... lo que el cine enuncia con la forma, sino finalmente lo que dice como mensaje. En el marco de nuestro programa, y sobre la base de nuestras indagaciones en distintas instituciones educativas del país, concluimos que, pese a los esfuerzos de los equipos docentes, ésta es la perspectiva que se emplea en la enseñanza de diversas disciplinas. Con esta función ingresa el cine en el ámbito académico de diversos niveles: importa lo que cuenta, las certezas sobre un tema, antes que el trabajo complejo con el sonido y la imagen. Tal vez sin quererlo, con este empleo se está enseñando dos cosas: por un lado el contenido disciplinar mismo, y por otro lado algo sobre el cine, que es sólo mensaje, no un trabajo complejo con múltiples materialidades y códigos.

Importa, decíamos, el mensaje. Más específicamente "un" mensaje: el que el docente ha decidido escenificar en su clase. Ese único mensaje satura el significante fílmico con un único significado, que casualmente viene a confirmar algo sabido, a ser la prueba de que lo que una disciplina afirma es "verdadero". Para ser más precisos, lo que importa no es tampoco un significado interno al film, sino algo que puede serle externo, y que encuentra su correlato en un repositorio de estereotipos preexistentes en el sistema de la cultura. De estos estereotipos o imágenes reconocibles ya hablaba Roland Barthes en 1960:

> "[en un film] la reserva de signos es muy fluida; el autor puede sacar la fuerza de su mensaje de una especie de léxico colectivo, elaborado por la tradición, verdadera *koiné* del signo fílmico, o, al contrario, de una simbólica de tipo universal pero de consumo más o menos inconsciente (Barthes, 1960: 870).

Esta remisión es tal vez producto o herencia de ciertas representaciones sobre la imagen fotográfica. Cuando Roland

Barthes (1964) analiza la fotografía periodística, comenta que entre los instrumentos de connotación puede identificarse un procedimiento (no específicamente fotográfico, pero que cabe mencionar): la pose. Para que un lector vincule una imagen con su *analogon* en el mundo real, se necesita la referencia, y ésta no es más que un conjunto de imágenes que preexisten al mensaje:

> La fotografía no es por cierto significante más que porque existe una reserva de actitudes estereotipadas que constituyen elementos de significación ya preparados (Barthes, 1964: 145).

Así, el material significante del film hereda de la fotografía lo que Barthes categoriza como el *analogon*, y por eso se oblitera la especificidad del cine y se ubica, en su lugar, a la realidad misma (Barthes, 1980). Para que un mensaje (un significado recortado del film como *analogon* de una supuesta entidad externa al texto fílmico), sea finalmente legitimado como muestra del mundo, debe existir ese repositorio de estereotipos. Estas cristalizaciones operarán como prueba de que el film, de alguna manera, se ajusta y responde a lo que una disciplina asevera. Esta recuperación de analogías es la que consideramos inaugural para futuros lectores: el cine no se verá en adelante como una obra sino como una extensión del mundo, un ejemplo de los estereotipos de la cultura antes que una creación y un cuestionamiento a esos mismos preconceptos. Creemos que es cierto que el cine retoma imágenes del mundo (de lo contrario sería ininteligible su mensaje), pero a su vez las semiotiza, las tramita, las convierte... y son las claves de ese proceso lo que queremos rescatar, para rejerarquizar su función en el contexto del aula en tanto que generador de conocimiento.

4. La reproducción de estereotipos

Roland Barthes explicó cómo la cultura francesa instituía sus creencias como universales a partir de la construcción mitológica (Barthes, 1957). En términos generales indicó que todo sentido requiere de una materialidad significante que se carga de sentido cuando los saberes y la historia preexistentes le dan un significado a esa materialidad. El *sentido*, entonces, sería la noción que sintetiza los saberes de una época y una cultura. Pero ese sentido puede tomarse como una forma vacía (un significante a secas) y relacionarlo con un *concepto*, esto es, con la construcción de otros saberes e historia sobre la base de la idea original. El resultado de esta vinculación entre el sentido (devenido forma vacía) con un concepto, es la *significación*. Esta significación es el mito: lo que se consume finalmente como algo natural o corriente, cuando en realidad es una construcción.

Cuando es el cine el signo que ingresa en este circuito, todos los saberes complejos que participan en la construcción de un film y generan el sentido, se alienan por la aparición de un concepto (contenidos del sistema de estereotipos que mencionamos, como así también saberes disciplinares, disposiciones institucionales y preconceptos sociales). El sentido, su complejidad y posibilidad de multiplicidad, se reconvierten, desaparecen y se subsumen a la significación guiada por la necesidad de hacerle decir al texto fílmico aquello que es pertinente en esa instancia comunicativa.

El cine, que no es reflejo sino metalenguaje, deviene en lenguaje objeto de otro metalenguaje, el formativo, que acaso sin saberlo asume la función de normalizar las lecturas que un estudiante puede hacer sobre el mismo texto fílmico. En este ejercicio de confirmación audiovisual de los fenómenos del mundo, se forma la idea de que el cine no es un trabajo crítico con los signos de la cultura, sino un suplemento de enunciados que muestran una verdad. Esta práctica de la abstracción del contenido de un film, en el aula, opera reproduciendo la mitología de la cultura, esto es, los estereotipos tanto de sujetos y objetos del contexto, como los modos de leerlos y comprenderlos. De esta manera se insiste en el trabajo de hacer ingresar al cine para enseñar, no qué es el cine, sino qué leer de él y cómo. Se genera una representación complementaria sobre el objeto estudiado, la función meramente ilustrativa (y por ende prescindible) del arte cinematográfico, eliminando así la posibilidad de entender el cine como un modo de conocimiento.

5. La lectura crítica

Ante este problema, nuestra empresa es aún muy humilde. No pretendemos cambiar la educación, ni mucho menos generar teorías sofisticadas. Nos proponemos en cambio invitar a revisar algunas prácticas y los supuestos que les dan sentido, retomar algunos principios de los estudios cinematográficos para construir algunos instrumentos útiles para seguir enseñando. Sabemos que con el currículum explícito (el que declara qué contenidos trabajarán los estudiantes) convive el currículum oculto (que consiste en aquellos contenidos que no son conocidos o reconocidos oficialmente por docentes y autoridades, pero que tienen un impacto significativo, dado que modeliza valores, actitudes y conductas apropiadas) y con el currículum nulo (que incluye aquellos contenidos disciplinares, principios y valores que no son observados en los otros currículums). Creemos que, sobre la base de un currículum explícito, se pueden revisar el currículum oculto y nulo, e identificar qué se está enseñando cuando se propone al cine como un instrumento meramente ilustrativo. Esa revisión de presupuestos es una tarea ardua y no fácil, y excede nuestros propósitos investigativos. En cambio nos abocamos a proponer algunos instrumentos que consideramos operativos para revisar el lugar del cine en un contexto institucionalizado, y por ende con sus propios modos de intelección de los objetos que ingresan a él.

En principio es importante suspender un modo de lectura que sature al cine de connotaciones (lo que llamamos *asemantización*). Suspendido este modo de lectura, debemos preocuparnos por construir otra perspectiva, focalizar en otros elementos que no sean necesariamente el contenido (ya sea el explícito o deseado por el docente-lector). Para esto creemos útil recuperar las ideas de Christian Metz sobre qué entiende por criterios de reconocimiento de cualquier relato (Metz, 1968: 25-35).

Si revisamos su propuesta encontraremos algunas herramientas para repensar el texto cinematográfico y lo que relata en primera instancia, antes de llegar a un contenido.

Dice Metz que, por definición, todo relato tiene un inicio y un final. Transpolado al relato fílmico, todo texto cinematográfico expone, antes que un tema, una forma. Es un sistema de enunciados que, por medio de algún dispositivo interno, selecciona algunas acciones y elide otras. Las seleccionadas se encadenan para contar algo: un evento completo, parcial o aislado entre otros eventos. En este sentido el film se opone a la "vida real" porque propone un "todo" cerrado que tiene una lógica propia, diferente de la vida, que continúa y se expande. Una actividad interesante como propuesta de enseñanza sería indagar cuál es esa lógica interna, ese mecanismo que hace que un evento se cuente con esas piezas y no con otras. Cuál es el criterio de selección de escenas para ser mostradas, y en especial qué ideas supone el texto para no mostrar porque las considera innecesarias para el relato, sabidas o bien censurables. En ese criterio de selección de lo que se relata y de lo que no, hay un conocimiento que justifica las selecciones. Ese conocimiento puede ser objeto de estudio en el contexto de una clase, por ejemplo, de historia política. Recordemos cómo en *Cinema paradiso* (1988) de Giuseppe Tornatore, se cierra su enunciado sistematizando otros enunciados que no están en el cuerpo del texto principal (escenas que debían ser censuradas en la Italia de posguerra). Pero en esa conclusividad se muestran no sólo escenas aisladas que dan sentido a todo el relato anterior, sino que además tematizan toda la práctica fílmica epocal, mostrando cómo el cine es también un sistema de sujetos y objetos censurados y eventos olvidados, como el discurso historiográfico.

Metz también comenta que el relato es una secuencia doblemente temporal: el tiempo de narración (lo que dura el film) y el tiempo narrado (el tiempo o época referidos). Esta desarticulación entre el texto y el referente se logra gracias al montaje, y pese a que existe este desajuste, el lector repone las piezas faltantes y dota de coherencia el relato. Esto se logra gracias a ciertas operaciones mentales (identificación, comparación, diferenciación, clasificación, inducción, deducción...) que el montaje demanda para que se comprenda el relato. Se podría trabajar entonces sobre estas operaciones, y el porqué de la comprensión de determinados eventos cuando el dato que lo detonaría no está presentificado. No sería absurdo que esto ingrese a una clase de biología, incluso de matemática. Por ejemplo en *Psycho* (1960) de Alfred Hitchcock, se podría indagar en qué trabajo intelectual debe hacer el lector para comprender la historia psicológica de un sujeto y la historia de los crímenes, a partir de fragmentos, de datos dispersos tanto de su vida privada como del caso policial que debe resolverse.

Finalmente Metz sostiene que la percepción del relato "irrealiza" la cosa narrada. Esto es, el lector siempre sabe que está asistiendo a un *aquí* y *ahora* alternos de la realidad. Esto implica que hay ciertos procesos para hacer verosímiles a los sujetos, objetos y eventos, pero que nunca se confunden con lo real. Precisamente la preocupación inicial de este trabajo es que el ámbito escolar se esfuerza por erradicar esa irrealidad del film, volver prosaico lo artístico y real el artificio. Si se recupera esta idea, se puede suspender ese vínculo con los eventos del mundo y observar cómo un film trabaja el verosímil, qué signos extrae de las ciencias y los sistemas culturales para hacer creíble lo que enuncia. Esto implica identificar qué discursos ingresan al film y se reconvierten estéticamente, lo que a su vez implica que el docente deba investigar sobre esos discursos para mediar su posterior reconocimiento y análisis por parte de los estudiantes. Por ejemplo, en *Suddenly, last Summer* (1959) de Joseph Mankiewicz (adaptación de la obra de teatro homónima de Tennesse Williams) la identificación de los *aquí* y *ahora* que circulan en el film, el análisis de los modos de hacer creíbles los eventos narrados por los sujetos, el estudio de la reconversión estética del discurso médico (el saber científico) y de los materiales sociales (las creencias populares dichas y no dichas en el film) pueden operar para hacer inteligibles un modo de narrar y las estrategias discursivas empleadas, incluso los recursos técnicos de una época. Las clases de sociología y de psicología pueden nutrirse de estos aportes, al recorrer y recomponer los discursos que operan en el discurso artístico.

6. De la metáfora a la metonimia. Cruces entre semiótica y pedagogía

Finalmente, nos gustaría concluir con una idea que, creemos, abre el panorama de la enseñanza a otros horizontes. Hacer ingresar el cine a la escena del aula puede ayudar a la comprensión de un contenido, a la vez que puede dar herramientas para una intelección de la complejidad que implica conocer y reflexionar sobre el objeto conocido, tal como lo hace el arte cinematográfico. También creemos que no es en la exposición de contenidos donde se produce conocimiento, sino en la construcción de un entusiasmo. Y esto, de alguna manera, se logra no dando información al estudiante, sino generando el deseo de seguir investigando, esto es, seguir viendo más cine. La enseñanza puede recurrir a la narración, pero no para declamar conocimientos, sino para postergar la satisfacción y generar expectativa, y con ella el deseo de seguir incursionando en otros relatos, en otros conocimientos. El psicoanálisis sostiene que, una vez apropiado el objeto de deseo, éste está propenso al desinterés. Los relatos, y sobre todo el cine, precisamente prometen una historia pero que nunca cierra del todo, plantean un enigma que no siempre se resuelve, deja cabos sueltos en la concatenación de contenidos pero es más atrayente aún en la ingeniería formal que despliega. De alguna manera, también la enseñanza de una disciplina debería dejar abierta esa posibilidad de algo que está más allá de lo que circula en la clase, y cuyo descubrimiento exigirá una aventura posterior para ser desentrañado. En definitiva, como lo dice Ángela Moger:

> "Pero la sabiduría, como el amor y el relato, no se encuentra en la naturaleza, no tiene status empírico: como el ser amado y como la narrativa, sólo existe en la mirada del contemplador [...], enseñar consiste en seguir generando el deseo del conocimiento. La pedagogía, como la narrativa, funciona más por retención que por transmisión [...] Si el objetivo inmediato de la enseñanza es la búsqueda de conocimiento, también puede decirse que su objetivo fundamental es la negación de esa satisfacción en favor de la renovación de la búsqueda misma (Moger, 1982: 186).

En síntesis, el cine en la escena del aula, se presenta para proponer la metonimia (la búsqueda por los complejos itinerarios de la historia del saber), antes que la metáfora (la respuesta última y la verdad clausurada).

Creemos que estos planteos y acercamientos que presentamos pueden colaborar para dirigir la mirada a lo específico del cine, sin por ello desviar el programa de estudio a otros temas, sino por el contrario intrumentalizando las herramientas que emplea el arte para hablar del mundo. Como decía Resnais, toda fortaleza tiene sus documentos, su memoria y sus ritos, y creemos que la institución educativa puede hacer el esfuerzo de revisar estos textos y prácticas históricos para actualizar sus propuestas, sobre todo entendiendo que puede promover otros modos de conocer. Consideramos que esta mirada puede colaborar en la no reproducción de mitos de la cultura que nos contiene, en cuestionar la reserva de estereotipos con los que convivimos a diario, y a la vez formar lectores atentos a la forma y a los modos de narrar, esto es, lectores críticos.

Hay cosas que pueden decirse con palabras, pero la mayoría no, y para eso nacen los relatos. El cine propone un sistema de relatos y un modo complejo para leerlos. Creemos que nuestra empresa de revisar su función en las prácticas académicas nos permitirá ver, como lo hacía Iuri Lotman (1996) cómo el cine escapa del mundo, pero también vislumbrar cómo gira su rostro para mirarlo e incluirse; cómo se instituye a sí mismo como un universo entre las cosas que nos rodean, pero también como un objeto ajeno. Consideramos que su propio modo de pensar y relatar aquello que no puede decirse sólo con palabras, puede ser una puerta de entrada a nuevos modos de comprender el mundo, incluso de estar en él.

Bibliografía

Barthes, R., "Le message photographique", en R. Barthes y otros: *La Semiología*, París, Comunicaciones n° 4, Tiempo Contemporáneo, 1964 [Ed. 1974], p. 145.

Barthes, R., "Le problème de la significatión au cinéma", en *Oeuvres complètes*, tomo I, París, Éditions du Seuil, 1960 [1993, Ed. Cast. 2002, pp. 870.

Barthes, R., *La chambre claire*, Barcelona, Paidós, 1980 [Ed. 1992].

Barthes, R., *Mythologies*, Buenos Aires, Siglo XXI, 1957 [Ed. 1980].

Gaudreault, A., *Du littéraire au filmique. Système du récit*, París, Méridiens Klincksieck, 1988 [Ed 1989], p. 42.

Gaudreault, A.; Jost, F., *Le récit cinématographique*, Barcelona, Paidós, 1990 [Ed. cast. 1995], p. 20.

Genette, G., *Nouveau discours du récit*, París, Seuil, 1983, p. 12.

Lotman, I., *La semiosfera III. Semiótica de las artes y la cultura*, Madrid, Cátedra, 1996.

Metz, C., "Remarques pour une phénoménologie du narratif", en *Essais sur la signification au cinéma*, París, Méridiens Klincksieck, 1968, pp. 25-35.

Moger, A. S., "That obscure objetct of narrative", en *The pedagogical imperative: Teaching as a literaty genre*, Yale French Studies, n° 63, 1982, p. 186.

El cine reflexivo de Stéphane Breton, o "cómo sacarse al Otro de encima"

Carmen Guarini
Facultad de Filosofía y Letras
Universidad de Buenos Aires

Palabras clave: *antropologia visual-cine reflexivo*

Jean Louis Comolli afirma que la única manera posible de construir imágenes es "**sacarse el mundo de encima**". La obra del antropólogo-cineasta Stéphane Breton me permite reflexionar sobre esta idea que de manera provocadora instala Comolli cuando dice: ¿"Cómo no sacarse de encima una realidad falsamente dada? ¿Falsamente presente? ¿Y "transparente"? ¿"Cómo sacarse de encima la positividad del mundo [...] y la supuesta naturaleza positiva del cine?" (Comolli, 2002).

Pensar esta interrogación a través de la obra fílmica de un antropólogo supone algo más que el cuestionamiento a una perspectiva positivista. Implica ahondar en los meandros de un trabajo (inter)disciplinar que busca desde hace mucho tiempo traspasar los límites adjudicados al trabajo académico convencional, a una reflexión científica cuyos resultados cualitativos están siempre en tensión con las ciencias llamadas "duras".

Stéphane Breton es antropólogo y realizador de films documentales. Es investigador y profesor del Laboratorio de Antropoloía Social de la EHESS de París. Es autor de diversos articulos y libros: *La mascarade des sexes* (Calmann-Lévy, 1989), *Les Fleuves immobiles* (Calmann-Lévy, 1991), *Des hommes nommés brume* (con Jean-Louis Motte) (Arthaud-Flammarion, 1991) (album de photos et récit de voyage en Nouvelle-Guinée), y de *Télévision* (Grasset, 2005) un interesante ensayo sobre este medio que interroga sus mecanismes (de la television), su vacio intelectual y su aparente neutralidad.

Lleva realizados ya varios films documentales coproducidos todos entre la productora francesa Les Films d'ici y el Canal Arte de Francia. Pero sólo me detendré en su primer film, resultado de una larga convivencia entre los Wodani de las tierras altas de Nueva Guinea. Su título es *Eux et moi* (2001) que podríamos a modo de "ultrasinopsis" decir que es un relato en primera persona del encuentro con la alteridad.

En el mismo sitio filma dos años mas tarde su segundo y último film entre los habitantes de esas tierras, *Le ciel dans un jardin* (2003) en el que narra también en primera persona, su despedida después de 7 años de alternadas convivencias en el lugar.

En junio de 2006 Breton organiza en el recientemente creado Museo du Quai Branly en París la exposición *"Qu'est-ce qu'un corps ?"*. Según comenta el escritor Franck Damour en la Revista belga *Nunc* en esta exposición Breton

> [...] propone un viaje entre cuatro regiones del mundo (África oriental, Europa occidental, Nueva Guinea y Amazonia) que permite dar cuenta de los distintos modos que tiene el hombre de habitar, percibir y transformar lo que en Occidente se llama "cuerpo" [...] Palabra que no existe en todas las lenguas]...] La idea principal de la exposición es que el cuerpo es una invención occidental, una invención cristiana. [...] el único cuerpo verdadero en Occidente es el de Cristo [...] En África del oeste el cuerpo se inscribe en un doble movimiento de filiación que une vivos y ancestros, un cuerpo relacional habitado y habitando sus dobles [...] En Nueva Guinea es la fascinación por el cuerpo femenino, cuerpo absoluto, del cual el cuerpo masculino no deja de querer distanciarse [...] En Amazonia el cuerpo no tiene forma propia, se metamorfosea deviniendo segun el caso cuerpo-jaguar o pecarí (Damour, Breton, *online*).

Lo que Breton concluye afirma Damour es que "el cuerpo humano es la materialización de una relación de identidad o mas bien de una identidad de relaciones respecto de un tercero" (*idem*).

Breton se ocupa del cuerpo desde la antropología y desde el cine, y esta última idea es la que recorre sus films. En particular en su serie sobre los Wadani nos sumerge en la cotidianidad de cuerpos que se instalan a través de una larga y difícil relación que lo lleva sobre todo a interrogar su propio lugar, o podríamos decir el lugar de su propio cuerpo (un cuerpo occidental). Y esto es lo que, más allá de las particularidades culturales de este grupo (que no serán tratadas aquí) me interesa analizar.

En "Ellos y yo", el ojo de la cámara (Breton) sigue los cuerpos desnudos de esos habitantes de la jungla realizando sus ocupaciones habituales: el cuidado de los cerdos, el cuidado de los huertos, cocinando, comiendo, fumando, filmando su propia relación de vecindad, las interacciones entre ellos y con ellos; dando cuenta de las espurias y complejas relaciones de comercio y de amistad entre ellos (los Wadani) y con el mismo Breton, el intruso.

Filmar al otro exótico y lejano fue en sus inicios la actividad que definía y recortaba la tarea del cine antropológico. Pensar y debatir los modos en que tal representación debía llevarse a cabo no llegaría en toda su intensidad sino en los años 50 cuando un joven ingeniero llamado Jean Rouch, devenido antropólogo casi por fuerza de sus circunstancias, decidió restituir de manera fílmica algo de lo que la sorpresa del encuentro con el otro habia despertado en él.

Las formas que podía tomar la construcción cinematográfica de la otredad comenzó a sacudir los andamiajes positivistas que la antropología se había forjado con tanto esmero. Durante largas décadas los interesantes resultados obtenidos principalmente por Rouch (que repercutirán en gran parte por igual en la obra de etnólogos y de cineastas) no serán sin embargo aceptados fácilmente por el mundo académico, que sólo admitirá por mucho tiempo aún el lado espectacular de la empresa.

¿Cómo filmar al otro? Fue así muy tempranamente uno de los principales ejes de conflicto en la reflexión de un campo disciplinar aun en construcción (el de la antropología visual).

Breton aporta nuevos aires a este debate inacabado. Su obra se articula en torno a la interactividad y a la negociacion de identidades al mismo tiempo que genera una reflexión de la propia práctica antropológica y fílmica, y de las tensiones que ambas producen en el campo. Nada parece diferenciarlo de un cine reflexivo que viene teniendo desde el advenimiento del cine digital y la creación de las minicámaras, demasiados adeptos. Y sin embargo hay diferencias.

A su pericia técnica (asume la imagen, fotografía y sonido con una mano al mismo tiempo que con la otra ejerce acciones de interacción y contacto con los filmados), Breton le suma los avatares de una interacción difícil, frágil, resultado de una relación intermediada por la cámara. Hasta allí nada original, ni diferente de lo que hasta ahora se había venido trabajando.

Sin embargo la reflexividad, expresada a través de la forma en que Breton se pone en escena a través de su voz a lo largo de su film, trabaja en la dirección de lo que pide Comolli *"sacarse la positividad del mundo de encima".* Y es aquí donde Breton hace la diferencia, incorporando de manera provocativa la materialidad del mundo que filma (un otro exótico y lejano) para la construcción de un conocimiento no de ese mundo material sino de las relaciones que en él se articulan para sí y con él también como un otro cultural.

Breton les habla y al mismo tiempo se habla como si estuviera escribiendo su diario de campo (el lugar en donde todo antropólogo se permite una serie de reflexiones no sólo sobre los hombres y mujeres a cuya vida llegó sin pedir permiso, sino sobre su propio trabajo). Y es por medio de este ejercicio reflexivo que nos vamos enterando de algunas de sus estrategias, de sus prejuicios, de sus ilusiones, pero sobre todo de sus dificultades y de sus limitaciones.

La voz en *off* que acompaña casi todo el film, se introduce en el relato del film no sólo como parte de la banda sonora sino al mismo nivel que la imagen, ya que construye al sujeto que observa, el cineasta-antropólogo. Es lo que dice esta voz-personaje del film, lo que me permite aquí reflexionar sobre algunos de los elementos señalados por Comolli y que tal vez nos ayuden a entender algo acerca del misterio y al mismo tiempo la imposibilidad de filmar la otredad. Dice Breton al inicio del film:

> *Este camino, hace años que lo tomo.*
> *Bajo de una avioneta*
> *y cargo mis bolsos.*
> *Tardo dos días en llegar allí.*
> *A pie, por el barro.*
> *Recuerdo haber venido*
> *con algunas ilusiones.*
> *Amaba esta selva de Nueva Guinea.*
> *Quería participar de sus vidas.*
> *Ser etnólogo era la excusa*
> *para ir a hablarles.*
> **Sólo quería que me ignoraran.**
> **Pensaba que sólo dependería de mí.**
> [...]
> **Al principio,**
> **no querían saber de mí.**
> *Decían que había poca comida,*
> *que me cansaría...*
> **Luego aceptaron que me instalara**
> *pero apartado, para no molestarlos,*
> *pero no pensaban que sería*
> *por largo tiempo.*

La ilusión antropológica pero también la ilusión cinematográfica de la invisibilidad comienzan a titubear. La cámara en tales circunstancias permite la pérdida del pensamiento ingenuo: hay un otro que construye también su propia relación. De lo que él (ese otro) construya dependerá el éxito de la empresa; de este modo Breton reconoce que la visibilidad es una construcción "a dos voces". Algo ya formulado por Rouch varias décadas atras.

En efecto, la audaz propuesta formulada por Jean Rouch acerca de una "antropología compartida", implicó en su momento un acercamiento "políticamente incorrecto" hacia los sujetos que filmaba. Su temprana idea de acercar "la cámara a los hombres", significaba darles una participación hasta entonces poco reconocida. Era el nacimiento de la subjetividad, para los sujetos, para el investigador-cineasta y para la cámara que éste empuñaba, en síntesis, era el reconocimiento de la interacción como dato antropológico. Interaccion que Breton reafima al mismo tiempo que filma.

Rompiendo con fuerza intuitiva los esquemas de un cine directo que se inicia proponiendo una supuesta "distancia justa o la justa distancia" de los filmados, la cámara de Rouch se establece como un elemento de provocación: al mismo tiempo que altera las situaciones que intenta registrar, posibilita una nueva manera de conocer esas mismas situaciones y de relacionarse con los filmados.

> La cámara instala nuevas reglas estableciendo una ruptura con el realismo descriptivo del cine documental etnográfico practicado hasta entonces. Se trata de "construir" una nueva verdad poniendo en evidencia la intervención del cineasta, la participación consciente del sujeto que asume su propio rol y la aparición de un tercer elemento en el film: el espectador, sobre el cual recae una gran parte de la interpretación (Guarini, 2005).

Comolli afirma y se interroga: "El cine juega con el miedo porque es uno de los elementos que utiliza para perforar conciencias [...] ¿Qué se hace con este miedo?" (Comolli, 2002).

Una interrogación sobre el miedo que desde la antropología (disciplina colonial en su origen) nunca fue un tema de elaboración teórica o metodológica.

Sin embargo la pregunta que Comolli formula no es al espectador (quien sí siente miedo de la imagen, un miedo primitivo que se evidenció en la primera presentación pública del cinematógrafo de los hermanos Lumière en 1895 en París) sino al propio proceso del film, y entonces agrega: "El documental es apto para interrogarse por el tema del miedo porque en él las cuestiones de la responsabilidad, de la transmisión y de la relación son más urgentes" (Comolli, 2002).

El miedo del otro que en el cine antropológico se evidencia con mayor fuerza que en otro tipo de cine documental. Un miedo que se expande a ambos lados de la cámara: hay temor porque se los empuja a salir de sí mismos para devenir personajes (al estilo propiciado por Rouch), pero tambien quien filma cambia su rol, un rol que vehículiza un cierto grado de violencia rompiendo el pacto de objetividad y distancia que se cree necesarios para la construcción de todo saber.

Sabemos ahora que el sujeto filmado también puede responder con violencia: la ausencia del cuerpo. Esta tensión, explica Comolli, es lo que sostiene y funda el film.

> Cuando debo filmar a ese otro que me produce temor [...] lo supongo con toda su violencia [...] violencia de su propia decisión de participar o no participar en la película. Eventualmente la decisión de dejar de participar. [...] A la violencia de la cámara, del dispositivo, de la puesta en escena, responde la violencia del sujeto filmado, que a cada momento puede preservar su misterio, detener el juego o salir de él (Comolli, 2002).

Para Comolli, el sujeto filmado es un sujeto en toda libertad, que en toda su amplitud "profílmica", decide independientemente de nosotros, de nuestras estrategias para retenerlo o para convencerlo de la conveniencia de nuestras acciones y de la importancia de nuestros saberes. Nada de eso en el fondo, asegura su participación. Y es ésta la condición de su posible ausencia, la de la improbabilidad del sujeto, la que nos permite conocerlo y dejar de conocerlo al interrogarlo, situarlo, comprenderlo.

Breton dice en su film:

Con los años, me reciben mejor.
Se preguntan si vuelvo
del país de los muertos.
No entienden lo que hago aquí
por qué aprendo su lengua,
por qué me la paso mirándolos.
Dicen que esta cámara es mi arco.

En el mundo Wadani, donde la imagen es todavía una construcción directa, no mediada, la cámara es interpretada como un elemento capaz de herir, capaz de dañar. Están en lo cierto. Expresan su temor y lo designan. No hay inocencia y no hay miedo, hay certeza.

Filmar es, lo sabemos, filmar la muerte. Aquello que está pero no estará más algún día. Los Wadani tal vez lo intuyen. Y esta metáfora o comparación le habilita a Breton un trabajo de registro pero a la vez lo introduce en el miedo a su propia ubicación frente al peligro de no ser aceptado.

El intercambio que se instala de bienes materiales y simbólicos que le permiten al antropólogo-cineasta la continuidad de su tarea, viene a mitigar ambos miedos.

Cada año, me ven llegar
con curiosidad.
Cuentan mis bolsos. Creen que traje
más cosas que la última vez.
Más arroz, más aceite,
más cosas extrañas...
Para ellos soy rico. No entienden
por qué no les reparto todo.

Hice esta casa apartada, con tablas
y clavos. Como se hace en mi país.
Quería que se preguntaran:
"¿Qué es? ¿Qué hay allí adentro?".
Si se interesan en mi casa
quizá se interesen en mí y acepten
que yo me interese en ellos.

El film despliega numerosas imágenes donde Breton filma con una cámara y da dinero con la otra como contraprestación por los servicios que los hombres y algunos niños de la aldea le dan: le limpian el jardín, lo proveen de algunos alimentos. Breton se ve sumergido en un mundo de transacciones económicas insospechadas, a las que accede para ser aceptado. Hasta dónde lo es? El mismo Breton reconoce los límites.

Dingimbaina quería hacer
negocios conmigo.
Fue el primero en interesarse
en los billetes.
Los otros me pedían bolsas.
Si no tenía se disgustaban.

*Con él es diferente. Aprendo
las reglas y el valor de las cosas.
Me transformé
en almacenero y odio eso.*

[...]

*Desde que traigo la cámara
los observo negociar.
Antes, miraba para otro lado.
No era aquí donde quería verlos.*

*Creí que todo sería
más simple con ellos.*
***Pero encontré el dinero,
la impureza, el interés...***
*Aquello que no me gusta,
que me avergüenza...
Ahora veo.
Es eso lo que nos une.*

Refiriéndose a Esau, otro de los protagonistas, un joven a quien conoció desde pequeño y al que llama "su hijo", ya que éste se ofreció desde su primer viaje para ayudarlo con las tareas de la casa, a proveerlo de comida y a defenderlo ante los demás, Breton reconoce la existencia de una relación laboral, de un intercambio de trabajo por dinero;

*Como yo, quería cambiar de vida.
Le enseñé a leer y a escribir.
Con él empecé a hablar su lengua.
Le doy un sueldo
que aumenta cada año.
Prometí que lo ayudaría
a pagarse la novia.*

El cine reflexivo de Breton permite repensar una vez más algunos aspectos centrales y tradicionales de la práctica antropológica: el lugar del antropólogo, la observación participante, la voz del informante, pero también le agrega aspectos que involucran la práctica del cine: la voz del antropólogo y la *relación siempre incompleta con el otro*.

*Al principio
los adultos me evitaban.*

> *Hablaba la lengua como un niño.*
> *Estaban consternados.*
> *Los adolescentes me veían ocioso,*
> *como ellos.*
> *[...]*
> *Cuesta entenderme con ellos.*
> *Cuando bajo al jardín,*
> *creen que les pido comida.*
> *Vivo al lado de ellos*
> *pero compartimos pocas cosas.*

Este reconocimiento de una distancia lingüística y cultural interviene dejando en evidencia la dificultad de una comunicación que con el tiempo y según lo filma Breton, parece ir acortándose. Breton se dirige a ellos en su lengua, filma diálogos, discusiones, conversaciones que rozan el tono confidencial, negociaciones que los hombres de la aldea intentan con el visitante.

> *Según les convenga, me vuelvo*
> *negociante, amigo, extraño,*
> *padre, observador,*
> *caja registradora.*
> **Mi lugar no está definido.**
> *Soy alguien que no llamaron y que*
> *se obstina, por razones oscuras.*
> *No dejo de seguirlos,*
> *como si estuviera en mi casa.*
> *Les ganaré por cansancio.*

La voz de Breton nos devela los insersticios y las intimidades de una relación que la imagen no siempre confirma.

Breton afirma en algunas declaraciones sobre su propio trabajo: "No se trata de un documental sobre una sociedad exótica, muy exótica, sino sobre el exotismo de quien la observa y quizá sobre el arte de intercambiar miradas".

La relacion con el otro observado/filmado es una relación asimétrica pero no siempre desigual. El otro filmado también construye una idea sobre mí, y al hacerlo me devuelve la misma sensación de extrañamiento que mi presencia produce. Esto es lo que filma y nos muestra con todo éxito. Sus films proponen una reflexión sobre los conceptos de exotismo y de diversidad en tanto emergentes de un cruce de miradas pero también de *los límites de toda relación*.

Cuando decimos "filmar lo real del mundo", decimos internarnos en los meandros de una difícil y parcial reelaboración del mismo y de todas las piezas que lo componen, siendo la más importante lo que finalmente construye lo social: nuestra relación con los otros. Y es allí donde aparece en toda su dimensión lo que nos devuelve nuestra humanidad: el registro de la imposibilidad de una relación total con el otro, de una captación cierta de lo social. Apenas si nos asomamos a nuestras reflexiones, que son el producto de un trabajo de investigación y de análisis seriamente enmarcado en una operación dialéctica con nuestro objeto de conocimiento.

La conciencia de este proceso es lo que nos permite, tal como nos propone Comolli, "sacudir la transparencia" "sacarnos la positividad del mundo de encima", y el trabajo de Breton opera en esta direccion.

Bibliografía

Bourdieu, P.; Wacquant, L., "La practica de la antropología reflexiva", en *Respuestas. Por una antropologia reflexiva*, Mexico, Grijalbo, 1995, pp. 159-191.

Comolli, J-L., *Filmar para ver. Escritos de teoría y crítica de cine*, Buenos Aires, Simurg-Fadu, cátedra La Ferla, 2002.

Damour, F., Breton, Stéphane (dirs.), "Qu'est-ce qu'un corps ?", en *Revue Nunc*, Bruselas, Ed de Corlevour, www.corlevour.fr/spip.php.

Guarini, C., "Cine antropológico: algunas reflexiones metodológicas", en Adolfo Colombres (comp.), *Cine, antropología y colonialismo,* Buenos Aires, Ediciones del Sol, CLACSO, 1991.

Guarini, C., "Explorando el miedo en la relación fílmica-antropológica", en *Cuadernos de Antropología e Imagem*, Río de Janeiro, UERJ-IFCH, 2005.

Nichols, B., *La representación de la realidad*, Barcelona, Paidós, 1997.

Piault, M., *Antropología y cine*, Madrid, Cátedra, 2002.

Ruby, J., "Exposing yourself: Reflexivity, anthropology and film", en *Semiotica* 30-1/2, 1980, pp. 153-179.

Valdellos, A. M., "Lo visual como medio de reflexión antropológica. Cine etnográfico versus cine documental y de ficción", en *Revista Gazeta de Antropología*, nº 20, 2004, pp. 20-28.

Filmografía de Stéphane Breton

Eux et moi, 2001.
Le ciel dans un jardin, 2003.
Un été silencieux, 2005.
Le monde extérieur, 2007.

Imagen visual e imaginario social. El valor argumentativo de las imágenes visuales en la construcción de representaciones[302]

Alberto Ascione
Facultad de Ciencias Sociales
Universidad de Buenos Aires

Este trabajo se propone observar y analizar ciertas modalidades y técnicas de representación audiovisual, a fin de contribuir a la comprensión de la problemática de las contrucciones imaginarias de la inseguridad y la violencia en las textualidades audiovisuales predominantes en el ámbito nacional.

Se focalizará la atención sobre un corto publicitario de Puertas Pentágono que ha provocado críticas desde diversos ámbitos[303] por el contenido claramente discriminatorio que se manifiesta, según ellas, en la caracterización del personaje que arremete contra una puerta con evidente intención de abrirla.

Introducción

El tema de la argumentación por imágenes ha sido abordado desde varias perspectivas y autores de distintas vertientes lingüísticas, semióticas, retóricas y del análisis del discurso. Recuérdese, a modo de ejemplo ilustre, el trabajo seminal de Roland Barthes, *Retórica de la imagen* (1964).

Se intentará describir el modo de argumentación producido por ciertas imágenes (fundamentalmente tropos o figuras visuales)

---

[302] En este trabajo se exponen algunos resultados parciales de investigaciones elaboradas en el marco del proyecto Ubacyt S/08, "El registro imaginario y la representación mediática de la violencia", dirigido por el doctor Miguel Santágada, de la Facultad de Ciencias Sociales (UBA).

[303] Véanse Sandra Russo "Pentágono", en *Página 12*, 3/11/08: www.pagina12.com.ar/diario/mitologias/27-114396-2008-11-03.html, y Observatorio de la Discriminación en Radio y Televisión (COMFER-INADI-CNM). "Informe sobre 'Publicidad Puertas Pentágono' ", noviembre de 2008, www.obserdiscriminacion.gov.ar/informes.html.

para aportar algunas ideas acerca de las características de ciertos discursos sobre la inseguridad y la violencia en la actualidad. También se propondrá una hipótesis de carácter retórico de las imágenes acerca de los factores que constituyen la fuerza asertiva del video mencionado.

El corto publicitario *Puertas Pentágono*

Este corto tuvo varias versiones. La que se analiza aquí es, hasta ahora, la que se mantuvo mayor cantidad de meses en las pantallas. Comienza con un plano general picado de un campo de pruebas (*crash drummy*) donde un personaje con rasgos latinos, aparentemente mestizo, voluminoso, transpirado, con ropa sencilla, se enfrenta a una pista que luego veremos concluye en una puerta. Arremete a la carrera contra ella y el resultado del violento golpe es la caída del hombre hacia atrás.

La leyenda verbal que cierra el corto es escueta: una placa de fondo negro con austeras letras de imprenta rectangulares en blanco predica "Más duras que la realidad". Una placa final, con la misma tipografía y fondo, reza "Pentágono. Puertas de seguridad".

Se hace pertinente una referencia a la cuestión enunciativa del mensaje verbal, si coincidimos con Barthes (1964) en que la leyenda que acompaña una imagen de prensa, publicitaria u otras "ancla" un sentido de los tantos que contiene la polisemia de toda imagen. Concentraremos la atención en la primera de estas dos placas:

Más duras que la realidad

Los términos que contrastaremos son *duras* y *realidad*. Para analizar la función de anclaje procederemos mediante una descripción léxica y su correlato icónico en las imágenes.

El campo ideológico-discursivo de la "dureza"

En nuestra placa, la palabra "duras" es polisémica. Refiere a la ambivalencia de dos significados: la dureza de la puerta y la "dura realidad". Esta última es una expresión cliché (Amossy; Herschberger Pichot, 1997), una metáfora cristalizada en el uso verbal corriente cuya referencia puede ser muy variada según los contextos en que se realiza. Puede remitir a "realidades" económicas, políticas, sociales, circunstancias personales, etc. Por otro lado, forma parte de un repertorio de locuciones y expresiones clichés del tipo "vida dura", "trabajo duro", "dura crítica", "duro castigo" y otras que verbalizan de variados modos la misma relación metafórica, tales como "férrea decisión", "alternativa de hierro", y otras. Es lo que George Lakoff y Mark Johnson (1979) entienden como uno de los modos en que se constituye nuestro sistema conceptual ordinario, que sería de naturaleza fundamentalmente metafórica.

Para estos autores, esos repertorios de metáforas son, más que una forma de expresión estereotipada, una manera estereotipada de pensar el mundo. En el caso de estos usos del adjetivo *dura*, podría sostenerse que su plasmación metafórica sustituiría (Jakobson, 1973) a los denotativos "rigurosa" o "severa" según los casos: *vida dura* = "vida rigurosa", *trabajo duro* = "trabajo riguroso" (en el sentido de "difícil de tolerar"),[304] *dura crítica* = "severa crítica", etc. En *dura realidad*, la sustitución metafórica remite también a "difícil de tolerar" y podría añadirse a "cruel".[305]

La dureza de la Puerta

En el nivel de las imágenes la dureza de la puerta se expresa en por lo menos tres de los rasgos icónicos del objeto:
- Superficie pulida (iconicidad del brillo metálico y espejado).
- Contornos rectangulares contra el fondo oscuro. Aquí es interesante citar el diccionario de la RAE: "*Dibujo duro*: dícese del dibujo cuyas líneas pecan de rígidas, de la pintura que representa bruscas transiciones de claroscuro y de la escultura cuando su modelado carece de morbidez y hermosura".[306]
- Inmovilidad (incluso cuando es golpeada por el personaje).

El anclaje se cumple a nivel icónico de una manera que sorprende por la exactitud con la que coincide conceptualmente con el discurso verbal: nuevamente RAE, esta vez la primera

---

[304] RAE, Madrid, 1992, **7**.
[305] RAE, Madrid, 1992, **8**.
[306] RAE, Madrid, 1992, **15**.

acepción: "Dícese del cuerpo que se resiste a ser labrado, rayado, comprimido o desfigurado [...]".[307] El golpe contra la puerta sólo le provoca una pequeña mancha producida por el contacto con el rostro mojado de transpiración del personaje.

El campo ideológico-discursivo de la "dureza" de la Realidad

Si la dureza de la puerta podía ser explicada mediante la exposición de semas léxicos y "semas" icónicos –niveles denotativos– en cualquiera de los planos en que aparece, el análisis de la *dureza de la Realidad* exige referirse al montaje.

Campo fílmico

El espacio representado es un campo de pruebas (*crash dummie*, en la jerga), un lugar artificial similar a aquellos en los que se experimentan diversos factores de choques automovilísticos (íconos de conos naranja, trazado de una pista, etc.). Es sorprendente, tratándose del componente visual cuyo anclaje verbal remite a la Realidad, que el campo fílmico sea, por su misma naturaleza, irreal, un simulacro.

En una primera interpretación podría pensarse que los efectos de sentido de esta discordancia tenderían a dejar abierta la polisemia de la imagen. Se trata precisamente de lo contrario. Trataremos de demostrar que el efecto es la concentración de sentidos en el par Puerta-Personaje, mediante un análisis de las figuras retóricas que los condensan, para luego sostener que en este procedimiento se apoya la argumentación.

Una primera figura retórica que actúa como "fondo" semántico, acotando los límites de lo que luego será el argumento, se emparienta con el eufemismo. Al eufemismo se lo define como "Manifestación suave o decorosa de ideas cuya recta y franca expresión sería dura o malsonante".[308]

No obstante, aquí se sostendrá una idea diferente. Si bien es cierto que el eufemismo oculta, disimula o atenúa la crudeza de una expresión, en muchísimos casos, si no en todos, agrega el efecto de sentido de subrayarla. En la comunicación, los mensajes parecen referirse al mundo. Pero cuando el oyente advierte que

---

[307] RAE, Madrid, 1992, **1**.
[308] RAE, Madrid, 1992, **1**.

una expresión, la eufemística, se estaba refiriendo a *"aquello"*, a *"eso"* que el eufemismo oculta, percibe un segundo sentido "suprasegmental", o, en palabras de Kerbrat-Orecchioni, un "archirrasgo semántico", un *subrayado* intencional que recae sobre el mismo lenguaje, sin que éste haya dejado de referirse al mundo.

En algunos casos, este subrayado puede connotar un juicio moral negativo sobre el hecho y/o persona a los que se refiere. Por ejemplo, el cliché "faltar a la verdad" pareciera suavizar generosamente la realidad de "haber mentido", pero la reiterada lexia piadosa "mujer de la vida" por "prostituta" suaviza y a la vez condena moralmente. Es algo tan malo que no debe ser nombrado en forma directa.

Los conceptos de eufemismo y disfemismo, su contrario[309] pueden aplicarse al lenguaje visual, ya sea de imágenes fijas o cinéticas. En el caso de los largometrajes, sobran casos con los cuales ejemplificar. Cada vez que un cadáver está referido por la sinécdoque de una mano o unos pies yertos, hablaremos de un eufemismo visual. Del mismo modo, será un disfemismo la cruda imagen del rostro o el cuerpo entero ensangrentado.

En este trabajo nos interesan los primeros. Llamaremos eufemismo visual a toda imagen visual fija o cinética que oculta, disimula o atenúa la crudeza de una imagen realista o naturalista del objeto. Sus procedimientos pueden ser la sinécdoque, la metáfora, el alejamiento de la cámara, la fugacidad del plano, esfumados, la elipsis, etc.

En los cortos publicitarios, la imagen eufemística se hace frecuente cuando el artículo o servicio que se promociona viene a resolver hechos o situaciones desagradables para los eventuales compradores y cuya evocación por imágenes pudieran ser contraproducentes para una persuasión eficaz. Así, es muy reiterada la imagen de un líquido azul que muestra la capacidad de absorción de las toallas higiénicas femeninas (metáfora), o la figura de un bebé durmiendo en pañales que seguramente tienen una alta capacidad de absorción de orina (metonimia + elipsis).

---

[309] "Modo de decir que consiste en nombrar una realidad con una expresión peyorativa o con intención de rebajarla de categoría. Se opone a eufemismo", RAE, Madrid, 1992, **1**.

La historia relatada

En el corto de Puertas Pentágono el campo de pruebas sustituye, metafóricamente, la cotidianidad de la casa, la vereda, el barrio, así como un campo de pruebas sustituye las situaciones reales. La situación de "prueba" es la pura actuación de un eufemismo. Funciona sobre el eje paradigmático, simplificando o minimizando el objeto referido; es una lítote.

El efecto que provoca es de abstracción. Toda posibilidad de una escena real es abstraída, negada, ausente. La puerta, incluso, está abstraída también de las paredes, el jardín o la vereda, hasta de su propio marco. El ataque mismo también está abstraído de sus condiciones reales o verosímiles de realización: no se la viola con ganzúas ni barretas ni otros procedimientos a los que suelen recurrir los asaltantes, sino con un simple empellón, más habitual en la retórica de la cinematografía hollywoodense que en la realidad. Hay que notar que esta forma de violación de una puerta remite más a la idea de Violencia (física) que las otras técnicas mencionadas.

El personaje

El antagonista de la Puerta, el personaje, el Atacante, no es un muñeco ni otra máquina: esta vez es una persona real. Es tan real que la imagen ralentizada que lo exhibe permite ver detenidamente sus rasgos, el esfuerzo de la carrera y unos labios que parecen gritar (aunque también sea irreal un grito tal en ocasión de robo), las manchas de transpiración en las axilas y su brillo en el rostro, los efectos que produce en su cara (primer plano) el choque contra la Puerta.

Si el personaje (es una prueba) sustituye al ladrón, la sustitución nos lleva a un lugar semántico más general, el tipo o la clase: la "ladronidad", los ladrones, los delincuentes, "la inseguridad" y la violencia. Como significante de estos sentidos, el personaje es una sinécdoque, un ejemplar, un ser singular que resume, modélicamente, la clase general que el anclaje verbal nombraba como "Dura Realidad". Este procedimiento discursivo es el que ha motivado tantas condenas del corto, porque el ejemplar tiene los rasgos físicos del mestizo pobre de la Argentina.

El enfrentamiento

El contraste visual entre los antagonistas es llamativo. Puede ser leído en el mismo paradigma de la *dureza*: (ver ropa) gordo, fofo, brillante de sudor, móvil, contra estilizada, firme, dura, seca, brillante de pulida, estática, serena.

La fuerza bruta, irracional, contra la fuerza tecnológica, racional.

El choque entre los contendientes, los Oponentes: un primer plano en ralenti muestra los efectos del golpe en la cara del Atacante y su caída de espaldas, por el rebote (plano general, ralenti) contra la imperturbable inmovilidad de la Puerta.

La argumentación por imágenes

Desde nuestra lectura, propondremos que el problema ideológico es todavía más amplio y creemos que podría ser plausible una interpretación desde las teorías de la argumentación verbal.[310]

Coincidimos en el significado discriminatorio que produce el personaje representado. Más aún, creemos haberlo fundamentado mediante el análisis de las figuras retóricas que lo expresan y sus efectos de sentido. Pero las críticas que ha motivado este corto parecen no haber reparado suficientemente en el argumento que surge de la relación entre el componente visual y el verbal.

Siendo lo único "realista" los dos antagonistas (menos realista la Puerta, como ya se dijo, más realista el Atacante) pero totalmente abstraídos de cualquier entorno real (como en un ring longitudinal), la significación de la *Dura Realidad* se condensa en ellos. El clásico esquema de Toulmin señala que la validez de un argumento o dato para determinada conclusión está apoyada en una "ley de pasaje", un topos o lugar común, idea general compartida entre los miembros que participan de la comunicación. La *Dura Realidad* es el delito, la inseguridad y la violencia (*dato*), el robo a casas familiares. La conclusión que promueve el corto es que la respuesta eficaz consiste en instalar una Puerta Pentágono = "Más duras que la realidad" (*conclusión*). Entonces, hay una

---

[310] Quienes hace ya un tiempo vienen trabajando en esta línea son autores que se reconocen dentro de la corriente teórica de la pragmadialéctica (Groarke, 1963). Aquí propondremos la aplicación a la imagen argumentativa desde otra tradición teórica, que no se ha dedicado a la imagen.

evidente ley de pasaje que sostiene la validez del razonamiento, que podría formularse: "A la dureza se la resuelve/evita/combate/ataca con algo más duro", o "Para defendernos de la *Dura Realidad* debemos escudarnos detrás de una dureza mayor" o con cualquier otra expresión que exprese la idea simplista "A la dureza del ataque, mayor dureza en la defensa".

El corto publicitario de Puertas Pentágono no sólo actualiza los estereotipos del Delincuente, que son claramente discriminatorios. Actualiza uno de los lugares comunes del discurso generalizado en esta época sobre la inseguridad. Digámoslo una vez más: la solución a los problemas de "seguridad-inseguridad" es la "dureza". Ese lugar común que se expresa en la misma constelación que explicábamos arriba a propósito de Lakoff y Johnson, dentro de la que son habituales, también, casualmente, lamentablemente, los pedidos de "*endurecimiento* de las penas" y el más siniestro "Mano *dura*".

Bibliografía

Amossy, R.; Herschberger Pichot, A. (1997), *Estereotipos y chiclés*, Buenos Aires, Eudeba, 2001.

Angenot, M., *La parole pamphletaire*, París, Payot, 1982.

Barthes. R. [1964], "Retórica de la imagen", en *Lo obvio y lo obtuso*, Barcelona, Paidós, 1995.

Carroll, N., *Una filosofía del arte de masas*, Madrid, Antonio Machado Libros, 2002.

Groarke, Leo, "Hacia una pragma-dialéctica de la argumentación visual", en Frans H.; Jakobson, R., "Deux aspects du langage et deux types d'aphasie", en *Essais de lingüistique génerale*, París, Seuil, 1963.

Van Eemeren (ed.), "Advances in Pregma-Dialectics, Amsterdam", Sic Sat/Virginia, Vale Press/Newport News, 2002, pp. 137-151, trad. María Elena Bitonte.

Lakoff, G.; Johnson, M., *Metaphors We live by*, Chicago-Londres, The University Chicago Press, 1979.

Peirce, Ch., *La ciencia de la semiótica*, Buenos Aires, Nueva Visión, 1986.

Toulmin, S., *The uses of arguments*, Cambridge, Cambridge University Press, 1958.

www.ingramcontent.com/pod-product-compliance
Lightning Source LLC
Chambersburg PA
CBHW071229300426
44116CB00008B/965